뉴 차르

블 라 디 미 르　푸 틴　평 전

이 도서의 국립중앙도서관 출판예정도서목록(CIP)은 서지정보유통지원시스템 홈페이지(http://seoji.nl.go.kr)와
국가자료공동목록시스템(http://www.nl.go.kr/kolisnet)에서 이용하실 수 있습니다.(CIP제어번호: CIP2016019098)

THE NEW TSAR
The Rise and Reign of Vladimir Putin

This Korean edition published by arrangement with Larry Weissman Literary, LLC.
through Milkwood Agency.

뉴 차르

블라디미르 푸틴 평전

THE NEW TSAR

THE RISE AND REIGN OF VLADIMIR PUTIN

스티븐 리 마이어스 지음 뉴욕타임스 모스크바 지국장 | **이기동 옮김**

도서
출판 **프리뷰**

글 싣는 순서

PART 04

PART 05

THE NEW TSAR
THE RISE AND REIGN OF VLADIMIR PUTIN

PART 01

제1장

—

전후 폐허의 레닌그라드에서

블라디미르 스피리도노비치 푸틴은 레닌그라드에서 30마일 쯤 떨어진 네바강 옆 움푹 꺼진 길을 따라 한발 한발 앞으로 내디뎠다. 그에게 내려진 명령은 거의 죽으라는 것과 같았다. 독일군 진지를 정찰하고 어떻게 하든 '혀' 한 명을 사로잡아 오라는 것이었다. '혀'는 심문할 포로를 뜻하는 은어였다. 1941년 11월 17일이었다. 지독한 추위 속에 소련군은 밀려오는 나치군을 맞아 궤멸당하기 직전 필사적으로 싸우고 있었다. 도시에 남은 마지막 탱크부대가 일주일 전에 네바강을 건넜고, 푸틴이 속한 부대 지휘부에는 독일군 보병 5만 4천 명이 막강한 화력으로 버티고 있는 포위망을 뚫으라는 명령이 하달됐다. 명령을 따르는 외에 다른 방법이 없었다. 푸틴은 다른 병사 한 명과 함께 포탄이 떨어져 파인 자리에 피가 고여 범벅이 된 참호 쪽으로 다가갔다.

전방에 갑자기 독일군 병사 한 명이 나타났다. 세 명 모두 놀라 얼어붙은 나머지 잠깐 동안 아무 일도 일어나지 않았다. 독일군 병사가 먼저 움직여 수류탄 한 발을 들고 안전핀을 뽑아 이쪽으로 던졌다. 스피리도노비치 푸틴의 발밑에 떨어진 수류탄이 터지면서 동료는 현장에서 죽고, 파편이 푸틴의 양쪽 다리를 덮쳤다. 독일군 병사는 도망쳤고, 푸틴은 겨우 목숨을 건졌다. "사람 목숨이 정말 별 것 아닙니다." 푸틴은 수십 년이 지난 뒤 당시 상황을 이렇게 말했다. 서른 살의 푸틴은 부상당한 몸으로 네바강 동쪽 강안에 있는 교두보에 누워 있었다. 소련 붉은군대 지휘부는 레닌그라드 포위망을 뚫기 위해 병력을 강 건너로 쏟아 부었다. 독일군은 두 달 전 네바강 어귀에 있는 고대 요새 쉴리셀부르크를 점령하면서 레닌그라드 포위를 시작했다.

이후 872일 계속된 독일군의 포위 기간 동안 주민 1백만 명이 폭격과 기아, 질병으로 숨졌다. "위대한 지도자께서 페테르부르크시를 지구상에서 쓸어내 버리기로 결정했다." 9월 29일자 독일 비밀명령서에는 이렇게 기록돼 있었다. 항복도 받아들이지 않고, 공습과 포 공격으로 도시를 파괴하고, 주민들을 모두 굶겨 죽이겠다는 계획이었다. 역사상 현대적인 도시가 그 같은 포위를 이겨낸 적은 없었다. 쉴리셀부르크 점령과 동시에 레닌그라드에 대한 맹렬한 공습이 감행됐다. 공습으로 시의 중앙 식량창고가 화염에 휩싸였다. 시를 방어하는 소련군은 속수무책이었고, 그런 상황은 소련 전역에서 벌어졌다. 1941년 6월 22일 시작된 나치의 소련 침공계획인 '바르바로사'Barbarossa 작전은 발트해에서 흑해까지 1천 마일에 이르는 소련군 방어망을 파괴했다. 모스크바까지 함락될 위기에 처했다.

스탈린은 레닌그라드를 포기할 생각이 추호도 없었다. 총참모장 게오르기 주코프 장군을 보내 레닌그라드 수호 임무를 맡겼고, 주코프 장군은 치열한 전투 끝에 레닌그라드를 지켜냈다. 9월 19일 밤 주코프 장군의 명령에 따라 소련군은 네바강을 건너 600미터를 진격해 포위망을 공격했다. 첫 번째 공격은 막강한 독일군 화력에 막혀 실패했고, 10월에 2차 공격을 감행했다. 제86사단이 투입되었는데, 스피리도노비치 푸틴이 배치된 제330보병연대도 이 사단 소속이었다. 이들은 네바강 동쪽 제방에 교두보를 확보했는데, 교두보 크기가 5코페이크 동전만큼 작다는 뜻으로 네프스키 퍄타초크로 불렸다.

전장의 폭은 1마일, 길이는 반마일밖에 되지 않았다. 죽음의 덫을 향해 달려드는 것처럼 무의미하고 처절한 전투였다. 블라디미르 푸틴 대통령의 부친인 블라디미르 스피리도노비치 푸틴은 교육을 제대로 받지 않은 노동자였고, 할아버지 스피리돈 푸틴은 혁명 전 레닌그라드의 명소였던 아스토리아 호텔에서 요리사로 일했다. 스피리도노비치 푸틴은 스피리돈 푸틴의 네 아들 중 한 명으로 태어났다. 스피리돈 푸틴은 볼셰비키 지지자였으나, 1917년 10월혁명 전에 내전과 기근을 피해 도시를 떠나 선조들이 살던 모스크바 서쪽 언덕의 포미노보 마을에 정착했다. 그 뒤 모스크바로 옮겨서 블라디미르 레닌의 미망인 나데즈다 크루프스카야의 요리사로 일했다. 크루프스카야는 당시 모스크바 교외 고르키에 있는 정부 다차에서 살았다. 1939년 그녀가 죽자 그는 모스크바 시당위원회 별장에서 일했다. 레닌의 미망인 집에서 일할 때 스탈린이 찾아오면 그를 위해 요리도 만들었다고 했다. 하지만 권력자들 가까이서 일했다고 아들들을 나치로부터 지키는 데 도움이 되지는 않았다. 온 나라가 살아남기 위해 싸우던 시절이었다.

푸틴 대통령의 아버지는 1941년 나치가 침공해 왔을 때 제대 군인이었다. 1930년대 해군에 입대해 잠수함에서 복무했고, 그 뒤 레닌그라드에서 멀지 않은 페트로드포레츠 마을에 정착했다. 표트르 대제가 핀란드만 해안에 여름궁전을 건설한 곳이었다. 나치가 침공하자 그는 다른 시민들과 마찬가지로 자원입대해 도시 방어에 나섰는데, 처음에는 내무인민위원회NKVD 소속의 특수폭파공작대에 배치됐다. 내무인민위원회는 무시무시한 비밀경찰 조직으로 나중에 KGB로 개편되었다. 내무인민위원회는 당시 2222개의 특수공작대를 만들어 신속히 전진하는 나치군을 배후에서 괴롭혔다. 푸틴의 아버지가 투입된 첫 번째 작전은 대실패로 끝났다.

그는 자원입대한 27명의 동료들과 함께 레닌그라드로 진격하는 독일군의 후방 킨기셰프 마을 인근에 낙하산으로 침투했다. 그 전 해에 소련이 히틀러와 맺은 비밀조약에 따라 라트비아, 리투아니아와 함께 소련에 합병된 에스토니아 국경 가까운 곳이었다. 그가 소속된 공작대는 무기고 한 곳을 폭파했으나 얼마 못 가 탄약과 레이션이 동났다. 에스토니아인인 현지 주민들이 먹을 것을 가져다주면서 이들을 독일군에 신고했다. 당시 주민들은 소련 점령에서 자신들을 해방시켜 준 나치를 환영했다. 독일군은 소련군 공작대를 추격했고, 푸틴의 부대는 독일군에 쫓겨 습지대에 몸을 숨기고 갈대줄기로 숨을 쉬며 추격대를 피했다. 정확한 내막은 알 수 없으나 공작대에서 푸틴을 비롯해 네 명이 목숨을 건진 것으로 알려졌다. 그는 이후 NKVD에 불려가 조사를 받았으나, 도주한 혐의가 없는 것으로 밝혀져 다시 전선으로 투입됐다. 당시 스탈린 명령 제270호는 적에게 투항한 군인은 처형하고 가족도 처벌하도록 했다.

　레닌그라드 내부 상황은 급속히 악화됐다. 9월 1일까지는 학교도 정상적으로 문을 열었으나, 사흘 뒤 독일군의 첫 번째 포탄이 도시로 날아들었다. 도시는 완전히 포위됐고 수시로 포탄이 떨어졌다. 식량배급제가 실시됐으나 배급량은 급속히 줄어들었다. 굶주림으로 목숨을 잃는 사람들이 생겨났다. 푸틴은 도시 외곽 전투에 참가했으나 아내 마리아는 갓난아들과 함께 도시에 갇혔다. 부부는 둘 다 1911년 생으로 1차세계대전, 볼셰비키혁명과 내전 등 격동의 20세기를 지내온 사람들이었다. 두 사람은 포미노보에서 만나 1928년에 결혼했다. 두 사람 모두 17살 때였고, 이들은 신혼 때인 1932년 레닌그라드로 돌아가 페트로드포레츠에 정착했다. 남편이 군에 입대할 무렵 부부에게는 올레그라는 이름의 아들이 있었으나 태어난 뒤 얼마 되지 않아 숨을 거두었다. 전쟁이 시작되기 일 년 전에 두 번째 아들 빅토르가 태어났다.
　마리아가 어린 아들 빅토르와 함께 사는 마을은 용케 나치에 점령당하지 않았다. 마리아는 처음에는 페트로드포레츠 마을을 떠나지 않으려고 했으나 독일군이 진격해 오면서 친정오빠 이반 셀로모프의 권유에 따라 마을을 떠나기로 했다. 이반은 발트함대 사령부에서 함장으로 근무했기 때문에 독일군이 밀고 들어오는 가운데서도 어느 정도 특권을 누리고 있었다. 이반의 도움으로 가족은 전투가 진행되는 가운데 다른 곳으로 옮겼으나 새로 옮겨간 마을의 운명도 위험하기는 마찬가지였다. 겨울이 다가오며 상황은 더 끔찍해졌다. 극심한 추위 속에서 마리아는 빅토르를 데리고 물려드는 피난민들을 위해 당국이 마련한 가옥에 머물렀다. 오빠가 자기가 받은 레이션을 나누어주어서 연명했으나 마리아의 건강은 나빠졌다. 정확하게 언제인지는 알 수 없으나, 하루는 남편인 푸틴이 전선으로 나간 사이에 정신을 잃었는데 지나가던 사람이 그녀가 죽은 줄 알고 거리에 쌓인 시체더미 위에 옮겨 놓았다. 그 뒤 시체보관소로 옮겨졌다가, 그곳에서 사람들이 그녀의 신음소리를 들어 목숨을 건졌다고 했다.

스피리도노비치 푸틴이 목숨을 건진 것은 기적에 가까웠다. 그는 부상당한 채 몇 시간 동안 네바강가에 누워 있었는데, 소련군 병사들이 발견해 강가에 있는 여단 집결지로 옮겼다. 그곳에서 지나가던 이웃사람이 야전병원 쓰레기장에서 그를 알아보지 않았더라면 그도 퍄타초크에서 전사한 30만 명의 군인 가운데 포함되었을 것이다. 이웃사람은 그를 어깨에 둘러업고 얼어붙은 강을 건너 반대편에 있는 병원으로 옮겼고, 그는 군병원에서 몇 달을 보내고 회복했다. 도시 외곽으로 통하는 마지막 길마저 봉쇄당하고 주민과 군인 3백만 명이 포위됐다. 마리아는 도시를 떠나지 않고 버티다가 마침내 병원에 있는 남편을 찾아냈다. 도시는 점차 폐허로 변하고 주민들은 굶주림으로 죽어갔고, 거리 곳곳에 시체더미가 쌓였다. 1942년 1월, 2월에는 매달 10만 명이 넘는 사망자가 발생했다. 미점령 지역으로 통하는 유일한 길은 얼어붙은 라도가호수 위로 이리저리 난 '생명 통로'가 전부였다. 이 길을 통해 극소량의 구호물품이 도시로 공급되었고, 소련군은 1943년 1월이 되어서야 나치의 포위망 동쪽을 뚫고 들어갔다.

그때부터 도시가 나치의 포위에서 완전히 자유롭게 되기까지 꼬박 일 년이 더 걸렸다. 이후 소련군은 단숨에 베를린까지 밀고 들어갔다.

스피리도노비치 푸틴과 마리아 부부는 살아남았지만 푸틴은 전쟁 중

에 당한 부상으로 평생 다리를 절며 고통 속에서 살아야 했다. 그는 1942
년 4월 병원에서 퇴원해 박격포와 대전차 지뢰를 생산하는 무기 공장으
로 배치됐다. 아들 빅토르는 1942년 6월에 디프테리아에 걸려 숨을 거두
었다. 아이는 47만 명의 민간인, 군인 전사자들과 함께 피스카료프스코
예 공동묘지에 묻혔다. 부모 모두 아이가 묻힌 장소가 정확히 어디인지
몰랐고, 알려고 애쓰지도 않았다. 두 사람은 이후에도 아이의 일에 대해
서는 입 밖에 내지 않으려고 했다. 마리아의 친정어머니 엘리자베타 셸로
모바는 1941년 10월 모스크바 서부전선에서 목숨을 잃었다. 목숨을 앗아
간 게 소련군 포탄 파편인지 독일군 파편인지 분명치 않았다. 친정오빠
이반은 살아남았지만, 다른 오빠 표트르는 전쟁 초기에 근무태만으로 군
사재판에 회부됐는데 그 이후 어떻게 되었는지 아무도 몰랐다. 스피리도
노비치 푸틴의 형제 두 명도 전쟁 중에 목숨을 잃었다. 미하일은 1942년
7월에 죽었는데, 사망 당시의 정확한 정황을 아는 사람이 없었고, 알렉세
이는 1943년 2월, 보로네즈 전선에서 전사했다.

　이것이 바로 블라디미르 스피리도노비치 푸틴과 마리아 부부의 세 번
째 아들이 자라면서 대★조국전쟁이라고 부르는 2차세계대전에 관해 들
은 이야기였다. 영웅주의와 전쟁의 아픈 이야기는 그의 머리에 평생 지워
지지 않는 영향을 미쳤다. 폐허가 되다시피 한 레닌그라드의 공동가옥에
놓인 복닥거리는 식탁에서 단편적으로 주워들은 이야기들을 통해 그는
가족의 내력을 알게 되었다. 일부는 시간이 지나면서 흐려진 기억 때문에
각색되고, 일부는 사실 여부가 불분명한 이야기들이었다. 푸틴 가족은 평
범한 사람들로, 전쟁의 어두운 면을 깊이 들여다보기는 힘들었을 것이다.
스탈린은 대숙청 기간 중에 편집광적인 숙청을 통해 전쟁 전까지 군병력

의 수를 대폭 줄여 놓았다. 히틀러의 유럽 정복계획에 대한 묵인, 1939년의 폴란드 분할, 발트해 강제합병, 나치 침공 이후 소련이 겪은 대혼란, 레닌그라드 시민들의 기근사태를 악화시킨 관료조직의 부패, 소련군이 베를린 침공 때 저지른 잔혹행위 등등. 1953년에 스탈린이 죽고 나서도 국가의 잘못에 대해 말하는 것은 위험했다. 사람들은 그런 이야기를 그저 귓속말로만 주고받았다. 전쟁이 승리로 끝난 것은 사람들에게 엄청난 자부심을 안겨 주었다. 푸틴 일가도 작지만 승리에 기여했다. 사람들은 전쟁 중에 저질러진 잘못에 대해서는 말할 겨를이 없었다. 오직 승리에 대해서만 생각했다.

세 번째 아들 블라디미르 블라디미로비치 푸틴은 1952년 10월 7일, 아직 포위 때 겪은 상처가 완전히 가시지 않은 도시에서 태어났다. 모든 것이 부족했고 공포가 사람들의 뇌리를 짓누르고 있었다. 전쟁에서 승리했지만 스탈린의 피해망상은 숙청과 보복으로 이어졌다. 1940년대 말, 레닌그라드의 전시 엘리트 인사들은 민간인이건 군인이건 불문하고 대대적인 숙청의 대상이 되었다. 수십 명에 달하는 당 간부와 관련자들이 체포되어 투옥되고, 추방당하거나 총살되었다. 대부분의 시민들은 두려움에 입을 다물었다. 스탈린의 요리를 담당할 만큼 신임을 받은 사람의 후손들도 마찬가지였다. "스탈린과 조금이라도 인연을 맺은 사람들 가운데 무사한 사람은 거의 없었지만 우리 할아버지는 무사히 목숨을 부지했습니다." 블라디미르 푸틴은 나중에 이렇게 말했다. "할아버지는 본인이 겪으신 일을 거의 입 밖에 내지 않았어요. 부모님도 마찬가지고 당시 사람들 대부분이 그랬어요."

푸틴의 아버지는 말없고 무뚝뚝한 성격이었다. 아버지가 겪은 전쟁의 경험은 아들에게도 큰 영향을 미쳤다. 아버지는 전쟁 중에 당한 부상 때문에 평생 고통스러워했고 날씨가 좋지 않은 날은 통증이 더 심했다. 전쟁이 끝난 뒤 푸틴의 아버지는 모스코프스키 프로스펙트에 있는 예고로브 공장에서 일을 계속했다. 철도와 지하철 객차를 생산하는 공장이었다.

공산당원인 그는 공장에서 당을 대표하는 자리에 올랐다. 블루칼라 아파라치키로서 엄격함과 충성심, 원칙을 지키고 무엇보다도 매사에 신중해야 하는 자리였다. 직책 덕분에 낡은 공동주택 5층에 180평방피트짜리 방 한 칸이 배정되었다. 레닌그라드 시내 중심가 네프스키 프로스펙트에서 멀지 않은 바스코프 대로 12번지에 있는 19세기에 지은 아파트였다. 한때는 우아한 건물이었으며 그리보예도프 운하에서 멀지 않았다. 푸틴 일가는 1944년 이 집으로 이사했는데, 전쟁이 끝난 뒤에는 이 좁은 집에서 다른 두 가족과 함께 지내야 했다. 그 집에서 20년 넘게 살았다. 아파트에는 온수가 나오지 않고 욕실도 없었다. 창 없는 통로를 공동부엌으로 썼고, 싱크대 하나에 가스버너 한 대가 있었다. 화장실은 계단통 옆에 붙은 작은 공간에 있었고 난방은 장작 스토브로 해결했다.

푸틴의 부모 모두 교육을 제대로 받지 못했다. 어머니는 41세 생일을 열흘 앞두고 푸틴을 낳았다. 부부는 너무 힘든 시간을 보냈고, 이미 두 아이를 잃은 터라 세 번째 아들을 기적으로 생각했다. 푸틴의 어머니는 건물 청소와 실험실에서 실험도구 청소, 빵 배달 등 온갖 굳은 일을 다 했다. 유대인 노부부가 방을 함께 썼는데 이들에게는 나이 든 딸이 함께 살았다. 어린 블라디미르 푸틴은 공동주택에서 유일한 아이였고 노부부가 귀여워했다. 바바 아냐로 불린 유대인 할머니는 푸틴의 어머니처럼 신앙심이 깊은 여자였다. 러시아정교회는 소련 시절에 탄압을 받았으나 전쟁 기간 중에는 공개적으로 예배 보는 게 허용되었다. 당국에서 전시동원에 도움이 된다고 생각했기 때문이다. 하지만 전쟁이 끝나자 곧바로 탄압이 다시 시작됐다.

푸틴이 생후 7주 되는 11월 21일 바바 아냐와 푸틴의 어머니 마리아는 매서운 겨울바람을 헤치고 세 블록을 함께 걸어서 예수의 변모 대성당까지 걸어갔다. 그곳에서 이들은 몰래 아이에게 세례를 시켰다. 남편 모르게 하려고 비밀세례를 시킨 건지 아니면 당국의 감시가 두려워 그랬는지는 분명치 않지만, 푸틴은 나중에 세례식이 그렇게 비밀리에 진행된 것은 아니라고 했다. 당시 소련에서 비밀은 없었다. 마리아는 아이를 간혹 예배에도 데려갔지만 아파트에서는 프라이버시가 유지되지 않았기 때문에 이콘을 비롯해 신앙의 징표들은 일체 집안에 두지 않았다. 마리아는 아들에게 신앙에 대해 깊이 가르치지 않았다. 40년이 지나서야 아들에게 세례식 때 쓴 십자가를 주면서 예루살렘에 가면 예수무덤 성당을 찾아가 십자가 강복을 받으라고 했다. 푸틴의 예루살렘 첫 방문 때였다. 푸틴을 잘 아는 사람들은 어린 시절 유대인 이웃과 함께 지낸 것이 영향을 미쳐 푸틴이 교회에 대해 대단히 관용적인 태도를 갖게 되었고, 러시아 문화에 뿌리 깊게 박힌 반유대주의에 대해서도 반감을 갖게 되었다고 했다.

바스코프 대로에 있는 집은 어린 시절 푸틴의 우주였다. 에르미타주 미술관, 해군본부, 성베드로 대성당과 성바오로 대성당 등 차르 시절 러시아의 영광을 나타내는 휘황찬란한 건축물들이 가까이 있었지만 그와는 상관없는 건물들에 불과했다. 그는 소비에트 인텔리겐치아나 정치 엘리트 집안의 아이가 아니라 프롤레타리아 계급 집안의 아이였다. 한참 자란 뒤에야 그는 자신의 어린 시절이 그렇게 유복한 게 아니었다는 생각을 하게 되었다. 5층에 있는 집으로 올라가는 계단은 구멍이 군데군데 나 있고 역겨운 냄새를 풍겼으며 어두컴컴했다. 땀 냄새와 야채 끓이는 냄새로 가득했다. 건물에는 쥐들이 들끓었고, 그는 친구들과 함께 막대기를 들고 쥐를 쫓아다녔다. 아이들은 그걸 재미있는 놀이로 생각했다. 그러던 어느 날 복도 끝에 몰린 쥐 한 마리가 갑자기 그에게 달려들었다. 그는 "그때 얼마나 놀랐는지 모른다."고 했다.

그는 날렵한 아이였다. 1959년인가 1960년 노동절인 메이데이에 늘 놀던 세계를 벗어나 처음으로 미지의 세계로 모험을 나섰는데, 마야코프스카야 거리의 번화한 모습을 보고 눈이 휘둥그레졌던 기억이 생생하다고 했다. 그리고 몇 년 뒤에는 친구들과 함께 지하철을 타고 도시 반대편까지 가보았다. 추운 날씨였는데 먹을 것도 없었다. 추위를 피하려고 길에서 불을 피운 기억이 있다고 했다. 고생만 진탕 하고 집으로 돌아와서는 벌로 아버지한테 벨트로 흠뻑 얻어맞았다고 했다. 아파트 건물은 가운데 있는 마당을 빙 둘러싸고 있었는데, 마당은 옆 건물 마당과 이어져 있었다. 주정뱅이와 불량배들이 우글거렸고 담배 피우는 사람, 술 마시는 사람 등 할 일 없는 이들이 시간을 보내기 위해 그곳으로 모여들었다.

만 여덟 살이 되기 전인 1960년 9월 1일, 푸틴은 집에서 조금만 걸어가면 되는 곳에 있는 제193초등학교에 입학했다. 학교에서 그는 무뚝뚝하고 심술궂고 다소 버릇없는 아이였다. 교사였던 베라 구레비치는 그를 회전목마라고 불렀다. 교실에 들어오면 원을 그리며 빙글빙글 돌았기 때문이다. 학교 안팎에서 행실이 좋지 않은 아이들과 어울리는 번잡스런 아이였다. 그래서 공산당 어린이 조직인 파이오니어동맹에 일찍 가입하지 못했다. 이 동맹에 가입하는 것은 어린이 티를 벗는다는 일종의 통과의례 성격을 지녔다. 3학년이 되자 그는 반 학생 45명 중에서 이 동맹에 가입하지 못한 몇 명 가운데 하나였다. 당의 중간간부인 그의 아버지는 뒤처지는 아들 때문에 기가 막혀 했다. 푸틴은 당시 자신의 행동을 아버지와 체제에 대한 일종의 반항이었다고 말했다. "나는 파이오니어가 아니라 불량소년이었어요."

아들을 엄하게 키운 아버지는 그에게 억지로 복싱을 배우게 했다. 하지만 호리호리한 아이는 펀치에 맞아 코뼈가 한번 부러지자 이내 포기하고 말았다. 그는 아버지의 기대와 달리 복싱 대신 호신술을 배웠다. 유도와 레슬링을 혼합한 러시아 특유의 삼보라는 호신술이었는데, 그의 작은 체구와 '다부진 성격'에 잘 맞는 운동이었다. 이때 만난 코치 한 명이 그의 인생에 대단히 큰 영향을 미치게 된다. 아나톨리 라흘린은 바스코프 대로에서 멀지 않은 트루드 클럽에서 일했는데, 푸틴은 초등학교 5학년이던 1965년에 그 클럽에 가입했다. 라흘린은 푸틴의 부모에게 "아이들에게 절대로 나쁜 짓은 가르치지 않겠다."는 다짐을 한 후에야 아이의 가입 허락을 받았다고 했다. 삼보와 유도를 배우면서 어린 푸틴은 전혀 새로운 경험을 맛보게 되었다. 호신술을 통해 자기보다 더 크고 더 거친 아이들을 상대로 당당하게 맞설 수 있게 되었다. 푸틴은 호신술이 "예기치 않은 상황에서도 대처할 수 있는 수단"이 되었다는 말을 자주 했다. 호신술을 배우며 새로운 친구들도 알게 되었다. 아르카디 로텐베르그와 보리스 로텐베르그 형제가 대표적인 경우인데 이들과는 평생 가깝게 지냈다. 호신술을 익히며 푸틴은 종교를 통해서도 배우지 못한 확고한 원칙을 갖게 되었다. 그에게 호신술은 단순한 스포츠가 아니라 하나의 철학이었다.

호신술에 빠지면서 푸틴은 남보다 앞서겠다는 의지가 강해졌다. 트루드 클럽은 회원들에게 학교성적이 우수해야 한다고 요구했기 때문에 학교공부도 열심히 했고 6학년 때는 성적이 많이 올랐다. 교사인 베라 구레비치와 급우들이 그를 파이오니어동맹에 추천했고, 고학년으로서는 예외로 가입됐다. 가입식은 울리야노프카라는 시골마을에서 거행됐다. 이전 이름은 사블리노였는데 레닌의 누이가 한때 살았던 마을이다. 가입 몇 주 만에 푸틴은 학교 파이오니어동맹의 단장이 되었다. 그가 맡은 첫 번째 지도자 자리였다. 8학년 때 그는 다른 아이들보다 먼저 공산당청년동맹인 콤소몰에 가입했다. 지도자의 길을 가는 데 필요한 첫 번째 디딤돌을 놓은 것이었다.

나치를 몰아내고 승리한 지 20주년이 되는 1965년에 새로운 변화의 물결이 몰아닥쳤다. 당시 가장 인기 있는 소설 가운데 하나는 〈방패와 칼〉이었다. 소설은 작가동맹 기관지인 문학잡지 '즈나미야'깃발에 시리즈로 발표됐다. 작가 바딤 코제프니코프는 프라우다에서 종군기자로 활동했는데, 소련식 선전 원칙을 충실히 따르면서도 자신이 겪은 경험을 현실감 있는 스토리로 전개했다. 소설의 주인공인 알렉산드르 벨로프 소령은 소련 비밀첩보요원으로 대★조국전쟁이 발발하기 직전 나치 독일에 가서 독일인으로 행세했다. 그는 요한 바이스라는 가명으로 활동하며 나치의 군첩보기관인 압베르Abwehr, 그리고 그 뒤에는 나치 친위대 SS에서 승진을 거듭했다. 바이스는 전쟁에 나가 용감하게 싸웠고 절제력이 뛰어났으며, 고문을 당해도 절대로 굴복하는 법이 없었다. 그는 위장으로 섬기는 나치를 혐오했지만 독일의 전쟁 기도를 저지하기 위해 참고 견뎠다.

톨스토이 작품에 비할 바야 아니지만 감수성이 예민한 십대 소년에게 그것은 톨스토이 작품보다 훨씬 더 훌륭했다. 발표되고 3년 뒤에 작품은 코제프니코프가 직접 시나리오를 써서 4시간이 넘는 흑백영화로 제작됐고, 1968년 소련에서 가장 인기 있는 영화가 됐다. KGB로 바뀐 비밀요원들에 대한 경의의 표시였다. 당시 16살이던 푸틴은 이 영화에 매료됐다. 그는 친구들과 함께 영화를 몇 번이나 봤다. 40년이 지난 뒤에도 그는 영화 주제가 '조국은 어디서 시작되는가'의 가사를 외울 정도였다. 소년 푸틴은 어린 시절 꿈이었던 선장을 포기하고 스파이가 되기로 했다. 자신을 미래의 벨로프 소령으로 상상했다. 그에게 벨로프는 혼자 힘으로 역사를 바꾼 멋진 인물이었다. "내가 가장 멋있게 생각했던 것은 어떻게 한 사람의 힘으로 군대 전체가 나서도 하지 못한 일을 해내는가 하는 것이었어요. 첩보요원 한 명이 수천 명의 운명을 바꿀 수 있다는 것이었어요." 그는 그때 생각을 이렇게 설명했다.

당시 그는 KGB가 어떤 곳인지, 어떤 일을 하는지 몰랐다. 급우 가운데 아버지가 첩보요원으로 일한 아이가 있었지만 은퇴한 사람이었다. 영화 제작은 1967년 새로 KGB 국장에 취임한 유리 안드로포프가 조직 현대화 작업의 일환으로 한 것이었다. 안드로포프는 억압과 테러를 자행한 공포의 비밀경찰이 아니라, 위대한 조국의 수호자로서 조직의 이미지를 새롭게 만들고 싶었다. 영화를 처음 보고 나서 푸틴은 같은 반 친구에게 자기는 나중에 첩보요원이 될 것이라고 했다. 그리고 얼마 뒤 실제로 겁도 없이 집에서 멀지 않은 리테이니 프로스펙트에 있는 레닌그라드 KGB 본부로 찾아갔다.

레닌그라드 KGB 본부는 '큰 집'이라는 별명으로 통했다. 건물 규모가 크다는 이유만은 아니었다. 푸틴은 세 번이나 시도한 끝에 큰 집의 정문을 제대로 찾았고, 마침내 담당 장교를 만날 수 있었다. 장교는 소년에게 친절하게 대해 주었으나, KGB는 자원한다고 받아들여 주는 곳이 아니라는 말을 했다. 군에 복무하거나 대학에서 공부한 사람 가운데서 적임자를 골라서 받아들인다는 것이었다. 애가 탄 푸틴은 어떤 과목을 전공해야 KGB에 들어올 수 있는지 물었다. 장교는 귀찮은 나머지 법대가 좋을 것이라고 해 주었고, 그 말이 아이의 장래를 결정했다.

그렇게 해서 푸틴은 부모의 희망과 달리 법대에 진학했다. 부모는 아이의 성적과 자질로 봐서 민간항공대학 같은 기술학교가 맞는다고 생각했다. 푸틴도 원래는 이 대학에 가고 싶어 했다. 푸틴은 충동적이고 고집이 셌다. 부모와 운동 코치들은 아이의 말을 듣고 놀랐다. 그들에게 자기가 '큰 집'을 찾아간 이야기나 법대에 가기로 한 진짜 의유는 말하지 않았다. 트루드 클럽의 코치 한 명이 그 말을 듣고 검사나 경찰관이 되겠다는 것이냐고 묻자 푸틴은 화를 내며 "경찰관이 되려는 게 아닙니다!"라고 소리쳤다. 그가 KGB로 가겠다고 한 1968년은 국제적으로 큰 사건이 일어난 해였다. 푸틴이 중학교에 진학하기 불과 며칠 전에 프라하의 봄을 진압하기 위해 소련군이 체코를 침공했다. 당시 푸틴은 국내건 해외에서건 반체제 운동 탄압에 대해 부당하다는 생각은 갖지 않았던 것 같다. 많은 아이들이 그랬던 것처럼 금지된 서방문화를 즐기고 친구들끼리 몰래 음반을 돌려가면서 비틀즈의 노래를 들었다. "그것은 외부세계로 통하는 창과 같았어요. 그것을 통해 신선한 공기를 받아들였던 것이지요."

푸틴은 한동안 아코디온을 연주하고 아버지가 준 기타를 배우기도 했다. 블라디미르 비소츠키를 비롯해 당시 유행하던 가수들의 노래를 따라 불렀다. 소련에서 1960년대는 억압과 정체의 시기였지만 푸틴의 십대 시절은 부모 세대가 겪은 일들과는 무관하게 지나갔다. 전쟁이 끝나고 집안 형편도 나아졌으며 제법 안락한 생활을 누렸다. 당시 귀중품에 속한 검은색 큰 전화기도 한 대 집에 있었다. 그는 친구들을 집으로 불러서 전화를 걸었다. 레닌그라드 교외의 작은 마을인 토스노에 방 세 칸짜리 다차도 있었는데, 십대 시절 복닥거리는 공동주택에서 벗어나 친한 친구들과 함께 그 다차로 자주 놀러갔다. 다차의 식탁 테이블 위에 초상화가 하나 걸려 있었는데 친구인 빅토르 보리셴코가 누구냐고 묻자 푸틴은 볼셰비키의 군사첩보조직을 창설한 얀 카를로비치 베르진이라고 했다. 베르진은 대숙청 기간인 1937년에 체포돼 이듬해 처형됐으며 그 뒤 사후 복권됐다.

푸틴은 제281학교에서 중학과정을 다녔다. 학교에서는 선택과목을 정해 가르치며 아이들에게 대학입시 준비를 시켰다. 그는 인기는 많지 않았지만 스포츠를 좋아하고 공부도 열심히 하는 자신만만한 학생이었다. 과학을 배웠기 때문에 일류 기술대학에 진학할 수도 있었지만 문학, 역사 등 인문 과목을 열심히 공부했다. 4학년 때부터 배우기 시작한 독일어도 계속 공부했다. 독일어 교사는 미나 유디츠카야였는데 그녀는 푸틴을 얌전하고 진지한 학생으로 기억했다. 제281학교는 제한된 테두리 내에서지만 지적으로 비교적 개방적이었고 토론도 허용했다. 학생들에게 인기 많은 선생님이었던 미하일 데멘코프는 금지된 문학작품들을 실은 유인물인 사미즈다트를 나누어 주기도 했다. 푸틴은 1967년 콤소몰에 가입했으나 모임에는 거의 참석하지 않았고 스포츠와 학교공부에 몰두했다.

푸틴보다 두 살 어린 베라 브릴레바라는 여학생은 푸틴이 공동주택의 거실 한쪽 편에 놓인 책상에 웅크린 채 공부를 열심히 했다고 했다. 그녀는 1969년 토스노의 다차에서 푸틴을 처음 만나 홀딱 반했다고 했다. 병을 돌려서 하는 키스게임에서 두 사람은 짧은 키스를 했으나 푸틴은 당시 여학생과 사귈 마음이 없었다. 하루는 브릴레바가 집에서 공부하고 있는 푸틴을 찾아가 자기들 사이에 무슨 일이 있었는지 아느냐고 따져 물었다. 그녀가 말을 채 마치기도 전에 푸틴이 이렇게 잘라 말했다. "나는 내가 기억하고 싶은 것만 기억해."

그렇게 열심히 공부한 덕분에 중학교 마지막 2년 동안 그는 대단히 뛰어나지는 않지만 상당히 좋은 성적을 올렸다. 소련의 초중등 학제는 10년이었다. 역사와 독일어 성적이 좋았고, 수학과 과학 성적은 다소 떨어졌다. 마지막 학년 때는 학교수업보다 입시준비에 집중했다. 그 덕분에 그는 당시 소련에서 최고 명문대 가운데 하나인 국립 레닌그라드대에 입학하게 되었다. 당시 레닌그라드대 입학경쟁률은 40대 1 정도로 치열했다. 그래서 그의 노동자 계급 가정 출신이 도움이 되었다거나, 가능성이 낮은 이야기지만 KGB가 본인 모르게 보이지 않는 손을 작동해서 그를 입학시켰다는 설이 나돌기도 했다. 어쨌든 그는 입학시험을 잘 치르고 1970년 가을에 레닌그라드 법대에 진학했다. 2년 전 KGB 장교가 알려 준대로 된 것이었다.

대학에 가서는 열심히 공부에 매달렸고 많은 시간을 유도장에서 보냈다. 체력을 유지하기 위해 술과 담배도 끊었다. 레닌그라드대 유도반에 들어오라는 제안을 받았지만 거절하고 트루드 클럽 코치들과 운동을 계속했다. 1973년에는 사범 자격을 얻고 지역 도시 선수권전에도 출전했다. 여전히 공동주택에서 살았지만 소련연방 내 이곳저곳을 많이 돌아다녔다. 몰도바에서 열리는 유도 시합에 참가했고, 한 해 여름에는 북쪽에 있는 코미공화국에 가서 벌목 일을 하기도 했다. 당시 그루지야공화국 내 압하지야자치공화국에서 개최된 대학생 건설캠프에 2주 동안 참가하기도 했다. 당시 미화로 600달러 쯤 되는 800루블을 벌어서 코트를 한 벌사 입고, 남은 돈은 흑해 연안의 숲으로 둘러싸인 휴양지 가그라에 가서다 썼다. 푸틴은 그때 산 코트를 15년 동안 입었다.

1972년에 푸틴의 어머니는 30코페이카를 주고 산 복권이 당첨돼 경품으로 자동차를 한 대 받았다. 팔면 3500루블을 받을 수 있는 자동차였는데 팔지 않고 아들에게 주었다. 박스형 소형 승용차 자포로제츠였다. 1970년대 당시 소련에서 대학생은 고사하고 일반인도 자가용 자동차를 가진 경우는 드물었다. 푸틴에게 그 자동차는 신분상승의 상징 같았고 인생에 새로운 전환점이 되었다. 유도 시합에 나갈 때도 타고 가고 친구들을 태우고 그냥 돌아다니기도 했다. 그는 운전을 난폭하게 했다. 한 번은 도로로 걸어 들어온 어떤 남자를 치기도 했는데, 푸틴은 그 남자가 자살하려고 했다고 주장했다.

대학 4학년 때 정체불명의 어떤 남자가 접근해 왔다. 나중에 알고 보니 대학에 파견된 KGB 요원이었다. 십대 시절에 가졌던 KGB 요원의 꿈은 거의 포기하고 지내던 때였다. 여름방학 때는 현지 교통부 범죄담당 부서에서 인턴을 하면서 비행기 추락사고 관련 수사에 참여했다. 졸업하면 현지 검찰청에서 변호사로 일하게 될 가능성이 높아졌다. 예전에 유도 코치가 한 경고가 현실로 나타나게 되는 것이었다. 법학 공부도 호신술 못지않게 재미있었다. 법은 곧 규율과 질서를 바로잡는 일이었고, 그는 법과 질서가 어떤 이데올로기 못지않게 중요하다고 생각했다. 그는 대학

시절에 KGB를 위해 일한 적은 결코 없다고 주장했다. 그런 일은 들어보지도 못했다고 했다. 하지만 당시 대학생들이 비밀기관에 협조하는 것은 흔한 일이었다. 푸틴은 4학년 재학 중이던 1974년 오랜 꿈이었던 KGB에 채용됐다. 그는 채용이 갑자기 이루어졌다고 했다.

푸틴에게 접근한 그 남자는 자기 신분을 한 번도 밝히지 않았다. "당신 취직과 관련해 할 말이 있소." 그 남자는 전화로 이렇게 말했다. 구체적인 내용은 밝히지 않았다. 푸틴은 중요한 사안이라는 생각이 들어서 얼마 뒤 학교 안에 있는 교수 라운지에서 만나기로 했다. 약속시간에 맞춰 도착했는데 20분을 기다려도 그 사람은 나타나지 않았다. 장난 전화에 당했다는 생각이 들어 화가 치올랐는데 그때 그 남자가 숨을 헐떡이며 나타나서는 늦어서 미안하다고 사과했다. 푸틴은 그런 남자의 태도에 깊은 감동을 받았던 것 같다. 철저한 신원조사를 거친 다음 마지막 단계로 1975년 1월 드미트리 간체로프라는 이름의 중년 요원이 푸틴의 아버지를 방문했다. 푸틴의 아버지 블라디미르 스피리도노비치는 아들이 좋은 대학에 들어가고 이제 보안기관에 들어가게 되었다는 사실에 자부심을 느꼈다. 그는 앞으로 아들이 맡게 될 책임과 임무가 막중하다는 사실을 잘 알고 있었다.

그는 자신을 찾아온 낯선 사람에게 진지하게 거의 탄원조로 이렇게 말했다. "우리한테 볼로드야는 전부나 마찬가지입니다. 우리는 그 애한테 모든 희망을 걸고 있습니다. 아이 둘을 잃고, 전쟁이 끝난 뒤에 얻은 아이가 바로 볼로드야입니다. 우리 목숨은 이미 다한 것이나 마찬가지입니다. 그 아이를 위해 사는 것이지요." 푸틴은 KGB가 그동안 저지른 일을 알고 있었는지 모르지만 KGB가 국내와 해외에서 국가의 적을 다스리기 위해 저지른 일들에 대해 개의치 않았다. 그는 오히려 국가의 안위를 위해

KGB에 협력하는 것이 국민의 도리라고 생각했다. 그는 "일반 시민의 협조는 국가의 생존에 대단히 중요한 도구"라고 했다. 물론 그동안 지나친 일들이 있었다는 사실은 그도 알고 있었다. 하지만 자기가 태어난 다음에는 스탈린에 대한 개인숭배도 모습을 감추었고 강제노동수용소로 보내진 대숙청의 피해자들도 단계적으로 풀려났다. 그래서 당시의 공포에 대해 큰 의미를 부여하지 않았다. 수백 만 명을 죽이고 삶을 파괴한 과거의 범죄행위는 이제 지나간 역사라고 생각했다. 그는 그러한 지나간 역사에 대해 크게 특별한 의미를 부여하지 않았다.

스탈린의 폭정 아래서 고통당한 사람들을 포함해 많은 러시아인들이 그를 나치를 몰아내고 조국을 승리로 이끈 존경하는 지도자로 생각했다. 그의 통치 기간 중에 일어난 어두운 면들은 두려움과 죄의식 등 복합적인 감정으로 가슴 속에 묻어두고 싶어 했다. 소련 사회는 수십 년 동안 그러한 복합적인 유산을 안고 살았다.

제2장
—

레닌그라드 KGB 요원

푸틴은 1975년 여름 마침내 KGB에 들어가는 꿈을 이루었다. 하지만 어릴 적에 꿈꾸었던 비밀첩보요원이 된 것은 아니었다. 그해 봄 졸업생들의 취업을 담당하는 대학취업위원회로 불려갔더니 법대 사무처 직원은 그에게 레닌그라드변호사회에 가입하게 될 것이라고 알려주었다. 그런데 그때 학생들의 취업 관련 정보를 수집하는 KGB 요원이 방 한쪽에 있다가 가로막고 나섰다. "그건 곤란합니다. 이 학생 일은 이미 해결되었습니다." 푸틴이 들어갈 당시 KGB는 조직이 커져서 국내외 정보수집뿐만 아니라 군 첩보, 국경세관 업무, 정치지도자들의 신변경호, 핵시설을 포함한 주요 정부시설 경비업무까지 관장했다.

푸틴은 레닌그라드 KGB 본부의 인사부에서 근무하게 되었다. 십대 때 자주 들락거렸던 리테이니 프로스펙트 거리에 있는 건물이었다. 비교적 평화로운 시절이었고 소련은 외부의 적이 아니라 자신과의 싸움을 벌이는 중이었다. 23살인 그는 하급 사무요원으로 일하며 자기 방도 따로 없이 부모 집에 함께 살았다. 사무실은 머리가 벗겨진 스탈린 시절의 고참요원들이 우글거리는 칙칙한 분위기였다. 모두들 1937년의 공포정치 시절까지는 아니더라도 강제노동수용소 굴락은 기억할 만한 나이들이었다. 신참요원 푸틴은 간혹 낡은 일처리 방식에 이의를 제기했지만, 절대로 KGB 조직에 반기를 들지는 않았다. 첫발을 갓 내디딘 자신의 경력에 해가 될 짓은 하지 않았다. 사무실 수습기간이 끝나자 레닌그라드에 있는 KGB 요원 지역훈련원인 401호 학교에 입소했다. 경비가 삼엄한 6층 짜리 건물이었는데 오흐타강과 네바강이 만나는 지점 부근에 있었다. 교육생들은 외부세계와 단절된 채 수업과 체력단련에만 매달려 마치 '잠수함'에서 생활하는 느낌을 주었다. 그는 6개월의 교육기간 동안 심문기술을 포함해 정보요원으로서의 기본교육을 받았다. 유리 안드로포프 시절에 KGB 요원의 수는 크게 늘어났다. 안드로포프는 1967년부터 1982년에 당서기장에 오를 때까지 KGB 의장을 지냈다. 푸틴은 안드로포프의 열렬한 숭배자가 되었고 그를 영웅으로 존경했다. 안드로포프는 소련 체제가 처한 한계를 알고 특히 경제면에서는 체제 현대화를 통해 서방을 따라잡으려고 했고, KGB에서도 거시경제와 무역, 국제관계에 식견이 있는 요원을 뽑으려고 했다. 푸틴은 레닌그라드대에 다닐 때부터 이런 점을 예상했던 것 같다. 대학시절에 그는 국제무역 분야에서 최혜국대우를 주제로 논문을 쓰기도 했다.

안드로포프는 KGB를 엘리트 집단으로 바꾸려고 했고 푸틴은 그런 추세에 공감했다. 그런 면에서 푸틴은 KGB의 새로운 세대를 대변하는 인물이었다. 이념 성향이 덜한 스탈린 이후 세대의 젊은이였고 스탈린의 공포정치에 대한 기억을 갖고 있지 않은 세대였다. 안드로포프는 국내와 해외에서 모두 억압적인 정책을 편 사람이지만 소련 입장에서는 개혁적인 지도자였다. 그는 1956년 헝가리 사태 때 부다페스트 주재 소련 대사였고, 이후 일생 동안 폭력사태가 일어나 일당지배체제를 무너뜨리게 될까 봐 전전긍긍하며 지낸 사람이었다. 당시 그는 헝가리 국민들로부터 증오의 대상이던 헝가리 보안요원들이 가로등 꼭대기에 매달려 죽는 모습을 소련 대사관 창문을 통해 지켜보며 경악했다. '헝가리의 악몽'은 안드로포프로 하여금 소련 제국을 지키는 길은 힘을 기르는 것뿐이라는 믿음을 확고히 갖도록 만들었다. 그래서 안드로포프는 체제 현대화를 추구하는 한편 국가의 존립을 위협하는 반체제 인사들을 무자비하게 탄압했다. 이데올로기의 적을 소탕한다는 명분으로 악명 높은 제5총국을 창설한 것도 그였다. 제5총국은 반체제 물리학자 안드레이 사하로프 박사와 반체제 작가 알렉산드르 솔제니친의 탄압을 주도하며 악명을 떨쳤다. 1969년 반체제 인사들을 정신병자로 몰아 감금하기 위해 정신병동을 대대적으로 만든 것도 그였다. 푸틴은 국가의 공식적인 선전에 현혹되어서인지, 아니면 무관심 때문인지는 몰라도 KGB가 하는 일을 합리화하고 그럴 듯한 일로 옹호했다. 그는 법질서 수호가 정보요원의 임무라고 생각했다.

　1976년에 그는 KGB 훈련교육을 마치고 중위 계급장을 달았다. 그러면서 인사부로 돌아가지 않고 정보 부서인 제2총국으로 배치됐다. 그곳에서 그는 외부의 적이 아니라 내부의 적을 상대로 정보를 취합하는 업무에 투입됐다. 사회질서와 정치 안정 유지를 최우선으로 하는 기관원이 된 것이다. 하지만 당시 그가 구체적으로 어떤 일을 했는지에 대해서는 알려진 사실이 거의 없다. 친구와 동료들조차 그가 정확히 어떤 일을 했는지 몰랐다. 푸틴 자신도 자기가 한 비밀업무의 내용을 감추기 위해 많은 애를 썼다. 그와 함께 일한 요원은 푸틴이 실제로는 제5총국 일을 했다고 말하면서도 구체적으로 무슨 일을 했는지는 모른다고 했다. 푸틴 자신은 부인하지만, 그의 동료들은 그가 솔제니친, 사하로프와 같은 반체제 인사들을 상대로 KGB가 쓰는 전술에 정통했다고 말했다.

그는 또한 KGB가 정보원이나 *끄나풀*들을 이용하고 그들의 협조를 받는 것에 대해서 아무런 양심의 가책도 느끼지 않는다고 했다. 그는 경찰국가의 업무에 협력하는 것은 나쁜 게 아니라 법질서를 지키는 데 필요한 일이라고 생각했다. 한때 KGB가 수집한 정보의 90퍼센트는 일반 국민이 자발적으로 제공한 것이라는 주장을 펴기도 했다. 다시 말해 시민들이 자신의 이웃과 동료, 친구, 친척들에 대한 정보를 자발적으로 신고했다는 것이다. 그는 또한 "비밀 정보원의 도움 없이는 아무 일도 할 수 없다."는 말도 했다. 레닌그라드에서 정보업무를 하던 시절에는 정보원을 끌어들이고 관리하는 일을 한 게 분명했다. 해외여행을 자주 다니는 사람, 레닌그라드를 찾는 외국인과 접촉이 잦은 기업인, 언론인, 운동선수들이 그의 접촉 대상에 포함돼 있었다. 그는 이중생활을 했지만 첩보영화 '방패와 칼'에 등장하는 것처럼 그렇게 극적이거나 위험한 생활과는 거리가 멀었다. 당시 음지에서 함께 일한 동료들과는 이후에도 계속 밀접한 관계를 유지한다. 빅토르 체르케소프, 알렉산드르 보르트니코프, 빅토르 이바노프, 세르게이 이바노프, 니콜라이 파트루셰프 등이다. 업무에 몰두하면서 푸틴은 모두 남성인 이들과 강한 동류의식을 형성하고 점차 세상을 흑백

논리로 바라보게 되었다.

　정보 분야에서 6개월 근무한 다음 푸틴은 해외 정보수집을 담당하는 제1총국으로 옮겼다. KGB 내에서 요직으로 간주되는 부서였다. 30만 명에 달하는 KGB 직원들 가운데 5000명 미만이 제1총국 소속이었다. 이곳으로 배치된 데는 독일어 실력이 도움이 되었을 것이 분명했다. 자리를 옮기고 나서는 하루에 두 시간, 일주일에 3일 독일어 공부를 계속했다. 푸틴은 한동안 본격적인 첩보원 활동 대신 리테이니 프로스펙트에 있는 '큰 집'으로 출근하며 레닌그라드에 주재하는 외교관과 외국인 방문객들의 동태를 감시하는 임무를 수행했다. 대부분 정보분석 업무였고 그렇게 힘든 일은 아니었다. 소련 제2의 도시 레닌그라드가 그렇게 후진 업무지는 아니었지만 수도 모스크바에서 맛볼 수 있는 비밀첩보 세계의 스릴은 없었다. 당시 KGB는 조직이 비대해지며 경직되고 효율성이 크게 떨어져 있었다. 첩보세계에 대한 열정으로 업무에 뛰어든 많은 요원들이 관료주의적인 타성과 나태에 젖어들었다. 푸틴은 하급요원으로서의 임무에 충실했고 두각을 드러내 출세하겠다는 의욕도 보이지 않았다.

　1977년에 그의 아버지는 열차공장에서 은퇴했다. 그리고 상이군인 자격으로 방 두 칸짜리 아파트를 배정받았다. 레닌그라드 역사구역 남쪽에 새로 건설한 아브토보 지구 스타체크 프로스펙트에 있는 아파트였다. 그렇게 해서 푸틴은 25살에 처음으로 자기 방을 갖게 되었다. 여유 시간이 많았기 때문에 그 시절에 그는 어머니가 준 자동차를 타고 도시 곳곳을 누비고 다녔다. 친구들은 당시 푸틴이 길거리싸움을 자주 했다고 한다. 자칫하면 첩보요원 자리가 위태로워지는 일이긴 하지만 아랑곳하지 않았다. 경찰에 적발돼도 KGB에서 일한다는 사실이 보호막이 되어주었다. 자기가 가진 힘을 과시하듯이 규칙을 위반했다. 한 번은 친구인 클래식 음악가 세르게이 롤두긴을 부활절 예배에 데려갔는데, 자기가 예배에 참석한 사람들을 감시하는 임무를 맡은 곳이었다. 그는 친구를 제대 있는 곳으로 데려가 이곳저곳 구경시켜 주었다. 일반 신자들은 들어가지 못하는 곳들이었다. "여기는 아무도 못 들어오는 곳이야. 우리만 들어올 수 있지." 그는 이렇게 으스댔다. 롤두긴의 회고에 따르면 성당에서 돌아오는 길에 정류장에서 술에 취한 청년들이 담배를 달라며 시비를 걸었다. 푸틴은 크게 위협적인 상황이 아니었는데도 청년들에게 매우 거칠게 대했고, 나중에는 유도시합에 출전한 것처럼 한 명을 어깨로 들어 메쳐 버렸다.

1979년에 푸틴은 대위로 승진하면서 마침내 모스크바에 있는 KGB 고등훈련학교에 들어갔다. 소련 비밀경찰을 창설한 펠릭스 제르진스키의 이름을 딴 학교였다. 당시 KGB 안에서 제르진스키는 신앙 같은 존재였다. 훈련교본에는 그가 말한 정보요원의 핵심 자질이 이렇게 나와 있었다. "따뜻한 마음씨, 냉정한 머리, 깨끗한 손." 제1총국에서 그를 해외근무로 내보낼 생각을 하는 것 같았지만 그는 단기 훈련코스를 마친 다음 다시 레닌그라드로 돌아가서 외국인 감시 업무를 계속했다. 당시 그의 상사 한 명은 그가 맡은 일을 '대단히 성공적으로' 수행했다고 평가했다. 비교적 평화로웠던 데탕트 시기가 끝나고 국내외적으로 골치 아픈 일들이 많아지기 시작했다. 그와 함께 그의 KGB 경력도 당초 자신이 기대했던 것과는 달라지는 것 같았다. 돌이켜 보면 소련연방 해체의 첫 번째 징조들이 나타난 시기였다.

안드로포프가 이끄는 KGB 정예 병력들이 아프가니스탄 군복을 입고 유혈 쿠데타를 일으킨 다음, 1979년 12월 소련은 아프가니스탄을 침공했다. 아프가니스탄 침공과 함께 소련은 카불에 수립된 친親소련 공산주의 정부를 지원하기 위해 군사작전을 시작했다. 수천 명의 소련 군인이 전사했고, 이들의 유해는 아연상자에 넣어 'CARGO 200'이라는 작전명으로 극비리에 국내로 운구해 숨겨졌다. 미국에서 1980년 11월에 로널드 레이건이 대통령으로 선출되면서 미국과 소련 두 강대국은 한층 더 대결 국면으로 치달았다. KGB는 레이건이 소련을 상대로 핵무기 선제타격을 할지 모른다는 강박관념에 사로잡히기 시작했다. 1981년 5월 회담에서 당시 병색이 완연하던 레오니드 브레즈네프 당서기장은 레이건을 세계평화의 위협이라고 비난했다. 안드로포프는 KGB의 최우선 목표가 레이건의 소련 파괴음모 증거를 찾아내는 것이라고 선언했다. 이 임무는 작전명 '리얀'RYAN 이라는 이름으로 KGB의 최우선 첩보과제가 되었다. 전 세계 KGB 조직이 이후 수년 동안 이 임무에 광적으로 매달렸다. 리얀은 '핵미사일 공격'raketno-yadernoye napadenie이라는 뜻의 러시아어 머리말이었다. 푸틴도 이 임무에서 역할을 맡았다.

19 80년 레닌그라드로 돌아오면서 그의 경력은 큰 전환점을 맞았다. 당시 소련 사회의 일반적인 추세와 달리 그는 28살이 되었는데도 미혼이었다. 그런데 제1총국은 미혼자를 해외근무로 내보내지 않았다. 혼외정사로 신분이 탄로 나거나 협박당할 위험이 있다는 우려 때문이었다. 푸른 눈을 가진 푸틴은 아주 매력 없는 외모는 아니었다. 몸매가 날씬하고 나름대로 재치도 있었다. 하지만 여자 앞에만 가면 입을 닫고 긴장했고, 친구와 KGB 동료 등 남자들과 함께 어울리는 것을 훨씬 더 좋아했다.

푸틴은 대학 졸업학년 때 의과대학에 다니는 한 여학생과 처음으로 진지한 관계를 맺었다. 류드밀라 크마리나라는 여학생이었는데, 그녀의 오빠인 빅토르 크마린은 푸틴의 절친한 친구였다. 두 사람은 토스노에 있는 푸틴 가족의 별장 다차에서 만나 데이트를 즐겼고, 그러한 관계는 푸틴이 사회생활을 시작할 때까지 이어졌다. 1979년에 두 사람은 약혼하고 혼인신청서를 제출했으며, 양가 부모들이 결혼반지와 결혼예복까지 준비했다. 그러던 중에 푸틴이 갑자기 파혼을 선언했다. "두 사람 모두 나중에 고통 받는 것보다 지금 고통 받는 게 낫다."는 핑계를 댔지만 구체적인 사유는 밝히지 않았다. 친구들은 미혼으로 편하게 사는 데 익숙해져서 그런 결정을 내렸을 것이라는 짐작만 했다.

당시에는 결혼하지 않고 지낼 생각을 했던 것 같다. 하지만 1980년 3월에 그는 류드밀라 슈크레브네바라는 갈색 눈동자의 아에로플로트 스튜어디스와 만나게 되었다. 칼리닌그라드에 사는 22세의 여성으로 웨이브 진 금발머리를 어깨까지 늘어뜨린 미모였다. 칼리닌그라드는 원래 프러시아의 영토였으나 2차세계대전이 끝난 뒤 소련 영토로 편입됐다. 류드밀라는 갈리나라는 이름의 동료 스튜어디스와 함께 사흘간 휴가를 내 레닌그라드에 왔다. 첫째 날 저녁에 이들은 갈리나의 남자친구인 안드레이를 따라 렌소베트 극장에서 유명한 스탠드업 코미디언 아르카디 라이킨의 공연을 보았다. 그때 안드레이가 친구인 푸틴을 데려왔던 것이다. 류드밀라는 처음에 푸틴에게 호감을 갖지 않았다고 한다. 허술한 옷차림과 그렇게 돋보이지 않은 용모 때문이었다. 그와의 첫 만남에 대해 류드밀라는 "길거리에서 마주쳤더라면 눈길도 주지 않았을 사람"이라고 했다.

그런데 류드밀라가 음악공연을 보고 싶다고 하자 푸틴이 이튿날 저녁

공연티켓을 구해 왔고, 공연을 함께 보고 나서 푸틴은 류드밀라에게 전화번호를 알려주었다. 그걸 보고 안드레이는 푸틴에게 "너 제정신이니?"라고 말했다고 한다. 친하지 않은 사람에게 자기 전화번호를 알려주는 법이 없었기 때문이다. 두 사람은 사흘째 저녁에 다시 만났고, 그녀는 칼리닌그라드로 돌아가서 푸틴에게 전화를 걸었다. 그녀가 7월에 레닌그라드를 다시 찾았을 때부터 두 사람은 본격적으로 사귀기 시작했다. 류드밀라는 다른 여자들은 버스나 트롤리 전차를 타고 데이트하러 가는데 자기는 비행기를 타고 다녔다는 우스갯소리를 했다. 얼마 뒤 그녀는 레닌그라드로 거처를 옮겼는데 푸틴이 대학에 다시 다니라고 권했기 때문이다. 스튜어디스 일을 시작하면서 기술전문학교를 중퇴했던 것이다. 그렇게 해서 그녀는 푸틴이 졸업한 국립 레닌그라드대 언어학부에 입학했다. 거처를 옮기고 공부를 다시 시작한 스트레스 때문에 얼마 뒤 두 사람의 관계는 파경을 맞았고 류드밀라는 칼리닌그라드로 돌아가 버렸다. 하지만 푸틴이 칼리닌그라드로 가서 설득해 도로 데려왔다. 10월에 류드밀라는 공동아파트에 자리를 잡았는데, 아들을 군대에 보낸 여성과 함께 살았다.

푸틴은 요구하는 게 많고 질투심이 많은 남자친구였다. 그녀는 푸틴이 항상 자기를 감시하고 시험하고 이리저리 떠본다는 느낌을 받았다. 항상 자기 뜻대로 일방적으로 관계를 끌어가려고 했고 류드밀라에게 말대꾸할 여지를 주지 않았다. 당시 그녀는 푸틴이 KGB에서 일한다는 사실을 몰랐다. 내무부 범죄수사과에서 일한다고 거짓말을 했기 때문이다. 정보기관에서 일하는 사람들이 흔히 쓰는 거짓말이었다. 가짜 신분증까지 보여주었다. 그녀가 낮에 무슨 일을 했느냐고 물으면 푸틴은 항상 "점심 먹기 전에 한 놈 잡았다가 점심 후에 풀어줬지." 하는 식으로 둘러댔다.

만난 지 일 년 반 지난 1981년이 되어서야 그녀는 푸틴의 진짜 직업이 무엇인지 알게 되었다. 그것도 친구 부인의 입을 통해서였다. 그 사실을 알고 나서 그녀는 흥분감과 자부심을 함께 느꼈다고 한다. KGB라고 특별히 겁낼 이유는 없었고 무뚝뚝한 태도도 이해가 되는 것 같았다. 한번은 이상한 일이 있었다. 푸틴이 저녁 7시에 자기한테 전화를 걸어달라고 했다. 흔히 있는 일이었다. 그녀가 사는 공동주택에는 전화가 없어서 아파트 마당에 있는 공중전화 부스로 갔다. 날이 어두워지고 있었는데 푸틴은 전화를 받지 않았다. 밤늦게까지 일하는 경우가 많다는 걸 알기 때문에 포기하고 집으로 가기 위해 돌아섰다. 그때 어떤 젊은 남자가 뒤를 따라왔다. 마당을 가로질러 집으로 돌아오는데 계속 따라왔다. 발걸음을 빨리 하자 그 남자는 속도를 높여 따라오며 이렇게 말했다.

"잠깐만 아가씨, 해코지하려는 게 아닙니다. 잠깐 이야기 하고 싶어서 그래요. 잠깐이면 됩니다." 애원조로 말하는 폼이 거짓말은 아닌 것 같아서 걸음을 멈추었다.

"아가씨, 이건 운명이에요. 도대체 어떻게 아가씨 같은 사람을 여기서 만나게 되었을까요."

"도대체 무슨 말씀을 하는 거예요?"

"이건 운명입니다. 제발 부탁컨대 전화번호를 알려주세요."

"우리 집에는 전화가 없어요."

"그러면 제 전화번호를 적어드리겠어요." 그 남자는 푸틴이 두 번째 만났을 때 하던 식으로 자기 전화번호를 내밀었다.

"안 받겠어요." 그녀는 이렇게 대꾸하고 돌아서 와 버렸다.

이상한 생각이 들었다. KGB가, 아니면 푸틴이 어두운 밤거리에서 자기를 시험한 것인가? 길거리에서 아무 남자나 만나 인연을 맺는 그런 타입의 여자인지 테스트해 본 것이란 말인가? 만약 그런 여자라면 남편의 질투심을 사서, 남자나 여자 모두 역 스파이나 협박의 대상이 될 위험이 있다고 생각하기 때문이었을 것이다. 그 낯선 남자가 정말 순진한 마음으로 자기에게 접근한 것일 수도 있을 것이다. 하지만 그런 일로 마음이 흔들릴 필요는 없다고 생각하고 머리에서 떨쳐내 버리려고 했다. 그녀는 푸틴이 하는 일에 불만은 없었다. 그리고 그가 자기가 속한 그 세계에 관해서는 절대로 입을 열지 않는다는 사실도 알았다. 그는 왜 저녁 아홉시가 아니라 한밤중에 집으로 돌아오는지 그 이유를 말해서 그녀를 안심시켜 주는 일은 절대로 하지 않았다. 처음에는 걱정되고 화도 났지만 아무 것도 모른 채 혼자서 기다리는 것 외에는 달리 방법이 없었다. 그녀는 그런 남자와 점점 사랑에 빠졌다. 하지만 스트레스도 함께 받았다.

푸틴은 대담하면서 충동적인 성격이었지만 교제 기간에는 비교적 느긋하게 행동했다. 그는 자신의 지위를 이용하고 봉급을 모아 그녀와 여행을 다녔다. 흑해로 두 번 갔고, 친구들과 함께 자동차로 소치에도 한 번 갔다. 레닌그라드에서 남쪽으로 1천마일 넘게 떨어진 곳이다. 방 두 개짜리 아파트에 머물렀는데, 보차로프 루체이 별장 경호원들을 위해 확보해 놓은 방이었다. 보차로프 루체이는 1950년대에 니키타 흐루시초프의 지시로 엘리트 간부들을 위해 지은 해변 별장으로 새 러시아가 들어서고 나서는 대통령 별장으로 쓰였고, 레오니드 브레즈네프는 말년에 이곳에서 요양했다. 1981년에 두 사람은 흑해에 다시 갔다. 이번에는 크림반도의 수다크에 2주 동안 머물렀는데, 단 둘이 떠난 첫 여행이었지만 회오리바람이 몰아치는 로맨스와는 거리가 멀었다.

푸틴은 1983년 4월이 되어서야 청혼했다. 처음에 류드밀라는 이 남자가 자기와 헤어지려는 생각을 하는 줄 알았다.

"3년 반이 지났으니 아마 당신도 마음의 결심을 했을 것이요." 그는 자기 아파트에서 이렇게 말을 꺼냈다.

"그래요." 그녀는 머뭇거리며 이렇게 대답했다. 끝장일지 모른다는 두려움이 몰려왔다. 그는 이외라는 듯이 이렇게 물었다. "결심했다구요?" 그런 다음 이렇게 말을 이었다. "그렇다면 잘 됐소. 나는 당신을 사랑하고, 나와 결혼해 주었으면 좋겠소."

그는 이미 결혼날짜까지 잡아놓고 있었다. 7월 28일이었는데 불과 석 달 뒤였다. 두 사람은 교회식이 아니라 일반인들이 하는 식으로 혼례를 치렀다. KGB 요원들은 교회식 혼례를 할 수 없게 금지돼 있었다. 결혼식은 두 번 나눠 열렸는데, 첫 번째 예식은 레닌그라드 국립대 부근에 정박한 유람선 레스토랑에 친구와 친지 20여 명을 초대해서 올렸다. 그리고 이튿날 저녁에는 모스크바 호텔 연회실에서 좀 더 비밀스런 분위기에서 두 번째 결혼식을 올렸다. 신부 류드밀라에게 첫 번째 결혼식은 따뜻하고 흥겨웠고, 두 번째 결혼식은 다소 생소하고 의식적인 분위기였다. 참석자들 모두가 신랑 푸틴의 KGB 동료들이었다. 동료 신부의 친구와 친척들에게조차 자신들의 신분이 노출될 위험을 피해야 하는 사람들이었다.

신혼여행은 우크라이나로 갔다. 먼저 키예프로 가서 여행지로 함께 따라온 친구들과 한 방에 어울려 놀았다. 그 다음 몰도바에 들렀다가 우크라이나 서부의 리비우로 갔다. 그런 다음 크림반도로 가서 니콜라예프와 얄타에서 머물렀다. 광활한 소련 영토에서도 단연 최고의 휴양지로 꼽히는 곳이었다. 얄타에서는 12일간 머물며 아름다운 해변에서 수영, 일광

욕으로 시간을 보냈다.

　푸틴의 동료인 이고르 안토노프는 푸틴이 미혼 신분이면 출세에 지장이 있다는 점을 알기 때문에 결혼했을 것이라고 했다. 푸틴은 실제로 결혼을 자신의 출세와 연관 지어서 생각했던 것 같다. 결혼 일 년 뒤 푸틴은 처음으로 실내 업무에서 손을 떼게 된다. 9년차가 된 그는 소령으로 승진해서 모스크바에 있는 정예 해외첩보원 연수학교인 적기赤旗연구소로 보내졌다. 1938년에 설립된 적기연구소는 소련의 해외첩보원 양성 훈련원 역할을 했다. 이곳의 입학 조건은 이념적으로 철저한 검증을 통과해야 할 뿐 아니라 인종적인 차별도 있었다. 유대인을 비롯해 크림 타타르인과 체첸, 칼미크인들은 입학이 금지되어 있었다. 그리고 어떤 형태의 종교의식도 금지되었다. 그는 KGB가 나름대로 적용한 차별 철폐 정책의 혜택을 받아 입학이 허가되었던 것으로 보인다. 1980년대 들어서 제1총국에서 신입요원들 다수가 '버릇없이 자란 특권층 자녀들'이라는 불만이 터져 나왔다. 중앙에 있는 연줄을 등에 업고 들어오는 요원들이 너무 많다는 것이었다.

　이들 대신 외국어에 재능이 있고 국가관이 투철한 유능한 젊은이들을 충원해야 한다는 소리가 높았다. 그래서 제1총국에서는 인재 풀을 넓혀서 지방 인재 할당량을 늘리고, 지방 본부들을 상대로 젊은 요원들을 추천해 달라고 요청했다. 그렇게 해서 레닌그라드 지부에서는 푸틴을 추천했다. 당시 훈련원 이름은 안드로포프연구소로 바뀌어 있었다. 안드로포프는 KGB 수장 자리를 오래 유지한 뒤 1982년 브레즈네프가 사망하자 후임 당서기장으로 선출됐다. 많은 이들이 그가 정보기관을 확실히 장악하고 그 힘을 바탕으로 국가개혁에 나서줄 것이라는 기대를 가졌다. 하지만 안드로포프는 불과 15개월 재임하고 1984년 2월 급작스레 사망했다. 이후 소련 지도부는 고령의 지도자들이 번갈아 들어서며 극도의 혼란기를 보냈다. 콘스탄틴 체르넨코가 안드로포프의 뒤를 이어 당서기장에 올랐다. 푸틴이 적기연구소에 들어가기 몇 개월 전이었다. 하지만 병약한 체르넨코는 임기 1년을 채우지 못하고 1985년 3월에 사망했다. 대大 제국 소련은 갑자기 새로운 지도자를 배출하지 못하고 경제, 정치면에서 정체기로 들어서게 되었다. 서방과의 격차는 더 커지고, 특히 주적主敵인 미국과의 격차는 까마득히 벌어지고 말았다. 아프가니스탄에 파병된 소련군은 진창에 빠져 있었다. 푸틴이 일하는 정보기관 내부에서는 아프가니스탄 사태의 진실에 대해 여러 말들이 오갔지만 그 문제가 공개적으로 제기된 적은 없었다. 군사개입이 정당하다고 확고히 믿었던 푸틴은 나중에 아프가니스탄 사태의 진실을 듣고 충격을 받았다.

적기연구소는 모스크바 외곽의 숲속에 자리한 비밀시설이었다. 지금은 해외정보연구소로 이름이 바뀌었다. 교육은 요원의 교육수준과 경력, 교육 후 배치될 자리에 따라 1년에서 3년까지 차등을 두고 진행됐다. 임신 중인 아내 류드밀라는 시댁 부모와 함께 레닌그라드에 남았다. 푸틴은 그곳에서 요원 충원에서부터 암호 사용법, 정찰, 꼬리 자르기, 무인 포스트 이용법 등 다양한 첩보기술을 습득했다. 특히 주목할 사실은 이곳에서 위장술을 배웠다는 점이다. 교육기간 중에 요원들은 이름 첫 글자를 딴 암호명으로 불렸는데 푸틴의 암포명은 '플라토프 동지'였다. 같이 교육받는 요원들끼리도 서로 상대방의 정체를 모르도록 한 것이었다. 군복 대신 민간인 복장을 했는데, 그런 식으로 앞으로 기자, 외교관, 무역대표단 등 나가서 일하게 될 다양한 신분의 직업에 적응하는 훈련을 받았다.

1984년 9월에 푸틴은 새로 맞춘 쓰리 피스 양복을 말쑥하게 차려 입고 동료들 앞에 섰다. "플라토프 동지를 보시오. 정말 멋지지 않소!" 교관인 미하일 프롤로프 대령이 다른 요원들을 향해 이렇게 소리쳤다. 날렵한 몸매의 푸틴이 모델로 뽑힌 것이었다. 십 년 가까운 세월 동안 레닌그라드에서 외국인과 반체제 인사들의 동향을 감시하던 단조로운 업무에서 벗어나 마침내 어릴 적부터 꿈에 그리던 진짜 첩보원이 되기 위한 자질을 배우게 된 것이었다. 당시 연구소의 주요 3개 부서는 제2차세계대전 전후로 KGB의 첩보 황금기를 직접 겪은 고참요원들이 이끌고 있었다. 정치정보는 유리 모딘, 정보분석은 이반 시스킨, 과학기술 정보는 블라디미르 바르코프스키가 맡았는데, 모두 런던에서 첩보원으로 이름을 날리던 사람들이었으며, 모딘은 '매그니피슨트 5'Magnificent Five로 알려진 그룹의 마지막 관리자였다. 모두 캠브리지를 졸업한 이들은 영국의 권력 핵심부까지 침투해 들어갔다. 정체가 드러나 그룹이 해체된 이후에도 이들은 오랫동안 KGB에서 젊은 첩보요원들의 롤 모델로 남아 있었다.

류드밀라는 대학을 졸업하기 전인 1985년 4월 28일에 딸을 출산했다. 그녀는 아이 이름을 나타샤로 하고 싶었으나 푸틴이 이미 이름을 지어놓았다. 푸틴은 자기 엄마 이름을 따서 아이 이름을 마리아로 하고 마샤라는 애칭으로 부르기로 했다. 푸틴은 해외 근무를 원했는데 근무지는 적기 연구소에서의 성적에 따라 배치될 예정이었다. 독일어를 집중적으로 공부했기 때문에 독일어권으로 배치될 것이 분명했다. 남은 문제는 독일, 오스트리아, 스위스 같은 자본주의 국가로 갈 것인지 아니면 소련의 위성국인 동독으로 갈 것인지였다. 서방국가에서 암약하려면 연구소에 남아 일이년 더 훈련을 받아야 했다. 현지 관습에 대해 심화교육을 받아야 하기 때문이었다. 푸틴 자신은 동독 근무를 희망했지만 선택권은 자기한테 있는 게 아니었다. 연구소 졸업평가위원회에서 요원들의 성적과 품행을 바탕으로 각자 파견될 임지를 결정했다.

훈련 최종평가 성적은 그렇게 좋지 못했다. 재치 있으나 내성적이고 사교성이 부족하다는 평가를 받았고, 아는 체하는 성향을 빗대 '학구적인 성향이 어느 정도 있다.'는 평가도 받았다. 좋은 임지로 나가는 데 힘이 되어 줄 가족배경이나 연줄도 없었다. 지하철역에서 길거리싸움을 벌인 기록도 좋지 않은 영향을 미쳤을 것이 분명했다. 집중교육을 2년 더 받고 정예 첩보요원의 길을 가는 대신 그는 1년 만에 교육을 마치고 배치됐다. 임지는 서독이 아니라 동독이었는데, 그것도 냉전시대 첩보활동의 요지였던 베를린이 아니라 작센지방의 주도로 체코와의 국경지대에 위치한 드레스덴이었다. 서른세 살에 드디어 생애 처음으로 여권을 손에 쥐었다. 그때까지 소련 밖으로 나가 본 적은 단 한 번도 없었다.

제3장

무너지는 제국의 충직한 첩보요원

제2차세계대전 이후 전승국 소련이 세운 전 세계 사회주의 국가들 가운데서 동독은 공산주의가 약속한 노동자들의 천국 같았다. 하지만 그 천국은 이데올로기와 억압, 공포정치로 유지돼 나가고 있었다. 동독의 국토안보부인 슈타시는 직원 9만 1천 명의 방대한 조직을 갖추고 있었으며, 인구가 1700만 명인 나라에 정보원 수가 17만 3천 명이 넘었다. 소령으로 진급한 푸틴은 갑자기 옛날로 되돌아간 것 같은 기분이 들었다. 한마디로 '매우 전체주의 국가'라는 생각이 들었다. 그는 새로 부임해 간 임지를 좋아했다. KGB는 동독에 엄청난 수의 요원을 배치해 두었다. 냉전시절에는 소련군 사령부가 있는 베를린 칼스호르스트 기지 안에 KGB에서 고용한 인원이 수백 명을 넘었다. KGB 요원은 슈타시 요원들을 '동지들'이라고 불렀다. 양측은 협력자이면서 동시에 경쟁자였다.

슈타시가 하는 정치업무의 상당 부분은 KGB의 업무와 겹쳤다. 슈타시는 독일뿐만 아니라 동구권 전역에서 수집한 정보 보고서를 모스크바에 있는 슈타시 지부로 보냈다. KGB는 슈타시를 하부 조직 다루듯이 대했고, 슈타시는 이를 못마땅해 했다. 브레즈네프 시대인 1970년대에 KGB 역사상 최대의 작전 가운데 하나인 '광선'이라는 뜻의 작전명 '루치'LUCH 가 시작됐다. 비밀리에 선발한 독일 요원들에게 동독의 당지도부와 정부 관리, 일반 시민 가운데서 소련의 지도이념에 순종하지 않는 자들에 대한 정보보고를 올리도록 시킨 것이다. 베를린에 주재하는 KGB는 세계 최대 규모였지만, 드레스덴 지부는 변방의 작은 사무소에 불과했다. 드레스덴시는 엘베강을 사이에 두고 양쪽에 위치하고 있는데, KGB는 드레스덴 지부에 요원 6~8명 정도를 유지하고 있었다. 사무실은 구시가에서 유명한 다리 하나를 건너면 나오는 안겔리카슈트라쎄 4번지에 자리하고 있었다. 푸틴 소령은 이곳의 모퉁이 건물 2층에서 4년 반 동안 근무했다.

유럽에서 가장 아름다운 도시 가운데 하나였던 드레스덴은 폭격으로 파괴된 프라우엔 교회의 흉한 몰골로 인해 도시 전체가 일그러진 분위기를 연출하고 있었다. 바로크 양식의 교회 건물은 1945년 드레스덴 공습으로 파괴된 이후 40년이 지나도록 수리하지 않고 그대로 있었다. 전쟁의 공포를 보여주는 상징물인 동시에 서구의 야만성을 보여주는 선전물이기도 했다. 강 건너에 있는 안겔리카슈트라쎄는 짧지만 아름다운 거리였다. 도로를 따라 늘어선 가로수와 곳곳에 들어선 정원들은 봄이면 꽃 융단을 펼쳐놓은 것처럼 색색이 꽃을 피웠다. 무너져 내리는 레닌그라드의 거대 건축물들과는 다른 분위기였다. 대로와 만나는 교차로를 지나면 넓고 푸른 엘베강 어귀가 내려다보이는 거대한 건물군이 나타났다. 2차대전 종전 후 소련 비밀경찰 NKVD는 그곳에 있던 작은 건물 한 채를 군사재판소로 만들어 나치 잔당은 물론 새로 수립된 공산정권의 반대세력을 처단하는 데 썼다. 이후 슈타시가 이 건물을 접수해 계속 증축해 나갔다. 1953년에는 44개의 감방이 있는 감옥을 지었고, 이후 여러 해에 걸쳐 그곳에서 심문받고 투옥된 사람이 2만 명이 넘었다.

푸틴 소령이 부임할 당시 슈타시 본부는 바우츠너슈트라쎄 거리를 따라 도시 속에 또 하나의 비밀도시를 건설해 놓고 있었다. 비밀도시 안에는 행정건물들이 들어서 있었는데, VIP 게스트하우스를 비롯해 3000명이 사는 아파트 단지가 있었다. 다른 건물들과 격리된 곳도 있었는데, 그 안에서는 요원들이 커다란 헤드폰을 낀 채 도시 전역을 커버하는 비밀 감청시설을 통해 대화내용을 엿듣고 있었다.

드레스덴 슈타시 총책 호르스트 뵘은 본부 건물 2층에 사무실을 두고 있었는데, 창문 밖으로 내려다보이는 포장된 운동장에서는 요원들이 배구와 축구를 했다. 가끔 거리 반대편에 있는 KGB 동지들과 시합을 하기도 했다. 당시 소련의 상황이 너무 침체돼 있었기 때문에 그곳에 나가 있는 젊은 KGB 요원과 붉은군대 군인들의 눈에는 동독처럼 경직된 사회주의 체제조차 호화롭게 보였다. 그곳은 여자와 돈, 술이 넘쳐나고 갖가지 유혹으로 가득 찬 위험한 세상이었다. 하나같이 이데올로기의 타락을 부채질하는 위험한 요소들이었다. 당시 동독에 파견된 소련 첩보요원과 군인들은 청바지와 포르노 잡지, 심지어 무기까지 닥치는 대로 구해 암시장에서 보드카와 바꿨다. 당시 붉은군대 지휘부는 보드카를 엄격히 규제했다. 그리고 KGB 엘리트 요원과 장교, 그들의 아내들까지 식료품과 의류, 전자제품을 구해서 고국으로 빼돌려 암시장에 내다 팔았다. 당시 소련에서 구하기 힘든 사치품들이었다.

푸틴은 1985년 8월 드레스덴에 도착하면서 어릴 적부터 간직해 온 꿈을 마침내 이루게 되었다. 첩보원이 되어서 해외로 나가 조국의 적들과 싸우는 꿈이었다. 하지만 그동안 상상해 온 화려한 첩보원 생활과 비교하면 아직은 너무도 빈약한 경력이었다. 더구나 비밀요원도 아니고 행정관리를 담당하는 요원이었다. KGB 제국의 변두리 지부에서 일하는 냉소적이고 사기가 떨어진 요원들 사이에 끼어든 일개 사무요원에 불과했다. 동료들은 그를 블라디미르의 애칭인 '리틀 볼로드야'로 불렀다. 안겔리카슈트라쎄 건물에 이미 블라디미르라는 이름을 가진 요원 두 명이 더 있었기 때문이다. 이들은 '빅 볼로드야' '털보 볼로드야'로 불렸다. 빅 볼로드야로 불린 블라디미르 우솔체프는 2년 전 부임해 왔고, 그곳으로 오기 전 벨라루스와 크라스노야르스크 KGB 지부에서 일한 경력을 갖고 있었다. 그는 당시 드레스덴 생활에 잔뜩 싫증이 나 있었다.

그해 리틀 볼로드야가 드레스덴에 부임하기 전 콘스탄틴 체르넨코가 사망했다. 우솔체프와 그곳의 동료들은 조국을 또 다시 불확실한 미래로 빠지게 했을 체르넨코가 일찍 사망한 것에 대해 축배를 들었다. 우솔체프는 중앙정부에서 끊임없이 요구사항을 내려 보내는 관료주의에 염증을 느끼고 있었다. 그는 중앙정부가 가상의 적들로부터 위협을 받고 있다는 망상에 사로잡혀 있다고 생각했다. 드레스덴에 근무하는 KGB 첩보요원들은 아무 쓸모없는 엄청난 양의 보고서를 의무적으로 모스크바로 보내는데, 대부분 현지 언론에 보도되는 정치 관련 뉴스를 요약한 내용들이었다. 그런 분위기에 리틀 볼로드야는 잘 적응했다. 드레스덴 지부장 라자르 마트베예프 대령의 비위도 잘 맞춰 금방 신임을 얻었다. 마트베예프는 푸틴보다도 더 단신에다 몇 올 남지 않은 백발을 단정히 빗은 대머리였다. 1927년생인 그는 대조국전쟁 때 부모를 모두 여의고 구식 학교에 다닌 전형적인 소련 첩보요원이었다.

그는 뚜렷한 목적의식과 올바른 정신 상태를 가진 젊은 부하 푸틴 소령을 아꼈다. 푸틴이 부임하기 전 해부터 KGB는 드레스덴 주재 요원들에게 100달러 상당을 달러와 마르크화 현금으로 지불하기 시작했다. 우솔체프는 KGB 요원으로 동독에 일정 기간 근무하면 "안락한 노후를 보장할 수 있는 절호의 기회"가 된다고 생각했다. 하지만 푸틴 부부는 그렇게 생각하지 않았고, 마트베예프는 다른 여자들과 달리 돈을 밝히지 않는 미모의 아이 엄마 류드밀라를 좋아했다. 그는 안겔리카슈트라쎄에 있는 KGB 직원들 앞에서 리틀 볼로드야를 총애한다는 말을 드러내놓고 했다. 부임 초기에 류드밀라는 학위를 마치기 위해 레닌그라드에 남고, 푸틴은 라데베르거슈트라쎄 101번지에 있는 새로 지은 아파트 꼭대기 층에 동료와 함께 지냈다. KGB 숙소에서 걸어서 5분 거리에 있는 아파트였다.

이웃에 있는 다른 건물들과 마찬가지로 슈타시 요원과 소련 요원 가족들이 살았다. 비밀경찰과 첩보요원들이 모여 사는 폐쇄된 작은 공간이었다. 러시아 제품을 파는 가게와 자녀들이 다니는 학교, 소련 영화를 상영하는 영화관, 러시아 사우나인 바냐도 가까이에 있었다.

푸틴 소령은 조금 뒤 아파트 4층으로 옮겼는데 엘리베이터는 없고 올라가는 계단이 있었다. 방 4개짜리로 고급 아파트는 아니었지만 처음으로 자기만 사는 아파트에 살게 된 것이었다. 류드밀라는 1985년 가을에 마샤를 안고 드레스덴에 도착했다. 부엌에 가보니 식탁에 소련에서는 구경하기 힘든 바나나가 한 바구니 놓여 있었다. 꿈인지 생시인지 헷갈릴 정도였다. 이웃사람들은 멋스럽고 거리는 깨끗했다. 아파트 창문은 일주일에 한 번씩 깨끗이 청소가 되었다. 독일 부인네들은 잔디가 깔린 정원에 세워진 철제 건조대에 세탁물을 가지런히 걸어 말렸다. 하나같이 잘 정돈된 사회였다.

드레스덴 지부는 드레스덴과 라이프치히, 게라, 칼마르크스슈타트 등 동독 내 4개 구역의 KGB 업무를 총괄했다. 푸틴 소령은 동료들과 함께 정보, 첩보수집과 분석, 특히 당시 중요하게 대두되기 시작한 과학기술 첩보업무를 맡았다. 정보작전의 주요 대상은 멀리 있는 적이 아니라 국경 바로 너머에 있는 적이었다. 그는 2층에 있는 사무실을 우솔체프와 함께 썼다. 우솔체프는 사무실을 '감옥', 동료인 푸틴을 감방동료라고 불렀다. 사무실에는 책상 두 개와 비밀서류를 보관하는 금고 하나, 전화기 두 대가 있었다. 전화선은 하나였다. 푸틴은 처음에 서툰 독일어 때문에 전화 받기를 겁냈지만 나중에는 작센 지방 사투리까지 구사하는 수준이 되었다. 학생시절부터 독일 문화와 역사, 문학에 관심이 많았기 때문에 마음껏 독일 분위기에 빠져들었다. "어떤 때는 나보다 독일에 대해 아는 게 더 많았어요." 드레스덴 슈타시 총책 호르스트 뵘의 고위참모인 호르스트 엠리히는 이렇게 회고했다. 독일어 공부에 열심이었던 푸틴은 모르는 독일어 표현이 나오면 엠리히에게 독일어로 설명해 달라고 했다.

우솔체프는 새로 온 동료의 유머감각과 보잘 것 없는 출신배경에 대해 재미있어 했다. 푸틴은 자신의 출세 길을 챙겨 줄 '고위인사'가 전혀 없었다. 총책의 총애를 받은 푸틴은 드레스덴 지부의 공산당 대표 역할을 맡아 주간 정치정세 토론회를 주관했다. 당시 푸틴은 텔레비전에 나오는 알아들기 크게 어렵지 않은 수준의 버라이어티 쇼를 즐겨 보았고, 그러면서 고전문학 작품을 많이 읽었는데, 러시아 풍자작가 니콜라이 고골리와 미하일 살티코프-시체드린의 작품을 좋아했다. 19세기 차르시대 관료사회의 타락과 질식할 것 같은 사회 분위기를 신랄하게 비판한 작품들이었다. 푸틴이 가장 좋아한 작품은 고골리의 걸작 〈죽은 혼〉이었다. 지방 관료들의 매관매직과 농노들의 애환을 날카롭게 비판한 작품이었다.

우솔체프가 보기에 푸틴은 상황에 적응하고, 윗사람의 비위를 맞추어서 신임을 얻는 데 탁월한 능력을 가진 자였다. 다른 사람들도 그렇게 생각했다. 숙소 지하에 있는 목욕탕에서 수시로 몇 시간씩 토론을 했는데, 그런 자리에서 푸틴은 개인적인 성향, 심지어 위험한 개인 생각을 언뜻언뜻 내비쳤다. 1985년 11월 9일에 이들은 아나톨리 카르포프와 개리 카스파로프가 벌이는 세계 체스 챔피언전을 소련 텔레비전 중계방송을 통해 보고 있었다. 구세대와 신세대 간의 이념대결로까지 받아들여져 큰 관심을 모은 대결이었다. 대부분의 KGB 요원들은 현 챔피언이며 소련에서 영웅 칭송을 받고 있는 카르포프를 응원했다. 이들은 언론에서 혹평을 받는 카스파로프에 대해 '대단히 버릇없는 자'라는 생각을 갖고 있었다. 하지만 푸틴은 위험스러운 일인 줄 알면서도 카스파로프를 응원했다. 그리고 카스파로프가 최종 승리를 거두자 드러내놓고 환호했다. 푸틴은 하느님의 존재를 확고하게 믿는다는 입장을 밝혔는데 KGB 안에서 그것은 '상상할 수 없는 일'이었다. 철저한 무신론 공산주의자인 우솔체프는 푸틴이 종교적인 믿음을 당당하게 인정하는 것을 보고 놀랐다고 했다. 물론 푸틴도 자신의 신앙을 겉으로 과시하지는 않았다. 푸틴이 자신의 신앙에 관해 워낙 신중한 입장을 취했기 때문에 우솔체프는 그가 하느님을 첩보

전략의 일환으로 믿는 게 아닌지 끝까지 반신반의했다고 한다.

류 드밀라는 드레스덴에 온 직후에 다시 임신했고, 8월 31일 카챠라는 애칭으로 부르는 둘째딸 예카테리나를 출산했다. 우솔체프는 푸틴이 아들이 태어나지 않은 데 대해 약간 실망감을 나타냈다고 했다. 푸틴은 남편과 아버지의 위치에 대해서 가부장적인 기질을 보였다. 남편과 아내가 할 일이 다르다는 전통적인 남성우월주의 생각이 강해 장보기와 요리 등 가정 일에는 일체 관심을 보이지 않았다. 류드밀라가 둘째 딸을 임신하고 잠시 병원에 입원했을 때 푸틴 혼자서 딸 마샤를 데리고 사흘 동안 집에 있었는데 그렇게 힘들어 했다고 한다. 류드밀라의 말에 따르면 그는 '가정의 물품 공급자 겸 수호자'였고 나머지 일은 아내 몫이었다. 그리고 식성이 까다로워서 싫어하는 음식에는 손도 대지 않았다. 아내가 불평하면 '여자를 칭찬하는 것은 여자를 망치는 짓이다.'라는 러시아 속담으로 대꾸했다고 한다. 결혼기념일을 챙긴 적은 한 번도 없었다.

업무량이 많아 주말까지 사무실에 나가야 할 정도는 아니었다. 그래서 부부는 주말을 이용해 소련제 지굴리 승용차를 타고 동료 요원 가족들과 함께 여기저기 여행을 다녔다. 낚시 클럽에도 가입하고 작센의 숲과 공원을 많이 찾아다녔다. 소련 위성국이었던 체코 여행도 두 번 갔고, 그 중 한 번은 마트베예프 대령과 그의 아내 예브게니야와 함께 했다. 하지만 서독 여행은 한 번도 하지 않았다. 사는 아파트에 러시아 친구와 독일 친구를 수시로 초대했는데, 모두 정보요원들이었다. 푸틴 부부는 부르크하르트 부부와 가까이 지냈는데 그 부부에게 장애 아이가 있었다. 나중에 이 부부가 이혼하고 어려워지자 푸틴이 나서서 베를린에 부인의 일자리를 주선해 주었다. 소련에 있는 사람들과 비교하면 푸틴 부부는 드레스덴에서 특혜 받은 안락한 삶을 살았지만 활동 반경이 제한돼 있다는 점이 흠이었다. 폐쇄된 분위기에서 어울리다 보니 가십이 심심찮게 나돌고 신경이 날카로워져서 사소한 다툼이 잦았다.

드레스덴 시절은 한마디로 절제되고 안정적이며, 평범하고 단조로웠다. 특별한 일이 일어나지 않는 틀에 박힌 삶이었다. 류드밀라에게는 밀실공포에 버금가는 삶이었다. 남편은 집에 돌아와서 바깥일을 일체 입에 담지 않았다. 하지만 남편이 하는 일은 가족의 일상을 모두 지배했다. 푸틴이 류드밀라에게 '바람직하지 않은 사람들'과 어울리지 말라는 주의를 준 게 한 두 번이 아니었다. 가까이 지내는 독일 친구들조차도 절대로 믿지 말라고 했다. 서독 연방정보국BND이 육감적인 여성 비밀요원을 통역으로 위장해 안겔리카슈트라쎄 건물에 침투시켰다는 말도 있었다. '발코니'란 코드명을 가진 이 여성은 푸틴 가족, 특히 류드밀라에게 접근했고 류드밀라는 그녀에게 결혼생활의 어려움에 대해 털어놓았다. 푸틴이 자신을 너무 무시하고 여성편력이 심하다는 불만 등이었다. 그 통역이 실제로 서독의 스파이였는지 여부는 밝혀지지 않았다.

푸틴 소령은 수행하는 임무에 따라 군복을 입기도 하고 사복 차림을 하기도 했다. 그는 서독과 동독 내의 경제, 정치, 군사 정보를 수집하는 데 도움이 될 정보원들을 관리했다. 요원들은 자신의 신분과 무슨 활동을 하는지 철저히 비밀에 붙이고 끊임없이 배신의 두려움에 시달렸다. 푸틴은 행정요원으로서 그곳을 방문하는 기업인과 외국인들을 추적하고 감시했다. 그리고 드레스덴에 있는 유일한 러시아정교회인 성 시메온 교회에 대한 특별 감시 임무를 맡아 수석사제인 그리고리 다비도프를 비롯해 몇 안 되는 신자들의 동태를 파악해 보고서를 작성했다. 그리고 정보원으로 쓸 후보자들에 관해 서류를 작성해 지부 총책인 뵘의 사무실로 보고해 승인을 받았다. 슈타시도 KGB가 동독에서 하는 일을 다 파악하지는 못했다. 드레스덴 지부는 서독과 동독의 정치상황도 분석했다. 당시 고르바초프 주도로 심각한 변화의 소용돌이를 겪던 소련 정치에 대해 혹시라도 반대의 조짐이 있는지 면밀히 추적했다. 작전명 '루치'를 통해 KGB는 오랫동안 동독 인사들을 감시했는데, 슈타시를 비롯해 동독 내 '동지들'에 대한 동태를 중앙에 보고했다.

1987년에 푸틴은 중령으로 진급하면서 마트베예프의 보좌관이 되었다가 곧 이어서 선임보좌관으로 승진했다. 그러면서 사실상 드레스덴 지부의 부총책 역할을 수행했다. 승진과 함께 행정업무가 늘어나면서 실제 첩보요원이 수행하는 업무와는 더 멀어지게 되었다. 레닌그라드에서 일할 때와 마찬가지로 그는 업무 조정자 역할을 하면서 국내정보를 관리했다. 외부의 적과 내부의 적을 모두 감시하는 임무를 수행한 것이다. 푸틴은 업무를 통해 호르스트 뵘을 비롯해 드레스덴시 공산당 비서인 한스 모드로브 등 드레스덴의 동독 지도자들을 만날 기회가 자주 있었지만 계급이 워낙 낮다 보니 이들과 가까운 사이가 되기는 어려웠다. 그곳을 방문하는 KGB 관리들이 공짜로 호텔에 묵을 수 있도록 방도를 알아보고, 그곳에 주둔하는 소련 군인들에게 드레스덴팀과 모스크바 스파르타크팀의 축구경기 무료입장권을 구해주는 등 자질구래한 일도 그의 몫이었다.

푸틴 중령은 가끔 사하로프 박사나 솔제니친 같은 반체제 인사들을 존경하는 발언을 했다. 그러면서 사하로프 박사가 망명에서 풀려난 날 저녁에 푸틴은 "절대 잊어서는 안 됩니다. 서방의 군사적 우위가 확실해져야만 크렘린에 있는 나사 풀린 동지들이 정신을 차립니다."라는 말을 해 우솔체프를 놀라게 했다. 1987년 초에는 드레스덴에서 알게 된 붉은군대 군의관에게 소련에서도 선거로 대통령을 선출해야 한다는 말을 했다. 3년 뒤에 소련은 실제로 대통령을 투표로 선출했다. 그는 서로 상반된 생각을 갖고 있었는데, 정치경제적인 변화가 필요하다고 생각하면서도 고르바초프를 비롯한 당시 많은 사람들처럼 급진적인 개혁이 아니라 점진적인 변화를 선호했다. 그는 연방이 붕괴되는 사태는 원치 않았다.

모스크바에 있는 제1총국의 블라디미르 크류츠코프 국장은 적어도 겉으로는 고르바초프가 추진하는 신사고에 재빨리 적응하는 모습을 보였다. 그는 여러 면에서 푸틴과 닮은꼴이었다. 운동광이고 일중독에다 술은 입에도 대지 않았다. 크류츠코프는 해외 주재 요원으로 나가는 동료들의 환송연에서도 음주 불가를 고집해 술을 좋아하는 요원들 사이에서 불만이 자자했다. 그는 고르바초프의 최측근 참모가 되어서 정보 분야에 개방정책을 도입하는 데 앞장섰고, 1988년에 마침내 KGB 의장이 되었다. 당시 이미 KGB 내부에서는 동구권이 무너질 것이라는 예상을 하고 있었다.

드레스덴 지부에서 푸틴 중령을 비롯한 KGB 요원들은 완고한 구세대 마르크스주의자인 에리히 호네커가 이끄는 동독공산당 정부의 인기가 내리막으로 치닫고 있다는 점을 간파하고 있었다. 호네커 서기장과 동독의 슈타시 총책인 밀케는 고르바초프가 추진하는 페레스트로이카와 글라스노스트 정책을 끝내 거부했다. 하지만 일반 국민들 사이에는 변화의 기운이 이미 팽배해 있었다. 다른 동유럽 국가들에서처럼 기본적인 자유에 대한 국민들의 욕구가 서서히 깨어나고 있었다. 푸틴은 이런 추세라면 정부가 무너지는 것은 피할 수 없다고 생각했다. 그해 8월에 헝가리가 오스트리아와의 국경을 개방해 국민들이 마음대로 국경을 넘어갈 수 있도록 했다. 동구권 내에서는 여행이 가능했던 동독 주민들은 헝가리로 가서 외부세계로 빠져나가기 시작했다. 자유선거 실시와 일당독재를 비판할 자유, 물질적인 번영을 가져다 줄 시장개혁 실시 등 고르바초프가 소련 국민들에게 약속한 최소한의 개혁을 요구하는 시위가 동독 전역의 도시들에서 이어졌다. 그해 한 해 동안 리투아니아에서 톈안먼天安門 광장에 이르기까지 혁명의 함성이 활활 타올랐다. 9월 4일 라이프치히에서는 성 니콜라스교회를 중심으로 반정부 운동모임이 결성되고, 그날 저녁 예배 뒤에 소규모 시위가 벌어졌다. 월요일인 그날을 시작으로 매주 월요일 거행된 '월요시위'는 점차 규모가 커지면서 다른 도시로 번져갔다. 드레스덴도 예외가 아니었다. 10월이 되자 반정부 시위군중의 수는 수만 명으로 늘어났고, 수천 명이 서쪽 국경을 통해 빠져나가기 시작했다.

10월 2일, 호네커 서기장은 무력진압을 명하는 포고령을 발동했다. 하지만 라이프치히로 투입된 공수특전단은 무력진압 명령을 따르지 않았다. 이튿날 동독 정부는 주민들이 서방으로 빠져나가는 것을 막기 위해 체코여행을 금지시켰다. 10월 6일 고르바초프가 동독을 방문했다. 공식적인 방문 목적은 동독 정부수립 40주년 기념식에 참석하기 위해서였다. 하지만 동독 정부의 종말은 임박해 있었고, 고르바초프는 시위군중의 요구를 받아들이라고 호네커를 압박했다. 호네커는 고르바초프를 옆에 세워놓고 한 연설을 통해 "우리는 우리가 처한 문제를 사회주의 방식을 통해 해결할 것"이라고 천명했다. 그러면서 "사회주의를 약화시키려는 요구는 이 땅에 발붙일 수 없을 것"이라며 단호한 입장을 밝혔다.

그로부터 2주도 채 못 가서 호네커는 물러나고 부서기장이던 에곤 크렌츠가 후임 서기장에 올랐다. 반정부 시위를 누그러뜨려보려는 의도였지만 때는 이미 늦어 시위대의 기세는 되돌릴 수 없는 단계에 이르렀다. 거기다 정부는 잇따라 잘못된 대책을 내놓으면서 종말을 재촉했다. 11월 9일, 정부 대변인이 나와서 동독 시민이 서방으로 자유롭게 여행할 수 있도록 허가하는 정치국 결정이 내려졌다고 발표했다. 여행 자유화 조치가 언제부터 시행되느냐는 질문에 그는 자신이 아는 한 즉각 시행된다고 답했다. 수만 명의 동독 주민이 순식간에 베를린 장벽에 몰려들었고 경비병들이 막을 수 없는 상황이 되었다. 상부에서 명확한 지시가 없는 상황에서 경비병들은 주민들을 통과시켰다. 장벽 반대편에서는 서독 주민들이 몰려들어 환호하며 이들을 맞았다. 양쪽 주민들이 힘을 합쳐 냉전시대의 가장 악명 높은 상징이었던 베를린 장벽을 무너뜨리기 시작했다.

드레스덴의 KGB 지부도 혼란에 휩싸였다. 푸틴은 극도로 혼란스러웠다. 개인적으로 그는 시위군중의 요구에 기본적으로 동조하면서도 슈타시 친구들의 입장을 이해했다. 폭도들의 주장에 무작정 휩쓸려 들어가는 것은 찬성할 수 없었다. 상황이 점점 무법천지로 변하고 있었다. 하지만 모스크바에서는 이 사태에 대해 전혀 개의치 않는 것 같았다. 그는 KGB가 내부 권력투쟁에 빠져서 자신과 동료들이 보내는 경고와 건의를 전혀 귀담아 듣지 않는다고 불만을 토로했다. 소련연방의 운명이 위기에 처했을 뿐만 아니라 푸틴 자신의 앞날도 막다른 골목에 와 있었다. "우리가 하는 일이 아무 쓸모없이 되어 버렸다." 그는 나중에 이렇게 회고했다. "보고서를 쓰고 신입 요원을 뽑고 정보를 분석하면 무슨 소용이 있나. 모스크바 본부에서 우리 보고서를 읽는 사람이 아무도 없었다."

11월에 베를린 장벽이 무너졌지만 주민들의 시위는 계속됐다. 동독 정부도 곧바로 와해되지는 않았다. 위세가 약해지기는 했지만 슈타시 정보망도 그대로 유지되었다. 베를린 장벽붕괴의 환희가 가시자 반정부 단체들은 자유선거 실시를 요구하기 시작했다. 시위대는 슈타시를 직접 겨냥했다. 드레스덴에서는 12월 5일 반정부 단체들이 슈타시 본부 앞으로 몰려와 시위를 벌였다. 처음에 수백 명이던 시위군중은 이내 수천 명으로 늘어났다. KGB 요원들은 안겔리카슈트라쎄의 숙소 발코니에 모여서 슈타시 본부로 몰려드는 시위 군중을 내려다보았다. 푸틴은 시위대를 좀 더 가까이서 보려고 발코니 끝까지 나가 있었다. 오후 5시가 되자 시위대 규모는 너무 불어나 상황이 통제할 수준을 벗어났다. 그러자 슈타시 총책인 뵘은 본부 입구 출입문을 개방해 버렸다. 시위대는 본부 안으로 몰려들어와 그날 저녁까지만 해도 정적이 감돌았던 건물들 사이를 헤집고 다녔다. 흙빛으로 넋 나간 얼굴이 된 뵘은 시위군중을 향해 자제해 달라고 호소했다. 시위대는 비교적 질서를 지켜주었지만 푸틴의 눈에는 모두 제정신이 아닌 것으로 보였다. 푸틴은 날이 어두워져서야 숙소로 돌아왔다.

그해 초 마트베예프 후임으로 그보다 더 고참인 블라디미르 시로코프 소장이 KGB 지부장으로 부임해 와 있었다. 시로코프는 그날 밤 9시에 숙소를 떠나 시내 모처에 가 있었다. 시위군중이 슈타시 건물을 휘젓는 동안 소규모 군중 한 패거리가 떨어져 나와 안겔리카슈트라쎄의 KGB 건물 앞으로 몰려왔다. KGB가 거기서 무슨 일을 하고, 건물 안에 어떤 사람들이 있는지는 시위대도 잘 알고 있었다. 경비초소에 있던 경비병 몇 명이 건물 안으로 달려와 푸틴에게 상황을 보고했다. 당시 건물 안에는 4명만 남아 있었고 그 가운데서는 푸틴이 제일 고참이었다. 그는 화가 나면서도 당황스러웠다. 각종 서류와 비밀자료를 포함해 KGB의 자산을 지켜야 하는 임무가 자신의 손에 달려 있었다. 그는 경비병들에게 시위대의 공격에 대비하라고 지시하고 드레스덴에 주둔하고 있는 소련군 사령부에 전화해 증원 병력을 보내달라고 요청했다. 전화를 받은 당직장교는 '모스크바로부터 아무 지시도 없었기 때문에 어떤 조치도 취할 수 없다'고 대답했다. 그러면서 일단 요청은 해보겠다고 했다. 당직장교로부터 회신이 없자 푸틴은 다시 전화를 걸어 어떻게 되고 있느냐고 물었다. 당직장교는 모스크바로부터 아직 아무 회신이 없다고 답했다. "그러면 어떻게 해야 하느냐?"고 묻자 당직장교는 "지금으로서는 도와줄 방법이 없다."고 했다.

기가 막혔다. 공산주의 체제의 운명에 대해 의문을 갖고 있기는 했지만 그는 충성스러운 장교였다. 그런데 지금 위기의 순간에 국가가 자신의 부탁을 외면하고 있는 것이었다. "국가라는 존재가 아무런 의미가 없다는 생각이 들었다."고 그는 회고했다. 그때의 낭패감은 몇 년이 지나도 사라지지 않았다. "국가가 중병에 걸려 있었다. 국가 권력이 치료불능의 중증 마비상태에 빠져 있었다." 고 그는 말했다. 어떻게 해야 할지 깊은 고민에 빠졌다. 공식적으로 선언하지는 않았지만 소련 지도부는 1953년 동독 폭동사태 때나 1956년 헝가리 무력침공, 1968년 체코 침공 때처럼 나서서 동독 정부를 도와줄 의사가 없음이 분명했다. 푸틴은 출입문 앞에 몰려든 시위대를 상대로 무력을 사용할 수가 없었고 사용할 무력도 없었다. 그는 건물 안에 보관돼 있는 서류들을 생각했다. 중앙에 보고할 정보 보고서들이었다. 만약 그 서류들이 시위대의 손에 들어간다면 어떤 결과가 초래될지 상상만 해도 끔찍했다. 서류들이 넘어가면 KGB가 해온 업무가 노출되는 것은 물론이고, KGB를 믿고 협력해 온 사람들의 운명도 위험에 빠지는 것이었다.

만약 그 서류들을 지켜내지 못하면 자신은 군사재판에 회부될 것이 뻔했다. 하지만 상부로부터 그 서류들을 지키는 데 필요한 어떤 지시도 내려오지 않았다. 자신의 KGB 경력은 물론이고 자신에게 의지하고 있는 가족들의 얼굴이 떠올랐다. 자정이 가까워오며 상황은 최악으로 흘러가고 있었다. 마침내 푸틴은 가장 위험한 도박을 하기로 했다. 그는 군복 차림으로 건물 바깥으로 걸어 나갔다. 사무실 금고에 KGB에서 지급해 준 권총이 있었지만 꺼내지 않았다. 그는 혼자 숙소 출입문을 향해 걸어갔다. 모자는 쓰지 않았고, 상부에서 내려온 지시는 없었다. 그는 허풍을 치기로 했다. 안겔리카슈트라쎄의 군중들은 들뜬 분위기였지만 그렇게 공격적이지는 않았다. 출입문 바깥에 이삼십 명이 모여서 자기들끼리 흥분해서 떠들어대고 있었다. 사람들은 공포의 대상이던 슈타시 본부를 제대로 한 번 싸우지도 않고 무너뜨렸다는 사실에 들떠 있었다.

그 가운데 한 명이 경비병에게 안으로 들여보내달라고 요구했지만 경비병은 한마디도 대꾸하지 않았다. 경비병이 건물 안으로 사라지자 사람들은 그 다음 어떻게 할지 몰라 꾸물거리고 있었다. 그때 단신의 장교 한 명이 건물 정문에서 걸어 나와 군중들 쪽으로 다가왔다. 그는 처음에 한마디도 하지 않다가 천천히 차분하게 입을 열었다. "이 건물은 경비가 철저합니다." 그는 놀라울 정도로 유창한 독일어로 말했다. "우리 병사들은 무장을 하고 있습니다. 그리고 나는 병사들에게 누구든 출입문 안으로 들어오면 발포하라는 명령을 내려놓았습니다." 고함을 지르거나 위협하는 말투도 아니었다. 그렇게 몇 마디 한 다음 잠시 뜸을 들이고는 발길을 돌려 건물 안으로 도로 들어갔다. 모여든 사람들이 잠시 머뭇거리는가 싶더니 분위기가 바뀌었다. 시위대는 출입문을 부수고 들어가자는 생각을 바꾸었다. 아무도 폭력사태를 원치 않았고 슈타시를 무너뜨리는 성과를 이미 거두었기 때문이었다. KGB로 쳐들어가는 것은 전혀 다른 문제였다. 그래서 사람들은 흩어져서 슈타시 본부를 휘젓고 다니는 시위대에 합류하기 위해 안겔리카슈트라쎄 거리를 따라 내려갔다. 몇 시간 뒤 마침내 중앙정부로부터 소련주둔군 사령부로 지시가 하달되고 군인들을 태운 장갑차 두 대가 왔다. 이미 올 필요가 없는 상황이었다.

그날 저녁 KGB 본부 앞에서 극적인 사태는 벌어지지 않았다. 그리고 그날 있었던 일은 베를린에서 전개되는 훨씬 중대한 역사적인 사건에 가려졌다. 공산당 보안위원회가 해산되고, 에리히 호네커 전 서기장이 체포됐다. 하루 뒤에는 에곤 크렌츠 서기장이 물러났다. 그렇게 해서 동독 역사상 최초로 비非 공산주의 지도부가 구성될 길이 열렸다. 동독이 무너지던 시기에 푸틴 중령이 한 역할은 미미했다. 그렇게 위험하지는 않았지만 불확실성으로 가득 찬 날들이었다. 아주 짧은 한순간 동안 그는 조국을 지키기 위해 단신으로 시위군중과 맞서며 진정한 첩보요원의 임무를 수행했다. 그는 냉정하면서 단호하게 행동했으며, 보안공백을 초래하지 않았고 유혈사태까지 막았다. 하지만 그날 밤 그가 한 행동은 아무런 인정도 받지 못했다. 격려도 훈장도 없었다. 모스크바는 침묵 속에 빠져 있었다. 모스크바의 그런 모습 때문에 그는 이후 여러 해 동안 마음이 어수선했다. 그날 밤, 그는 자신의 KGB 경력이 종말을 향해 다가가고 있다는 생각을 했다. 조국의 운명도 마찬가지였다.

제4장

춥고 배고픈 민주화의 겨울

<big>푸</big>틴은 유럽에서 소련의 이상이 무너지는 것을 속절없이 지켜보아야 하는 처지가 너무 안타까웠다. 1989년 초에 호네커는 베를린 장벽이 50년, 아니 100년은 끄떡없이 더 버틸 것이라고 호언했지만 푸틴은 분단된 독일이 오래가지 못할 것이라는 생각을 하고 있었다. 그는 소련이 손 한 번 써보지 못하고 두 손 드는 것이 안타까웠다. 엄청난 혼란을 겪으며 치욕스럽게 물러난 것이었다. 그는 이렇게 탄식했다. "우리는 그냥 모든 것을 포기하고 물러나고 말았다. 그게 너무 가슴 아팠다." 거의 5년 동안 자신을 위해 일한 사람들이 소련의 보호막에서 버려져 서독 국민들의 처분을 기다리는 신세가 되었다. 게다가 동족인 동독 시위대들은 이들을 응징하겠다고 벼르고 있었다. 슈타시에서 일한 푸틴의 이웃과 친구

들은 갑자기 일자리를 잃었고 동족들로부터 배척당했다. 막내딸 카챠의 유아원 교사는 슈타시 요원이었는데 그 집 아이들까지 유아원 출입을 금지 당했다. 류드밀라의 친구 한 명은 자신이 일생 동안 믿어 온 이념이 한 순간에 무너지는 것을 보고 충격을 받아 엉엉 울었다고 했다.

첩보요원들이 받은 충격과 패배감은 특별했다. 1986년까지 동독 해외 정보국 수장을 지낸 마르쿠스 볼프는 1989년 사태 당시 고르바초프가 무관심으로 일관한 데 대해 서운함을 토로했다. 이후 러시아로 망명한 그는 이렇게 말했다. "힘든 몇 개월 동안 모스크바에 있는 동지들은 우리를 돕기 위해 얼른 달려와 주지 않았다. 우리와 마찬가지로 그들도 그런 사태에 대해 아무런 대비가 되어 있지 않았던 것이다. 영원한 형제애로 뭉쳤던 두 나라의 유대는 누더기가 되고 말았다." 드레스덴 슈타시 총책 호르스트 뵘은 1990년 2월 21일, 국가의 장래를 논의하는 위원회에서 증언하고 나온 직후 자살했다. 동독에 나가 있는 KGB는 우왕좌왕했다. 첩보 파일을 파괴하고 정보원 조직을 정리하고 숨기느라고 정신이 없었다.

그러는 와중에서도 새 첩보망을 구축하는 작업을 진행해야 했다. 드레스덴 KGB 지부의 마지막 지부장 시로코프 장군은 소련군 기갑사단 사령부에서 트럭 12대 분의 서류를 가져와 파괴하라고 지시했다. 태우는 서류의 양이 너무 많아 도중에 소각로가 부서졌다. 그러자 구덩이를 파고 서류를 던져 넣은 다음 휘발유를 부었다. 푸틴 중령도 자기가 관리해온 서류를 불태웠다. 통신문과 접촉보고서, 정보요원 리스트는 모조리 소각했다. 하지만 중요 문서는 태우지 않고 모스크바의 KGB 문서보관소로 보냈다. 제일 우려하는 것은 비밀서류들이 서방과 나토의 손에 들어가는 것이었지만 드레스덴에 있는 지부 요원 누구도 그런 사태를 막을 힘이 없었다.

얼마 뒤 푸틴 중령을 비롯한 간부요원들은 본국으로 소환되었다. 하지만 푸틴에게는 본국으로 돌아가기 전에 첩보요원으로서 완수해야 할 임무가 하나 남아 있었다. 민주화 되는 동독에 후방 정보망을 만들기 위해 새로운 정보원들을 선발하는 것이었다. 그는 오래 알고 지낸 친구, 연락망들과 접촉했다. 그중에 슈타시 간부인 클라우스 주홀트라는 자가 있었는데, 4년 전부터 알고 지낸 사람이었다. 주홀트는 푸틴이 부임하고 류드밀라가 오기 전에 그를 데리고 작센 지방 일대를 구경시켜 준 사람으로 이후에도 자주 찾아와 만난 사이였다. 하지만 1989년 사태가 일어나기 전까지 KGB를 위해 일한 적은 없었다.

푸틴은 동독을 떠나기 전 마지막 임무로 1990년 1월에 주홀트를 KGB 정보원으로 선발하고 그의 슈타시 파일을 본부로 보내 승인을 요청했다. 그리고 주홀트가 작성한 서약서를 KGB에 전달했다. 그의 딸에게 러시아 동화책을 한 권 선물하고 소련제 브랜디로 축하주도 함께 나누었다. 하지만 주홀트와의 인연은 오래 가지 못했다. 불과 1년 뒤인 1990년 10월에 독일이 통일되자 주홀트는 정부의 사면제의를 받아들였고, 자신이 KGB에 발탁된 사실과 함께 KGB 드레스덴 지부를 위해 일한 다른 요원 15명의 명단을 공개해 버렸다. 정보원들이 배신하고 독일 연방정보국BND에서 슈타시가 수집한 비밀정보들을 압수해 일반에 공개하는 것을 보고 푸틴은 화가 치밀었다. 그 안에는 KGB의 활동내역도 포함돼 있었다. 그는 슈타시가 그런 문서를 넘겨주는 것을 보고 분통을 터트렸다.

1990년 2월, 푸틴이 살던 작은 아파트는 이삿짐 박스로 가득 찼다. 박스 마다 번호와 이름이 매겨졌으며 아파트 전체가 물품 보관창고 같았다. 푸틴은 4년 반을 그곳에 살며 저축을 조금 했고, 이웃에 사는 사람이 쓰던 세탁기 한 대를 주었다. 20년 된 세탁기였는데 고국으로 가져가 5년을 더 썼다. 해외첩보원 생활을 통해 장만한 눈에 띄는 물건은 그것뿐이었다. 이삿짐은 화물 컨테이너 하나에 넣어져서 모스크바로 보내고, 부부는 두 딸과 함께 기차를 타고 갔다. 도중에 기차에 도둑이 들어 류드밀라의 코트와 그녀가 갖고 있던 루블과 마르크화를 몽땅 훔쳐갔다.

푸틴은 격동기인 고르바초프 시대를 멀리 떨어져서 지켜보았다. 페레스트로이카와 글라스노스트로 국민들은 한껏 들떠 있었지만 그 결과는 사람들의 기대에 턱없이 모자랐다. 동독에서의 비교적 안락한 삶을 마치고 돌아와서 본 고국의 삶은 충격적이었다. 류드밀라는 "줄서기와 배급표, 쿠폰, 텅텅 빈 가게 진열대는 여전했다."고 당시를 회고했다. 그래서 "싼 물건을 찾아 이리저리 돌아다닐 수도 없고 가게 앞에 줄서서 기다리기도 힘들어서 가까운 가게에 가서 꼭 필요한 물건만 샀다."고 했다. 푸틴 부부는 당시 사람들이 환호했던 지적인 면과 정치적인 면에서의 자유는 제대로 맛보지 못했다. 미하일 불가코프의 걸작 〈거장과 마르가리타〉나 보리스 파스테르나크의 〈닥터 지바고〉와 같은 한때 금지되었던 소설과 영화들이 해금되어 일반인들이 접할 수 있게 되었다. 많은 사람들이 마음대로 읽고 토론하고, 공개적으로 자기 생각을 말할 수 있게 된 새로운 자유에 환호했다. 하지만 푸틴 부부는 고르바초프의 개혁 작업이 비틀거리기 시작한 때 고국으로 돌아왔다.

류드밀라는 남편이 '삶의 목표를 잃어버린 것' 같았다고 했다. KGB 장교로서의 경력도 갈림길에 서게 되었다. 독일뿐 아니라 동유럽 전역과 아프가니스탄, 앙골라, 몽골, 베트남, 니카라과, 예멘 등 세계 곳곳의 냉전

대결장에 나가 있던 첩보요원들이 대거 본국으로 불려 들어오고 있었다. 이들은 패배자요 낙오자였으며 사실상 일자리를 잃었다. 무너지는 제국의 갈 곳 잃은 난민들이었다. 모스크바의 KGB 본부는 해외에 파견 나가 있던 요원들이 돌아오면 반갑게 맞아주던 친정이었다. 하지만 그런 분위기는 이제 사라지고 없었다. 푸틴은 1990년 초부터 석 달 동안 월급도 받지 못했다. KGB에서 처음에는 그에게 야세네보에 있는 제1총국의 본부 근무를 제안했다. 모스크바 남서쪽에 위치한 경비가 삼엄한 숲속 건물이었다. 그의 계급과 직위면 보통 때 같았으면 모스크바 시내에 아파트를 배정받을 수 있었겠지만 아무 것도 주어지는 게 없었다. 집이 필요한 요원들이 너무 많아서 몇 년을 기다려야 할지 몰랐다.

류드밀라는 모스크바로 가고 싶었다. 푸틴도 앞으로의 경력을 생각하면 레닌그라드가 아니라 모스크바로 가야 한다는 생각을 했다. 하지만 국가의 앞날에 대한 회의가 점점 더 심하게 들었다. 15년을 일했는데 앞으로 자신의 미래가 어떻게 될지 암담하기만 했다. 드레스덴 근무 마지막해에는 권력의 중추기능이 해체되고 있다는 느낌이 들었다. 기강은 무너지고 요원들 사이에서도 절도와 탈법행위가 판을 쳤다. 그는 과거 자신의 직속상관이자 멘토로 당시 야세네보에 근무하고 있던 라자르 마트베예프 대령을 만났다. "어떻게 해야 좋을지 모르겠습니다." 모스크바에 있는 그의 아파트로 찾아가 이렇게 말했다. 마트베예프는 총애하던 옛 부하요원에게 모스크바는 물론이고 KGB에 굳이 남아 있을 생각도 하지 말라고 했다. "자네 부인에게 모스크바에 대한 미련을 버리라고 하게." 그는 단호하게 말했다. "레닌그라드로 가게."

레닌그라드에는 부모의 집이 있으니 우선 살 곳이 해결되었다. 부모는 스레드네오흐딘스키 프로스펙트에 있는 넓은 집으로 이사했는데, 푸틴이 KGB에 들어가 첫 훈련연수를 받은 곳에서 가까운 집이었다. 푸틴은 자기가 다닌 국립 레닌그라드대의 국제관계 담당 부총장 자리를 받았다. 재학생과 방문객들을 감시하기 위해 마련된 KGB 몫의 자리였다. 그런 직책에 앉은 사람의 진짜 신분이 무엇인지 대개 알 만한 사람은 다 알았지만 어쨌든 '위장신분'으로 근무하게 되었다. 스타니슬라프 메르쿠리예프 총장은 이론물리학자로 고르바초프 집권 초기에 취임했다. 영어와 독일어, 프랑스어를 구사하고 폐쇄적인 고등교육 체제의 문호를 개방하려는 의지를 갖고 있었다.

1993년에 사망하기까지 그는 레닌그라드대를 유럽 최고의 일류대학 반열에 올려놓았다는 찬사를 받았다. 나이 많은 KGB 고참요원이라면 대학 부총장은 한직이라 편하다고 생각했겠지만, 앞길이 창창한 37살의 푸틴에게는 막다른 골목에 다다른 것이나 다름없었다. 해외근무를 다시 나갈 희망도 없었다. KGB는 규모를 줄이고 있었기 때문에 그가 쌓은 경력으로는 해외근무 기회가 돌아올 가능성이 거의 없었다. 해외첩보원 경력은 그것으로 끝이었다. 겉으로 보기에 레닌그라드는 바뀐 게 없었다. 하지만 페레스트로이카가 이곳의 정치에 새로운 바람을 불어넣고 있었다. 푸틴이 아직 드레스덴에 있던 1989년 3월 소련 전역의 도시에서 역사상 최초로 새로 구성되는 의회격인 인민대표회의 대의원을 선출하는 자유경쟁 선거가 실시됐다. 과거 공산당 지도자를 무조건 찍어주던 것과 달리 레닌그라드 유권자들은 시당위원장인 유리 솔로비예프를 포함해 공산당 고위후보 5명을 모조리 낙선시키는 선거혁명을 보여주었다. 이들 대신 새로 뽑힌 인물 가운데는 푸틴이 졸업한 국립 레닌그라드대 법학교수인 아나톨리 소브차크도 들어 있었다.

소브차크는 훤칠한 키에 카리스마가 넘치는 사람이었다. 시베리아 오지에서 태어나 레닌그라드에서 공부한 소브차크는 소련 체제에 비판적인 입장으로 명성이 높았다. 그는 시장개혁과 법치를 강조하는 글을 계속 발표했다. 이런 태도 때문에 박사학위 논문은 정치적으로 옳지 못하다는 이유로 통과되지 못했다. 하지만 예상을 깨고 법대 동료교수들이 그를 대학이 위치한 바실리예프스키섬의 대의원 후보 4명 가운데 한 명으로 추천했다. 공산당은 체제에 부정적인 인사들을 미리 걸러내려고 했지만, 그는 후보 선출을 위한 당대회에서 2위를 차지해 버렸다. 그는 늦은 밤에 행한 당대회 연설에서 마틴 루터 킹 주니어 목사의 연설을 연상시키는 다음과 같은 명연설을 했다. "나는 우리 조국이 법에 의해 통치되는 날이 오기를 꿈꾸었습니다. 다수의 국민을 희생시켜 소수의 사람에게 권리와 특혜를 주지 않는 그런 조국이 되기를 꿈꾸었습니다." 선출직에 출마한 경험이 전무했지만 그는 정치에 전력을 다했다. 그는 고르바초프처럼 개혁을 통해 소련 체제를 바꿀 수 있을 것이라고 믿었다. 하지만 수십 년에 걸쳐 자리 잡은 공포감과 의심이 사회 전반을 망가뜨려놓았기 때문에 소브차크 본인은 물론 국가 전체가 아직 새로운 민주주의를 받아들일 준비가 되어 있지 않았다.

소비에트 체제에서는 정부가 고용과 주택 배정, 근로자들의 휴가까지 관장했다. 국민 대다수가 극히 한정된 소집단 안에서 생활하고 일했으며, 자기 집단에 속하지 않는 사람들은 극도로 불신했다. 〈거장과 마르가리타〉에 나오는 유명한 대사 "낯선 사람과는 절대로 말하지 말라."는 말은 당시 소련 사회에서 성경말씀 같은 진리였다. 소브차크는 스스로 인정하듯이 인텔리겐치아로서 선택받은 계층이었으며 일반 국민들과는 동떨어진 안락한 삶을 살았다. 선거운동에 나서면서 그는 일반 시민들의 삶에 대해 자신이 얼마나 모르고 살았는지 깨닫게 되었다. 그는 선거에서 대의원으로 선출되었고, 1989년 봄 인민대표회의 전체회의가 개막되자 두드러진 역할을 하기 시작했다.

그는 반체제 물리학자 안드레이 사하로프 박사와 모스크바 당제1서기가 된 보리스 옐친이 포함된 개혁파 대의원 모임에 가입했다. 옐친은 전국으로 중계되는 공개 청문회 등에서 열변을 토하며 소련 지도부와 군부, KGB를 싸잡아 비난했다. 소브차크는 4월 9일 트빌리시에서 벌어진 반反소련 시위 진압과정에서 20명이 사망한 사건의 진상조사위원장을 맡았다. 1989년의 변혁은 이제 소련연방 전체로 번지고 있었다. 리투아니아, 아제르바이잔, 아르메니아 등지에서 소요가 일어났다. 소련 당국은 사태를 진정시키기 위해 무력을 동원했지만 체제를 유지시켜 나가기는 쉬워 보이지 않았다. 푸틴이 돌아오고 한 달 뒤 레닌그라드는 시위원회를 새로 구성했다. 개혁인사와 무당파 인사들이 대거 선출돼 시정에서 공산당 일당체제를 무너뜨렸다. 하지만 새로 선출된 시 대의원들은 의욕은 넘쳤지만 경험이 없고, 조직화 되지 않았으며 구심점 역할을 할 리더도 없었다. 대의원 일부가 나서서 소브차크에게 공석인 대의원 25석 가운데 한 곳에 출마해서 당선된 다음 시위원회 의장을 맡아달라고 요청했다. 소브차크는 모스크바에서 열린 인민대표회의에서 이미 명성이 높았기 때문에 레닌그라드에서 시의 통합을 주도할 지도자 역할을 할 수 있을 것이라는 기대를 한 것이다. 소브차크는 시 대의원에 당선되어서 5월에 시위원회 의장으로 선출되었다. 실질적으로 시에서 최고위 선출직 인사가 된 것이다.

하지만 그는 행정가가 아니라 법학자였다. 아무리 대단한 카리스마를 소유하고 있다고 해도 인구 500만 명의 대도시 행정을 끌고 나갈 만한 경험이 없었다. 더구나 정치적인 변혁기였다. 아직 공산당 관료조직이 완고하게 버티고 있기 때문에 특히 정치적 소요가 일어날 경우에는 그가 감당하기 어려웠다. 뜻을 같이하는 동지와 전문가들의 도움이 필요했다. 그래서 그는 험난한 정치 변혁기를 헤쳐나가는 데 힘이 되어 줄 유능한 보좌관들을 찾아 나섰다. 그리고 자신이 인민대표회의 연단에서 혹독하게 비판했던 세력에게 눈을 돌렸으며 그 세력은 바로 KGB였다. 시위원회 의장에 취임한 직후 소브차크는 노련한 첩보요원이었던 올레그 칼루긴에게 전화를 걸었다. 칼루긴은 해외요원 근무를 마친 다음 KGB 눈 밖에 나서 사실상 레닌그라드에서 국내망명 생활을 하고 있었다. 이후 칼루긴은 민주개혁 인사들 모임에 들어가서 자신이 몸담았던 KGB를 가장 혹독하게 비판하는 사람이 되었다. 소브차크는 그에게 도움을 청했다. KGB에 있으면서 자신을 보좌해 줄 인물을 추천해달라고 부탁한 것이다. 그는 KGB 조직을 믿지 않았고, 그래서 KGB와 자신을 연결시켜 줄 연락책이 필요했다. 칼루긴은 자신이 믿는 사람이라며 중장 계급의 고위급 인사를 먼저 소개해 주었지만 소브차크가 사양했다. KGB와 연결되어 있다는 사실이 겉으로 드러날 경우 민주개혁 인사라는 자신의 신뢰성이 손상을 입을 것이라고 생각했기 때문에 그는 더 낮은 직급의 인사를 원했다. 며칠 뒤 소브차크는 칼루긴에게 다시 전화를 걸어 블라디미르 블라디미로비치 푸틴이라는 젊은 사람을 아느냐고 물었다.

KGB 안의 누군가가 소브차크 팀으로 푸틴을 밀어 넣은 것으로 알려지기도 했으나 칼루긴의 말에 따르면 소브차크가 직접 그를 발탁했다. 푸틴은 대학 재학 때 법대에서 소브차크의 강의를 들은 기억이 있었으나 그에 대해 잘 알지는 못했다. 푸틴 본인이 밝힌 바에 따르면 법대 출신의 어떤 친구가 소브차크를 한번 만나보라고 권했고, 그래서 약간 떨리는 마음으로 그를 만나러 갔다. 그는 소브차크가 KGB에 대해 가하는 격렬한 비난 가운데 도저히 동의할 수 없는 부분이 많았다. 1990년 당시 소련에서 불투명하지 않은 것이 없기는 했지만 소브차크의 정치적 미래 역시 흐릿했다. 그럼에도 불구하고 푸틴은 그해 5월 마린스키 궁전에 있는 소브차크의 새 사무실로 찾아갔다. 소브차크는 푸틴을 그 자리에서 바로 받아들였다. 푸틴은 자리 옮기는 문제를 메르쿠리예프 총장과 상의하고 다음 월요일부터 출근하겠다고 말했다. 그리고 자신의 실제 신분에 대해 먼저 밝히는 게 도리라고 생각했다. 그래서 소브차크에게 이렇게 말했다. "나는 부총장이지만 실제로는 KGB의 정식 요원입니다." 푸틴의 회고에 따르면 당시 소브차크는 그 말을 듣고 약간 주저하는 표정을 짓더니 곧바로 "그런 건 잊어버립시다!"라고 잘라 말했다.

푸틴은 이 일을 KGB의 상관들에게 보고해야 하며 필요하면 그쪽에 사표를 내야 할지 모른다고 했다. 친구들에 의하면 푸틴은 이 문제를 놓고 적지 않게 고민했다. KGB에 대한 실망감이 크기는 했지만 그래도 충성을 바쳐 일한 조직이었기 때문이다. 하지만 KGB가 어떻게 나올지에 대해 가졌던 걱정은 기우에 지나지 않았다. KGB는 요원 한 명이 레닌그라드의 떠오르는 스타 정치인의 사무실에 잠복해 들어간다는 것을 대단히 바람직한 일로 받아들였다. KGB가 보기에 소브차크가 주도하는 민주개혁 실험은 감시의 눈길을 놓쳐서는 안 되는 위험한 일이었다. 그렇게 해서 푸틴은 KGB 상부의 축하 속에 얼마 되지 않는 액수지만 KGB의 월급도 그대로 받으면서 소브차크 진영으로 자리를 옮겼다. 소브차크 보좌관으로 받는 월급보다는 KGB 월급이 더 많았다.

이렇게 해서 이중생활이 시작됐다. 국내에서 비밀요원이 된 것이었다. 푸틴은 레닌그라드대의 붉은 벽돌과 흰색이 어우러진 본관 1층에 있는 작은 사무실을 그대로 쓰면서 소브차크의 보좌관으로 일했다. 그가 맡은 일은 개방정책으로 여행 제한이 완화되면서 수가 늘고 있는 외국인 학생과 방문객들을 감시하는 것이었다. 이제 리테이니 프로스펙트에 있는 KGB 본부인 '큰 집'에서 근무하지 않게 되었지만, 대학과 소브차크 의장 주변에서 벌어지는 정세 변화를 상관들에게 보고하기 위해 가끔 들렀다. 1990년 가을 플로리다에 있는 세인트 페테르스부르크 커뮤니티 칼리지 대표단이 교류의 일환으로 이 대학을 방문했을 때 칼 M. 커틀러 주니어 총장을 맞이한 사람이 바로 푸틴 중령이었다. 당시 커틀러 총장은 푸틴의 정체를 전혀 알아채지 못했다.

이전에 커틀러 총장은 푸틴이 소속된 레닌그라드대의 보좌관인 발레리 무신이 플로리다를 방문했을 때 두 도시와 두 대학 간 협력관계 체결을 제안한 바 있었다. 커틀러 총장이 학교를 방문하자 푸틴은 공항에 나가 이들을 영접하고 이후 이들이 머무는 열흘 동안 회의와 식사, 교향악과 발레 공연 관람을 포함한 모든 일정을 챙겼다. 형편없는 경제상황과 대조적으로 푸틴이 워낙 정확하고 능숙하게 일처리를 해서 커틀러 총장은 놀랐다고 했다. 휘발유가 부족해 주요소 마다 사람들이 긴 줄을 늘어서 있었다. 커틀러 총장 일행이 교외로 관광을 나갔을 때 제공된 관용 리무진의 연료가 바닥난 일이 있었는데, 그때도 푸틴이 나서서 일행을 시립 위생보급창고로 데려가 그곳에 있는 연료로 문제를 해결했다. 그는 커틀러 총장을 소브차크 의장에게 소개했다. 마지막 날 저녁연회에서 소브차크 의장은 커틀러 총장에게 다음과 같이 아쉬운 부탁을 했다. "커틀러 총장, 한 가지 부탁이 있습니다. 우리는 여행할 돈이 넉넉지 못합니다. 여행경비를 대 주실 수 있겠습니까?" 그렇게 해서 커틀러 총장이 모아준 돈으로 소브차크 의장은 한 달 뒤 워싱턴을 방문했다.

워싱턴에서 소브차크는 조지 H. W. 부시 대통령을 비롯해 의회 지도자들을 만났다. 가정용품 제조회사인 프록터 앤 갬블Procter & Gamble이 하루 일정으로 소브차크 일행의 클리블랜드 방문을 주선해 주었다. 그리고 그는 플로리다로 가서 해변에 있는 커틀러 총장의 자택에 머물렀다. 소브차크는 환경규제를 보고 감명을 받은 나머지 레닌그라드로 돌아와서 시 당국의 허락 없이는 나무 한 그루도 함부로 베지 못하게 금지시켰다. 그 여행을 주선한 공으로 푸틴은 소브차크의 신임을 받아 1991년 정식 보좌관으로 승진되었다. 한 연회에서 커틀러 총장은 건배사를 할 차례가 오자 참석자들에게 두 손을 모아달라고 말하고는 기도를 올렸다. 그로부터 십 년 뒤 그를 다시 만난 자리에서 푸틴은 "그때 총장께서 우리 레닌그라드 시와 조국, 그리고 나를 위해 기도해 주셨습니다."라고 말하며 그 기도 이야기를 꺼냈다. 커틀러 총장은 레닌그라드대의 젊은 부총장이 자신을 위해 기도해 주는 말을 그 전에는 한 번도 들어본 적이 없을지 모른다는 생각을 했다. 그리고 그는 자신을 안내해 준 사람이 KGB 요원일 줄은 꿈에도 생각하지 못했다.

레닌그라드 시위원회는 민주적이기는 하지만 효율적으로 움직이지 못했다. 구성원들끼리 끝도 없이 싸웠고, 의장의 권한을 놓고 불화를 거듭했다. 주택과 식량, 교통 등 산적한 문제들은 해결할 엄두도 못 낸 채 손을 놓고 있었다. 1990년 여름이 되자, 소련 경제는 거의 붕괴 직전 상황에 와 있었다. 레닌그라드를 비롯한 많은 도시들에서 기본적인 식료품이 바닥나기 시작했다. 그렇지 않아도 변변찮은 가게 진열대들에서 차와 비누, 설탕, 담배에 이어 마침내 보드카까지 바닥났다. 미국 방문에서 돌아온 직후 소브차크 의장은 시위원회에 요청해 곧바로 배급카드제를 도입했다. 미국에서 진열대에 물건이 넘치는 K마트를 보고 온 터이라 본국의 상황은 충격적이었다. 기근사태까지는 아니었지만 배급제 도입은 독일군의 레닌그라드 봉쇄시기를 떠올리게 했다. 끔찍한 기억이었다. "우리의 민주주의가 춥고 배고픈 겨울을 맞이하고 있습니다. 어떻게 하든 이번 겨울을 견뎌내야 민주주의를 지켜낼 수 있습니다." 소브차크는 이렇게 호소했다.

당시 KGB와 군 지도부에서는 계엄령 선포에 필요한 비상계획을 수립하기 시작했다. 1991년 1월에 고르바초프는 리투아니아에서 시위사태가 며칠 째 계속되자 군에 공산주의 통치질서를 회복하라는 명령을 하달했다. 그 전 해에 리투아니아가 선포한 독립선언을 무력화하는 조치였다. 이에 따라 수도 빌니우스에 있는 텔레비전 송신타워를 탱크로 공격해 14명이 사망했다. 하지만 리투아니아 지도부는 모스크바의 압력에 굴복하지 않고 2월에 독립을 위한 국민투표를 강행했다. 고르바초프는 이 국민투표를 불법으로 규정했다.

6월에 러시아공화국은 독자적인 대통령 선거를 실시해 보리스 옐친을 합법적인 대통령으로 선출함으로써 계속되는 시행착오로 인기가 떨어진 고르바초프에게 심각한 타격을 안겨주었다. 같은 달 실시된 선거에서 소브차크는 신설된 레닌그라드시 행정조직의 수장으로 당선됐다. 그 동안 다루기 힘들었던 시위원회를 통제할 힘을 확보한 것이었다. 소브차크는 한 달 전에 시위원회에 요청해 시장직을 신설했고, 그 자리에 선출될 요건을 갖춘 사람은 사실상 자기뿐이었다. 대의원들은 소브차크 의장과 불화가 계속되자 행정조직을 별도로 신설해 그의 권한을 견제하겠다는 계산을 나름대로 했다. 이와 함께 레닌그라드는 도시 이름을 혁명 전 이름인 상트페테르부르크로 되돌리는 주민투표를 실시했다. 소브차크는 처음에 이름 변경에 반대했으나 생각을 바꾸어 옛 이름 회복을 위해 적극적인 선거운동에 나섰다. 그는 도시의 옛 이름 회복을 '유럽으로 열린 창'을 건설하겠다는 표트르 대제의 비전을 되살리는 자연스런 진전이라고 말했다. 그는 또한 붉은광장의 방부 처리된 레닌 시신을 레닌그라드로 옮겨 가족묘에 매장하자고 제안했다. 선거에서 소브차크는 66퍼센트의 지지를 얻어 시장으로 당선됐다. 도시 이름 변경은 54퍼센트 지지로 과반을 겨우 넘겨 확정됐다.

블라디미르 푸틴은 소련연방 해체 과정에서 아무런 정치적 역할을 하지 않았다. 그는 1991년에 일어난 여러 역사적인 사건에 관련되지 않았고 당시를 기록한 여러 회고록에도 그의 이름은 등장하지 않는다. 심지어 푸틴이 함께 일하기 시작한 이후 쓴 소브차크의 회고록에도 그의 이름은 등장하지 않는다. 그는 그저 뒷전에서 묵묵히 일하는 젊은 관료 역할만 수행했다. 그는 러시아의 미래 대통령으로 입에 오르내리고, 자타가 인정하는 레닌그라드 최고의 정치지도자인 소브차크 시장에게 충성을 다하며 그의 손에 자신의 운명을 맡기고 있었다. 소브차크가 시장으로 선출된 다음 푸틴은 대학 일에서 손을 뗐다. 그리고 1991년 6월에 그는 시 대외관계위원회 위원장직을 맡으며 자신을 없어서는 안 되는 존재로 만들어 나갔다. 쉬지 않고 일했으며, '단호한 결단력'을 발휘하며 능숙하게 일을 처리해 당시 동료들 사이에서 '슈타시'라는 별명을 얻었다. 동독 근무 경력과 단호한 업무처리 방식을 빗댄 별명이었다.

1991년 8월 17일, 푸틴은 가족과 함께 칼리닌그라드로 가 발틱해에 면한 쿠로니안 스핏 리조트에서 휴가를 즐기고 있었다. 소브차크 시장은 그 주말에 리투아니아를 방문해 자유무역협정 체결에 관한 회담을 한 다음 8월 18일 밤 비행기로 모스크바로 갔다. 이틀 뒤 연방 중앙정부를 사실상 해체시키게 될 신연방조약 조인식에 참석하기 위해서였다. 미하일 고르바초프, 보리스 옐친, 그리고 카자흐스탄 공산당 지도자인 누르술탄 나자르바예프는 비밀협상을 통해 중앙정부의 권한을 개별 공화국으로 이양시키기로 이미 합의해 놓고 있었다. 크렘린의 중앙정부 권한을 대폭 약화시키게 될 조약이었다.

하지만 신연방조약 조인식은 불발에 그쳤다. 그날 밤, 크렘린에서 일단의 강경 보수파 인사들이 쿠데타를 실행에 옮겨 고르바초프를 크림반도에 있는 대통령 별장에 연금시키고 국가비상사태위원회를 구성했다. 쿠데타 주모자에는 부통령 겐나디 야나예프와 총리, 국방장관, 내무장관, KGB 의장 블라디미르 크류츠코프가 포함되어 있었다. 이들은 8월 19일 새벽 4시를 기해 정권을 장악하라는 공식 명령을 군과 KGB에 하달했다.

푸틴 가족은 다른 일반 국민들과 같은 경로를 통해 이 뉴스를 들었다. 처음에는 라디오 방송을 통해 뉴스가 흘러나왔고 곧 이어서 국영 텔레비전에 긴급뉴스가 보도되었다. 텔레비전은 긴급뉴스와 함께 '백조의 호수' 공연장면을 방영했다. 모스크바의 호텔에 묵고 있던 소브차크 시장은 카자흐스탄에 있는 친구가 호텔방으로 전화를 걸어 쿠데타 소식을 전해주어서 알게 됐다. 탱크와 장갑차에 탄 공수부대가 이미 모스크바 시내 곳곳에 배치돼 있었다. 소브차크 시장은 경호원과 운전기사를 대동하고 옐친의 별장 다차로 가서 새로 구성된 러시아의회 지도부가 주도하는 쿠데타 반대운동에 합류했다. 옐친과 함께 소브차크의 이름도 KGB의 체포자 명단에 올라 있었지만 체포되지는 않았다.

옐친은 소브차크에게 레닌그라드로 돌아가 그곳에서 쿠데타 반대운동을 주도해 달라고 부탁했다. 소브차크는 경호원 한 명만 대동한 채 세레메체보공항으로 가서 제일 먼저 떠나는 레닌그라드 행 비행기를 예약했다. 쿠데타 세력은 국가비상사태를 선포해 놓고서도 사람들의 일상생활은 비교적 정상적으로 움직이도록 했다. 비행기 운행도 정상이었다. 공항 라운지에서 소브차크를 본 세 명의 KGB 요원들은 그를 체포하라는 명령을 하달 받은 상태였지만 그가 비행기에 탑승할 때까지 기다려 주었다. 소브차크 시장은 "그렇게 해서 나는 기관총을 든 세 명을 포함해 모두 네 명의 경호원을 두고 있었다."고 당시를 회고했다. 개혁 세력이 오랫동안 두려워했던 쿠데타는 그렇게 해서 한편의 코미디로 막을 내리게 되었다.

레닌그라드 지구 사령관 빅토르 삼소노프 장군 앞으로도 병력배치 명령이 하달되어 있었다. 그는 아침 10시에 텔레비전 방송국으로 가서 국가비상사태를 선포하고 모든 시위와 집회를 금지시켰다. 최근 2년 동안 우후죽순처럼 생겨난 정당, 사회단체들도 모두 해산한다고 밝혔다. 또한 비상위원회가 새로 선출된 시 정부를 대신한다고 선언했다. 비상위원회는 레닌그라드 지구 군사령관과 KGB 지도부, 새로 임명된 보리스 기다소프 공산당 시당서기 등으로 구성됐다. 소브차크 시장의 이름은 빠져 있었지만 그가 시의원회 부의장에 이어 부시장으로 임명한 비야체슬라프 체르바코프 해군제독의 이름은 포함돼 있었다. 체르바코프는 당시 흑해에서 휴가 중이었으나 곧바로 레닌그라드로 복귀해 쿠데타 세력에 절대로 가담하지 않을 것이라고 선언했다. 소브차크가 탄 비행기가 레닌그라드 공항에 도착할 때까지 쿠데타 지지 병력은 시내로 진입하지 않고 있었다. 삼소노프 장군이 내린 명령이 아직 실행에 옮겨지지 않은 것이었다.

시경찰국장 아르카디 크라마레프가 소브차크가 탄 차량을 곧바로 에르미타주 박물관 맞은편 궁전광장에 있는 군사령부로 안내하도록 조치했다. 그곳에서는 레닌그라드 비상위원회가 소집돼 있고 크라마레프 경찰국장은 먼저 도착해 있었다. 그는 이미 마린스키궁에 있는 시위원회 사무실 바깥에 모여들기 시작한 쿠데타 반대 시위대를 해산하라는 삼소노프 장군의 명령을 거부한다고 선언한 상태였다. 소브차크 시장은 비상위원회가 열리는 방으로 뛰어들며 모인 사람들을 향해 불법 음모에 가담하면 "뉘른베르크 전범재판 신세를 면하지 못할 것"이라고 거세게 몰아쳤다. 그는 자기 대신 시장 대행을 맡은 기다소프 시당서기는 아예 무시한 채 삼소노프 장군을 향해 비난의 화살을 퍼부었다. 크라마레프는 당시 소브차크가 삼소노프 장군을 엄청나게 깔아뭉개는 투로 이렇게 몰아붙였다고 회고했다. "만약 지금 치명적인 조치를 취한다면 당신은 조국의 배신자, 사형집행자로 낙인찍힐 것이오." 소브차크의 분노 때문인지 아니면 자기 생각에 따라서 그렇게 한 것인지 모르지만 삼소노프 장군은 병력배치를 재고하겠다고 약속했고, 그렇게 해서 결정적인 몇 시간을 지체시켰다.

소브차크는 곧바로 시내 텔레비전 방송국으로 달려가서 체르바코프 부시장, 유리 야로프 시의회 의장과 함께 그날 저녁 생방송으로 출연해 연설했다. 함께 출연한 두 사람 모두 비상위원회 위원 명단에 들어 있었다. 시민들 눈에 이들 모두 쿠데타를 지지하지 않는다는 게 분명해졌다. 모스크바의 국영 텔레비전 채널은 모두 쿠데타 세력이 장악했으나 레닌그라드 채널들은 그렇지 않았으며, 레닌그라드 채널은 소련연방 거의 전역으로 방영되었다. 레닌그라드 방송국 사장은 시장직을 대행하고 있다고 생각한 체르바코프가 함께 온 것을 보고 방송을 내보내기로 결심했다. 수백 만 명의 시청자가 소브차크 시장의 연설을 보며 쿠데타 기도가 저항에 부딪쳤다는 사실을 알게 됐다. "다시 한 번 자유와 민주주의, 진정한 독립을 향해 나아가는 국민들의 앞길을 가로막는 기도가 저질러졌습니다." 소브차크는 이렇게 연설을 시작했다. 그는 시민들에게 이튿날 아침 궁전 광장에 집결해 달라고 호소했다.

그 긴박했던 첫째 날 내내 푸틴은 레닌그라드에서 500마일 이상 떨어진 해안 리조트에 머물러 있었다. 그는 8월 19일 밤 전화로 소브차크 시장과 통화했다. 그러나 곧바로 돌아올 수 있었는데도 그렇게 하지 않고 다음날 정기 항공편으로 칼리닌그라드를 떠나 레닌그라드로 돌아왔다. 어느 모로 보나 대단히 이중적인 태도를 취한 것이었다. 그는 일 년 반 전 동유럽에서 소련 제국이 무너지는 것을 지켜보았다. 동유럽에 주둔했던 소련 군대와 정보요원들이 속수무책으로 물러나는 것을 보면서 울분을 삼켰다. 그런데 이제는 소련연방 자체가 무너져 내리고 러시아를 비롯해 연방공화국들이 독립을 향해 맹렬히 돌진하고 있었다. 푸틴은 이런 사태는 조국을 분할시키려는 시도이며, 쿠데타 지도부는 이를 막기 위해 나선 것이라고 생각했다. 그는 쿠데타의 명분이 합당하다고 생각했다.

많은 이들이 크류츠코프 KGB의장을 거만하고 비열한 사람이라고 생각했지만 푸틴은 그를 '대단히 점잖은 분'으로 생각했다. 크류츠코프의 쿠데타 의도가 만천하에 드러났는데도 KGB 내의 핵심요원들 다수는 그의 입장에 동조하지 않았다. 새 러시아 정부에 마음이 가 있는 많은 요원들이 정보를 이용해 옐친을 비롯한 쿠데타 반대세력을 도왔다. 일부 젊은 요원들은 쿠데타 반대성명을 준비하기도 했다. 8월 20일 새벽 동이 트자마자 소브차크는 탱크와 트랙터, 소련군 핵잠수함과 쇄빙선에 들어가는 터빈을 생산하는 키로프 공장으로 갔다. 3만 명의 종업원을 한 자리에 모을 수 있는 아침 교대시간 전에 도착하기 위해 서둘렀다. 그는 자동차 앞에 마이크를 들고 서서 노동자들에게 모여 달라고 호소했고, 공장 간부들에게도 노동자들이 궁전광장에 모일 수 있게 해달라고 부탁했다. 그렇게 해서 공장 근로자와 경찰, 그리고 투표로 선출된 시 관리들 대부분이 공개적으로 쿠데타 반대 대열에 동참했다.

키로프 공장 근로자 수천 명이 열을 지어 스타체크 프로스펙트를 통과해 시내 중심가로 행진했다. 그날 광장에는 최근 수십 년 이래 레닌그라드 역사에서 가장 많은 사람이 모였다. 13만 명이 넘는 사람들이 궁전광장과 인근 도로, 주변 간선도로를 가득 메웠다. 에르미타주 박물관 외벽에는 '군부 쿠데타 반대!'라고 쓴 현수막이 내걸렸다. 장갑차들이 시위대를 둘러싸고 긴장이 극도로 고조된 모스크바의 분위기와 달리 레닌그라드 시위는 밝은 분위기 속에서 질서정연하게 진행되었다. 시위대를 막아야 할 경찰관과 KGB 요원들은 시위대 주변에서 그냥 지켜보기만 했다. 신문 보도에 따르면 소브차크 시장이 현지 KGB 총책인 쿠르코프와 만나 평화시위를 전제로 시위 계획을 사전에 의논했다고도 했다.

소브차크의 짧은 연설에 이어 강제노동수용소 굴락에서 살아남은 저명한 언어학자 겸 역사학자인 드미트리 리카체프가 등단했다. 그는 군중을 향해 "국민들이 이제는 더 이상 무릎 꿇고 살 수 없다."고 외쳤다. 그날 저녁 소브차크는 마린스키광장에서 긴급 소집된 시위원회 회의석상에서 "레닌그라드는 합법적인 권력이 상황을 완전히 통제하고 있다."고 선언했다. 쿠데타는 레닌그라드에서 제일 먼저 실패로 끝나게 된 것이었다. 푸틴은 그날 오후 칼리닌그라드에서 도착했지만 궁전광장 시위에는 참석하지 않았다. 대신 소브차크 시장이 머물고 있는 마린스키궁전으로 가서 머물렀다. 그는 전날 밤 소련의 '대통령 대행'으로 나선 겐나디 야나예프의 기자회견을 텔레비전으로 지켜보았다. 야나예프는 국가비상위원회가 고르바초프의 건강에 대해서 한 거짓말을 되풀이했다. 그러면서 '지금의 위기상황'을 끝내겠다는 말만 했다. 기자회견에서 야나예프는 목소리가 떨리고 두 손도 부들부들 떨었다. 기자들이 질문을 던졌지만 대답은 횡설수설이었다. 기자들은 실소를 금치 못했다.

푸틴은 그 장면을 보고 쿠데타가 실패로 끝날 것임을 알았다고 말했다. 아무리 KGB에 대한 충성심이 깊고 연방을 지키겠다는 취지에 공감한다고 해도 이런 비상위원회의 명령에 따를 수는 없었다. "그때까지도 나는 러시아 내부에서 진행되는 변화의 흐름을 제대로 이해하지 못했다."고 푸틴은 나중에 털어놓았다. "KGB에 들어갈 때 내가 가졌던 이상과 목표가 모두 무너져 버렸다." 하지만 그런 식으로 소브차크 편에서 계속 일한다는 것은 KGB에 들어가면서 했던 서약을 어기는 것이 되었다. 그렇게 해서 푸틴은 KGB에 근무한 지 16년 만에 마침내 사직서를 썼다. 쿠데타로 인한 혼돈이 계속되는 와중에 그는 소브차크 시장에게 KGB 사직

사실을 보고했다. 자신의 상관이자 멘토인 그에게 그의 편이 되겠다는 입장을 분명하게 밝힌 것이다.

쿠데타 반대를 외치는 대규모 항의시위가 계속되고 있음에도 불구하고 레닌그라드의 상황은 여전히 유동적이었다. 러시아공화국 대통령인 옐친은 체르바코프 제독을 레닌그라드 지구 사령관으로 임명하는 포고령을 발표했다. 소브차크의 경고를 무시하고 한켠으로 비켜서서 사태의 추이를 지켜보기만 한 삼소노프 장군을 경질해 버린 것이다. 푸틴은 마린스키궁의 경호를 강화하고 소브차크 보좌관들에게 권총을 나누어 주었다. 하지만 푸틴은 드레스덴에서처럼 KGB 때 쓰던 권총은 금고에 넣어두고 들고 나가지 않았다고 했다. 수천 명의 시위군중이 광장에 모여 군부의 공격에 대비해 임시 바리케이드 뒤에서 철야시위를 계속했다. 다시 한 번 푸틴은 자유를 외치는 시위 군중에 둘러싸인 건물 안에 남아 있었다. 하지만 이번에는 바리케이드 뒤에 모여 있는 사람들과 같은 편이었다.

군대의 공격이 임박했다는 루머가 끊임없이 나돌았다. 시내 비밀장소에 주둔하고 있는 정예 특수작전부대가 새벽 세 시에 소브차크 시장 집무실 쪽으로 밀고 들어온다는 소문이 나돌기도 했다. 체르바코프 사령관은 소브차크 시장에게 "이 병력이 오면 5분 만에 우리를 모두 쓸어내 버릴 것"이라고 경고했다. 안전을 위해 소브차크와 푸틴 일행은 그날 밤을 키로프 공장으로 피신해서 보냈다.

하지만 8월 21일 새벽에 쿠데타 세력은 무너지고 말았다. 별장에 연금당해 있던 고르바초프가 풀려나 모스크바로 돌아오고 있었다. 저항의 상징 역할을 한 보리스 옐친이 새 러시아의 지도자가 되는 것이었다. 레닌그라드에서 저항운동을 이끈 소브차크는 가장 유명한 민주인사 가운데 한 명이 되었다. 이렇게 해서 푸틴은 소련연방이 해체되는 과정에 뜻하지 않게 승자의 편에 서게 되었다.

많은 러시아인들이 승리에 환호했지만 푸틴은 그렇지 않았다. 그에게는 오히려 힘든 시기였다. 아내 류드밀라와 그의 친구들은 푸틴의 인생에서 이때가 대단히 어려운 시기였다고 했다. 푸틴 자신도 "실제로는 이런 상황이 내 삶을 송두리째 흔들어놓았다."고 말했다. 레닌그라드 KGB 본부에서 푸틴의 상관이었던 레스체프 대령은 당시 푸틴이 사직서를 낸 것은 이념적인 이유가 아니라 실용적인 차원에서 그렇게 한 것이라고 말했다. "당시 KGB는 아무런 전망도 없었고, 첩보조직 자체가 앞으로 어떻게 될지도 분명치 않았다."는 것이다. 그의 말대로라면 푸틴은 계산된 모험을 한 것이었다. 만약 쿠데타가 성공했더라면 그는 체포당하는 신세가 되었을 것이다. 최소한 실직자 신세는 면치 못했을 것이다. 그래서 그는 대세가 쿠데타 세력에게 불리하게 돌아갈 때까지 기다렸던 것이다. 레닌그라드 국립대 법대에서 푸틴과 함께 공부했던 폴로코프는 푸틴이 KGB에 사직서를 냈다는 소식을 듣고 이런 말을 했다. 폴로코프는 개혁개방 시기에 군 검사로서 병영 안에서 벌어지는 가혹행위를 철저히 수사해 관련자들을 엄단한 사람이었다. "푸틴이 나를 두 번 놀라게 했어요. 한 번은 KGB에 들어가는 것을 보고 놀랐고 또 한 번은 그가 KGB를 떠나는 것을 보고 놀랐어요."

THE NEW TSAR
THE RISE AND REIGN OF VLADIMIR PUTIN

PART 02.

제5장
—

소브차크 시장의 오른팔

이고르 사드칸은 1991년 다큐멘터리 영화를 찍기 위해 노릴스크에서 4개월을 보냈다. 노릴스크는 시베리아 북부에 멀리 떨어져 있는 황량한 산업도시이다. 북극권보다 더 위쪽에 위치해 있어 사람이 거의 살 수 없는 곳이지만 땅 밑에는 지구상에서 가장 소중한 광물자원들이 매장돼 있었다. 1930년대 초부터 소련은 이곳에 집단노동수용소를 짓고 지하 수 마일에 걸쳐 분포돼 있는 광산에서 자원을 채굴하기 위한 도시를 건설하기 시작했다. 사드칸은 글라스노스트가 시작되기 전에는 알려진 적이 없는 어두운 진실을 필름에 담기 위해 그곳으로 갔다.

노릴스크는 자연을 정복한 영광의 역사가 아니라 황폐하고 얼어붙은 외딴 동토의 수용소군도였다. 그곳에 목숨을 바친 수많은 사람들의 뼈 위에 세워진 도시였다. 51세의 대머리인 사드칸은 레닌그라드 출신으로 텔레비전 시리즈 '성인식'Test for Adults을 제작해 텔레비전 제작자로서 명성을 얻었다. 이 시리즈는 1979년에 시작되어 1991까지도 방영되었다. 그는 어린이 열 명과 그 아이들의 부모와 진행한 인터뷰를 필름에 담았는데, 여러 해에 걸쳐 이들의 삶이 어떻게 변모하는지를 도표로 만들어 보여주었다. 그는 대화에 뛰어난 재능이 있었다. 다정한 대화를 통해 인터뷰에 임하는 상대가 원하는 것을 밖으로 끄집어냈다. 브레즈네프 시절에는 그런 식으로 검열의 눈길을 피하면서 뛰어난 작품을 만들었다.

그는 새로 제작하는 시리즈 '눈:나의 운명'Snow:My Fate에서 노릴스크 수용소에서 살아남은 생존자들과의 인터뷰를 계획했다. 하지만 그가 일하는 방송의 드미트리 로즈데스트벤스키 사장은 그에게 다른 일을 먼저 하라고 시켰다. 레닌그라드 시장의 참모들을 소개하는 프로그램을 제작하라고 한 것이다. 당시 '러시아 비디오'라는 이름의 제작회사를 막 시작한 로즈데스트벤스키 사장은 그 프로그램이 사업에 도움이 될 것이라고 생각했다. 이 회사의 실질적인 사장이 시장이었기 때문이다. 그래서 그는 사드칸에게 주요 직책을 가진 참모 한 명을 소개하며 그 사람부터 시작하라고 말했다.

"푸틴이 누굽니까?" 사드칸은 이렇게 물었다.

가을에 노릴스크에서 돌아와 보니 레닌그라드는 전혀 다른 도시가 되어 있었다. 도시의 주인이 공산당에서 민주인사들 손으로 넘어가 있었다. 8월의 쿠데타 실패는 연방의 붕괴를 가속화했고, 연방의 종말이 마지막 몇 주를 남겨 놓은 시점이었다. KGB 의장 크류츠코프를 포함한 쿠데타 주모자들은 체포됐고, 이후 KGB는 러시아 새 지도부의 정치적 영향 아래 여러 개 조직으로 쪼개지고 반체제 인사들을 탄압하던 제5총국은 폐지됐다. 고르바초프는 대통령에 복귀했지만 연방은 이미 15개의 개별 국가로 분할되고 있었다. 이제는 모스크바에 있는 러시아공화국 의회가 최고 입법기관으로서의 권한을 행사하고 있었다. 의회는 인민대표회의 대의원과 소비에트 최고회의 의원 252명으로 구성됐다. 9월 6일, 러시아공화국 의회는 3개월 전 레닌그라드가 실시한 국민투표 결과를 승인했다. 그리하여 레닌그라드는 3세기 전 표트르 대제가 지은 상트페테르부르크라는 이름으로 다시 바뀌었다. 소브차크 시장은 러시아혁명 74주년을 맞은 11월 7일에 맞춰 공식 개명식을 주재했다.

새 러시아의 대통령 보리스 옐친은 쿠데타 실패 뒤 공산당의 활동을 금지시켰다. 소브차크 시장도 모든 수단을 다 동원해 레닌그라드 역사에서 공산당의 흔적을 지우려고 했다. 공산당의 권한은 물론이고 재산과 기반시설도 모조리 몰수했다. 스몰니 수도원에 있는 당 본부 자산도 몰수됐다. 스몰니 수도원은 18세기에 수도원으로 지어진 다음 여학교로 바뀌었다가 레닌이 볼셰비키 혁명정부를 세웠던 곳이다. 소브차크 시장은 이 역사적인 바로크 건물을 시장 집무실로 사용했다. 새 러시아에서 '민주세력의 승리'를 상징하는 조치였다. 그것은 또한 소브차크 시장 개인으로서는 공산주의 이후 새로운 시대의 출발점에서 자신이 진정한 권력자가 되겠다는 포부를 드러낸 것이기도 했다. 소브차크는 푸틴을 시의 대외경제관계위원회 위원장으로 임명했다. 푸틴도 스몰니의 새 집무실로 자리를 옮겼다. 소브차크의 지시에 따라 푸틴도 공산당 시절 모든 관리들의 사무실 벽을 장식했던 레닌 초상화를 내리고, 그 자리에 표트르 대제의 판화 초상화를 새로 걸었다.

푸틴은 새로 얻은 직책의 권한을 가지고 소브차크 시장을 도와 새로 구성된 시 정부를 배후에서 흔들어대는 공산당과 맞서 싸웠다. 푸틴은 공산당이 누리던 특권을 폐지하는 시장의 포고령을 집행하는 데 앞장섰다. 스몰니 수도원에서 '프롤레타리아 독재 거리' 건너 맞은편에 있는 벽면을 대리석으로 장식한 '정치 계몽의 집'은 오랫동안 공산당 소유 재산이었다. 소브차크 시장은 이 건물을 국제 비즈니스 센터로 바꾸어 대외무역의 발전 가능성에 일찍 눈 뜬 러시아 기업인들의 활동무대가 되도록 했다. 관영 텔레비전 채널의 드미트리 로즈데스트벤스키, 미국 주재 소련대사관에서 무역 담당 주재관을 지낸 블라디미르 야쿠닌 같은 이도 이 새로운 기업인들 명단에 들어 있었다. 새로 탄생한 시 지도부에서 이들을 상대하는 사람이 바로 별로 호감이 가지 않는 인상의 전직 KGB 요원 푸틴이었다. 공산당 잔존 세력은 결사적으로 새 비즈니스 센터의 한쪽 구석을 차지하고 건물 지붕에 낫과 망치가 그려진 붉은 소련국기를 내다 걸며 허세를 부리려고 했다. 그래 봐야 상징적인 행동일 뿐 업무에 별 영향을 미치지는 못했지만 푸틴이 국기를 치우라고 지시하면 내렸다가 다음날 도로 내다 걸고 하는 일이 되풀이됐다. 이런 일이 계속되자 푸틴은 국기 게양대를 절단해 없애라는 지시를 내렸다. 소브차크와 푸틴 모두 반대세력에 대해서는 많은 인내심을 발휘해 주지 않았다.

시장 보좌진을 텔레비전 다큐멘터리에서 소개하자는 아이디어는 소브차크 시장이 직접 낸 것이었다. 인민대표회의에서 자신이 스타로 부상하는 데 텔레비전이 얼마나 큰 역할을 했는지 잘 아는 그는 열심히 일하는 시장 보좌진의 면면을 소개함으로써 시위원회가 아니라 자신이 상트페테르부르크시의 중심에 있다는 점을 부각시키고 싶었던 것이다. 사드칸은 프로그램 제작에 그렇게 호의적인 반응을 보이지 않았다. 권력의 재물이 되어 여러 해 동안 집단수용소에서 고통 받은 사람들의 이야기를 기록에 담는 작업을 겨우 마친 시점이었다. 그런데 불과 몇 주 전까지만 해도 그 사람들의 고통에 책임이 있는 공산당이 사무실로 쓰던 건물로 촬영하러 가게 된 것이었다. 스몰니 수도원 건물 일층에 있는 푸틴의 사무실에서 그를 맞이한 사람은 이고르 세친이었다. 직급이 낮고 투박한 외모였지만 많은 나라를 여행한 경험이 있고 포르투갈어를 구사할 줄 아는 사람이었다. 그는 푸틴의 대학 동기생으로 1980년대 모잠비크와 앙골라에 주재하는 소련군 무관 통역관으로 일했는데, KGB나 군 첩보기관 소속이었을 것이라는 추측이 많았다. 그는 푸틴의 최측근 보좌관으로 일했는데 당시 푸틴의 사무실에는 소련 제국이 무너지며 낭인 신세가 된 세친 같은 사람들이 많았다.

푸틴은 '성인식'에 대해 훌륭한 작품이라고 추켜세운 뒤 소브차크 시장이 다큐멘터리에 관해 갖고 있는 생각을 설명했다. 그러면서 질문내용을 사전에 보여 달라고 부탁했다. 하지만 사드칸은 "당신은 질문내용을 미리 알 수 없고, 나는 대답내용을 미리 알 수 없습니다. 그게 원칙입니다."라며 거부했고 푸틴은 이를 받아들였다. 인터뷰는 1991년 11월 여러 날에 걸쳐 진행됐다. 푸틴은 39살의 나이에 비해 젊어보였고, 블론드 빛의 머릿결은 조금씩 빠지기 시작했지만 여전히 윤기 있었다. 사드칸은 나이, 가족, 학력, 애완견, 심지어 별자리까지 사소한 질문들을 늘어놓은 다음 새 러시아의 정치상황과 지금 하고 있는 일에 관해서도 물었다. 결국에는 시 정부에 합류하기 전에 무슨 일을 했는지에 대한 질문으로 옮겨갔다.

몇 해 뒤 푸틴은 자신이 사람들의 혐오의 대상이 되어 해체 단계에 들어선 조직에서 일한 사실을 털어놓기 위해 스스로 그 인터뷰를 마련했다고 주장했다.

소브차크 시장에 비판적인 사람들을 비롯해 많은 이들이 푸틴의 KGB 경력이 공개되면 본인은 물론 소브차크 시장에게도 누가 될 것이라고 만류했다. 하지만 푸틴은 그런 사실을 본인 입으로 밝히면 문제를 희석시키는 데 도움이 될 것이라고 생각했다. 사드칸은 푸틴이 예상했던 것보다 더 집요하게 파고들었다. 은유의 달인답게 그는 젊은 시장 보좌관이 볼가 자동차를 운전하는 장면에 '봄의 17가지 장면'Seventeen Moments of Spring에 나오는 피아노 소나타를 배경음악으로 깔았다. '봄의 17가지 장면'은 '방패와 칼'처럼 KGB의 협조를 받아 제작한 인기 미니시리즈였다. 푸틴이 좋아한 소련 시절의 스파이 스릴러로 주인공 막스 오토 폰 슈티를리츠는 나치 독일의 이중 스파이였다. 사드칸이 카메라 앞에서 이전 직업에 관해 질문하자 푸틴은 못마땅한 어투로 이렇게 대답했다.

"이 질문을 피해갈 순 없을 것 같군요." 사드칸이 이렇게 거들었다. "우리가 첩보요원을 자주 접할 기회는 없습니다. 자기 입으로 자기가 첩보원이었다고 밝히는 경우는 더 드물지요." 그러자 푸틴은 퉁명하게 이렇게 덧붙였다. "요즘에는 그런 사람들 많이 보이잖아요. 그렇지 않아요?"

그의 커밍아웃은 11월 25일자 '차스 피크'Chas Pik에 실린 장문의 인터뷰 기사를 통해서도 계속됐다. 푸틴은 자신의 과거를 지워 버리려고 하는 대신 반체제 인사들에 대한 탄압과 실패로 끝난 보수 쿠데타에 이르기까지 그동안 KGB가 저지른 범죄행위들과 자신을 분리해서 대응했다. 그는 KGB가 외부의 적으로부터 국가를 지킨다는 '창설 당시의 임무'는 수행하지 않고 '괴물' 집단이 되어 버렸다고 말했다. 그리고 자신이 맡은 임무는 해외정보 쪽으로 KGB가 자행한 국내인사 탄압과는 무관하다고 주장했다. 또한 전 세계적으로 비밀요원을 두지 않는 정보기관은 없다며, "과거에도 그랬고 지금도 그러하며 앞으로도 그럴 것"이라고 했다. 그는 KGB 경력이 지나간 과거의 일일 뿐이라고 말하면서도 자기가 선택한 길에 후회는 없다고 했다.

"정말 아무런 후회도 하지 않습니까?" 인터뷰 기자인 나탈리야 니키포로바가 이렇게 물었다.

"후회하지 않습니다. KGB의 범죄행위는 유감스러운 일이지만 나는 어떤 범죄도 저지르지 않았습니다." 그러면서 자신이 자발적으로 KGB에 사표를 냈다는 사실을 '힘든 결단'이었다며 되풀이 강조했다. 그는 그동안 쌓은 경험과 독일어에 능통하다는 점, 국제경제 분야에 정통하다는 점을 들어 자신의 경력이 시의 경제를 살리고 러시아의 민주주의를 정착시키는 데 도움이 될 것이라고 강조했다. 국제경제 파트너들이 소브차크 시장의 보좌진에 KGB 스파이가 포함돼 있다는 사실을 알면 의심의 눈초리를 갖지 않을까라는 질문에 대해 그는 조지 H. W. 부시 대통령은 CIA 국장을 지냈는데 아무도 그 사실을 문제 삼지 않는다는 말로 대꾸했다.

쿠데타 실패 이후 어려운 상황이 이어졌다. 모든 일이 뒤죽박죽 엉망이 되었고, 여러 가지 일들이 고삐 풀린 듯 쏟아져 나오고, 오랫동안 비밀에 부쳐졌던 사실들이 세상 밖으로 모습을 드러냈다. 푸틴은 스포트라이트 속에 커밍아웃을 감행하면서 자신을 철저한 민주인사로 내세웠다. 불과 몇 달 전만해도 상상하지 못한 일이었다. 하지만 그러면서도 그는 강력한 국가에 대한 기대가 러시아의 집단정서 속에 남아 있다고 경고했다.

"무섭고 슬픈 일이지만 아직도 러시아가 전체주의로 돌아가는 일은 얼마든지 가능합니다. 하지만 문제를 법집행기관과 보안기관, 경찰, 군에서 찾으려고 해선 안됩니다. 위험요인은 의식, 바로 우리의 국민정서에 있다는 점을 명심해야 합니다. 국가의 엄격한 통제를 통해 질서가 철저히 유지되면 우리의 삶이 더 풍족해지고 더 안전해질 것처럼 보일 것입니다. 하지만 얼마 안 가 그 엄격한 통제가 우리 목을 조를 것입니다."

쿠데타가 실패로 끝난 다음 소브차크의 인기는 하늘 높은 줄 모르고 치솟았다. 그는 이제 옐친 다음으로 러시아에서 가장 유명한 정치인이 되었다. 개인적인 야망만큼 시의 비전도 거창하게 내세웠다. 걸작 건축물과 기념물, 아름다운 운하들을 새로 단장해 과거 러시아제국 수도였던 시절의 영광을 되찾고 싶어 했다. 외국자본 유치를 위해 자유경제지대 설치를 제안했고 금융자본의 수도로서 모스크바와 경쟁할 새로운 유럽식 도시를 꿈꾸었다. 소브차크는 9월 15일 이곳을 방문한 제임스 A. 베이커 3세 국무장관을 만났고, 닷새 뒤에는 런던으로 가 존 메이저 영국 총리를 만났다. 그를 수행해 푸틴은 처음으로 서방국가를 방문하게 됐다. 10월에 소브차크는 서독을 방문해 헬무트 콜 총리와 만났는데 이때 푸틴은 그의 통역을 맡아 훌륭하게 업무를 처리했다. 소브차크는 또한 헨리 키신저와 함께 빈사상태에 빠진 군수공장들을 살리기 위한 투자유치에 나설 위원회의 공동위원장을 맡았다. 키신저가 상트페테르부르크를 방문했을 때 푸틴은 공항에 나가 그를 영접해서 시장 관사까지 안내했고, 도중에 자신의 KGB 전력을 놓고 그와 환담을 나누었다. "훌륭한 사람은 모두 정보기관에서 일을 시작했지요. 나도 그렇소." 키신저가 이런 말을 해서 푸틴은 너무 기분이 좋았다.

얼마 지나지 않아 소브차크는 국제적인 유명인사가 되어 해외에 나가 있는 시간이 국내에 있는 시간만큼 되었다. 시사주간 타임은 러시아를 풍요로운 민주 시장경제 국가로 만들어 줄 떠오르는 스타 정치인 명단에 그의 이름을 올렸다. 하지만 민주 러시아의 미래에 걸었던 사람들의 기대감은 얼마 가지 않아 실망과 당혹감으로 바뀌고 말았다. 소브차크는 자기가 지닌 엄청난 정치적 자산을 자만과 어리석은 안하무인의 태도로 모두 탕진하고 말았다. 또한 몰락한 공산당 노멘클라투라 세력들로 시 요직을 채워 자유 민주계 지식인들을 실망시켰다. 푸틴뿐만이 아니라 손가락질 당하는 많은 KGB 고위인사들이 소브차크 정부의 요직을 야금야금 잠식해 들어왔다. 말로는 민주주의를 외치면서 실제로는 보안기관 인사들의 비위를 맞추기 위해 애를 쓴 것이었다.

푸틴의 대학 동기로 절친한 친구인 빅토르 체르케소프는 반체제 인사들에게 반국가 범죄 혐의를 씌워 기소한 전력으로 악명 높은 인사였는데, KGB 해체 이후 새로 탄생한 보안기관인 연방보안국FSB의 페테르부르크 시 지부장 자리를 차지했다. 소브차크 시장이 보안기관 인사들을 중용하기 시작하자 개혁세력은 당황했다. 그는 시정을 원활하게 이끌기 위해서는 보안기관과 자신이 척결하겠다고 공언한 구 정치세력 인사라고 하더라도 경험 많은 전문가들을 중용할 수밖에 없다는 논리를 폈다. 다시 말해 자신의 권력을 공고히 하기 위해 민주인사 대신 구세력의 아파라치키들을 택한 것이다. 이후 여러 해 동안 러시아 정치는 이러한 딜레마에 빠져 신음하게 된다. 상트페테르부르크 자유경제지대 설치를 입안한 경제학자 아나톨리 추바이스 등 개혁세력은 얼마 안 가 자리를 잃고 주변으로 밀려났다. 추바이스는 그해 가을 모스크바로 가서 옐친의 사유화 프로그램 입안에 참여해 새 러시아에서 욕을 가장 많이 먹은 경제학자가 되었다.

소브차크가 행정권력을 장악하고 나자 시장과 시위원회와의 관계는 연방이 해체되기 이전 서로 갈등을 겪던 시절보다 더 나빠졌다. 시위원회 의원들 가운데서도 특히 급진 민주세력들은 그의 권위적인 스타일에 실망했다. 1992년 초가 되자 시위원회에서 그에 대한 탄핵 움직임이 일기 시작했다. 탄핵 사유 가운데는 보좌관인 블라디미르 푸틴이 하는 행동도 들어 있었다. 1991년 겨울에 시는 많은 어려움에 직면해 있었다. 제대로 되는 일은 없고 시는 완전히 파산상태에 이르러 있었다. 시 경제의 대부분을 차지하는 군수산업은 무기계약이 끊어짐에 따라 극도의 침체 상태에 빠졌다. 연방이 해체되어 독립국이 된 옛 연방공화국들로부터 제공되던 식량과 연료 공급은 끊어져 버렸다. 겨울이 되면서 4천 톤의 신선한 육류가 도착하는 1월까지 창고에 보관중인 통조림 식품에 의존하는 처지가 되었다.

소브차크는 11월에 식량부족이 심각한 수준에 이르렀다는 경고를 내놓았다. 그러면서 그는 엉뚱하게도 시의 경제를 살리는 방안의 하나로 시를 라스베이가스처럼 만들겠다는 포고령을 발표하고 푸틴을 추진 책임자로 임명했다. 갑자기 시 전역에 카지노 도박장이 우후죽순처럼 들어섰다. 푸틴은 열심히 맡은 일을 했다. 서방국가들이 도박 산업을 어떻게 규제하는지 연구하는 등 사전 준비도 철저히 했다. 구 동구권 바깥 지역으로 자유롭게 출장을 다닐 수 있게 되어서 과거에 보고서를 통해서만 접할 수 있던 지역들을 자유롭게 찾아가 볼 수 있게 되었다. 그해 가을 그는 아내 류드밀라와 함부르크로 가서 그곳 친구들과 함께 카지노가 있는 유명한 홍등가인 리페르반을 방문했다. 그는 당시 그곳에서 외설적인 공연을 보자고 한 사람은 자기가 아니라 친구들이었다고 해명했다. 하지만 국가 이데올로기나 KGB의 도덕 검열 없이 개인의 자유를 맘껏 누린 것은 그에게 큰 인상을 남겼다. 십년 후에도 그때 본 여자 무용수들의 키와 피부색까지 아주 상세히 묘사할 정도였다.

그가 내린 결론은 부도덕한 산업에서 발생하는 이익은 국가가 가져야 한다는 것이었다. 처음에 그는 도박산업을 국가가 독점해야 한다고 주장했다. 당시 러시아에서는 새로 제정된 독점금지법에 따라 국가가 도박산업을 독점할 수 없게 되어 있었다. 그래서 푸틴이 이끄는 위원회에서는 시에서 허가해 주는 모든 신설 카지노의 지분 51퍼센트를 시에서 갖도록 했다. 거기서 나오는 배당금을 시 재정에 보태려는 것이었다. 시 소유 건물을 카지노장으로 빌려주고 나오는 집세로 시의 금고를 채웠다. 발레리 무신, 드미트리 메드베데프와 같은 젊은 변호사들이 푸틴이 이끄는 위원회의 자문변호사로 일했다. 소브차크가 인민대의원에 출마했을 때 선거운동을 한 사람들이었다.

도박산업은 참담한 실패로 끝났다. 전직 KGB 간부와 조직폭력배들과 손잡고 '네바 찬스'Neva Chance 라는 이름의 카지노 운영회사를 설립해 12개의 카지노 사업장을 운영했다. 모스크바 연방정부의 허가는 받지 않은 사업이었다. 하지만 수익은 실현되지 않았다. 카지노 운영자들은 수익금을 세탁하고 장부 조작을 통해 시 당국에 적자로 신고했다. 사업자들은 도박장 자산에다 수백만 달러의 이득을 챙겨갔고 시 당국은 한 푼도 받지 못했다. 푸틴은 나중에 자신이 한 역할에 대해 변명하면서 "그자들이 우리를 가지고 놀았다."고 했다. 당국의 규제 아래 시장경제를 만들어 가는 일은 예상했던 것보다 어려웠다. 자본주의를 도입하기 위한 법적 토대는 마련되지 않았고, 푸틴은 경제 문제를 관리하는 데 아무런 경험이 없었다. 그동안 본 것이라고는 수십 년에 걸쳐 여러 차례 시행된 5개년계획과 국가통제경제뿐이었다. "시장경제를 처음 마주한 사람들이 겪는 전형적인 실패를 우리가 겪었다."고 인정했다. 실패한 경제정책에 의해 고통을 받은 사람은 연금생활자와 교사, 의사들이었다. 당시나 그 이후에도 푸틴이 직접 국가경제에 큰 손실을 입힌 적은 없다. 하지만 이때 푸틴 같은 관리들과 공모하고, 미비한 법적, 경제적 시스템을 악용해 재빨리 부를 축적한 사람들이 나타났다.

푸틴이 행한 정책적 실패를 둘러싼 의혹은 적지 않은 후유증을 남겼다. 시 정책으로 인한 잘못은 아무런 처벌을 받지 않아도 된다는 분위기를 만들었고 아울러 푸틴에 대한 의혹의 시선도 강해졌다. 1991년 12월 4일, 푸틴은 모스크바에 있는 연방 경제장관 앞으로 해외 물품 교환 허가를 요청하는 서한을 보냈다. 당시 국가 소유 기업에서 생산한 1억 2천만 달러 어치의 원자재를 육류, 버터, 설탕, 마늘, 과일과 맞바꾸도록 해달라는 요청이었다. 외국으로 내보낼 러시아산 제품은 목재 75만 입방미터와 원유 15만 톤, 고철 3만 톤을 비롯해 소량의 희토류 금속, 구리, 알루미늄, 시멘트, 암모늄 등이었다. 두 번째 겨울에 시는 심각한 부족현상에 직면해 배급제를 다시 시작했다. 1992년 초부터 러시아 정부가 시장원칙에 따른 가격인상을 허용함에 따라 위기상황은 더 심각해졌다. 러시아 국민 대부분이 식량을 사먹을 형편이 못 되었다. 다큐멘터리에서 사드칸은 푸틴이 전화로 소브차크와 통화하면서 옐친과의 면담 준비를 하는 장면을 내보냈다. 푸틴은 소브차크 시장이 식량위기를 타개하는 데 제일 앞장서고 있다는 점을 부각시키고 싶었던 것이다. 그는 사드칸에게 조만간 우크라이나로부터 설탕 2.5톤이 도착할 것이라고 했다. 그러면서 일이 뜻대로 진행되지 않아 힘들다는 표정으로 "믿었던 일이 엉뚱하게 틀어지는 일이 허다합니다."라고 했다.

소브차크 시장실에서는 원자재와 식품을 교환하는 것 외에도 푸틴 주도 하에 수십 건의 계약을 체결했다. 하지만 계약에 나서는 기업들은 대부분 소유주가 소브차크 시장이나 푸틴과 개인적인 친분이 있었다. 계약서는 엉성하게 작성되었고 계약과정 전반이 법적으로 하자가 있었다. 모스크바에 있는 연방의 담당 부서에서 허가가 나기도 전에 계약을 일사천리로 진행시켰기 때문이다. 상트페테르부르크 시 정부는 25퍼센트에서 50퍼센트에 달하는 이례적으로 높은 계약 커미션을 받았다. 이렇게 챙긴 현금은 시의 식량난 해결을 위해 쓰이지 않고 대부분 행방도 모르게 증발해 버렸다. 해외로 내보내는 상품의 가격은 공시가를 적용했기 때문에 실제가격보다 훨씬 싼값에 팔렸다. 더 가관인 것은 내보내는 물건은 있었지만 대신 들어오는 물건은 거의 전무했다는 점이다. 계약에 의해 들여왔다고 모스크바에 보고된 상품은 유조선 두 척 분의 식용유뿐이었다. 푸틴이 주도해 식량난 해결을 위해 체결한 계약은 완전한 사기극이었던 것이다.

소브차크 시장과 전쟁을 벌이는 시위원회에서 진상조사에 착수했고 백발의 지질학자로 시위원회에서 가장 직설적인 성향의 민주인사인 마리나 살레가 조사단장을 맡았다. 마리나 단장은 동료인 유리 글라드코프와 함께 12건의 계약에 조사 포커스를 맞추었다. 푸틴이나 그의 직속 부하인 알렉산드르 아니킨이 직접 서명한 것이 분명한 계약이었다. 계약금액이 9200만 달러에 달하는 사업이 공개입찰 없이 수의계약으로 체결되었다. 그해 1월부터 5월까지 진행된 조사에서 두 사람은 증거자료를 모으고 증언을 수집해 장문의 보고서를 만들어 시위원회 총회에 넘겼다. 푸틴은 마지못해 조사에 협조했다. 처음에는 상거래 상의 비밀을 지켜야 한다는 이유를 내세워 허가와 계약내용을 제공하지 않겠다고 버텼다. 하지만 나중에 서류 검토 결과 시민들을 고통으로 몰아넣은 식량난을 이용해 이득을 챙긴 사람이 누구였는지 드러나게 되었다.

푸틴은 시 조사위원회에 출석해 계약사를 선정한 과정이나 계약사들이 어떤 기업들인지 제대로 설명하지는 않고 자신의 입장만 강력하게 변호했다. 그리고 기자회견을 통해서도 자신의 입장만 되풀이했다. 시위원회의 조사활동을 시장의 권위에 도전하는 정치적인 동기에서 시작된 것이라고 비난하기도 했다. 8월의 쿠데타 실패 이후 6개월여가 지난 3월 30일 시위원회는 부패혐의로 소브차크 시장 해임안을 상정했다. 식량난 해결을 둘러싼 부정행위도 혐의에 포함됐다. 하지만 시위원회는 법적으로 시장을 해임할 권한이 없기 때문에 해임은 불발에 그쳤고, 소브차크 시장은 시위원회의 표결을 무시했다. 푸틴은 앞장서서 소브차크 시장과 자신의 입장을 변호했다. 비판세력에 대해서는 '아무 것도 모르는 순진한 사람들'이라고 무시하고, 자기들은 '일이 진행되도록 하려면 어떤 조치를 취해야 하는지 제대로 아는 사람들'이라고 말했다. 하지만 계약이 어떻게 체결되었든 필요한 식량이 제대로 공급되지 않았다는 사실은 인정하지 않을 수 없었다. 푸틴은 계약한 회사들이 모두 명의뿐인 회사들이고, 피라미드 조직으로 되어 있어 법망을 교묘하게 피했다고 하소연했다. 계약 전에 내용을 꼼꼼히 따져봐야 할 책임이 자신에게 있었지만 자신의 책임이라는 말은 절대로 하지 않았다. 어떤 회사들은 러시아 제품을 실어내 보낸 다음 홀연히 자취를 감춰 버렸다. 수백만 달러어치에 달하는 물품대금은 해외계좌로 빼돌렸을 게 뻔했다. 이들 가운데 유리 코발추크와 블라디미르 야쿠닌 등 몇 명은 푸틴의 측근으로 자리를 잡았다. 코발추크와 야쿠닌 두 사람은 회사를 새로 만들어 알루미늄과 비철금속 수출허가를 받아 이득을 챙겼다. 블라디미르 스미르노프가 실질 소유자인 네프스키 돔이라는 이름의 회사도 있었다. 키리시네프테오르그신테즈 Kirishinefteorgsintez라는 회사를 세운 겐나디 팀첸코도 있었다. 이들 가운데 부정혐의로 기소된 사람은 아무도 없다. 당시 이들은 무명에 가까운 인사들이었지만 시장실의 젊은 관리 블라디미르 푸틴과 친분을 쌓아 불과 몇 년 뒤 새 러시아의 거물 기업인들로 성장했다. 많은 의혹이 제기되기는 했지만 푸틴이 이 계약을 통해 개인적인 이득을 챙겼다는 증거는 드러나지 않았다.

푸틴은 자신에게 제기된 의혹에 대해 솔직하게 해명하는 대신 제기된 의혹을 왜곡시켜 대응하는 수법을 썼다. 그는 시의원회 의원들이 직접 계약체결권을 행사해 이득을 챙기려고 했다는 식으로 역의혹을 제기하기도 했다. 조사위원회 보고서는 푸틴과 아니킨에 대해 부패혐의를 명확하게 입증하지는 못했다. 대신 보고서는 이 두 사람이 '불성실하고 철저히 무능함'을 보여주었다고 적시했다. 위원회는 사건 전모를 검찰에 넘기고 소브차크 시장에게 두 사람을 파면 조치하라고 요구했다. 연방 감사원에서 수사관들이 상트페테르부르크로 파견돼 조사를 벌였으나 기소하지는 않았다. 푸틴이 연루된 이 부패 스캔들은 이후 십 년 가까이 사람들의 기억에서 잊혀졌다. 아니킨은 물러났고 그 자리에 젊은 경제학자인 알렉세이 밀러가 앉았다. 이후 밀러는 푸틴의 최측근 인사가 되었다. 소브차크 시장은 푸틴을 처벌하지 않고 오히려 부시장으로 승진시켜 자신의 가장 큰 숙원사업인 외자유치 업무를 맡겼다.

푸틴은 외자유치 업무를 비교적 성공적으로 수행했다. KGB 경력이 이 일을 하는 데 도움이 되었다. 과거 알고 지냈던 인사들과 유창한 독일어 실력이 통일 독일의 투자자들에게 다가가는 데 좋은 무기가 되어 주었던 것이다. 카지노 사업과 식량 교환 프로젝트가 논란 속에 실패로 끝났음에도 불구하고, 이번에는 프랑크푸르트를 방문해 상트페테르부르크에서 국제금융 컨퍼런스를 개최하겠다는 계획을 밝혔다. 그리고 러시아에 진출하는 최초의 해외은행이 될 드레스드너 방크의 지점을 상트페테르부르크에 개설하겠다고 했다. 지점장으로 온 마티아스 바르니히는 전직 슈타시 요원으로 동독이 격변기에 놓여 있던 1989년 10월 드레스덴에 파견되어 KGB와 함께 일한 적이 있었다. 푸틴과 바르니히 두 사람 모두 이전에 서로 만난 적이 없다고 주장했으나, 1989년 1월에 다른 사람과 함께 찍은 사진이 있었다. 그들과 사진을 함께 찍은 사람은 푸틴의 친구로 드레스덴에서 첨단 정보 분야에서 일한 요원 세르게이 케메조프였다. 세 사람은 이후에도 함께 얽히고설킨 관계를 계속 유지한다. 이들은 러시아가 새로운 경제모델로 전환해 나가는 혼돈의 와중에서 뜻을 같이한 전직 첩보요원들이었다.

드레스드너 방크 지점은 1992년 1월에 문을 열었다. 러시아 경제를 독일시장에 통합시키고, 러시아의 방만한 거대 국영기업들을 사유화하고 개혁하는 데 필요한 금융 인프라 구축을 개점 목표로 내세웠다. 드레스드너 방크로서는 러시아의 미래에 대한 모험적인 투자였다. 상트페테르부르크의 재정상태는 물론이고 관련 법률과 제도, 감사 시스템 모두 엉망이었다. 경제와 함께 국가의 전반적인 상황이 혼돈 그 자체였고, 상황은 점점 더 나빠지고 있었다. 지점 개설 몇 개월 뒤 이 은행의 수석 이코노미스트인 에른스트 모리츠 리프는 금융과 재정 분야의 전문성이 척박한 점을 지적하며 "거의 창세기 수준에서 일하는 것 같다. 상트페테르부르크에서 금융을 제대로 이해하는 사람은 10명 남짓"이라는 말을 했다.

푸틴은 그 10명 안에 들어가기 위해 노력했다. 상트페테르부르크 지점에 대한 초기 투자는 몇 해 동안 드레스드너 방크와 바르니히 지점장에게 보상을 듬뿍 안겨다 주었다. 드레스드너에 이어 도이체 방크와 BNP 은행, 크레디리오네 은행이 진출했다. 1991년부터는 스페인의 캔디 제조업체인 추파춥스가 상트페테르부르크에서 막대사탕 롤리팝스를 생산하기 시작했다. 오티스 엘리베이터도 노후 건물들의 재건축 붐을 예상하고 지점을 개설했다. 전 해에 소브차크 시장을 미국 본사로 초청한 바 있는 프록터 & 갬블은 쿠데타 직후 일찌감치 도심에 사무실을 열었다. 소브차크가 시의 최고지도자 역할을 누릴 때 푸틴은 뒷전에 머물며 외국 투자자들과 협상을 진행하고 세부적인 일들을 챙겼다. "푸틴은 소브차크 시장이 원하는 것을 실행에 옮기는 사람이었습니다." 당시 푸틴과 계약을 진행한 바 있는 스웨덴 변호사 카이 호버Kaj Hober는 푸틴의 역할을 이렇게 평가했다. 호버 변호사는 몇 주 동안 상트페테르부르크에 머물며 이곳의 랜드마크 가운데 하나인 그랜드호텔 유럽의 매각협상을 진행했다. 거액의 세금이 부과될 것이기 때문에 누군가에게 특혜를 줄 것이라는 추측이 나돈 매각이었다. 호버 변호사는 당시 푸틴을 "몇 밀리미터도 그냥 넘어가지 않고 따지는 깐깐한 협상 파트너"였다고 했다. "당시 그는 상트페테르부르크의 이익을 위해 일한다는 사명감에 찬 사람처럼 보였습니다."

거시경제정책은 모스크바에 있는 보리스 옐친 대통령과 각료들의 몫이었다. 당시는 러시아의 경제회생을 위해 쇼크요법을 도입할 것인지 여부를 놓고 논란이 거셌다. 소브차크는 상트페테르부르크를 러시아 전역에서 외국 투자자들에게 가장 우호적인 도시로 만들고 싶어 했다. 푸틴이 이끄는 위원회는 소련 시절에 시작한 광케이블 프로젝트를 덴마크에 맡기는 협상을 진행했다. 상트페테르부르크 역사상 최초로 현대식 국제 통신망을 설치하는 공사였다. 위원회는 또한 외국 기업의 생산 공장 특별지구를 조성해 하이네켄, 펩시, 코카콜라, 포드, 리글리Wrigley를 유치했다. 소브차크 시장은 푸틴의 도움으로 표트르 대제가 꿈꾸었던 '유럽으로 향하는 창'을 다시 열게 된 셈이었다.

소브차크 시장은 수시로 외국 출장에 나섰고, 어떤 때는 한 달에 두 번이상 나가기도 했다. 업무뿐 아니라 자신의 국제적인 명성에도 신경을 썼다. 그러면서 모스크바에 있는 옐친의 조언자 역할도 계속했으며, 특히 1993년에 발표한 러시아 신헌법 초안 작성에도 많은 시간과 노력, 정치적 자산을 투자했다. 소브차크 시장은 일상적인 행정 업무는 푸틴을 비롯한 보좌진에게 맡겼다. 푸틴은 텔레비전에 잠간 소개되기는 했지만 이후 대중적인 관심과 감시망에서 벗어나 업무에만 충실했다. 사교계나 외교 행사에도 얼굴을 내비치지 않았다. 아내 류드밀라는 일에만 매달리고 귀가시간이 늦은 남편에게 불만이 많았다. 하루 종일 시부모가 사는 아파트에서 아이들과 함께 지내야 했다.

첩보요원일 때는 정보를 수집해 정책 결정을 하는 상사들에게 자료로 제출하는 일을 했는데, 이제는 자신이 직접 정책 결정권자의 자리에 있었다. 그는 유능하고 능숙하고 단호하고, 그러면서 시장에게 철저히 충성하는 사람이라는 평가를 받았다. 여러 사람이 시장 곁을 떠났고 그 중에는 서로 얼굴을 붉히며 갈라선 사람도 있었지만, 푸틴은 초지일관 시장 곁을 지켰다. 그러면서 영향력도 커져갔다. 시 행정이 부패의혹에 휘말려도 그는 끄떡없었다. 러시아 전역이 정치적인 논란에 휩싸였지만 초연한 위치에 서서 업무에만 집중했다. 정치적으로 어느 쪽에 동조하는지 일체의 감정을 드러내지 않았다. "그는 업무처리에 철저했지만 절대로 자기 목소리를 내는 법은 없었다." 그의 비서였던 마리나 옌탈체바는 이렇게 말했다. "직원들에게 일을 일단 맡기면 그 일이 어떤 방식으로 처리됐는지, 누가 맡아서 했는지 도중에 어떤 문제가 있었는지 따지지 않았다. 시킨 대로 일이 처리되었으면 그것으로 그만이었다." 한번은 옌탈체바가 푸틴의 집에서 기르는 양몰이개가 자동차에 치여 죽었다는 소식을 전했는데, 그 말을 듣고 푸틴이 아무런 반응을 보이지 않아 놀랐다고 했다.

스몰니의 사무실로 모여드는 투자자와 정치인들에게 푸틴은 수수께끼 같은 사람이었다. 계약을 따내기 위해 오는 사람들도 있고, 자본주의로의 전환기였고, 법이 제대로 정비되지 않아 혼란이 극심한 시절이었다. 협상이 제대로 되지 않아 그에게 도움을 구하러 오는 사람들도 많았다. "그는 외국 투자자들이 부딪치게 되는 문제들을 처리해 주는 책임자였지만 투자자들 누구도 그가 어떤 사람인지 몰랐고, 그로부터 동정적인 말 한 마디라도 들어본 사람은 더더욱 없었다." 그와 가까이서 일했던 미국 변호사 아서 조지는 이렇게 말했다. "푸틴은 싸울 대상을 신중하게 고르고, 논란에 휘말리지 않으려고 했으며, 절대로 위험한 짓을 하지 않았다. 속셈이 무엇인지 도무지 알 수 없는 사람이었다."

푸틴은 수완이 좋은 사람이었다. 투자를 유치하고 업무적으로 문제가 생기면 개인적인 친분을 이용해 해결했다. 필요하면 회유, 협박을 하기도 했다. 그리고 외국 기업을 유치하기 위해 계속 외국 출장을 다녔다. 소브차크 시장과 함께 가기도 하고 독자적으로 가기도 했다. 경제 분야에서는 그가 시의 '최고 책임자'였다. 시에서 일어나는 경제 관련 갈등을 해결하고 수백 건의 허가 건을 처리하고, 폭력사태로까지 번지는 경우가 허다한 충돌을 막후에서 조정했다. 하지만 소브차크의 기대와 달리 푸틴의 노력에도 불구하고 상트페테르부르크는 생산, 외자유치, 실업률 등 모든 경제지표에서 모스크바에 뒤졌다. 청부살인 등 경제적 이권을 둘러싸고 벌어지는 범죄로 악명이 높았고, 정치적인 동기에서 자행되는 범죄도 수시로 일어났다. 외국인을 상대로 한 크고 작은 범죄도 기승을 부려 소련연방 와해 직후 몰려들던 관광객 수는 급감했다.

러시아의 다른 도시들과 마찬가지로 상트페테르부르크도 비즈니스와 조직범죄가 서로 만나는 곳이었다. 푸틴도 악명 높은 조직범죄 단체들을 가까이서 상대했다. 푸틴은 1992년 겐나디 팀첸코에게 원유 터미널을 건설하는 회사 설립을 허가해 주었다. 이 과정에서 어떤 조직폭력단과 갈등을 겪었고, 푸틴은 사태가 진정될 때까지 두 딸 마샤와 카챠를 독일로 피신시켰다. 대외경제위원회 업무를 수행하면서 그는 자신도 여러 건의 범죄에 연루된 의혹을 받았다. 1992년에 블라디미르 스미르노프에게 회사설립 허가를 내준 상트페테르부르크 부동산지주회사는 자금세탁 혐의로 수사를 받았다. 그리고 이 회사의 이사 가운데 한 명인 미하일 마네비치는 백주대낮 네프스키 프로스펙트 대로에서 저격수의 총탄에 살해당했다. 푸틴이 설립 허가를 해준 페테르부르크 퓨얼 컴퍼니도 스미르노프와 유명한 조직범죄단 두목인 블라디미르 쿠마린이 관여한 회사인데, 쿠마린은 1990년대 '밤의 통치자'라고 불릴 정도로 악명이 높았다. 푸틴은 이 회사에 상트페테르부르크시 전역에 대한 휘발유 독점 공급권을 주었다. 독일어 머리글자를 따 SPAG로 불린 상트페테르부르크 부동산지주회사는 독일과 리히텐슈타인 사법당국으로부터 돈세탁과 콜롬비아의 마약 카르텔 조직인 칼리와 연루된 혐의로 수사를 받았다. 푸틴은 여러 해 동안 이 회사 이사진에 포함돼 있었다.

푸틴은 시정부가 주도하는 수백 만 달러 규모의 거래에 막강한 권한과 통제권을 행사하면서도 검소하게 살았다. 적어도 소브차크 시장이나 단기간에 엄청난 부를 끌어 모은 뉴 러시아 사업가들처럼 허세를 부리지는 않았다. 부시장 자격으로 젤레노고르스크에 국가 보유 다차를 한 채 분양받았다. 동독 영사관이 보유하고 있다 반납한 별장이었다. 도심에서 30마일 넘게 떨어져 있었지만 푸틴은 스몰니 인근의 부모집에 사는 대신 그곳으로 이사해 살았다. 이후 바실리예프스키 섬에 있는 아파트를 사들였는데 소브차크 시장으로부터 구입했다는 소문이 있었다. 류드밀라는 대학에서 독일어를 가르치면서 아이들을 학교에서 실어 나르고 수영장과 바이올린 레슨 교실로 데리고 다녔다. 독일어를 가르치기는 했지만 그녀의 독일어 실력도 훌륭한 것은 아니었다.

연방 해체와 함께 러시아 국민들이 누렸던 정치적 감격은 일 년을 채 넘기지 못하고 사라졌다. 보리스 옐친 정부가 자본주의 경제를 도입하기 위해 실시한 '충격요법'은 경제 파산을 막지 못했다. 1990년대 들어 총생산GDP은 매년 두 자릿수씩 떨어졌다. 옐친은 정치권력을 놓고 인민대표회의, 소비에트 최고회의와 힘겨루기를 계속하고 있었다. 당시 이 두 기구는 모스크바 강변에 있는 '백악관'이라고 불리는 건물에 자리하고 있었다. 1993년 3월에 옐친은 대통령제 통치를 선포하고, 4월 총선거를 실시해 새 의회를 구성하기 전에 기존 의회를 해산하겠다고 밝혔다. 대의원들은 대통령 탄핵 국민투표로 맞섰다. 옐친은 탄핵은 면했으나 뒤로 물러설 수밖에 없었다. 통치권을 둘러싼 정치적, 법적인 갈등은 해결되지 않은 채 계속됐다.

9월에 옐친은 경쟁자로 변한 부통령 알렉산드르 루츠코이를 해임했으나 의회에서 이 결정을 받아들이지 않았다. 옐친은 후임 부통령으로 개혁 경제정책의 아버지로 불린 예고르 가이다르를 임명했으나 이 결정 역시 의회에 의해 거부당했다. 행정 권력과 의회 권력이 도저히 양립할 수 없을 정도로 맞서면서 위기는 정점에 도달했고, 9월 21일 옐친은 마침내 불법으로 무력을 동원해 의회를 공격했다. 옐친은 연방 소비에트 최고회의와 인민대표회의를 해산하고, 의회인 국가두마와 상원격인 연방위원회를 새로 구성하는 새 헌법 채택을 위한 국민투표를 12월에 실시하겠다고 예고했다.

옐친은 러시아 역사상 최초로 민주적인 선거로 선출된 대통령이었다. 그래서 대통령직의 운명을 국민투표에 맡기는 데 대해 아쉬움이 컸다고 했다. 다수의 대의원들이 모여서 옐친의 포고령을 비난하고 루츠코이 부통령을 대통령으로 선포했다. 아울러 국방, 안보, 내무장관을 해임한다고 선언했다. 이들은 또한 투표를 통해 1994년 3월에 새 대통령을 선출하는 선거와 의회선거를 동시에 실시하기로 결정했다. 옐친은 이에 맞서 이들이 모여 있는 '백악관'의 전기와 전화선을 끊고 온수공급도 차단해 버렸다. 옐친의 조치에 항의하는 시위대가 모여들고 대의원들은 진입작전에 대비했다. 나흘 뒤 옐친은 건물을 봉쇄했고, 내무부 산하 병력들이 건물을 포위했다.

상트페테르부르크에서 소브차크 시장은 옐친을 전폭적으로 지지했다. 방송에 출연해 시민들에게 항의시위나 파업을 자제하라고 당부했다. 하지만 부시장인 비야체슬라프 체르바코프는 옐친을 몰아내려는 대의원들을 지지하며 방송에 출연해 옐친이 취한 조치를 '반국가적이고 반헌법적인 조치'라고 비난했다. 소브차크는 즉각 그를 해임하고 스몰니에 있는 그의 사무실도 폐쇄해 버렸다. 소규모 시위대가 마린스키궁 바깥에 모였으나 모스크바의 백악관 주변에 모여든 시위군중과는 규모와 열기 면에서 훨씬 빈약했다. 시의회는 혼란에 빠졌다. 의장인 알렉산드르 벨랴예프는 9월에 소브차크와 함께 등장해 시민들의 자제를 호소한 반면, 대의원들은 옐친의 포고령을 비난하는 성명과 결의안을 16번이나 채택했다. 어떤 기자는 국가가 심각한 정치적 위기에 빠져 있는데 시의회는 '브레인스토밍 하듯이 충동적으로' 결의안을 내놓고 있다고 조롱했다.

모스크바의 시위는 폭력적으로 바뀌었다. 10월 2일 의회를 지지하는 시위대가 백악관 주위를 에워싼 경찰 경계선을 무너뜨렸다. 시위대는 무장한 상태였고 루츠코이가 발코니에 나와 맞서 싸우라고 시위대를 선동했다. 옐친은 국가비상사태를 선포했다. 이튿날 저녁에는 소총과 수류탄, 화염병으로 무장한 시위대가 모스크바 시장 집무실과 오스탄키노 텔레비전 타워를 장악하고 여러 시간 동안 공영방송을 중단시켰다. 내무부 산하 부대가 출동해 이들을 진압했는데 이 과정에 많은 인명피해가 발생했다.

1991년 8월 쿠데타 때보다도 훨씬 많은 수십 명이 충돌 외중에 사망했다. 1917년 혁명 이래 길거리에서 그렇게 많은 사람이 숨진 것은 처음이었다. 군은 처음에 애매한 입장을 취했다. 일부 사령관들은 추수철이라 군인들을 시위진압에 동원하기 힘들다는 등의 핑계를 댔다. 하지만 파벨 그라초프 국방장관이 옐친의 뜻에 따르면서 명령대로 군대를 내주었다.

새벽에 러시아군 탱크들이 백악관 주위를 에워싸고 시위대가 설치해 놓은 간이 바리케이트들을 치웠다. 오전 10시에 탱크 네 대가 노보아르바츠키 다리 위에서 백악관 상층부를 향해 포를 쏘기 시작했다. 텔레비전 카메라들이 그 장면을 고스란히 화면에 담았다. 불과 2년 전 옐친이 시위대를 이끌고 쿠데타군에 맞서 저항했던 바로 그 건물이었다. 군인들은 한층 한 층 건물을 장악해 나갔다. 루츠코이와 연방최고회의 의장 루슬란 하스불라토프가 체포됐다. 두 사람 모두 한때 옐친의 동지들이었다. 최소한 1백 명이 백악관에서 사망했다.

위기 기간 내내 푸틴은 일관되게 소브차크 시장을 따르며 충성을 바쳤다. 10월 3일 저녁에 그는 경호원들을 이끌고 공항에 나가 시장을 맞이했다. 경호원까지 데리고 나간 것은 불필요한 조치였다. 이튿날, 모스크바에서 격렬한 전투가 진행되는 가운데 시위대 수백 명이 상트페테르부르크 텔레비전 센터로 몰려갔다. 하지만 건물 주위에 특수경찰이 쳐놓은 저지선은 넘지 않았다. 시의회 의원 72명이 모스크바에서 유혈사태를 불러온 사람들을 비난하는 성명을 채택했다. 정확히 누구를 비난하는지는 적시하지 않았다. 소브차크 시장은 군을 동원하지 않고 폭력사태를 피했다. 항의시위가 수도 모스크바에 국한되었기 때문이기도 하고, 상트페테르부르크에 옐친에 반대하는 인사들이 많지 않은 이유도 있었다.

푸틴은 후일 1993년 10월 사태를 이렇게 설명했다. 상트페테르부르크에서는 저항운동을 계획하는 사람들이 없었을 수도 있고 있었을 수도 있다. 자신이 신경 쓴 것은 "1991년 때처럼 법집행 기관들 사이에 분열이 없도록 조치를 취하는 것"이었다고 했다. 상트페테르부르크의 연방보안국FSB 책임자는 푸틴의 오랜 친구인 빅토르 체르케소프였다. 그는 위기가 시작된 순간부터 소브차크에게 충성을 다짐했고, 적어도 상트페테르부르크에서는 대통령의 권위에 맞서는 일이 일어나지 않도록 하겠다고 약속했다. 소브차크는 나중에 당시 군의 충성이 확고하다는 것을 확인하고서 옐친을 지원하기 위해 분대 단위의 특수군 병력을 모스크바로 파견했다는 사실을 털어놓았다. 소브차크가 보낸 특수군은 9월 말 모스크바에 도착해 백악관 전투에는 참가하지 않았지만 모스크바 시장 집무실과 미르 호텔에서 시위대를 몰아내는 일에 참여했다. 이 일을 통해 푸틴은 아무리 민주화가 되더라도 법과 질서는 말없이 효율적으로 움직이는 비밀 요원들 덕분에 유지된다는 확신을 더 강하게 갖게 되었다.

제6장

개혁 아이콘의 몰락과 실직

19 93년의 혼란기를 겪으며 소브차크 시장은 푸틴에 대한 의존도가 더 높아졌고 그에 대한 신임도 더 깊어졌다. 일간신문 코메르산트 Kommersant는 소브차크와 푸틴의 관계를 '표트르 대제와 멘시코프의 관계' 에 비유했다. 멘시코프는 황제의 시종이라는 미천한 신분에서 황제의 총 애에 힘입어 총사령관을 겸한 최고 실력자로 부상했다. 하지만 표트르 대 제 사후 시베리아로 추방당해 불우한 말년을 보냈다. 소브차크는 푸틴이 시장의 권위에 도전하거나 자리를 넘보지 않고 맡은 업무에만 충실한 '용 감하고 결단력 있는 인물'이라고 했다. 그는 푸틴을 외자유치뿐만 아니라 시정의 다른 분야에까지 깊숙이 관여시켰다. 자신에 대한 비판이 나오면 푸틴을 시켜 대응토록 했고, 자신의 금융 관련 의혹을 조사하는 검찰에

대한 대응도 그에게 맡겼다.

1993년 가을에 소브차크는 옐친의 측근인 예고르 가이다르 총리가 창당한 '러시아 선택'당의 선거운동을 도와주라고 지시했다. 당시 소브차크도 '러시아민주개혁운동'이라는 단체를 만든 상태였기 때문에 이해하기힘든 지시였지만 푸틴은 일체 토를 달지 않고 지시에 따랐다. 12월 선거에서 러시아민주개혁운동은 한 석도 당선시키지 못하는 참패를 기록했다. 푸틴은 KGB 시절 상사를 모시듯 소브차크 시장에게 절대적인 충성을 바쳤다. 상사에게 문제가 있어도 상관하지 않았다. 일에 몰두하다 자연스레 가족에게는 무심하게 되었다. 1993년 10월 23일 아침, 푸틴은 딸마샤를 학교에 태워다 주고 아스토리아 호텔로 갔다. 소브차크 시장이 그에게 특별한 임무를 맡겼기 때문이었다. 그때 류드밀라는 열이 있는 카챠와 함께 집에 있었다. 당시 7살인 카챠는 연극 연습을 해야 한다며 학교에 가겠다고 떼를 썼다. 엄마가 말렸지만 신데렐라 역할을 맡은 아이는학교에 데려다 달라고 우겼다. 결국 류드밀라는 새로 장만한 지굴리 자동차에 아이를 태우고 학교로 갔다. 형편이 나아져 세컨드 카를 갖게 된 것이었다. 정오 무렵 네바강 다리를 건너기 직전 신호를 무시하고 달리던다른 차가 와서 충돌했다. 충격에 류드밀라는 의식을 잃었고, 뒷좌석에서자고 있던 아이는 큰 부상을 입지 않고 멍만 들었다.

경찰이 오고 지나던 행인들이 모여들었다. 45분이 지나도 앰뷸런스가오지 않았다. 무엇 하나 제대로 돌아가지 않던 시절이었다. 지나던 여성이 앰뷸런스를 부르고, 류드밀라가 불러준 번호로 전화를 걸어주었다. 푸틴이 신임하는 보좌관인 이고르 세친이 사고현장으로 달려가서 카챠를스몰니의 사무실로 데려오고, 옌탈체바는 푸틴에게 알리러 갔다. 마침내 앰뷸런스가 도착해 류드밀라를 '10월 25일 병원'으로 데려갔다. 구력으로 볼셰비키혁명이 시작된 날을 따서 이름 지은 병원이었다. 류드밀라는 병원 상태가 끔찍했다고 회고했다. "죽어가는 사람들로 만원이고 복도에는 죽은 사람의 시체를 담은 들것이 군데군데 놓여 있었어요." 더 한심한 것은 그녀를 치료한 의사들이 척추 세 곳이 부러지고 두개골 아래쪽이 골절된 사실을 알지 못했다는 점이었다. 의사들은 찢어진 귀 봉합수술을 한 다음 반 의식상태의 그녀를 얼음처럼 차가운 수술대 위에 알몸상태로 방치해 두었다.

이런 일이 벌어지는 시간에 푸틴은 아스토리아 호텔에서 CNN 방송의 테드 터너 회장, 제인 폰다 부부와 만나고 있었다. 두 사람은 제3회 굿윌 게임 개최 문제를 상의하기 위해 상트페테르부르크를 방문 중이었다. 굿윌게임은 소련의 아프가니스탄 침공 이후 개최된 1980년 모스크바올림픽에 미국을 비롯한 많은 나라들이 불참하고, 그에 대한 보복으로 소련을 비롯한 위성국들이 1984년 LA올림픽을 보이콧한 뒤 터너 회장이 시작한 국제경기였다. 제1회 경기는 1986년 모스크바에서 개최되고, 2회 대회는 1990년 시애틀에서 열렸다. 소브차크는 1994년 3회 대회를 새 러시아에서 열고 싶어 했다. 대회 개최에 필요한 시설투자를 할 형편이 되지 못하는 데도 불구하고 도시의 새로운 면모를 자랑하고 싶었던 것이다. 푸틴은 터너 부부를 안내해 연속으로 회의에 참석하는 도중에 비서가 전해준 소식을 듣고 응급실로 달려갔다.

"걱정 마십시오. 걱정할 상태는 아닙니다. 부목을 대면 괜찮아질 겁니다." 주치의는 이렇게 말했다. "정말입니까?" 푸틴은 이렇게 물었다. "물론입니다." 주치의의 말을 듣고 푸틴은 아내한테는 가보지도 않고 회의장으로 돌아왔다.

그러는 동안 옌탈체바가 카챠를 병원에 데리고 가고, 마샤도 학교에서 데려왔다. 푸틴은 옌탈체바에게 그날 밤 다차로 가서 가족과 함께 있어 달라고 부탁했다. 그리고 상트페테르부르크에서 가장 유명한 외과의사인 군의과대학의 유리 세브첸코 박사에게 전화를 걸어 달라고 부탁했다.(세브첸코 박사는 나중에 보건장관이 된다.) 옌탈체바는 저녁 무렵 세브첸코와 통화가 되었고, 그는 곧바로 군의과대학병원의 의사 한 명을 보내주었다. 류드밀라는 그 의사의 따뜻한 손길을 느끼고서야 "몸에 온기가 돌며 이제 살았구나 하고 안도하게 되었다."고 했다.

그 의사의 주선으로 류드밀라는 군병원으로 이송되었고, X-레이 촬영 결과 척추가 다친 사실이 밝혀져 긴급수술을 받았다. 푸틴은 그날 밤 회의 도중 가까스로 시간을 내 병원으로 가서 아내를 찾아보았다. 그리고 병원 주차장에서 옌탈체바와 아이들을 보았다. 옌탈체바에게는 밤늦게까지 터너 부부와 회담이 계속되기 때문에 집에 들어가지 못할 것이라고 말했다. 옌탈체바는 아이들을 데리고 다차로 갔는데 다차의 난방 스위치를 찾지 못해 세 명 모두 담요를 덮고 덜덜 떨어야 했다. 푸틴은 그날 새벽 3시에 집에 돌아왔다가 7시에 다시 출근했다. 옌탈체바는 푸틴 가족과 매우 가깝게 지냈으며, 류드밀라의 어머니가 칼리닌그라드에서 오기 전까지 푸틴 집에서 아이들과 함께 지냈다. 그녀는 엄하고 냉정하고 시 업무에 철저한 푸틴의 태도에 적응했다. 그는 집에서 기르던 개가 죽었다는 말을 듣고도 아무런 내색을 않는 사람이었다. 류드밀라는 한 달 간 군의과대학병원에 입원해 있었고, 두개골 아래쪽 골절도 그곳에서 발견되었다. 그래서 퇴원 후에도 몇 달 동안 버팀대를 차고 지내야 했다.

푸틴은 자기가 잘 아는 사람들을 신임했는데 대부분 '권력기관' 사람들이었다. 이런 부류의 사람들을 '권력'이라는 뜻에서 나온 실로비키siloviki라고 부르는데 군이나 보안기관 출신들이라는 말이다. 위기상황에 처했을 때 이들은 사심 없이 푸틴을 도왔다. 푸틴은 다른 부류 사람은 거의 모두 믿지 않았다. 류드밀라가 사고로 다쳤을 때 푸틴은 먼저 이고르 세친과 세브첸코, 그 다음 드레스드너 방크의 새 친구 마티아스 바르니히를 찾았다. 드레스드너 방크는 류드밀라가 독일 바드 홈부르크에 있는 병원으로 가서 필요한 치료를 받도록 주선하고 비용까지 대 주었다. 류드밀라는 그곳에서 러시아의 열악한 의료시설에서는 받을 수 없는 치료를 받았다. 그는 위기 때이건 아니건 불문하고 인맥을 통해 서로 주고받으며 돕는다는 러시아식 인간관계의 중요성을 정확히 알고 있었다. 자기를 배신하는 사람을 절대로 용서하지 않았고, 또한 바르니히처럼 자기한테 호의를 베풀어 준 사람도 절대로 잊지 않았다.

옐친이 1993년 위기사태를 겪으며 시위원회를 해체하고 나자 상트페테르부르크에서 소브차크의 위치도 거리낄 것이 없게 되었다. 그는 옐친의 승인을 받아 시의 권한을 시의회에서 시장에게로 대폭 이양하는 포고령을 발표하고 1994년 3월에 의회 선거를 새로 실시하기로 했다. 신설되는 의회는 대의원 수를 기존의 4백 명에서 50명으로 대폭 줄였다. 시의 권력구조를 민주적으로 재편한다는 명분을 내걸었지만 실제로는 소브차크 시장이 시정을 완전히 장악하는 조치였다. 선거일 나흘 전인 3월 16일 그는 시의 행정조직을 모두 시장 직속으로 만들고 부시장 직속 위원회는 폐지했다. 재정, 대외관계, 행정의 3대 위원회를 두었는데 푸틴은 3명의 부시장 가운데 제1부시장으로서 대외관계를 책임지게 되었다.

의회 선거는 한 편의 코미디였다. 시장은 시위원회로부터 일체 의견을 듣거나 동의를 구하는 일 없이 선거규정을 일방적으로 정했다. 유효 투표율이 25퍼센트였는데, 선거일인 3월 20일 뚜껑을 열자 유효 투표율을 기록한 선거구는 50개 선거구 가운데 절반에 불과했다. 유권자 대다수가 투표장에 나오지 않은 것이다. 그래서 의원 25명으로 의회가 구성됐고 의사정족수에 미달돼 제 기능을 할 수 없었다. 소브차크는 이런 사태에 대해 별로 개의치 않았고, 나머지 의석을 채우기 위한 선거를 10월까지 미루고, 그때까지 의회의 간섭 없이 시장 독단으로 시정을 이끌었다. 시의회가 새로 구성되고 난 이후 5년 동안 선거를 통해 자신들의 의사를 나타내겠다는 시민들의 열망은 혐오로 바뀌었다. 척박한 토양에 뿌려진 러시아의 민주주의는 제대로 자라지 못하고 계속 비틀거렸다. 제일 큰 문제는 재앙에 가까운 경제상황이었다. 사유화 과정에서 시민들의 고통은 더 커졌고, 부패와 결탁한 세력들이 부를 끌어 모았다. 범죄가 기승을 부리며 상트페테르부르크는 폭력과 조직폭력배의 소굴이 되었고, 아이러니하게도 상트페테르부르크의 민주화를 위해 제일 앞장서서 싸운 투사가 이 모든 문제에 대한 비난을 한 몸에 받고 있었다.

소브차크 시장이 시의회의 권한을 워낙 무력화시켰기 때문에 유권자들은 누가 의원으로 선출되든 관심이 없었다. 소브차크는 말솜씨는 현란했지만 시정을 이끌어가는 능력은 형편없었다. 더구나 권력과 국제적인 명성을 얻는 데만 몰두한 나머지 시의 크고 작은 문제들에는 관심을 기울이지 않았다. 자신의 권한을 키워나가는 것을 민주화라고 생각했다. 선거가 끝나자 그는 시의 경찰총수인 아르카디 크라마레프를 전격 경질했다.

1991년 보수 쿠데타 때 쿠데타 비판에 앞장섰고 소브차크 시장이 체포되지 않도록 막아준 인물이었다. 소브차크는 시의 텔레비전 방송을 완전히 장악하자 자기를 추켜세우는 보도는 키우고 반대세력에 관한 보도는 아예 내보내지 못하도록 막았다. 그리고 굿윌게임 유치가 결정되고 나서는 소련 시절에 쓰던 거주요건을 다시 들고 나와 굿윌게임이 개막되는 1994년 7월 이전까지 이주 외국인 노동자들을 시에서 강제추방시켰다. 거주요건제는 헌법재판소에서 이미 위헌판결을 받은 조치였다.

이런 식으로 소브차크는 굿윌게임을 자신의 이름을 알리는 기회로 활용했다. 상트페테르부르크를 세계적인 금융 중심지로 만들겠다거나 번성하는 자유무역지대로 만들겠다는 계획이 실패로 돌아가자 국제스포츠대회를 개최해 발길을 돌리는 투자자를 도로 불러들일 수 있을 것으로 생각했다. 하지만 자금부족에다가 호텔은 물론이고 경기장 시설도 제대로 갖춰져 있지 않았다. 시내 지하철 정비 예산을 대회 비용으로 돌리고, 모스크바에 긴급 자금지원을 요청했다. 그리고 경기장과 도로 보수에 나서고, 시내에 산재한 궁전과 성당을 비롯해 갖가지 기념물 등 도시의 외관정비에 대대적으로 나섰다.

하지만 진행차질과 물품 조달 미비, 날림공사 등으로 대회는 엉망이었다. 실내 빙상경기장은 얼음이 제대로 얼지 않았고 수영경기장은 염분을 거르는 필터가 작동되지 않아 경기가 하루 연기됐다.(굿윌게임은 동계스포츠와 하계스포츠 종목을 혼합해 경기가 열렸다.) 입장료는 일반 시민들이 감당할 수 없을 정도로 비쌌고, 입장권을 무료로 나누어주어도 많은 경기가 관중석이 텅텅 빈 가운데 진행됐다. 상트페테르부르크시와 중앙정부는 대회 준비에 7000만 달러를 쏟아 부었다. 하지만 일반 시민들이 보기에 그것은 전시용 가짜 마을 '포템킨 빌리지'를 만든 데 쓰는 돈에 불과했다. 시가 처한 끔찍한 실상을 감추려고 치장만 꾸민 짓이었다. 하지만 소브차크의 야심은 끝이 없었다. 그는 굿윌게임을 2004년 하계올림픽 유치를 위한 리허설로 생각했다.

소련 시절에 그랬던 것처럼 뉴 러시아도 올림픽 유치를 국내외적으로 자신들이 인정받는 지름길이라고 생각하고 매달렸다. 1980년 모스크바 하계올림픽 보이콧은 소련 지도부에 아픈 상처로 기억됐다. 1997년에 국제올림픽위원회가 상트페테르부르크를 제치고 아테네를 2004년 올림픽 개최지로 선정했을 때 소브차크는 시장 자리에 있지도 않았다. 상트페테르부르크는 푸틴이 앞장서서 급히 유치신청을 냈지만 최종 후보에 오르지도 못하고 탈락했다. 소브차크는 자만심에 눈이 멀어 자신이 그토록 내세웠던 민주주의의 가장 기본적인 원칙도 지키지 않았다. 그것은 바로 유권자가 주인이라는 대원칙이었다. 1996년에 소브차크 시장은 재선에 도전했다.

그는 자신이 쉽게 재선에 성공할 것으로 생각했다. 자기 생각으로는 유권자들에게 어필할 업적이 넘쳐났다. 1991년과 1993년의 국가적 위기 때 자신이 보여준 영웅적인 역할, 굿윌게임 개최와 2004년 하계올림픽 유치신청, 외국의 은행과 자본을 유치해 새로운 비즈니스를 선보였고, 빌 클린턴 미국 대통령을 비롯한 외국 정상들과의 회담 등을 내세웠다. 그는 상트페테르부르크를 레닌그라드 시절로 되돌리려고 하는 수구주의자들에 맞서 싸우는 민주 지도자로 자신을 부각시켰다. 하지만 그의 적은 공산주의자들이 아니었다. 선거전은 이념대결이 아니라 시장직에 대한 신임투표로 모아지고 있었고, 그는 가장 무서운 적이 내부에 도사리고 있다는 사실을 알아채지 못했다. 시의회는 시장 선거를 대통령 선거일인 6월 16일에 동시 실시하고, 시장직 명칭도 차르 시절에 썼던 주지사로 바꾸기로 결의했다. 소브차크는 선거 포스터 구호를 간단하게 '시장에서 주지사로'로 썼다. 주지사로 자리를 옮겨 앉는 게 당연하다는 뉘앙스였지만 본인도 구호가 너무 밋밋하다고 생각하고 "선거 캠프가 너무 무능하고 비효율적으로 움직였다."고 말했다.

그는 부시장 푸틴의 선거책략을 믿지 못해 선거운동 대신 시정을 그에게 맡겼다. 하지만 푸틴은 소브차크가 아무리 선거전략을 세우고 열띤 연설을 해도 재선이 힘들 것이라는 사실을 간파하고 있었다. 1995년 12월에 치러진 의회 총선에서 소브차크가 지지한 정당은 상트페테르부르크에서조차 저조한 결과를 보였다. 그리고 1996년 대통령선거가 다가옴에 따라 보리스 옐친을 지지하는 그룹들은 소브차크의 부상을 옐친에 대한 잠재적 위협이라고 생각하고 그를 견제했다. 그리고 유리 스쿠라토프 러시아연방 검찰총장은 1995년 말 소브차크의 정치적 야망에 제동을 걸겠다는 의도를 갖고 그에 대한 조사에 착수했다. 스탈린의 대숙청 시절에나 있을 법한 급작스럽고 독단적인 사태 전개였지만 그 일로 소브차크의 명성은 크게 손상을 입었다. 스쿠라토프 검찰총장은 진상조사위원회를 만들어 조사에 착수했고, 그로부터 얼마 뒤부터 사유화 과정에서 벌어진 추악한 거래 사실들을 언론에 흘리기 시작했다.

푸틴을 비롯한 다른 부시장들에게까지 불똥이 튀었다. 푸틴은 이를 소브차크 시장에 대한 치사스러운 검찰권 남용이라고 생각하고 복수심으로 이를 갈았다. 푸틴은 소브차크에게 이렇게 말했다. "이제 싸움판이 완전히 달라졌습니다. 어서 전문가들에게 도움을 청해야 합니다." 소브차크는 푸틴의 권고에 따라 상트페테르부르크대의 정치학 교수인 알렉산드르 유리예프에게 도움을 청했다. 유리예프 교수는 소브차크에게 그동안 아무리 큰 정치적 성과를 이루었다 하더라도 도시에 만연한 범죄와 혼란에 환멸을 느낀 유권자들에게 더 이상 어필하지 못한다고 경고했다.

소브차크의 선거 캠프를 돕겠다고 약속한 지 며칠 뒤에 유리예프 교수의 아파트로 미모의 젊은 여성이 찾아왔다. 그는 과제물을 제출하려고 온 학생이라고 생각하고 문을 열었는데, 그 순간 옆에 복면을 쓴 남자가 나타나 병에 담긴 황산을 그의 얼굴에 뿌렸다. 유리예프가 뒤로 물러서자 남자는 권총을 한 발 쐈는데, 다행히 총알이 비켜갔다. 소브차크 시장이 병원으로 찾아갔을 때 유리예프는 머리에 붕대를 칭칭 감고 있었다. 경찰은 범인이 누구인지, 배후가 누구인지 아무런 실마리도 찾지 못했지만 소브차크는 자신을 몰아내려는 정치적 음모에 의한 테러라고 확신했다. 그때부터 푸틴은 권총을 지니고 다니기 시작했다.

소브차크를 상대로 14명의 후보가 난립했는데, 그 가운데는 그에게 개인적으로 원한이 많은 사람들도 몇 명 있었다. 부시장 비야체슬라프 체르바코프는 1993년 사태 때 해임되었는데 해임 결정에 불복해 그때까지 재판이 진행 중이었다. 유리 슈토프는 소브차크의 보좌관을 지낸 다음 그의 전기를 쓴 인물이었다. 알렉산드르 벨랴예프는 소브차크가 해산한 시위원회 의장을 지냈다. 소브차크에게 제일 신경 쓰이는 인물은 유리 볼디레프였다. 유명한 민주인사로 러시아연방 감사원장을 지냈는데, 1992년에 푸틴의 부패혐의를 처음으로 조사한 인물이다. 범죄가 기승을 부리는 시기에 그나마 정직하게 조사에 임한다는 평을 듣는 사람이었다. 소브차크에 대한 조사도 이미 시작되었기 때문에 만약에 볼디레프가 당선되면 소브차크는 물론 푸틴까지 법적으로 어려운 처지에 처하게 될 것이 분명했다. 소브차크는 선거전을 유리하게 끌고 가기 위해 갖은 궁리를 짜냈다.

3월에는 후보자의 거주요건을 포함시키는 내용으로 선거법을 고쳤다. 상트페테르부르크 출신이지만 모스크바에 살고 그곳에서 활동하고 있다는 점을 들어 볼디레프를 출마하지 못하도록 막겠다는 계산이었다. 말도 안 되게 비민주적인 꼼수였다. 볼디레프는 소송을 통해 출마 길을 얻어냈다. 소브차크가 취한 다음 조치는 더 심각한 결과를 초래했다. 선거일은 이미 6월로 정해져 있었는데 그걸 바꾼 것이었다. 본인은 옐친의 지시를 따랐을 뿐이라고 주장했다. 옐친은 모스크바 시장 선거를 제외하고는 어떤 선거도 대통령 선거와 같은 날 치를 수 없도록 하는 포고령을 내렸다. 소브차크는 처음에는 선거를 12월로 미루자고 제안했지만 다른 후보 진영에서 시장 임기를 연장시키는 조치라고 격렬히 항의했다.

소브차크는 3월에 푸틴을 의회에 보내 대의원들을 회유하기 시작했다. 일자리를 제안하는가 하면 보복 위협도 가했다. 그리하여 시장 선거일을 5월 19일로 확정시켰는데 의결정족수를 어떻게 끌어 모았는지 대단히 미심쩍었다. 경쟁후보 진영에서 격렬히 항의했다. 선거를 분리해서 실시하는 것은 시 자원 낭비일 뿐 아니라 유권자들에게 자신들을 알릴 시간도 너무 촉박하다는 이유에서였다. 시장이 장악하고 있는 텔레비전 방송들은 일방적으로 소브차크 선전에 몰두했다. 소브차크 관련 뉴스는 장황하게 늘어놓으면서 상대 후보들은 보도시간을 15분 내로 제한했다. 소브차크와 푸틴은 대통령 선거 전에 시장 선거를 실시할 경우 투표율이 현저하게 떨어져 소브차크의 당선 가능성도 낮아진다는 점을 간과했다. 유리 예프 교수도 이 점을 경고했다.

소브차크는 초조했다. 모스크바에 있는 정적들이 자신을 떨어뜨리기 위해 음모를 꾸미고 있다고 생각했다. 그는 3월에 모스크바로 가서 옐친에게 지지를 호소했지만 두 사람의 우정도 예전 같지 않았다. 옐친의 재선 전망도 바닥이었다. 옐친 본인은 물론 측근들까지 사방의 적들에게 포위공격당하고 있다는 피해의식에 젖어 있었다. 옐친 정부의 부총리 가운데 한 명인 올레그 소스코베츠가 옐친에게 소브차크 시장이 헬무트 콜 독일 총리와 면담 자리에서 빅토르 체르노미르딘이 옐친 후임 대통령이 되어야 한다는 말을 했다고 보고했다. 크렘린에서 옐친을 만나고 난 며칠 뒤 그를 둘러싼 정치적 음모가 실체를 드러냈다. 소스코베츠와 옐친의 심복인 경호실장 알렉산드르 코르자코프 중장은 상트페테르부르크에서 소브차크 시장의 대항마로 다른 후보를 염두에 두고 있었다. 선거전에 뛰어든 후보들 중의 한 명이 아니라 소브차크의 측근인 블라디미르 야코블레프 부시장이었다. 두 사람은 수개월에 걸쳐 그를 후보로 내세우기 위해 공을 들이고 있었다. 야코블레프는 3월 27일 소브차크에 맞서 시장직에 도전한다고 선언했다.

야코블레프는 당시 52세로 소브차크보다 일곱 살 더 젊었다. 건설 엔지니어 출신으로 민주화가 진행될 시기에는 푸틴처럼 소브차크 밑에서 당료로서 역할을 했다. 그는 공산당이 활동 금지당한 1991년까지 충실한 당원으로 남아 있었다. 1982년에는 직위를 이용해 사적인 용도로 자동차를 구입했다는 혐의로 지역당 운영위원직에서 해임되기도 했다. 그리고 주택건설회사에서 수석 엔지니어로 일하다가 1993년 10월에 소브차크 시장에게 발탁됐다. 그로부터 일 년 뒤에 푸틴, 알렉세이 쿠드린과 함께 제1부시장이 되었다. 그는 푸틴보다 대외적 지명도는 약하고 시장에 대한 충성도도 떨어졌지만 야심은 더 컸다. 그는 코르자코프와 소스코베츠의 지원을 받아들여 자기가 모시던 시장을 몰아내기로 약속했다.

야코블레프의 출마 소식에 충격을 받은 소브차크는 곧바로 그를 해임했다. 푸틴도 그의 출마 소식에 격분했다. 공개적으로 그를 유다 같은 자라고 부르고, 시청 직원들에게 소브차크 시장이 선거에서 패하면 모두 함께 물러나자며 공개서한을 돌렸다. 소브차크도 뒤늦게 야코블레프 깎아내리기에 나섰다. 업무능력이 형편없고 지적인 면이나 교양, 문화, 전문성 모든 면에서 푸틴보다 뒤처지는 자라고 혹평했다. 소브차크 캠프에서는 그의 별명을 '배관공'이라고 불렀다. 푸틴의 별명이 '슈타시'인 것과 대조되는 명칭이었다. 소브차크는 야코블레프를 포함한 다른 경쟁후보들을 무시하는 전략을 썼다. 시정에 전념하는 모습을 보이는 게 다른 후보들과의 차별성을 부각시켜 줄 것이라고 생각한 것이다.

대신 그는 옐친 대통령 재선운동에 더 힘을 썼다. 옐친에 대한 충성심을 보여줌으로써 느슨해진 그와의 정치적인 연대감을 다시 회복시켜 보겠다는 계산이었다. 4월 19일, 빌 클린턴 대통령이 모스크바로 향하는 길에 상트페테르부르크에 들렀다. 클린턴도 공산당 잔존세력의 반격을 이겨내도록 옐친에게 힘을 보태주고 싶어 했다. 소브차크 시장은 직접 공항으로 영접을 나갔고, 클린턴과 함께 리무진에 타고 시 남쪽 황제의 별장이었던 차르스코예 셀로로 안내해 갔다. 차안에서 클린턴과 나눈 대화내용이 옐친의 귀에 들어갈 것이라고 생각했던지 소브차크는 다가오는 대선에서 옐친이 최대 경쟁자인 겐나디 주가노프 공산당 후보를 압도적으로 누르고 승리할 것이라고 열변을 토했다. 소브차크는 클린턴이 가는 곳마다 그림자처럼 따라붙었다. 텔레비전 화면을 통해 세계적인 지도자와 동행하는 정치인이라는 점을 부각시키려는 계산이었다. 클린턴은 방문 기간 내내 옴짝달싹 못하는 누에고치 신세였다고 불평했다. 에르미타주 미술관에서 학생들을 만나기로 한 모임은 취소됐고, 이동하는 도중 시민들과 악수하기 위해 차를 세워달라는 요청도 거부당했다. 대통령보좌관 스트로브 탈보트는 안내를 맡은 블라디미르 푸틴이란 자가 지나치게 간섭이 심했다고 했다. 그러면서 "당시에는 그가 어떤 인물인지 아무도 관심을 기울이지 않았다."고 덧붙였다.

야코블레프는 소브차크처럼 정치인 기질을 타고난 사람이 아니었다. 하지만 나름대로 카리스마가 있고 유권자가 원하는 게 무엇인지 잘 알았다. 후리후리한 키에 동안童顔인 그는 이념적인 문제는 부각시키지 않고 이미 시작된 아파트나 공장 사유화 정책을 되돌릴 의사가 없음도 분명히 했다. 그러면서 마실 수 없을 정도로 오염된 수돗물, 망가진 도로, 멈춰선 지하철망 등 산적한 문제들을 해결하겠다고 약속했다. 소브차크는 그가 내세운 공약들을 '달콤한 말로 어리석은 시민들을 홀리려는 것'이라고 폄하했다. 대부분의 시민들은 공동아파트에 살았고, 앰뷸런스 같은 기본 장비는 형편없이 빈약하고 수돗물에는 세균이 득실거렸다. 하수는 처리하지 않은 채 발트해로 흘려보냈고, 1995년 9월에는 한 달 동안 병원에 온수 공급도 못할 상황이었다. 그야말로 유권자들이 '배관공' 시장을 원하는 상황일 수도 있었다.

야코블레프는 모스크바의 후원자들이 보내주는 자금으로 선거 전문 컨설턴트들의 도움을 받았다. 이들은 대단히 조직적이고 효과적인 방법으로 선거운동을 해나갔다. 홍보 전단지를 우편으로 발송하고 후보자 광고를 방송에 내보냈다. 시의 기본적인 행정과 서비스망을 복구하겠다는 단순명료한 메시지만 내보냈다. 대머리로 대중적인 인기가 높은 유리 루즈코프 모스크바 시장의 지지까지 얻어냈다. 야코블레프는 자신이 상트페테르부르크의 루즈코프가 되겠다고 약속했고, 루즈코프 시장은 실제로 두 도시가 함께 발전할 수 있는 프로젝트들을 발표했다. 이와 달리 소브차크 캠프는 자금이 없었다. 그때까지 자금 문제에 손 놓고 있던 푸틴이 마침내 발 벗고 나서기 시작했다. 지난 5년간 함께 일한 사업가들에게 기부를 호소하고 나선 것이다. 하지만 모금행사에 초청된 사업가들은 푸틴의 기부 요청을 거절했다. 푸틴과 소브차크 시장이 추진한 사유화와 투자유치를 통해 돈을 번 자들이었다. 오히려 조직폭력배들이 소상인들에게 2000달러씩 갹출해 돈을 들고 오기도 했다.

1989년부터 상트페테르부르크의 정치를 좌지우지해 온 소브차크 시장이었다. 하지만 그동안 쌓은 카리스마와 명성이 경쟁 후보들의 공격으로부터 그를 지켜주지는 못했다. 시위원회 의장을 지낸 알렉산드르 벨랴예프는 기자회견을 열고 소브차크와 푸틴이 프랑스 대서양 해변에 부동산을 소유하고 있다고 주장했다. 그리고 소브차크가 1993년 런던 히드로 공항에서 현금 1백만 달러가 든 가방을 갖고 있다 적발돼 억류된 적이 있다고도 했다. 그는 자신이 주지사에 당선되면 '소브차크는 감옥에 가게 될 것'이라고 호언했다. 푸틴은 벨랴예프를 소브차크 명예훼손 혐의로 고소했는데 관할법원을 잘못 찾아가 언론에서 조롱거리가 됐다. 한 신문은 '첩보요원이라면 자기가 변호할 피고인이 어디 사는지 정도는 알아야 하지 않나'라는 제목으로 기사를 실었다. 푸틴은 또한 자기가 프랑스 대서양 해변에 부동산을 갖고 있다는 혐의에 대해 반박하면서 프랑스의 대서양 해안이 어딘지도 모른다고 했다가 더 큰 웃음거리가 되기도 했다.

선거전은 치열하고 추악했지만 비교적 자유롭고 공정하게 치러졌다. 당시 러시아 선거 대부분이 소란스러웠지만 민주적으로 진행되었다. 5월 19일 밤 개표결과 소브차크가 14명의 후보 가운데 가장 많은 득표를 했지만 득표율이 28퍼센트에 그쳤고, 야코블레프는 21퍼센트를 기록했다. 과반 득표를 한 후보가 없기 때문에 상위 두 명이 6월 2일 결선투표를 치러야 했다. 소브차크는 여전히 승리에 대한 희망을 가졌지만 캠프는 충격에 빠졌다. 푸틴은 신경이 극도로 날카로워져서 선거운동에 몸을 던지다시피 했다. 하지만 상황은 비관적이었다.

탈락한 후보들이 모두 야코블레프 지지를 선언했다. 설상가상으로 소브차크의 부정 자금 조달과 아파트 부정 분양을 둘러싼 수사 사실이 유권자들에게 알려졌다. 현지 수사관 레오니드 프로슈킨이 그런 사실을 확인해 주었다. 야코블레프 진영은 수사 관련 소식을 전단지에 찍어 시 전역에 뿌렸다. 심지어 헬기를 동원해 공중 살포하기도 했다. 푸틴은 분개해서 옐친과 체르노미르딘, 검찰총장 유리 스쿠라토프 앞으로 서한을 보냈다. 검찰이 '부당한 박해와 명예훼손'을 동원해 선거에 개입하고 있다고 고발하는 내용이었다. 그는 현지 수사관인 프로슈킨이 모든 절차를 무시하고 공산당 신문들과 인터뷰를 통해 근거 없는 내용을 퍼트렸다고 맹렬히 비난했다. 푸틴은 "법질서 유지를 집행하는 당국이 정치적 목적에 이용되지 않도록 단호한 조치를 취해 달라."고 요구했다.

결선투표를 앞둔 2주간은 극도의 긴장감 속에 상호 중상 비방으로 얼룩졌다. 야코블레프는 신변 안전을 우려해 검은색 유니폼에 소총을 든 경호원을 가득 태운 두 대의 SUV 차량을 타고 시내를 누볐다. 그는 소브차크가 자신의 암살을 지시했다는 루머로 푸틴에 맞섰다. "도대체 제정신이요? 거울로 당신 얼굴이나 똑바로 쳐다보면서 그런 말을 하시오." 푸틴은 이렇게 반박했다. 소브차크는 투표 전 주에 진행되는 텔레비전 토론에 마지막 희망을 걸었다. 야코블레프는 느긋하게 보였다. 그는 양복 상의를 벗고 분명하고 단호한 어조로 말을 이었다. 반면에 소브차크는 상의를 갖춰 입은 채 구부정한 자세로 의자에 앉아서 할 말을 제대로 못 찾아 더듬거렸다. 나중에 당시 토론 시작 전에 몸에 열이 있고, 혀가 굳고 목이 잠겨 말이 제대로 나오지 않았다고 했다. 미심쩍은 다차 구입 경위를 묻는 질문에는 답변을 제대로 하지 못했다. 소브차크는 선거 패배뿐만이 아니라 정신도 혼미해져 갈팡질팡하는 것 같았다.

야코블레프가 47.5퍼센트를 얻어 45.8퍼센트를 얻은 소브차크를 누르고 승리했다. 소브차크는 패배하고서도 당당함을 잃지 않았다. 그는 "영국의 구원자요 승리의 상징이었던 처칠은 1945년 선거에서 패배했다."며 자신의 운명을 윈스턴 처칠에 비유했다. 소브차크는 심기가 불편한 듯 열흘 뒤 스몰니에서 거행된 야코블레프의 취임식에 참석하지 않았다. 그는 독단적인 성격에도 불구하고 그 정도로 높은 위치에 오른 러시아의 다른 정치인들과는 다른 모습을 보였다. 선거결과를 뒤집거나 인정하지 않으려는 행동을 일체 하지 않고 패배를 받아들이고 순순히 물러난 것이다.

"나는 레닌이나 옐친처럼 권력에 중독된 사람이 아니다. 하지만 만약에 선거에서 질 만한 사람한테 졌다면 패배를 받아들이기가 좀 더 수월했을 것이다." 그는 《등 뒤에서 나를 노린 12개의 칼날》A Dozen Knives in the Back이란 자극적인 제목의 회고록에서 이렇게 썼다. "하지만 이번 경우에는 음흉하고 야만스럽기 짝이 없는 야코블레프란 자에게 질지 모른다는 걱정이 나를 짓눌렀다. 그가 어떤 사람인지 진작 알아채지 못한 자신이 원망스러울 뿐이었다. 무엇보다도 가슴 아픈 것은 내 주위에 있던 많은 사람들이 나를 배신했다는 점이었다." 한 명만 그렇지 않았다고 했는데 그가 바로 블라디미르 푸틴이었다.

소브차크가 예상 외로 패함에 따라 푸틴도 졸지에 일자리를 잃고 말았다. 후원자도 없어지고 순식간에 삶의 목표까지 날아가 버렸다. 동독에서 철수해 들어오던 때처럼 된 것이었다. 푸틴을 비롯한 시청 직원들은 소브차크가 패하면 함께 물러나겠다고 호언한 것과 달리 곧바로 사직서를 내지는 않았다. 푸틴은 얼마 전 자기 입으로 '유다 같은 자'라고 불렀던 새 주지사의 처분을 기다리는 처지가 되었다. 야코블레프는 드미트리 코자크 검사와 젊은 경제학자인 부지사 미하일 마네비치 같은 소브차크의 다른 보좌관들에게는 남아서 일을 계속해 달라고 부탁했다. 코자크는 이후에도 여러 해 동안 푸틴과 가까이 지냈고, 마네비치는 일 년 뒤 저격수가 쏜 총에 피살당하고 말았다. 저격범은 그가 탄 승용차가 네프스키 프로스펙트 대로로 접어드는 순간 여덟 발의 총알을 그의 차에 쏘았다. 푸틴은 1996년 여름 옐친이 예상을 깨고 재선에 성공할 때까지 스몰니의 사무실에 남아 있었다. 그러던 중 6월말까지 방을 비우라는 최후통첩을 받았다. 새 주지사는 선거운동 기간 동안 푸틴이 자기한테 한 말들을 잊지 않고 있었던 것이다. 보좌관으로부터 푸틴이 아직도 새 주지사의 선처를 기다리고 있다는 보고를 들은 야코블레프는 얼굴이 시뻘겋게 변하면서 "그 개자식 말은 내 앞에서 꺼내지도 말라."고 소리쳤다고 한다.

소브차크는 충직한 부하였던 푸틴에게 새 일자리를 구해 주려고 애를 썼다. KGB에서 오래 일한 예브게니 프리마코프에게까지 부탁했다. 프리마코프는 KGB의 대외정보 부문 후속 기구로 만들어진 대외정보국 국장을 지내다 1996년 1월에 옐친 정부의 외교부 장관으로 발탁되었다. 소브차크는 푸틴에게 '조만간 대사로 나가게 될 것'이라는 언질을 주기도 했지만 실현가능성이 없는 말이었다. 푸틴도 그런 사실을 잘 알았다. 어딘가 그를 필요로 하는 곳이 있을 거라는 말을 하는 사람이 여럿 있었지만 자리는 쉽게 나지 않았다. 7월에 푸틴은 가족을 데리고 콤소몰스코예 호숫가에 지어놓은 다차로 갔다. 상트페테르부르크에서 북쪽으로 70마일 떨어진 카렐리야 지협에 있는 호수로 2차세계대전 후 소련에 합병되기 전까지 핀란드 영토였던 곳이다. 다차 가까이에는 작은 마을도 있었다. 그곳에서 푸틴은 1991년부터 호숫가에 외부인 출입제한 마을을 함께 만들며 친구가 된 사업가들과 어울려 지냈다. 마을은 호수라는 뜻의 '오제로'라는 이름을 붙인 사업체가 되었는데 블라디미르 야쿠닌, 유리 코발추크를 비롯해 안드레이 푸르센코, 세르게이 푸르센코 형제가 주주로 참여했다. 이들은 모두 상트페테르부르크에 있는 권위 있는 이요페물리기술연구소IPTI에서 일하며 만났는데, 자신들이 이룬 학문적 업적을 상업적으로 이용 가능한 제품으로 만들어내기 위해 사업체를 설립했고 이 과정에서 푸틴이 이끄는 대외경제위원회의 도움을 받았다.

야쿠닌과 코발추크는 1990년에 공산당 계좌를 관리하기 위해 설립된 금융기관인 방크 로시야의 주주가 되었다. 공산당 계좌라고 하지만 실제로는 KGB 자금이라는 소문이 파다했다. 코발추크가 동료들과 함께 인수할 당시 방크 로시야는 빈껍데기뿐이었고, 푸틴이 시 정부의 구좌를 개설해 준 덕분에 겨우 유지해 가고 있었다. 방크 로시야의 주주 겸 이사인 빅토르 샤말로프도 다차 모임에 가입했는데, 그는 푸틴이 이끄는 대외경제위원회에서 부위원장을 지낸 다음 독일 지멘스의 러시아 북동부 지역 책임자가 된 인물이다. 푸틴은 이 기업가들 모임에 참여한 이들 가운데 유일한 정부 관리였다. 박봉으로 어떻게 많은 비용을 감당할 수 있었는지는 분명하게 밝혀진 바가 없다. 나중에 푸틴이 이끄는 대외경제위원회가 1992년에 설립한 트웬티스 트러스트Twentieth Trust라는 회사가 그의 자금줄이라는 증거가 드러나기는 했다. 푸틴의 서명이 들어간 수많은 계약을 비롯한 이 회사의 활동도 소브차크의 시 행정을 감사하기 위해 모스크바에서 파견된 조사관들의 조사 대상이 되었다.

푸틴의 별장 건물은 붉은 벽돌로 지어졌고 내부에는 나무 패널을 댔다. 2층짜리 건물인데 위층에서는 호수가 훤히 내려다 보였다. 건평이 1600평방피트밖에 되지 않고 비교적 검소하게 지어진 건물이지만 호숫가에 위치하고 숲으로 외부와 격리되어 있어서 갑작스레 닥친 불안정한 미래에 대해 고민하기에 좋은 곳이었다. 소브차크가 선거에서 이겼더라면 푸틴은 분명히 그의 곁에 남아 있었을 것이다. 하지만 소브차크는 패했고 다른 정치인과는 친분을 쌓아놓은 게 없었다. 변호사가 되어 볼까 하는 생각을 해보았고, 유도를 함께 한 바실리 셰스타코프를 만나 그가 일하는 학교에서 유도 트레이너로 일하면 어떨까 하고 상의해 보았다. 셰스타코프는 그건 격에 맞지 않는 일이라고 말렸지만 정 마땅하게 할 일이 나타나지 않는다면 한번 와보라고 했다. 힘들게 보낸 가을이었다. 불확실한 미래에 대해 아내 류드밀라와 상의할 생각은 하지 않고 혼자 고민했다. 그녀도 남편이 힘든 일을 겪을 땐 혼자 내버려두는 게 상책이라고 생각했다. 그녀가 보기에 남편은 '남한테 지고는 못 견디는 사람'이었다. 선거 패배는 그에게 진정한 민주주의에 도사린 위험성의 쓴 맛을 톡톡히 맛보게 해 주고 있었다. "정말 그 사람은 자기가 힘들다는 것을 입 밖에 내지도 않고 행동으로 보여주지도 않았어요. 그렇지만 나는 그가 힘든 시기를 보내고 있다는 것을 이해하고 느끼고 눈으로 볼 수 있었어요." 류드밀라는 당시를 이렇게 회고했다.

러시아에서 8월은 휴가철이다. 늦여름의 나른함 속에 대부분의 사람들이 다차에서 휴가를 즐긴다. 새 일자리를 빨리 찾지 못하자 푸틴도 사람들이 일을 다시 시작하는 8월말까지 기다리는 수밖에 없었다. 8월 12일 푸틴 가족은 비서였던 마리나 옌탈체바와 그녀의 남편, 딸을 다차로 초대했다. 저녁이 되자 남자들은 일층에 있는 목욕실 바냐로 갔다. 바냐를 마치고 시원한 호수에 들어가 몸을 식히고 돌아오는데 집에서 연기가 피어오르는 것이 보였다. 바냐에 있는 히터가 스파크를 일으키며 생긴 불은 순식간에 별장 전체로 퍼졌다. 부엌에 있던 카챠는 밖으로 뛰어나왔고, 큰딸 마샤와 마리나가 2층에 있는 게 보였다. 불꽃이 계단을 타고 올라가는 가운데 푸틴은 시트를 로프로 이용해 아이들을 발코니를 통해 데리고 내려왔다. 침실에 현금 5000달러를 넣은 지갑을 두고 나왔다는 생각이 갑자기 떠올랐다. 전기불은 나가고 연기가 온 집안을 휘감고 있는 가운데 그는 더듬거리며 지갑을 찾아 나섰다. 엷은 시트로 몸을 감싼 채 그는 발코니를 통해 2층으로 올라갔다. 가족과 이웃들이 몰려와 집 전체가 활활 타는 것을 지켜보고 있었다. 소방관들이 도착했지만 소방차에 물이 없어서 아무런 손을 쓰지 못했다. "저기 호수 전체가 물 아니요!" 푸틴이 이렇게 소리쳤다. 하지만 소방차에는 물을 끌어다 쓸 호스도 준비돼 있지 않았다.

　바실리 셰스타코프는 불이 났다는 소식과 푸틴이 지갑을 찾으러 목숨을 걸로 불속에 뛰어들었다는 말을 전해 듣고 어안이 벙벙했다. 시의 2인자 자리에 5년 동안 있으면서 호화 대리석 맨션을 짓지 못한 것도 그렇지만, 모아둔 현금이 고작 5000달러라는 사실이 믿기지가 않았다. 당시처럼 부패한 상황에서 러시아의 고위관리 아파라치키라면 적발될 위험을 감수하지 않고서도 얼마든지 치부를 할 수 있었다. 화재 조사반이 건축업자가 바냐의 히터 설비를 제대로 하지 않았다는 결론을 내렸기 때문에 건물을 다시 지어달라고 할 수 있었다. 바냐는 다시 만들지 않았다. 인부들이 화재 잔해를 치우면서 잿더미 속에서 알루미늄 십자가 목걸이를 찾아냈다. 3년 전 푸틴이 소브차크와 함께 예루살렘 방문길에 오를 때 그의 모친이 준 것이었다. 바냐에서 사우나 하는 동안 벗어놓았다가 화재 와중에 새까맣게 잊고 있었던 것이다. 그는 그 일을 하나의 계시라고 생각해 그때부터는 그 십자가 목걸이를 한 번도 벗지 않았다는 말을 자주 했다.

제7장

예기치 않게 찾아온 권력의 길

푸틴이 구세주를 만나는 데는 그렇게 오랜 시간이 걸리지 않았다. 구원은 전혀 예상치 않은 곳에서 왔다. 구세주는 바로 소브차크의 동지였다가 적으로 위치가 바뀐 옐친이었다. 옐친은 유권자에게 어필하는 법을 소브차크보다는 더 잘 알고 있었다. 그가 1996년 여름에 치러진 대통령 선거에서 재선에 성공한 것은 거의 기적에 가까웠다. 푸틴이 불에 탄 다차의 잿더미 속에서 십자가 목걸이를 찾아낸 것과 비슷했다. 1995년 말 옐친의 지지율은 3퍼센트로 떨어져 있었다. 1994년 체첸의 독립운동을 저지하고 단기간에 마무리하겠다고 공언하며 시작한 전쟁은 많은 희생자를 내며 교착상태에서 시간을 끌고 있었다. 경제는 바닥을 모르고 추락했고 그의 건강 문제까지 심각한 수준이었다.

옐친은 1995년 말에 심장발작을 일으키기 시작해 발작이 여러 차례 계속됐다. 건강상태가 얼마나 심각한지는 공개되지 않았지만 측근 보좌진은 1996년으로 예정된 선거를 취소하든지 아니면 대안 후보를 만들어 밀자는 공모를 하기 시작했다. 소브차크를 버리고 야코블레프를 선거에서 이기도록 만든 자들이었다. 올레그 소스코베츠 부총리와 옐친의 아내 나이나 여사까지 옐친에게 출마하지 말라고 권했다. 옐친은 당시 상황을 이렇게 회고했다. "무리의 새로운 우두머리에게 몰려드는 이리떼처럼 가장 친한 친구들까지 나를 대신할 대안을 찾아놓고 있었다. 내가 항상 의지하고 나의 마지막 안식처였던 사람들, 내게 힘이 되어 주고 나라의 정신적인 지도자인 사람들마저 나를 버렸다."

하지만 모두가 그렇게 한 것은 아니었다. 너무나 많은 부富가 옐친의 어깨에 달려 있었다. 러시아에서 가장 부유한 사람들, 금융가, 미디어 재벌들이 그를 구하기 위해 나섰다. 바로 전 해에 자본을 끌어들여 국가예산을 부양해 주고 대신 주요 산업의 국유자산을 취득해 순식간에 부를 키운 사람들이었다. 보리스 베레조프스키, 미하일 프리드만, 블라디미르 구신스키, 미하일 호도르코프스키, 블라디미르 포타닌이 바로 그들이었다. 포스트 소련의 골드러시를 앞장서서 걸어간 개척자들이고, 천재성과 속임수를 이용해 얼마 되지 않은 자본으로 엄청난 부를 쌓아올린 사람들이었다. 만약 옐친이 재선에 성공하지 못한다면 이들의 운명은 위험에 처할 것이 분명했다. 이들은 사업에서는 서로 경쟁관계에 있었지만 옐친의 가장 강력한 경쟁자인 공산당 지도자 겐나디 주가노프와 맞서 싸워야 한다는 공통된 목표를 갖고 있었다.

주가노프는 우둔하고 잔뜩 찌푸린 얼굴에다 볼품없는 외모를 하고, 이제 이름만 남은 공산당의 지도자였다. 하지만 그는 소련연방 붕괴 이후 쌓여온 국민들의 엄청난 불만을 등에 업고 있었다. 1995년 의회선거에서 공산당은 하원인 두마 의석의 압도적인 다수를 차지했다. 주가노프의 대선 승리는 이제 불가능한 시나리오가 아니었다. 반면에 옐친 정부는 혼란과 무능, 몇 명이 부와 권력을 독점하는 과두정치로 지지율이 바닥에 머물러 있었다. 옐친은 자신과 자신의 집권을 지지하는 부유한 지지자들의 운명에 대해 이렇게 말했다. "공산주의자들이 가로등 꼭대기에 우리를 매달 것이다."

1996년 2월 스위스 다보스에서 열린 세계경제포럼에 주가노프가 등장하자 참석자들은 그를 차기 러시아 대통령처럼 대접했다. 무엇인가 조치를 취하지 않을 수 없었다. 그래서 베레조프스키, 구신스키, 호도르코프스키, 그리고 또 다른 금융계 인사인 블라디미르 비노그라드포프는 만찬 자리에 함께 앉아 '다보스 결의'라는 걸 했다. 힘을 모아 6월로 예정된 대통령 선거에서 옐친을 재선시키자고 다짐한 것이었다. 이들은 옐친의 선거 캠프에 수백 만 달러를 지원하겠다고 제안하고, 자신들이 추천하는 인사들을 캠프에 합류시켜 달라고 요구했다. 이들은 푸틴과 함께 소브차크 시장의 수행원으로 일했고, 자기들이 수억 달러를 벌 기회가 된 사유화 계획을 입안한 아나톨리 추바이스를 선거 관리자로 옐친 캠프에 합류시켜 달라고 추천했다. (추바이스는 옐친이 각종 스캔들에 휘말려 휘청거리던 그해 1월 부총리직에서 해임됐다.) 추바이스는 옐친의 딸인 타치아나 디아첸코와 함께 현대적인 선거운동 기법을 러시아 실정에 맞게 절묘하게 활용했다. 무려 20억 달러 규모의 돈을 선거비용으로 쓰면서도 회계처리를 워낙 기발하고 복잡한 수법으로 해서 자금흐름이 추적당하지 않도록 했다.

옐친의 건강상태와 기행은 유권자들이 알 수 없도록 철저히 비밀에 부쳤고, 일거수일투족을 철저히 짜인 각본에 따라 움직이도록 만들어 거의 정상으로 보이게 했다. 러시아에서 가장 시청률이 높은 텔레비전 채널인 ORT와 NTV를 각각 소유하고 있는 베레조프스키와 구신스키 두 사람은 옐친이 온화한 성품을 지닌 건강한 지도자임을 보여주는 다큐멘터리를 계속해서 방송에 내보냈다. 옐친도 한때는 실제로 그런 지도자였다. 6월 16일 선거에서 옐친은 35퍼센트를 얻어 주가노프 후보보다 200백만 표 앞섰지만 과반 득표에 미달해 결선투표를 치러야 했다. 전쟁영웅인 알렉산드르 레베드 후보는 선거 전 해에 퇴역한 뒤 정치에 입문해 옐친이 무모하게 체첸전쟁을 일으켜 많은 희생자를 내고 있다고 비난했다. 레베드는 15퍼센트 득표로 3위를 차지하는 놀라운 성적을 올렸다.

옐친 진영에서는 선거 막바지에 레베드 진영에 자금을 대주고, 텔레비전에서 주목을 받도록 적극 밀어 주가노프의 지지표를 흡수시키는 전략을 펴서 효과를 거두었다. 결선투표를 앞두고 옐친 진영은 레베드의 지지를 이끌어내고 그의 지지표를 끌어들이는 데 공을 들였다. 옐친은 레베드 장군을 '단호하고 패배를 모르는 군인이며, 분명하고 명확한 것을 추구하는 사람'이라며 높이 평가했다. 그러면서 소련 해체 이후 러시아군의 다른 장성들은 대부분 '품위와 교양, 결의'를 잃어버렸다고 실망감을 표했다. 1993년 초에 옐친은 새로운 장군이 정치무대에 나타나 안정적이고 전문가다운 솜씨로 러시아를 이끌어주기를 기대한다는 말을 했다. 그 장군이 바로 레베드인 것처럼 보였다. 실제로 옐친은 그를 자신의 후계자로 생각하기도 했다. 본선투표 이틀 뒤 옐친은 레베드를 크렘린 안보보좌관으로 임명했다. 결선투표에서 레베드 지지표를 흡수하겠다는 계산이었지만 레베드는 취임 직후부터 실망감을 안겨주었다. 거칠고 난폭한 성격으로 다른 고위 보좌관들과 사사건건 충돌했다. 그래도 옐친은 군인이 정치적 구원자 역할을 해줄 것이라는 기대를 버리지 않았다. "나는 다른 군인들과 전혀 다른 새로운 부류의 장군이 나타나 주기를 기대한다. 어릴 적 책에서 읽은 그런 장군들이 반드시 나타날 것이다." 이렇게 말하며 새로운 장군에 대한 기대감을 접지 않았다.

옐친이 결선투표를 앞두고 취한 조치들을 놓고 선거캠프 내 진보세력과 보수세력 사이에 불화가 일어났다. 보수세력에는 소스코베츠를 비롯해 알렉산드르 코르자코프 등 옐친이 신임하는 '장군들'이 포함돼 있었다. 불화가 일어나자 옐친은 수개 월 전 소브차크가 해준 경고가 생각났다. 선거캠프 내의 매파들이 '선거운동과정에서 주도권을 잡기 위해 문제를 일으킬 것'이라는 경고였다. 코르자코프 휘하의 대통령경호실 요원들이 캠프의 선거보좌관 두 명을 체포했다. 추바이스와 베레조프스키의 측근 보좌관들이었다. 100달러짜리 현금으로 50만 달러가 든 종이 박스를 의회건물 바깥으로 반출하려 한 혐의였다. 캠프의 자금조달 내역이 겉으로 드러날 위기에 처했고, 옐친은 해당 보좌관들을 즉각 해임했다. 그로부터 일주일 뒤에 옐친은 또 심장발작을 일으켰다.

옐친은 결선투표 바로 전 주를 다차 거실에 준비한 병상에 누워서 보냈다. 캠프에서는 예정된 일정을 모두 취소하고 아무 일이 없는 것처럼 꾸몄다. 후보가 공개석상에 모습을 보이지 않는 것을 놓고 질문이 쏟아졌지만 보좌진은 함구로 일관했다. 결선투표일인 7월 2일 옐친은 평소에 이용했던 모스크바 투표소 대신 다차 근처에 있는 투표소로 나가 간신히 투표했다. 몰려든 기자들에게 몇 마디 하자 곧바로 경호원들이 나타나 그를 병상으로 도로 데려갔다. 우여곡절을 겪고도 옐친은 54퍼센트를 얻어 40퍼센트 득표에 그친 주가노프를 여유 있게 누르고 재선에 성공했다. 옐친은 이겼지만 속임수와 거짓말이 난무한 금전, 타락 선거로 민주적 가치를 크게 훼손한 선거였다. 당시 실시한 한 여론조사에 따르면 러시아의 민주주의 수준에 만족한다고 답한 사람은 7퍼센트에 불과했다. 물론 그렇다고 다수가 소련 체제로의 복귀를 원한다는 말은 아니지만 국민 대부분이 러시아의 민주주의가 불신과 범죄, 불의로 오염되었으며, 서구 민주주의가 보여주는 가장 추악한 모습을 하고 있다고 생각했다.

블라디미르 푸틴도 같은 생각을 했다. 그는 상트페테르부르크에서 옐친의 재선을 위해 뛰었지만 역할이 워낙 미미해 크게 주목을 받지는 못했다. 하지만 옐친이 재선에 성공한 뒤 벌어진 치열한 권력암투가 그에게 수도 모스크바로 진출할 기회를 만들어 주었다. 7월 결선투표 직후 옐친의 비서실장인 강경파 니콜라이 예고로프가 푸틴에게 부실장 자리를 제안했다. 그런데 이틀 뒤 옐친은 예고로프를 전격 해임하고 추바이스를 그 자리에 앉혔다. 크렘린 안에 경제개혁가들의 영향력을 키우기 위해 단행된 경질 인사였다. 선거운동에 자금조달을 책임져 준 인사들에 대한 보은의 측면도 있었다. 추바이스는 옐친 2기 행정부에서 상트페테르부르크 사단을 대표하는 사람이었다. 그는 자기를 도와 관료조직과 기업가들을 상대해 줄 경험 있는 사람이 필요했다. 하지만 그는 소브차크 시장의 선거패배로 낭인 신세가 된 사람들 중에서 푸틴이 아니라 다른 부시장 알렉세이 쿠드린에게 손을 내밀었다.

쿠드린은 시의 재정과 예산을 담당했는데 기질과 경력 면에서 푸틴에 비해 훨씬 더 추바이스와 가까웠다. 추바이스는 푸틴에게 냉랭하게 대했다. 추바이는 쿠드린을 크렘린에서 감사 역할을 하는 중앙통제국장에 임명했다. 정부 기관과 정부와 관련이 있는 민간 기업에 대한 회계감사 권한을 가진 자리였다. 불과 이틀 전 푸틴이 예고로프 실장으로부터 제안받은 자리는 취소되었다. 푸틴과 추바이스는 소브차크 시장 밑에서 공직 생활을 시작한 사람들이지만 이 일로 서로 적대관계로 돌아서게 되었다. 푸틴은 추바이스에 대해 '볼셰비키처럼 비정한 자'라고 혹평했다. 그해 여름 푸틴은 짐을 싸서 상트페테르부르크로 돌아왔다.

다차가 불에 타 잿더미가 되고 사흘 뒤인 8월 18일에 푸틴의 인생은 큰 전환점을 맞았다. 빅토르 체르노미르딘 총리가 새 내각명단을 발표하면서 알렉세이 볼샤코프를 부총리로 임명했다. 볼샤코프는 상트페테르부르크 출신 대의원 시절 옛 소련 연방공화국들과의 대외관계를 책임졌던 사람이다. 또한 상트페테르부르크 시위원회에서도 일했는데 1991년 8월 쿠데타 때 물러나 떠돌이 시절을 보내기도 했다. 인민대표회의 대의원과 하원인 두마에 출마했다가 낙선한 다음에는 모스크바까지 고속열차 건설 계획을 가진 유령회사를 인수했는데, 수백 만 달러의 지원금을 챙겼지만 고속열차 건설은 실행에 옮겨지지 않았다.

그가 옐친 정부에서 갑자기 급부상한 뒤 푸틴은 그가 상트페테르부르크로 출장을 오면 격식을 다해 극진히 대접했다. "그가 찾아오면 절대로 기다리게 하는 법이 없이 내가 하던 일을 즉각 멈추고 그를 맞이했다. 내 방에 있던 사람들을 곧바로 내보내고 응접실로 나가서 '알렉세이 알렉세예비치 동지, 이리로 오십시오.'라고 말하며 그를 안내했다. "가까운 사이는 아니었지만, 나를 기억하고 있었을 것"이라고 푸틴은 말했다.

옐친이 병약해진 틈을 타 궁정음모가 진행됐고 모두들 자기 사람을 요
직에 끌어들이기 위해 경쟁적으로 나섰다. 푸틴에게 자리를 주자고 볼샤
코프에게 간청한 사람은 쿠드린이었다. 처음에 볼샤코프는 푸틴을 대변
인으로 공보실에 앉히는 데 동의했다. 푸틴은 공보실 근무를 반기지는 않
았지만 제안을 받아들이기로 하고 8월 말 모스크바로 가서 쿠드린의 집
소파에서 잤다. 며칠 뒤 볼샤코프는 생각을 바꿔 푸틴에게 파벨 보로딘을
만나보라고 했고, 보로딘은 그에게 크렘린 내부의 총무 업무를 맡겼다.
보로딘은 시베리아 출신의 쾌활한 정치인으로 당시 크렘린의 재산관리를
맡고 있었다. 그가 맡은 분야는 수백 채에 달하는 건물과 토지, 궁전, 다
차를 비롯해 수십 대의 항공기, 요트, 병원, 스파와 호텔, 미술품과 골동
품, 그리고 수십 군데의 국유공장과 기업에 달했다. 장례식장에서부터 북
극의 다이아몬드 광산까지 포함돼 있었다. 당시 보로딘이 추산한 바에 따
르면 크렘린의 재산은 6천 억 달러가 넘었다. 그는 창조적 자본주의에 재
능을 발휘하며 크렘린 자산을 금융과 상업용 부동산 등 새로 부상하는 유
망 분야에 분산 투자했다. 또한 아파트와 다차, 여행권과 휴가 이용권을
선물로 나누어주면서 옐친을 따르는 사람들을 관리했다. 언론에서는 그
가 맡은 부서를 특혜부라고 비꼬아 불렀다.

보로딘은 의욕적으로 대대적인 크렘린 개축공사를 벌였다. 1994년 옐
친의 지시로 시작된 공사는 당시 러시아 경제사정으로는 감당할 수 없
는 비용이 드는 큰 공사였다. 1996년 8월 보로딘은 스위스 회사 메르카타
Mercata와 크렘린 대궁전 개축공사계약을 체결했다. 개축공사로 궁은 옛
차르의 영광을 재현하는 데 성공했다. 하지만 메르카타, 그리고 자매회

사인 마베텍스Mabetex와 체결한 이 공사계약을 통해 옐친과 대통령 가족은 뇌물수수와 해외 돈세탁 스캔들에 연루되었다. 푸틴은 이전에 보로딘이 옐친 대통령 다차를 구하기 위해 상트페테르부르크를 방문했을 때 그와 만난 적이 있었다. 그리고 상트페테르부르크에서 대학에 다니던 그의 딸이 아플 때 도와준 적이 한 번 있었다. 이런 식으로 서로 호의를 베풀어 주는 것은 차르 시대부터 내려져 온 러시아의 전통이었다. '블라트'blat 라고 부르는 이 전통을 통해 맺어진 비공식적인 연줄과 인연이 관료주의적인 장벽을 허무는 유용한 도구가 되었다. 돈이 더 유용한 수단이 된 민주 러시아에서도 '블라트'는 크렘린 정치에 소중한 수단 역할을 했다. 푸틴이 모스크바에 자리를 잡는 데도 이 '블라트'가 큰 역할을 했다.

처음에 푸틴은 옐친 가족과 가깝게 지내는 고위인사가 자기한테 관심을 가져주는 사실에 '조금' 놀랐다고 했다. 사실 보로딘은 부서 내의 다른 사람들과 마찬가지로 푸틴을 자기 사무실에 앉히는 데 망설였다. 푸틴이 다른 사람과 다른 조직에 충성을 바치는 사람이라고 생각했기 때문이다. 푸틴은 옐친이 재선된 이후, 그리고 (극비사항이었지만)가을로 예정된 심장병 수술을 앞두고 모스크바 정가에 음모와 내부 권력투쟁이 난무하는 것을 보고 너무 생소한 생각이 들었다. 소브차크 시 정부에서 일한 경험이 있지만 적응하기가 쉽지 않았다. 모스크바에서 그는 아웃사이더에다 순진한 시골뜨기였다.

그는 1991년에 공직생활을 처음 시작할 때처럼 모스크바에 진출하고 나서 텔레비전 인터뷰를 했다. 풀코보공항 라운지에서 탑승을 기다리는 중에 가진 인터뷰에서 질문자는 "당신은 누구 사람입니까?"라는 식상한 질문부터 던졌다. 러시아에서 후원자의 도움 없이 권력의 자리에 오르는 사람은 없었다. 그리고 불행한 일이지만 옐친 사단에 자리 잡고 있는 이들 후원자들은 자기들끼리 서로 전쟁 중이었다. 몸에 잘 맞지 않는 번쩍이는 청색 양복 차림의 푸틴은 자기는 부모의 자식이며, 다른 누구의 사람도 아니라고 답하며 그 질문에 이의를 제기했다. 솔직한 대답이었다. 그는 자기는 실제로 자기한테 제2의 기회를 가져다 준 '상트페테르부르크 사단'에도 속하지 않는다고 했다. "나는 어떤 그룹이나 분파가 있다는 것도 믿지 않습니다. 그런 것에 연연해하지 않으려고 합니다. 일을 하라고 나를 데려온 것이니 일만 열심히 할 것입니다."

류드밀라는 모스크바로 옮겨가고 싶지 않았다. 마침내 시댁의 영향권에서 벗어나 오붓한 가족생활을 꾸리기 시작한 시점이었다. 하지만 자기한테는 선택의 여지가 없었다. "남편에게는 항상 일이 최우선이었어요. 가족은 그 다음이지요." 그녀는 자신의 전기 작가에게 냉랭한 어조로 이렇게 말했다. 푸틴 자신도 낯익은 고향 무대를 떠나고 싶지 않았지만 보로딘과 함께 일하게 된 것은 당시 자신이 처한 상황에서 '최선의 선택'이라고 판단했다. 보로딘이 맡은 부서는 특혜를 나누어 주는 권한을 가졌기 때문에 푸틴 일가가 이사 와서 살도록 숲으로 둘러싸인 모스크바 서쪽 외곽 아르한겔스코예에 국가 소유 다차를 마련해 주었다. 2층짜리 다차는 방이 여섯 개나 돼 딸 둘뿐인 푸틴 일가가 살기에는 너무 컸다. 하지만 류드밀라는 북적이는 수도 생활에 곧 정이 들었다. "삶이 활기차게 돌아가는 기분이었다."고 했다.

1996년 가을 푸틴은 방대한 조직인 대통령행정실로 자리를 옮겼다. 사무실은 크렘린 인근의 구 광장인 스타라야 플로샤드에 있는 혁명 전에 지어진 건물에 있었다. 상트페테르부르크 출신의 측근 보좌관 두 명도 함께 자리를 옮겼다. 세르게이 케메조프는 드레스덴에서 함께 근무했고, 이고르 세친은 소브차크 시장 시절 처음부터 스태프로 함께 일한 사람이었다. 보로딘은 푸틴에게 법률 문제와 78개국에 흩어져 있는 방대한 분량의 크렘린 자산관리 책임을 맡겼다. 외국에 있는 대사관, 학교 등 그동안 소련 공산당 소유로 돼 있던 자산들이었다. 푸틴이 이 일을 맡을 무렵 옐친은 해외자산 관리 책임을 소련 시절 해외자산을 관리했던 외교부, 대외경제부 등에서 보로딘이 맡은 부서로 바꾼다는 포고령을 내렸다. 자산의 대부분은 옛 소련 위성국과 소련 연방공화국들에 흩어져 있었다.

소련 연방공화국이었던 우크라이나는 자국 내에 있는 옛 소련 자산의 소유권이 독립국이 된 자기들에게 있다고 주장했다. 이런 식으로 얽힌 법적인 문제들을 해결하고, 굳이 소유권을 주장할 만한 가치가 없는 자산은 포기하고 가치가 있는 자산에 대해서는 러시아의 권리를 주장하는 식으로 문제를 해결할 책임이 푸틴의 손에 넘겨진 것이다. 하지만 연방은 이미 해체되었고 연방 재산을 찾는 것은 쓸 만한 물건이 남아 있는지 시체 더미를 뒤지는 일과 비슷했다. "어떤 때는 머리카락이 곤두서게 만드는 일도 있었어요." 푸틴의 동료인 세르게이 케메조프는 이렇게 말했다. 수십 개에 달하는 유령 회사, 단체들이 만들어져서 옛 소련의 해외 자산들을 사들이고 있었다. 필립 터로버라는 젊은 채무 해결 대행업자는 이런 자산들을 찾아내 그 자료를 모스크바와 스위스 수사당국에 제공했는데 보로딘에게는 대단히 중요한 자료였다.

푸틴은 조연이었다. 크렘린 관료조직에 입성할 때 모스크바의 한 일간신문이 소개한 것처럼 그는 '철저히 무대 뒤의 인물'이었고 전문가답게 사람들 눈에 띄지 않게 일했다. 이런 처신 덕분에 그는 옐친을 둘러싼 권력 내분이 겉으로 폭발해도 살아남을 수 있었다. 1996년 8월에 옐친의 국가 안보보좌관인 알렉산드르 레베드는 체첸전 종식을 위한 평화협정 체결협상을 벌였다. 협상 타결은 미루어지고 체첸의 독립운동은 계속됐다. 당시 레베드는 평화협상 안을 두고 체르노미르딘, 추바이스와 공개적으로 충돌했다. 이 두 사람은 레베드가 주도하는 협상안이 체첸에 너무 많은 양보를 한다는 부정적인 입장을 갖고 있었다. 양측의 갈등이 점점 더 커지는 가운데 그해 10월 내무장관 아나톨리 쿨리코프가 레베드가 '쿠데타 모의'를 하고 있다며 전국 경찰에 비상경계령을 발동했다. 체르노미르딘은 레베드를 '리틀 나폴레옹'이라고 비난했다. 레베드는 옐친의 경호실장을 하다 쫓겨난 알렉산드르 코르자코프와 연대했다. 옐친이 레베드를 해임한 바로 이튿날 코르자코프는 추바이스가 선거 캠프 보좌관 두 명에 대한 수사를 막기 위한 방안을 논의하는 대화 내용을 언론에 흘렸다. 현금 뭉치가 든 박스를 외부로 빼내다 적발된 바로 그 보좌관들이었다.

양측의 충돌은 옐친이 심장수술을 받은 11월까지도 계속됐고 푸틴도 어느덧 중세를 연상시키는 추악한 싸움에 휘말려들고 있었다. 푸틴은 모스크바로 온 지 7개월 만에 새로운 보직을 받게 되었다. 해외자산 대상 목록도 제대로 파악하지 못한 상태였다. 알렉세이 쿠드린이 재무차관으로 승진해 가면서 자기가 맡고 있던 중앙통제국장에 푸틴을 추천한 것이었다. 대통령행정실 부실장을 겸임하는 막강한 직책이었다. 그러면서 스타라야 플로샤드에 있는 멋진 새 사무실로 자리를 옮겼다. 새 직무를 시작한 지 일주일 뒤에 그가 맡은 부서에 정부의 지출 남용을 조사할 수 있도록 광범위한 권한을 부여하는 대통령 포고령이 또 발표됐다. 러시아 전역에서 주지사와 국영기업, 독과점 기업들이 정치적, 경제적 혼란을 이용해 국고에서 돈을 제멋대로 축내던 시절이었다.

푸틴의 임무는 정부와 경제 전체를 나락으로 떨어뜨리고 있는 만연한 부조리를 종식시키고 하루빨리 질서를 회복하는 것이었다. 업무를 진행하며 어쩔 수 없이 나라를 갉아먹는 부패와 맞닥뜨리게 되었고, 권좌에 있는 사람들을 적발해 내는 정치적 위험을 감수하지 않을 수 없게 되었다. 업무를 시작한 지 불과 며칠 만에 푸틴은 옐친과 파벨 그라초프 전 국방장관이 10억 달러 규모의 탱크를 비롯한 각종 무기를 아르메니아에 불법으로 판매한 스캔들과 관련이 없다고 공식 선언했다. 그라초프는 코카서스사령관으로 있던 1993년부터 1996년 사이 당시 아제르바이잔과 전쟁 중이던 아르메니아에 10억 달러어치의 무기판매를 주도한 혐의를 받았는데, 러시아 법은 두 공화국 모두에 무기판매를 금지하고 있었다. 조사 결과와 관련해 푸틴은 코메르산트Kommersant 신문, 에코 모스크비Ekho Moskvy 라디오 방송과 직접 인터뷰를 했다. 그는 무기판매가 이루어진 사실을 확인해 주고, 책임자가 누구인지도 밝혀냈다고 말했지만 누구인지 밝히기는 거부했다.

"무기판매에 누가 연루된 것인지 알아냈습니까?" 코메르산트 기자가 이렇게 질문했다.

"그렇소. 누군지 밝혀냈습니다." 푸틴은 이렇게 대답했다.

"누군지 말해줄 수 있습니까?"

"검찰과 군의 수사가 마무리되기 전까지는 밝히지 않을 것입니다."

"관련된 사람이 러시아 국방부 관리입니까?"

"그렇소."

"파벨 그라초프 전 국방장관의 이름이 명단에 있습니까?"

"없소. 조사하는 동안 그라초프 장관이 이 문제와 관련해 직접적인 지시나 명령을 내렸음을 보여주는 어떤 문서도 찾지 못했습니다."

정보요원 출신답게 푸틴은 머뭇머뭇 하면서도 자기가 공개하고 싶은 정보를 정확하게 밝혔다. 그러면서도 대답의 수위를 어느 선에서 정할지 알고 있었고 그 이상은 말하지 않았다. 그라초프의 부패 행각은 워낙 악명이 높아서 사람들은 그의 별명을 '메르세데스 사령관'이란 뜻으로 '파샤 메르세데스'라고 불렀다. 검은 거래를 통해 고급 세단을 워낙 많이 받아 챙겼기 때문이다. 검은 거래를 너무 많이 알고 있어서 크렘린도 그를 완전히 내칠 수가 없었다. 당시 그라초프에 대해 수사한 군 검찰의 한 인사는 익명을 조건으로 푸틴이 공개적으로 누구는 무죄라고 밝히는 것은 시기상조라고 말했다.

새 직책을 맡고 나서 푸틴은 전국으로 출장을 다녔으며 검찰청을 비롯해 연방보안국FSB을 포함한 보안 부서 사람들과도 밀접한 관계를 맺게 되었다. FSB는 KGB의 국내 파트를 이어받은 기구였다. 국내안보와 대간첩, 대테러리즘 임무를 수행했고 루비안카 광장에 있는 무시무시한 분위기의 옛 KGB 건물을 그대로 쓰고 있었다. 그러면서 러시아 정부가 거의 모든 면에서 얼마나 제 기능을 못하고 있는지 실감했다. 정부의 권위는 무시되고 국가의 자원은 낭비되고 있었다. 지방정부에서는 주지사를 비롯한 고위관리들이 기업가들과 결탁해 국가재산을 한껏 빼돌렸다. 그는 기소권은 갖고 있지 않았지만 크렘린의 위세를 무기로 예산과 계약에 영향력을 행사하고, 조사를 통해 방대한 양의 자료를 확보했다. 필요하면 언제든 써먹을 수 있는 자료들이었다. 그 정보들은 그에게 힘과 영향력을 안겨 주었다.

현대판 '감찰관'이 된 것이다. 고골리의 희곡 〈감찰관〉에서는 정부의 암행 감찰관이 찾아올 것이라는 소문에 잔뜩 긴장한 지방 관리들이 허풍장이 도박꾼을 감찰관으로 잘못 알고 융숭하게 대접한다. 부임 한 달 만에 푸틴은 교통부 차관 아나톨리 나소노프가 업무수행에 적합하지 않은 인물이라고 보고했다. 전국 18개 지역에서 연방도로기금 수십 억 달러가 임의로 전용된 사실을 밝혀낸 것이었다. 1997년 5월까지 그는 전국 89개 지역과 공화국의 3분의 1을 조사한 결과, 위법, 부정행위를 저지른 260명의 관리들을 적발했다. 그해 9월에는 공무원 450명에게 징계처분을 내리고, 특히 스타브로폴과 트베르 지역에서는 예산 전용이 있었다는 '명백한 증거'를 확보했다고 발표했다.

상사들은 그가 열심히 뛰며 크렘린의 권위를 회복시키고 있다는 점을 높이 평가했다. 물론 감사는 선별적으로 진행되었고 그렇게 해서 정부의 금고는 다시 채워지고 있었다. 상사들도 그의 표적이 되었다. 푸틴이 새 직책을 맡을 때 부총리에 임명된 보리스 넴초프는 전임 부총리 아나톨리 추바이스가 만든 재단의 비리를 푸틴이 감사를 통해 적발해냈다고 했다. 넴초프는 감사 보고서 말미에 정보원들이 쓰는 용어인 '상부의 재량에 맡깁니다.'라는 문구가 붙은 것을 보고 푸틴을 불러 설명을 해달라고 했다. 불법행위가 적발되었다면 검찰에 사건을 넘기면 될 것이지 왜 그런 문구를 붙였느냐고 물은 것이다. 푸틴은 주저하지 않고 이렇게 대답했다고 한다. "부총리께서 내 상관이십니다. 부총리께서 결정하십시오."

푸틴은 국가 경제상황에 대해 관심을 갖고 생각해 보았다. 상트페테르부르크에 있던 1996년 5월에 그는 대학원 과정에 등록했다. 드레스덴에서 돌아오면서 제일 먼저 하고 싶었던 일이다. 소련 시절은 물론 새 러시아에서도 석사나 박사학위는 출세에 필수 자격증 역할을 했다. 뒤늦게 대학원에 입학한 것도 자신의 자격을 좀 더 돋보이게 만들고 싶은 욕심에서였다. 그는 소브차크 시장이 선거에 패하고 나서 그럴 필요성을 더 절실히 느꼈다. KGB에 들어가고 싶어서 레닌그라드대에 입학했던 것처럼 푸틴은 교육을 학문을 하기 위해서가 아니라 다른 목적을 이루기 위한 수단으로 생각했다. 대학원은 모교인 레닌그라드대 법대를 택하지 않고 명문 플레하노프 광산연구소로 갔다. 게오르기 플레하노프는 혁명 전 이데올로기 이론가로 '러시아 마르크시즘의 아버지'로 불리는 사람이다.

푸틴은 학부 전공인 법학이 아니라 앞으로 러시아의 미래에 긴요한 분야가 될 것으로 생각해 천연자원으로 전공을 바꾸었다. 혼자가 아니라 소브차크 시장 밑에서 절친한 동료로 함께 일한 빅토르 주브코프와 이고르 세친이 함께 등록해서 러시아의 천연자원을 주제로 논문도 같이 썼다. 이들이 천연자원에 관심을 갖게 된 것은 상트페테르부르크가 연료회사와 파이프라인, 항만 등에 많은 투자를 했기 때문이다. 푸틴은 소브차크 밑에서 부시장으로 일할 때인 1995년 상트페테르부르크의 항만시설을 재건해 이 지역의 천연자원 수출능력을 높일 필요성을 강조하는 보고서를 만들어 연방정부에 제출한 적이 있었다. 이 논문을 보완해서 대학원 논문을 완성했다.

그래프와 부록을 포함해 러시아어로 218쪽 짜리의 이 논문은 딱딱한 문체로 쓰여 있지만 상트페테르부르크 일대 지역의 천연자원에 관한 정보와 통계자료가 **빽빽**하게 들어 있다. 석유와 가스는 없지만 보크사이트, 인산염, 점토, 모래, 자갈, 시멘트, 토탄peat 등을 다루었다. 소련연방이 붕괴된 다음 이 자원들은 미개발 상태로 방치되고 정부가 전략적인 투자를 통해 개발할 필요가 있었다. 논문은 자유시장이 도입됨에 따라 앞으로 러시아의 거대한 천연자원에 초점을 맞춘 경제정책이 도입될 것이라고 예상했다. 그러면서 국가의 통제를 주장하는 것은 아니지만 개발과정에서 '행정당국의 적절한 규제와 권고'가 필요하다는 점을 강조했다.

당시 소브차크 시장의 재선 선거운동이 치열했고 이후 새 일자리를 찾느라 분주했고, 이어서 모스크바로 자리를 옮겼다는 점을 감안하면 푸틴이 대학원 수업을 제대로 듣거나 까다로운 논문작업에 직접 참여했을 가능성은 높지 않다. 당시 많은 러시아인들, 특히 업무에 바쁜 공직자들이 그랬던 것처럼 그도 논문을 대신 써 줄 사람을 구했던 것 같다. 연구소 소장인 블라디미르 리트베넨코의 딸은 후에 자기 아버지가 푸틴의 논문을 대신 썼다고 폭로했다. 리트베넨코는 광물학 전문가로 나중에 인산염을 원료로 하는 세계 최대 비료 생산업체 가운데 하나인 포스아그로PhosAgro의 이사로 참여했다. 논문에 쓴 것처럼 상트페테르부르크 일대에는 인산염이 풍부하게 생산됐다. 당시 이 회사 이사진 명단은 대외비였기 때문에 여러 해 동안 외부에 알려지지 않았지만 리트베넨코는 이사로 참여하면서 많은 돈을 벌었다.

누가 썼든지 간에 푸틴의 논문 가운데서 16쪽에 이르는 본문 내용과 도표 6개가 미국 자료에서 거의 자구 하나 바꾸지 않고 그대로 베껴 쓴 사실이 드러났다. 피츠버그대 교수 두 명의 공저를 1982년 러시아어로 번역 출판한 책이었다. 당시 안드로포프 서기장이 경제침체를 벗어나기 위한 정책 모색에 매달려 있을 때였는데, 정책에 도움을 주기 위해 KGB 가 책 출판에 관여했을 가능성이 높았다. 원저는 《전략적 계획과 정책》 Strategic Planning and Policy이고 저자는 윌리엄 R. 킹William R. King교수와 데이 비드 I. 클리블랜드David I. Cleland 교수였다. 푸틴의 논문은 참고자료 목록 에 다른 47개 자료와 함께 이 책 이름을 올려놓았다. 하지만 논문 본문에 는 인용출처를 명시하지 않았고 길게 인용한 내용을 러시아 번역본 어디 에서 인용했는지 일체 밝히지 않았다. 대신 본문 내용 두 군데에다 뒤편 의 참고자료 목록에 있는 자료에서 참고했다는 뜻으로 '참고자료 23번'이 라고 붙여 놓았다.

명백한 표절은 미국과 유럽 대학에서는 절대로 용납되지 않지만 소련 시절과 당시 러시아 학계에서는 출처를 밝히지 않고 남의 논문을 그대로 베껴 쓰는 것이 관행으로 받아들여졌다. 푸틴의 경우는 논문 표절 사실 자체가 여러 해가 지나도록 밝혀지지 않은 채 지나갔다. 푸틴은 논문에 별 관심이 없었던 것 같다. 논문을 쓸 때와 이후에도 논문에 대해 입에 올 린 적이 거의 없었다. 그러면서도 이력서에는 논문을 올렸는데, 이력서에 올리기 위해 논문을 썼다는 편이 정확한 표현일 것이다. 학문적으로 비 양심적인 일을 하는 데 대해 마음이 불편했을 수도 있고, 한 번도 접해 본 적이 없는 난해한 고등수학을 동원해야 하는 논문작업에 기가 질렸을 수 도 있을 것이다. 어쨌든 논문은 천연자원을 이용한 경제에 관심을 보였는 데 푸틴이 상트페테르부르크 시절에 만난 친구들 모두 이 천연자원에 매 달렸다.(이후 1996년 설립한 오제로 다차 협동조합의 주 관심도 천연자원이었다.) 푸틴은 1997년 6월 광산연구소에서 논문심사를 통과했다. 한 심사위원은 그의 논문을 '매우 우수하다'고 평가했다.

모스크바로 진출한 다음 푸틴은 지방이 아니라 전국적인 차원에서 자원 배분에 영향력을 행사할 수 있는 위치에 앉게 되었다. 예를 들어 시베리아 금광을 둘러싸고 국제적인 상업분쟁이 제기되자 푸틴은 1997년에 천연자원부 제1차관인 보리스 야츠케비치를 해임해야 한다는 견해를 담은 보고서를 작성했다. 야츠케비치는 금광개발 허가권을 내준 부서의 차관이면서 해당 매장지의 개발권을 따낸 렌졸로토Lenzoloto라는 회사의 이사회 의장을 겸하고 있었다. 푸틴은 이것을 명백하게 법을 위반한 처사라고 보았다. 하지만 옐친 정부에서 흔히 그랬던 것처럼 아무런 조치도 취해지지 않았고 야츠케비치는 오리려 천연자원부 장관으로 승진했다. 푸틴은 국가의 권위를 회복시켜 가장 소중한 국가 자산을 도둑질해가는 행위는 반드시 막아야 한다는 견해를 강력히 피력했다. 2년 뒤 광산연구소에서 발간하는 연간 간행물에 실은 논문을 통해 푸틴은 적어도 21세기 전반에는 천연자원이 러시아 경제를 뒷받침해 줄 것이라고 주장했다. 하지만 그러기 위해서는 외국 자본의 투자가 필요하고, 허가과정에 국가의 강력한 지도가 있어야 하며, 광대한 유라시아 영토 지하에 매장된 풍부한 자원들을 개발하는 데 정부의 규제 손길이 필요하다고 강조했다. 학자들은 이런 아이디어를 가지고 있어도 구체적으로 실행에 옮기지 못했지만 푸틴은 얼마 뒤 이를 실행에 옮기기 시작했다. 그 전에 상트페테르부르크에 먼저 마무리할 일이 남아 있었다.

소브차크 시장이 자리에서 물러나는 일은 조용하게 진행되지 않았다. 재선 운동 기간 중에 시작된 그에 대한 검찰의 수사가 아직 마무리되지 않고 있었다. 옐친이 소브차크의 재선을 막기 위해 음모를 꾸민 인사들을 해임했지만 수사는 계속되었다. 소브차크는 "그 자들은 자리에서는 물러났지만 자신들이 놀던 심연에 그대로 남아 있다."고 말했다. 이들은 1997년 4월 의회의 동조자들을 앞세워 소브차크 시장과 부시장 몇 명에 대한 다양한 혐의의 검찰수사를 조속히 마무리하라고 촉구하는 결의안을 채택했다. 그런 와중에 소브차크는 정치상황에 대해 공개 발언한 것이 문제가 돼 크렘린 내에서도 동조세력을 잃게 되었다. 1997년 1월에 대통령의 병 때문에 '실질적인 무정부 상태'가 벌어지고 있으며 정부가 범죄집단으로 변하고 있다며 옐친의 지도력을 비판한 것이었다.

7월에는 소브차크의 보좌관 중 한 명인 라리사 카르첸코가 뇌물수수 혐의로 체포되고 소브차크 본인도 증인으로 소환되었다. 이어서 비서실장이던 빅토르 크루치닌까지 체포됐다. 그해 여름 내내 소브차크의 개인 비리 혐의에 대한 기사가 신문지면을 장식했고 그가 체포될 것이라는 설이 파다하게 퍼졌다. 그는 전화가 도청당하고 있으며 가는 곳마다 FSB 요원들이 따라붙고 있다고 항의했다. 그러면서 자기는 시의 재산을 민영화 하는 과정에서 어떤 불법적인 행위도 한 것이 없다며 수십 차례에 걸친 검찰의 소환요구에 불응했다. 과민반응을 보인 데는 그만한 이유가 있었다. 옐친이 대대적으로 반부패 캠페인을 벌이고 있었고 푸틴도 중요한 역할을 담당했다. 10월 3일 수사관들이 중무장한 특수경찰 10명을 대동하고 유네스코 사무국 건물에 있는 소브차크 사무실에 들이닥쳐 그를 '중요 증인'으로 체포해 갔다. 검찰에서 심문을 받는 동안 소브차크는 가슴 통증을 호소해 병원으로 이송되었다. 그의 아내는 남편이 심장발작을 일으켰다고 밝혔지만 아무도 그 말을 믿지 않았고 병원 의사들은 사실 여부를 확인해 주지 않았다. 어쨌든 이튿날 그는 이타르-타스 통신과 회견을 갖고 심문과정이 1937년의 대공포를 떠올리게 했다며 검찰을 격렬하게 비판했다. "1937년이었다면 나를 진작 죽였을 것"이라고 치를 떨었다. 소브차크는 병원에서 한 달을 지냈다. 의사들의 진단에 그의 운명이 달려 있었다. 옐친도 소브차크에 대한 반감이 커지긴 했지만 그래도 검찰이 너무 심하다는 생각을 했다. 옐친은 검찰총장 유리 스쿠라토프에게 '아픈 사람을 너무 괴롭히지 말라.'는 내용을 담은 서한을 보냈다. 그래도 검찰은 물러서지 않고 심문을 계속했다. 검찰은 아프다는 소브차크의 호소를 믿지 않고 모스크바에서 의사들이 와서 직접 진찰하도록 했다. 하지만 의사들이 도착하기 전에 푸틴이 개입했다. 푸틴은 병원으로 소브차크를 찾아가 군병원으로 환자를 이송시켜 유리 세브첸코가 직접 환자를 돌보도록 조치했다. 세브첸코는 예전에 아내 류드밀라가 교통사고를 당했을 때 직접 치료해 준 이후 푸틴과는 서로 믿고 가까운 친구로 지냈다. 푸틴은 소브차크의 탈출계획을 세웠다.

공휴일인 11월 7일이었다. 볼셰비키혁명 기념일은 공식적으로 없어졌지만 여전히 공휴일은 지켜지고 있었다. 푸틴은 소브차크의 의료기록들을 한데 모으고 핀란드에서 3000달러를 주고 전세 비행기를 준비했다. 소브차크의 아내는 '친구들'이 마련해 준 돈이라고만 말했다. 첼리스트 므스티슬라프 로스트로포비치한테서 나온 돈이라는 보도들이 있었다. 푸틴은 현지 경찰과 정보기관의 알고 지내는 인사들과 접촉해서 소브차크를 앰뷸런스에 태워 병원에서 풀코보공항에 대기 중인 비행기에 태울 때까지 동행하도록 조치했다. 소브차크에 대한 구속영장이 발부돼 있었고 그의 비리혐의에 대한 국민들의 분노가 들끓었으며 본인도 러시아에 남아 혐의에 대해 소명하겠다고 우기기는 했다. 하지만 결국 그는 부인 류드밀라 나루소바와 함께 활주로에서 세관검사를 받고 여권에 출국도장을 찍은 다음 파리로 날아갔다.

푸틴이 개입한 것은 월권임이 분명하고 출국절차를 제대로 밟았다고 하더라도 소브차크의 출국은 불법일 가능성이 매우 높았다. 1991년에 그랬던 것처럼 이번에도 푸틴은 친구이자 멘토였던 카리스마 넘치고 흠 많은 지도자에 대한 충성심에서 자신의 미래를 걸고 모험을 감행한 것이었다. 사법체계가 완전히 무너져 내린 나라에서나 가능한 국외 탈출이었다. 노골적으로 법을 무시한 이런 행위가 칭찬을 받는다면 그것은 정상적인 정치체제가 아닐 것이다. 하지만 푸틴을 칭찬한 것은 그의 친한 친구들뿐만이 아니었다.

소브차크의 해외도피는 사람들의 공분을 자아냈고 푸틴이 한 역할도 오래 못 가 밖으로 드러나게 되었다. "푸틴은 자신의 보스이자 멘토였던 소브차크를 빼돌린 것이 얼마나 잘못된 일인지 잘 알고 있었다. 그는 다른 사람보다 더 빨리 위험을 감지하고 신속하게 대처하는 능력을 가진 사람이다. 오직 충성심 하나로 그런 행동을 감행한 것이다." 푸틴의 행동을 칭찬하는 어떤 사람은 이렇게 썼다. "푸틴이 소브차크를 해외로 빼돌렸다는 말을 듣고 복잡한 생각이 들었다. 그는 큰 위험을 스스로 무릅쓰고 일을 저질렀다. 그래서 나는 그가 한 행동을 대단히 높이 평가한다." 이렇게 칭찬한 사람은 바로 보리스 옐친이었다. 자기가 임명한 사람들끼리 서로 싸우고 배신을 거듭하는 와중에 상사에게 그런 충성심을 발휘하는 푸틴을 보고 감동을 받았던 것이다.

제8장

다시 놀던 물로, FSB 국장이 되다

중 앙통제국을 맡은 지 일 년이 지나자 푸틴은 결론이 뒤죽박죽으로 나는 조사에 싫증이 났다. 자신이 적발해내는 부패행위는 대부분 사법체계로는 결론이 나지 않는 사건들이었다. 자기가 봐도 임의로 결론을 내릴 수 있는 사건들이었다. 관료들의 이해관계가 복잡하게 얽히고설킨 일을 해결해 낼 재량권이 없었고, 그러한 체제를 변화시키고야 말겠다는 열정도 없었다. 후에 그는 당시의 일이 "그렇게 창의적인 업무가 아니었다."고 말했다. 1997년~1998년 겨울에 그는 불안정한 옐친 행정부를 떠나 민간 분야에서 일할 것을 고려해 봤다고 했다. 법률관계 일을 시작해 볼까 하는 생각도 해봤지만 그것으로 생계를 유지하기가 쉽지 않다는 결론을 내렸다. 결정을 망설인 이유 중 하나는 국가경제가 파국으로 치달고 있었고, 경제가 무너지면 국가 존립도 위태롭다는 생각을 했기 때문이다. 1998년 초 푸틴은 '이름 없는 중간 관리자들의 혁명'이라고 불린 현상에 휩쓸리게 되었다. 옐친은 국가적 재앙을 막고 자신의 정치적 파멸도 피하기 위해 이들 얼굴 없는 젊은 관리들에 관심을 갖기 시작했다.

옐친이 재선에 성공하고 심장병 수술 후 건강이 회복되면서 소련 해체 뒤 한동안 위기 속에서 비틀거렸던 러시아는 안정을 찾는 듯이 보였다. 인플레는 진정되고 경제는 0.5% 미만이지만 1989년 이래 처음으로 성장을 기록했다. 미래를 낙관하는 사람은 아무도 없었지만 최악의 국면은 지나간 것처럼 보였다. 옐친은 회고록에 당시 상황을 이렇게 기록했다. "나 자신을 포함해 모두들 희망을 갖게 되었다. 나는 1997년 후반기부터 1998년 초가 되면 무언가 변화의 조짐을 느낄 수 있을 것이라는 희망을 가졌다." 변화가 있었지만 그것은 옐친 자신이나 여러 사람이 기대했던 변화는 아니었다. 1997년 가을에 아시아를 휩쓴 경제위기는 세계경제를 나락으로 끌어내렸다. 특히 유가하락으로 러시아는 매우 심각한 타격을 입게 되었다. 1997년 말 배럴당 유가는 러시아 석유회사들이 원유를 시추하는 데 드는 비용 밑으로 떨어졌다. 1/4분기에 러시아의 자원산업은 15억 달러가 넘는 손실을 기록했다. 만연한 탈세와 자본의 해외도피로 이미 타격을 크게 받고 있던 세수는 더 급격히 줄어들었다.

1998년 3월 21일 옐친은 빅토르 체르노미르딘 총리를 대통령 다차로 불렀다. 그 무렵 옐친은 크렘린보다 다차에 머무는 시간이 더 많았다. 체르노미르딘은 최악의 정치, 경제적인 혼란기에 총리 재임 5년을 넘기며 옐친 정부를 지키는 보루 역할을 하고 있었다. 옐친의 병세가 점점 더 심해지고 다음 선거가 다가오고 있었다. 체르노미르딘이 다음 대통령이 될 것이라는 추측들이 나오기 시작했고 옐친은 그 점이 못마땅했다. 옐친은 '어떤 정치, 금융 집단의 영향력으로부터도 완전히 자유로운' 사람을 후계자로 앉히고 싶어 했다. 그는 뚜렷한 사유도 없이 체르노미르딘을 해임했다. 표면적으로는 테크노크라트가 필요한 시기라고 말했지만 실제로는 잠재적인 경쟁자가 아닌 충복을 총리로 앉히고 싶은 것이었다. 옐친이 낙점한 차기 총리는 니즈니 노브고로드의 금융인 출신인 세르게이 키리옌코였다. 35세로 체르노미르딘보다 4반세기 더 젊었고, 불과 1년 전에 에너지장관으로 발탁돼 모스크바로 진출한 인물이었다. 그는 후임 총리로 발표되는 날 아침에야 통보를 받고 '너무 급작스런 일이라 한동안 정신을 가다듬을 수 없었다.'고 했다.

하원인 두마에서는 키리옌코의 총리 인준을 두 번이나 부결시켰다. 옐친의 영향력이 그만큼 줄어들었다는 반증이고 정치적 위기 분위기가 커지고 있었다. 체르노미르딘은 곧바로 2000년 대선에 출마할 것이라고 선언해 버렸다. 옐친이 우려하던 바가 현실로 나타난 것이었다. 2년 전 옐친을 지지했던 올리가르히 집단에서 체르노미르딘 지지로 돌아서는 자들이 생겨났다. 가장 눈에 띄는 사람은 보리스 베레조프스키였다. 작은 키에 대머리를 한 수학자 출신의 베레조프스키는 자동차 제조, 은행, 석유회사를 소유한 금융제국을 건설했다. 관영 텔레비전 ORT의 대주주까지 겸해 정치적 영향력을 행사하며 방송을 정치 보복의 도구로 이용했다. 옐친은 1996년 재선 뒤 그를 경호실장에 임명했다가 곧바로 해임했다. 베레조프스키는 변덕이 심하고 신뢰하기 힘든 인물이었다. 경호실 직원한 명은 그를 가리켜 이렇게 말했다. "적과 아군의 구분이 분명치 않은 인물이며, 사람을 두 부류로 나누는데, 한쪽은 아직 사용하지 않은 콘돔이고, 다른 한쪽은 사용한 콘돔일 뿐이다." 베레조프스키는 키리옌코를 아나톨리 추바이스나 보리스 넴초프에 버금가는 개혁가로 생각했다. 러시아 경제개혁을 담당할 젊은 개혁가 그룹과 동일시했다. 쉽게 말해 키리옌코는 자기 사업에 도움이 될 인물이었던 것이다. 그는 자기 소유의 텔레비전 방송망을 총동원해 키리옌코의 총리 인준안이 통과되도록 지원했다. 자신을 재벌이라고 비난하는 의회 내 공산주의자들과도 손을 잡았다. 옐친은 헌법에 명시된 의회 해산권을 내세워 의회를 협박했고, 세 번째 표결에서 키리옌코의 총리 인준을 가까스로 얻어냈다. 의회의 옐친 반대 세력은 대통령 탄핵안을 들먹였지만 어쩔 도리가 없었다.

옐친 정부의 혼란으로 푸틴에게는 새로운 기회의 문이 열렸다. 그는 크렘린에 입성한 지 불과 2년도 채 안 된 1998년 5월에 세 번째 직책을 맡게 되었다. 당시 그는 옐친 가까이 다가가 본 적이 없고, 옐친이 꾸미는 음모 속의 등장인물이 될 만한 권력을 손에 쥔 적도 없었다. 오직 업무능력과 충성심으로 관료조직의 계단을 하나씩 올라갔다. 추바이스 같은 사람이 놀랄 정도로 승진 속도가 빨랐다. 이번에 옐친은 그를 대통령행정실 제1부실장으로 임명했다. 전국 89개 지방정부들과의 관계를 책임진 자리였다. 중앙통제국 수장으로서 지역 관리들의 부패와 부정행위를 적발한 파일을 축적하다 보니 그 자리는 자연스럽게 그에게 돌아간 것이었다.

러시아는 형식적으로는 각 지방정부가 모여 이루어진 연방공화국이다. 1993년 헌법은 대통령에게 중앙집권적인 권한을 광범위하게 허용하고 있지만 아직도 많은 지방정부들이 독립된 제후들처럼 움직였다. 지방 지도자들은 지방선거를 통해 선출되기 때문에 각자 독립적인 정치권력을 행사하려고 해서 옐친 대통령의 중앙권력에 잠재적인 위협요소가 되고 있었다. 알렉산드르 레베드는 옐친의 경쟁자에서 동지가 되었다가 다시 적으로 돌아선 뒤 크라스노야르스크 주지사 선거에 출마해 당선되었다. 그가 대통령이 될 야심을 접지 않았음을 공공연히 밝히고 나서자 지방정 부에 대한 옐친의 걱정과 의심은 더 커졌다.

푸틴은 이처럼 정치체제가 조각난 것을 국가 해체의 길로 가는 징조로 생각했다. 체첸이 독립을 위해 싸우는 것은 러시아가 내부에서 곪아가고 있다는 가장 극적인 사례로 보았다. 정부 권력의 수직적인 연결고리가 파 괴되었으며, 이것은 반드시 회복시켜야 한다고 그는 생각했다. 그는 자기 가 맡은 가장 중요한 임무는 옐친 대통령이 발표하는 포고령이 지방정부 차원에서 제대로 실행에 옮겨지도록 하는 것이라고 기자들에게 말했다. 그러면서 "지방정부를 옥죌 생각은 추호도 없다."고 강조했다. 실제로는 그럴 시간도 없었다. 푸틴은 그 자리에 불과 61일밖에 있지 않았다. 그 동안에 그는 상트페테르부르크에서 같이 일한 동료인 니콜라이 파트루셰 프 장군을 자기 후임으로 중앙통제국 책임자로 앉혔다.

푸틴이 대통령행정실 제1부실장으로 자리를 옮기고 이틀 뒤 러시아의 주식시장이 급락했다. 연초에 비해 주가가 반 토막 나며 수백만 달러가 날아가 버렸다. 투자 손실을 본 사람들은 그나마 엘리트 부류들이고 빈곤 층은 아예 가진 게 없었다. 임금체불이 늘고, 곧이어 파업이 확산되어 나 갔다. 외국 투자자들이 빠져나가고 부유한 러시아인들은 해외자산을 팔 아치웠다. 마지막 남은 국유 석유회사인 로스네프트Rosneft 민영화 계획은 취소되었다. 입찰에 응하는 사람이 아무도 없었기 때문이다. IMF국제통화 기금가 러시아의 파산을 막기 위해 400억 달러를 긴급 지원했지만 임시방 편에 불과했다. 옐친 정부는 루블화 가치를 지키기 위해 애를 썼지만 효 과가 없었다. '불을 끄기 위해 사력을 다하는데 불길은 자꾸 번져나가는' 양상이었다.

연방보안국FSB의 충성도 옐친이 다루어야 할 긴급 현안 가운데 하나 였다. 경제가 무너지고 있는데도 옐친은 FSB를 장악하려고 기를 쓰고 있 었다. 옐친은 소련공산당의 철권통치를 부수기 위해 누구보다도 많은 노 력을 해왔지만 정보기구 개혁에는 미온적인 태도를 보였다. 1989년 이후 독일 정부가 정보기관의 대대적인 숙청작업을 실행한 것과는 큰 차이가 있었다. 그는 정보기관 요원과 간부들에 대한 의존도가 너무 심했다. 이 들을 서로 분열시켜서 정치와 사회에 대한 영향력을 약화시켜 보려는 계 산에서였다. KGB 간부들에게 있어서 1990년대에 일어난 변혁은 혼란스 럽고 치욕스러운 일이었다. 많은 이들이 오래 다닌 직장을 떠나 민간기업 의 보안 책임자로 일했다. 그러다 얼마 가지 않아 재산을 두고 다투는 폭 력에 휘말렸고, 자기들이 알고 있는 정부의 약점을 이용해 범죄를 저지르 는 이들도 있었다.

1996년에 재선된 직후 옐친은 KGB 간부였던 니콜라이 코발료프 장군 을 신설된 FSB의 수장으로 임명했다. 소련연방 해체 이후 6번째 국내 보 안기관 책임자였다. 옐친은 그를 유능한 관리자로 생각했다. 하지만 임명 한 뒤 그에 대해 옐친은 이렇게 썼다. "그는 기업인들에 대해 엄청난 반감 을 보였다. 돈 많은 사람은 무조건 싫어했다." 많은 러시아인들과 같이 그 도 쥐꼬리만 한 공무원 월급으로 살아가면서 엄청난 부가 특혜 받은 소수의 손에 돌아가는 것을 지켜보고 있었다. 자기들이 보기에는 그만한 돈을 가질 자격이 없는 자들이었다. 러시아 정보기관이 갖고 있는 오랜 반유대인 정서를 감안할 때 이들의 분노가 대부분 유대인 올리가르히들을 향한 사실은 놀랄 일이 아니다. 유대인들이 '러시아를 팔아치우고 있다.'고 그들은 생각했다. 이들이 뒤에서 대통령을 조종하고, 경제위기도 이들이 만든다고 생각했다. 코발료프의 지휘 아래 FSB가 이들 새로운 '인민의 적'들을 색출하고, 은행을 비롯한 많은 기업의 임원들을 상대로 '콤프로마트' komerpromat, 다시 말해 약점이 되는 정보들을 모으고 있다는 보고를 받고 옐친은 경악했다. 이들이 소브차크를 상대로 쓴 수법들이었다. FSB가 옐친 측근들의 안전을 위협하는 것이었다. 옐친은 FSB를 장악할 필요성을 절감했고, 자기 사람을 책임자로 앉혀야겠다고 생각했다.

아에로플로트를 소유한 보리스 베레조프스키는 검찰의 주목을 받고 있었다. 그는 계속해서 옐친의 주변을 들락거렸다. 대통령을 직접 만날 기회는 점점 줄어들었지만 대통령 측근들과의 접촉은 늘려갔다. 대통령의 측근 참모 중 한 명인 발렌틴 유마셰프는 그에게 대통령이 FSB의 장군들과 그 측근들을 더 이상 신뢰하지 않는다는 사실을 알려주었다. 7월 초 옐친은 루비안카 상근 근무자 수를 대폭 줄이는 것을 포함한 FSB 재편 개획을 발표했다. 하지만 코발료프는 대통령의 재편 계획에 따를 생각이 별로 없었다. 유마셰프가 설명한 바에 따르면, 그래서 옐친은 FSB를 대대적으로 손볼 생각을 하게 됐고, 블라디미르 푸틴을 어떻게 생각하느냐고 물어왔다는 것이다.

베레조프스키는 여러 해 전 상트페테르부르크에서 계약을 한 건 체결한 적이 있었다. 자동차 대리점을 열고 싶었는데 당시 푸틴이 자신이 제의한 뇌물을 단호하게 거절하더라고 했다. "푸틴은 내가 제의한 뇌물을 거절한 유일한 관리였다. 나는 그 일로 깊은 인상을 받았다."고 베레조프스키는 말했다. 베레조프스키의 말이 사실인지 여부와 상관없이 푸틴은 당시 유능하고 절제할 줄 아는 관리라는 평가를 받고 있었다. 옐친은 그가 중앙통제국에 근무할 때부터 눈여겨보기 시작했다. 푸틴이 올리는 보고는 한마디로 '명확'했다. 쓸 데 없이 말이 많고 술수를 부리는 다른 보좌진과 달리 푸틴은 대통령에게 이래라저래라 요구하는 법도 없고 불필요한 말로 사람을 귀찮게 하지도 않았다. "나는 그와 이야기를 더 하고 싶은데 그는 대통령과의 '개인적인 접촉'은 가급적 피하려고 했다."고 옐친은 말했다. 옐친도 푸틴의 이러한 '냉정한 태도'에 서운한 감정이 없지 않았으나, "원래 타고난 천성이 그런 사람"이라고 이해하게 되었다고 했다.

젊은 총리 세르게이 키리옌코는 카렐리야에 있는 대통령 별장에서 대통령과 만나 코발료프 해임 결정을 전해들은 다음 모스크바로 돌아와 푸틴을 불렀다. 자기가 도착할 때 맞춰 공항으로 바로 나오라고 했다. 옐친과 키리옌코 두 사람 모두 사전에 푸틴과 상의하지는 않았다. 당시 옐친은 자신의 대통령직이 비틀거리며 끝을 향해 나아가고 있다고 생각했고, 그러한 정치 체스판에서 푸틴은 아직 졸에 불과했다. 공항으로 운전해 가면서 푸틴은 좋지 않은 소식이 자기를 기다리고 있을 것이라고 생각했다. 어떤 면에서는 좋지 않은 소식이었다.

"어이고, 축하합니다!" 키리옌코는 푸틴보다 한참 더 젊었다.

"무슨 말씀이십니까?"

"대통령이 서명하셨습니다. FSB 국장에 당신이 임명되셨습니다."

푸틴은 크게 놀랐다고 했지만 사실 그가 그 자리로 갈 것이라는 루머는 1년 전부터 언론에 나돌았다. 푸틴 자신도 3개월 전에 아내 류드밀라와 아르한겔스코예의 다차에서 저녁 산책길에 그럴 가능성이 있다는 말을 했다. 당시 푸틴은 이제는 정보기관으로 돌아가 '폐쇄된 삶'을 다시 살고 싶지 않다는 말을 했다고 한다. 그는 1991에 그런 생활과는 영영 담을 쌓았다고 생각했다. "같은 강물에 다시 발을 담그고 싶지 않아요." 그는 이렇게 말했다. 류드밀라도 정보기관으로 돌아가는 걸 달가워하지 않았다. 모스크바에서 촉망되는 젊은 관료의 부인으로서 한결 공개적이고 흥미로운 삶을 즐기고 있었기 때문이다. 두 딸을 데리고 독일을 비롯해 외국여행도 자주 했다. 새로운 자유를 만끽했고, KGB 요원의 아내로서 감내해야 했던 제약들은 다시 생각하기 싫었다. "그곳에는 가지 말라, 그런 말을 하지 말라. 저 사람과는 말하고, 저 사람과는 말하지 말라."등등.

주어진 임무에 충실한 푸틴은 대통령이 내린 결정을 거절하지 않았다. 그는 발트해안에서 딸들과 함께 휴가 중인 아내에게 전화를 걸었다. "내가 일을 처음 시작했던 곳으로 다시 돌아가게 되었으니 당신도 몸조심 하도록 해요." 류드밀라는 무슨 말인지 잘 알아들을 수가 없어 혼란스러웠다. 워낙 혼란기이다 보니 좌천당해 보로딘이 있는 부서로 되돌아가게 되었다는 말인 줄로 알았다. 푸틴은 거듭 처음 일을 시작한 곳으로 되돌아간다는 말만 되풀이했다. 그러다 결국은 어느 자리로 가는지 말했다. 류드밀라는 모스크바로 돌아온 다음 어떻게 해서 KGB 후신의 수장 자리로 가게 되었는지 연유를 물어보았다. "그 사람들이 나를 임명했고 그게 다요." 푸틴은 이렇게 대답했고 류드밀라는 더 이상 묻지 않았다.

그 다음 월요일인 1998년 7월 27일 키리옌코는 루비안카의 FSB 간부들에게 푸틴을 소개했다. 코발료프는 자신의 경질 소식을 텔레비전 뉴스를 통해 알았다. 키리옌코는 그를 달래기 위해 "코발료프는 존경스러울 만큼 훌륭하게 일했지만 상황이 바뀌었고 사람도 바뀌고 있다."는 말을 했다. 취임인사에서 푸틴은 대통령의 신임에 감사를 표하고 대통령이 명한 기구 개혁을 수행하는 외에 정부의 경제위기 극복 노력에 초점을 맞추어 일하겠다고 다짐했다. 탈세 등의 경제범죄를 용납하지 않겠다는 말이었다. 그러면서 자기는 '친정으로 돌아온 것'이라고 했다.

코발료프는 자신이 경질된 데 대해 격분했지만 업무 인수인계를 전문가답게 처리했다. 그는 후임자에게 건물 내부를 안내하고, 사무실의 금고를 열어 보여 주었다. "이건 내 비밀장부이고, 이건 내 무기요." 취임 이틀 뒤에 푸틴은 코메르산트Kommersant 신문과 인터뷰를 갖고 우선적으로 처리할 일들이 무엇인지 포부를 밝혔다. 전통적으로 해온 국내업무 영역을 확대해 정치적 극단주의와 국수주의, 외국 스파이, 새로 선 보인 월드와이드웹www과의 싸움까지 포함시킨다고 밝혔다. 그는 "FSB가 인터넷을 통제하겠다는 것은 아니지만 새로운 통신수단이 국가안보를 해치는 데 이용될 수 있다는 사실을 알아야 한다."며 새로운 미디어의 약진에 경고를 보냈다. FSB 고위간부들은 푸틴이 수장에 임명된 데 대해 불만이 많았다. 그들이 볼 때 푸틴은 벼락출세한 애송이에다 아웃사이더였다. 상트페테르부르크 출신인데다 정보요원 경력은 모두 한직만 돌았다. 그리고 마지막 계급은 중령이었다. 푸틴으로서는 당시 급작스럽게 KGB를 떠났고 지금 대단한 벼락출세를 한 게 사실이었다. 자기보다 훨씬 경험 많고 자질이 뛰어난 장군들을 제치고 그 자리에 올랐고, 장군들은 크렘린이

FSB를 장악하기 위해 그를 초고속 승진시켜 내려 보낸 것으로 받아들였다. 그렇게 하라고 보낸 것은 사실이었다.

카렐리야에서 휴가를 보내다 경제위기 대책 때문에 모스크바로 돌아온 옐친 대통령은 8월 1일 새로 임명한 FSB 국장을 모스크바 교외 고르키에 있는 대통령 다차로 불렀다. 옐친은 FSB가 '너무 정치적으로 움직이지 않기' 바란다며 루비안카라는 이름만 들어도 반체제 인사들이 두려움에 떨던 시절의 권위와 명예를 회복시켜 주면 좋겠다고 주문했다. 그러면서 장군으로 승진시켜 줄 테니 현역 계급장을 달고 FSB를 이끌어 보라고 했다. 하지만 푸틴은 그 제안을 거절했다. 자신은 1991년 8월 쿠데타 때 KGB를 떠났으며 그날 이후 지금까지 민간인 신분으로 남아 있다는 점을 상기시키고 이렇게 말했다. "저는 민간인입니다. 그리고 이런 권력기관의 장을 민간인이 맡는다는 것은 대단히 의미 있는 일입니다." 그렇게 해서 푸틴은 처음이자 마지막으로 민간인 신분의 FSB국장이 되었다.

푸틴은 루비안카 3층에 있는 매우 검소하게 꾸며진 사무실로 옮겨갔다. 라브렌티 베리야에서 유리 안드로포프에 이르기까지 소련 정보기관 총수들이 썼던 집무실을 쓰지 않고, 그곳을 박물관으로 만들었다. 집무실 책상에는 1917년에 소련 비밀경찰을 창설하고 '아이언 펠릭스'로 불린 제르진스키의 청동 조상을 갖다 놓았다. 항상 그래왔던 것처럼 푸틴은 충실한 종의 자세로 옐친이 지시한 대로 기구 개편을 단행해 본부 인력을 줄였다. 국가경제가 어려워지고 예산절감이 단행되고 있어 인력감축은 긴급한 현안이었다. 최종적으로 루비안카 근무 인력을 6천 명에서 4천 명으로 3분의 1을 줄였다. 루비안카의 간부들은 푸틴의 인력감축이 옐친의 정치적 계산에서 단행된 숙청작업이라고 들끓었다.

　시대에 뒤떨어졌다고 생각되는 부서는 정리하고 긴급한 안보위협에 대처하는 데 필요한 기구들을 새로 만들었다. 신설된 부서는 체첸처럼 긴장이 고조되고 있는 무슬림 지역들과 컴퓨터 보안, 인터넷 통신 등의 업무에 집중했다. 그리고 으스스한 느낌을 주는 헌법 수호 업무를 중요 우선순위에 올렸다. 소련 시절 반체제 인사 탄압에 주력했던 KGB 제5총국의 업무를 연상시켰다. 2년 전 모스크바로 왔을 때처럼 이번에도 자기가 믿는 사람들에게 도움을 청했다. 상트페테르부르크 KGB 시절부터 가까이 지낸 알렉산드르 그리고리예프, 빅토르 체르케소프, 세르게이 이바노프 같은 사람들이었다. 모두 현역 장성인 이들에게 FSB의 요직을 맡겼다. 옐친은 푸틴의 단호한 의지를 높이 평가하며 이렇게 말했다. "그는 정치 게임에 흔들리지 않았다. 온갖 루머들이 난무한 정부기관에서 어느 편에도 휘말려 들어가지 않는 것은 현명한 처신이다." 그렇게 해서 푸틴은 모든 게 비밀이고 모두를 의심해야 하는 정보요원의 삶으로 다시 돌아가게 되었다. 그는 정보요원이 된다는 것에 대해 이렇게 말한다. "일단 정보요원이 되면 항상 의심의 대상이 된다. 늘 누군가로부터 감시의 대상이 되는 것이다. 자주 일어나지는 않지만 대단히 유쾌하지 않은 일이다." 국장이 되고 나서도 끊임없이 긴장 속에 살아야 했다. 휘하의 요원들이 갖고 있는 직업병 같은 것도 어느 정도 이해했다.

　그러다 보니 엄청나게 신중한 태도를 갖게 됐다. 한번은 크렘린 출입 기자인 젊은 여기자를 점심에 초대했다. 모스크바 시내에 새로 문을 연 스시 전문식당 이즈미에서였다. 여기자가 식당에 도착해서 보니 식당 안에 다른 손님은 아무도 들어오지 못하게 하고 FSB의 신임 국장 혼자서 기다리고 있는 것이었다. 당사자인 옐레나 트레구보바 기자는 당시 그가 자신에게 추근댔다고 했다. 자기를 '레노츠카'라고 애칭으로 부르며 사케를 같이 마시자고 강권하다시피 했다는 것이다. 푸틴은 조심스럽게 대접해 주었는데도 그 여기자가 그걸 몰라준다고 생각했다. 여기자는 그 날 일을 책에다 썼고, 그 일로 푸틴은 언론과 기자들에 대해 좋지 않은 인상을 갖게 되었다. 그는 기자들을 개인적인 목적을 위해 독수리 떼처럼 달려들어 관리들을 괴롭히고 이용하는 자들이라고 생각했다.

FSB 수장에 임명되고 한 달이 채 안 된 8월 20일 저녁 상트페테르부르크 '리걸 페테르부르크 투데이'Legal Petersburg Today 신문의 아나톨리 레빈-우트킨 기자는 갓 나온 신문 한 부를 손에 들고 사무실을 나섰다. 몸에는 140달러어치 정도 되는 루블 현금과 다음 호에 실릴 기사 작성에 필요한 메모와 사진들이 든 가방을 지니고 있었다. 이 신문의 세 번째 호였다. 레빈-우트킨은 이 신문의 편집 부국장이었으며, 신문은 창간 이후 화제기사를 잇달아 실어 주목을 받고 있었다. 상트페테르부르크의 금융권을 둘러싼 세력다툼을 파헤친 기사를 실었는데, 주목받은 인물 한 명이 보리스 베레조프스키였다. 베레조프스키는 전 해에 러시아 최대 텔레콤 회사인 스비야즈인베스트Svyazinvest의 민영화를 둘러싸고 다른 올리가르히와 공개적으로 충돌했다. 아나톨리 소브차크 전 시장이 도주한 사건을 다루면서 당시 외국투자 유치 책임자였고, 지금 FSB 국장이 된 푸틴의 역할을 다룬 기사도 실렸는데, '블라디미르 푸틴은 불법적으로 FSB 국장이 되었다'라는 제목의 기사였다. 두 기사 모두 레빈-우트킨이 직접 쓰지는 않았지만 기사가 실리기까지 그의 역할이 컸다. 편집국장 알렉세이 돔닌은 두 기사가 나간 뒤 기사에 언급된 사람들의 주변 인사들로부터 엄청난 항의를 받았다고 했다. 누군지 이름을 밝히지는 않았지만 '푸틴의 사람들'이 찾아와 항의했다고 했다.

신문에 실린 내용 때문에 항의하는 일은 흔히 있고, 당연한 일이기도 하다. 그런 일은 시간이 지나면 쉽게 잊힌다. 하지만 이번 경우는 달랐다. 레빈-우트킨이 레드노바 거리에 있는 자기 아파트 입구의 우편함을 체크하는데 남자 두 명이 뒤에서 다가와 폭행을 가했다. 얼마나 심하게 때렸던지 두개골 여러 군데가 깨졌다. 폭행범들은 그의 가방과 신문사 신분증, 그리고 호주머니에 든 물건을 모조리 가져갔다. 이웃사람이 의식을 잃고 쓰러져 있는 그를 발견해 병원으로 옮겨 두 번에 걸친 수술을 받았지만 그는 의식을 회복하지 못한 채 8월 24일 아침 숨을 거두었다.

당시 상트페테르부르크에서는 하루 한 건 꼴로 청부살인이 일어났다. 워낙 자주 일어나는 일이다 보니 레빈-우트킨 살해사건도 큰 주목을 끌지 못하고 묻힐 뻔했다. 그런데 언론인 단체들이 이 사건을 조사하도록 러시아 당국에 압력을 행사해달라고 유엔에 호소했다. 푸틴이나 베레조프스키가 그 사건과 관련되었다는 증거는 나오지 않았다. 검찰은 수사 끝에 단순강도일 가능성이 높다고 결론 내렸지만, 이는 단일 사건을 두고 푸틴과 베레조프스키의 이름이 나란히 언론에 오르내린 첫 번째 사건이 되었다. 하지만 마지막 사건은 아니었다. 이 사건은 그해 8월에 일어난 훨씬 더 충격적인 다른 사건들 때문에 더 이상 관심을 끌지 못했다.

레빈-우트킨이 피살되기 사흘 전 러시아는 외채 대부분에 대해 채무를 불이행하겠다는 디폴트를 선언하고 루블화 평가절하를 단행했다. 수백 만 명에 달하는 투자자와 일반 국민들의 돈이 허공으로 날아가 버렸고 러시아 경제는 완전히 붕괴될 위기에 처했다. 경제위기는 옐친을 둘러싼 정치적 혼란을 더 심화시켰다. 그의 정치생명도 종말을 예고하는 듯했다. 8월 21일 두마는 대통령의 사임을 요구했다. 그러나 옐친은 물러나는 대신 이틀 뒤에 키리옌코 총리를 해임했다. 총리에 임명된 지 불과 5개월 만에 물러나게 된 것이다. 대신 5개월 전에 경질한 빅토르 체르노미르딘을 도로 불러들였다. 한때 러시아 민주주의의 가장 큰 희망이었던 옐친은 방향을 잃고 갈팡질팡했다. 권력을 지키기 위해 마지막으로 필사의 몸부림을 치고 있었다. 나흘 뒤 텔레비전에 나와 2000년 대선에 출마하지 않겠다고 선언하고 나서는 2주 동안 거의 자취를 감춰 버렸다. 금융과 정치 위기가 최고조에 달해 나라 전체가 패닉상태에 처해 있는데 대통령이 잠간이나마 크렘린에 모습을 나타낸 것은 2주 동안 여섯 번뿐이었다.

두마는 키리옌코 임명 때처럼 체르노미르딘 임명동의안도 두 차례 부결시켰다. 하지만 이번에는 옐친도 의회 해산 카드로 두마를 협박할 수 없게 되었다. 두마에서 대통령 탄핵 준비에 착수했고, 탄핵안이 통과되면 대통령이 의회를 해산할 수 없도록 헌법에 명시돼 있었기 때문이다. 또 한 차례 전운이 고조되고 있었다. 모스크바 외곽의 군부대들에 최고조의 경계령이 발동되었다는 보도가 나오고 쿠데타가 임박했다는 루머들이 나돌았다. 두마의 공산주의 세력은 1993년의 포위공격이 다시 감행될 것에 대비했다. 옐친이 능히 그런 명령을 내릴 가능성이 있다고 생각했다. 그러던 중 9월 1일, 푸틴이 전국 텔레비전 방송에 나와 크렘린은 정치적 혼란을 해결하기 위해 무력을 사용하지 않을 것이라고 밝혔다. 그는 FSB는 국민의 이익을 끝까지 지킬 것이라고 엄중히 선언했다. "헌법을 위반하고 러시아의 국가체제를 반 헌법적인 방법으로 해치려는 세력은 그에 상응하는 저항에 직면하게 될 것입니다. 이 점은 믿어도 좋습니다."

얼마 뒤 공산당 의원인 알베르트 마카쇼프가 유대인을 러시아에서 몰아내야 할 골칫거리라고 비하하는 발언을 했다. 검찰과 두마에서는 적당히 넘어가자는 분위기였는데 푸틴은 발언에 대해 조사가 시작됐다고 밝혔다. 이 발언의 파장으로 모스크바는 들끓었다. 공산당혁명 기념축제 기간 중에는 사람들이 길거리로 몰려나와 마카쇼프의 유대인 혐오 발언을 지지하는 시위를 벌였다. 푸틴은 루비안카를 배경으로 서서 발언에 대해 조사하고 있다는 발표를 함으로써 시위대뿐만 아니라 자기가 이끄는 비밀 보안기관에 대해서도 경고 메시지를 보냈다. 아직도 인종적 편견에서 벗어나지 못하고 있는 FSB에 대해 인종 혐오 발언은 용납하지 않겠다는 의지를 분명히 한 것이었다.

새 직책을 맡은 지 불과 몇 주일 만에 그는 뒷전에서 남의 이목을 끌지 않고 일하던 모습을 벗어던졌다. 비밀 보안기관의 권위를 한껏 발산하면서 정치적 불안정과 대규모 시위가 국가의 기강을 흔드는 것은 결코 용납하지 않겠다는 결의를 밝혔다. 옐친은 그의 단호한 태도에 고마움을 표시하며 이렇게 기록했다. "그의 단호한 발언과 명쾌한 군대식 대처방식이 혼란을 부추기던 세력들의 기를 꺾어놓았다." 푸틴의 공개적인 옐친 지지 발언은 별 도움이 되지 못했고 옐친은 체르노미르딘 총리 지명을 철회해야 했다. 대통령의 보좌관들은 두마 의원들과 의견을 조율한 끝에 가장 반대가 적을 후보를 정했는데, 1996년부터 외무장관을 하고 있던 예브게니 프리마코프였다.

프리마코프는 나이가 많고 온화한 학자풍으로 14년을 중동에서 기자생활을 한 아랍 전문가였다. 아랍에서 활동하는 동안에는 KGB와 긴밀한 관계를 유지했다. 소련연방이 해체된 후에는 KGB 후신으로 설립된 대외정보국SVR을 이끌었다. 1992부터 1996년까지 대외정보국에서 일하며 일반 국민의 시야에서 멀어졌다. 프리마코프는 푸틴이 FSB 재건에 매달린 것과 같이 대외정보국을 제 궤도에 올려놓기 위해 힘썼다. 두 사람은 서로를 믿지 않았다. 프리마코프는 정보 분야에서 푸틴보다 훨씬 더 많은 경험을 가진 사람이었다. 중동뿐만 아니라 미국을 상대로도 비밀임무를 수행한 경험이 많았다. 그는 푸틴이 이끄는 FSB를 자신의 영향력 아래 두고 싶어 했고, 푸틴이 FSB 간부들을 상트페테르부르크 출신들로 채우고 있다고 의심했다.

9월 11일, 의회는 압도적인 찬성으로 프리마코프의 총리 인준안을 통과시켰고, 인준을 둘러싼 정치적인 위기는 진정이 되었다. 디폴트 선언과 루블화 평가절하는 사회 전반에 충격파를 안겨주었으나 결과적으로는 러시아 경제가 다시 돌아가도록 만든 '강장제' 역할을 해주었다. 국내생산이 되살아나고 유가 상승 붐이 시작된 것이 힘이 되어 주었다. 하지만 옐친의 건강은 악화일로를 걸었고 정치적인 운도 다해 가고 있었다. 그해 가을과 겨울 내내 입원과 퇴원을 반복했고, 프리마코프가 총리로 임명된 다음에도 대통령 탄핵절차는 끝나지 않았다. 그러는 동안 옐친의 정치적 운명에 대단히 위협적인 사건이 일어났고 푸틴은 그를 위협으로부터 지켜내기 위해 필사적으로 충성을 바치게 된다.

루 비안카에서 일을 시작하고 얼마 되지 않아서 푸틴은 지금까지 공적으로 겪은 어떤 일보다 더 심각한 스캔들을 겪게 된다. 1998

년 11월 17일, 남자 여섯 명이 모스크바에서 기이하고 센세이셔널 한 기자회견을 가졌다. 그 가운데 네 명은 복면과 검은 색안경을 썼다. 복면을 하지 않은 두 명은 알렉산드르 리트비넨코와 미하일 트레파슈킨이었다. FSB 간부인 이 두 명은 내외신 기자들 앞에서 부패, 음모와 관련된 놀라운 사실들을 털어놓았다. 자신들은 범죄조직 전담 부서에서 일했는데, 자기들이 직접 범죄기업화 해서 러시아 폭력집단은 물론이고 체첸 독립을 위해 싸우는 체첸 전사들과 밀거래를 하고 있다고 폭로한 것이었다. 그리고 기업들의 뒤를 봐주고 돈을 갈취하고, 자기들을 고용해 달라는 부탁까지 하고 다녔다고 했다. 종종 청부살인까지 저지르게 되는 일들이었다. 무엇보다도 충격적인 내용은 블라디미르 푸틴이 이끄는 FSB 간부들로부터 보리스 베레조프스키 암살지령을 받았다는 폭로였다.

베레조프스키는 크렘린 내에서의 영향력이 자기가 과시하는 것만큼 크지 않았다. 그는 자기 입으로 자신에 대한 암살음모가 있다는 사실을 여러 사람들에게 이야기했다. 코발료프 경질도 자신에 대한 암살지령과 관련이 있다고 생각했다. 푸틴이 FSB를 맡고 나서 제일 먼저 취한 조치 가운데 하나가 바로 이들이 말한 범죄조직 전담 부서를 해체하는 것이었다. 푸틴은 이 부서의 요원들 대부분을 해임 혹은 전보 조치했다. 하지만 베레조프스키 암살계획과 관련해서는 내부조사 결과 처벌받은 간부가 아무도 없었다. 사건이 종결 처리되자 베레조프스키는 이를 공론화시키고 11월 13일자 코메르산트 신문에 푸틴에게 보내는 다음과 같은 내용의 공개서한을 실었다. "블라디미르 블라디미로비치, 당신은 전임자들로부터 어려운 과제를 유산으로 물려받았습니다. 범죄자들과 당신이 맡은 기관의 여러 조직에서 일하는 부패한 관리들이 말을 순순히 듣지 않는 사람들에게 폭력을 가하고 있습니다. 지금 러시아에서는 이와 같은 범죄적인 테러행위가 증가하고 있습니다."

　베레조프스키는 왜 그런 공개서한을 보내는지 그 이유를 밝히지 않았다. 일부에서는 그가 푸틴을 포함해 크렘린 안에 있는 인사들을 믿지 않는다고 생각했다. 한때 자기가 크렘린에서 가졌던 영향력을 되찾기 위해서 그렇게 했다는 추측도 나돌았다. 공개서한이 별 효과를 거두지 못하자 나흘 뒤 사건과 관련 있는 요원들이 공개 기자회견을 자청하고 나선 것이었다. 기자회견에 나온 자들 가운데서 리더 격인 리트비넨코는 1990년대 KGB 방첩부장으로서 테러와 조직범죄를 전문적으로 다루었다. 비밀 첩보요원으로 일한 적은 없고 수사관 역할을 많이 했다. 푸틴처럼 날렵한 몸에 애국심과 조직에 대한 충성심이 강했다. 중령 계급까지 진급했으나 그때부터 조직에 대한 회의를 품기 시작했다. 특히 1996년에 신설된 FSB의 조직범죄 담당 부서는 난폭함과 부패로 악명이 높았다. 국가에 대한 충성심과 올리가르히나 마피아에 대한 충성심 사이의 구분이 점점 더 모호해졌다. 리트비넨코 자신도 그 경계선을 넘나들었다.

　1994년에 그는 베레조프스키에 대한 암살기도 사건 조사를 맡았다. 베레조프스키는 운전기사가 모는 메르세데스 벤츠를 타고 자신이 운영하는 자동차 딜러 가게를 나선 직후에 원격조종된 폭발물이 터지며 파편이 그가 탄 차를 덮쳤다. 운전기사는 사망했으나 베레조프스키는 가까스로 목숨을 건졌다. 리트비넨코는 증거를 수집하면서 이 야심 많은 거부에게 반했다. 그래서 베레조프스키로부터 급여를 받으며 그의 개인 경호원이 되었다. FSB 요원직은 그대로 유지했다. 당시 많은 요원들이 쥐꼬리만 한 월급을 받으면서 돈 많은 사람을 위해 일할 기회가 찾아오기를 꿈꾸었다. 그만큼 정보기관이 부패했다는 증거였다. 본인의 주장에 따르면 그는 1997년 겨울 베레조프스키를 죽이라는 지령을 받자 명령에 따르지 않고 베레조프스키에게 가서 음모 내용을 소상히 알렸다.

리트비넨코는 기자회견에서 준비해 온 성명서를 통해 자신들이 폭로하는 부패 내용은 7월 말 푸틴이 FSB에 부임하기 이전에 일어난 일이라는 점을 강조했다. 그러면서 푸틴에게 부패 연루자들을 소탕해 달라고 호소했다. 그는 "FSB와 거래를 하려는 게 아니라, 조직을 정화하고 잘못을 바로잡으려는 것"이라고 말했다. 하지만 이들은 자신들의 폭로 증언 외에 다른 증거는 제시하지 않았다. "나는 블라디미르 블라디미로비치를 직접 만나 우리가 가진 증거를 모두 제출하려고 했다. 하지만 그럴 기회가 주어지지 않았다. 그에게 접근 자체가 거부되었다. 나는 푸틴의 부하들이 그를 속이고 있다는 증거를 확보하고 있다. 문서로 된 증거들이다. 푸틴이 나를 사무실로 불러주기만 한다면 이 증거들을 보여줄 것이다."

이런 소동으로 푸틴은 곤란한 처지에 놓이게 됐다. 아직 크렘린에 영향력을 갖고 있는 베레조프스키를 그냥 무시해 버릴 수도 없었다. 그리고 그가 주장하는 음모가 사실이라면 그것도 그냥 덮고 지나갈 수 없는 일이었다. 푸틴은 기자회견 직후 베레조프스키의 공개서한에 대해 다음과 같은 내용의 답신을 코메르산트 신문에 보냈다. "우리는 우리 자신의 추악한 면을 공개적으로 털어내는 일에 주저하지 않을 것이다. 제기된 모든 음모에 대해 내부조사가 진행될 것이다." 아울러 베레조프스키를 간접적으로 겨냥해 이렇게 덧붙였다. "민주적 가치에 헌신해 온 사람이 FSB의 업무에 부당하게 간섭하고 있다. 만약에 제기된 혐의들이 거짓으로 판명된다면 베레조프스키뿐만 아니라 그의 서한을 게재한 신문의 보도 책임자까지 명예훼손으로 처벌을 면하지 못할 것이다."

그달 말 푸틴은 리트비넨코가 요구한 대로 그를 사무실로 조용히 불렀다. 그는 음모와 관련 있다고 생각하는 사람들의 명단과 죄목을 낱낱이 적은 서류를 잔뜩 들고 나타났다. 그는 푸틴을 자기와 같은 부류의 중령급 인사로 생각했다. 각자 기득권을 확보하고 있고 얽히고설킨 연줄과 비밀정보들을 움켜쥐고 있는 수백 명의 고참 장성들을 지휘하는 자리로 벼락출세해 간 중간 간부쯤으로 생각한 것이다. 그는 자기가 몸담고 있는 조직의 총수가 된 푸틴을 어떻게 대해야 할지 자신이 없었다. '중령 동지라고 불러?' 푸틴은 그를 보자 자리에서 벌떡 일어나 먼저 악수를 청했다. 리트비넨코는 "푸틴이 TV에서 본 것보다 작아 보였다."고 당시를 회고했다. 면담은 냉랭한 분위기 속에서 짧게 끝났다. 푸틴은 리트비넨코와 함께 간 두 명의 동료들을 내보내고 단독으로 이야기하자고 했다. 그리고 리트비넨코가 들고 간 서류들을 받지 않겠다고 정중히 거절했다. 리트비넨코는 당시 면담에 대해 자기 아내에게 이렇게 털어놓았다. "면담은 대실패였다. 그의 두 눈은 나에 대한 증오심으로 가득 차 있었다."

푸틴은 리트비넨코와 그의 주변 사람들에 대한 자료들을 모았다. 그리고 11월 19일 관영 텔레비전 로시야에 출연해 제기된 혐의에 대해 조사하겠다고 약속하면서도 FSB에 관한 혐의는 모두 사실이 아니라고 단언했다. 그리고 리트비넨코가 한 기자회견을 '복면을 한 사람들이 등장하는 동화 같은 구경거리'였다고 조롱했다. 그리고 기자회견에 동석했던 한 남성의 전처가 나중에 전화를 걸어와서 전 남편한테서 위자료도 아직 못 받고 있다고 하소연하더라고 했다. "그래서 복면에 색안경까지 끼고 나온 모양"이라고 비웃으며 푸틴은 폭로회견에 나온 그자들이 바로 불법행위를 저지른 장본인들이라고 덧붙였다.

옐친은 이튿날 푸틴을 다시 다차로 불러 문제가 더 커지기 전에 얼른 해결하라고 지시했다. 어떤 신문은 이날 두 사람의 회동에 대해 '그런 식으로 옐친에게 직접 문책 당한 사람들의 운명이 어떻게 되는지 빤한 일'이라고 썼다. 하지만 푸틴은 순순히 물러서지 않았다. 폭로한 자들의 말이 일부 사실이라고 하더라도 그자들 또한 전임자들과 마찬가지로 깨끗하지 않다고 생각했다. 그자들은 폭로회견을 통해 정보요원으로서 한 직무서약을 어겼다고 푸틴은 생각했다. 그래서 폭로된 내용을 조사하는 대신 그 사람들이 어떤 짓을 했는지에 대해 모은 정보들을 대통령에게 보고했다. 그런 다음 리트비넨코를 비롯해 관련된 인사들을 모두 해임시켜 버렸다. "이런 자들은 FSB에서 일할 자격이 없다."고 푸틴은 말했다.

푸틴의 일처리 방식에 대해 크렘린 내에서 모두가 지지를 보낸 것은 아니었다. FSB를 맡은 지 불과 4개월 만에 옐친이 그를 경질할 것이라는 루머가 나돌았다. 기회 있을 때마다 대통령 비난에 골몰하는 두마에서는 루비안카의 요원 감축에 대해서도 정치적으로 불만을 갖고 있었다. 리트비넨코의 기자회견이 있은 지 불과 사흘 뒤 상트페테르부르크 출신의 유명한 개혁파 의원인 갈리나 스타로보이토바가 살해되면서 푸틴의 자리는 한층 더 위태로워졌다. 스타로보이토바는 페레스트로이카 기간 중에 러시아 소수민족들의 권리를 옹호하면서 유명해진 민속학자였다. 그녀는 푸틴과 친하게 지내지는 않았지만 1990년대 상트페테르부르크에서 일하며 서로 마주친 적은 여러 번 있었다. 그리고 소브차크 시장 부부와 가까운 사이였다. 스타로보이토바는 1998년 9월에 '금주의 스캔들'이란 제목의. 텔레비전 프로그램에 출연해 소브차크 시장에 대한 범죄혐의가 자꾸 거론되는 배경에는 FSB의 신임 총수 푸틴을 흔들려는 의도가 숨어 있다는 취지의 발언을 했다.

11월 20일 밤 스타로보이토바가 보좌관 루슬란 린코프와 함께 그리보예도프 운하 인근에 있는 자신의 아파트로 돌아오는 길이었다. 그녀는 범인이 쏜 총알 다섯 발 가운데 세 발을 머리에 맞고 현장에서 즉사했다. 두 발을 맞은 린코프는 목숨을 건졌다. 범인들은 권총을 사건현장에 버리고 대기 중인 자동차를 타고 도주했다. 청부살인이 분명한 이 사건에 대해 국제적인 비난이 이어졌다. 그녀의 지지자인 세르게이 코지레프는 "러시아에서 여성, 특히 여성 정치인을 죽이는 일은 스탈린 시대 이후 없었던 일"이라고 분노했다. 옐친은 이 사건을 "우리 사회 전체에 대한 명백한 도발행위"라며 분노했다. 옐친은 이 사건에 충격을 받아 보고를 받은 이튿날 병원에 입원했다고 한다.

옐친 대통령과 프리마코프 총리가 나서서 푸틴과 내무장관 세르게이 스테파신, 검찰총장 유리 스쿠라토프에게 '직접 책임지고' 사건을 수사해 결과를 보고하라고 지시했다. 스타로보이토바는 최근 레닌그라드 주지사 선거에 출마를 선언했다. 레닌그라드시는 상트페테르부르크시로 이름을 바꾸었지만 레닌그라드 주는 소련 시절 이름을 바꾸지 않고 그대로 사용했다. 그녀는 의회 안에 국수주의적인 분노가 난무하고 있다고 비판하고, 상트페테르부르크 주 정부의 부패혐의를 입증할 자료를 갖고 있다는 발언을 했다. 경찰은 사건 발생 후 몇 주일에 걸쳐 용의자 수백 명을 검거했다. 누가, 왜 그녀를 살해했는지 짐작할 심증은 있었지만 이를 뒷받침해 줄 물증은 끝내 나오지 않았다.

병약해질 대로 병약해진 옐친은 격노했다. 그는 겨울 들어 더 기승을 부리는 '공산주의 시대의 히스테리 현상'을 비난했다. 공산주의 잔당들은 유대인 혐오 발언을 계속하고 KGB 본부 건물 앞에 펠릭스 제르진스키 동상을 도로 세우자고 목청을 돋우고 있었다. 푸틴이 일하고 있는 곳이었다. 옐친은 '평소에는 기세등등한' 검찰이 러시아 민주주의를 전복시키려고 목청을 돋우는 불법 선동에 대해서는 팔짱을 끼고 바라보기만 한다고 격노했다. 스타로보이토바 살해사건은 러시아와 자신을 무력화 시키려는 시도라고 옐친은 생각했다.

국내 정보기관의 총수로서 푸틴은 이러한 비난에 대해 일정 부분 책임을 피할 수 없었다. 옐친의 예측할 수 없는 성정으로 미루어볼 때 푸틴의 정치적 운명도 한치 앞을 알 수 없었다. 12월 15일 옐친은 푸틴을 다시 불렀다. 이번에는 부른 장소가 다차가 아니라 어쩌다 간혹 모습을 나타내는 크렘린궁의 대통령 집무실이었다. 대통령은 스타로보이토바 사건과 의회 안에서의 인종차별 발언, 베레조프스키 관련 음모, FSB의 개혁 추진과정 등에 관해 물었다. 옐친과의 면담을 마치고 나오며 푸틴은 자신에 대한 대통령의 신임은 확고하다고 강조했다. 그러면서 옐친 측근 인사들을 겨냥해 "대통령의 국정수행 능력을 약화시키고 행정부 안에 불확실성의 씨앗을 심으려는 세력이 있다."며 자신에 대한 대통령의 신임이 흔들린다는 루머를 퍼트리는 사람들을 비난했다. 그는 자신에 대한 루머의 근저에는 '정보기관에 대한 두려움'이 깔려 있다고 말했다. 그는 옐친 대통령이 임기를 마치면 자기도 새 대통령이 FSB에 새 총수를 임명할 수 있도록 기꺼이 물러날 것이라고 밝혔다.

제9장

음모 생산자들

이 듬해 봄, 3월 17일 저녁 늦은 시간 관영 텔레비전의 심야 뉴스에 18세 미만 미성년자들이 보기에 적합지 않을 수 있는 내용을 담고 있다는 경고 문구와 함께 발췌 편집한 흑백 비디오테이프 화면이 등장했다. 비밀 카메라로 촬영한 화면으로 보였다. 더블베드를 천정에서 내려다보도록 설치된 카메라로 몰래 촬영한 것이었다. 유명한 금융가의 소유인 모스크바 시내 아파트였다. 해설자가 매춘부라고 설명한 젊은 여성 두 명이 방 안으로 들어와 알몸으로 화면 여러 각도에서 들락거렸다. 얼마 후 남성 한 명이 등장했고 해설자는 "검찰총장 유리 스쿠라토프와 매우 닮았다."는 설명을 덧붙였다. 당시 크렘린과 검찰총장 사이에 갈등이 격화되는 시점에서 크렘린이 황색 추문으로 역공을 가한 것이었다.

주초에 주요 방송 매체들 앞으로 익명의 제보자가 보낸 비디오테이프 사본이 배달되었다. 50분 분량의 테이프였다. 관영 텔레비전 RTR은 이 영상을 제일 먼저 내보내기로 결정했다. 일부 기자들이 반대했지만 미하일 슈비드코이 사장이 앞장서서 방영 결정을 주도했다. 그는 나중에 문화부장관이 된다. 테이프의 출처와 진위 여부 모두 미심쩍고 화질도 좋지 않아 젊은 여성 두 명과 뒹구는 문제의 남성이 스쿠라토프 검찰총장이라고 단정하기는 어려웠다. 다만 여성 한 명이 남자에게 이름이 뭐냐고 묻자 남자가 "유라"라고 하는 장면이 있었다. 유라는 유리의 애칭이다. 비디오테이프는 한때 KGB가 경제인과 정치인들을 곤경에 빠트리고 협박하기 위한 수단으로 즐겨 썼던 '미인계'의 요소를 고루 갖추고 있었다. 얼마 안 가 'FSB 국장과 매우 닮은 자'가 비디오의 출처라는 조크가 나돌았다. 블라디미르 푸틴을 배후 인물로 지목한 것이다.

옐친이 밝힌 바에 따르면 비디오테이프를 제일 먼저 입수한 사람은 대통령실 행정실장 니콜라이 보르듀자였다. 놀란 보르듀자는 스캔들이 공개되기 훨씬 전인 2월 1일 스쿠라토프 검찰총장을 비밀리에 크렘린으로 불렀다. 스쿠라토프는 건강악화를 이유로 즉각 사직서를 제출하고 이튿날 병원에 입원했다. 옐친이 출혈성궤양으로 입원했다가 퇴원하고 한 달 뒤에 보르듀자가 입원한 것이었다. 러시아 정치 수뇌부에 전염병이 휩쓰는 꼴이었다. 2월 2일 옐친은 1998년 말 이후 처음으로 크렘린 집무실로 복귀했다. 집무실에 한 시간 반 머물면서 옐친은 보좌관 네 명을 경질하고 스쿠라토프의 사직서를 수리했다. 소련 시절 지도자들은 물러날 때 모두 깊숙한 음모가 있었음을 완곡하게 표현하는 방법으로 '건강이 나쁘다'는 이유를 댔기 때문에 스쿠라토프가 정말 건강이 나빠서 물러난 것으로 믿는 사람은 아무도 없었다.

푸틴을 포함해 후속 경질 인사에 대한 소문이 나돌았다.

막후에서 어떤 일이 벌어지고 있는지 아무도 몰랐다. 스쿠라토프의 사임을 승인하는 권한은 러시아연방 내 주지사들로 이루어진 상원 격인 연방위원회가 갖고 있었다. 연방위원회는 옐친의 임기가 조만간 끝나면 권력공백이 뒤따를 것임을 알고 있었다. 그래서 이들은 스쿠라토프가 퇴원해서 자기 입으로 직접 사임 이유를 설명하기 전에는 그의 사임 안건을 처리하지 않겠다고 했다. 옐친은 당시 행정실장 보르듀자를 비롯해 보좌진 누구로부터도 비디오테이프가 공개되기 전까지 관련 사실을 보고받지 못했다고 했다. 스쿠라토프가 사임서를 제출한 것이 그냥 기분 좋을 뿐이었다. 좋아할 이유는 많았다. 스쿠라토프는 3년 넘게 검찰총장으로 일했고, 2개월 전에 일어난 갈리나 스타로보이토바 피살사건을 비롯해 흉악범죄 여러 건을 해결 못해 무능한 검찰이란 비난을 듣고 있었다. "변명 듣는 것도 지겨웠다."고 옐친은 썼다.

스쿠라토프가 모든 수사를 소홀히 한 것은 아니었다. 그는 다른 강력범죄들은 제쳐두고 대통령과 관련된 사건은 적극적으로 파고들었다. 경질되기 전 몇 달 동안 일부 수사가 갑자기 활기를 띠기 시작했다. 보르듀자가 비디오테이프를 들고 그를 호출한 2월의 바로 그날 스쿠라토프는 두마에 제출한 수사 보고서를 통해 러시아 중앙은행이 파이낸셜 매니지먼트Financial Management Co. Ltd라는 정체불명의 회사를 통해 500억 달러에 이르는 거액의 외화를 비밀리에 해외로 빼돌렸다고 밝혔다. 1990년 채널제도에서 설립된 회사인데 KGB와 공산당이 해외계좌로 이용하기 위해 자금을 댄 것이 분명했다. 그렇지만 불법송금이 누구한테 흘러들어갔는지를 포함해 자세한 내막은 여전히 베일에 싸여 있었다. 이튿날 스쿠라토프 사무실에서 나온 수사팀이 복면을 한 특수경찰 병력을 대동하고 보리스 베레조프스키 제국의 계열사인 석유회사 시브네프트Sibneft 모스크바 본사에 들이닥쳤다. 그리고 다음날 수사팀은 베레조프스키 소유의 보안회사 아톨Atoll로 가서 전자 도청장치와 '패밀리'라는 이름이 붙은 테이프를 찾아냈다. '패밀리'는 옐친의 측근 보좌관들과 보좌관 역할을 하는 둘째 딸 타치아나 디아첸코인 '타냐'를 지칭하는 말이었다.

스쿠라토프의 사임 때문인지는 모르지만 검찰 수사에 대한 국민들의 관심이 갑자기 크렘린 권력 핵심의 부패에 대한 분노로 옮겨갔다. 1990년대 초 광범위한 규모로 민영화가 추진된 이후 정의로운 법집행에 대한 국민적 요구가 거세졌다. 이러한 민심의 기류 변화를 감지한 예브게니 프리마코프 신임 총리는 1월 28일 각료회의 석상에서 정부는 "경제범죄를 저지른 사람들을 수감하기 위한 공간 마련을 위해" 비폭력 사범 9만 4천 명을 사면 조치할 것이라고 발표했다. 크렘린 주변의 올리가르히 세력들도 더 이상 옐친 대통령의 후광으로 면책특권을 누리기 힘들게 되었다는 말처럼 들렸다. 프리마코프를 엄청나게 싫어하는 베레조프스키는 기다렸다는 듯이 프리마코프 총리의 발언은 스탈린의 대공포 시대로 회귀하려는 것처럼 들린다고 반박했다. 그리고 얼마 뒤에 그가 소유한 기업들에 대한 조사가 단행된 것이었다.

프리마코프의 발언에는 차기 대통령을 노리는 정치적 야심이 담겨 있었다. 그는 총리직에 오른 지 불과 몇 개월 만에 의회의 지지와 막강한 권한을 가진 모스크바 시장 유리 루즈코프의 지지를 받고 있었다. 루즈코프 시장은 한때 옐친의 친구였으나 옐친 이후를 기다리며 사태를 관망하는 중이었다. 옐친은 스쿠라토프의 검찰 수사를 비롯한 정치적 압박을 자신의 권력과 개인적인 안위에 대한 중대한 위협 요소라고 생각했다. 그는 1964년 니키타 흐루시초프를 실각시킨 공산당 내부의 음모를 되짚어 보았다. 그때와 마찬가지로 프리마코프 총리와 루즈코프 시장이 검찰총장과 작당해서 자신을 몰아내려고 하는 것이 분명해 보였다. 음모를 저지하기 위해 무슨 조치든 취해야 한다고 생각했다.

연방위원회가 마침내 자신의 사임안을 의제로 채택한 3월 17일 스쿠라토프는 건강상태가 양호한 모습이었고, "나에 대한 믿음과 지지를 계속 보내주신다면" 검찰총장으로서의 임무를 계속하고 싶다는 말을 했다. 그리고 의원들을 향해 자신이 사직서를 제출한 것은 강요에 의한 것이었다고 말하며 화살을 전임 총리 두 명과 '여러분도 잘 아는 올리가르히들'에게 돌렸다. 그는 베레조프스키의 이름을 직접 거명하는 대신 베레조프스키 소유 회사들에 대한 검찰 조사가 이루어졌다는 말을 했다. "이 사람들은 내가 사임할 것이라는 사실을 두 주 전부터 알고 있었다." 이렇게 말하며 그는 자신의 사생활에 관한 정보를 모으는 사람들이 누구인지 시사하는 발언을 했다. 그리고 검찰총장직 유지에 대한 의지를 분명히 했다.

그러자 크렘린은 여성 두 명이 등장하는 문제의 비디오테이프를 스쿠라토프 사임안 표결을 준비 중인 연방위원회 의원들에게 보냈고 그 방법은 크게 역효과를 불러왔다. 의원들은 충격과 경악을 금치 못했다. 비디오테이프 때문이 아니라 의회의 안건심의에 영향을 주려고 동원한 야비한 수법에 놀란 것이었다. 의원들은 스쿠라토프 사임안을 142대 6으로 부결시키고 검찰총장직을 그대로 유지하도록 했다. 사임안 표결이 끝나고 몇 시간이 채 안 되어서 비디오테이프 영상이 방송에 내보내진 것이다. 여론은 들끓었고, 어느 쪽이 도덕적으로 더 나쁜지 판단하기 힘든 상황이 벌어졌다. 침대에서 한 짓이 더 나쁘냐, 아니면 그것을 방송에 나가도록 한 게 더 나쁘냐를 두고 온 나라가 떠들썩했다.

이튿날 아침 출혈성궤양으로 다시 입원해 회복 중인 옐친은 병실로 스쿠라토프를 불렀다. 옐친도 문제의 비디오테이프 사본과 스틸 사진 몇 장을 갖고 있었다. 스쿠라토프가 도착했을 때 병실에는 프리마코프와 푸틴도 같이 있었다. 그는 푸틴이 그 자리에 있는 것을 보고 놀라지 않았다. 자기가 사직서를 내고 입원했을 때 푸틴은 병실로 찾아와 2월에 사직서를 내고 조용히 물러난 것에 대해 '패밀리'가 만족해하고 있다며, 핀란드 대사로 보내줄 테니 '명예로운 퇴진'을 하라고 제안했다. 스쿠라토프는 그 제안을 거절했다.

"그럼 어떤 자리를 원하십니까?" 푸틴이 이렇게 물었다.

스쿠라토프는 이렇게 대답했다. "지금 하는 일을 계속하고 싶소."

2월에 스쿠라토프가 퇴원하자 푸틴은 그를 사임시키기 위해 새로운 방법을 시도했다. 한 번은 스쿠라토프에게 다시 전화를 걸어 난처한 입장에 처해 있다는 점을 이해한다는 취지의 말을 했다. 그리고 푸틴 자신이 등장하는 유사한 테이프도 '저쪽 사람들'이 갖고 있다고 털어놓았다. 그러면서 자리에서 물러나 추문이 확대되는 것을 피하는 게 상책일 것이라고 충고했다. 푸틴은 아르한겔스코예에 있는 스쿠라토프의 검찰총장 관사로 다시 찾아갔다. 두 사람은 같은 동네에 사는 이웃이었다. 숲길을 함께 걸으며 푸틴은 때론 애원하고 때론 협박하며 마치 신병 다루듯 그를 설득하려고 했다. "유리 일리치 동지, 나는 동지께서 이 추악한 곳에서 3년 반이나 버텨온 것이 정말 존경스럽습니다." 그러면서 자기는 옐친 임기 끝날 때까지 자리를 지키는 건 상상도 못해 봤다고 했다. 그러더니 갑자기 말투를 바꾸며 서류뭉치를 한 다발 꺼내더니 모스크바에 있는 스쿠라토프 아파트의 수리공사에 부조리가 발견되었다고 했다. 그러면서 푸틴의 전임자인 파벨 보로딘을 검찰에서 수사한 것 때문에 스쿠라토프가 곤경에 처하게 되었다는 뜻도 넌지시 비쳤다.

스쿠라토프는 푸틴이 이런 과정을 거치는 내내 자기한테 공손하게 대했다고 생각했다. 하지만 그가 보로딘의 이름을 언급하는 순간 스쿠라토프는 자기가 한 수사가 정말 옐친과 그의 수하들 지근거리까지 진행되었다는 생각이 들었다. 보로딘이 1994년에 크렘린 보수공사를 한 메르카타Mercata와 메르카타의 자회사인 마베텍스Mabetex 모두 해외수사 때 정밀수사 대상이 되었다. 메르카타와의 공사계약은 보로딘이 체결했는데 수사에서 돈세탁으로 의심되는 수상한 해외송금이 적발되었다. 비디오테이프가 등장하기 불과 몇 주 전인 1월에 스위스 수사팀이 루가노에 있는 마베텍스 사무실을 급습해서 이 회사가 공사계약을 따내기 위해 러시아 관리들에게 뇌물을 제공하고, 옐친의 딸들이 쓴 신용카드를 대신 결재해 준 장부를 압수했다.

스위스 검찰총장 카를라 델 폰테는 스위스가 '러시아의 더러운 돈'으로 위협받고 있다며, 스위스 안에서 이루어지는 범죄 수익금의 돈세탁을 적발해 내기 위해 대대적인 수사에 착수했다. 이 수사로 마베텍스 건이 수면 위로 드러나게 된 것이다. 3월에 스쿠라토프 추문이 드러나고 난 다음에도 카를라 델 폰테 검찰총장은 모스크바로 와서 스위스가 확보한 증거를 제출할 테니 러시아도 협조해 달라고 요청하며 수사를 계속하겠다는 의지를 밝혔다. 이틀 동안 비밀면담을 통해 카를라 검찰총장과 스쿠라토프는 크렘린 관리 몇 명의 금융계좌를 포함해 세부적인 수사대상과 수사방침을 논의했다. 그러자 크렘린은 스쿠라토프 경질에 힘을 쏟았고 스쿠라토프는 나름대로 대응할 수단을 확보하고 있었다. 연방위원회가 정치적 종말이 가까워진 옐친과의 권력투쟁에서 자기편이 되어줄 것이라고 확신했던 것이다.

연방위원회에서 사임안 처리를 위한 1차 표결이 실시된 이튿날 옐친은 병실로 찾아온 스쿠라토프를 만났다. 비디오테이프가 방영된 이튿날이기도 했다. 옐친은 비디오테이프 사본에 두 손을 얹어놓고 있었다. "이보게 유리 일리치, 나는 한 번도 마누라 몰래 바람을 핀 적이 없네." 옐친은 의자 뒤로 몸을 젖히면서 한 차례 깊은 숨을 내쉰 다음 이렇게 말했다. 옐친은 사임하겠다는 편지를 한 번 더 써 준다면 테이프는 더 이상 방송되지 않도록 하겠다고 약속했다. 스쿠라토프는 '치사한 협박'이라고 생각했지만 테이프의 진위 여부를 따지는 일 따위는 무의미하다고 생각했다. 스쿠라토프는 마베텍스에 대한 수사를 시작했다고 말했고 옐친은 그것을 자신에 대한 협박으로 받아들였다. "이건 별개 문제가 아닌가, 유리 일리치." 옐친은 이렇게 말을 이었다. "그런 일을 하고서도 검찰총장 자리에 계속 앉아 있는 건 곤란하다고 생각하네. 나는 자네하고 싸우고 싶지 않네, 그리고 자네를 설득하려는 것도 아니야. 사직서만 제출하게. 그러면 더 이상 자네하고 볼 일은 없을 테니까."

이렇게 말하며 옐친은 펜과 종이를 스쿠라토프 앞으로 내밀었다. 스쿠라토프는 도와달라는 뜻으로 프리마코프 총리 쪽으로 몸을 돌렸다. 프리마코프는 전국의 올리가르히 세력을 대상으로 부패와의 전쟁을 천명해 놓고 있었다. 하지만 프리마코프는 아무런 반응도 보이지 않았다. 함께 자리한 푸틴 역시 아무 말도 하지 않았다. 스쿠라토프가 보기에 푸틴은 방 안의 상황을 예의주시하고 있었다. 스쿠라토프는 결국 사직서에 사인했다. 두 달이 채 안 되는 기간에 두 번째 사직서를 제출한 것이었다. 옐친은 사직서 제출 일자는 다음 연방위원회 회의가 소집되는 4월로 해달라는 스쿠라토프의 요구를 받아들여 주었다. 스쿠라토프는 병실을 나와 사무실로 돌아오면서 다음 수를 어떻게 두어야 할지 생각했다. 크렘린과의 승부를 체스게임으로 생각해 보았다. 자신은 지금 외통수에 몰려서 체크메이트를 한차례 겨우 막아낸 형국이었다. 반드시 반격해야 할 차례였다. 그는 차 안에서 아는 텔레비전 기자에게 전화를 걸어 마베텍스 수사건을 세상에 터트렸다.

옐친의 대통령직 수행을 둘러싸고 정치적 논란이 가열되는 가운데 스쿠라토프가 스위스 수사당국과 공조해서 진행하는 메르카타와 메베텍스에 대한 수사는 대통령과 '패밀로'로 불리는 대통령 측근들에게 직접적인 위협이 되었다. 옐친은 이 수사는 끌다가 결국 자신의 대통령직을 조기에 끝장낼 수 있는 성질의 것임을 알고 있었다. 스쿠라토프를 만난 이틀 날 옐친은 병원에서 퇴원해 잠간 크렘린으로 복귀해 니콜라이 보르듀자 비서실장을 해임했다. 해임 사유는 발표되지 않았지만, 많은 이들이 스쿠라토프를 조용히 물러나게 하지 못한 데 대한 문책일 것으로 생각했다. 보르듀자는 앞서 푸틴이 스쿠라토프에게 '명예로운 퇴진'을 하라며 제안했던 것처럼 덴마크 대사 자리로 갔다. 옐친은 후임 비서실장으로 보리스 베레조프스키의 사업 파트너인 알렉산드르 볼로신을 임명했다. 그로부터 열흘 뒤 푸틴은 국가안보회의 서기로 승진했다.

그 시점에 푸틴은 자신에 대한 옐친 대통령의 신임을 더 확고하게 만드는 일에 개입하게 되었다. 푸틴은 FSB가 스쿠라토프의 밀회 현장을 녹화한 사실은 부인하면서도 자신들이 현장상황을 정확히 파악하고 있었다는 점을 분명히 했다. 4월 2일 푸틴은 비디오테이프가 진본임이 틀림없다고 밝혔다. 처음에는 연방위원회에 참석해서 그 사실을 밝혔는데 스쿠라토프의 표현을 빌면 '두 눈을 내리깔고' 말했다고 한다. 그 다음에는 밖에서 기다리는 기자들에게 밝혔다. 사건 자체가 충격적이기는 하지만 그것만으로는 스쿠라토프를 자리에서 물러나게 만들기에 부족했다. 푸틴은 연방위원회를 굴복시킬 비장의 수로 법의 허점을 파고들었다. 그는 비디오에 등장하는 인물에는 스쿠라토프 외에 다른 주인공들이 있다는 점을 지적했다. 이들은 스쿠라토프의 수사에 영향력을 행사하려는 범죄자들로부터 돈을 받고 일을 벌인 게 틀림없다고 말했다. 만약 이것이 사실이라면 이는 대단히 중대한 범죄행위이며, 또한 범죄수사와 관련된 공직자는 혐의가 해소될 때까지 사퇴해야 한다는 점을 지적했다. 푸틴의 이러한 진술로 수사는 새로운 국면을 맞게 되었다. 한밤중에 크렘린은 검찰청 차장을 불러 FSB가 확보한 증거자료를 넘겨주면서 수사에 착수할 것을 지시했다. 그렇게 해서 스쿠라토프는 자신이 관련된 이 사건이 해결될 때까지 자리에서 물러나지 않을 수 없게 되었다.

옐친은 스쿠라토프의 검찰총장직 업무를 정지시킨다고 발표했다. 그에 대한 신변보호조치를 중단하고, 사무실 전화선을 끊고, 사무실을 봉쇄하라는 지시를 내렸다. 나중에 옐친은 "검찰총장 공석 사태를 만든 것은 두 개의 악 중에서 덜 나쁜 쪽을 택하기 위한 조치였다."고 썼다. 푸틴이 법의 맹점을 이용한 것은 효과를 보기는 했지만 그것 역시 야비한 수법이었다. 옐친은 한 번 더 푸틴의 역할에 주목했다. 일주일 후에 그는 푸틴에게 국가안보회의 서기직을 맡기는 것과 함께 FSB 국장 자리도 그대로 유지시키기로 했다고 발표했다. 푸틴은 충성심을 보여주었을 뿐만 아니라 조용하고 효과적인 일처리로 대통령에게 깊은 인상을 심어주었다. 다른 사람들은 말로 약속했지만 푸틴은 결과로 답했다. 모스크바로 진출한 지 불과 2년 반 만에 푸틴은 옐친 행정부의 핵심 자리에 우뚝 서게 되었다. 이제는 더 이상 조연이 아니라 크렘린 관료조직에서 가장 막강한 권한을 가진 인사들 가운데 한 명으로 자리 잡게 된 것이다.

옐친의 시대가 종말을 고하는 시기에 푸틴은 권력의 심장부로 진입했다. 스쿠라토프 스캔들은 옐친 탄핵을 주도하는 공산주의 세력들에게 힘을 실어주었다. 이들은 옐친을 탄핵하고 대통령 선출을 위한 선거가 실시될 때까지 프리마코프를 임시 대통령에 앉히려고 했다. 옐친 대통령은 병약하고 겁에 질린 채 벌어지는 사태를 주도하지 못하고 끌려가고 있었다. 대신 수시로 엉뚱한 짓을 했다. 1999년 3월 5일 내무부에서 체첸에 특사로 파견한 겐나디 슈피군 장군이 체첸 수도 그로즈니에서 비행기에 탄 채 납치되는 사건이 일어났다. 체첸에서는 1996년부터 1999년 사이에 수백 명이 몸값을 노리는 자들의 손에 납치되는 등 납치가 주요 산업처럼 되어 있었다. 하지만 고위급 특사를 납치하는 것은 크렘린으로서 도저히 용납할 수 없는 야만적인 행위였다.

1996년에 평화협정 체결로 종전이 되어 체첸은 주권을 대폭 확대하게 되었지만, 2년 가까운 전쟁으로 전 지역이 황폐화되고 경제는 파탄지경이 되었다. 공식집계에 따르면 10만 명에 달하는 체첸 주민과 5천 명 가까운 러시아 군인이 전쟁으로 목숨을 잃었다. 이러한 공식 집계에 의문을 제기하는 사람들도 있었다. 아슬란 마스하도프 체첸 대통령은 질서를 회복하고 국제적으로 체첸의 분리독립에 대한 지지를 이끌어내기 위해 노력했지만 지역 전체가 혼란과 범죄에 휘말리며 어려움을 겪었다. 무법상황은 체첸의 인근 공화국들로 번지기 시작했다. 스쿠라토프가 두 번째 사임서를 제출한 이튿날인 3월 19일, 북오세티야공화국 수도인 남부 도시 블라디카프카즈의 한 시장에서 엄청난 규모의 폭발물이 터졌다. 북오세티아는 코카서스 지역에 있는 공화국으로 그로즈니에서 멀지 않은 곳에 위치하고 있다. 폭발사고로 60명 이상이 목숨을 잃었다. 옐친은 푸틴과 내무장관 세르게이 스테파신을 블라디카프카즈로 보내 진상조사를 지휘하도록 맡겼다.

이틀 뒤 마스하도프 대통령이 암살 공격을 받고 겨우 목숨을 건졌다. 소련군 포병장교 출신인 마스하도프는 체첸 민족주의자로 분리독립을 주장하면서도 체첸 지도자 가운데서 크렘린과 대화가 통하는 몇 안 되는 사람이었다. 그해 내내 마스하도프는 프리마코프나 옐친과 만나 1996년 체결된 평화협정에 명시된 대로 체첸 독립을 위한 협상을 마무리 지으려고 했다. 마스하도프는 모스크바에 있는 '특정 세력'이 자기를 암살한 다음, 이를 핑계로 비상사태를 선포하고 체첸 독립을 결정할 결의안 채택을 무산시키려 한다고 보았다. 푸틴은 말도 안 되는 억측이라고 그런 시나리오를 부인했다. 1차 체첸전쟁을 종식시킨 평화협정은 러시아로서 굴욕스러운 타협이었다. 크렘린은 체첸공화국의 궁극적인 독립에 소극적이었다. 푸틴을 포함해 크렘린의 안보 책임자들은 체첸 독립을 허용해 주는 것이 아니라 새로운 전쟁계획을 수립하기 시작했다.

　체첸에서 새로운 긴장 국면이 펼쳐지는 시점에 옛 소련의 주적이었던 나토가 러시아의 슬라브족 형제국가인 세르비아를 상대로 전쟁을 벌이고 있었다. 1990년대에 유고연방이 해체된 다음 세르비아는 자국 영토 안에서 자치권을 누리고 있던 무슬림 지역에 대해 민족주의적인 분노를 쏟아 부었다. 1998년 말 세르비아 대통령 슬로보단 밀로세비치는 무슬림 지역의 분리주의 무장단체를 상대로 무력공격을 개시했다. 몇 개월이 지나면서 공격은 불과 몇 해 전 보스니아에서 있은 인종청소처럼 전개되기 시작했다. 보스니아 때 미적거렸던 수치스런 기억을 갖고 있는 유럽과 미국은 적극 개입하고 나섰다. 나토가 코소보를 지키기 위해 무력개입을 하고 나서자 러시아는 격한 반응을 보였다. 미국과 유럽 지도자들은 러시아의 태도를 받아들일 수 없었다. 세르비아와 러시아는 슬라브족 뿌리와 종교, 문화적으로 동질성을 갖고 있기는 하지만 미국과 유럽이 볼 때 러시아의 반응은 지나쳤다.

　세르비아 사태는 소련연방 붕괴 이후 위상이 떨어진 러시아의 상처 난 자존심에 불을 붙인 격이었다. 연방 해체 이후 새로 태어난 러시아는 이제 국제적인 사건들을 주도할 능력이 없었다. 미국이 주도하는 사건들을 따라가기도 벅찬 처지에 놓인 것이다. 옐친은 무력 개입은 국제법적으로 금지된 행동이라며 클린턴 대통령을 비난했지만 효과가 없었다. 러시아는 미국과 미국이 주도하는 나토 동맹국이 세력을 넓혀 러시아의 입장은 안중에도 없이 새로운 국제질서를 강요하고 있다는 사실에 분노했다. 더구나 코소보 분쟁은 체첸 사태와 놀랄 만큼 유사했다. 러시아는 나토의 공세가 체첸 독립운동을 지원하는 것이라고 생각했다.

1999년 3월 24일에 시작된 나토의 공습은 78일 동안 계속됐다. 러시아는 세르비아 영토에 떨어지는 폭탄과 미사일을 자신들에 대한 공격으로 받아들였다. 국민들의 분노가 들끓었고 모스크바 주재 미국대사관 앞에 성난 시위대가 몰려들었다. 두마에서는 맹렬한 비난 발언이 쏟아졌다. 세르비아 공습이 러시아 민족주의 감정에 불을 붙인 것이었다. 옐친은 자신의 정치생명을 연장하기 위해 민족주의 감정이 일어나는 것을 극도로 경계하고 있었다. 그는 빅토르 체르노미르딘 전 총리를 미국과 나토에 파견해 중재역할을 하도록 맡겼다. 체르노미르딘을 파견한 것은 푸틴의 제안으로 이루어졌는데 푸틴은 이를 두고 자신이 분쟁해결에 '작은 기여'를 했다고 자평했다.

여러 주 동안 치열한 공습이 계속되자 마침내 밀로세비치는 항복하고 나토의 요구를 받아들여 코소보에서 세르비아군을 철수하고 국제평화유지군을 주둔시키는 데 동의했다. 러시아는 평화유지군에 참여하겠다고 했으나 나토군 사령관 지휘 아래 들어가는 것은 거부했다. 새로 국가안보회의 서기가 된 푸틴은 평화유지군 참여를 위한 협상에 참여했다. "그는 대단한 자제력을 발휘했고 낮은 자세와 부드러운 말투로 일관하면서도 확신에 찬 모습을 보였다." 당시 미국 국무부 차관이던 스트로브 탈보트는 6월 11일에 가졌던 푸틴과의 첫 협상을 이렇게 회고했다. "그는 체구가 제일 작았으며 마르고 건강한 몸매를 갖고 있었다. 다른 사람들은 모두가 거구에 비만들이었다." 알바니아와 마케도니아에 주둔하고 있던 나토 평화유지군이 코소보로 진입하기 하루 전 가진 협상이었다. 푸틴은 미국과의 협상에 철저히 준비하고 나왔다. 탈보트가 학생 시절 공부했던 러시아 시인 표도르 튜체프와 블라디미르 마야코프스키의 시에 관해 상세히 알고 있었다. 탈보트에 관한 정보 파일을 읽고 온 것이 분명했다.

협상 도중에 미국 대표단은 러시아가 자국 평화유지군을 나토와 공조하지 않고 단독으로 코소보로 들여보내겠다는 협박을 하고 있다는 쪽지를 전달받았다. 푸틴은 자기와 합의한 사항에 아무 변화가 없을 것이며, 러시아가 독단적으로 '바람직하지 않은 행동'을 하는 일은 절대로 없을 것이라고 탈보트를 달랬다. 어쨌든 그의 말대로 되었고 탈보트는 푸틴이 일이 그렇게 진행될 것임을 미리 알고 있었다는 느낌을 받았다고 했다. 그날 저녁 보스니아에 주둔 중이던 러시아군 낙하산 부대가 장비를 갖추고 기지를 떠나 코소보자치주의 수도 프리슈티나 공항으로 향했다. 이는 소련 해체 이후 러시아와 나토의 협력을 보여주는 하나의 상징으로 받아들여졌다. 물론 이는 섣부른 판단이었다.

6월 12일 아침, 비가 억수같이 쏟아지는 가운데 영국군이 공항에 도착했을 때 그곳에는 이미 2백 여 명의 러시아군이 장갑차에 타고 대기하고 있었다. 새로 임명된 영국군 평화유지군 사령관인 마이클 잭슨 장군이 도착해서 평화유지군의 성공적인 출발을 선언할 채비를 하고 있었다. 바로 그때 러시아군 장갑차 한 대가 그가 기자회견을 하기 위해 마련한 간이 계류장 앞을 우르르 소리를 내며 지나갔다. 러시아군 지휘관 한 명이 희죽거리는 표정으로 장갑차의 회전포탑 밖으로 몸을 절반가량 내밀고 서 있었다. 웨슬리 클라크 나토 최고사령관이 잭슨 장군을 쳐다보며 러시아군을 어떻게 좀 막아보라고 했지만 잭슨 장군은 거절하며 이렇게 말했다. "사령관 각하, 각하의 지시를 따르려고 3차세계대전을 일으키는 짓은 하지 않겠습니다."

러시아군이 코소보에 배치된 것을 보고 러시아 국민들은 환호했다. 하지만 코소보 공항에서 즉흥적으로 벌어진 도발 해프닝은 러시아 민간 지도부와 군지휘부의 혼란상을 그대로 보여주었다. 바로 하루 전에 푸틴은 아무 일도 일어나지 않을 것이라고 장담했고, 공항 해프닝 이튿날 탈보트 차관을 만나서도 아무 일 없다는 듯 태연하게 행동했다. 그는 군이 서둘러 프리슈티나에 들어가는 것을 자기는 전혀 몰랐다고 주장했다. 그러면서 '천천히, 차분하게, 들릴 듯 말 듯 한 소리로' 선거 앞두고 매파와 비둘기파가 서로 힘겨루기를 하고 있다고 했다. 푸틴은 실수로 벌어진 일인 것처럼 해명했지만 어쨌든 그 일은 선거를 앞두고 옐친의 체면을 크게 세워주었다. 푸틴은 탈보트에게 이렇게 말했다. "러시아에서 옐친 대통령을 나토의 꼭두각시라고 부르는 사람이 있도록 해선 안 되지요."

푸틴이 '선거 앞둔 힘겨루기'라고 한 것은 옐친 대통령의 임기 만료를 앞두고 러시아 정치 엘리트들의 신경이 잔뜩 곤두서 있음을 강조한 말이었다. 그동안 차르 시대와 공산주의 통치 시대를 지나온 러시아는 민주적인 정권이양을 경험한 적이 없었다. 러시아 문화에 권력은 통치자의 전유물이라는 인식이 워낙 뿌리 깊어 민주적인 정권이양이란 감히 생각하기 힘든 것이었다. 그때까지도 옐친은 대선에 한 번 더 출마할 생각을 버리지 않고 있었다. 이미 두 번 당선되었고, 새 헌법에는 대통령의 임기를 2회 연임할 수 있도록 제한하고 있었다. 하지만 새 헌법의 효력은 1993년부터 발효하도록 되어 있고, 굳이 법적으로 따지자면 새 헌법 발효 이후 첫 임기는 1996년 재선 때부터라고 우길 수도 있었다. 그렇게 되면 2000년 대선 출마 길이 열릴 수도 있었다. 하지만 그건 꿈같은 일이었다. 이미 68세였고 병약한 데다 정치적으로는 불구상태에 놓여 있었기 때문이다.

아직 크렘린을 떠난 것은 아니지만 조만간 자기 발로 걸어 나가지 않을 수 없다는 것을 잘 알고 있었다.

옐친은 어떻게 해야 소련식 통치에서 민주적인 통치로의 정치적 전환을 이루고, 퇴임 후 자신이 정치적 보복을 당하지 않는 두 가지를 보장할 수 있을지에 대해 깊이 고민했다. 로마노프 왕조 이래로 러시아 통치자는 모두 물러난 이후 정치적 보복을 피하지 못했다. 안락한 퇴임 후 생활을 보장받은 지도자가 없었다. 코소보 분쟁이 진행 중인 와중에 옐친은 퇴임 후 생활의 토대를 마련하기 위해 결정적인 행동에 나섰다. 5월에 그는 자신이 임명한 네 번째 총리를 경질했다. 프리마코프는 총리 재임 8개월 동안 국정을 안정되게 이끌었다. 1998년 8월의 디폴트에 이은 패닉사태를 진정시켰고 의회의 대통령 탄핵 움직임에 효과적으로 대처했다. 정직하고 믿음직하고 충직한 총리였다. 옐친도 그 점은 인정했다.

프리마코프의 가장 큰 잘못은 옐친보다 인기가 더 높다는 것이었다. 2000년 대선을 일 년 앞둔 시점에서 프리마코프 총리와 유리 루즈코프 모스크바 시장이 차기 대통령으로 거론되는 유력 선두주자들이었다. 옐친은 그 점을 용납할 수가 없었다. 그는 프리마코프가 경제사범들을 가둘 공간 마련을 위해 사면을 단행한 것과 두마에서 5개 항의 대통령 탄핵안을 만들어 5월에 상정키로 한 것에 신경이 곤두섰다. 탄핵절차가 이대로 진행될 경우 5개항 가운데 하나라도 통과되면 대통령은 의회 해산권을 잃게 되었다. 탄핵절차를 지연시키거나 저지하더라도 키리옌코를 총리로 앉힐 때 발휘했던 것과 같은 정치적 권한은 잃게 될 것이었다. 프리마코프를 총리직에 그대로 두면 자신의 정치적 우호세력을 계속 끌어 모을 것이라고 생각했다. 후계자를 물색하는 옐친은 프리마코프가 대통령이 될 재목이 아니라고 생각했다. 러시아에는 이제 '완전히 다른 사고방식, 다른 세대, 새로운 생각을 가진 지도자'가 필요하다고 그는 생각했다. 옐친이 보기에 프리마코프는 '정치적 색깔'이 너무 빨겠다.

당연한 말이지만 탄핵절차는 정치적 의도에서 시작되었다. 소련연방이 와해된 것을 놓고 공산당 잔존세력들이 마지막으로 사활을 건 정치적 대반격을 펼치는 것이었다. 탄핵안에 따르면 옐친이 지은 죄 가운데 제일 먼저 꼽힌 것은 1991년 소련연방 해체 협정에 합의한 것이었다. 그 다음은 1993년 의회와 벌인 무력대결이고, 체첸전쟁을 시작한 죄, 군을 약화시킨 죄, 1990년대 경제위기로 '러시아 국민을 인종청소 하듯이 죽게 만든 죄'도 포함됐다. 하나같이 애매모호한 죄목들이지만 좌절한 국민들은 크게 호응했다. 소련연방 해체가 국민들에게 가져다 준 것은 고통과 치욕뿐이었다. 옐친 탄핵안은 러시아의 민주화에 대한 국민투표 성격을 띠었다. 탄핵안 각 조항 모두 의원 다수의 지지를 받고 있었다.

탄핵안에 대한 의회 토의가 시작되기 하루 전인 5월 12일, 옐친 대통령은 프리마코프 총리를 해임하고 세르게이 스테파신을 후임 총리로 임명했다. 1990년부터 옐친 정부에서 여러 부처 장관을 지내고, 마지막에는 내무장관을 지낸 정치적 색채가 없는 대통령의 충실한 측근이었다. 불과 2주 전에 부총리로 임명되었는데 부총리는 총리서리로 임명되기 전에 반드시 거쳐야 하는 필수코스였다. 옐친은 각료회의 석상에서 스테파신에게 자기 옆자리로 의자를 옮기라는 지시를 내려 사람들을 놀라게 했다. 옐친이 직접 밝힌 바에 따르면 그것은 사람들에게 "보상에 대한 기대감을 심어 충성심을 자극하기 위한 방안"이었다. 옐친은 깜짝 인사를 게임의 무기로 사용했다. 정치적 영향력을 행사하는 수단으로 그에게 남겨진 것은 이제 인사권뿐이었다. "상대의 허를 찌르며 신속하고 과감하게 움직이면 적은 균형을 잃고 수세에 몰리게 된다. 예상을 깨고 완전히 비논리적으로 움직이면 그 효과는 더 커진다."고 옐친은 썼다. 그는 총리 경질이라는 '대단히 비논리적인' 카드로 탄핵 국면을 전환시켜 보려고 했다.

탄핵 논의가 진행되는 2주 동안 옐친 보좌관들은 표 단속을 위해, 실제로는 표를 매수하기 위해 동분서주했다. 탄핵 표결 당일 대의원 450명 가운데 94명이 표결에 불참했다. 탄핵안이 가결되기 위해서는 항목별로 각각 300명의 찬성표가 필요했다. 체첸전쟁 관련 조항에 283명의 찬성표가 나왔다. 보수 반대세력뿐만 아니라 민주세력들까지 열렬히 반대의견에 동참했기 때문이다. 1993년 10월 의회 무력진압 건에는 263명이 찬성표를 던졌다. 다른 항목들은 찬성표가 조금 적었지만, 전 항목 모두 표결 참석자 다수가 압도적으로 찬성표를 던졌다. 하지만 대통령을 탄핵하기에는 표가 모자랐다.

스테파신 카드는 옐친이 생각했던 만큼 의회의 탄핵안 심의 결과에 영향을 미치지 못했다. 하지만 탄핵안을 둘러싼 소란이 잠잠해진 5월 19일 표결에서 의회는 스테파신의 총리 인준을 압도적인 표차로 통과시켰다. 예상치 못한 결과였다. 의원들은 스테파신이 12월로 예정된 총선 때까지 상처투성이의 대통령 밑에서 임시 관리형 총리에 머물 것으로 생각했다. 의원들은 스테파신이 총리직을 발판으로 2000년 대통령 선거에 도전할 가능성에 대해서는 아무런 경계심도 갖지 않았다. 워낙 온화한 성격에다 정치에 관심이 없는 관료 스타일이었기 때문이다. 어쨌든 당시 옐친의 낙점을 받는 것은 '죽음의 입맞춤' 같은 것이었다. 옐친 본인도 그 점을 알고 있었고, 스테파신에 대해서는 정치적으로 큰 기대를 갖지 않았던 것이다.

그의 손에는 마지막 카드 한 장이 더 들려 있었다. 때가 무르익으면 그 카드를 쓸 생각이었다.

스테파신이 총리에 임명된 바로 그날, 푸틴은 크렘린에서 옐친 대통령을 만나 북코카서스 일대에서 FSB의 활동을 강화하는 계획을 보고했다. 연방정부 권력기관이 앞장서서 '자원동원과 협력체제 구축'을 강화하겠다는 계획이었다. 쉽게 말해 체첸뿐만이 아니라 자꾸 통제권 밖으로 벗어나려고 하는 이 지역 전체를 대상으로 전쟁 준비를 하겠다는 것이었다. 체첸에 대해서는 모스크바에서 전혀 영향력을 행사하지 못하고 있었고, 카라차예보-체르케시아 같은 인근의 자치공화국들도 5월로 예정된 현지 총선을 앞두고 경쟁 관계에 있는 민족 집단들끼리 유혈충돌 가능성이 높아지고 있었다. 푸틴은 모스크바로 진출하기 전까지는 코카서스 지역 문제를 다룬 적이 없었다. 처음에는 중앙통제국 조사관으로 코카서스 지역을 조사했고 그 다음 FSB 국장이 되면서 이 일을 맡게 된 것이었다.

흑해에서 카스피해 사이에 자리한 코카서스 지역은 주민 대부분이 무슬림으로 예카테리나 대제에게 정복당한 이래 소련 시절을 거쳐 지금까지 줄곧 다루기 힘든 지역이었다. 스탈린은 대조국전쟁 기간 중에 코카서스 지역 주민 전부를 시베리아로 강제이주 시켰다. 이들이 나치 침략군과 한편이 될지 모른다는 이유에서였다. 소련연방이 무너지면서 오랜 불만이 다시 터져 나와 체첸이 독립을 선언하고, 1994년부터 1996년 사이 처참한 전쟁이 계속됐다. 푸틴은 이런 상황을 사악한 외세가 개입하고 부추겨서 러시아연방 자체를 무너뜨리려는 움직임으로 보았다. 그의 생각에 외세란 바로 미국으로 대표되는 냉전의 승전국들이었다.

코소보 분쟁에서 러시아 입장이 수세에 몰리고, 충돌 일보 전까지 간 공항에서의 해프닝을 겪으며 옐친 대통령은 안보전략을 제대로 수립하기 위해 국가안보회의 소집을 매주 정례화하라고 지시했다. 국가안보회의 정례화는 푸틴의 대중적인 이미지를 높여주었다. 신문과 텔레비전 방송을 상대로 정기적으로 인터뷰를 하기 시작했고, 새 핵 독트린에서부터 러시아의 첩보활동에 대한 미국의 불만, 러시아와 벨라루스의 재통합 문제, 다가오는 대선 준비에 이르기까지 다양한 주제들에 대해 질문을 받고 답했다. 옐친이 계속 병약한 모습을 보이면서 강경파들의 주도로 쿠데타 모의설이 나도는 등 불안정한 정국이 이어졌다. 콤소몰스카야 프라우다와 가진 인터뷰에서 푸틴은 보안기관이 주도하는 쿠데타 가능성을 일축하며 이렇게 냉소적으로 반문했다. "우리가 이렇게 권력을 잡고 있는데 굳이 쿠데타를 일으킬 이유가 있을까요?" 그의 말은 민주세력과 옐친의 반대세력 모두 오싹한 기분이 들게 만들었다. 반대세력들은 쿠데타 가능성을 낮게 보지 않았다.

7월 말에 옐친은 휴가를 단축하고 크렘린으로 돌아왔다. 열풍이 몰아닥쳐 휴가를 계속할 수 없었다고 불만을 늘어놓았지만 사실은 시급히 처리해야 할 일이 있었다. 경질당한 예브게니 프리마코프 총리와 루즈코프 모스크바 시장이 선거연합을 이루었다는 보고를 하루 전에 받았는데 그게 화급한 현안으로 떠올랐다. 옐친과의 사이가 멀어진 루즈코프 시장은 옐친 행정부, 그리고 대통령과 올리가르히 세력의 밀착 관계에 대해 연일 맹공을 퍼붓고 있었다. 루즈코프의 모스크바 시정부로부터 자금지원을 받는 신문과 텔레비전 방송들이 나서서 옐친 측근 '패밀리' 세력의 부패 관련 기사를 연이어 쏟아냈다. 옐친은 과거 소련 시절 KGB가 이용했던 바로 그 신문들이 돈에 매수되고, 흘리는 정보를 받아 근거 없는 비방 기사들을 싣고 있다고 불평했다. 한때 공산주의 세력에 맞서 싸우는 그를 지지했던 NTV도 등을 돌렸다. 비서실장 알렉산드르 볼로신이 NTV의 모기업인 미디어-모스트에 대한 정부지원을 중단시키려고 한 것이 발단이 되었다. 미디어-모스트는 옐친의 1996년 재선운동 때 돈을 댄 블라디미르 구신스키가 소유한 지주회사였다.

옐친은 프리마코프와 루즈코프의 연합은 총선 승리를 목표로 한 것만이 아니라 대통령제 자체를 없애려는 음모의 일환이라고 확신했다. 여름 내내 스테파신을 몇 차례나 불러 무슨 조치를 취하라고 다그쳤다. 주지사들이 하나 둘 루즈코프가 당수로 있는 '조국당'에 대한 지지를 선언하고, 그 '조국당'이 프리마코프의 '전수 러시아 블록'과 연합한 것이었다. 옐친은 위기감을 느꼈다. 이제 최측근 '패밀리'를 제외하고는 사방의 모든 세력으로부터 소외되고 있다는 것을 느꼈다. '패밀리'의 입지도 과거 그 어느 때보다도 위태로워지고 있었다. "이제 그는 러시아에서 어떤 일이 벌어지고 있는지 종잡을 수가 없었다." 러시아 역사학자 로이 메드베데프는 당시 상황을 이렇게 썼다. "그는 이제 권력을 어떻게 유지할 것인가 보다 자신의 안전을 더 걱정해야 하는 처지에 놓이게 되었다."

러시아는 수십 년의 소비에트 이데올로기 통치에서 벗어나고 있었고, 쿠데타 세력에 맞서 영웅적인 저항을 한 지 8년 만에 옐친은 국민의 신망을 완전히 잃어버렸다. 그는 회고록에서 당시 자신이 처한 상황을 숨기지 않고 이렇게 쓰고 있다. "걱정이 되어 견딜 수가 없었다. 도대체 나를 지지하는 사람이 누구인가? 정말 누가 나를 지지하기는 한단 말인가?"

옐친은 다음 단계로 취할 행동을 몇 개월 전부터 정해놓고 있었다고 했다. 하지만 즉흥적이고 임기응변적인 그의 성격으로 미루어볼 때 그 말은 믿기 힘들다. 설혹 미리 그런 결정을 내려놓은 게 사실이라고 하더라도 가장 가까운 측근 보좌관들을 포함해 본인 외에는 아무도 발표 직전까지 그 사실을 몰랐다. 차분히 계획된 게 아니라 즉흥적으로 이루어진 결정임이 틀림없었다. 8월 5일 옐친은 모스크바 외곽에 있는 대통령 다차로 극비리에 푸틴을 불렀다.

"내가 결정한 게 하나 있네, 블라디미르 블라디미로비치." 옐친은 이렇게 말했다. "자네한테 총리 자리를 제안하기로 했네."

푸틴은 그 말을 듣고 한동안 아무 대답도 하지 않았다. 대통령을 조심스레 주시하면서 그 말을 곰곰이 되씹어보았다. 옐친은 '나라가 처한 상황들'을 설명했다. 끓어오르는 코카서스 문제, 심각한 경제 문제와 인플레 등을 이야기했다. 그리고 가장 골치 아픈 문제인 불과 넉 달 앞으로 다가온 의회선거를 이야기했다. 여당이 반드시 의회 다수당이 되어야 한다는 필요성을 강조했다. 그는 스테파신이 머무적거리며 제대로 못해낸 일을 푸틴이 대신해 줄 것이라고 믿었다. 크렘린의 생존이 걸린 가장 중요한 문제였다. 그것은 바로 루즈코프나 프리마코프 두 사람 가운데 한 명이 차기 대통령이 될 경우 옐친의 운명을 장담할 수 없다는 것이었다.

푸틴은 자기가 행동에 나설 것임을 이미 보여준 바가 있었다. 루즈코프의 정치적 위상이 높아지던 4월에 루즈코프의 아내 옐레나 바투리나가 운영하는 회사에 대한 수사를 단행한 것이다. 바투리나가 운영하는 인테코Inteko는 닥치는 대로 계약을 따내 그녀를 러시아 최초의 여성 억만장자 반열에 올렸다. 가난뱅이에서 하루아침에 부자가 된 동화 같은 이야기는 소련연방 해체 이후 빈곤에 시달리는 수백 만 명의 러시아 국민들을 분노케 했다. 이들은 새로 자리 잡은 자본주의와 민주화에 대해서도 분노했다. 수사관들이 바투리나의 금융기록을 뒤지기 시작하자 루즈코프는 비난의 목소리를 높였다. 그는 이제 더 이상 옐친과 그의 심복인 국가안보회의 서기를 무서워하지 않았다. 그는 "불행하게도 FSB가 조국을 위해 일하는 게 아니라 크렘린을 위해 일하고 있다."고 비난했다.

그리고 옐친은 푸틴에게 그보다 훨씬 더 중요한 역할을 주문했다.

대통령을 버린 자들을 이길 수 있는 정당을 만들어서 이끌어 달라고 한 것이다. 옐친의 말이 끝나자 푸틴은 마땅히 해야 할 질문을 던졌다. 의회에 지지자가 없는데 어떻게 다수당을 만든다는 말인가?

"방법은 나도 모르네." 옐친은 이렇게 대답했다.

푸틴은 보통 때와 달리 한참을 말없이 생각에 잠겼다. 옐친은 그의 이러한 신중한 태도를 좋아했으나 너무 망설이는 것처럼 보였다.

"저는 선거운동 하는 거 정말 싫어합니다." 푸틴은 마침내 이렇게 입을 열었다. "저는 그런 자들을 어떻게 움직여야 하는지도 모르고 그런 자들을 싫어합니다."

옐친은 직접 선거운동을 지휘할 필요도 없다고 푸틴을 달랬다. 선거운동을 어떻게 할지는 걱정할 거리가 못 된다고 했다. 선거는 정치 전문가들에게 맡기면 된다는 것이었다. 지금 자기한테 부족한 것을 대신 맡아서 해달라고 주문했다. 그것은 바로 신뢰, 권위, 그리고 국민들이 갈망하는 군인다운 태도 같은 것이었다. 그런 것을 되찾아달라고 했다. 이 가운데서도 옐친이 가장 중요하게 생각한 것은 '군인다운 태도'였다. 옐친은 당시 푸틴이 '군인다운 단호한 목소리로' 이렇게 대답했다고 회고했다.

"분부하신 곳으로 가서 일하겠습니다."

그 말에 옐친은 이렇게 덧붙였고, 푸틴은 그 말을 듣고 깜짝 놀랐다. "제일 높은 자리라도 괜찮겠지?"

옐친은 당시 푸틴이 자기가 한 말의 뜻을 제대로 알아들은 것 같았다고 했다. 석 달 만에 갈아치운 전임 총리 세 명의 경우처럼 희생제물 용도로 총리 자리를 주겠다는 것이 아니었다. 그에게 대통령 후계자 자리를 제안한 것이었다. 숱하게 많은 측근들에게는 피해간 자리였다.

두 사람 사이에 침묵이 흘렀다. 옐친의 귀에는 방안의 시계 똑딱거리는 소리까지 들렸다. 그는 푸틴의 푸른 눈을 응시하며 이렇게 생각했다. "그의 두 눈이 더 많은 말을 담고 있었다."

옐친은 푸틴에게 자기가 한 말을 생각해 보라고 했다. 그런 다음 옐친은 스테파신을 불렀다. 스테파신은 자신의 총리직 경질 통고를 듣고 재고해 달라고 대통령에게 매달렸다. 옐친은 한 번 내린 결정은 신속히 이행되기를 바라는 성격이지만 스테파신의 경우는 달랐다. 그의 애원에 마음이 아팠다. 대통령 임무를 수행하는 내내 자신에게 충성을 바쳤던 사람이었기 때문이다. 그래서 재고해 보겠다며 관대한 반응을 보였지만 이내 마음을 다잡았다. 1991년 옐친이 처음 대통령직에 올랐을 때 함께 일한 아나톨리 추바이스는 푸틴의 총리 임명 결정이 잘못됐다고 생각했다. 추바이스는 처음에는 비서실장 알렉산드르 볼로신에게 부탁하고, 이어서 옐친의 딸에게도 부탁했다. 추바이스는 푸틴에 대해 항상 냉정한 태도를 취했는데 그를 정치적 감각이 없는 보안 분야 사람으로만 간주했다. 푸틴이 정치 경험이 없는 것은 사실이었다.

추바이스는 옐친 행정부를 떠나 독점기업인 국영 전기회사를 이끌고 있었다. 하지만 그는 1996년 옐친의 정치적 재기를 막후에서 지휘했고 당시로서는 정치적 감각이 옐친보다 뛰어났다. 그가 보기에 스테파신 대신 푸틴을 앉히는 것은 정치적 이득이 없는 결정이었다. 두 사람 모두 선출직에 앉아 본 적이 없고 동갑이었다. 둘 다 상트페테르부르크 출신이고, 옐친을 지지해 줄 독자적인 정치적 기반도 갖고 있지 않았다. 추바이스는 이 시점에서 또 총리 경질을 단행한다면 그것은 한 번 더 대통령의 기행으로 비쳐질 뿐이라고 말했다. 그렇게 되면 결과적으로 공산주의 세력의 기세를 올려주고, 루즈코프와 프리마코프의 연대에 더 힘을 실어주게 될 것이라고 경고했다.

추바이스의 간청에도 불구하고 코카서스 지역의 상황 때문에 옐친은 결심을 더 굳혔다. 8월 7일, 체첸 전사들이 국경을 맞댄 다게스탄공화국으로 침범해 들어가 3개 마을을 포위했다. 러시아군과 경찰은 수개월 동안 이들의 급습에 대비해 왔으나 체첸군은 아무런 저항도 받지 않고 험준한 산악 국경을 넘어 들어갔다. 두 명의 유명한 사령관이 체첸군을 지휘했다. 한 명은 포악한 반군 지도자인 샤밀 바사예프이고 또 한 명은 '하타브'라는 가명으로 동에 번쩍 서에 번쩍 하는 자였다. 사우디 국적의 하타브는 소련군이 아프가니스탄에 침공해 들어갔을 때 무장 저항운동을 주도한 이슬람 반군 지도자였다. 스테파신은 1995년에 반군이 이번처럼 공격해 왔을 때 대처를 잘못해 FSB 국장 자리에서 물러났다. 그래서 이번에는 이튿날 곧바로 군참모총장 아나톨리 크바신 장군과 함께 다게스탄으로 날아가 체첸 반군과 러시아군의 전투상황을 점검했다. 스테파신은 지난 번 같은 실수는 되풀이하지 않겠다고 선언했고, 러시아군은 체첸 반군이 장악하고 있는 마을들에 대해 대대적으로 포 공격을 퍼부었다.

스테파신이 이튿날 모스크바로 돌아오자 옐친은 예정대로 그를 경질하고 푸틴을 후임 총리로 임명했다. "내가 보기에 국민을 하나로 통합할 수 있는 인물을 총리로 지명키로 했습니다." 8월 9일 텔레비전 연설을 통해 옐친은 이렇게 말했다. "그는 다양한 정치세력과 힘을 모아 러시아의 개혁을 계속해 나갈 것입니다." 옐친은 푸틴을 공식 후계자로 명시하지는 않았지만 2000년 6월로 예정된 대통령 선거를 언급함으로써 작은 체구에 아직은 제대로 검증되지 않은 이 지도자에 대해 유권자들이 신뢰를 가져 주었으면 하는 희망을 나타냈다. "나는 이 사람이 앞으로 자신의 능력을 보여줄 시간이 충분하다고 생각합니다."

"이것은 죽음의 키스이다." 유명한 공산주의 전략가인 레오니드 도브로호토프는 옐친이 푸틴을 후계자로 지명한 것에 대해 이렇게 말했다. "대다수의 국민이 옐친에 대해 엄청나게 염증을 느끼고 있기 때문에 아무리 훌륭한 정치인이라고 해도 그가 후계자로 지명하는 순간 무덤으로 향하는 길로 들어서게 된다." 두마 의장인 겐나디 셀레즈뇨프도 옐친이 푸틴의 정치생명을 끝장냈다며 이렇게 말했다. "앞으로 석 달 안에 경질당할 것이 분명하기 때문에 의원들이 그의 인준안을 놓고 몇 주씩 시간을 허비할 필요가 없을 것이다." 푸틴 본인도 자신의 정치적 미래에 대해 확신이 없었다. 생각지도 않았던 미래가 자기 앞에 놓였기 때문이다.

그것 아니라도 푸틴은 힘든 여름을 보내고 있었다. 부친의 건강이 심하게 나빠져서 FSB 업무가 계속 늘어나는 와중에도 적어도 매주 한 번은 부친 문병을 위해 상트페테르부르크로 갔다. 모친 마리아는 그 전 해 세상을 떠났다. 부모는 푸틴이 상트페테르부르크시의 요직을 지내고 소련 연방이 와해된 폐허 위에 세워진 연방정부에서 출세가도를 달리는 것을 보고 세상을 떠났다. 푸틴은 부친과 가깝게 지내지는 않았고, 말수가 적은 부친은 자긍심이 대단한 참전용사였다. 부친은 마지막 숨을 몰아쉬며 이렇게 말했다고 한다. "우리 아들은 차르 같은 사람이 될 것이다." 부친은 8월 2일 숨을 거두었고, 장례를 마치고 상트페테르부르크에서 돌아온 직후 옐친은 그에게 총리직을 제안했다.

푸틴은 옐친이 뭐라고 하든 스테파신과 프리마코프, 키리옌코를 버린 것처럼 조만간 자기도 그렇게 버릴 것으로 생각했다. 두세 달, 길어야 넉 달이면 자신도 경질당할 것이라고 내다보았다. 나이 마흔 여섯에 '역사적인 임무'를 부여받았고 짧은 시간 안에 그 임무를 완수해야 했다. 체첸과 다게스탄공화국 국경에서 벌어지는 무력충돌은 1991년에 시작된 소련연방 해체과정의 연장선상에 있는 것 같았다. 체첸전쟁은 러시아로서는 치욕스러운 일이었다.

러시아 지도자들은 국가의 존립을 위태롭게 하는 도발에 소극적으로 대응했다. 푸틴은 러시아가 유고연방처럼 분리되거나 동독처럼 패망의 길로 나아가고 있다고 생각했다. "이런 사태에 신속히 종지부를 찍지 않으면 러시아는 사라지고 없을 것이다." 체첸전쟁으로 옐친 정부에 대한 평가는 바닥으로 내려앉았다. 옐친의 인기는 떨어지고 탄핵 사태를 불러왔다. 또다시 무력충돌이 벌어진다면 정권이 대단히 위태로워진다고 생각했다. "내 정치생명을 걸지 않으면 감당하지 못할 임무라는 생각이 들었다." 그는 나중에 이렇게 말했다. "내 정치생명 끝나는 것은 아무 것도 아니다. 나는 기꺼이 대가를 치를 마음의 준비가 되어 있었다."

제10장
—

후계자가 되다, 체첸 초토화 작전

다게스탄공화국은 러시아 영토의 최남단에 있으며 다양한 부족이 살고 있다. 카스피해와 접하고 있고, 코카서스 동부 산악지대에서 체첸과 국경을 맞대고 있다. 체첸처럼 주민 대다수가 무슬림이지만 수십 개 부족이 서로 다른 언어를 사용하며 어울려 사는 다양한 인종 분포를 가지고 있다. 19세기 초 러시아 지배 아래 들어갔으며 볼셰비키혁명 직후 잠시 동안 코카서스 지역의 다른 공화국들과 함께 하나의 독립국을 만들기도 했다. 하지만 소련연방이 붕괴된 다음 체첸과 달리 러시아연방으로부터의 독립을 선언하지 않았다. 여러 부족으로 구성된 주민 다수가 러시아로부터의 분리 독립을 지지하지 않았지만, 1990년대 들어서 상당 기간 체첸과의 합병 여부를 놓고 주민들 간에 찬반 논란이 계속됐다.

8월 7일 다게스탄 침공을 지휘한 샤밀 바사예프 사령관은 다게스탄에 이슬람 국가를 수립하겠다고 선언했다. 체첸 내에서 자신의 정치적, 이념적인 입지를 넓히기 위한 방편으로 다게스탄 침공을 감행한 것이었다. 그는 사우디 출신의 전사 하타브와 함께 2천 명의 반군을 이끌고 산악 국경지역의 여러 마을을 장악했다. 침공한 목적이 정확하게 무엇인지는 알려지지 않았다. 하지만 러시아군은 슈피군 장군이 피랍된 뒤(나중에 시신으로 발견됨) 경계태세를 단단히 하고 있었다. 세르게이 스테파신은 처음에 내무장관으로서, 그리고 5월부터는 총리로서 경찰 병력과 군 병력을 동원해 체첸 지역에서 연방정부의 통치권을 회복할 작전계획을 착실히 세웠다. 푸틴도 FSB 총수 겸 국가안보회의 서기 자격으로 작전수립에 가담했다. 스테파신은 바사예프가 다게스탄을 침공하기 한참 전에 이미 러시아군이 8월 내지 9월에 체첸 작전을 시작할 계획을 세워 놓았다고 주장했다. 스테파신은 체첸 영토의 3분의 1에 해당되는 북쪽의 평원지대를 장악한다는 제한적인 군사목표를 세웠다. 테레크강까지 이어지는 저지대를 가리키는 것이었다. 그곳에 저지선을 확보함으로써 산악 지역에 위치한 급진세력과 범죄자들을 고립시킨다는 전략이었다.

바사예프가 다게스탄을 침공한 이후 푸틴은 큰 야심을 갖기 시작했다. 그는 옐친에게 전 안보 부처를 총괄해 군사작전을 수행할 수 있는 '절대 권한'을 자기한테 달라고 요청했다. 대통령이 군통수권자로서 가진 권한을 자기한테 넘겨달라고 한 것이나 마찬가지였다. 옐친은 그렇게 하겠다고 동의했다. 대통령 권한의 상당 부분을 처음으로 총리에게 위임하는 결정을 내린 것이었다. 8월에 총리로 지명된 바로 이튿날 푸틴은 다게스탄에서 러시아군의 지휘체계를 재편할 것이라고 밝혔다. 그리고 군을 향해 침략자들을 몰아내는 데 2주간의 시한을 주겠다고 못 박았다. 의회에서 총리 인준을 받기도 전이었다. 8월 13일 러시아 폭격기와 공격용 헬기들이 체첸 전사들이 장악하고 있는 마을들을 폭격했다. 푸틴은 체첸 영토에 대한 본격적인 공습을 감행할 것이라고 경고했고, 이튿날 러시아군은 체첸 전사들이 장악해 기지로 쓰고 있는 마을들에 공습을 단행했다.

8월 16일, 두마는 푸틴의 총리 인준안을 근소한 표차로 통과시켰다. 의원들은 총리로서의 자질이나 남부에서 전개되는 무력 사태보다 선거 관련 문제를 놓고 설전을 벌였다. 233명이 찬성표를 던져 인준에 필요한 최저 표보다 불과 7표를 더 얻었다. 스테파신이나 프리마코프, 키리옌코 인준 때보다 훨씬 적은 표를 얻었다. 의원들 눈에 푸틴은 아무리 좋게 봐도 과도기적인 인물이고, 조만간 경질당해 사라질 임시 총리에 불과했다. 의회에서 한 짤막한 인사말을 통해 푸틴은 단호한 어조로 정부의 권위를 회복하겠다고 말했다. 그리고 장성들을 향해 "이제 일주일 남았다."며 다게스탄에 들어온 침략자들을 몰아낼 시한이 임박했음을 주지시켰다.

그로부터 일주일 뒤 바사예프가 이끄는 체첸 전사들은 다게스탄에서 물러났다. 러시아군의 보복공격이 워낙 거센데다 이슬람 국가 건설에 대한 다게스탄 주민들의 지지가 미약했기 때문이다. 다게스탄에는 과격 이슬람을 지지하는 세력도 있었지만, 다양한 부족 구성원들 다수가 체첸보다는 러시아에 더 기울어져 있었다. 현지 경찰과 무장단체들이 러시아 연방군과 합세해 침략자들을 몰아내기 위해 싸웠다. 이들은 8월 26일 마침내 체첸 전사들이 장악했던 마을들에 러시아 삼색기를 세우는 데 성공했다. 두 주 간의 러시아군 공습으로 마을은 철저히 파괴됐다.

이튿날 푸틴은 신문 방송 기자들을 대동하고 다게스탄으로 날아갔다.

공화국 수도 마하치칼라 공항에 도착할 때까지 기자들은 행선지가 어딘 지도 몰랐다. 삼엄한 보안 속에 일행은 공항에서 헬기로 옮겨 타고 보틀 리흐로 갔다. 체첸 침공군이 장악했던 산악 마을로 체첸과의 국경에서 불과 5마일 떨어진 곳이었다. 푸틴은 평상복 차림으로 러시아군과 다게스 탄 전사들 앞에서 연설한 다음 50명에게 훈장을 달아주었다. 그리고 러시 아군 최고의 명예인 영웅 메달 수상자 3명을 선정해 나중에 크렘린에서 메달 수여식을 가질 것이라고 발표했다. 네 번째 메달 수상자는 전사자에 게 수여될 것이라고 밝혔다. 공식집계로 60명 가까운 러시아군이 전사했 고, 반군과 민간인 사상자 수는 발표되지 않았다. 푸틴은 전사자들의 죽 음이 헛되지 않았으며 그들이 싸우다 죽은 명분은 정당했다고 선언했다. 그리고 그는 참석자들에게 전사자들을 위해 건배를 제의했다가 갑자기 하던 말을 멈추고 이렇게 말했다.

"잠간만 주목해 주십시오. 먼저 부상자들과 여기 모인 모든 분들의 건 강을 위해 건배를 하겠습니다. 하지만 우리 앞에는 아직 숱한 난관이 놓 여 있고, 엄중한 임무들이 기다리고 있습니다. 그게 무엇인지 잘 아실 것 입니다. 적이 어떤 계획을 갖고 있는지 어느 곳에서 도발이 감행될지도 아실 것입니다. 따라서 단 한 순간도 우리가 약한 모습을 보여서는 안 됩 니다. 우리가 가드를 내리면 이들의 죽음은 헛된 것이 되고 맙니다. 따라 서 나는 여러분께 잔을 테이블에 도로 내려놓자고 권합니다. 희생된 사람 들을 위해 반드시 건배를 할 것입니다만, 나중에 하겠습니다."

푸틴의 깜짝 방문은 정치 신인이 연출한 정치적 쇼 무대였다. 하지만 주인공 푸틴의 모습은 옐친과 극명한 대조를 이루었다. 열정에 넘치는 젊은 총리와 늙고 병약한 대통령이 대비되었다. 실의에 빠지고 분열된 나라가 정치색이 없는 젊은 총리가 만들어낸 승전을 자축하고 있었다. 그러면서 푸틴의 연설에는 바사예프가 체첸으로 물러났다고 해서 갈등이 해소된 것은 아니라는 사전경고가 담겨 있었다.

그로부터 채 일주일이 지나지 않은 9월 4일 저녁, 다게스탄 수도에서 남쪽으로 40마일 떨어진 부이나크스크의 5층짜리 건물이 엄청난 폭발음과 함께 폭삭 내려앉았다. 건물에는 러시아 군인과 가족들이 살고 있었으며, 폭발이 난 시각에 희생자 대다수는 우크라이나와 프랑스의 축구 경기를 보기 위해 텔레비전 앞에 모여 있었다. 자동차에 설치된 폭탄이 터진 것으로 보이는 이 사고로 64명이 목숨을 잃었다. 이튿날 체첸 군인들이 다시 다게스탄으로 침공해 들어갔다. 이번에는 공격지점이 3년 전 1차 전쟁 때 평화협정을 체결했던 하사뷰르트 인근이었다. 옐친은 9월 6일 국가안보회의 석상에서 격노했다. "도대체 다게스탄의 한 구역이 통째 반군 손에 넘어갔다는 게 말이 되는가!" 옐친 대통령은 고래고래 소리를 질렀다. "군은 도대체 어디다 정신을 팔고 있었단 말인가." 그러면서 옐친은 새 총리에게 더 많은 권한을 위임해 주었다. 초기 대응은 성공적이었지만 어쨌든 재앙은 닥치고 말았다. 푸틴의 조기 경질이 현실화 되는 것 같은 분위기였다.

그러는 가운데 9월 9일, 코카서스의 대大살육극이 모스크바로 진출했다. 자정 조금 지난 시간 엄청난 폭발음과 함께 구리야노바 거리 19번지에 있는 9층짜리 아파트 건물 한가운데가 날아가 버렸다. 모스크바강이 휘돌아나가는 곳에서 멀지 않은 지점이었다. TNT 수백 파운드와 맞먹는 엄청난 폭발로 직사각형의 아파트 건물은 두 동강이 났다. 마치 거대한 도끼로 패서 갈라놓은 것 같았다. 집안에서 잠자던 사람들은 불타는 잔해 속에 갇혔다. 처음에 수사 당국은 사고 원인을 가스 누출로 추정했으나 이튿날 테러 소행 가능성을 의심하기 시작했다. 사실일 경우 모스크바 역사상 최악의 테러로 기록될 것이었다. 폭발로 모두 94명이 목숨을 잃고 부상자는 수백 명에 이르렀다.

9월 11일, 구호요원들이 아직 구리야노바 거리의 사고 현장 잔해를 치우고 있는 시간에 푸틴은 와병 중인 옐친 대통령을 대신해 연례 APEC^아시아태평양경제협력체 포럼에 참석하기 위해 뉴질랜드로 향했다. 21개국 정상들이 참석했고, 푸틴은 이 포럼 참석으로 국제무대에 데뷔했다. 정상들은 18개월 사이에 다섯 번째로 임명된 러시아 총리에 호기심을 가졌지만 전임 총리들보다 더 장수할 것이라고 생각하는 사람은 별로 없었다. 그 해 여름 체첸을 둘러싸고 벌어지는 무력충돌 사태는 서방에도 경고를 보내고 있었다. 클린턴 대통령은 푸틴과의 회담에서 충돌 지역에서 자행되는 비극적인 인권침해 사태에 부드러운 어조로 우려를 표시했다. 그러면서 국제 감시단이 들어가 활동할 수 있도록 허용하는 정치적 결단을 내려달라고 요구했다. 푸틴은 공손한 어조로 전 해에 코소보 사태는 해결되었으며, 국제 테러리즘이 제기하는 공통의 위협에 대한 상호 이해가 있기를 희망한다는 뜻을 피력했다.

클린턴이 체첸 사태를 거명하자 푸틴은 "입을 굳게 다물고 자세를 고쳐 앉은 다음 냉정한 표정으로 바뀌었다." 그는 냅킨에 지도를 그려가며 클린턴에게 제한적인 공격에 대비해 작성했던 작전계획을 설명했다. 그러면서 다게스탄에서 벌어지는 무력충돌은 단일 사건이 아니라 오사마 빈 라덴을 비롯한 국제 테러리즘의 지원을 받은 테러 세력이 러시아로 침공해 들어오기 시작한 것이라고 주장했다. 그는 클린턴 대통령에게 오사마 빈 라덴이 이끄는 알카에다 네트워크가 그 전 해에 케냐와 탄자니아 주재 미국 대사관 공격을 감행했다는 점을 상기시켰다. 바로 이들이 체첸의 이슬람 전사들을 재정적으로 지원하고 있다고 주장했다.(미국은 그러한 주장이 사실인지 여부를 확인할 수가 없었다.) 그러면서 푸틴은 러시아 국민들에게는 아직 밝히지 않은 계획을 클린턴 대통령에게 털어놓았다. 러시아 군대가 체첸 사태에 다시 개입할 것이라고 말한 것이다.

9월 13일 또 폭발물이 터져 아파트 건물을 무너뜨렸다. 이번에는 모스크바 남부 카시르스코예 고속도로 주변에 있는 아파트로 구리야노바 거리에서 멀지 않은 곳이었다. 사고 당시 푸틴은 뉴질랜드에 있었다. 사망자는 118명에 이르렀고 러시아 전역이 히스테리 상태에 빠져들었다. 사고 원인을 놓고 앞뒤가 맞지 않고 혼란스런 보도들이 이어졌다. 푸틴은 첫 번째 폭발 사고 때는 보고를 받고 테러 공격이라고 선뜻 결론을 내리지 못했다. 그러나 이번에는 두 차례의 폭발이 사고로 일어났을 가능성은 없다고 단언하며 이렇게 말했다. "이런 소행을 저지른 자들은 인간이라고 부를 수가 없다. 짐승만도 못한 자들이다." 그는 총리가 되고 나서 첫 번째 참석한 해외 일정을 중단하고 모스크바로 돌아왔다.

정확히 누구의 소행인지 좀처럼 드러나지 않았다. 부이나크스크 폭발은 다게스탄 과격세력이 자신들의 소행이라고 주장했다는 보도가 있었다. 하지만 샤밀 바사예프를 비롯한 체첸 지도자들은 자신들이 모스크바 폭발사고에 관여하지 않았다고 밝혔다. 바사예프는 러시아 남부 영토를 떼어내 이슬람 국가를 건설하겠다고 공언하면서도 자신들의 모스크바 테러 관련설은 일축했다. 강경파 공산당 지도자인 빅토르 일류킨은 이타르–타스 통신과의 회견에서 첫 번째 공격은 코카서스 세력과 관련된 것이 아니라, 옐친 지지 세력과 루즈코프 지지 세력 간의 갈등과 관련 있다고 주장했다. 그는 폭발이 12월로 예정된 총선을 무산시키려는 핑계로 기획되었다며 "정치적 히스테리가 인위적으로 만들어지고 있다."고 말했다. 크라스노야르스크 주지사인 알렉산드르 레베드는 프랑스의 르피가로 신문과 가진 회견에서 체첸인들은 그런 테러 공격을 통해 얻을 것이 없지만, 옐친과 그의 측근 '패밀리'들은 얻을 게 있다며 이같이 말했다. "목적은 분명하다. 집단공포를 조장하려는 것이다. 불안정한 상황을 기다려 '여러분 절대로 투표장에 가면 안 됩니다. 투표함과 함께 날아가 버리는 수가 있습니다.'라는 말을 할 결정적인 순간이 오기를 기다리는 것이다."

모스크바 일대는 공포감으로 가득차기 시작했다. 경찰은 일제 검문을 실시해 외모가 코카서스 사람 같아 보이면 무조건 잡아들이는 식으로 수백 명을 검거했다. 시민들은 자경단을 만들고 경찰은 카포트냐 구역에 있는 한 건물에서 폭발물 76포대를 압수했다. 자루에는 코카서스 지역의 카라차예보–체르케시아공화국에 있는 공장에서 생산된 설탕 마크가 찍혀 있고, 그 안에 아파트 건물 몇 채를 더 날려 보낼 만한 양의 폭발물이 담겨 있었다. 폭발물이 압수된 이후 모스크바에서는 더 이상 폭발사고가 일어나지 않았다. 하지만 9월 16일 네 번째 폭발이 일어났는데 이번에는 모스크바나 체첸에서 수백 마일 떨어진 남부 도시 볼고돈스크였다. 이번 폭발은 세부적인 면에서 앞서 일어난 폭발과는 달랐다. 우선 폭발이 대부분의 사람들이 잠든 새벽 시간에 일어났다. 그리고 폭발물이 건물 내부가 아니라 바깥에 세워둔 트럭에 실려 있어 피해를 크게 줄일 수 있었다. 폭발력은 건물 전면을 날려 버릴 만큼 강력했지만 건물이 무너질 정도는 아니었다. 이 폭발로 17명이 목숨을 잃었다. 테러 소용돌이 속에 300명 가까운 사람이 목숨을 잃은 것이다.

러시아는 체첸 영토 안에 제한적인 공습을 계속해왔는데, 푸틴은 이제 공세를 더 강화하기로 했다. 9월 23일, 러시아 폭격기들이 처음으로 체첸 공화국 영토 깊숙이 공습을 감행해 그로즈니 공항과 정유공장 한 곳을 파괴했다. 현지에는 불길을 잡을 장비가 거의 없었기 때문에 두 곳은 걷잡을 수 없이 불에 타 전소됐다. 전략적인 차원에서 감행된 것이라기보다는 보복 공격에 가까웠다. 그로즈니 공항이 공습당할 때 체첸에서 운항 중인 두 대의 항공기 가운데 한 대가 파괴됐다. 구식 복엽기로 군사적인 용도와는 아무 상관이 없는 항공기였다. 푸틴은 카자흐스탄을 공식방문한 자리에서 러시아는 "어떤 외국 용병과 테러리스트들이 공격해 오더라도 스스로를 지킬 것"이라고 공언했다. 그러면서 체첸에서 전쟁을 새로 시작할 계획은 없다는 점을 강조했다. 하지만 체첸을 공습한 목적이 무엇이냐는 질문을 받자 푸틴은 화를 참지 못하고 터뜨렸다. 평소 무뚝뚝하고 절제된 태도로 간결한 화법을 구사하던 모습은 온데간데없이 길거리 싸움꾼의 모습으로 돌변한 것이었다. 거친 말투에 뒷골목 아이들이 쓰는 쌍욕이 섞여 튀어나왔다. "이제 그따위 질문에 답하기도 지겹소." 그는 이렇게 쏘아붙였다. "러시아 항공기는 테러범들의 은신처만 타격하고 있소. 이 자들이 어디로 가든 우리는 끝까지 쫓아갈 것이요. 화장실까지 쫓아 들어가서 이 자들을 변기통에 잡아 처넣어 버릴 것이요."

실제로 터지지 않은 폭발물 하나가 그해 여름에 일어난 일들을 모조리 의혹 속으로 몰고 갔다. 푸틴의 유명한 변기통 발언이 있기 전인 9월 22

일 저녁 모스크바 남동쪽 리야잔에 사는 버스 기사 한 명이 자기 아파트 건물 바깥에 흰색 라다 승용차 한 대가 주차돼 있는 것을 보았다. 그리고 외모가 러시아인으로 보이는 젊은 여성 한 명이 불안한 모습으로 노보스옐로바야 거리 쪽으로 난 건물 입구에 서 있었다. 차 안에는 남자 한 명이 타고 있었고, 얼마 뒤 건물 안쪽에서 한 명이 더 나타났다. 그리고 세 명은 함께 차를 타고 사라졌다. 앞서 일어난 폭발사고 때문에 신경이 곤두서 있던 그 버스 기사는 전화로 경찰에 신고했다. 신고를 받은 경찰은 처음에 별 관심을 보이지 않더니 마침내 현장에 나타났고, 그러고 나서 일대 소동이 벌어졌다. 경장 안드레이 체르니셰프가 건물 지하실에서 설탕이라고 표기된 포대 세 자루를 찾아냈다. 모스크바의 은닉처에서 발견된 것과 같은 자루였다. 기폭장치로 보이는 기기도 하나 발견됐고, 타이머는 오전 5:30에 맞춰져 있었다. 경찰은 12층 건물의 주민 모두를 긴급히 대피시키고 현지 폭발물 처리 전문가인 유리 트카첸코가 달려와서 타이머를 해체했다. 가스 분석기로 자루 안에 든 물질을 검사해 본 결과 설탕이 아니라 군용 폭발물 헥소겐인 것으로 밝혀졌다. 앞서 모스크바에서 일어난 폭발 사건 가운데 적어도 한 곳에서 사용된 물질이었다. 이튿날 아침 뉴스에는 또 일어날 뻔했던 대폭발 사건을 기적적으로 막아냈다는 보도가 나왔다.

대재앙을 막았다고 자축하는 분위기는 아니었지만, 리야잔 사건 현장 주민들과 현지 경찰에게는 칭찬이 쏟아졌다. "주민들의 경계심과 신고정신에 감사드립니다." 푸틴은 텔레비전에 나와 이렇게 말했다. 놀란 주민들이 사건의 진상에 대해 궁금해 하는 가운데 경찰 수사관들은 폭발물을 설치한 범인들의 윤곽을 잡아가고 있었다. 주차장에 버려진 라다 승용차를 찾아냈고, 아파트 건물 바깥에서 목격됐던 두 명도 검문 경찰에 걸렸다. 하지만 이들은 FSB 신분증을 제시하고 그대로 풀려났다. 그날 저녁 현지 전화교환원이 어떤 사람이 전화 통화에서 도시를 무사히 빠져나갈 방법이 없다고 말하는 것을 포착했다. 수신자는 전화를 건 사람에게 흩어져서 각자 재주껏 빠져나갈 방법을 찾으라고 말했다. 전화교환원은 이런 내용을 경찰에 신고했고, 수신자의 주소지가 모스크바라는 사실을 알아냈다. 놀랍게도 그것은 FSB 전화번호였다.

그날 저녁 FSB 대변인은 리야잔에서 일어난 일 전반에 대해 의문을 제기했다. 압수된 물품들을 일차 검사한 결과 폭발물 흔적이 일체 발견되지 않았다는 것이었다. FSB는 리야잔에서 발견된 증거물들을 모조리 압수해 모스크바로 가져갔다. 부품 한두 개가 현장에서 발견되긴 했지만 기폭장치는 없었다고 했다. 이튿날 FSB 국장 니콜라이 파트루셰프는 폭발물 관련 긴급 각료회의에 참석한 뒤 기자들과 만났다. 파트루셰프는 상트페테르부르크에서부터 푸틴과 KGB 동료였으며 모스크바로 함께 진출해 계속 같은 배를 타고 일했다. 그는 1999년에 푸틴이 총리가 되면서 FSB 국장직을 물려받았고, 푸틴이 가장 신임하는 막료 가운데 한 명이었다. 그는 리야잔에서 있었던 일은 단순 훈련과정이었다고 말했다. 러시아 내 다른 도시들에서 일어난 폭발사건과 똑같은 폭발물을 어떻게 설치하는지 실제로 테스트해 보는 훈련이었다는 말이었다. 훈련은 몇 군데 도시에서 동시에 실시되었다고 말하고, 특히 리야잔 시민들의 신고정신과 시민정신에 감사한다고 했다. "폭발물로 추정되는 의심 물질을 발견했을 때 곧바로 신고해 준 시민들께 감사드립니다. 아울러 시민들을 놀라게 해드린 데 대해 심심한 사과의 말씀도 드립니다."

파트루셰프의 발언 내용은 모스크바를 비롯해 전국 여러 도시에서 발행되는 신문에 그대로 실렸다. 보도 내용을 보고 리야잔 시민들은 기가 막히고 혼란스러웠다. 경찰과 시민들이 훈련이 실시될 것이라는 통보를 사전에 받지 못한 것일 수도 있었다. 하지만 현지 FSB 지부도 폭발물 설치 훈련과 관련해 사전에 통보받은 사실이 없다고 말했다. 시장과 주지사를 포함해 사전 통보를 받은 사람은 아무도 없었다. 하루 반나절이 지나서야 놀란 시민들에게 훈련이었다고 밝힌 것은 설득력이 없어 보였다. 용의자 검거와 추가 폭발물 수색을 위해 내무부에서 경찰 1200명을 투입해 저인망식 수색을 한 것만 봐도 그랬다. 누구보다도 현장에서 발견된 폭발물 해체작업을 한 수사관들이 압수된 물품들이 무엇인지 잘 알고 있었다. 그날 저녁 어떤 사람이 에코 모스크비 라디오 방송국에 전화를 걸어왔다. 지금도 그렇지만 당시도 비교적 자유롭게 정치적 문제를 다루는 방송이었다. 전화를 건 사람은 이름을 밝히지는 않고 자신을 보안요원이라고 소개한 다음 FSB의 해명이 황당하다고 했다. 그는 훈련이었다는 말은 설득력이 없으며, 사람들이 FSB가 이 사건에 어떤 식으로든 개입했다는 의심을 하게 될 것이라고 했다.

9월 29일 푸틴은 체첸 대통령 아슬란 마스하도프와 협상할 의사가 있다고 밝혔다. 하지만 먼저 체첸 정부에서 모든 테러행위를 비판하고, 체첸공화국 안에 있는 무장 군인들을 모두 추방하고 지명수배된 범죄자들을 모두 체포한다면 협상에 임할 것이라는 조건을 내걸었다. 지명수배자 명단에는 바사예프와 하타브를 비롯한 체첸 사령관들이 모두 포함되었다. 마스하도프는 다게스탄 침공과 러시아 도시에서 자행된 폭발물 공격에 대해 강하게 비난했지만 대통령으로서의 입지가 워낙 취약해 바사예프나 하타브를 체포해 러시아에 인도할 수 있는 처지가 아니었다. "나는 바사예프를 체포할 수 없소." 그는 푸틴의 최후통첩이 나오기 이틀 전 기자들에게 이렇게 말했다. "체첸 국민들이 그걸 용납하지도 않을 뿐만 아니라 우리는 조국의 독립을 위해 함께 싸워왔소." 푸틴의 대화 제의가 있던 날 마스하도프는 다게스탄 대통령을 만나 모스크바와의 협상과 관련해 의견을 교환할 예정이었으나 다게스탄에서 시위대들이 도로를 막아 방문 계획을 취소해야 했다. 하지만 그날 다게스탄 대통령을 만났다고 해도 어차피 때는 늦었을 것이다.

이튿날 러시아군과 내무부 소속 병력이 체첸으로 밀고 들어갔다. 푸틴의 부인에도 불구하고 대규모 침공이 시작된 것이었다. 1차 체첸전쟁 때는 4만여 명의 병력이 투입되었는데 그나마 대부분이 전투경험이 없는 신병들이었다. 하지만 이번에 푸틴은 아프가니스탄에 들여보낸 병력수와 맞먹는 9만 3천 명을 투입시켰다. 아프가니스탄은 영토 규모가 체첸의 40배 가까이 된다. 10월 1일 푸틴은 러시아는 이제 마스하도프 정부를 인정하지 않는다고 선언했다. 대신 1996년 러시아군이 체첸을 점령하고 있을 때 선출된 의회를 체첸 대표로 인정한다고 밝혔다. 의원 대부분은 1차 체첸전쟁이 끝난 뒤 러시아군이 철수하자 모스크바 등지로 피신했다. 이 선언으로 푸틴은 체첸과의 협상 가능성을 완전히 닫아 버렸다. 애초에 푸틴은 대화를 통한 문제 해결을 원치 않았다. 마스하도프는 바사예프가 이끄는 무장세력에 가담해 체첸 수호 투쟁에 나섰다. 10월 5일, 러시아군은 테레크강 목전까지 체첸 영토의 북쪽 3분의 1을 장악했다. 그해 봄에 이미 수립해 놓은 작전계획이었다. 그로부터 일주일 뒤에 러시아군은 강을 건너 그로즈니로 진격했다.

　푸틴은 1차전 때와 같은 실수는 되풀이하지 않겠다고 다짐했다. 사람들은 이 말을 전면 지상전을 펼쳐 체첸 영토 전부를 점령하려고 들지는 않을 것이라는 말로 받아들였다. 하지만 푸틴의 의도는 체첸을 완전 점령하는 것이었다. 다만 이번에는 군의 희생을 최소화하기 위해 공습을 최대한 활용하겠다는 뜻이었다. 체첸 주민들이 얼마나 희생될지는 안중에도 없었다. "지난번과 달리 이번에는 우리 아이들을 생각 없이 적의 불길 속으로 들여보내지 않을 것입니다." 그는 브레미야Vremya 신문과의 인터뷰에서 이렇게 말했다. "우리는 현대식 화력의 지원을 받아 움직일 것이며, 멀리서 테러범들을 타격할 것입니다. 그들의 인프라를 파괴하고, 마지막으로 특수부대를 들여보내 그자들의 영토를 깨끗이 쓸어버릴 것입니다. 전선에서 맞붙어 싸우는 일은 더 이상 없을 것이오. 우리 병사들을 보호해야 합니다. 물론 그렇게 하려면 시간과 인내심이 필요하고. 신문 독자들과 국민들께 이해를 구합니다. 과거처럼 우리 희생이 얼마나 클지 아랑곳하지 않고 '공산주의 동지들이여, 돌격하라!' 라고 외치기만 할 것인지, 아니면 인내심을 갖고 공중에서 조직적으로 적을 파괴해 나갈지 선택해야 합니다." 만약 공습이 실패하면 어떻게 할 것이냐는 질문에 그는 이렇게 대답했다. "반드시 성공합니다. 우리에게 만약이라는 말은 필요 없습니다." 10월 20일, 전투가 격화되는 가운데 푸틴은 극비리에 모스크바를 떠나 체첸 방문길에 올랐다. 도중에 수호이-25 전투기를 타기도 했다.

　푸틴은 이번에도 공군기지에서 조종사들에게 공훈 메달을 수여했다. 러시아군이 장악한 체첸 국경 마을 즈나멘스코예에 들러서는 마을 노인들과 만났다. 그는 체첸 정부가 제 역할을 못해 모스크바에서 예산 지원을 쉬지 않고 해주는 데도 주민들에게 봉급과 연금이 지급되지 않고, 병원과 학교도 문을 열지 못하고 있다고 통탄했다. "체첸 영토에서 피에 굶주린 폭도들을 몰아내고 질서를 회복하는 것이 러시아의 목표"라고 말했다. 아울러 이렇게 덧붙였다. "오늘 내가 이곳에 온 목적 가운데 하나는 우리가 여러분과 한 몸이라는 것을 보여주기 위해서입니다. 그래서 러시아 전역에서 반 체첸이나 반 코카서스 정서가 사라지고, 이곳에서도 피에 굶주린 증오심이 사라지도록 하기 위해서입니다."

이튿날 러시아군 로켓포가 그로즈니 중앙시장에 떨어져 수십 명이 목숨을 잃었다. 피해자 대부분이 물건도 귀한 시장에 먹을 것을 구하기 위해 나온 여성과 어린이들이었다. 여러 건의 폭발 사건과 모스크바를 비롯해 러시아 도처에서 번진 반 체첸 정서에도 불구하고, 그때까지 체첸에 대한 무력공격은 정치적 지지를 크게 받지 못하고 있었다. 옐친 이후 시대를 노리고 권력투쟁에 몰두하고 있는 정치인들 사이에서는 특히 더했다. 1차 체첸전의 기억이 아직도 생생하게 남아 있었다. 9월 중순까지 2백 명이 넘는 러시아 군인이 체첸 국경에서 벌어진 전투에서 전사했다. 체첸 영토 안에서 일어난 사망자 수는 훨씬 더 많았고 수천 명에 이를 것이라는 추측도 나왔다. 루즈코프 시장과 함께 옐친 이후 시대의 선두주자로 떠오른 예브게니 프리마코프는 테러 캠프에 대한 '정밀타격'을 지지하면서도 체첸 영토 내로 다시 침공해 들어가서는 안 된다고 주장했다. "과거처럼 대규모 작전으로 발전하는 것에 절대 반대한다. 또다시 그런 사태에 빠져 들어가서는 안 된다."

옐친이 사임할 것이라는 루머가 다시 돌았다. 푸틴과 새 내각이 물러나고 12월로 예정된 총선이 취소될 것이라는 소문도 있었다. 푸틴은 앞장서서 이런 루머들을 부인했다. 러시아 정치 엘리트들 사이에서는 푸틴이 체첸 전면전을 시작해 정치적 자살행위를 하고 있다는 말이 광범위하게 나돌았다. 보리스 옐친은 당시 푸틴의 행동을 이렇게 적었다. "푸틴은 정치적 가미가제처럼 행동했다. 자신의 정치적 자산을 모조리 전쟁에 쏟아부어 태워 버렸다." 옐친은 1차 체첸전쟁 때 러시아군의 전력을 총동원하지 않았다. 하지만 푸틴은 전쟁을 둘러싸고 벌어지는 정치적 역학관계에 대해서는 관심이 없는 것처럼 행동했다. 1차 체첸전쟁에 관여하지 않았기 때문이기도 할 것이고, '자신에게 맡겨진 역사적인 소임'을 의심치 않았기 때문이기도 할 것이다.

푸틴은 여론이나 정치적인 고려를 하지 않고 행동했다. 옐친이 표현한 것처럼 "그는 체첸 사태 이후까지 자리를 지킬 수 있을 것으로 생각하지 않았다." 그의 행동은 대단히 비정치적이고 개인적인 소신에 따른 것처럼 보였다. 그는 체첸군이 다게스탄에 침공해 들어간 것을 대단한 치욕으로 받아들였고, 따라서 반드시 응징해야 한다고 생각했다. 그런데 푸틴이 시작한 전쟁에 대한 국민들의 지지가 엄청났다. 옐친을 비롯해 많은 이들이 깜짝 놀랐다. 1차 체첸전쟁은 국민의 지지를 받지 못했다. 2차전에 대한 높은 지지를 보니 1차전 때는 러시아군이 열의가 없었고, 준비 부족에다 장비도 미비했기 때문에 국민들의 지지가 적었던 것임이 드러났다. 그래서 산악 전투에서 얼마 되지 않는 오합지졸인 체첸군에게 패했던 것이다. 하지만 이번은 달랐다. 선거를 앞두고 정치인들은 전쟁의 결과가 어떻게 나올지 몰라 몸을 사렸지만, 일반 국민들은 '폭도들을 지옥으로 보내라.'고 요구하고 있었다.

총리로 임명될 때만 해도 일반 국민들은 푸틴이란 인물에 대해 잘 몰랐다. 그런데 아직 그가 어떤 정책을 지지하고 어떤 생각을 갖고 있는지 밝힐 시간이 없었는데도 체첸에서 한 행동 때문에 그의 지지율은 예상치 못한 폭으로 뛰어오르기 시작했다. 총리로 임명된 8월에 그는 차기 대통령 후보 여론조사에서 불과 2퍼센트의 지지를 받았다. 그런데 10월에는 프리마코프에게 불과 1퍼센트 뒤진 27퍼센트로 뛰어올랐다. 옐친은 약속한 대로 푸틴에게 총선 준비를 직접 맡아서 하라고 시키지는 않았고, 옐친의 정치 자문그룹이 '통합당'이라는 이름의 새 정당을 창당했다. 푸틴의 행동처럼 이 당도 눈에 띄는 정강이나 내세우는 이념은 없이 곰을 상징동물로 정하고 애국전선을 표방했다. 곰을 상징동물로 정한 것은 보리스 베레조프스키가 간염으로 입원해 있을 때 열에 들뜬 상태에서 떠오른 아이디어였다고 한다.

통합당이 선거에서 승리할 가능성은 거의 없어 보였다. 10월 말까지도 민주인사들이 만든 야블로코당과 공산당, 그리고 루즈코프와 프리마코프가 연합해 선두를 달리는 '조국−전러시아연합'에 크게 뒤지고 있었다. 통합당이 가진 자산은 크렘린의 지원과 올리가르히 집단의 대대적인 선거자금 지원이었다. 옐친과의 관계가 소원해진 베레조프스키까지 나서서 자신이 소유한 텔레비전 방송을 동원해 루즈코프와 프리마코프를 맹렬히 비난하고, 군통수권자 역할을 대신하고 있는 푸틴을 추켜세웠다. 베레조프스키는 프라임 타임 텔레비전 쇼에 인기 정치해설가인 세르게이 도렌코를 등장시켜 부패, 위선, 심지어 살인혐의까지 제기하며 루즈코프를 연일 두들겼다. 명예훼손에 가까운 비방이었으나 효과는 대단했다.

옐친이 정치적 도전자에 대해 병적인 경계심을 보여 왔기 때문에 푸틴의 인기가 높아지면서 그의 경질설도 계속 나돌았다. 11월에 푸틴이 2000년 대선 도전의사를 공식화하면서 경질설은 한껏 고조됐다. 사람들은 옐친이 프리마코프 때처럼 곧바로 그를 내칠 것이라고 생각했다. 병약한 옐친이 자신의 업적을 계승하고 퇴임 후 안전까지 의지할 후계자로 이 젊은 총리를 낙점한 사실을 사람들이 알 리가 없었다. 1999년 말이 되면서 옐친은 심신이 한층 더 쇠약해졌고 법적으로도 크게 흔들렸다. 자신의 검찰총장직 해임 건에 대해 법적 투쟁을 계속 중인 유리 스쿠라토프는 마베텍스 수사내용과 옐친 측근 '패밀리'들의 연루설을 계속 흘렸다. 스위스 정부가 러시아 관리들과 관련 있는 59개 계좌를 동결조치하면서 스쿠라토프의 주장에 힘을 실어주었다. 10월에 연방위원회는 스쿠라토프 해임안을 세 번째 부결시켰다. 그는 새 의회가 구성되고 차기 대통령이 취임한 다음에도 검찰총장직을 계속 수행하겠다는 생각으로 맹렬히 뛰었다. "패밀리들은 지금 떨고 있을 것입니다." 그는 모스크바 교외에 있는 자신의 다차에서 가진 인터뷰에서 이렇게 말했다. "아직은 이자들이 상황을 통제하고 있지만 머지않아 그러지 못할 날이 올 것입니다."

푸틴의 인기가 높아지자 옐친의 반대 진영에서도 경계심을 갖기 시작했다. 11월 20일 옐친의 최대 경쟁자인 프리마코프와 루즈코프는 정치적 흥정의 여지를 탐색하려고 비밀리에 푸틴을 만났다. 두 사람 모두 자신들이 직접 출마하는 대신 푸틴을 대통령 후보로 지지할 수 있다는 의사를 공개적으로 밝히기 시작했다. 푸틴의 부상은 예상치 못한 일이었기 때문에 그만큼 더 충격적이었다. 그는 새롭고 독자적인 정치세력을 대변하는 것처럼 보였다. 체첸 사태 때문만은 아니었다. 사람들 눈에는 진창에 빠진 러시아 정치에서 푸틴 한 사람만이 구태에 오염되지 않은 사람으로 비쳐졌다. 지난 8년여 동안 정치인과 올리가르히들이 음모와 부패로 러시아를 혼돈상태로 몰아넣었다. 푸틴은 옐친과 그의 측근 '패밀리'들에 힘입어 출세가도를 달려왔지만, 1996년 이래 줄곧 사람들의 주요 관심권 밖에 머물러 있었기 때문에 크렘린이 연루된 실책과 스캔들에서 자유로울 수 있었다. 그동안 옐친 정부가 보여준 혼란상에 진저리가 난 사람들은 그의 다소 거칠고 단호한 말투조차 신선하게 받아들였다. 네자비시마야 가제타 신문은 11월에 "앞으로 수주 안에 그동안 전혀 알려지지 않고, 정치적 색채가 전혀 없는 관료가 전면에 등장할 것"이라고 예고하는 기사를 실었다. "이 사람은 전임자들과 달리 국민들에게 자신이 앞으로 어떻게 하겠다는 포부를 밝힐 것이다. 우리 정치사에서 매우 보기 힘든 일이 일어나게 되는 것"이라고 신문은 덧붙였다.

마침내 푸틴의 지지율이 40퍼센트를 넘어섰다. 12월 총선에서 정치적 영향력을 행사할 수 있는 위치에까지 오른 것이었다. 그는 크렘린이 주도한 통합당에는 가담하지 않았다. 정부의 지원과 국영 텔레비전에서 우호적인 방송을 계속 내보내고, 올리가르히들의 재정적인 후원에도 불구하고 통합당의 지지율은 바닥을 맴돌았고, 두마 의석을 한 석도 건지지 못할 것이라는 우려까지 나오고 있었다. 총리 취임 1백일을 맞은 11월 24일, 푸틴은 정치적 망각 속으로 빠져드는 통합당을 구해내는 발언을 했다. "총리로서 나는 정치적으로 어느 당을 지지하는지 말하고 싶지 않다. 하지만 유권자의 입장에서 말하라면 통합당을 찍을 것이다." 대부분의 정치 분석가들은 푸틴이 자신을 크렘린과 결부시킴으로써 자신의 정치적 미래뿐만 아니라 통합당의 미래까지 위험에 빠뜨리는 발언을 했다고 평가했다. 하지만 이러한 우려와 반대로 통합당은 푸틴을 통해 새로운 정치세력으로서 어필할 기회를 얻게 되었다. 그 새로운 정치세력은 좌와 우로 나뉘어 싸우는 낡은 이데올로기를 뒤로 하고, 분열이 아니라 애국심에 바탕을 둔 통합을 내세웠다. 더구나 전시였다.

가을로 접어들며 두 차례나 입원한 옐친은 여전히 자신의 운명에 대해 고심을 거듭하고 있었다. 그는 당시의 심경을 이렇게 적고 있다. "러시아에서 권력의 승계는 자연사가 아니면 음모와 혁명에 의해 이루어졌다. 차르의 통치권은 본인이 사망하거나 쿠데타가 일어나는 경우에만 중단되었다. 공산당 서기장도 마찬가지였다. 공산주의 체제 동안 평화적인 권력이양이 불가능한 유산이 이어져 내려 왔다." 그는 흐루시초프가 1964년에 실각할 때와 1971년 9월 사망 때의 일을 떠올리며 이렇게 한탄했다. "그의 사망 소식은 신문에 겨우 보일 듯 말 듯 작게 실렸다." 총선 닷새 전인 12월 14일, 옐친은 고르키 9번지 대통령 관저로 푸틴을 불러 비밀회동을 가졌다. 두 사람의 단독 회동이었다.

"이보게 블라디미르 블라디미로비치, 나는 금년에 물러나겠네. 금년에 물러나는 것에는 대단히 중요한 의미가 있네. 새로운 세기는 새로운 정치시대와 함께 시작되어야 하네. 내 말 알아듣겠나?"

푸틴은 무슨 말인지 알아듣지 못했다. 그의 반응을 보고 옐친은 실망스러웠다. 가을이 되면서 옐친이 물러나고 대통령직은 헌법에 따라 현직 총리에게 승계될 것이라는 루머가 나돌기 시작했다. 얼마 전인 9월에 푸틴은 그런 루머는 터무니없는 것이라고 일축하며 이렇게 말했다. "내가 확실히 말할 수 있는 한 가지를 꼽으라면 대통령께서는 지금 물러나실 의사가 전혀 없다는 사실입니다. 대통령의 사임은 없습니다." 그런데 지금 옐친 대통령이 자기 입으로 물러나겠다는 말을 하는 것이었다. 그는 옐친이 '마지막 계략을 꾸미고 있는 것'으로 생각했다. 새 헌법은 대통령에게 자신이 물러날 시기에 관해 많은 재량권을 부여해 주고 있었다. 대통령이 사임할 경우 헌법에 따라 총리가 대통령 권한대행이 되고, 90일 이내에 선거를 실시해 후임 대통령을 선출하도록 되어 있었다. 선거운동 기간이 턱없이 짧기 때문에 '현직'에 있는 대통령 권한대행이 경쟁자들보다 엄청난 혜택을 보게 되는 셈이었다.

두 사람은 그렇게 말없이 앉아 있었고, 이윽고 푸틴은 자신이 대통령직을 맡을 준비가 아직 되어 있지 않다는 결론을 내리고 이렇게 대답했다. "결정을 내리지 못하겠습니다. 보리스 니콜라예비치 각하. 결정하기 어려운 문제입니다." 푸틴을 설득하려고 옐친은 자기는 당시 푸틴의 나이보다 많은 50살이 넘어서 모스크바에 왔다는 말을 했다. 그때는 "에너지가 넘치고 건강한 사람"이었다고 했다. 하지만 이제는 정치적 수명이 다한 것 같다며 이렇게 말을 이었다. "한때는 나도 지금과는 전혀 다른 삶을 살고 싶어 했네. 내 인생이 이렇게 될 줄은 몰랐어." 원래 일하던 건설 분야에서 일하거나 아니면 처음 일을 시작한 스베르들로프스크로 돌아갈 생각도 했다고 했다. 그러면서 옐친은 생각에 잠겨 창문 너머 회색빛으로 눈 덮인 산야를 내다보았다. 그러다 잠시 후 다시 그 문제를 꺼냈다.

"아직 나한테 대답을 안 했네." 그는 푸틴의 눈을 쳐다보며 이렇게 말했다. 푸틴은 마침내 그렇게 하겠다고 대답했다. 옐친에 따르면 이후에도 두 사람 외에 이 대화 내용을 아는 사람은 아무도 없었다고 한다. 두 사람이 내린 이 역사적인 결정은 둘만의 비밀로 남아 있었다.

12월 19일 치열한 경쟁 속에 투표가 끝나고 개표가 시작되었다. 투표는 비교적 공정하게 치러졌다는 평가를 받았다. 통합당은 놀라운 약진을 보였다. 공산당이 가장 많은 24퍼센트를 득표하며 기반을 확고하게 다졌고, 통합당은 23퍼센트를 얻어 2위를 기록했다. 몇 달 전까지만 해도 선두를 달렸던 루즈코프-프리마코프 연합은 13퍼센트 득표에 그치며 바닥으로 내려앉고 말았다. 연합을 이끄는 두 사람은 텔레비전의 네거티브 보도로 만신창이가 되었다. 야블로코를 비롯해 옐친을 지지하는 새로운 민주연합인 '우익연합'도 루즈코프-프리마코프 연합과 비슷한 수준의 지지를 받았다. 옐친은 그날 저녁 승리를 장담하며 샴페인을 마셨지만 비공식 개표결과를 보고 약간의 우려 속에 잠자리에 들었다. 아침에 일어나서 결과를 보고받고 옐친은 푸틴을 믿은 것이 보상을 받았다는 기분이었다. 옐친은 자신이 무명의 푸틴을 크렘린 안팎의 정치 엘리트들로부터 치열한 견제를 이겨내고 '대통령이 될 재목'으로 키워냈다고 자평했다. "푸틴을 그 자리에 앉히는 것은 우리가 그때까지 해온 일 중에서도 가장 힘든 작업 가운데 하나였다." 옐친의 딸 타치아나는 나중에 이렇게 말했다.

옐친은 이 작업을 소련연방이 무너진 폐허 속에서 키워낸 러시아를 재건하기 위해 자기가 남기고 갈 유산으로 생각했다. 옐친이 대통령에 오른 후 처음으로 두마에서 친여권 의원이 다수 의석을 차지하게 되었다. 이로써 전환기의 러시아 정국을 마비상태로 몰아넣었던 세력 판도도 끝낼 수 있게 되었다. 이제는 남은 6개월의 임기 동안 지금까지 해온 정책을 확고하게 다지고 새로운 정책도 실행에 옮길 힘을 갖게 되었다. 하지만 그는 조기에 물러나는 길을 택했다. 12월 28일에 옐친은 크렘린 리셉션 홀에 설치된 성탄 트리 앞에 앉아서 대통령이 하는 연례 신년 연설을 녹화하고 있었다. 녹화를 마친 다음 그는 목이 쉬고 연설내용이 마음에 들지 않는 다고 불평했다. 그리고는 텔레비전 제작진에게 사흘 뒤에 녹화를 다시 하자고 했다. 제작진이 곤란하다고 이의를 제기했지만 소용없었다. 다른 속셈이 있었지만 당시에는 그걸 아는 사람이 옐친 외에 아무도 없었다.

옐친은 관저로 돌아와서 가장 신임하는 전 현직 비서실장들을 불렀다. 두 사람은 대통령이 하는 말을 듣고 깜짝 놀랐다. 그믐날 저녁에 대통령 직에서 물러나겠다는 것이었다. 거창한 돌발뉴스로 전 국민을 깜짝 놀라게 만들겠다는 말이었다. 자기는 낡은 천 년과 함께 물러나고 블라디미르 푸틴을 새 대통령 자리에 올려놓겠다는 것이었다. 이튿날 아침 그는 푸틴을 크렘린으로 불러 보름 전에 두 사람이 이야기 나누었던 계획의 실행 시점을 말해 주었다. "그를 보는 순간 갑자기 전혀 딴 사람처럼 보인다는 인상을 받았다." 옐친은 푸틴이 크렘린에 도착한 순간을 이렇게 표현했다. 두 사람은 사무적인 내용을 세세히, 그리고 차분하게 이야기했다. 옐친과 푸틴 두 사람 이름으로 낼 발표문 내용과 새해 시정연설 내용도 의논했다. 군과 보안기관에 어떻게 통보할 것인지, 러시아 핵무기 발사코드가 담긴 '핵가방' 인계절차에 관해서도 이야기했다. 이야기를 마치고 대통령 집무실에서 나오며 두 사람은 아무 말도 하지 않았다. 옐친은 무언가 할 말이 더 있는 것 같은 표정이었다. 하지만 두 사람은 말없이 악수를 나누었고, 옐친이 푸틴을 감싸 안으면서 크게 포옹한 다음 작별인사를 했다. 두 사람이 다시 만난 것은 섣달그믐날 저녁이었다.

12월 30일, 푸틴은 옐친을 대신해 크렘린 만찬을 주재했다. 병약한 대통령이 참석하지 않아 화제가 될 만도 했으나 워낙 건강 문제로 자리를 비우는 적이 많아서인지 사람들은 큰 의미를 두지 않았다. 떠들썩한 분위기 속에서도 푸틴은 화제의 초점을 체첸 사태에 맞추었다. 러시아군이 그로즈니를 포위하면서 체첸은 끔찍한 살육 현장으로 바뀌고 있었다. 그로즈니는 대조국전쟁 이후 러시아뿐만 아니라 세계 어느 나라에서도 유례가 없는 수준으로 철저히 파괴되었다. 수천 명의 시민이 폐허 더미에 갇혀 전기, 난방, 수도도 없는 상태에서 웅크리고 있었다. 러시아군도 여전히 그로즈니 대부분의 지역을 장악하고 있는 체첸 반군들과의 전투에서 수백 명의 전사자를 내고 있었다. 아슬란 마스하도프는 전투의지를 거듭 천명하면서도 정전협상을 요구하며 이렇게 외쳤다. "10년을 싸워도 러시아는 체첸 영토와 체첸 국민을 정복하지 못할 것이다."

사태가 심각해지면서 유럽과 미국으로부터 러시아에 대한 비난 수위도 높아졌다. 러시아군이 점령한 지역에서 '인종청소'를 자행하면서 즉결처형 등 반인륜적인 범죄를 저지른 증거들이 속속 나오고 있었다. "체첸 지역을 장악한 러시아 군인들이 마음대로 약탈해도 좋다는 백지위임을 받은 게 분명했다. 체첸 주민들이 살던 집은 귀중품을 비롯한 각종 물품들이 깨끗이 동났다." 휴먼라이츠워치Human Rights Watch는 유엔안보리에 제출한 보고서에서 이렇게 쓰고, 러시아군의 전쟁범죄 실상을 밝히기 위한 국제조사를 요청했다. 크렘린에서 푸틴은 전쟁이 너무 잔인하게 진행되고 있다는 우려를 일축하고 '후안무치한 반군들'은 어떤 희생을 감수하고서라도 모조리 깔아뭉개 버려야 한다고 강조했다. 그는 연회에 참석한 사람들을 향해 잔을 들고 새해맞이 건배를 제안하면서 이렇게 말했다. "유감스럽게도 서방국가들에 사는 모두가 이런 우리의 입장을 다 이해하는 것 같지는 않습니다. 하지만 우리는 러시아 국민의 자존심을 해치고 국가의 통합을 위협하는 어떤 행위도 용납하지 않을 것입니다."

이튿날 아침 옐친은 일찍 잠자리에서 일어났다. 크렘린으로 출발하기 전에 그는 아내 나이나 여사에게 사임키로 했다는 말을 했다. 대통령 자격으로 마지막으로 크렘린으로 출근하는 그 시각까지도 그의 사임 결정 사실을 아는 사람은 여섯 명뿐이었다. 경호원이나 보좌관들은 아무 것도 모른 채 우편물과 그날의 일정표 등 서류들을 대통령 책상 위에 가져다 놓았다. 비서실장 볼로신이 그날 자정을 기해 대통령의 사임 결정 효력이 발효된다는 내용의 포고령을 작성해서 들어왔다. 푸틴은 대통령의 부름을 받고 9시 30분에 도착했다. 옐친은 푸틴에게 포고령을 큰 소리로 읽어주었다. "푸틴은 약간 당황해하며 미소를 지어보였다." 그런 다음 두 사람은 악수를 나누었고, 옐친은 신년인사를 녹화했다. 유마셰프가 방탄차를 타고 녹화 테이프를 오스탄키노 텔레비전 타워까지 운반했고, 테이프는 그날 정오를 기해 방송하라는 명령과 함께 전달되었다. 태평양 지역에서 시작된 뉴 밀레니엄은 시간대를 따라 서쪽으로 이동해 왔다. 마침내 '친애하는 국민 여러분'으로 시작되는 옐친 대통령의 마지막 대국민 연설이 시작됐다.

"사람들이 옐친은 가능한 한 오래 권력을 붙잡고 있을 것이며, 절대로 그것을 놓지 않을 것이라고 한다는 말을 들었습니다. 하지만 그건 틀린 말입니다." 옐친은 이렇게 말을 이었다. "나는 새로 선출되는 대통령에게 자발적으로 권력을 이양하는 중대한 선례를 만들고 싶었습니다. 하지만 6월로 예정된 대통령 선거 때까지 권한이양을 기다리지 않기로 했습니다. 러시아는 새로운 밀레니엄을 새로운 정치인, 지적이고 강인하고 활력이 넘치는 새로운 인물과 함께 맞이해야 합니다. 오랫동안 권좌에 앉아 있은 우리는 물러나야 합니다."

옐친은 눈가에 묻은 얼룩을 한번 닦아낸 다음 지난 8년 동안 자신이 이끌어온 러시아 국민들을 향해 감정을 실어 이렇게 호소했다. "부디 나를 용서해 주십시오. 여러분의 많은 꿈들을 이루어드리지 못한 죄를 용서해 주십시오. 쉬운 일처럼 보였는데 엄청나게 힘든 일이 되고 만 많은 일들에 대해 나의 죄를 용서해 주십시오. 음울하고 뒤처진 전체주의의 과거에서 벗어나 밝고, 번영되고, 문명화된 미래로 도약할 것이라고 했을 때 내 말을 믿어 준 여러분의 희망을 저버린 나의 죄를 용서해 주십시오. 나는 그 꿈이 이루어질 것이라고 믿었습니다. 그 꿈을 단번에 이루어 낼 수 있을 것이라고 생각했습니다. 하지만 우리는 그렇게 하지 못했습니다."

류드밀라는 옐친의 연설 방송을 보지 못했다. 그런데 방송이 끝난 지 5분 뒤에 친구가 전화를 걸어 이렇게 말했다. "얘야, 축하한다." 류드밀라는 친구가 새해인사를 하는 줄 알고 "그래, 나도 사랑해." 라고 했다. 그녀는 친구가 하는 말을 듣고 나서야 자기 남편이 대통령 권한대행이 되었다는 사실을 알게 되었다. 푸틴은 12월 14일 옐친과 만나고 난 뒤, 그리고 12월 29일 사임 발표 시점을 이야기 하고 난 뒤 누구에게도 그 사실을 발설하지 않았다. 류드밀라는 다른 러시아 국민들과 함께 그 소식을 들었던 것이다. 모스크바에서 남편의 승승장구하는 모습을 보면서 그녀는 가끔 "이 사람이 정말 내가 결혼한 상트페테르부르크의 그 이름 없는 부시장이 맞나?" 하는 생각이 들었다.

남편이 FSB로 복귀했을 때 걱정했던 바대로 그녀의 가정생활은 힘들었다. 15살과 13살이 된 두 딸은 모스크바로 온 뒤부터 다니던 독일학교를 그만두고 집에서 가정교사와 공부했다. 아이들이 가끔 극장이나 영화관으로 외출하면 경호원들이 함께 갔다. 류드밀라는 누가 물으면 자기는 친한 친구가 세 명밖에 없다고 했다. 푸틴이 FSB로 복귀하면서 그녀는 상트페테르부르크에서부터 친하게 지낸 독일은행가 부인인 이레네 피에치와의 관계를 끝내야 했다. 피에치는 푸틴 부부의 평탄하지 않은 결혼생활에 대해 흥미진진하게 쓴 책 《미묘한 우정》Delicate Friendships에서 "류드밀라가 조금도 행복한 기색이 없었다."고 썼다. 이 책에 따르면 류드밀라는 남편이 신용카드를 못 쓰게 한다고 불평했다. 옐친의 딸들이 일으키는 스캔들 때문에 푸틴이 몸을 사리는 것이 분명했다.

류드밀라는 "이렇게 갇혀 사는 게 정말 끔찍하다. 가고 싶은 곳에 못 가고, 하고 싶은 말도 못 한다. 그저 숨만 쉬고 살 뿐"이라고 피에치에게 털어놓았다. 게다가 자기가 무슨 말을 하면 남편은 아무 때나 말을 자르고 무시했다. 이제 그녀는 퍼스트레이디가 되는 것이었다. 현대적이고 서구식 역할을 하는 퍼스트레이디가 될 것이었다. 러시아 국민들은 이런 퍼스트레이디에 대해 상반된 감정을 갖고 있다. 그녀는 남편이 대통령이 된다는 소식을 듣는 순간 울고 싶은 심정이었다. "짧으면 대통령 선거가 실시되기까지 3개월, 아니면 4년을 부부의 개인생활은 끝난 것"이라고 생각했기 때문이다.

옐친의 사임 발표 직후 푸틴은 국가안보회의를 주재했다. 불과 4개월 전 총리로 임명되기까지 자기가 이끌었던 조직이었다. 국가안보회의는 두마와 연방위원회 지도자들을 포함해 국방장관, 내무장관, 정보기관 수장들로 구성돼 있었다. 모두 푸틴보다 모스크바에 있는 기간도 훨씬 더 길고, 정부와 정계에서의 경험도 더 풍부한 사람들이었다. 모두들 푸틴의 국정운영 방침에 귀를 기울였다. 그는 대외정책에는 변화가 없을 것이라고 밝혔지만 군사 부문에서 새로운 시대가 열릴 것임을 시사했다. "무기를 개량하고 사회문제가 된 병사들의 처우를 개선할 것"이라고 했다. 그는 검찰총장 공석 사태를 언급한 다음, 검찰총장직을 대행하고 있는 블라디미르 우스티노프가 "일을 잘하고 있는 것 같다."고 덧붙였다. 당시 사정으로 미루어볼 때 겉치레 인사에 가까운 발언이었다. 푸틴은 스쿠라토프의 수사 덕분에 대통령 자리에까지 오르게 되었다고 해도 과언이 아니었다. 그런 다음 Y2K 문제에 잘 대처하자고 강조했다. 옐친의 사임 소식이 전해지기 전까지는 전 세계적으로 이 문제가 가장 큰 뉴스였다.

그런 다음 푸틴은 자정에 모스크바에서 내보낼 새해인사를 녹화했다. 옐친이 하려고 했던 인사였다. 자기는 그날 저녁 가족들과 함께 텔레비전 앞에 모여 앉아서 옐친 대통령의 연설을 들을 예정이었다는 말로 인사를 시작했다. "그런데 갑자기 상황이 바뀌어 이렇게 되었습니다."라고 했다. 그는 국민들에게 '단 일분이라도' 권력공백은 없을 것이라고 단언하고, 법질서 회복을 위해 계속 노력하겠다고 다짐했다. "러시아의 법과 헌법에 반하는 어떤 행동도 용납하지 않겠습니다." 그는 러시아 최초의 대통령에게 감사를 표하는 것으로 연설을 마무리했다. "앞으로 시간이 지나면 보리스 옐친 대통령이 러시아를 위해서 얼마나 중요한 일을 했는지 여러분도 알게 될 것입니다."

옐친은 크렘린을 떠날 채비를 하다가 자기가 쓰던 집무실 바깥 복도에서 잠시 멈춰 섰다. 이제는 푸틴의 집무실이었다. 그는 주머니에서 마지막 포고령 서명 때 쓴 펜을 끄집어냈다. 크렘린 입구로 배웅하러 나온 푸틴과 나란히 걸으면서 그 펜을 건네주었다. 두 사람은 체격은 물론 기질 면에서도 크게 달랐다. 푸틴은 나중에 두 사람의 관계가 특별히 가깝지는 않았다고 했다. 소브차크에 대해서는 따뜻한 추억 같은 것이 있었지만 옐친에 대해 그런 감정은 없었다. "자신의 사임 문제를 나와 의논하기 시작했을 때 그의 가슴 안에 숨어 있는 따뜻한 감정을 처음으로 느꼈다."고 했다. 옐친은 앞으로 푸틴이 마주하게 될 무거운 짐에 대해 이야기했다. "러시아를 잘 부탁하네." 그는 이렇게 말한 뒤 병약한 몸을 구부려 방탄차 안으로 들어가 앉았다. 크렘린 마당에 부드러운 눈이 내려앉고 있었다. 그가 탄 방탄차가 다차로 향하는 도중에 빌 클린턴 대통령이 전화를 걸어왔다. 하지만 옐친은 보좌관에게 나중에 전화를 걸겠다고 하라며 받지 않았다. 그는 집에 도착한 뒤 곧바로 낮잠이 들었다.

그날 저녁에 푸틴은 첫 포고령에 서명했다. 옐친의 보좌관들이 이틀 동안 준비한 7쪽짜리 문서였다. 옐친 자신은 나중에 문서가 완성될 때까지 그런 문서가 만들어지는 줄 몰랐다고 주장했다. 포고령은 전직 대통령 옐친에게 다양한 특혜와 특권을 부여하는 내용이었다. 봉급과 비서를 포함해 두 번째 임기 대부분의 시간을 요양하는 데 보낸 다차를 계속 사용할 수 있도록 하는 내용이 포함되어 있었다. 기소면책권을 보장하고, 옐친의 재산과 서류에 대해 수색 및 압수를 하지 못하도록 했다. 푸틴은 옐친이 건네 준 펜을 쓱쓱 휘갈겨서 포고령에 서명했다. 그렇게 해서 스쿠라토프가 수사를 통해 옐친을 거의 파멸 직전까지 몰고 간 위협으로부터 그를 지켜주었다.

푸틴은 자기 식으로 새해 깜짝 이벤트를 준비했다. 자기 뒤를 이어 FSB국장이 된 니콜라이 파트루셰프와 두 사람의 아내, 그리고 인기 가수 한 명을 대동하고 극비리에 다게스탄으로 날아갔다. 푸틴 부부는 그날 밤 딸들을 모스크바에 남겨두고 가면서 자기들이 어디로 가는지는 말하지 않았다. 새해 선물로 컴퓨터를 새로 사주었고, 류드밀라의 여동생과 마샤의 친구 한 명이 와서 함께 지내도록 했다. 다게스탄에 도착한 다음 푸틴 일행은 헬기 세 대에 나누어 타고 체첸 제2의 도시인 구데르메스로 향했다. 최근 체첸 반군들로부터 도로 탈환한 도시였다. 날씨가 고약하고 시계가 매우 불량해 헬기는 방향을 돌려 되돌아올 수밖에 없었다. 뉴 밀레니엄이 되는 시각에 일행은 헬기에 타고 있었다. 헬기 안에서 샴페인 병을 딴 다음 잔이 없어서 병째 돌려가며 나누어 마셨다. 다게스탄 수도 마하치칼라에 도착한 다음 일행은 군용 차량에 올라타고 삼엄한 에스코트를 받으며 두 시간 반을 달려 체첸 영토로 되돌아왔다.

푸틴이 도열한 러시아군인들과 마주섰을 때는 거의 새벽녘이었다. "군인들은 지치고 졸려서 정신이 없는 것 같아 보였다." 류드밀라는 당시 군인들의 모습을 이렇게 말했다. 구데르메스의 밤은 조용했다. 하지만 불과 23마일 떨어진 그로즈니에는 그 어느 때보다도 치열한 공습이 가해지고 있었다. 푸틴은 터틀넥 차림으로 군인들에게 메달과 장식용 나이프를 나누어주었다. "조국은 여러분의 노고에 깊이 감사하고 있다는 사실을 알아주기 바라네." 푸틴은 도열한 병사들에게 이렇게 말했다. "이것은 러시아의 명예와 존엄을 되찾기 위한 전쟁뿐만이 아니네. 러시아연방의 와해를 막기 위한 전쟁임을 잊지 말아 주기 바라네." 그렇게 해서 옐친의 시대는 끝나고 푸틴의 시대가 시작되었다.

THE NEW TSAR
THE RISE AND REIGN OF VLADIMIR PUTIN

PART 03

제11장

강대국의 부활

푸틴은 선거를 통해 정계 선출직에 뽑힌 적이 한 번도 없었기 때문에 선거운동을 제대로 하지 못했다. 옐친이 조기 사임함에 따라 차기 대선은 2000년 3월 26일로 일정이 잡혔다. 총리 재임 시절에는 국정 비전의 큰 윤곽만 그리는 수준이었다. 그가 생각하는 선거 비전이나 국정 어젠다를 담은 공약집이 12월 28일 저녁 정부 웹사이트에 올려졌다. 옐친이 대통령직에서 물러나는 시점을 밝히기 전날 밤이었다. 경제학자 게르만 그레프가 설립한 싱크탱크인 전략발전센터가 작성한 공약집으로 게르만 그레프는 아나톨리 소브차크 시장 밑에서 푸틴과 함께 일한 동료였다. '밀레니엄 전환기의 러시아'라는 제목의 푸틴 공약집은 모두 5000단어에 이르는 분량으로 러시아가 처한 국제무대에서의 초라한 사회, 경제적 위상을 솔직하게 인정했다.

1990년대 들어서 국민총생산GNP은 절반으로 줄어 미국의 10분의 1, 중국의 5분의 1 수준이 되었다. 15년 동안 경제성장을 꾸준히 이룩해야 포르투갈이나 스페인 수준에 도달할 수 있다는 말이었다. 공약집은 이렇게 쓰고 있었다. "지금 러시아는 역사상 가장 어려운 시기를 겪고 있다. 지난 2~3백 년 사이에 처음으로 2류 내지 3류 국가로 전락할 처지에 놓여 있다. 이 난국을 벗어나기 위해 우리에게 주어진 시간도 이제 얼마 남지 않았다." 국가통합과 애국심을 부활시키고 강력한 중앙정부를 복원하는 것이 시급하다고 공약집은 강조했다. 아울러 "공적인 국가 이데올로기를 부활하자는 게 아니라 복잡하게 얽히고설켜 사회를 분열시키는 개인의 욕망보다 국가의 권위를 우선시하는 자발적인 사회적 협약이 필요하다."고 밝혔다. 신앙고백 같은 느낌을 주는 문체였다. 마치 푸틴이 권위주의적인 과거와 민주적인 미래 사이의 중도 노선에 대한 계시를 받은 사람이라는 분위기를 풍겼다. "러시아에는 강력한 국가권력이 필요하다. 나는 전체주의를 하자는 게 아니다. 어떤 독재와 권위주의적인 형태의 정부도 과도기적인 성격에 머물렀다는 사실을 역사는 보여준다. 민주적인 제도만이 지속될 수 있다."

푸틴은 이미 대통령직을 수행하고 있었기 때문에 짧은 선거운동 기간중 드러내놓고 정치적인 행사에는 참석하지 않았다. 선거집회도 열지 않고 대중연설도 삼갔다. 다른 후보들과 하는 토론회에도 참석하지 않았다. 독단적인 성격과 풀뿌리 선거운동에 대한 혐오증까지 더해져 그는 러시아의 선거운동을 자기 식으로 끌고 가려고 했다. 소련 시절 말기에 불기 시작한 민주적인 선거 분위기와는 딴판이었다. 새해 전야에 대통령 권한

대행이 되고 나서 며칠 지나지 않아 푸틴은 자신의 가장 큰 정치적 라이벌 세력과 손잡음으로써 선거판을 자신에게 엄청나게 유리하게 만들어 버렸다. 2000년 1월 말 두마의 통합당 블록이 민주, 진보세력이 아니라 공산주의 세력과 손을 잡은 것이다. 통합당과 공산당은 상임위원장을 서로 나누어갖고, 대신 예브게니 프리마코프와 세르게이 키리옌코, 그리고 리 야블린스키 등은 배제시켜 버렸다. 키레옌코는 총리직에서 물러난 다음 의회에 진출했고 야블린스키는 러시아 진보주의 정치를 대표하는 사람이었다. 민주세력 지지자들은 즉각 두마 보이콧에 들어갔다. 그렇게 해서 이념적인 차이와 상관없이 친 크렘린 연합이 다수 의석을 차지하게 되었다. 사람들은 푸틴이 이념보다는 일사불란하게 움직여 줄 의회 다수당을 더 중요시한다는 사실을 알게 되었다.

일주일 뒤, 12월 선거에서 모스크바 시장에 재선된 루즈코프는 대통령직을 놓고 푸틴과 경쟁하지 않겠다고 선언했다. 총선 전날 대통령 출마 의사를 밝혔던 프리마코프도 출마를 포기하고 2주일 뒤 다음과 같은 내용의 날선 성명을 내고 후보직에서 공식 사퇴했다. "나는 우리 사회가 아직도 문명화 된 사회와는 거리가 너무 멀다는 사실을 알게 되었다. 진정한 민주국가가 되려면 아직도 갈 길이 멀다." 2월 초, 공식 선거운동이 시작되기도 전에 푸틴의 주요 라이벌들은 모두 흔적도 없이 사라져 버렸다. 옐친 대통령 시절에 대통령을 그토록 궁지로 몬 사람들이었다. 지방 주지사들까지 하나둘씩 푸틴 지지로 돌아섰다. 4년 전 푸틴이 유다 같은 자라고 욕했던 상트페테르부르크의 블라디미르 야코블레프도 푸틴 지지 대열에 가담했다. 옐친이 임기 말년에 그토록 걱정했던 대통령 선거는 극적인 드라마 없이 싱겁게 진행됐다. 그것은 후보자들끼리 공정하게 겨루는 민주적인 선거가 아니라 이미 대통령직에 오른 사람을 놓고 실시하는 국민투표 같은 성격을 띠었다. 주지사 가운데 딱 한 명, 공산당원인 바실리 스타로두브체프 툴라 주지사가 공산당 후보 겐나디 주가노프 지지를 선언하며 이렇게 주장했다. "경쟁자가 없으면 민주주의도 없다. 우리에게 민주주의가 없다면 무슨 명분으로 조국을 해체시켰단 말인가?"

푸틴은 옐친에게 자기는 선거운동 하는 걸 좋아하지 않는다고 했다. 또한 선거공약을 정치인들이 하는 허풍이라고 치부하고, 텔레비전 광고도 속기 쉬운 소비자들을 상대로 하는 꼴사나운 여론조작이라고 무시했다. 섬유도시 이바노보 방문 길에 그는 개인 이력과 공약을 소개하라고 후보들에게 공식적으로 배정된 텔레비전 시간을 "광고시간이나 마찬가지"라며 자기는 쓰지 않겠다고 했다. 자신의 이미지를 대중적으로 각인시키는 데 텔레비전을 긴요하게 활용하는 것과는 앞뒤가 맞지 않는 발언이었다. 공개적으로 그렇게 말하면서 푸틴은 상트페테르부르크에서 데려온 젊은 보좌관 드미트리 메드베데프를 책임자로 하는 선거운동 지원팀을 구성했다.

이들은 푸틴의 개인적인 이미지와 정치적인 이미지를 만들기 위해 대단히 치밀한 작전계획을 수립했다. 현대 선거기법은 모두 동원하면서 민주적인 과정은 중요시하지 않았다. 그렇게 해서 푸틴의 이미지를 정치인이 아니라 정치 위에 있는 사람으로 만들려고 했다. 그런 전략은 예상 밖의 대성공을 거두었다. 관영 텔레비전은 개인 생애를 주제로 푸틴과 장시간 인터뷰를 했다. 6일 동안 세 명의 기자가 실시한 인터뷰는 선거운동 기간 동안 시리즈로 방영됐다. 푸틴은 이런 인터뷰는 후보들이 하는 광고방송과는 격이 다르다고 생각했다. 이 인터뷰는 '오트 페르보보 리차'

Ot Pervovo Litsa라는 제목의 책자로 만들어졌다. 직역하면 '지도자에게서 듣는다.'는 뜻이다. 관영 텔레비전을 소유하고 있는 보리스 베레조프스키는 푸틴의 환심을 사기 위해 자기 돈으로 책 출판 비용을 댔다. 당시 베레조프스키는 크렘린 내에서의 영향력이 크게 위축돼 있었다. (그는 1988년 이후 옐친을 한 번도 만나지 못했다.) 선거관리위원회에서 선거법 위반이라며 책 판매를 금지시키자 푸틴 캠프에서 책을 무더기로 사서 무료로 배포해 버렸다.

푸틴과 아내 류드밀라, 그리고 오랫동안 이들을 알고 지낸 사람들은 그의 됨됨이에 대해 격식을 갖추지 않고, 때로는 솔직하게 말해 그의 보통 사람의 이미지를 부각시켰다. 그러면서도 광대한 나라, 한때 위대했던 나라, 어려운 시기를 딛고 다시 일어서는 나라에서 아무도 넘볼 수 있는 실질적인 최고 지도자라는 점을 부각시켰다. 푸틴은 소련에서 자라고 KGB에서 일한 것에 대해 자부심을 나타내면서도 소련의 몰락과 자신을 교묘하게 분리시켰다. 그는 모두가 지켜야 할 가치를 제시했는데, 그것은 마치 과거의 가치와 새로운 민주주의 가치를 모두 포함하는 암호 같은 느낌을 주었다. 자신을 애국자이면서 종교 지도자 같은 존재로 내세웠다. 사람들은 그가 주장하는 바가 무엇인지 헷갈렸다. 모든 것을 다 대변하겠다는 말로 들렸기 때문이다. 푸틴이 최고위직에 오른 지 몇 달 동안 기자와 학자, 투자자, 외국 정부와 CIA를 포함한 정보기관들 모두 도대체 "푸틴은 어떤 사람인가?"라는 질문을 입에 달고 다니다시피 했지만 제대로 된 답을 내놓는 사람은 아무도 없었다.

메드베데프가 이끄는 팀의 선거 전략은 그저 푸틴이 총리와 대통령 권한대행으로서 공적인 임무를 수행토록 하는 것이었다. 그 임무들을 수행하면서 텔레비전 화면을 통해서이긴 하지만 전국에 있는 각계각층의 사람들에게 자신의 생각을 전달했다. 물론 우연히 그렇게 된 것은 아니었다. 하루는 모스크바 외곽에 있는 러시아 우주센터를 방문하는가 하면 이튿날은 수르구트에 있는 유정을 찾아갔다. 안보보좌관들을 소집해 회의를 하고 러시아를 방문한 토니 블레어 영국총리와 정상회담을 했다. 봄이 끝나기 전까지 밀린 임금이 모두 지급되도록 하겠다고 약속했고, 연금을 일차로 12퍼센트 인상하고 이어서 20퍼센트를 더 인상했다. 이런 조치들은 체첸전쟁과 함께 그의 지지율을 끌어올리는 데 기여했다. 다른 후보들과의 토론회는 거부했지만 실제로 방송에서 푸틴을 다루는 시간은 다른 후보들과 비교도 안 될 만큼 많았다. 후보로서 자기 입으로 공약을 말한 것은 없지만 실제로는 모든 약속을 다 하고 있었다.

한 달 동안의 공식 선거운동이 시작되자 그는 3대 메이저 신문에 유권자들에게 보내는 공개서한을 실었다. 옐친 시절 러시아와의 차별화를 공개적으로 선언하는 수준의 내용이었다. "국가 조직이 무너지고 있습니다. 아무리 애를 써도 엔진에 해당되는 행정조직에 시동이 걸리지 않습니다. 털털거리며 요란한 소리만 내다 맙니다." 그리고 범죄와의 전쟁을 선언하고 체첸에서의 전쟁은 자치권을 요구하는 독립 세력과의 싸움이 아니라 '범죄 세력'과의 전쟁이라고 규정했다. 프리마코프가 '경제사범'을 잡아넣기 위해 감옥을 비우겠다고 한 말을 은근히 빗대, 지난 십년 동안 추진해 온 말 많고 탈 많은 사유화 과정의 방향을 거꾸로 되돌릴 생각이 없음을 분명히 했다. 하지만 부패한 기업가들이 정부 관료에게 뇌물을 주고, 가난한 사람들을 구제하기 위해 책정한 예산을 빼돌리는 '사악한 고리'를 끊기 위해 시장에 대한 국가의 통제를 강화하겠다고 천명했다. "수백 만 명의 국민들이 허리띠를 졸라매고 먹을 것까지 줄이며 근근이 살아가고 있습니다. 대조국전쟁을 승리로 이끌고, 러시아를 영광스러운 강대국으로 만든 나이 든 세대들이 겨우 생계를 이어가고 거리에서 구걸까지 하고 있습니다." 푸틴은 새로운 법치국가 러시아, 안전하고 번영하는 러시아를 향한 비전을 제시했다. 그 비전은 한마디로 '법에 의한 독제'라고 할 수 있을 것이라고 그는 말했다.

아이러니하게도 대통령 선거를 앞두고 푸틴에게 가장 큰 위협이 된 것은 체첸전쟁이었다. 전쟁 덕분에 최고 자리에까지 오르게 된 것은 사실이었다. 1999년 가을 러시아군은 테레크강까지 기습적으로 공격해 들어갔다. 하지만 겨울이 되면서 전세는 진전을 보이지 않았고, 체첸 수도를 서로 장악하기 위해 치열한 시가전이 이어지고 있었다. 도시 전역이 폐허로 변해갔다. 2000년 1월 러시아군은 마침내 그로즈니로 밀고 들어갔다. 군은 전사자 수를 1173명으로 발표했지만 희생자 수를 축소했다는 비난이 이어졌다. 국방부 소속 군인 외에 FSB 소속과 내무부 소속 희생자를 집계에 넣지 않고, 부상당한 뒤 나중에 숨을 거둔 전사사도 집계에서 제외시켰다는 것이었다. 러시아군은 장비와 군복, 식량, 탄약 부족에 시달렸고 아군 공습에 의해 목숨을 잃을 위험도 컸다. 초기 체첸 공습으로 고조됐던 애국적인 분위기는 많은 국민이 예상했던 것보다 전황이 길어지고 희생자가 많아진 현실 앞에서 흔들리기 시작했다.

이런 현실에 대해 푸틴은 전술을 바꾸어서 대응하는 게 아니라 국민들이 절대로 전선에서 벌어지는 진실을 알지 못하게 만들었다. 전투가 길어지면서 크렘린은 기자들의 전선 접근을 엄격히 막았다. 러시아의 모든 신문과 텔레비전 방송은 철저히 러시아군의 편에 서서 '대테러 작전'을 보도하도록 통제했다. 푸틴은 1차 전쟁 때 체첸 전사들을 호의적으로 묘사한 보도가 체첸 측의 명분을 추켜세우고 러시아군의 사기를 떨어뜨린 측면이 있다고 생각하고, 그런 일이 되풀이되지 않도록 하겠다고 다짐했다.

치열한 전투와 함께 무차별적인 민간인 살상이 계속됐고 러시아군이 저지르는 전쟁범죄 행위 증거들이 속속 드러났다. 러시아 내의 반정부 성향 매체와 외국 언론에서는 이런 보도들이 이어졌으나 크렘린이 통제하는 관영 텔레비전은 아무리 끔찍한 뉴스라도 보도하지 않았다. 체첸 입장에서 전쟁을 보도하거나 러시아군의 허가를 얻지 않고 전쟁 보도를 하는 기자들은 체포되거나 그보다 더 끔찍한 일을 당했다. 미국의 지원을 받는 라디오 리버티Radio Liberty의 안드레이 바비츠키 기자는 1월 러시아군에 의해 체포됐다. 하지만 군은 체첸 보도규칙 위반으로 그를 기소해서 현장에서 추방하는 대신 체첸군에 포로로 잡힌 러시아 군인 5명과 맞교환했다. 현장에서 포로로 잡은 체첸 전투병으로 취급해 복면을 한 체첸 군인들에게 그를 넘긴 것이다. 바비츠키 기자의 이야기는 국내외에서 분노를 불러일으켰고 푸틴과 그의 KGB 경력에 대해 비판적인 기사들이 쏟아져 나오게 만들었다.

푸틴은 절대로 물러서지 않고 거의 맹목적으로 비판에 맞섰다. 그러면서 전쟁에 대해 비판적인 발언을 하면 러시아에 대한 비판으로 간주했다. "바비츠키가 한 행위는 우리 군인들에게 자동소총을 쏘아대는 것보다 더 위험합니다." 그와 장시간 인터뷰했던 텔레비전 프로그램의 기자들이 전선에서 취재하는 기자들은 전투병이 아니라고 항의하자 그는 이렇게 대답했다. "우리는 언론의 자유를 달리 해석합니다." 매들린 올브라이트 미국 국무장관은 2월 러시아를 방문해 푸틴을 만난 자리에서 바비츠키 기자 문제를 제기했다. 하지만 세 시간의 면담을 마치고 나와서 그녀는 러시아의 새 지도자에게 반한 투로 말했다. 이후에도 여러 외국 지도자들이 푸틴에 대해 좋은 말을 했다가 나중에 후회하는 일들이 있었다. 올브라이트 장관은 이렇게 말했다. "그는 정보를 잘 파악하고 있고 훌륭한 대화 상대이며, 서방과 정상적인 관계를 유지하고 싶어 하고 애국심으로 가득 찬 사람으로 보였다." 개인적으로 그녀는 푸틴에게 체첸전쟁은 '호랑이 등에 올라 탄 것'이라고 경고하고 대화를 통한 해결을 추구하라고 권고했다. 하지만 푸틴은 대화를 통한 해결에는 전혀 관심이 없었다.

러시아의 공습을 견디다 못한 체첸 반군 사령관들이 1월 말 그로즈니를 포기하고 철수했는데 철수하는 도중에 러시아 측이 놓은 덫에 걸렸다. 포로교환을 중재한 적이 있는 러시아 첩보요원 한 명이 체첸 반군 측으로부터 사례비 10만 달러를 받고 주력 병력을 알칸-칼라 마을을 거쳐 도피시켜 주기로 했다. 2월 1일 밤 체첸 주력군이 탈출통로를 지나는데 그곳에 지뢰가 대거 매설돼 있었다. 엄청난 인명피해를 내며 탈출하는데 이번에는 러시아군 포탄이 소나기처럼 쏟아졌다. 체첸 군인 수백 명이 목숨을 잃었고 러시아의 주적이 된 샤밀 바사예프도 부상을 당했는데 탈출 도중 지뢰 파편이 오른 발에 박혔다. 체첸군은 바사예프가 아직 살아 있다는 사실을 보여주기 위해 그의 한쪽 발을 절단하는 끔찍한 장면을 담은 비디오테이프를 공개했다.

2월 6일, 러시아군은 폐허가 된 그로즈니를 장악했다. 멀쩡한 건물은 단 한 채도 남아 있지 않았다. 대부분이 파괴돼 사람이 살 수 없는 상태였다. 러시아군 사령관들이 그로즈니 시내에 있는 정부청사에 러시아 국기를 걸었다. 하지만 워낙 철저히 파괴되어서 러시아군이 사령부로 쓸 만한 건물이 한 채도 남아 있지 않았다. 러시아 당국은 지하실에서 겨울을 나야 하는 체첸 주민들에게 식량과 의약품을 공수했다. 푸틴은 "체첸 국민들은 패배한 것이 아니라 러시아군에 의해 해방된 것"이라고 선언했다. 수천 명의 체첸 전사들이 산악에서 싸우는 동료들과 합세해 그 수는 7천 명에 달했다. 여러 사령관들과 마찬가지로 마스하도프는 아직 러시아군에 잡히지 않고 있었다. 바사예프는 '러시아 영토 전역에서 전쟁을 수행할 것'이라고 맹세했다. 그는 그 맹세를 지켰다.

대통령 선거일을 불과 엿새 앞둔 3월 20일 푸틴은 처음으로 그로즈니를 방문했다. 수도 외곽에서 벌어지는 게릴라전으로 러시아군 피해가 계속 늘었다. 그는 장기전으로 빠져드는 전쟁에 지친 유권자들의 불만을 달래려고 했다. 역대 크렘린 지도자 누구도 그런 잘못을 쉽게 인정하지 않았다. 전쟁이 길어지며 치솟던 푸틴의 인기도 주춤했다. 하지만 철저한 보도 통제로 겨울을 지내는 동안 전쟁은 선거 이슈로 크게 부각되지 않았다. 푸틴은 러시아군이 "불법 무장세력 대부분을 파괴했지만 아직 많은 위험이 남아 있다. 남은 문제들을 해결하기 위해 우리 군을 체첸에서 철수시키지 않는 것"이라고 밝혔다. 러시아 국민 대부분은 푸틴이 체첸에서 벌이는 전면전의 어두운 면을 알지 못했고, 그곳 일에 크게 신경 쓰지도 않는 것 같았다. 푸틴은 소련 시절에 만든 2인승 전투기를 타고 그로즈니에 도착했다. 그는 전쟁영화의 주인공처럼 파일럿 비행복 차림으로 한껏 멋을 부리며 군용 비행장에 모습을 드러냈다. 이후 자신의 이미지를 교묘하게 꾸며서 텔레비전 화면에 내보내는 스턴트 같은 행동은 푸틴 정치의 단골 메뉴가 되었다. 어떤 작가는 이런 푸틴식 정치를 '비디오크라시' videocracy라고 불렀다. 텔레비전이 대통령의 그로즈니 방문 보도를 워낙 요란스레 내보내는 바람에 많은 시청자들이 푸틴이 직접 전투기를 조종한 것으로 믿었다.

선거일이 되었지만 결과는 보나마나였다. 한 가지 신경 쓰이는 게 있다면 투표율이 50퍼센트를 넘기느냐는 것이었다. 50퍼센트를 넘어야 투표가 효력을 갖기 때문이다. 푸틴 외에 10명의 후보가 난립했지만 대부분 이름이 알려지지 않은 지방 지도자들이거나 유리 스쿠라토프 같은 정치인이었다. 스쿠라토프는 검찰총장직에서 해임되고 나서 계속 불복 투쟁을 이어오고 있었다. 그는 옐친 측근들의 비리에 관해 자기가 확보한 정보를 공개하겠다고 하면서도 정보 공개를 계속 미루었다. 공산당 후보 겐나디 주가노프, 야블로코 블록의 그리고리 야블린스키 등 4년 전 옐친에 반대했던 후보들도 다시 도전했지만 이들의 동향은 크렘린과 관영 텔레비전에서 전혀 관심을 두지 않았다. 그러다 유대인, 게이, 외국인들이 지지하는 후보라는 비난광고와 언론보도가 대거 이어지며 야블린스키가 갑자기 주목을 받기 시작했다.

야블린스키에 대한 공격은 러시아 일반 국민들의 밑바닥 정서에 깔린 공통분모를 자극했다. 야블린스키가 푸틴 지지표 중에서 진보 진영의 표를 잠식해 푸틴과 야블린스키가 결선투표에 진출할지도 모른다는 우려였다. 과장된 우려였거나 아니면 푸틴 진영의 전략이 들어맞은 것이었다. 개표 결과 푸틴은 1차 투표에서 53퍼센트를 득표했고, 주가노프가 29퍼센트를 얻어 2위, 야블린스키는 6퍼센트도 채 안 되는 득표에 그쳤다. 푸틴이 얻은 득표수와 투표율 집계에 모두 부정행위가 있었으나 누구도 문제 삼지 않았다. 어차피 러시아 국민들의 선택은 푸틴이었다. 민주적인 선거라고 하기에는 문제가 많았지만 그나마 러시아에서 민주적인 선거는 이것이 마지막이었다.

푸틴의 권좌 등극은 너무도 예상치 못한 상태에서 놀랄 정도로 신속히 이루어졌다. 러시아의 저명한 역사학자 로이 메드베데프는 이를 두고 패망한 나라에 내린 신의 섭리라고 표현했다. 그는 "유혈 혁명이나 궁정 쿠데타, 음모에 의하지 않고 옐친이 권력을 내어놓았다. 러시아는 대통령 권한대행 푸틴이라는 새로운 지도자와 함께 새 밀레니엄을 맞았다. 러시아 국민 대다수가 이를 놀라운 일이 아니라 새해에 러시아에 내린 신의 선물로 받아들였다."

선거일을 불과 며칠 앞두고 푸틴 반대 진영에서 아파트 폭파 사건과 리야잔 사건의 수수께끼 같은 의문점들을 꺼내들기 시작했다. 지금까지 체첸 반군들의 만행으로 매도되고 있는 사건들이었다. 반대 진영에서는 음모론을 제기했다. 배후에 거대한 음모 세력이 자리하고 있으며, 푸틴은 그 세력의 꼭두각시에 불과하다는 내용이었다. 독립적인 신문인 노바야 가제타는 리야잔의 소위 '폭탄 테러 대비 훈련'의 진상에 관해 시리즈 기사를 게재했다. 기사는 제일 먼저 아파트 건물로 들어간 경찰관의 증언과 설탕 포대를 검사하고 뇌관을 해체한 조사관의 증언을 실었다. 문제의 창고를 경비하라는 명령을 받았다는 제137연대 소속 낙하산 부대원의 증언도 실었다. 이 부대원은 동료들과 함께 창고 안에서 설탕 포대 수십 포를 보았다고 했다. "설탕 포대 안에 든 것은 단맛이 전혀 나지 않는 물질이었다. 무슨 음모가 숨어 있는 것이 분명했다."고 신문은 썼다. 그 병사는 소대장에게 보고했고, 폭약 전문가인 소대장이 안에 든 물질을 조사해 본

결과 그것은 고성능 폭약인 헥소겐으로 밝혀졌다. 부대원 이름은 알렉세이라고만 밝혔다. 아직 정황증거이기는 하나 신문은 리야잔 사건과 모스크바, 볼가돈스크 폭발 사건이 러시아를 상대로 저질러진 테러 분자들의 소행이 아니라 국가가 저지른 테러 행위일 가능성이 높다고 결론 내렸다.

신문은 이렇게 문제 제기를 했다. "헥소겐이 왜 특수기관의 지하실에 보관되어 있었던 것이며, 설탕 포대에 담아서 보관한 이유는 또한 무엇인가? 공병대 전문가들은 이만한 양의 폭발물은 이런 식으로 보관하거나 운반하지 않는다고 했다. 그러기에는 너무 위험하기 때문이다. 0.5킬로그램이면 작은 건물 한 채를 충분히 날려버릴 수 있는 양이라고 한다." 신문은 푸틴이 권좌에 오른 것이 신의 섭리가 아니라 차마 입에 담지 못할 사악한 음모에 의한 것일 수 있다는 점을 암시했다. 3월 16일, 이튿날 발행 예정인 이 신문의 지면이 사이버 공격을 당해 파괴되었다.

같은 날, 폭발 사건이 일어난 가을부터 침묵으로 일관해 오던 FSB가 기자회견을 열고 자체 수사 결과 방대한 규모의 반군 조직이 폭파 공격에 가담한 사실을 적발해 냈다고 발표했다. FSB 대변인은 폭파 테러 모의는 체첸 영토 안에서 이루어졌다고 주장했다. FSB는 이 기자회견에서 폭발 물질과 관련해 말을 바꾸었다. 발견된 물질이 군에서 생산하고 보관하는 헥소겐이 아니라 손쉽게 구할 수 있는 비료 혼합물질이라고 주장한 것이다. FSB가 이처럼 말을 바꾸자 그동안 테러 분자들의 소행이라고 믿은 사람들까지도 이들을 의심하기 시작했다. 푸틴은 선거 인터뷰에서 이 같은 주장을 터무니없는 헛소리라고 일축했다. "러시아 특수기관에서 국민을 상대로 그런 범죄를 저지를 사람은 단 한 명도 없습니다. 그런 의문을 제기하는 것 자체가 부도덕한 짓입니다. 이것은 러시아를 상대로 벌이는 정보전의 일환일 뿐입니다." 하지만 정확히 누구의 소행인지에 대해서는 구체적인 답을 하지 않았다.

주가노프와 야블린스키는 선거운동 과정에서 이 문제를 제기했다. 올리가르히인 블라디미르 구신스키가 소유한 미디어-모스트 그룹 소속의 독립 텔레비전 채널 NTV도 이 문제를 보도했다. NTV가 개최한 타운홀 미팅에 참석한 리야잔 주민들이 FSB 대변인의 주장을 반박하고 터무니없는 주장이라고 비웃었다. 그 자리에서 FSB 대변인은 포장된 박스를 들어 보이며 그 안에 모든 증거품이 다 들어 있다고 큰소리쳤지만 박스를 열어 보이지는 않아 비웃음만 샀다. 공식적인 부인에도 불구하고 언론과 반대 진영에서는 수수께끼의 퍼즐들을 끼워 맞춰가며 음모론으로 푸틴을 흔들었다.

당시 큰 주목을 받지 못하고 넘어갔지만 폭발 사고가 일어나기 전인 여름에 국내외 언론 몇 군데서 이런 음모가 일어날 가능성을 제기한 적이 있었다. 당시 이들 언론은 국가비상사태를 선포해 총선을 무산시킬 가능성이 있다는 점을 지적했다. 하지만 체첸전쟁을 본격적으로 시작하고, 옐친이 국가안보회의 서기 겸 FSB 국장으로 임명한 자를 크렘린의 권좌로 밀어 올리려고 한다는 음모까지는 내다보지 못했다. 예를 들어 육군 대령으로 전역한 후 신문기자로 변신한 알렉산드르 질린은 1999년 7월 모스코프스카야 프라우다에 '모스크바에 부는 폭풍' 이라는 제목의 기사에서 모스크바 시장 루즈코프를 몰아낼 목적으로 정부 건물에 대한 테러 공격이 감행될 것이라고 예견했다.

베레조프스키는 1차 체첸전쟁 이후부터 체첸 반군을 비롯해 코카서스 지역에서 활동하는 무장 세력들과 긴밀한 관계를 유지하고 있었다. 이 때문에 그의 적대 세력들은 그가 루즈코프-프리마코프 연합을 깨뜨리기 위해 음모에 개입했을 것이라고 주장했다. 베레조프스키는 코카서스 인근의 카라차예보-체르케시아공화국에서 총선에 출마해 의회로 진출했다. 그는 피랍된 인질들을 구출하기 위해 바사예프를 비롯한 체첸 반군들과 접촉해 거액의 몸값을 지불한 적이 있다고 시인했다. 베레조프스키가 체첸 반군 지도자 가운데 한 명인 모블라디 우두고프와 나눈 것으로 보이는 전화 통화 기록이 공개되었다. 두 사람이 러시아군의 체첸 침공 구실을 만들기 위해 체첸 반군이 다게스탄을 공격하는 방안을 놓고 흥정하는 내용이 담겨 있었다.

베레조프스키는 통화 테이프가 편집되었다고 했으나 그런 대화를 한 사실은 부인하지 않았다. 베레조프스키에게 적대적인 사람들은 그가 옐친 이후의 권력 향방에 누구 못지않게 많은 이해관계가 걸려 있기 때문에 그걸 지키기 위해 무슨 짓이든 할 것이라고 말했다. 금융인 조지 소로스는 "베레조프스키는 자신의 이해관계에 따라 세상을 보는 사람이다. 그는 러시아의 운명을 망치더라도 자신의 부와 영향력을 지키려는 사람"이라고 말했다. 소로스는 베레조프스키와 밀접한 사업 파트너로 지냈으나 통신사 매각 협상을 둘러싸고 사이가 틀어졌는데 그를 사기꾼이라고 불렀다. 베레조프스키와 사업 파트너였던 많은 이들이 그를 사기꾼이라고 했다.

FSB가 폭발 사고를 기획했다는 음모론에 대한 반론들도 있다. 테러를 저지른 범인들은 바로 체첸 극단주의자들과 체첸 인근 무슬림 공화국들의 전사들이라는 것이다. 정치적 음모론을 제기하는 사람들의 논리는 러시아의 정치 엘리트들이 체첸에서 새로 전쟁을 시작하는 것에 대해 극도로 반대한다는 사실을 간과했다. 1999년 여름에는 전쟁이 자산이 아니라 부채였다. 초기 군사작전이 성공하고 푸틴이 단호한 의지를 천명하고 나서 전쟁을 계속 끄는 것은 그의 높은 인기를 유지하는 데 안전판 역할을 하는 게 아니라 부담으로 작용했다. 유권자들을 상대로 한 여론조사에서 체첸전 확전은 그의 집권 8개월 동안 최악의 결정으로 조사됐다.(최고 인기를 기록한 정책은 연금과 임금 인상인 것으로 조사됐다.) 나아가 만약에 음모가 사실이었다 해도 그것은 푸틴이 옐친의 후계자로 낙점되기 전, 자신이 총리가 되리라는 것을 알기 전에 시작되었을 것이라는 논리이다.

하지만 어느 쪽이 맞는지 입증할 결정적인 증거는 끝까지 나오지 않았다. 가장 큰 이유는 푸틴이 FSB를 소련 시절처럼 비밀주의로 회귀시켜서 폭발사고와 리야잔 사건의 진상을 철저히 은폐했기 때문이다. 선거 며칠 전에 가서야 두마의 공산당과 야블로코 블록은 리야잔 사건의 공식적인 진상조사를 요구하는 결의안을 제출했다. 하지만 결의안 채택에 필요한 226표에 훨씬 모자라는 197표의 찬성표를 얻는 데 그쳤다. 푸틴을 지지하는 의원 전원이 반대표를 던졌다. 의회의 진상조사 요구 결의안이 무산되면서 의혹은 더 커졌다. 푸틴의 대통령 취임 초부터 시작된 의혹은 이후 수년간 러시아에 짙은 그림자를 드리운다. 의혹의 와중에서 여러 명의 목숨이 사라졌다. 의혹을 제기한 의원과 언론인들이 우연이라고 하기에는 너무도 어이없이 목숨을 잃었다.

푸틴에 가까운 인사들까지 참혹한 폭발 사건의 진상을 밝히기 위해 뛰어들었다. "나는 모르겠습니다. 나로서는 도저히 그게 사실이라고 믿을 수가 없습니다." 옐친 재임 시절 재무부 고위직을 두루 거친 미하일 카시야노프는 10년이 더 지난 후에 이렇게 말했다. 대통령 권한대행이 되고 나서 이틀 뒤인 1월 3일 푸틴은 카시야노프에게 총리직을 제안했다. 대통령 선거 이후까지 공개되지 않았지만 당시 푸틴은 그에게 다음과 같은 원칙을 분명히 했다. 카시야노프에게 내각 운영과 예산, 경제를 맡기되 보안기관은 푸틴 자신이 직접 관장한다는 것이었다. 카시야노프로서는 3백 명이 넘는 무고한 시민의 목숨을 앗아간 폭발사건이 정부의 소행이거나 최소한 정부 내 불순세력의 소행일 가능성은 상상할 수 없는 일이었다.

푸틴은 자신이 믿을 수 있는 사람들로 정치팀을 꾸렸다. 몇 안 되는 친구들이었다. "나도 친구들이 있습니다. 다행인지 불행인지 모르지만 친구가 많지는 않습니다." 그는 선거 전 관영 텔레비전에서 내보낼 일대기 프로그램을 만들 때 인터뷰한 언론인 미하일 레온티예프에게 이렇게 말했다. "그래서인지 내겐 친구가 더 소중합니다. 모두 오래 사귄 친구들이고, 그 중 몇 명은 고등학교 동창이고 몇 명은 대학동창입니다. 우리는 변함없이 우정을 나눕니다. 최근 들어 자주 만나지는 못하지만 그래도 잊지 않고 만나는 편입니다."

선거운동 기간 중에 그는 친구 한 명을 잃었다. 아나톨리 소브차크는 1999년 여름 프랑스 망명생활을 끝내고 상트페테르부르크로 돌아왔다. 돌아온 탕자가 된 것이다. 푸틴은 최고 권력에 올라 있었고, 소브차크의 비리혐의를 캐기 위해 해외로까지 확대되었던 수사는 갑자기 중단되었다. 소브차크는 1991년의 영광을 되찾기 위해 12월 두마 총선에 출마했지만 과거 정치 스타 시절의 영광을 되찾지 못하고 낙마했다. 대신 그는 푸틴의 대통령 선거운동에 전력을 다했다. 한때 자신의 보좌관이었던 그를 위해 혼신을 다해 선거운동을 도왔다. 그러던 중 2월 18일 칼리닌그라드의 한 호텔에서 갑자기 숨을 거두었다. 심장마비일 가능성이 높았지만 독살설 등 그의 죽음을 둘러싸고 흉흉한 소문들이 나돌았다.

푸틴은 그의 죽음에 격한 슬픔을 나타냄으로써 음모설에 기름을 부었다. "아나톨리 소브차크는 그냥 죽은 게 아니라 쫓기다 못해 목숨을 잃은 것입니다." 푸틴은 상트페테르부르크의 발티카 라디오 방송과 가진 인터뷰에서 이렇게 말했다. 푸틴이 왜 그렇게 기를 쓰고 유리 스쿠라토프를 검찰총장 자리에서 쫓아내려고 했는지 이제 이해가 될 것 같았다. 소브차크의 비리혐의 수사를 제일 먼저 시작한 사람이 바로 스쿠라토프였다. 푸틴이 그를 몰아내려고 한 데는 정치적인 목적이 있었겠지만, 그에 못지않게 개인적인 분노도 크게 작용한 게 분명했다. 소브차크의 장례식에서 푸틴은 추도사를 통해 그를 '우리의 스승' '마지막 로맨티스트'라고 불렀다. 러시아 국민들은 새 지도자가 눈물을 흘리는 것을 처음으로 보았다.

2000년 5월 크렘린 의전장은 새 대통령 취임식 준비를 하면서 행사와 관련해 한 가지 문제에 직면했다. 1960년대 이후 새로 선출되는 소련의 당서기장은 유리와 콘크리트로 지은 현대식 건물인 인민대회궁에서 취임 선서를 했다. 크렘린의 역사적인 일관성에 손상을 입힌 건물이고, 건축학적으로 시대착오적인 건물이다. 차르들은 15세기에 지은 성모승천대성당에서 대관식을 거행했다. 옐친은 재선되고 나서 두 곳 대신 야외식장을 만드는 방안을 생각했으나 건강이 악화돼 옛 소비에트궁전에서 취임식을 거행했다. 옐친은 걸음을 겨우 떼고 목소리도 떨렸으며, 취임연설과 대통령 선서를 텔레프롬터를 보고 할 정도로 건강이 좋지 않았다. 푸틴은 크렘린대궁전에 있는 성안드레아홀에서 취임식을 거행하기로 했다. 크렘린대궁전은 황제 니콜라이 1세가 황제의 거처로 지은 곳이다. 취임식 준비를 하는 사람들은 인민대회궁은 몇 명을 수용할 수 있는지 정확히 알았지만, 성안드레아홀은 수용인원이 몇 명인지 알지 못했다. 그래서 병사들을 단체로 데려다 차려 자세로 일렬로 한명씩 수를 세며 안으로 들여보냈다. 한 치의 오차도 용납되지 않았기 때문이다.

5월 7일, 1500명이 새 대통령의 취임선서를 지켜보았다.

차르 시대의 영광을 재현한 화려한 금박 장식의 취임식장은 푸틴이 모스크바로 진출한 뒤 첫 번째 상사로 모셨던 파벨 보로딘이 1990년대에 리노베이션 공사를 했다. 이 공사를 둘러싸고 옐친과 그의 측근들은 비리 혐의에 휘말리게 되었다. 보로딘은 불과 4년 전 자기 사무실로 온 그 미심쩍고 재미없는 자가 새 헌법에 손을 얹고 대통령 취임선서를 하게 될 줄은 상상도 못했을 것이다. 취임식이 진행되는 동안 옐친과 푸틴 두 사람의 차이는 취임식에 직접 참석했거나 텔레비전 중계를 통해 이를 지켜보는 수백 만 러시아 국민들의 뇌리에 깊이 각인되었다. 정치적으로 초보자인 푸틴은 무대에 첫 데뷔하는 배우 같았다. 그는 암청색 메르세데스를 타고 대궁전 측면 입구에 도착한 뒤 혼자서 내렸다. 문 앞에 대기하고 있던 근위병의 경례를 받고 57계단을 걸어 올라갔다. 그는 그랜드홀로 이어지는 통로를 따라 레드카펫을 밟으며 서두르지 않고 천천히 걸어 들어갔다. 거대한 궁전 홀 안에서 푸틴은 왜소해 보였다. 검정 양복에 회색 넥타이 차림이었다. 왼팔을 자신 있게 흔들었으나 오른팔은 옆구리에 붙인 자세로 걸었다. 1984년 길거리에서 싸울 때 다친 후유증인 듯 보였다. 그 때문에 KGB 이력에 먹구름이 드리워지기도 했지만 걸음걸이는 더 활기차 보였다. 수백 야드를 그렇게 걸어갔다. 옐친 같으면 텔레비전 카메라들이 지켜보는 가운데 감히 엄두도 못 낼 일이었다.

초청된 인사들에는 의회 의원과 주지사, 고위 법관, 러시아의 4대 종교인 정교회, 이슬람, 불교, 유대교 성직자들이 포함됐다. 그밖에 미하일 고르바초프가 다른 시대에서 온 유령처럼 자리했고, 고르바초프를 몰아내기 위해 쿠데타를 주도했다 실패한 전 KGB 의장 블라디미르 크류츠코프도 참석했다. 두 사람을 함께 초대한 것은 지난 십년간 이어온 혼란의 시대를 마감하고 통합을 추진하겠다는 푸틴의 의지를 보여주는 상징적인 장면이었다. 옐친은 창백하고 퉁퉁 부은 얼굴을 하고 푸틴 옆에서 선서 장면을 지켜보았다. 취임선서는 정확히 정오에 맞춰 진행됐다. 옐친이 짧은 연설을 하는 동안 텔레프롬터의 불빛이 깜빡거렸고, 사람들이 연설이 끝난 줄 알고 길게 박수를 치면 그는 한참을 기다렸다가 다시 연설을 이어갔다. 옐친보다 이십 년 더 젊은 푸틴의 연설은 자신의 취임이 갖는 역사적 의미에 초점을 맞춰 간결하고 힘이 있었다. 그는 자신의 취임이 1100년에 걸친 러시아 역사에서 최고 권력이 평화롭고 민주적인 방법으로 교체되는 최초의 기록이라고 강조했다.(옐친의 뜻에 따라 정권교체가 이루어졌다는 사실은 일체 내색하지 않았다.)

과거의 역사와 미래의 의미를 놓고 겪는 갈등과 분열을 혼합시킨 취임식이었다. 취임식이 끝나고 모스크바강안에서 축포가 발사됐다. 취임식장에서는 합창단이 미하일 글린카의 곡 '황제께 바친 목숨'을 노래했다. 1836년 폴란드와의 전쟁에서 목숨을 잃은 병사를 위해 작곡한 곡으로, 소련 시절에 곡명을 '이반 수사닌'Ivan Susanin으로 바꾸고, 황제에게 바치는 충성 대목을 빼는 식으로 개작됐다. 푸틴 취임식에서는 소련 시절의 곡으로 불렀다. 대궁전을 나서며 푸틴은 크렘린 마당에서 펼쳐지는 열병식을 참관했다. 그리고 러시아정교회 총대주교인 알렉시 2세와 만난 다음 크렘린 바로 바깥에 있는 무명용사묘에 헌화했다. 민주적인 정권 교체식이라지만 황제의 대관식을 연상시켰다. 러시아는 투표로 축성 받은 새 지도자를 맞이했지만, 그가 어떤 방향으로 나라를 이끌어갈지에 대해서는 아는 사람이 없었다.

　권좌에 오르면서 푸틴의 가족생활에는 제약이 많아졌다. 그는 선거기간 중에는 열여섯과 열다섯이 된 두 딸 마샤와 카챠에게 자신의 일대기 프로그램 제작과 관련해 인터뷰를 해도 좋다고 허락했다. 하지만 이후 이들의 모습은 공개석상에서 사라졌다. 가족의 프라이버시는 크렘린이 철저히 보호했고, 아이들의 사진도 거의 공개되지 않았다. 부모와 함께 찍은 사진도 마찬가지였다. 러시아의 새 퍼스트 패밀리 사진은 공개된 적이 없었다. 학교공부는 가정교사가 집으로 와서 했고, 독일어를 비롯해 프랑스어와 영어까지 배웠다. 인터뷰에서 아이들은 다른 십대 아이들과 똑같이 '매트릭스'The Matrix 같은 외국영화를 좋아하지만 외출할 때는 반드시 경호원과 함께 다닌다고 했다. 토시카라는 이름의 흰색 푸들 애완견을 아이들에게 사주어서 상트페테르부르크에 살 때 자동차 사고로 코카서스 양몰이개가 죽은 뒤 처음으로 집에 애완견이 생겼다.

　류드밀라는 남편이 애정이 너무 지나쳐서 아이들의 버릇을 망쳐놓았다고 말하면서도 아이들이 집에서 아버지를 보는 것보다 텔레비전으로 보는 횟수가 더 많다고 했다. 시중드는 사람들과 요리사도 생긴 덕분에 류드밀라는 요리 공포에서 벗어날 수 있었다. 그녀는 신혼 때 남편을 위해 처음 요리를 했을 때 맛본 낭패감을 잊지 못하고 있었다. 하지만 두 사람의 결혼생활은 이제 그녀 뜻대로 되는 게 아니었다. "나는 이제 어떤 계획도 세우지 않아요. 예전에는 계획을 세웠지요. 하지만 내가 세운 계획이 틀어졌을 때는 기분이 너무 상했어요. 이제는 함께 휴가여행을 떠나거나 휴일을 함께 보내는 계획 따위는 아예 세우지 않는 게 낫다고 생각해요. 그래야 실망할 일도 없지 않겠어요?"

소련 시절과 마찬가지로 러시아도 최고 지도자의 아내가 퍼스트레이디로서 공적인 역할을 한 경험이 거의 없었다. 고르바초프의 아내 라이사는 한껏 멋을 내고 남편과 함께 여러 곳을 다니며 공적인 행사에 참석했다. 하지만 그것은 어디까지나 신기한 경우로 받아들여졌고 모두가 반긴 것은 아니었다. 옐친의 아내는 공적인 활동을 싫어해서 나서는 것을 피했고, 류드밀라도 마찬가지였다. 1998년과 1999년에 그녀는 통신회사인 텔레콤인베스트Telekominvest의 모스크바 대표로 잠간 일한 적이 있었다. 상트페테르부르크에 있는 회사로 집안 친구인 레오니드 레이만과 관련이 있었다. 레이만은 푸틴 정부에서 통신장관을 지내게 된다. 그 회사에서 1500달러를 월급으로 받았으나 푸틴이 총리가 되자 그만두었다. 그녀가 이 회사의 사업에 계속 관여했다고 말하는 사람들도 있었다.

류드밀라는 공식행사에 참석하며 퍼스트레이디 역할을 했다. 특히 토니 블레어를 비롯해 외국 손님을 맞이하는 행사에 많이 참석했다. 블레어 총리는 푸틴이 권좌에 오른 뒤 서방 정상으로서는 제일 먼저 러시아를 방문해 푸틴과 만났다. 푸틴 부부는 블레어 총리를 상트페테르부르크에 있는 마린스키극장으로 초대해 세르게이 프로코피예프의 오페라 '전쟁과 평화'를 함께 관람했다. 처음에는 류드밀라가 공적인 역할을 활발하게 할 것으로 보였다. 취임식 이후 그녀는 독서와 러시아어 발전에 큰 관심을 보였다. 그래서 러시아어 발전센터를 설립하고 세계무대에서 러시아 문학의 위상을 높이기 위한 여러 가지 프로젝트를 진행했다. 하지만 비정치적인 인터뷰에는 간혹 응했지만 남편의 선거운동이나 정국 운영에는 일체 관여하지 않았다. 푸틴은 가족에 관해서는 아무리 사소한 질문이라도 발끈했다. 한번은 미하일 레온티예프가 부드러운 분위기 속에서 시간 날 땐 가족들을 보느냐는 질문을 했다. 그랬더니 푸틴은 "보지요." 하고 딱 한마디 하고는 입을 닫아 버렸다. 그때 레온티예프는 푸틴의 집안을 둘러보고 충격을 받았다고 했다. 지난 십여 년간 전임 총리들이 살던 집이었다. 총리가 된 지 6개월이 지났는데도 이삿짐 박스들이 풀지도 않은 채 그대로 있었고, 꼭 잠시 머물다 떠날 것이라는 인상을 받았던 것이다. "우리는 1985년부터 줄곧 임시 거처에 살았어요." 푸틴은 이렇게 대답했다. "이곳에서 저곳으로 계속 옮겨 다녔고, 그래서 집이 아니라 군대 막사라는 생각이 들어요. 물론 막사치고는 상당히 좋은 집이고 상당히 살기 편한 곳이지만 그래도 임시 거처일 뿐입니다. 이삿짐 박스 위에 앉아 있는 기분이지요."

공직자 재산신고 규정에 따라 푸틴은 상트페테르부르크 교외에 있는 다차를 포함해 부동산 3곳을 신고했다. 다차는 화재가 나서 탄 뒤에 새로 지었는데 상트페테르부르크 출신 사업가들과 공동 출자한 협동조합 소유로 되어 있었다. 당시 식량 스캔들에 이름이 들어 있던 블라디미르 야쿠닌과 유리 코발추크 등 두 명의 사업가도 포함돼 있었다. 협동조합은 그 지역 마을 사람들로부터 소송을 당한 상태였지만, 이들은 호숫가 공지를 확보해서 그곳에다 외부와 차단된 커뮤니티를 만들었다. 그리고 공동 은행구좌를 개설해 놓고 자기들끼리는 누구든지 마음대로 돈을 넣고 빼고 할 수 있도록 했다.

푸틴은 여러 구좌에 분산 예치된 1만 3000달러 상당의 예금을 신고했다. 그 정도면 당시 러시아 기준으로 꽤 부유한 편에 속했지만 대단한 갑부는 아니었다. (1998년 루블화 가치 급락으로 푸틴도 다른 러시아 국민들과 마찬가지로 큰 손해를 보았다.) 신고 때 일부 재산을 누락시켰을 가능성도 있을 것이다. 자산의 상당 부분을 지하에 숨겨두는 러시아에서는 많은 정치인들이 그렇게 하기 때문이다. 어쨌든 적어도 대통령이 되기 전까지 푸틴 일가는 비교적 검소한 생활을 하고, 대부분의 러시아 국민들처럼 미래에 대한 아무런 보장이 없었던 것 같다. 하루아침에 가지고 있는 모든 게 휴지조각이 되어 버리지 않을까 하는 두려움을 갖고 있었을 것이다.

푸틴은 레온티예프와 가진 텔레비전 인터뷰에서 자기가 겪은 일들을 보면 러시아 전체의 운명을 알 수 있다고 말했다. "지난 10년 동안 나라 전체가 그렇게 살아 왔습니다. 언제나 그랬듯이 문제는 안정을 되찾는 것입니다." 그는 국민들에게 안정을 되찾아 주겠다고 약속했고, 자신은 이제 안정된 생활을 찾았다. 가족이 처한 상황은 되돌아갈 수 없을 정도로 바뀌었다. 5월에 푸틴 일가는 숲으로 둘러싸인 새 관저로 이사했다. 바로 옆에 노보-오가료보강이 굽이쳐 흐르는 곳이었다. 1950년대에 지어진 이곳은 정부 영빈관으로 쓰이다 푸틴이 집권하면서 공식적으로 대통령 관저가 되었다. 루블료프카로 불리는 관저 주변 지역에는 얼마 안 가 고급 저택들이 대거 들어섰다. 권력 가까이에 살겠다는 구매자들이 모여들면서 이곳은 세계적으로 가장 비싼 주택가 가운데 한 곳이 되었다. 푸틴 일가는 이곳에서 여러 해를 살았다.

상트페테르부르크 시절 소브차크 시장 밑에서 함께 일한 동료들이 크렘린 상층부에 모여들었다. 행정실 부실장이 된 드미트리 메드베데프와 알렉세이 쿠드린도 그 가운데 포함됐다. 쿠드린은 푸틴이 모스크바로 진출한 이후 계속 그를 도와주었고 나중에 재무장관이 되었다. KGB 동료들인 빅토르 체르케소프와 빅토르 이바노프, 세르게이 이바노프 등도 모두 보안기관의 요직을 차지했다. 푸틴이 고향 출신 인사들을 대거 정부 요직에 앉혔기 때문에 이들은 상트페테르부르크 사단이라고 불렸다. 모스크바의 기존 정치 엘리트들은 이들을 미심쩍은 눈초리로 바라보았다. 그동안 자기들이 독차지해 온 부와 각종 특전들이 이들에게 넘어가고 있었기 때문이다. 뚜렷한 근거도 없이 표트르 대제가 그랬던 것처럼 푸틴이 수도를 상트페테르부르크로 이전할 것이라는 추측까지 나돌았다. 모스크바의 중세식 정치음모에 희생되지 않기 위해 푸틴은 자기가 확실히 믿을 수 있는 사람들에게 기댔다. 그는 기존의 정치 엘리트들에 대해 깊은 불신감을 가졌고, 이는 크렘린 권력의 눈에 띄는 의인화로 나타났다. 푸틴 스스로 이렇게 말했다. "나는 친구가 많지만 정말 가까운 친구는 몇 명 되지 않습니다. 그들은 한 번도 나를 떠난 적이 없고 배신한 적이 없으며, 나도 그 친구들을 배신한 적이 없습니다."

옐친의 측근 중에서도 유능한 인사 몇 명을 기용했다. 옐친의 비서실장이었던 알렉산드르 볼로신과 '충격요법의 아버지'로 불리며 많은 욕을 먹은 아나톨리 추바이스 같은 이들이었다. 추바이스는 독점기업인 국영 전력회사의 회장으로 남아 있었다. 하지만 얼마 가지 않아 크렘린 권력서열은 대대적으로 바뀌었다. 취임식 날 푸틴은 미하일 카시야노프를 총리로 공식 임명했다. 소련 시절부터 소련 해체 이후까지 줄곧 경제, 금융 부처에서 요직을 거쳤고 서방 전문가들 사이에 실용적인 협상가로 인정받는 사람이었다. 언론은 그의 별명을 '미샤 2퍼센트'로 불렀는데, 금융가들과 계약을 체결하면 반드시 2퍼센트의 수수료를 챙긴다는 루머 때문이었다. 물론 그는 사실이 아니라고 펄쩍 뛰었다. 어쨌든 시장경제론자로서의 명성은 의심할 여지가 없는 그를 총리로 임명함으로써 푸틴은 1990년대에 시작된 민영화 계획을 신중하면서도 착실히 추진할 것임을 시사했다. 더 중요한 것은 그가 임명됨으로써 1998년 이래 6명의 총리가 바뀌며 의회와의 불화로 야기된 헌법적 위기사태를 피하게 되었다는 점이었다.

푸틴이 취임 초에 취한 정책들은 민주적인 개혁 조치들이었다. 국내외 대기업들이 모두 그의 정책을 환영했다. 단일flat 소득세를 도입해 개인소득세는 13퍼센트로 하고, 법인소득세는 35퍼센트에서 24퍼센트로 낮추어 2002년 1월부터 적용했다. 그리고 낮은 세율을 고수할 것이라고 약속하고 일반 국민과 기업 모두 반드시 세금을 내도록 만들겠다고 했다. 지난 십여 년 동안 러시아 국민 대부분이 무슨 수단을 써서라도 세금을 내지 않고 피하려고 했다. 푸틴의 새 정부는 토지거래법을 만들어 토지를 사고팔 수 있도록 하고 민간 고용 분야에 적용할 노동법도 도입했다. 그리고 투자를 위축시키는 부패와 불법이 발을 붙이지 못하도록 불확실성을 제거했다. 유가 상승에 힘입고, 1998년 디폴트에서 서서히 회복되면서 러시아는 처음으로 균형예산을 달성했다. 그리고 IMF를 비롯한 국제기구 부채를 조기 상환하기 시작했다.

옐친의 재임 시절은 변덕스러웠지만 경제 부흥의 토대를 닦아 놓았다. 국내총생산GDP은 1999년에 5퍼센트 성장했고 푸틴 취임 첫해에는 두 배로 뛰었다. 이후 7년 동안 평균 6퍼센트가 넘는 꾸준한 성장을 기록했다. 1990년대 내내 지속된 초기 서구식 자본주의는 부패한 상층부를 만들고 가게, 레스토랑, 클럽 등 특권 부류의 취향을 노린 소비 공간이 우후죽순처럼 생겨났다. 하지만 이제 모스크바를 비롯한 여러 도시에서 시장경제의 과실이 낙수효과처럼 사회 중간 계층에게 흘러들기 시작했다. 상트페테르부르크 시절과 모스크바 초기 시절에 그랬던 것처럼 푸틴은 유능하고 효율적인 관리자의 면모를 보여주는 것 같았다.

그는 발전하는 러시아가 안고 있는 모순을 보여주는 지도자였다. 현대 민주주의와 아직 버티고 있는 소련 전통의 중간 지점 어딘가에 서 있는 사람이 바로 그였다. 그가 집권 초기에 취한 정책들은 이 두 가지 면을 모두 보여주었다. 그의 리더십을 평가하는 의견도 그의 어느 면을 높이 평가하느냐에 따라 엇갈렸다. 푸틴 본인도 두 가지 가운데 어느 한쪽 면으로 자리를 잡기 위해 애를 쓰는 듯이 보였다. 하지만 집권 몇 달 동안 그는 러시아 국민들에게 옐친 시대의 만성적인 혼돈 상태에서 벗어날 것을 주문했다. 그의 목표는 러시아를 자본주의와 민주주의 국가로 신속하게 전환시키는 것이 아니라 신중하게, 그리고 국민이 원하는 것을 조금씩만 맛보여 주면서 이끌어 가는 것이었다. 그 과정에서 그가 가장 강조한 것은 바로 안정이었다. 멀리 코카서스 지역에서 전쟁의 포성이 격화되고 있었지만, 그는 비교적 성공한 지도자로 자리 잡고 있었다.

대통령 취임 나흘 뒤인 5월 11일, FSB 요원 수십 명이 모스크바 도심에 있는 러시아 최대 민간 언론사인 미디어−모스트Media-Most 본사를 급습했다. 인기 텔레비전 채널인 NTV도 미디어−모스트 소유였다. 아침에 사무실로 들이닥친 요원들은 직원들을 모두 카페테리아로 몰아넣고 여러 시간에 걸쳐 사무실을 샅샅이 뒤져 서류와 컴퓨터 등을 압수했다. 특이한 압수품 중에는 사주인 블라디미르 구신스키 소유의 장식용 권총도 한 자루 포함돼 있었다. 구신스키의 어린 시절은 푸틴과 놀랄 정도로 유사한 면이 있다. 그는 푸틴보다 하루 빠른 1952년 10월 6일 생으로 방 한 칸짜리 아파트에서 제대로 배우지 못한 부모의 사랑을 받으며 자랐다. 부친은 대조국전쟁 참전용사로 공장 노동자였다. 푸틴처럼 그도 스스로를 '거리의 아이'라고 불렀다. 음산한 소련식 아파트 뒷모퉁이에서 술주정뱅이와 폭력배들한테 맞지 않으려고 싸움기술을 배웠다. 하지만 두 사람이 비슷한 것은 거기까지였다.

구신스키의 조부는 스탈린 숙청 때 목숨을 잃었다. 그리고 구신스키는 군에 복무하면서도 암시장 거래에 맛을 들였고, 마침내 극적인 드라마를 연출해냈다. 교육배경과 완고한 소련 관료사회에서 유대인으로서 겪은 경험들이 그를 체제에 대한 반항아로 키웠다. 반면에 푸틴은 그 체제에 지극히 충실했다. 구신스키는 1980년대 말 컨설팅 회사를 설립해 엄청난 부자가 되었다. 그리고 모스크바시에서 과일과 채소시장을 관장하는 관료인 유리 루즈코프와 친구가 되었다. 그의 사업 영역은 순식간에 금융과 주택건설, 그리고 언론으로까지 뻗어나갔다. 미국 방문 때 본 자동금융 네트워크의 이름을 따서 지은 미디어-모스트는 세보드냐 신문을 창간하고, 이어서 텔레비전 방송국 NTV를 설립했다. 이 방송이 나중에 푸틴의 분노를 사게 되었다.

NTV는 러시아 최초의 현대식 민간 텔레비전 방송이 되었다. 방송은 거침없이 비판적이고 센세이셔널한 보도로 옐친 시절 크렘린을 괴롭혔다. 베레조프스키가 1999년 선거를 앞두고 관영 방송 ORT를 이용해 옐친의 반대세력을 공격했던 것처럼 구신스키는 NTV를 앞세워 옐친의 측근 '패밀리'들을 두들겨 팼다. 두 텔레비전 재벌의 경쟁은 개인적인 감정까지 곁들여져서 대단히 격렬하게 벌어졌다. 옐친의 경호실장을 지낸 알렉산드르 코르자코프는 베레조프스키가 자기한테 와서 구신스키를 암살해 달라고 부탁했다고 폭로했다. NTV는 푸틴의 선거운동에 대해서도 비판적인 보도를 계속했고, 여러 건의 아파트 폭발사건에 관한 다큐멘터리를 내보내며 정부의 개입 의혹을 시사했다.

크렘린 입장에서 볼 때 더 고약한 것은 체첸전쟁을 보도하면서 전쟁의 잔혹함과 고통을 축소하지 않고 있는 그대로 보도하는 것이었다. 관영 방송들은 알아서 축소해 내보냈다. NTV의 소유주와 기자들은 크렘린의 새 지도자가 비판을 참고 받아들이지 못하는 사람이라는 것을 제때 깨닫지 못했다. 푸틴은 이 방송의 주간 풍자 인형 프로그램인 쿠클리Kukly에서 자신을 풍자하는 것을 특히 싫어했다. 이 프로그램을 제작한 빅토르 센더로비치는 1994년부터 정치인들을 소재로 신랄한 풍자극을 만들어 내보냈다. 돌출된 큰 귀에 퉁방울눈을 한 푸틴의 캐리커처는 소심하고 사악한 성격을 보여주고 있었다. 새 대통령 푸틴은 자신의 캐리커처를 보고 웃음이 나오지 않았다. 3월 대통령 선거 뒤 한 번은 이 캐리커처가 황제 차르로 묘사됐다. 차르 옆에는 키가 압도적으로 크고 비만인 신부가 애교를 부리며 서 있었다. 신부는 러시아로 묘사됐다. "너무 크잖아. 저렇게 큰 여자를 어떻게 상대하란 말이야." 차르는 시종들에게 이렇게 속삭였다. 비서실장 알렉산드르 볼로신을 나타내는 인형이 이렇게 대답했다. "지금까지 저 여자에게 하시던 대로만 하면 됩니다." 크렘린 보좌관들은 프로그램 제작자에게 앞으로 대통령의 인형은 두 번 다시 주간 풍자 프로그램에 등장하지 않도록 하라고 엄명을 내렸다.

미디어-모스트에 대해 경찰이 압수수색을 한 동기는 즉각 밝혀지지 않았다. 국세청과 검찰을 비롯한 관련 기관들이 서로 엇갈리는 입장들을 내놓았기 때문이다. 하지만 바로 이튿날 푸틴 대통령은 누구도 법보다 위에 있을 수는 없다며 압수수색과 관련한 당국의 입장을 강력히 옹호하는 입장을 밝혔다. 그것은 분명한 신호였고, 이는 이후 확고한 입장으로 자리 잡게 된다. 그는 선거 전날 밤 자신은 "올리가르히가 하나의 특권 계층으로 자리 잡는 것은 절대로 용납하지 않겠다."는 입장을 밝혔다. 압수수색은 구신스키의 입장에 즉각적인 영향을 미치지 않았다. 방송에서는 이 사태를 대단히 비판적으로 다루었다. 푸틴은 언론의 자유에는 어떤 제약도 없을 것이라고 강조했으나 구신스키 측에서 그 말을 액면 그대로 받아들이는 사람은 아무도 없었다.

미디어-모스트에 대한 검찰의 수사 착수는 클린턴 대통령의 푸틴 취임 후 러시아 첫 공식방문과 시기가 겹쳤다. 푸틴은 외교정책을 우선 과제로 삼지는 않았으나 4월에 두마에서 전략무기감축협정START II 비준안을 통과시켰다. 옐친 대통령이 미국과 러시아의 보유 핵무기 감축협상을 시작한 지 10여 년 만에 협정을 마무리하는 성과를 거둔 것이었다. 클린턴 대통령은 푸틴에게 미국의 미사일방어망 구축 계획을 받아들이라고 설득하려고 했다. 탄도탄요격미사일제한조약ABM조약에 따라 개발이 제한된 프로그램이었다. ABM조약은 냉전시절에 미국과 소련 양국이 핵무기 무한경쟁을 막기 위해 체결한 조약이었다. 클린턴은 미사일방어망 계획을 퇴임하기 전 자신의 마지막 업적으로 만들고 싶어 했다. 하지만 로널드 레이건이 미사일방어망 계획인 '스타워즈' 프로그램을 제안한 이래로 소련에 이은 러시아 지도자들 모두 이와 관련된 제안에 격렬히 반대했다.

푸틴도 마찬가지 입장이었다. 그는 클린턴이 구상하는 가장 초보적인 단계의 방어망 시스템이라고 하더라도 러시아가 초강대국으로서 발휘할 수 있는 마지막 억지력을 손상시키는 계획이라고 생각했다. 클린턴은 협상타결을 원했지만 푸틴은 차기 미국 대통령과 협상을 계속하는 게 더 유리하다는 계산을 했다. 미국에 대한 그의 경계심은 클린턴 대통령이 체첸 전쟁과 관련해 비판 발언을 내놓으면서 더 고조됐다. 클린턴은 푸틴과 만난 자리에서 미디어-모스트 압수수색에 대한 비판 입장도 내놓았고, 특히 구신스키 회사가 소유한 라디오 방송 에코 모스크비Ekho Moskvy와의 인터뷰에서도 그 문제를 제기했다. 클린턴은 보리스 옐친도 방문했는데 8년간 대통령으로 재임하면서 친구로 생각하는 사이였다. 클린턴은 옐친에게 이렇게 말했다. "보리스, 당신은 민주주의 신봉자입니다. 당신은 뼛속까지 국민에 대한 믿음을 갖고 계시지요. 진정한 민주주의자로서 배포를 지닌 진정한 개혁가이십니다. 하지만 푸틴 대통령도 그런지는 확신이 서지 않습니다."

클린턴의 러시아 방문은 큰 소득 없이 끝났다. 미사일방어망 계획에 대한 푸틴의 지지도 얻어내지 못했고, 언론 자유를 존중하라는 그의 충고에도 푸틴은 귀를 기울이지 않았다. 클린턴이 떠나고 나서 9일 뒤 신임 검찰총장 블라디미르 우스티노프가 구신스키를 소환했다. 겉으로 밝힌 소환 사유는 그의 사무실에서 발견된 장식용 권총의 탄환에 대해 질문할 게 있다는 것이었다. 구신스키는 소환 시간보다 조금 늦게 검찰에 출두했고, 현장에서 바로 체포됐다.

여름 휴가철인 8월 12일, 푸틴은 크렘린에서 안보보좌관들과 회의를 마치고 가족과 함께 소치로 떠났다. 흑해 연안에 있는 소치는 수십 년 동안 소련 지도자들이 가장 좋아한 휴양지였다. 푸틴 부부는 브레즈네프 서기장 시절 멀리서 무척 부러워했던 대통령 전용 다차에 머물렀다. 하지만 쉴 시간이 거의 없었다. 도착한 이튿날 아침에 그는 국방장관 이고르 세르게예프 원수로부터 전화 보고를 받았다. 이른 아침에 걸려오는 전화는 나쁜 소식을 전하는 것이다. 대통령에 취임한 지 얼마 안 된 그를 가장 어려운 시험대에 올려놓는 전화였다.

러시아의 최신예 핵잠수함 쿠르스크Kursk호가 바렌츠해에서 기동훈련 중 북해함대와의 교신이 두절됐다는 보고였다. 쿠르스크호는 소련 시절 건조하기 시작해 1994년에 완성됐다. 한때 막강했던 군사력이 소련연방 해체 이후 최악으로 떨어진 시기였다. 그런 시기에 쿠르스크호는 미국의 항공모함들과 당당히 맞서 싸울 러시아 해군의 자부심이었다. 그 잠수함이 무르만스크 영해 밖에서 사라졌고, 어떻게 된 영문인지 아무도 몰랐다. 당시 세르게예프 장관은 푸틴에게 사태가 얼마나 심각한지에 대해 잘못된 보고를 올렸는데, 그것은 자기도 해군 당국으로부터 잘못된 보고를 받았기 때문인 것으로 보였다. 북해함대 사령관 비야체슬라프 포포프 제독은 훈련이 대단히 성공적으로 끝났다고 발표하면서 사고에 대해서는 한 마디도 언급하지 않았다. 하지만 러시아군 사령관들은 물론이고, 미국을 비롯한 다른 나라 군 당국도 훈련을 면밀히 추적해 온 터라 사고 사실을 분명하게 파악하고 있었다.

푸틴이 모스크바로 떠나기 직전에 폭발이 일어나 쿠르스크호의 뱃머리 쪽을 갈라놓았다. 폭발은 어뢰가 실수로 터지면서 일어났는데, 어뢰가 폭발하며 일어난 화재가 배 앞부분으로 번졌고, 2분 50초 뒤에 훨씬 더 큰 폭발이 일어났다. 폭발 파장은 인근을 지나가던 미군 잠수함 두 척과 멀리 떨어진 알래스카의 지진 센서에도 포착됐다. 폭발로 쿠르스크는 해저 354피트 지점에 가라앉았다. 해상에는 파도가 거칠었다. 잠수함에는 장교와 사병 113명 외에 훈련을 참관하기 위해 함대 고위 장교 5명이 함께 승선해 있었다. 소련연방이 붕괴된 이후 바렌츠해에서 실시한 가장 큰 규모의 기동훈련이었다. 승선 인원 대부분은 즉사했고, 나머지 23명은 후미 쪽 격실에 몸을 피할 수 있었다. 이들은 그곳에 갇힌 채 추위와 어두움에 떨며 오지 않는 구조대를 기다렸다. 젊은 장교인 드미트리 콜레스니코프 대위는 생존자를 한데 모아 인원 점검을 한 다음 사령관과 아내에게 보내는 유서를 썼다. 줄이 그어진 장부 용지에 급히 휘갈겨 쓴 마지막 편지는 8월 12일 오후 3시 15분에 작성되었다. 1차 폭발이 일어나고 거의 여덟 시간이 지난 시점이었다. 그는 유서를 비닐에 싸서 접은 다음 군복 주머니에 챙겨 넣었다.

너무 캄캄해서 편지 쓰기가 힘들다. 눈을 감고 더듬거리며 써보려고 한다. 살 확률은 없어 보인다. 10~20퍼센트도 안될 것이다. 누군가 이 편지를 발견할 것이라 믿는다. 여기 이름을 적었다. 이곳 9번 격실에 모여 살아서 나가려고 애쓴 사람들의 명단이다. 모두에게 작별인사를 드린다. 너무 슬퍼하지 말기 바란다.

푸틴이 실종됐다는 보고를 받은 시점에 잠수함은 이미 해저 바닥에 가라앉아 있었다. 그는 일요일 오후에도 해변에서 제트스키를 타며 계속 휴가를 즐겼다. 흑해의 바닷물은 잔잔하고 따뜻했다. 월요일까지 해군이 쿠르스크호의 운명에 대해 공개적으로 밝히지 않았기 때문에 군 지휘선상 밖에 있는 사람은 무슨 일이 벌어지고 있는지 아무도 몰랐다. 그리고 그 뒤부터 관련 당국은 매일 매일 말을 돌려대고 거짓말을 했다. 폭발이 일어나 쿠르스크호가 움직일 수 없게 됐다는 사실을 인정하고 나서부터 당국은 사고 원인이 외국 군대의 잠수함과 충돌 때문이라고 거짓 주장을 했다. 미국 아니면 나토군 잠수함일 가능성이 거의 확실하다고 했다. 러시아군 지휘관들은 소련 시절의 비밀주의에 기댔고 크렘린도 따라서 그렇게 했다. 8월 14일, 군 공보관실에서 해군사령관이 푸틴 대통령에게 구조 작업과 관련에 보고했다는 짤막한 보도자료를 냈다. 하지만 푸틴 대통령은 8월 16일 소치를 떠날 때까지 사고와 관련해 한마디도 내놓지 않았다. 대통령은 소치를 떠나 모스크바로 돌아간 게 아니라 옛 소련연방 소속 국가들 모임에 참석하기 위해 크림반도로 갔다.

사고 발생 엿새째 되는 날 콤소몰스카야 프라우다 신문이 사고 잠수함에 탑승한 수병과 장교 118명의 명단을 보도했다. 뒷돈 600달러를 주고 입수한 명단이었다. 가족들은 자기 자식이나 남편이 사고 잠수함에 탔다는 사실을 이 신문 보도를 통해 처음으로 알게 되었다. 이제는 죽었을 것이 분명한 사람들이었다. 신문은 다음과 같은 제목을 달아 푸틴 대통령을 질타했다. '쿠르스크호의 승무원들은 말이 없다. 대통령은 왜 침묵하고 있는가?' 대통령은 언론이 자기를 비난하고 있다는 사실을 알게 되었다. 어떤 신문은 햇볕에 그을린 푸틴 사진과 당구 치는 세르게예프 원수, 블라디미르 코라예도프 해군 사령관의 사진을 일렬로 실었다. 그리고 '이 사람들은 가라앉지 않았다.'고 사진설명을 붙였다. 푸틴은 체첸 사태에서 단호한 모습을 보였고, 국민들에게는 반드시 안정을 회복시키겠다고 굳게 약속했다. 이런 이미지가 새로운 위기 앞에서 흔들렸다. 그는 군부를 장악하지 못하고 있는 것 같았고, 비탄에 빠지고 분노한 국민들을 어떻게 상대해야 할지 갈피를 잡지 못했다. 텔레비전과 신문 보도는 국민들 사이에 연민과 비탄의 감정을 키우고 있는데 대통령과 군 지휘부는 어떻게 대응해야 할지 몰랐다. 프랑스의 카프 당티프 해변 빌라에 머물고 있는 보리스 베레조프스키가 8월 16일 소치에 있는 푸틴에게 전화를 걸었다. 그는 대통령 임기 초 푸틴과 공개적으로 불화를 겪고도 여전히 크렘린에 자신의 영향력이 남아 있다는 환상을 버리지 못하고 있었다.

"볼로드야, 왜 아직 소치에 있는 겁니까? 당장 휴가를 중단하고 잠수함 기지로 가야 합니다. 아니면 최소한 모스크바로라도 돌아가야지요." 그는 이렇게 말하고, 지금 하는 처신은 대통령의 권위에 스스로 손상을 끼치는 행동이라고 경고했다.

"그러는 당신은 왜 프랑스에 있는 거요?" 푸틴은 이렇게 비웃으며 되물었다.

베레조프스키는 자기는 국가 지도자가 아니지 않느냐며 이렇게 쏘아붙였다. "제기랄, 내가 어디 있건 신경 쓸 놈은 아무도 없지요."

초기에 러시아는 노르웨이, 스웨덴, 영국과 미국이 제의한 국제적인 지원을 거절했다. 그러다 푸틴은 클린턴 대통령이 소치로 전화를 걸어와 지원을 제의하자 마지못해 받아들였다. 지원을 받아들임에 따라 푸틴은 세르게예프 원수를 비롯해 해군 지휘부의 입장을 물리칠 수밖에 없었다. 이들의 가장 큰 관심은 승무원들의 목숨이 아니라 러시아의 적국들이 핵잠수함 함대에 관한 비밀정보들을 알지 못하게 막는 것이었다. 8월 21일 영국과 노르웨이 잠수부들이 구조장비와 함께 도착했다. 이들은 6시간

작업 끝에 쿠르스크호의 외부 탈출 해치를 여는 데 성공했다. 러시아 당국이 9일 동안 열지 못한 것이었다. 그렇게 해서 승선 인원 전원이 사망했다는 사실이 밝혀졌다. 희망의 끈을 놓지 않고 구조를 기다리던 가족들은 분통을 터트렸고, 이들이 분노하는 장면은 구신스키 소유의 NTV에서 뿐만 아니라 베레조프스키 수중에 있는 채널의 뉴스 보도에까지 그대로 내보내졌다.

푸틴은 8월 19일 아침 조용히 모스크바로 돌아왔다. 하지만 쿠르스크호 사고와 관련해서는 계속해서 말을 아꼈고, 언론들은 국가적인 비극이 일어난 시기에 지도자 부재에 대해 질타했다. 그날 아침 베레조프스키는 비판적인 보도에 대한 결과가 어떤 것인지 알게 되었다. 푸틴의 비서실장인 알렉산드르 볼로신이 그를 불러 "당신 방송이 대통령에 맞서서 돌아가고 있다."고 단호하게 말했다. 한때 베레조프스키의 사업 파트너이기도 했던 볼로신은 그에게 방송을 포기하라고 말하고, 그렇게 하지 않으면 구신스키의 전철을 밟게 될 것이라고 경고했다. 베레조프스키는 푸틴과 직접 이야기하게 해달라고 요구했다. 그래서 두 사람은 8월 20일 크렘린에서 볼로신이 배석한 가운데 만났고 그 자리에서 푸틴은 격노했다. 푸틴은 베레조프스키 방송의 기자들이 창녀들에게 돈을 주고 텔레비전 방송에 나와 죽은 승무원들의 아내와 여동생 역할을 하도록 시켰다고 했다. 베레조프스키는 정색하며 이렇게 대꾸했다. "그 여자들은 창녀가 아니라 진짜 죽은 자들의 아내고 여동생들입니다. 각하의 KGB 멍청이 부하들이 헛소리를 지껄인 겁니다."

그것으로 베레조프스키의 운명은 끝났다. 푸틴은 준비된 자료를 열어보이며 관영 텔레비전 채널의 방만한 경영과 재정운용을 적은 보고서를 소리 내어 읽기 시작했다. 베레조프스키는 말도 안 되는 소리라며 씩씩거렸으나 어쩔 도리가 없었다. 푸틴은 크렘린에 남은 베레조프스키의 영향력을 모조리 솎아냈다. 그것이 두 사람의 마지막 만남이 되었다. 한때 자신을 현대판 라스푸틴이라고 생각했던 베레조프스키는 그렇게 해서 권력에서 완전히 떨어져 나갔고, 푸틴은 텔레비전 권력을 휘두르던 올리가르히 한 명을 솎아내게 되어 속이 후련했다.

쿠르스크호 참사가 일어나고 열흘이 지난 8월 22일, 푸틴은 북극권 위쪽에 위치한 비밀 군사도시 비디야예보로 날아갔다. 수비대 주둔지였던 이곳은 쿠르스크호의 모항이 있는 곳으로 혹독한 기후 탓에 황량하기 짝이 없었다. 바로 이곳에 희생된 군인들의 아버지와 어머니, 아내, 자녀들이 러시아 전역에서 달려와 비극의 실체가 벗겨지기를 기다리고 있었다. 이들의 가슴 속에는 아직도 희망과 비통함, 슬픔과 분노가 교차하고 있었다. 부총리 일리야 클레바노프가 나흘 전 이곳에 와서 장교클럽에 유가족들을 모아놓고 위로하려고 했으나 분노에 찬 목소리만 듣고 돌아서야 했다. 쓰러지기 일보 직전인 러시아 군수산업을 총괄하는 클레바노프 부총리는 희생자의 어머니인 나데즈다 틸리크가 자리에서 벌떡 일어나 "이 돼지 같은 년아!" 하고 소리치자 놀라서 벌벌 떨었다. 뒤쪽에서 간호사 한 명이 뛰쳐나와 소리 치는 여자의 코트 소매 위로 주사바늘을 꽂아 진정제를 주사했다.

유가족들은 오후 다섯 시 클럽에 다시 모였다. 이번에는 대통령을 만나기 위해서였다. 하지만 푸틴 대통령은 네 시간이 지나서야 도착했다. 검정 와이셔츠에 검정 양복을 입은 노타이 차림의 푸틴은 이제 부도덕한 기자들이 고용한 '창녀'가 아니라 실제로 비탄에 빠진 유가족들과 직접 대면하게 되었다. 유가족들은 성난 군중들이었다. 고함소리 때문에 첫 문장도 제대로 마칠 수가 없었다. '끔찍한 비극'이 일어난 데 대해 유가족에게 위로의 말을 늘어놓는데 한 여성이 일어나 하루 전 푸틴이 선포한 '애도의 날'을 당장 취소하라고 소리쳤다. 그는 지금 러시아군이 처한 상황이 엉망이라는 점을 인정한다며 이렇게 말했다. "비극은 언제나 있어 왔습니다. 조국이 처한 상황이 어렵다는 것은 여러분도 잘 아실 것입니다. 군의 상황도 마찬가지입니다. 하지만 군이 이 정도로 엉망일 줄은 차마 상상도 하지 못했습니다." 어떤 남자가 왜 북해함대에 구조용 잠수 조사선 한 척이 없느냐고 따져 묻자 푸틴은 이렇게 불쑥 털어놓았다. "그런 망할 놈의 배는 나라 전체에 단 한 척도 없습니다!"

성난 군중들은 대통령이 수병과 장교들의 봉급이 얼마인지 말하자 틀렸다며 바로잡기도 하고, 수시로 말을 가로막아서 푸틴은 제발 자기 말을 끝까지 들어보라고 유가족들에게 애원해야 했다. 그는 폭발이 일어난 시간을 틀리게 말했고, 해군이 밝힌 엉터리 사고 원인을 그대로 되풀이했다. "사고 원인은 충돌에 의한 것일 수도 있고, 기뢰, 그리고 전문가들은 가능성이 매우 낮다고 보지만 잠수함 내부 폭발물에 의한 것일 수도 있습니다." 면담은 거의 2시간 40분가량 비공개로 진행됐다. 관영 채널(베레조프스키의 채널은 제외)의 카메라가 발코니에서 면담 장면을 녹화했으나 크렘린은 음성 없이 화면만 내보내도록 했다. 그래서 시청자들은 대통령이 사실 관계에 있어서 틀리게 말한 내용이나 유가족들의 성난 항의 목소리를 일체 듣지 못했다. 그런데 기자 한 명이 몰래 현장을 녹음했다. 바로 안드레이 콜레스니코프 기자였는데 푸틴이 대통령 권한대행을 할 때 '퍼스트 퍼슨' 프로그램 제작을 위해 개별 인터뷰를 한 세 명의 기자 가운데 한 명이었다. 그의 설명에 따르면 푸틴은 결국 성질을 꾹 누르고 유가족들에게 보상을 약속했다. 10년 치 봉급과 모스크바 혹은 상트페테르부르크에 아파트를 제공해 주겠다는 내용이 포함됐다. 구체적인 보상 내용과 절차를 놓고 거의 한 시간가량 실랑이가 있었다. 면담을 마치고 그곳을 떠날 때 푸틴은 '국민의 대통령'이 되어 있었다. 직전까지 그를 찢어죽일 기세로 덤벼들던 바로 그 국민들이었다.

실로 쓰라린 경험이었다. 어떤 유가족은 자기들이 원하는 건 돈이 아니라 사랑하는 사람을 돌려달라는 것이라고 소리쳤다. 푸틴의 정치적 밀월은 그렇게 해서 끝났다. 범접하기 힘든 광채는 사라지고, 위대한 러시아의 부활을 가져다 줄 매력적인 정치 신인에 대한 국민들의 기대도 허망하게 무너졌다. 푸틴은 왜 그렇게 되었는지 그 이유를 알 것 같았다. 군이 처한 상황이 형편없어서도 아니고, 미국이 탓이라고 우겨대는 해군 지휘부의 소련식 사고방식 때문도 아니었다. 그는 세르게예프 원수의 사직서를 받아들이지 않았고, 사태의 진상에 대해 거짓 보고한 지휘부 누구도 문책하지 않았다. 자기를 곤경에 처하게 만든 것은 다름 아닌 언론이라고 그는 확신했다. "텔레비전이 그렇게 보도했다고?" 면담장에서 초기에 외국의 구조 지원 의사를 받아들이지 않았다는 보도가 있었는데, 왜 그랬느냐는 질문을 받자 그는 이렇게 소리쳤다. "거짓말입니다. 그건 말도 안 되는 거짓말입니다! 지금 와서 제일 큰 소리 치는 사람들이 바로 텔레비전에 있는 사람들입니다. 하지만 그자들이 바로 10년 넘게 군을 파괴해 온 장본인들입니다. 그래서 결국 지금 보시다시피 군을 우리 군인들을 죽이는 곳으로 만들어 놓은 게 바로 텔레비전입니다!"

푸틴은 이튿날 관영 텔레비전에 나와 처음으로 대국민 연설을 했다.

그는 "이번에 일어난 비극적인 사고에 대한 책임은 전적으로 나에게 있으며, 그에 대한 죄 값을 달게 받겠다."고 말했다. 그러고 나서 "이 비극적인 사태를 이용해 추악하게 이득을 챙기려는 자들"에 대해 분노를 쏟아냈다. 이름을 지칭하지는 않았지만 유가족들을 위해 1백만 달러 모금운동을 시작하겠다고 나선 베레조프스키를 겨냥한 것이 분명했다. 그와 구신스키가 해외에서 구입한 고급 빌라도 언급했다. "알기 쉽게 말하겠습니다. 상황을 정치적으로 부풀려서 자신들의 정치적 자산을 키우고, 특정 그룹의 이익을 챙기려는 기도가 진행되고 있습니다. 오랫동안 육군과 해군, 그리고 러시아를 망치기 위해 활동해 온 자들이 지금 희생된 승무원들을 돕겠다고 앞에 나서고 있습니다. 1백만 달러 모금을 할 것이 아니라, 그자들이 프랑스와 스페인 지중해변에 소유하고 있는 고급 빌라들을 처분하는 게 더 마땅한 일일 것입니다. 그리고 왜 그런 고급 별장들을 차명으로, 그것도 법인 명의로 소유하고 있는지 그 이유를 설명해야 할 것입니다. 그런 다음 우리는 그자들에게 도대체 그 많은 돈이 어디서 나왔는지 따져 물을 것입니다."

푸틴은 이미 관련 정보들을 다 파악해서 확보해 놓고 있었다. 당시 불법이 판을 치던 러시아 업계에서 부정한 거래와 불투명한 자산 취득, 탈세, 해외 비밀계좌 등에 대한 정밀조사를 받고도 무사히 버틸 수 있는 올리가르히는 없었다. 푸틴은 FSB 국장을 지내면서 이들의 금융 정보를 비밀리에 확보해 놓고 있었다. 그리고 총리를 지내고, 대통령이 되고 나서 이제는 어디 가면 이들의 치부를 들춰낼 수 있는지 훤히 알고 있었다. 이것은 KGB가 써먹던 오랜 수법이기도 하다. 그동안 중단됐던 베레조프스키의 아에로플로트 항공사 소유 지분에 대한 수사가 다음 달부터 재개됐다. 베레조프스키는 11월 검찰의 소환 요청을 거부하고 출국해 버렸다. 그리고 이듬해 2월에는 텔레비전 방송의 소유 지분을 사업 파트너였던 로만 아브라모비치에게 팔았고, 아브라모비치는 확보한 지분을 국가에 헌납했다.

6월에 체포된 구신스키는 보석금을 내고 스페인에 있는 고급 빌라로 날아가 버렸다. 2001년 4월 거대 에너지 기업인 가즈프롬Gazprom은 이사회 쿠데타를 통해 NTV를 장악했다. 1998년 금융위기 때 구신스키에게 빌려 준 긴급자금 2억 8100만 달러를 회수해 버린 것이다. 기자들이 스튜디오를 점거하고 항의 농성을 벌이기도 했지만 11일 만에 손을 들고 새 경영진이 입성했다. 국내외에서 많은 항의가 있었지만 소용없었다. 푸틴은 크렘린의 권위를 지키는 데 텔레비전이 얼마나 중요한지 처음부터 알고 있었다. 자신의 이미지를 우호적으로 만드는 일뿐만 아니라 러시아의 현실에서 텔레비전의 역할은 필수적이라고 생각했다.

당시 푸틴과 긴밀한 관계를 유지했던 금융인 세르게이 푸가체프는 그가 텔레비전 뉴스를 얼마나 열심히 보는지 놀랐다고 했다. 심지어 보도 내용이 마음에 들지 않으면 방송 중에 방송국 간부에게 직접 전화를 걸었다고 했다. 그는 국영 방송을 석유나 가스 못지않게 소중한 '천연자원'이라고 생각했다. "푸틴은 러시아에서 권력의 원천은 군이나 경찰이 아니라 텔레비전이라고 생각했는데, 이것은 그의 확고한 신념이었다."고 푸가체프는 말했다. 그렇게 해서 그는 집권 일 년 남짓 만에 러시아의 주요 텔레비전 채널 세 개를 모두 크렘린의 확고한 통제 아래 넣었다.

제12장
—
무관용 원칙

푸틴은 2001년 9월 11일 오후 기자 48명을 크렘린에 불러 모아놓고 국가명예훈장을 수여했다. 소련 시절부터 내려오는 전통이었다. 텔레비전 카메라 앞에서 짧은 인사말을 통해 그는 체첸 종군기자들에게 특별히 고마움을 전했다. "체첸 반군들이 많은 돈을 들여 조직적으로 벌이는 선전전에 당당히 맞서서 보도한 덕분에 평화과정이 힘을 얻어가고 있다."고 이들을 추켜세웠다. 독립방송을 표방한 민영 방송국 한 곳과 관영 방송국 한 곳을 모두 거세시키는 데 성공한 그는 새 러시아 건설에 언론이 중요한 기둥 역할을 할 것이라며 이렇게 말했다. "언론 자유가 없다면 러시아에서 거대한 정치, 경제적 변화가 성공하기는 불가능할 것입니다."

안보보좌관들이 와서 대통령을 옆 회의실로 데려가면서 훈장 수여식은 끝이 났다. 회의실에서 그들은 민간 항공기들이 뉴욕의 세계무역센터와 펜타곤으로 날아가 충돌하는 장면을 텔레비전 생중계로 지켜보았다. 알카에다의 공격이었다. 러시아 당국은 오래 전부터 알카에다가 체첸 반군을 지원한다는 주장을 펴왔다. 푸틴은 KGB에서 같이 일한 오랜 동료이자 친구인 세르게이 이바노프를 쳐다보면서 이렇게 말했다. "우리가 도울 일이 뭐 없을까?"

나중에 많은 이들이 당시 푸틴이 냉소적인 반응을 보였다고 했다. 하지만 테러 공격이 일어난 직후 몇 시간 동안 그는 민첩하게 움직이며 의혹의 눈초리로 보고 있던 나라인 미국을 돕겠다는 생각을 했다. 조지 W. 부시 대통령과 통화를 시도했지만 연결되지 않았다. 에어포스원이 미국 내 곳곳의 상공을 빙빙 돌아다녔기 때문이다. 부시 대통령의 국가안보보좌관인 콘돌리자 라이스가 이바노프에게 전화를 걸어오자 푸틴이 직접 수화기를 들었다. 그는 라이스에게 미국이 전시 태세에 돌입하더라도 러시아는 군의 경계 단계를 격상시키지 않겠다고 약속했다. 실제로 그는 경계 단계를 더 낮추고 태평양 지역에서 전날 시작한 군사훈련을 취소시켰다. 미국과의 핵전쟁을 가상한 군사훈련이었다. "우리가 도울 일이 더 있겠습니까?" 그는 라이스에게 이렇게 물었다. 그 말을 듣고 라이스는 순간적으로 이런 생각이 뇌리를 스쳤다. '이제 정말 냉전은 끝났구나.'

푸틴은 전 세계 지도자들 가운데서 제일 먼저 백악관으로 전화를 걸었다. 테러 공격의 규모가 어느 정도인지 밝혀지기도 전이었다. 그는 이어서 토니 블레어 영국 총리와 게르하르트 슈뢰더 독일 총리에게도 전화를 걸어 끔찍한 테러리즘에 맞서 전 세계가 하나로 뭉쳐야 한다고 역설했다. 쿠르스크호 사고를 비롯해 다른 큰 사건 때 침묵을 지켰던 것과는 대조적으로 푸틴은 텔레비전에 출연해 '전례 없는 테러 공격'에 희생된 사람들에게 깊은 위로의 뜻을 전했다. "오늘 미국에서 일어난 일은 국경을 넘어 큰 사건입니다. 모든 인류, 특히 문명화 된 인류 전체에 대한 후안무치한 도전행위입니다."라고 말했다. 그리고 이 비극은 '21세기의 전염병'인 테러와 맞서 싸우도록 국제관계를 재정비할 기회라고 강조했다. 그리고 이렇게 덧붙였다. "러시아는 테러리즘의 폐해를 뼈저리게 알고 있습니다. 그래서 미국 국민들의 심정을 누구보다도 잘 이해할 수 있습니다. 러시아를 대표하여 우리는 미국 국민 여러분과 한편이라는 사실을 말하고 싶습니다. 우리는 전적으로, 그리고 진심으로 여러분의 고통을 함께 나누고자 합니다."

9월 12일 부시 대통령이 답례 전화를 걸어왔다. 푸틴은 미국과 연대의 표시로 애도 묵념 시간을 갖기로 선포하고, 자기부터 솔선수범해 그동안 러시아 정치를 지배해 온 반미정서를 당분간만이라도 자제하기로 했다. 나토의 세르비아 공습에 항의해 반미시위를 벌인 지 불과 2년밖에 지나지 않은 시점이긴 하지만 많은 러시아 국민들이 푸틴의 뜻에 따랐다. 미국 대사관 바깥에 조화를 가져다 놓았고, 관영 텔레비전의 논조도 크렘린의 분위기를 반영해 눈에 띄게 바뀌었다. "선의가 악을 이길 것입니다. 이 전쟁에서 우리가 함께 싸울 것이라는 점을 분명히 밝히고자 합니다." 푸틴은 부시 대통령에게 이렇게 말했다.

푸틴의 이러한 반응을 보고 부시 대통령은 그에게서 받은 첫인상이 옳았다고 생각했다. 부시 행정부가 들어설 때만 해도 아무도 예상치 못한 일이었다. 2000년 앨 고어를 상대로 한 선거운동 때 부시는 전임 클린턴 대통령 못지않게 체첸전쟁을 맹비난했다. 민주당이 러시아에 너무 유화적인 태도를 취했다는 점을 부각시키려는 의도도 있었다. 부시 대통령의 취임으로 푸틴이 이끄는 러시아와의 관계는 순탄치 못할 것 같았다. 2001년 1월에 미국의 국경수비대 요원이 국제 체포영장이 발부된 파벨 보로딘을 뉴욕 공항에서 체포했다.

푸틴은 대통령에 취임하자 크렘린 자산관리를 책임진 보로딘을 조용히 면직시켜 러시아-벨라루스 연합국가 서기라는 명예직에 임명했다. 러시아-벨라루스 연합국은 1996년에 합의되었으나 실제로 결성되지는 않아 실체가 없는 단체였다.

새 검찰총장 블라디미르 우스티노프는 보로딘에 대한 비리수사를 조용히 종결했다. 하지만 스위스 수사 당국은 그렇게 하지 않았다. 스위스 검찰총장 카를라 델 폰테Carla Del Ponte는 크렘린 대궁전 수리계약을 체결하면서 3000만 달러의 리베이트를 챙긴 혐의로 보로딘에 대한 체포영장을 발부했다. 옐친 대통령 재임 시절 터진 이 부패 스캔들이 이제 미국 새 행정부와의 관계에 먹구름을 드리우고 있었다. 2001년 1월 31일 푸틴과 부시 대통령 사이에 이루어진 첫 통화의 주요 화제가 바로 이 사건이었다. 이후 몇 주 동안 두 나라 관계는 계속 악화되었다. 2월에는 미국 연방수사국FBI이 오랫동안 조직 내부에 숨어 있던 프락치를 찾아냈다. FBI의 고위 방첩관counterintelligence supervisor으로 근무하던 로버트 한센은 체포되던 날 저녁때까지 소련에 이어 러시아의 스파이로 활동해 왔다. 그의 정체가 탄로 나면서 미국에 주재하던 러시아 외교관 50명이 추방되고, 모스크바 주재 미국 외교관 50명도 보복 추방되었다.

일시에 냉전시절로 되돌아가는 것 같았다. 그러다 2001년 6월 부시 대통령과 푸틴 대통령이 슬로베니아 수도 류블랴나 외곽에 있는 16세기 고성 브르도 캐슬에서 첫 정상회담을 가졌다. 두 사람 모두 두 나라 사이에 고조되는 긴장 분위기를 완화시키고 싶어 했다. 두 사람은 서먹한 관계를 깨기 위해 각자 상대의 신상 정보에 눈을 돌렸다. 푸틴은 부시가 대학 때 일 년 동안 했던 럭비 이야기로 말문을 열었다. "내가 럭비를 좀 했지요. 훌륭한 정보력입니다." 부시는 이렇게 대꾸했다. 그리고 푸틴은 메모지에 빽빽하게 적어온 의제를 하나하나 읽어 내려갔다. 이번에는 부시 대통령이 푸틴의 말을 가로막고, 그의 모친이 그가 예루살렘에 갈 때 가져가라고 주었다는 십자가 목걸이 이야기를 했다. 푸틴은 깜짝 놀라는 표정이었다. 부시는 CIA가 준비한 정보 브리핑북에 들어 있는 내용이라는 말은 하지 않고, 어디서 읽은 이야기라고만 했다. 푸틴은 다차가 불에 탄 이야기도 해주었다. 그러면서 화재 뒷수습을 하던 사람이 잿더미에서 그 십자가 목걸이를 주워 자기한테 주었다고 했다. 기독교 신자인 부시는 이렇게 맞장구 쳤다. "하느님의 섭리이지요. 블라디미르, 그게 바로 십자가 이야기에 담긴 참뜻입니다."

두 시간에 걸친 회담을 끝내고 기자회견장으로 나올 때 두 사람은 주요 의제에 대한 이견을 별로 해소하지 못한 상태였다. 특히 부시 대통령이 전임 클린턴 대통령보다 더 적극적으로 밀어붙이는 미사일방어망 계획에 대한 러시아의 반대는 그대로였다. 하지만 두 사람은 최근 두 나라 사이에 일어난 여러 일들을 감안할 때 놀라울 정도로 서로에게 호감을 보였다. 부시는 푸틴을 '놀라운 지도자'라고 불렀다. 러시아 사람들이 '클린턴의 잔소리'라며 못마땅했던 것과 대조적으로 부시는 체첸전쟁과 러시아의 언론자유에 대해 슬쩍 언급만 하고 지나갔다. 많은 문제에 대해 입장차가 크다는 점을 들어 미국이 푸틴 대통령을 믿을 수 있겠느냐는 질문을 받자 부시 대통령은 안 믿는다면 11월에 자신의 텍사스 목장으로 푸틴을 초대하지 않았을 것이라고 답했다. 그리고 이렇게 덧붙였다. "그 사람의 눈을 보고 매우 솔직하고 믿을 수 있는 사람이라는 생각이 들었습니다. 우리는 아주 유익한 대화를 나누었습니다. 그 사람의 영혼을 느낄 수 있었어요. 애국심이 충만하고 국가의 이익을 위해 헌신하는 사람임을 알 수 있었습니다."

부시와 푸틴 두 사람 모두 회견장에서 십자가 목걸이 이야기는 하지 않았고, 그날 푸틴이 그 십자가 목걸이를 하지 않았다는 말도 하지 않았다. 푸틴은 자기 전기 작가에게는 그 목걸이를 항상 하고 다닌다고 했다. (푸틴은 다음 달 제노아 G8 정상회담에서 부시 대통령을 만날 때는 그 십자가 목걸이를 하고 나타났다.) 모두들 두 사람 사이의 이런 초기 호감이 오래 갈 것이라고 생각하지는 않았다. 소련연방이 해체되기 전 상트페테르부르크에서 푸틴을 처음 만났던 미국 학자 마이클 맥폴Michael McFaul은 어느 신문 인터뷰에서 푸틴에 대해 이렇게 말했다. "전략적으로 서로 호감을 표시할 수는 있을 것이다. 그 점은 이해한다. 하지만 너무 멀리 나갔다. 푸틴 대통령을 믿지 못할 이유는 너무도 많다. 이 사람은 거짓말 훈련을 받은 사람이다."

푸틴은 재임 첫해에 18개국을 방문했다. 류드밀라가 동행하는 경우가 많았다. 그는 세계무대에 어울리는 새 러시아의 이미지를 보여주고 냉전의 잔재가 남긴 이미지는 지우려고 했다. 초기에 국내정치에 치중하고 난 다음부터는 외교정책 수술에 착수했다. 초강대국이던 소련 시절의 향수에 사로잡힌 공산주의 세력과 민족주의 세력의 위세에 눌려 옐친은 감히 손을 못 댄 일이었다. 푸틴은 서방, 유럽을 비롯해 정보요원 때 맞서 싸우도록 훈련받은 '주적'과도 화해정책을 추구했다. 2001년에 그는 소련 시절에 운영했던 해외 군사기지들을 폐쇄시켰다. 쿠바의 루르데스에 있는 대규모 감청기지를 비롯해 베트남의 해군기지와 첩보기지도 포함시켰다. 그러면서 새 러시아는 북코카서스 지역의 이슬람 극단주의 세력이라는 보다 긴박한 위협에 대처하는 데 자원을 집중시킬 것이라고 천명했다.

9월 11일 테러 공격 이후 푸틴은 나토 확대에 대한 공개적인 반대 목소리를 낮추었다. 나토는 확대를 통해 발트해 3국인 리투아니아, 에스토니아, 라트비아를 회원국으로 편입시키려 하고 있었다. 이곳은 과거 소련 영토였고, 여전히 러시아인이 인구의 큰 부분을 차지하고 있었다. (후보 시절이던 2000년 3월에 푸틴은 러시아도 언젠가 나토에 가입할 수 있다는 발언을 하기도 했다.) 미국이 탈레반과 알카에다를 소탕하기 위해 10월에 아프가니스탄으로 침공해 들어갔을 때 푸틴은 북부동맹 세력에 러시아가 수집하는 정보를 제공하고 자금과 무기를 지원했다. 북부동맹을 결성한 아프간인들은 1996년에 정권을 장악한 탈레반을 상대로 저항운동을 계속하고 있었으며, 그 전에는 소련 침략군에 맞서 싸웠다. 푸틴은 우즈베키스탄과 키르기스스탄에 미군기지가 들어서는 것도 묵인했다. 이로써 대조국전쟁 이래 처음으로 옛 소련 영토에 미군이 주둔하게 되었다.

푸틴이 취한 이런 조치들은 군부의 반발을 샀다. 가장 완고한 관료주의 세력인 이들은 아직 소련 시절의 유산을 떨쳐버리지 못하고 있었다. 소련 시절에 280만이던 병력 수는 겨우 1백만 명으로 쪼그라들었고, 1990년대 들어서부터는 심각한 부패 집단이 되어 있었다. 병사들은 대부분 징집되는데 선임병에 의한 부대 내 가혹행위가 심각한 수준이었다. 병영 환경이 워낙 열악하다 보니 부모들은 자녀들을 군에 보내지 않으려고 뇌물공여에서부터 허위 진단서 제출, 해외 이민 등 갖은 수단을 다 동원했다. 범죄와 부패는 상층 지휘부에서부터 말단 사병에 이르기까지 광범위하게 퍼져 있었다. 사령관들은 돈을 받고 사병들을 노역자로 외부에 빌려 주고, 부대에서 쓰는 연료와 기계부품, 차량까지 팔아치웠다. 푸틴은 강한 지도자의 이미지를 심는 데 전함과 전투기를 배경으로 많이 이용했지만 본인이 군인은 아니었다. 소련 시절에는 붉은군대의 병사와 장교들 모두 KGB 요원들을 싫어했다. 서로 그랬다. 하지만 푸틴은 국가 재건의 제일 한가운데 군이 있다고 생각했다. 그런데 그렇게 중요한 역할을 해주어야 할 군의 상황이 이처럼 엉망이었다. 새로운 운용 원칙을 도입해 기동성이 더 뛰어나고 현대적이고, 훈련 잘되고 전문화 된 군을 만들고 싶었다. 하지만 위상이 크게 떨어졌다고는 하나 군은 여전히 어느 정도 독자적인 지위를 누리고 있었기 때문에 이런 구상을 실행에 옮기는 데는 신중한 접근이 필요했다.

그래서 취임 초 몇 달 동안은 군에 대한 이런 생각을 거의 입에 올리지 않았다. 겉으로는 체첸전쟁을 승리로 이끌기 위한 전략에만 몰두했다. 러시아의 일부 군사 분석가들은 이런 자세를 보고 허약하다거나 군에 대해 무관심한 대통령이라고 평가했다. 대통령과 다른 생각을 가진 군 수뇌부들이 악화되는 상황을 견디다 못해 손을 들 때까지 기다리는 마키아벨리적인 수법이라고 말하는 사람들도 있었다. 한 저명한 분석가는 이렇게 썼다. "푸틴 대통령은 상대가 정치적으로 거세당해 옴짝달싹할 수 없게 되어서 대통령에게 충성을 맹세할 때까지 기다린다."

쿠르스크호 참사 이후 푸틴은 무능과 거짓말로 자신의 인기에 흠집을

낸 지휘관을 해임하는 등의 모험적인 정치적 행위를 하지 않았다. 대신 군인들의 봉급을 올려 사기를 북돋우고, 군사비 예산을 늘리겠다고 약속하는 등 군의 지지를 폭넓게 얻기 위해 매우 계산적으로 움직였다. 그러면서 한편으로는 병력 추가 감축을 위한 군 재편 작업을 지시했다. 또한 적기赤旗를 군기로 다시 지정했다. 한가운데 차르를 상징하는 쌍독수리 문양을 넣고, 애국가도 소련 시절의 곡에 가사를 바꾸어 다시 지정했다. (소련연방 해체 이후 새로 채택한 애국가는 가사 없이 곡만 있었다. 그래서 2000년 시드니 하계올림픽에 참가한 러시아 선수들이 시상대에 섰을 때 애국가를 따라 부르지 못한다고 불만을 제기했다.)

교묘한 조치들이었다. 많은 국민들이 소련식 이데올로기의 복원은 원하지 않았다. 이데올로기는 되돌리지 않으면서, 군을 비롯해 각계각층에 널리 퍼진 애국심과 영광스러운 과거에 대한 향수를 어루만지는 전략이었다. 푸틴은 정치적으로 신인이었지만 문제 많은 과거와 불확실한 미래 사이에서 균형을 취할 줄 알았다. 스스로 그런 결정들을 내렸기 때문에 타고난 감각이 있었다고 할 수 있다. 그는 옐친처럼 소련 체제를 무조건 부정하는 대신 새 러시아를 만들어나가는 데 도움이 될 부분은 가려서 받아들였다. 2000년 2월 시청자들의 전화 참여로 진행되는 '국민과의 대화' 프로그램에서 그는 자신의 트레이드마크처럼 알려진 경구를 인용했다. 실제로 그가 처음 한 말은 아니다. "소련 붕괴를 아쉬워하지 않는 사람은 심장이 없고, 소련을 옛날 모습 그대로 되살리자고 하는 사람은 뇌가 없는 사람이다." 푸틴 본인은 이 두 가지 선택 사이에서 줄타기를 한 것 같았다. 그는 FSB 국장 시절에 펠릭스 제르진스키 조상彫像을 사무실 책상 위에 올려놓고 있었다. 그러면서도 그의 동상이 서 있던 루비안카 앞 로

터리에 그의 기념 동판을 설치하자는 시민들의 청원은 거절했다. 또한 대조국전쟁의 승리를 자랑스러워하면서도 나치의 포위공격으로 너무도 유명한 볼고그라드시를 전쟁 당시 이름인 스탈린그라드로 되돌리자는 요구는 거부했다.

푸틴이 소련 시절의 과오들을 비판하면서도 일부 상징적인 과거사에 대해 포용하는 자세를 취하자 지식인과 민주세력들은 경계심을 갖기 시작했다. 저명한 예술가와 작가들이 연명으로 그에게 공개서한을 보내 소련 애국가를 부활시킨 조치가 갖는 위험성에 대해 이렇게 경고했다. "국가 원수는 (그에게 투표한 사람들을 포함해)수백 만 명의 국민들이 자신들의 신념을 무시하고, 소련 시절 정치적 억압에 의해 희생당한 사람들의 기억을 모독하는 애국가를 존중하지 않을 것이라는 점을 분명히 알아야 한다." 옐친도 자기 후계자에 대해 처음으로 비판하면서, 소련 애국가를 부활시킨 것은 과거 공산당대회에 참석하던 소련 관료주의자들의 마음을 그대로 대변하는 조치라고 했다.

옐친은 콤소몰스카야 프라우다와의 회견에서 이렇게 말했다. "한 나라의 대통령은 여론을 맹목적으로 따라가선 안 되며, 국민들의 마음에 영향을 미치도록 적극적으로 행동해야 한다." 사실 푸틴은 여론에 영향을 미치고 이끌어 갔다. 뷔페식당에 간 것처럼 역사의 식탁에서 이것저것 취사선택해 심하게 분열된 러시아 사회에 내놓았던 것이다.

대통령에 취임한 지 1년 만에 푸틴은 고분고분하지 않은 군 지휘부를 장악하기 위해 전격적으로 단호한 조치를 취했다. 국방장관 이고르 세르게예프 원수는 이미 은퇴할 나이를 넘겼으나 옐친 대통령에게 매달리고,

2000년에는 푸틴에게 부탁하는 식으로 매년 임기를 연장하고 있었다. 63세인 세르게예프는 2001년 초에도 자기가 당연히 재신임을 받을 것이라고 생각하고 있었다. 전임 대통령 옐친이 그랬던 것처럼 푸틴도 중대 결정을 발표할 때는 극비리에 전격적으로 해치웠다. 신임하는 측근 보좌관들에게만 미리 알렸는데 세르게예프는 신임하는 사람들에 포함되지 않았다. 그런 사실을 미리 알았더라면 자신에 대한 크렘린의 신임 정도를 오판하지 않았을 것이다. 3월 28일 푸틴 대통령은 크렘린에서 국가안보회의를 소집하고 세르게이 이바노프를 새 국방장관으로 임명한다고 발표했다. 이바노프는 '푸틴의 복심腹心'으로 불릴 정도로 서로 가까웠다. 날씬하고 창백한 얼굴에다 왼쪽 가르마를 단정하게 빗어 넘긴 사람이었다. 레닌그라드 국립대에서 영어와 스웨덴어를 전공하고 KGB에 들어갔고, 푸틴과는 1977년 상트페테르부르크 KGB 본부인 '큰 집'에서 처음 만났다. 2년을 같이 있다 이바노프가 먼저 승진해서 그곳을 떠났다. 그 뒤 1981년까지 모스크바 교외의 적기赤旗연구소에서 근무하다 해외 첩보요원이 되어서 핀란드 스웨덴, 케냐, 등지의 소련 대사관에 외교관 신분으로 위장해서 근무했다. 영국에서 활동했을 가능성도 있었다.

푸틴과 달리 그의 이력에는 불투명한 부분이 많아서 그가 만만치 않은 스파이였음을 말해준다. 한번도 KGB를 떠난 적이 없었고, 소련 붕괴 이후에도 정보기관에서 승승장구해 새 러시아에서 최연소 장군 계급을 달았다. 푸틴은 FSB 국장으로 오면서 그를 차장으로 임명했고, 이후 크렘린으로 가면서 함께 데려갔다. 크렘린에서는 푸틴의 핵심 보좌관 그룹에 합류해 매주 월요일 열리는 국가안보회의에도 참석했다. 뿐만 아니라 격식 없이 편하게 만나는 토요일 회의에도 참석했고, 푸틴이 기분 내킬 때

수시로 소집하는 대통령 관저의 친목 모임에도 불려갔다. 관저의 친목 모임은 밤늦은 시간까지 이어지는 경우가 많았다. 이바노프는 강경파, 무력파를 뜻하는 '실로비키'сило в н к и로 불리는 경우가 많았는데, 실로비키는 푸틴의 경력과 보수적인 입장을 대변하는 말이기도 했다. 그는 푸틴과 마찬가지로 비대하고 비효율적인 군을 재편하겠다는 목표를 갖고 있었다. 이바노프는 FSB에서 달고 있던 장군 계급에서 퇴역하고 소련과 러시아 역사를 통틀어 첫 민간인 국방장관이 되었다. "여러분도 알다시피 민간인이 군 기관에서 요직에 앉는 경우가 많아지고 있다. 이는 뜻 깊은 진전이다. 이는 러시아 사회의 비非 군사화를 향해 내딛는 발걸음이다." 푸틴은 그의 임명 사실을 발표하면서 이렇게 말했다. 푸틴이 단행하는 인사는 조심스럽게 옐친과의 결별을 예고했다. 처음으로 여성을 국방부 고위직에 앉혔다. 류보프 쿠델리나를 예산실장으로 임명한 것이다. 그리고 내무장관도 상트페테르부르크 출신의 보리스 그리즐로프로 교체했다. 두마에서 친 푸틴 블록을 이끄는 사람이었다. 경질된 예브게니 아다모프 원자력부장관은 후에 핵시설 안전진흥기금 900만 달러를 빼돌린 혐의로 미국 법정에 제소 당했다. 이즈베스티야는 푸틴의 팀이 이제 '한 주먹처럼' 똘똘 뭉쳤다고 썼다.

이바노프 국방장관은 미국이 러시아 주변국들에 개입하는 것을 경계의 눈초리로 지켜보았다. 9월 11일 테러공격이 일어난 지 사흘 뒤에 이바노프 장관은 "중앙아시아 국가들의 영토에서 나토 군사작전이 전개될 어떤 가능성도 용납되지 않을 것"이라고 밝혔다. 하지만 푸틴은 미국이 이슬람 테러리즘의 위협이 얼마나 무서운지 알게 되었다며 만족스럽게 생각했다. 푸틴은 2주 뒤 독일을 방문해 연방의회Bundestag에서 연설했다.

러시아어로 연설을 시작한 다음 곧바로 '괴테, 실러, 칸트의 언어'인 독일어로 바꾸어 연설을 계속했다. "오늘 우리는 확고하게, 그리고 최종적으로 선언해야 합니다. 이제 냉전은 끝났습니다!"라고 그는 말했다. 게르하르트 슈뢰더 독일 총리는 세계는 러시아의 체첸 군사작전을 너무 심하게 비판하지 말아야 한다는 말로 화답했다. 푸틴은 9월 24일 모스크바로 돌아오자 모스크바 시내 중심의 환상도로 불바르 안쪽의 거대한 흰색 건물인 국방부를 방문했다. 그곳에서 푸틴은 군 수뇌부를 모아놓고 미군과 협력하라는 지시를 내렸다. 그는 이바노프 장관의 입장을 무시했고, 이바노프는 중앙아시아에서 진행되는 미군의 군사작전에 대한 반대 입장을 조용히 철회했다.

푸틴은 자신이 냉전 후 질서를 받아들인 데 대해 반대급부가 있을 것으로 기대했다. 그는 부시 대통령과의 개인적인 친분을 쌓기 위해 많은 공을 들였다. 그는 레닌 이래 소련 시절과 러시아를 통틀어 외국어를 구사하는 첫 지도자였다. 그리고 하루에 한 시간씩 영어 레슨을 받으며 미국의 외교용어와 통상용어를 공부했다. 그렇게 배운 것을 부시와의 사적인 대화에서 활용하며 냉랭한 관계를 개선해 보려고 노력했다. 슬로베니아 정상회담 때 그는 부시와 정원을 산책하며 두 사람이 가진 공통점에 대해 이렇게 말했다. "따님들 이름을 각하의 모친과 장모님 이름을 따서 지으셨더군요." "그러니 내가 훌륭한 외교관 아닙니까?" 부시가 이렇게 대꾸하자 푸틴은 웃으며 이렇게 맞장구를 쳤다. "나도 딸들 이름을 그렇게 지었습니다!" 사적인 대화를 나누면서 그는 부시 대통령에게 서로 입장이 다른 부분에 대해 솔직한 이야기를 털어놓을 수 있다는 생각을 했다. 그러면서 소련이 멸망한 뒤 전환기의 어려움을 겪고 있는 러시아 상황에 대해 이해시키려고 했다. 미국, 나토와도 화해하고 싶었다.

그는 그해 10월 상하이에서 열린 아시아태평양경제협력체APEC 정상회담에서 부시와 따로 만나 탄도탄요격미사일제한조약ABM조약을 개정해 미국이 미사일방어망시스템 실험을 할 수 있도록 하겠다고 제안했다. 부시는 그 제안에 귀가 솔깃해했으나 푸틴은 조약의 핵심조항들을 수정하지 않고 1~2년 더 시간을 끌었다. ABM조약이 러시아의 전략방어체제에 대단히 중요하기 때문에 조약 수정을 가능한 한 미루어서 러시아 과학자들에게 미국의 방어체계에 대응할 신무기 개발 시간을 주어야 한다고 판단한 것이다. 그는 또한 양국이 보유한 핵무기 수를 함께 줄이자고 제안했다. 러시아가 군사력 유지에 드는 비용을 줄이는 데 반드시 필요한 조치였다. 그는 자신의 제안이 합리적이라고 생각했고, 부시 대통령도 고려해 보겠다고 약속했다. 그런데 부시 행정부는 당시 아프가니스탄 침공으로 골머리를 앓고 있었고, 펜타곤은 푸틴의 제안을 계속 뭉갰다. 핵실험 때는 상대방에게 미리 알리고, 방어망시스템 개발 상황도 러시아가 모니터하도록 하자는 안이었다. 최종적으로는 러시아가 핵강대국의 지위를 포기하겠다는 제안이었다. 11월에 푸틴은 대통령 취임 후 첫 미국 방문을 위해 워싱턴에 도착했다. 여전히 대타협의 여지가 남아 있다고 생각하고 있었다. 하지만 백악관에서 부시와 정상회담을 하면서 그 기대는 완전히 날아가 버렸다.

"오, 세상에!" 푸틴은 11월 13일 아침 백악관 오벌 오피스로 들어서며 무심결에 이렇게 내뱉었다. 남향으로 난 유리창을 통해 햇살이 쏟아져 들어오고 있었다. "이렇게 아름다울 수가 있습니까."

부시와 그의 보좌관들은 '무신론 국가 소련의 KGB 출신 지도자'가 보이는 행동 때문에 무척 혼란스러웠다. 그리고 이 KGB 요원이 결국 자기 이익을 챙기기 위해 미국을 이용할 것이라고는 미처 생각하지 못했다. 부시는 서로 과거의 입장차를 극복할 수 있을 것이라고 확신했다. 9/11 테러를 놓고 두 사람은 마침내 공통의 대의명분을 찾아냈다. 전날 밤 탈레반은 아프가니스탄 수도 카불을 포기하고 퇴각했다. "이런 자들은 싸구려 양복천처럼 낱낱이 풀어져 흩어질 것이오." 부시는 푸틴을 보고 이렇게 말했다. 러시아어를 구사하는 콘돌리자 라이스가 러시아어로 어떻게 통역했는지 모르지만 푸틴은 맞는 말이라며 흔쾌히 동의했다.

이튿날 푸틴 일행은 텍사스주 크로퍼드에 있는 부시의 목장으로 이동했다. 부시 부부는 장대비가 쏟아지는 가운데 일행을 맞았다. 류드밀라는 로라 부시 여사에게 유명한 텍사스의 노랑 장미꽃 한 송이를 건넸다. 푸틴 일가는 부시 일가가 있는 바로 옆 목장 영빈관에 묵었다. 만찬 때는 워싱턴과 텍사스의 시차를 모르고 예정시간보다 한 시간 일찍 만찬장에 도착했다. 만찬에는 바비큐 요리가 나왔고, 피아니스트 밴 클리번과 컨트리 스윙밴드가 '코튼 아이드 조'Cotton-Eyed Joe 같은 곡을 연주했다. 류드밀라는 적백청 시퀸 드레스를 입었고, 푸틴은 건배를 제의할 때 감동한 듯 목소리가 떨렸다. "다른 나라 정상의 집에 초대받은 것은 처음입니다. 이처럼 역사적으로 중요한 시기에 이런 분을 국가원수로 모시고 있는 것이 미국으로서는 참 행운이라고 생각합니다." 이런 환대는 이튿날 크로퍼드 고등학교에서 열린 학생들과의 만남에서도 이어졌다. 학생들과의 만남을 끝으로 푸틴은 뉴욕 세계무역센터 테러 현장을 찾아갔다. 참사가 일어난

지 두 달이 지났는데도 사고 당시의 흔적들이 그대로 남아 있었다.

그로부터 3주 뒤 부시 대통령은 모스크바로 푸틴에게 전화를 걸어 러시아가 반대하지만 미국은 ABM조약에서 탈퇴키로 했다고 통보했다. 6개월에 걸친 협상 끝에 푸틴이 부시로부터 얻어낸 것이라고는 12월 중순 ABM 탈퇴 결정을 공식 발표하기 전에 한 주 먼저 전화로 알려준 것이었다. 그 6개월 동안 두 사람은 모두 네 번의 정상회담을 가졌다.

푸틴은 아프가니스탄 전쟁과 미사일방어망을 놓고 부시와 조용한 협상을 진행하는 데 대해 국내 민족주의 세력이 분노를 터트리지 않도록 신경을 썼다. 옐친은 자신의 정치적 입지를 지키기 위해 미국과 서방을 비난하기도 했지만, 푸틴은 그렇게 하지 않고 국내의 미국에 비판적인 세력들을 끌어안는 방식을 택했다. 그리고 군부를 장악할 때처럼 서서히, 겉으로 드러나지 않게 교묘한 방법으로 의회에 대한 장악력을 높여 나갔다. 2000년에 푸틴은 제일 먼저 연방위원회 구성을 바꾸기로 했다. 연방위원회는 전국 89개 지역의 주지사와 대표들로 구성되었는데, 스쿠라토프 사건 때 드러난 것처럼 이들은 크렘린의 영향력에서 벗어나 독자적으로 움직이려고 했다. 연방위원회 재편 방침은 7개 지역 특사 신설 방침과 함께 처음에는 반발에 부딪쳤다. 하지만 결국 지역 지도자들을 푸틴의 통제 하에 두는 데 성공했다. 한때 옐친을 무던히 괴롭혔던 상원인 연방위원회는 이후 시간이 지나면서 푸틴 지지 인사들로 채워져 거수기로 바뀌었다. 또한 취임 초기에 두마 의원 다수를 장악했다. 농지 사유화를 포함해 초기의 개혁법안 일부는 여전히 반대에 부딪쳐 있었다.

푸틴은 정당정치와 입법을 둘러싸고 밀고 당기는 협상을 싫어했다. 아나톨리 소브차크 밑에서 부시장으로 일하면서 시의원들을 상대로 그런 일을 해봤기 때문이다. 의회의 정당 세력은 크렘린이 국정을 수행하는 데 도구 역할을 해야 한다고 그는 생각했다. 그는 과거 소련 시절 공산당처럼 러시아를 지배할 단일 여당을 만들 생각은 없다고 했다. 대신 실질적으로 크렘린에 의존하는 정당 여러 개를 만들고 싶어 했다. 2001년 7월 푸틴은 정당의 요건을 당원 5만 명 이상으로 늘림으로써 정당의 수를 줄이는 새 선거법에 서명했다. 겉으로 보기에는 유럽처럼 두세 개의 정당이 경쟁하도록 하겠다는 것이었으나 모든 정당이 크렘린에 충성하거나 최소한 우호적인 입장을 취해 주기를 바란다는 점이 달랐다. 그는 입으로는 민주주의를 신봉한다고 하면서도 어떤 결과가 나올지 불확실한 토론에는 인내심을 발휘하지 못했다. 통합당은 공산당과 함께 의회 상임위원장을 나누어 가졌으나, 푸틴은 의회 통제력을 더 늘리기 위해 프리마코프와 루즈코프 연합당과의 통합을 추진했다. 2001년 12월 1일 통합 전당대회가 개최됐고 당명은 통합 러시아당으로 정했다. 명실공히 푸틴 정권의 여당인 이 당에는 정부 관료들이 대거 포진했다.

크렘린의 정치 전략을 입안하는 사람은 블라디슬라프 수르코프였다. 체첸 출신의 광고 귀재로 불린 자로 군 정보기관 근무 경력과 1990년대 미하일 호도르코프스키를 포함해 러시아의 3대 올리가르히 소유 은행에서 모두 일한 경력이 있었다. 옐친 대통령 시절 알렉산드르 볼로신 비서실장 밑에서 근무했다. 푸틴의 대외 이미지를 만들고, 그의 정치전략 수립에 누구보다도 열심히 앞장선 사람이 바로 그였다. 순진해 보이는 외모에 대단히 냉소적인 사람이었다. 미국 랩 음악과 셰익스피어를 좋아했다. 푸틴 사진과 미국의 전설적인 래퍼 투팍 샤커의 사진을 나란히 걸어놓았고, 셰익스피어 작품을 정치적 영감의 원천이라고 말했다. 러시아 작가이며 사회운동가인 에두아르드 리모노프는 수르코프를 가리켜 "러시아를 멋진 포스트모던 극장으로 바꾸고, 그 무대 위에서 낡은 정치모델과 새로운 정치모델을 가지고 자신의 정치실험을 맘껏 펼쳐 보인 사람"이라고 했다.

2002년 4월 수르코프는 일명 '포트폴리오 쿠데타'를 통해 두마의 지배권을 독차지해 버렸다. 크렘린 지지 세력이 힘을 합쳐 상임위원장직에서 공산당원을 모두 몰아냈는데, 공산당의 상임위원장 자리는 1999년 총선 직후 푸틴이 공산당에 제의한 것이었다. 하원 두마 의장인 공산당의 겐나디 셀레즈뇨프가 동료들을 버리고 크렘린 지지를 선언했다. 푸틴은 귀족들의 권력다툼에 초연한 차르처럼 행동하면서 공산당 지도부를 모두 거세시켰다. 옐친 대통령 시절 크렘린에 심각한 위협 세력이었던 겐나디 주가노프 당수는 불만을 늘어놓았으나 어떻게 해볼 방도가 없었다. 이렇게 한탄할 뿐이었다. "옐친은 술에 취해 지내면서도 중요한 순간에는 다른 정파 지도자들을 불러 모아 함께 해결책을 논의하는 용기를 보였지 이런 식으로 싸움을 시작하지는 않았다."

푸틴이 의회 지도부 구성을 이렇게 바꾼 동기는 2주 뒤 상하원 합동 연방의회에서 발표한 연례교서에서 드러났다. 크렘린궁 내 대리석 홀에서 행한 연설에서 푸틴은 실업률 감소와 소득 증가, 균형예산, 세계 2위 석유생산국 지위 탈환 등 자신의 업적을 내세운 다음 정부 내에 광범위하게 자리 잡고 있는 무능한 관료주의를 비판했다. 정부 부처들이 개혁을 거부하고 '중앙집권 경제 시절처럼' 행동한다고 한탄하고, 이런 문제를 해결하기 위해 크렘린이 원하는 법안을 이의 없이 통과시켜 줄 다수 의석 확보가 필요하다고 말했다. 그러면서 그는 한 시간에 걸쳐 개혁법안 목록을 열거했다. 사법개혁과 주택시장 활성화를 위한 모기지법 도입, 징병제 대신 보다 전문화 된 모병제 군대로의 전환, 세계무역기구WTO 가입 시기를 앞당기는 데 필요한 규제 도입 등이었다. 의욕적인 조치들이었으며 법안 통과에 아무런 장애물도 없었다.

의회 연설에서 푸틴은 대통령이 되는 데 일조한 체첸전쟁에 관해서는 1분도 할애하지 않았다. 자신이 국민들에게 약속했던 승리한 전쟁이 아니기 때문이기도 했다. 2001년 푸틴은 조만간 체첸에서 러시아군 철수를 시작하겠다고 발표했다. 하지만 전쟁은 끝날 기미를 보이지 않고 있었다. 체첸공화국의 국경과 주요 도시와 마을 대부분을 러시아 연방군 병력이 장악하고 있었지만 낮 시간에만 그랬다. 반군은 끊임없이 러시아군을 공격해 사상자를 냈다. 그러면 보복에 나선 러시아군이 마을을 휩쓸어 버리다시피 하고, 사람들을 잡아서 고문하고 죽였다. 체첸 반군 사령관이자 이슬람 성직자 이맘이던 아흐마드 카디로프를 크렘린의 말을 듣는 지도자로 앉혀 놓았다. 하지만 군과 FSB가 아무리 애를 써도 반군을 완전히 소탕하지 못하고 있었다. 반군 지도자 대부분이 도피 중이었고, 이들은 국경 산악지대와 마을에 숨어서 체첸 독립운동을 이끌었다.

전쟁에 대한 지지여론도 식었다. 여론조사에서 러시아 국민 다수가 이제는 이길 수 있는 전쟁으로 생각하지 않는 것으로 나타났다. 체첸군은 전쟁을 수렁으로 끌고 가겠다고 협박했고, 많은 사람들이 이제는 협상을 통해 전쟁을 끝낼 수밖에 없다는 생각을 하고 있었다. 전쟁으로 인한 희생자 수가 늘어나면서 푸틴의 전략뿐만 아니라 대통령 자리까지 흔들렸다. 푸틴은 체첸전쟁을 자기가 앞장서서 치르는 십자군전쟁처럼 생각했다. 그리고 국가의 선전전이 워낙 성공적으로 진행되다 보니 "자기도 그

선전전의 희생양이 되어 그 내용들이 사실이라고 믿기 시작했다." 바로 그때 크렘린의 선전전으로는 감출 수 없을 정도로 엄청난 규모의 참사가 일어났다. 그때서야 푸틴도 자기가 시작한 전쟁에 문제가 있다는 사실을 어렴풋이 깨닫기 시작했다.

8월 19일 Mi-26 헬기 한 대가 그로즈니 외곽 한칼라에 있는 체첸 주 둔 러시아 공군기지에 접근하고 있었다. 세계에서 크기가 가장 큰 기종인 이 헬기는 여러 톤의 장비와 병력을 최대 80명까지 수송할 수 있다. 1997 년까지 국방부는 병력 수송은 금지하고 물자만 싣도록 했다. 하지만 이날 이 헬기에는 병력과 민간인 147명이 타고 있었고 장교 부인들과 어린아 이까지 한 명 포함돼 있었다. 야전 간호사의 아들이었다. 헬기가 하강하 는데 미사일 한 발이 우측 엔진에 명중했다. 헬기는 착륙장 1천 피트 앞 쪽에 착륙했는데 하필 그곳이 기지 외곽을 방어하기 위해 만들어놓은 지 뢰밭 한가운데였다. 돌아갈 연료를 가득 채우고 온 헬기는 폭발해 곧바로 화염에 휩싸였다. 즉사하지 않은 승객들은 불타는 기체 안에 갇혔고, 가 까스로 탈출한 승객들은 지뢰를 밟아 터트렸다. 군 당국은 반사적으로 사 고 원인과 희생자 수를 거짓으로 발표했다. 어린아이와 아이 엄마를 포함 해 희생자 수는 127명이었다. 러시아 역사상 최악의 헬기 사고였으며, 체 첸전쟁에서 단일 건수로는 가장 많은 희생자를 낸 사고였다. 쿠르스크호 참사보다 더 많은 희생자를 낸 군사적 재앙이었던 것이다.

쿠르스크호 사고 때 정치적 교훈을 얻은 푸틴은 즉시 사고 발생 사실 을 인정하고, 세르게이 이바노프 장관을 책임자로 진상조사에 착수하겠 다고 약속했다. 이바노프는 이튿날 한칼라로 날아가 군 항공대장 비탈리 파블로프 중장을 해임했다. 파블로프는 왜 자기가 희생양이 돼야 하느냐고 반발했다. 헬기 편대 운용규정에 문제가 있는 것이며, 지금은 전시인데 민간인 탑승 금지는 평화 시에만 적용되는 규정이라고 항의했다. "전쟁이 아니라면 우리 군이 반군들 손에 죽을 이유가 무엇이란 말인가?" 푸틴은 군 지휘부에 대한 불만을 폭발시켰다. 사고 이틀 뒤 그는 텔레비전 카메라들이 지켜보는 가운데 세르게이 이바노프 장관을 모스크바 외곽에 있는 비행장 VIP실로 불렀다. 텔레비전 연설과 기자회견 외에도 푸틴은 텔레비전으로 중계되는 일대일 대화방식을 주요 메시지 전달 수단으로 활용했다. 짜인 각본에 따라 질문은 받지 않고, 아랫사람을 일방적으로 칭찬하고 격려하고 호통치기도 했다. 이바노프 같은 측근도 예외가 아니었다. 그는 이바노프를 이렇게 다그쳤다. "이런 기종의 헬기에 민간인을 태우지 말라는 국방장관의 지시가 있는데도 불구하고 어떻게 해서 이런 일이 일어난단 말이오. 도대체 그 헬기에 왜 사람을 태운단 말이오?"

 "무어라 드릴 말씀이 없습니다. 블라디미르 블라디미로비치 각하." 이바노프는 각본에 있는 대로 자기 역할을 연기했다. 2주 뒤 그는 파블로프 장군의 사직서를 받고, 장군 12명을 포함한 나머지 지휘관 19명에 대한 징계조치를 단행했다. 하지만 이 사고에도 불구하고 푸틴은 전략의 방향을 수정할 생각은 전혀 하지 않았다. 연초에 협상 중재자들이 나서서 몇 가지 평화협상안을 띄웠으나 푸틴은 모두 거부했다. 그가 원하는 것은 체첸 반군의 무조건 항복뿐이었다. 얼마 뒤 반군들이 견착식 미사일로 사고 헬기를 격추시키는 장면을 담은 비디오 테이프가 공개됐다. 그동안 사망설이 나돈 아슬란 마스하도프가 테이프 영상을 직접 설명했다. 그는 턱수염을 기른 전사들에 둘러싸여 있었고, 그들을 '우리 무자헤딘 전사들'이라고 불렀다. 그는 체첸공화국의 녹색 국기를 배경으로 앉아 있었는데, 십

년 넘게 독립투쟁의 상징이었던 늑대 문양이 사라지고, 대신 그 자리에 검과 코란 구절이 새겨져 있었다.

"우리는 전쟁을 끝내기 위해 러시아 수도에 왔다. 그게 안 되면 알라를 위해 이 자리에서 죽을 것이다." 한 청년이 카메라 앞에서 탁한 목소리로 천천히 말했다. 양반다리를 하고 앉았고, 앞에는 랩톱 컴퓨터를 펴놓았다. 주인공은 반군 전사인 모브사르 바라예프로 가장 흉포한 체첸 반군 사령관 가운데 한 명인 아르비 바라예프의 조카였다. 그로부터 2주 전 러시아 북코카서스군 사령부는 2002년 10월 10일, 모브사르 바라예프를 사살했다고 발표했다. 사실은 일 년 전에도 그를 사살했다는 발표를 한 바 있었으나 괘념치 않았다. 그 바라예프가 모스크바에 나타난 것이었다. 크렘린에서 불과 3.5마일밖에 떨어지지 않은 지점이었다. 푸틴은 늘 하던 대로 크렘린 집무실에서 밤늦게까지 업무를 챙기고 있었다. 그날 이후 사흘 동안 푸틴은 집무실을 떠나지 않았다.

23번째 생일을 사흘 앞둔 바라예프는 22명의 남자와 19명의 여성으로 구성된 체첸군 '결사대'의 얼굴 역할을 했다. 이들은 한 달 전 모스크바에 도착했는데 경찰의 감시망을 피하기 위해 단독으로, 혹은 두 명씩 짝을 이루어 다게스탄을 출발해 버스와 기차로 이동했다. 바라예프는 자신들이 '최고 군사지도자'인 샤밀 바샤예프의 명령을 받고 모스크바로 왔다고 말했다. 대통령 아슬란 마스하도프는 열렬히 따르지 않는 자들이었다. 이들은 모스크바에 여러 주 동안 머물며 끔찍한 유혈 전선을 수도로 확산시키기 위한 공격을 준비했다. 이들은 일반 시민들을 대규모로 인질로 잡을 수 있는 공공장소를 물색했다. 처음에는 의회를 생각했으나 극장으로 바꾸었다. 이들이 고른 곳은 모스크바 남서부 두브로프카 거리에 있는 극장이었다. 그때까지 소련 시절 이름인 '국가무용문화궁전 No1'이란 이름을 그대로 쓰고 있었다. 극장 건물 한쪽에는 게이클럽이 들어서 있었는데 당시 수리 중이었고, "의회 의원과 유명 기업인, 정치인들이 자주 드나든다."는 말이 있었다. 바라예프가 이끄는 체첸 전사들은 작업 인부로 위장해서 극장을 공격할 계획을 세웠다.

극장에서는 러시아 최초의 브로드웨이식 뮤지컬 '노르 오스트'Nord Ost를 공연 중이었다. 베니아민 카베린의 인기 소설 〈두 명의 대위〉The Two Captains를 바탕으로 만든 창작 뮤지컬이었다. 20세기 전반부를 시대배경으로 하는 로맨틱 멜로드라마로 북극탐험과 대조국전쟁 당시 레닌그라드 포위공격 등이 소재로 등장한다. 뮤지컬 제작자 게오르기 바실리예프는 제작비 4백만 달러를 투자하고 도시 전역에 공연 광고지를 붙여놓았다. 그는 푸틴의 인기를 끌어올려 준 경제 붐의 혜택을 입은 러시아 신흥 중산층들이 장당 15달러짜리 입장료를 기꺼이 부담하고 공연을 보러 올 것이라고 계산했다.

323회 공연이 진행된 2002년 10월 23일 저녁, 제2막이 시작될 시간에 맞춰 체첸인들은 극장 안으로 몰려 들어갔다. 붉은군대의 구식 조종사 복장을 한 배우들이 무대 위에서 춤을 추는데 복면을 한 남성 한 명이 무대 왼쪽에서 들어왔다. 제일 가까이 있던 배우는 놀라서 쓰러질 뻔했다. 관객 대부분은 공연의 일부이겠거니 생각했다. 복면을 쓴 남자는 곧바로 AK-47 소총을 천정을 향해 쏘았고, 이어서 무대 오른 편에서 복면을 한 괴한들이 몰려나왔다. 바라예프의 전사들은 메인 홀을 봉쇄하고 극장 발코니를 떠받치는 기둥들에 폭발물을 감아서 설치했다. 아랍어 글씨가 쓰인 검정색 히잡을 쓴 여성들이 관객들 사이에 자리 잡았다. 이들은 권총을 들고 폭발물로 보이는 물체를 단 벨트를 차고 있었다. 한 명이라도 저항하거나 경찰이 건물로 진입하면 폭발물을 터트리겠다고 위협했다. '검은 미망인'들로 불린 이들은 19세 내외의 어린 여성들로 러시아와의 전쟁에서 전사한 체첸 전사들의 아내, 딸, 여동생들이었다. 체첸전쟁이 진행되는 여러 해 동안 자살폭탄 공격은 거의 없었다. 여성들이 전쟁의 흐름을 바꿀 불길한 전조를 보여주는 순간이었다. 여성 전사 한 명이 소리쳤다. "우리는 알라의 길을 따른다. 우리가 여기서 죽는다고 해도 그게 끝이 아니다. 수많은 이들이 우리 뒤를 따를 것이며, 그것은 끝없이 계속될 것이다." 건물 안에는 912명이 있었다. 배우를 비롯한 공연 연출 인력과 유럽, 미국에서 온 외국인들도 있었다. 텔레비전으로 생중계되는 가운데 공포의 인질극은 이틀 동안 계속됐다. 바라예프는 인질들에게 각자 휴대폰을 가지고 사랑하는 사람들에게 전화를 걸어 러시아 당국이 체첸전쟁을 끝내지 않을 경우 모두 여기서 죽을 것이라는 말을 전하라고 했다.

이제 푸틴도 인질 신세가 되었다. 체첸 폭도들을 모조리 소탕하겠다고 공언했지만 전쟁은 3년을 끌며 러시아 군인들의 피해는 커지고 무고한 체첸 민간인 수천 명이 목숨을 잃었다. 초기 그가 주도하는 전쟁에 대해 보여주던 여론의 높은 지지도 수그러들었다. 군은 반군의 저항을 잠재우지 못했고, 이제 FSB도 모스크바 심장부에서 테러공격을 막는 데 실패했다. 푸틴은 독일, 포르투갈, 멕시코 순방계획을 취소했다. 멕시코에서는 부시 대통령을 다시 만나는 정상회담 일정이 잡혀 있었다. 그는 FSB 국장 니콜라이 파트루셰프를 불러 극장 진입작전을 준비하라고 지시했다. 인질과의 협상은 시간 끌기 용으로만 허락한다고 했다. FSB는 특공대 3개조를 현장에 투입했다. 미하일 카시야노프 총리 한 명만 구출작전이 자칫 수백 명의 인명피해를 낳을 수 있다고 반대의견을 냈다. 푸틴은 총리를 멕시코 국제회의에 대신 보내 인질 구출작전 보고 라인에서 배제시켜 버렸다.

두마의 체첸 지역 의원인 아스람베크 아슬라하노프를 비롯한 유명 정치인 몇 명과 기자, 관리들이 인질범들과 통화했고, 인질범들과의 직접 협상을 위해 극장 안으로 들어갔다. 얼마 뒤 인질 39명이 풀려났다. 대부분 어린이들이었다. 야블로코 블록을 이끄는 그리고리 야블린스키는 체첸전쟁에 대해 대단히 비판적인 입장을 취하고 있었다. 그날 저녁 야블린스키는 크렘린의 허락을 받고 극장 안으로 들어갔다. 크렘린은 중재인들의 극장 출입을 통제하지 못하는 것 같았다. 인질범들과의 전화 통화도 멋대로 이루어졌고, 나중에는 인질범들의 요구를 담은 비디오 테이프까지 공개됐다. 야블린스키는 인질범들이 "너무 너무 어린 것"을 보고 충격을 받았다. 소련연방이 붕괴되고 체첸이 독립을 선언한 1991년에는 모두 어린아이였을 나이들이었다. 학교도 다니지 않은 것으로 보였다. 아는 것이라고는 코카서스 산악 전장에서 보고 배운 게 전부였다. 협상은 고사하고 자기들의 요구사항도 제대로 전달하지 못했다. 전쟁을 끝내라는 요구에 야블린스키가 "그게 무슨 뜻인가?"라고 물었더니 말도 안 되는 소리만 우물거렸다. 인질 추가 석방 등의 단계적인 조치를 통해 희생자 수를 줄일 수는 있겠다는 생각이 들었다. 야블린스키는 크렘린으로 돌아와 푸틴 대통령과 여러 차례 만나 협상 방안을 논의했다. 푸틴은 파트루셰프 국장을 비롯한 안보 관련 책임자들과도 별도 회담을 했는데, 야블린스키 같은 인사는 그 자리에 끼워주지 않았다.

사건 이틀째가 되자 극장 안 상황이 심각해지기 시작했다. 인질들은 배고픔과 탈수, 공포감으로 고통을 호소했다. 갑자기 건물 안으로 달려 들어가던 여성 한 명과 바깥 테라스를 통해 건물로 진입하려던 FSB 특공 대원 한 명이 인질범의 총에 맞아 사망했다. 그런 가운데서도 체첸전쟁에 비판적인 보도로 군과 크렘린이 눈엣 가시처럼 여기는 여기자 안나 폴리트코프스카야를 비롯한 중재인들이 계속 극장 안을 드나들었다. 폴리트코프스카야는 유명한 의사인 레오니드 로샬과 함께 아부 바카르라는 이름의 인질범을 설득해 주스 몇 박스를 들여보내 주고 인질 몇 명을 풀려나게 했다. 폴리트코프스카야는 유엔 주재 소련 대사관에 근무한 외교관의 딸로 뉴욕에서 태어났는데, 체첸전쟁을 취재하는 러시아 기자들 가운데서 가장 용감한 기자로 불렸다. 당시 그녀는 러시아 병사들과 반군들, 그리고 그 가운데서 희생되는 체첸 민간인 등 고통 받는 사람들의 실상을 열정적으로 보도했다. 그러면서 군의 무능, 특히 비인간적인 행위를 일삼는 군 지휘관들, 그리고 코카서스 지방에서 벌어지는 모든 재앙을 총지휘하고 있다고 생각하는 군 통수권자를 가차 없이 비판했다. 그녀는 아부 바카르를 만나 '손이 발이 되도록' 애원해서 인질 두 명과 만날 수 있었다. 그 가운데 한 명인 안나 아드리아노바 기자는 그녀에게 "우리는 제2의 쿠르스크호 희생자"라고 말했다.

추가 인질 석방이 임박해 보였다. 미국인 인질 샌디 부커는 미국 대사관과 전화 통화를 하도록 허락받았다. 그는 대사관 직원에게 바라예프가 다음 날 아침 외국인 인질들을 내보내 주기로 약속했다는 말을 전했다. 크렘린은 남부 지역 대통령 특사인 빅토르 카잔체프를 불렀다고 발표했다. 반군들은 카잔체프가 다음 날 아침 10시면 도착할 것이라고 믿었다. 하지만 카잔체프는 모스크바행 비행기를 탈 기회도 잡지 못하고 말았다.

극장 진입 작전은 푸틴의 명령에 따라 새벽 5시가 넘자 곧바로 시작됐다. 테러범들은 이튿날 추가 협상이 있을 것이라고 믿고 느긋한 자세로 있었다. 러시아 특공대원들은 이미 게이클럽을 통해 건물 안으로 들어가 도청 장치를 통해 인질범들의 위치를 파악해 놓고 있었다. 건물을 폭파할 것에 대비해 인질범들을 생포하지 말고 사살하라는 지시가 내려졌다. 냄새나지 않는 가스가 메인 홀로 스며들기 시작했고, 곧바로 건물 환기 시스템을 통해 퍼져나갔다. FSB 연구실에서 개발한 마취제 펜타닐 추출물질이었다. 가스 살포로 인질범과 인질들 모두 환각상태에 빠졌다.

폴리트코프스카야가 만났던 인질인 안나 아드리아노바는 라디오 방송국 에코 모스크비Ekho Moskvy에 전화를 걸어서 테러범들이 상황파악을 제대로 못하고 있고, 인질들을 살해할 태세도 아니라고 말했다. 그때 총성이 몇 발 울렸고 그녀는 이렇게 소리쳤다. "이 소리 들려요? 이제 우리 모두 지옥으로 날아가는 모양이에요." 이상하게도 폭발은 일어나지 않았다. 가스 때문에 인질들은 모두 의식을 잃었고, 그 사이에 특공대는 메인홀에 있지 않아 가스를 마시지 않은 인질범들과 총격전을 벌였다. 총격전은 한 시간 넘게 계속됐고, 마침내 바라예프는 건물 2층 발코니 뒤쪽 층계참으로 몰렸다. 인질범 41명 대부분이 머리에 총격을 받고 죽었다.

구출작전은 대성공을 거둔 것처럼 보였다. 그런데 작전을 계획하고 실행에 옮긴 사람들은 가스가 허약해진 인질들에게 어떤 영향을 미칠지에 대해서는 미처 생각하지 못했다. 성공이라고 생각했던 구출작전이 순식간에 재앙으로 바뀌었다. 의식을 잃은 인질들이 7시에 1차로 극장 앞 계단에 일렬로 누여졌고, 이어서 줄줄이 들려나왔다. 일부는 이미 숨을 거두었고, 많은 사람들이 겨우 의식이 남은 상태로 시체 더미 가운데 방치돼 있었다. 구조팀은 속수무책이었다. 총상이나 폭발물 파편으로 상처 입은 사람들을 치료할 준비는 갖추고 있었으나 혀가 부풀어 올라 질식한 사람들은 치료할 길이 막막했다. 구조 당국은 가스의 영향을 차단하기 위해 해독제를 처방했으나 해독제가 턱없이 부족했다. 현장에 나가 있는 구조 의료진이나 병원에 있는 의사들 모두 해독제를 얼마나 처방해야 하는지도 몰랐다. 진압작전 와중에 인질 130명이 죽었는데 그 가운데 총상으로 죽은 사람은 5명뿐이었다. 총격으로 죽은 사망자 가운데서도 2명은 극장 안에 인질로 잡혀 있었고, 나머지 3명은 첫날 극장 안으로 뛰어 들어간 여성과 건물로 진입하려다 인질범의 총격을 받고 죽은 두 명이었다. 구조 작업에 참여한 의사는 당시의 혼란 상황에 대해 이렇게 말했다. "그것은 악마의 소행이 아니라 소비에트식 일처리가 만든 비극이었을 뿐이다."

푸틴 대통령은 그날 저녁 텔레비전 성명을 발표했다. 그는 구출작전이 진행되는 동안 텔레비전에 모습을 거의 드러내지 않았다. 국가안보보좌관, 의회 의원, 무슬림 지도자들과 만나는 장면이 잠깐씩 화면에 비쳤을 뿐이다. 그는 충혈된 눈으로 테러범들을 '무장한 인간 쓰레기들'이라고 부르며 엄청난 분노를 표시했다. 그리고 인질들을 안전하게 구출해 내려고 했고, 최악의 사태에 대비할 수 있었다고 말했다. 그러면서 "우리는 거의 불가능한 일을 해냈다. 수백 명의 목숨이 안전하게 구출되었다. 이번 작전을 통해 러시아는 결코 무릎을 꿇지 않을 것이라는 사실을 보여주었다."고 강조했다. 푸틴은 비록 힘든 작전이었지만 구출작전은 성공했다고 생각했다. 그는 당국이 끔찍한 희생자 수를 공개하기 전에 이렇게 말했다. "모든 인질을 다 구해낼 수는 없었다. 그 점에 대해서는 용서를 구한다." 이 비극적인 사건은 러시아가 외부의 위협에 직면해 있다는 푸틴의 입장을 더 강화시켜 주었다. 반군 세력들이 국제적인 지원을 받으며 러시아의 옆구리를 공격하고 있고, 유일한 해결책은 이들을 완전히 궤멸시키는 것이라는 게 그의 입장이었다. 아슬란 마스하도프는 코펜하겐에서 열린 체첸 관련 국제회의에 참석한 대표를 통해 러시아의 진압작전을 규탄하고 무조건적인 평화협상을 시작하자고 제의했다. 하지만 크렘린은 그 제안을 거부하고, 마스하도프가 보낸 체첸 대표에 대해 국제 체포령을 내렸다. 회의에 참석한 체첸 대표는 영화배우였다가 체첸 독립운동에 뛰어든 아흐메드 자카예프였다. 덴마크는 그를 체포했지만 한 달 뒤 그를 본국으로 돌려보내라는 러시아의 요구를 거부했다. 그가 인질극에 관여했다는 증거를 러시아가 조작했다는 이유를 들었다. 푸틴은 덴마크가 러시아의 적을 숨겨주는 것으로 받아들였다.

인질 구출 작전이 끝나고 일주일 뒤 샤밀 바사예프는 진압작전의 책임을 묻겠다고 말하며 러시아 측에 "크렘린이 일으킨 전쟁의 참상을 생생하게 보여주겠다."고 공언했다. 푸틴은 바사예프와 마스하도프 사이의 입장 차이를 활용하지 않고, 평화협상 가능성을 완전히 닫아 버렸다. 일부에서는 그것이 바로 푸틴이 진압작전을 전개한 배경이라고 생각했다. 새로운 음모론이 제기됐다. 푸틴의 수하들이 진압작전을 직접 모의했거나 최소한 그것을 막지 않았다는 것이었다. 휴전을 주장하는 사람들의 입장을 무력화시키기 위해 3년 전 아파트 폭발사고를 이용했던 것과 같은 맥락에서였다. FSB의 어정쩡한 태도가 이러한 의혹을 더 키웠다. FSB 당국자들은 41명이나 되는 체첸 전사들이 어떻게 무기와 폭발물을 가지고 검문에 걸리지 않고 수도 모스크바에 잠입할 수 있었는가라는 문제 제기에 대해 아무런 입장도 내놓지 않았다. 이들은 또한 극장 안에 있는 사람들을 마취하는 데 사용한 가스의 정체도 공개하지 않겠다고 했다. 푸틴의 압력을 받아들여 두마도 진상조사단 구성안을 통과시켜 주지 않았다. 그리하여 이 사건과 관련한 많은 의문점들이 영원히 미해결로 남게 됐다. 구출작전의 생존자들은 법정투쟁을 통해 정부 보상을 요구했다. 이들은 당국의 계속되는 방해와 괴롭힘을 당한 끝에 9년 만에 겨우 어느 정도의 보상을 받을 수 있게 됐다.

푸틴은 이러한 의혹 제기에 대해 격노했다. 다음 달 브뤼셀에서 열린 유럽연합 정상회의에서 르몽드 기자가 체첸에 설치한 지뢰 때문에 테러범들뿐만 아니라 죄 없는 민간인들까지 희생되고 있다는 게 사실이냐고 물었다. 푸틴은 눈에 띠게 얼굴을 붉히며 이슬람 과격분자들이 러시아를 타깃으로 한 전 세계 지하드 운동 차원에서 체첸을 장악하려 하고 있다고 말했다. 그러면서 분노를 조절하지 못하고 이렇게 덧붙였다. "당신이 기독교인이라면 당신도 위험하다. 만약 무슬림으로 개종한다고 해도 무사하지 못할 건 마찬가지다. 그자들은 전통 이슬람은 자기들의 뜻을 이루는 데 방해가 된다고 생각하기 때문이다." 이런 식으로 말을 계속했다. 하도 거친 말을 해대는 바람에 통역이 곧이곧대로 옮기지 않을 정도였다. "만약 당신이 이슬람 과격분자가 되어서 할례를 받고 싶다면 모스크바로 오라. 우리는 관용의 나라니 받아주겠다. 그 분야 전문가도 많다. 한번 받으면 다시는 자라지 않도록 깨끗하게 수술 받도록 내가 주선해 주겠다."

제13장

—

재벌과 야당 길들이기

20 03년 2월 19일, 푸틴은 크렘린에서 국내 금융인, 상공인, 석유업계 인사들과의 모임을 갖고 있었다. 소련 이후의 러시아를 좌지우지하는 올리가르히들이었다. 2000년에 가진 첫 번째 모임에서 푸틴은 구신스키와 베레조프스키가 반대하는 가운데 이들 대부분과 비공식 신사협정을 체결했다. 국가 업무에 관여하지 않는 한 그들이 가진 재산은 보장해 주겠다는 것이었다. 1990년대 시작된 논란 많은 사유화 정책도 되돌리지 않겠다고 했다. 올리가르히들이 사유화 과정에서 챙긴 부를 보장해 준다는 말이었다. 다만 그렇게 되려면 이들도 크렘린의 입장을 존중해 더 많은 부를 거머쥐려고 무모한 싸움을 벌이는 것은 자제해야 한다. "소위 올리가르히라는 사람들과의 관계는 어떻게 정립해 나갈 것인가? 다른

일반인들과 똑같이 대할 것이다. 작은 빵가게 주인이나 구두 수선집 주인과 똑 같게 되는 것이다." 그는 대선 기간 중 이즈베스티야 신문에 실은 유권자에게 보내는 공개서한에서 이렇게 썼다. 푸틴이 집권하자 1990년대식 크렘린 정치를 익히 보아 온 기자와 정치 평론가들은 올리가르히의 영향력이 어떻게 될지 주의 깊게 지켜보았다. 그리고 푸틴이 약속한대로 이들의 영향력이 사라질 것으로 믿었다. 물론 그것은 오산이었다. 블라디미르 구신스키는 해외로 도피했고, 보리스 베레조프스키도 그의 뒤를 따라 해외로 나가서는 자칭 망명한 야당 지도자가 되기로 했다. 나머지 인사들은 푸틴의 시대에 적응했다.

2000년에 맺은 신사협정은 일종의 합의 휴전이었다. 양측 모두 대체로 휴전 약속을 지켰다. 일반 국민들에게 알려진 바와 달리 푸틴은 올리가르히들에게 정치에서 완전히 손을 떼라고 요구하진 않았다. 로만 아브라모비치를 비롯한 몇 명은 선출직으로 정치에 입문하기도 했다. 푸틴이 원하는 것은 크렘린에 맞서지만 말라는 것이었다. 이들 부호들은 세금을 성실히 내고, 자기들의 이익에 영향을 미칠 정책을 놓고 푸틴과 공개적인 마찰을 빚지 않겠다고 약속했다. 이들은 또한 러시아 경제가 당면한 여러 문제들을 논의하는 제도적인 기구인 러시아연방 상공인연합에 의무적으로 가입했다. 이후 이들은 푸틴과 만난 자리에서 저자세로 일관했으며, 세금 문제와 법률 개혁, 세계무역기구wto 가입 문제, 어려움에 처한 자동차 산업 구제방안 등에 논의를 집중했다.

2003년에 대단히 민감한 문제를 다루기 위해 러시아에서 가장 부유한 20여 명이 다시 모였다. 이들이 가진 부를 합하면 웬만한 나라의 국가 경제력과 맞먹었다. 부패가 꽃피는 음습한 연결고리인 기업과 정부가 서로 교차되는 부분에 대해 논의하려는 것이었다. 회의는 크렘린궁의 카테리나홀에서 열렸다. '러시아'와 '정의'를 상징하는 조각상들이 설치돼 있고, 담청색과 황금색으로 치장된 타원형 방이다. 푸틴은 그 전 해 약속했던 행정개혁에 대한 정책 개요를 설명했다. "우리는 일부 부처에서 법을 자의적으로 해석하고, 관료들이 멋대로 행동한다는 등의 이야기를 했습니다. 여기서 부패가 생기고, 계속되는 것입니다." 푸틴은 텔레비전 연설을 할 때처럼 절제된 언어로 또박 또박 말했다. 취임 때 약속했던 대로 개혁의지를 분명히 하는 내용이었다. "처벌만으로 부패를 근절할 수 없다는 것은 분명합니다. 법을 어기는 것보다 법을 지키는 게 더 나은 환경을 시장에 만드는 게 훨씬 더 효과적입니다."

그 자리에 모인 부호들은 발언할 내용에 대해 미리 약속했고, 푸틴과의 걱정스러운 대면 자리가 될 것임을 각오했다. 철강, 탄광 기업 세베르스탈Severstal의 알렉세이 모르다쇼프 회장이 제일 먼저 발언에 나서 중소기업들이 마주치는 행정적인 장애요인들에 대해 설명했다. 두 번째 발표자는 미하일 호도르코프스키였다. 약관 39살인 그는 1990년대 사유화 과정에서 가장 추악한 거래를 통해 손에 넣은 유코스 오일을 비롯해 금융, 석유 제국을 이끌고 있었다. 소련 시절 학생 때 콤소몰 멤버였지만 너무 어려서 소비에트 체제가 어떻게 돌아가는지 직접 경험할 기회는 없었고, 그렇기 때문에 그 체제에 대한 두려움도 없었다. 그는 희끗희끗한 머리를 짧게 자른 당당한 체구를 하고 있었다. 툭하면 법을 무시하고 자신의 영향력을 과시하는 1990년대 다른 올리가르히들보다는 덜 요란스러운 성격이었다. 물론 누구 못지않은 영향력을 갖고 있었다. 젊은 시절 즐겨 하던 자유분방한 복장과 턱수염을 버리고 회사 일에만 몰두하는 금욕주의

자가 되었고, 러시아 판 빌 게이츠가 되겠다는 야심을 갖고 있었다.

그는 특히 미국을 비롯한 외국 전문가들로부터 석유 시추 전문 기술을 제공받아 유코스를 현대적이고 투명한 글로벌 기업으로 키웠다. 사업가로서 그는 야심이 컸지만 푸틴이 권력을 잡았을 당시에는 단순히 돈을 버는 것 이상으로 꿈을 키웠다. 미국의 도금시대Gilded Age 당시 신흥 벼락부자들처럼 그는 자신의 이미지를 빛내기 위해 자선사업에 눈을 돌렸다. 학자들에게 연구비를 지원하고 재난 피해자들을 위해 구호 지원금을 냈다. 2001년에는 조지 소로스의 오픈 소사이어티 재단을 본떠 '오픈 러시아' Open Russia라는 이름의 재단을 설립해 지역사회 개발과 보건, 사회복지, 소규모 기업 지원 등의 사업을 진행했다. 많은 이들이 그를 냉소적으로 바라보았지만 그는 과거 소련 시절 콤소몰이 이루지 못한 이상적인 사회를 자기 손으로 만들겠다는 환상을 품었다. 개방되고 교양 있고, 자유시장에서 자유롭게 헤엄치고, 전 세계와 점점 더 폭넓게 연결되는 그런 사회였다.

호도르코프스키는 푸틴에 대해 잘 알지 못했다. 두 사람은 푸틴이 총리가 되고 나서 처음 만났다. 그는 옐친의 후계자로 푸틴이 적임자인지에 대해 약간의 의구심도 갖고 있었다. 그래도 푸틴이 현대식 자본주의의 법적인 토대를 강화하는 작업에 도움이 될 것으로 생각했다. 푸틴이 나름대로 가진 민주주의에 대한 신념을 믿었다. 푸틴에 대한 첫인상은 '평범한 보통 사람'이었다. 레닌그라드시에서 일한 경력과 KGB 경력이 씻기 힘든 선입견을 주었다. '자기 사람', 다시 말해 자기가 믿는 최측근들 외에는 누구도 믿지 않을 사람이라는 것이었다. 2003년 모임 당시 호도르코프스키는 러시아 최고의 부호였고, 푸틴은 가장 높은 지위에 오른 권력자였다.

둘 사이의 충돌은 불가피한 일이기도 했지만 그날 그런 대충돌이 올 것으로 예감한 사람은 아무도 없었다. 카테리나홀의 돔 천정 아래서 호도르코프스키는 상공인연합 회원들을 대표해 연설했다. 당초 다른 거부인 미하일 프리드만이 하도록 돼 있었으나 그가 사양하는 바람에 호도르코프스키가 하게 된 것이었다. 그는 파워포인트 자막을 보며 프레젠테이션을 읽어나갔다. '러시아의 부패: 경제성장의 발목을 잡는 요인'이라는 대단히 자극적인 제목을 달고 있었다. 그렇게 자신에 찬 태도는 아니었다. "매우 긴장하고 창백한 표정이었으며, 단어들이 목구멍에 매달리는 듯 군데군데 목소리가 떨렸다."

그는 러시아 전역에 부패가 만연해 있다는 여론조사와 정부통계를 소개했다. 연간 정부예산의 4분의 1에 해당되는 300억 달러 정도가 부패 때문에 증발한다는 것이었다. 심지어 법정에서도 뇌물을 요구하고, 젊은이들은 공무원, 특히 세무공무원이 되려고 아우성인데 뇌물을 챙겨 부자가 될 수 있는 가장 확실한 길이기 때문이라고 했다. 푸틴이 끼어들어 공무원 부패는 너무 과장됐다고 지적했다. 하지만 호도르코프스키는 개의치 않고 발표를 계속했다. 이번에는 어려움에 처한 국영 석유회사 로스네프트Rosneft를 향해 포문을 열었다. 로스네프트 회장과 이사회 의장도 그 방에 있었다. 먼저 북극 한쪽 끝에 위치한 소규모 석유 생산업체인 노던 오일Northern Oil을 거금 6억 달러를 주고 인수한 데 대해 문제를 제기했다. 전문 분석가들과 호도르코프스키 회사를 비롯한 여러 회사들이 산출한 금액보다 훨씬 높은 액수였다. 과다 지불된 매각비용은 로스네프트 경영진과 푸틴 정부 관리들에게 리베이트로 돌아간 것이 뻔하다고 했다.

너무 나간 것이었다. 푸틴의 분노가 폭발했다. "푸틴 대통령은 이런 말이 나올 것에 미처 대비가 되어 있지 않았고, 순간적으로 화가 폭발했다. 그래서 준비된 답변이 아니라 감정을 있는 그대로 표출시키고 말았다." 미하일 카시야노프 총리는 당시 상황을 이렇게 설명했다. 푸틴은 단호한 말투로 다른 기업과 마찬가지로 로스네프트도 예비자금이 필요했던 것이라고 했다. 그리고는 직설적으로 물었다. "유코스는 예비자금을 너무 과도하게 갖고 있는 것 아닌가? 그건 도대체 어떻게 마련한 거요?" 그리고 유코스는 세금 처리에 문제가 있었는데, 그걸 해결하려고 정부와 협상을 했다고 지적했다. "도대체 세금 문제가 왜 일어난 건가?" 푸틴은 그렇게 말하며 희죽 웃었다. 호도르코프스키를 면전에서 코너로 몰았다는 만족감과 자신감이 가득 밴 표정이었다.

"당신 차례니 한번 대답해 보시오."

그 자리에 참석한 사람들은 유코스나 정부 모두에게 큰 문제가 되지 않을 규모의 매각 건을 놓고 푸틴이 이렇게 개인적인 감정을 여과 없이 쏟아내는 것을 보고 놀랐다. 대통령 경제보좌관 안드레이 일라리오노프는 푸틴이 그렇게 심하게 화내는 것은 처음 보았다고 했다. 일라리오노프도 호도르코프스키의 정부 비난에 놀랐다고 했다. 그는 노던 오일을 비싼 값에 인수한 것은 단순히 인수대금을 잘못 계산했거나, 투자실패 사례에 속하는 것으로 보았다. 설혹 리베이트가 있었다고 하더라도, 러시아에서 계약이 체결될 때 리베이트가 오지 않는 경우가 있느냐고 되물었다.

푸틴은 로스네프트의 입장을 강력히 옹호해 줌으로써 방안에 있던 사람들이 미처 생각지 못했던 사실을 분명히 드러냈다. 그는 단순히 로스네프트의 편을 들어 준 것이 아니라 로스네프트와 개인적인 관련이 있었던 것이다. 호도르코프스키는 다른 사람이 감히 엄두도 못 낸 일을 한 것이었다. 일라리오노프는 이렇게 말했다. "그는 몰랐다. 몰랐으니 그런 말을 했다. 푸틴이 로스네프트와 관련이 있다는 사실을 몰랐던 것이다. 알았더라면 절대로 그런 말을 하지는 않았을 것이다." 호도르코프스키는 자신의 비판이 어떤 결과를 초래할지 미처 생각하지 못했지만 그 결과는 얼마 되지 않아 만천하에 드러났다. 유코스 오일 이사인 알렉세이 콘다우로프는 나중에 이렇게 말했다. "그건 우리 손으로 우리 사망증명서를 발급한 짓이었습니다." 구신스키와 베레조프스키의 뒤를 이어 호도르코프스키도 해외도피를 권유받았지만 그는 거부했다. 자기가 가진 힘과 돈, 그리고 진실의 힘이 자기를 지켜 줄 것이라고 믿었던 것이다. "도대체 내가 무슨 틀린 말을 했단 말인가?" 그는 이렇게 말하며 버텼다.

그것은 푸틴이 구사하는 전략의 뿌리를 건드린 것이었다. 그 뿌리는 10년이 더 지난 상트페테르부르크 시절로 거슬러 올라갔다. 푸틴은 논문을 준비하던 광산연구소 시절 만난 관료, 기업인들과 끈끈한 유대 관계를 만들어놓고 있었다. 1990년대 중반 들어서 푸틴은 블라디미르 리트베넨코 광산연구소 소장의 후원으로 비공식 모임을 정기적으로 가졌다. 리트베넨코 소장이 푸틴의 논문지도를 맡았다. 당시 이고르 세친, 빅토르 주브코프 같은 친구들과 함께 공부하며 만든 아이디어들이 광대한 석유, 가스 자원에 대한 국가 통제를 부활시키겠다는 전략의 토대가 되었다. 저명한 지질학자인 리트베넨코는 에너지 자원에 대한 국가통제를 강화해야 한다고 주장하는 사람이었다. 그래야 무너진 국가경제를 살리고 러시아의 초강대국 지위도 되찾을 수 있다고 믿었다.

천연자원에 대한 국가통제를 확대하겠다는 푸틴의 전략은 측근들 가운데서도 진보적인 입장과 강경파들 사이에 균형을 취하며 차근차근 신중하게 실행에 옮겨졌다. 2001년에 그는 역시 상트페테르부르크 보좌관 출신인 알렉세이 밀러를 가즈프롬Gazprom 사장에 앉혔다. 가스프롬은 경영진의 지분을 조금씩 늘리면서도 민영화 되지 않고 국영기업으로 남아 있었다. 국가 지분은 38퍼센트밖에 되지 않았다. 푸틴은 당시 39세밖에 안 된 밀러에게 '전권을 갖고 회사를 바꾸라'는 지시를 내렸다. 그 변화라는 것은 바로 앞으로 2년 안에 이 거대 회사의 지분을 크렘린의 손에 넘기는 것이었다. 푸틴은 또한 국영 석유회사 로스네프트에 대한 국가 통제도 강화했다. 호도르코프스키가 이 회사를 상대로 계속 부패 혐의를 제기하고 있었다. 1992년 국영 기업으로 출발한 로스네프트는 1990년대 내내 경쟁 기업과 투자자, 폭력조직이 덤벼들어 지분을 나누어 빼가며 경영 위기가 계속되고 있었다. 옐친 정부가 1998년 현금 확보를 위해 매각을 시도했으나 성사되지 않았다. 푸틴은 집권하자 로스네프트를 회생시키겠다고 약속하고, 회생 작업의 지휘봉을 이고르 세친에게 맡겼다. 상트페테르부르크 시절 푸틴의 가방을 들고, 시청으로 푸틴을 찾아오는 손님을 문간에서 맞이하는 일을 하던 자였다.

푸틴은 처음부터 진보 진영과 국가 통제를 주장하는 진영, 개혁 세력과 강경 세력 사이에서 교묘하게 줄타기를 했다. 대부분 상트페테르부르크 출신인 측근 그룹에는 양 진영 인사들이 골고루 포진했다. 시장개방을 지지하는 경제 전문가와 학계 인사, 그리고 세친처럼 업계, 정치권 등 사회 전반에 국가의 통제권을 강화해야 한다고 주장하는 보안기관, 법조계 인사들이 모두 들어 있었다. 언론과 분석가들은 푸틴이 내리는 정책 결정을 면밀히 분석하면서 두 진영 가운데서 어느 쪽에 힘이 실리는지 가늠

했다. 실제로는 두 진영 사이의 경계가 그렇게 뚜렷하지 않았다. 두 진영의 견해차가 겉으로 드러나는 경우도 없지는 않았지만 매우 드물었다. 집권 3년 동안 푸틴의 이너서클은 경제에 대한 크렘린의 영향력을 키운다는 공동의 목표 아래 단합된 모습을 유지했다. 하지만 막후에서 이들은 권력과 이권을 놓고 서로 싸우기 시작했다. 그럴 때마다 푸틴이 끼어들어 중재를 해야 했다.

푸틴이 권력 상층부로 함께 데려온 인사들은 대부분 옐친 시절에 큰 이득을 챙기지 못한 사람들이었다. 많이 챙긴 이들도 더러 있었지만 억만장자는 없고 백만장자도 손꼽을 정도였다. 이들은 거부에다 정책에 영향력까지 행사하는 자들에 대한 불만이 적지 않았다. 옐친은 자본주의로의 급격한 변화를 감내하고 부추기기도 했다. 공산주의의 병폐를 치유하는 데 필요한 처방이라고 생각했기 때문이다. 반면에 푸틴의 측근들은 시장에 질서를 도입하고 석유와 가스 같은 전략적인 천연자원에 대한 국가 통제를 강화하겠다는 그의 생각에 어느 정도 동의하는 자들이었다. 이들은 호도르코프스키와의 충돌을 통해 자신들의 입장을 더 강화시켰다. 세친을 비롯한 푸틴의 측근들은 "1990년대에 이루어진 소련 해체 이후 첫 자산 분배 과정에서 자신들이 소외되었지만, 두 번째 기회는 절대로 놓치지 않겠다."는 결의로 가득 차 있었다.

카테리나홀 모임에서는 국제적인 사건들이 주요 화제로 올랐다. 특히 임박한 미국의 이라크 침공이 뜨거운 주제였는데 푸틴은 미국 주도의 전쟁에 반대 입장을 밝혔다. 부시는 독재자 사담 후세인을 권좌에서 몰아내려는 작전에 푸틴의 지지를 얻기 위해 많은 노력을 기울였으나 효과가 없었다. (호도르코프스키는 미국의 작전을 지지했다.) 러시아와 이라크의 인연은 소련 시절의 아랍 중시 정책을 거쳐 소련 붕괴와 1991년 제1차 걸프전쟁 이후에도 계속되고 있었다. 1990년대에 이라크 국민들의 고통을 완화하기 위해 유엔이 이라크와 체결한 '석유-식량 프로그램'에 따라 러시아는 이라크가 수출하는 석유의 상당 부분을 사 주었다. 이 과정에서 수백 만 달러에 달하는 이권과 리베이트가 러시아 기업인과 정치인들에게 돌아갔다. 블라디미르 지리노프스키와 푸틴의 비서실장인 알렉산드르 볼로신, 별로 알려지지 않은 석유 수입회사 군보르Gunvor 등이 수혜자였다. 푸틴은 1991년에 첫 계약을 허가해 주면서 군보르 소유주와 알게 되었다. 유엔 감독관 찰스 듀얼퍼Charles Duelfer는 이 계약에 푸틴 정부의 최고위 관리들이 연루되었다는 확신을 갖고 있었다. 미국 정부는 외교적인 이유로 푸틴에 대해 직접적인 의혹을 제기하지 않았다.

러시아의 민영 및 국영 석유회사들 모두가 이라크의 미개발 유전들에 이권을 갖고 있었다. 이라크 남부 사막지대에 위치한 200억 달러 규모의 광대한 유전 개발 건도 여기에 포함돼 있었다. 이라크에 대한 금수조치가 해제되기 전까지는 러시아 회사들이 체결한 계약도 동결된 상태에 놓여 있었다. 하지만 만약 사담 후세인 정권이 무너진다면 이런 이권들이 모두 물거품이 될 공산이 컸다. 부시 대통령은 당시 상황에 대해 나중에 이렇게 썼다. "푸틴 대통령은 사담 후세인이 가하는 위협에 대해서는 관심이 없었다. 내가 보기에는 푸틴이 러시아의 석유 개발 계약을 위태롭게 하는 일을 하고 싶지 않았던 것 같다." 푸틴은 예브게니 프리마코프에게 비밀 임무를 맡겨 후세인을 물러나라고 설득하기 위해 보냈다. 프리마코프는 중동 외교의 베테랑으로 1991년 전쟁 때는 고르바초프의 특사로 이라크에 파견되기도 했다. 그는 밤늦게 바그다드에 있는 후세인의 궁전 한 곳에서 그와 만나 푸틴의 뜻을 전했다. 후세인은 처음에 조용히 듣고 있더니, 곧 측근들을 불러놓고 푸틴이 부시의 입장에 동조하고 있다고 비난했다. 그는 프리마코프를 보면서 이렇게 말했다. "러시아가 이제 미국의 그늘 안에 들어가 버렸소." 미군 병력이 쿠웨이트에 대규모로 집결하자 푸틴은 전쟁을 막기 힘들다는 판단을 했다. 하지만 전쟁을 지지해 달라는 부시 대통령의 거듭된 요청에도 불구하고 전쟁 지지 입장을 끝내 밝히지 않았다. 거부들과의 모임을 갖기 불과 며칠 전 푸틴은 파리로 날아가 자크 시라크 대통령을 만나고, 이어서 게르하르트 슈뢰더 독일 총리와 만나 유엔이 개입해 미국의 침공을 중지시켜 달라고 공개적으로 요구했다. 이들은 공동성명을 통해 "전쟁 외에 다른 대안이 있다. 무력 사용은 마지막 수단으로만 고려되어야 한다."는 입장을 밝혔다.

푸틴은 2년 동안 부시 대통령과 쌓은 친분을 이용해 미국과 새로운 관계를 정립해 보려고 애썼다. 하지만 그런 노력에도 불구하고 러시아에 돌아오는 것은 별로 없었다. 시라크 대통령은 파리 공항까지 나가 푸틴을 영접하면서도 체첸을 비롯한 여러 곳에서의 인권 탄압을 거론하며 러시아와 우호적으로 얽히지 않으려고 했다. 푸틴은 부시 대통령과 완전히 결별하지는 않았지만, 이라크 사태는 하나의 전환점이 되었다. 푸틴은 미국이 이라크 침공으로 진짜 야욕을 드러낸 것으로 보았다. 그가 보기에 미국은 다른 나라들에게 자기들의 요구를 들으라고 강요하고, '자유'를 외치며 일방적으로 그것을 전파하려고 하고 다른 나라의 내정에 간섭했다. 러시아가 수억 달러에 달하는 민간 원자로를 이란에 건설하려고 했을 때도 미국은 그것을 막으려고 갖은 수단을 다 동원했다. 부시 대통령은 러시아와 우호 협력 관계를 약속했지만, 워싱턴에는 진보 진영과 보수 진영을 불문하고 러시아를 소련 이후 약화된 국가로 계속 남아 있게 하고 싶어 하는 목소리들이 있다는 사실을 푸틴은 알았다.

전쟁이 시작되고 나흘 째 되던 날, 두 사람은 대화를 나누었다. 푸틴은 개인 차원에서 접근하려고 했다. 그래서 전쟁 반대 입장은 물론이고 전쟁 이야기는 아예 꺼내지도 않았다. 전쟁으로 야기될 인명 피해에만 관심을 보였다.

"힘든 전쟁이 될 것입니다. 걱정입니다. 예감이 좋지 않습니다."

"왜요?" 부시가 묻자 푸틴은 이렇게 대답했다.

"인명 피해가 엄청나게 클 것입니다."

부시는 걱정해 주어서 고맙다고 인사했다. 외국 지도자로는 그런 대화라도 나눈 게 그나마 푸틴뿐이었기 때문이다. 그러고 나서 부시는 러시아 기업들이 사담 후세인 군에 무기 공급을 계속하고 있다고 경고했다. 야간 투시경, 대전차미사일, 이라크에 투하되는 미군 미사일과 폭탄의 유도시스템을 교란하는 러시아제 장비들이 이라크에 공급했다.

사담 후세인이 몰락한 다음 푸틴은 이라크를 놓고 미국과 보인 견해차를 극복하기 위해 나섰다. 그러는 한편 미국의 헤게모니에 대한 불신의 시각도 키우기 시작했다. 미국이 군사력으로 러시아의 이익을 직접 겨냥하지는 않겠지만 '소프트 파워'를 통해 러시아의 이익을 침해하고 있다고 생각했다. 미국은 러시아 영토 안에서 자금과 영향력을 통해 러시아의 이익에 반하는 행동을 했다. 소련연방이 무너진 다음 수백 만 달러에 달하는 미국의 자금이 시민단체를 지원한다는 명목으로 보건 분야에서 환경 분야에 이르기까지 다양한 분야에 쏟아져 들어왔다. 이라크를 상대로 전쟁 준비가 진행되자 러시아는 자국 영토 안에서 활동하는 평화봉사단 활동을 중지시키고 라디오자유유럽RFE 허가를 박탈해 버렸다. 두 기구 모두 냉전 시대의 유물이라는 이유를 들었다. 또한 미국노동총연맹AFL-CIO 소속 노조 운동가를 추방하고, 체첸전쟁을 감시하기 위해 나와 있던 유럽안보협력기구OSCE 감시단의 권한을 중지시켰다.

이런 조치들은 각각 법률적인 해명을 달아 취해졌지만 일관된 전략적 특성을 보여주었다. 미국이 러시아를 고립시키고 약화시키려고 한다는 음모론적인 관점에서 취해진 조치들이었던 것이다. 그리고 러시아 안에서 적과 내통하는 '제5열 세력'이 자기가 지향하는 새로운 러시아에 가장 큰 위협세력이라고 푸틴은 생각했다. 호도르코프스키가 유코스의 지분 매각과 나아가 합병까지 염두에 두고 미국의 거대 석유기업 쉐브론Chevron, 엑슨Exxon과 협상을 진행한다는 소식을 듣고 푸틴은 처음에 이를 환영했다. 국제적으로 러시아의 투자 잠재력이 커지고 있음을 보여주는 반증이라고도 했다. 하지만 호도르코프스키가 미국을 방문해서 러시아의 대외정책과 경제정책에 대해 설명하자 푸틴은 미국이 러시아의 국내 자산을 좌지우지하게 될지 모른다는 위기감을 느꼈다. 그리고 호도르코프스키가 그 일에 앞장서려 한다고 생각했다.

2월에 있은 크렘린에서의 충돌 이후에도 호도르코프스키는 경제, 정치적인 야망을 누그러뜨리지 않았다. 4월에 유코스는 러시아 5위 석유 생산 업체인 시브네프트Sibneft와 합병 협상을 시작했다. 생산 규모가 쿠웨이트 전체 생산량을 능가하는 세계 최대 규모의 석유 기업이 탄생하게 되는 것이었다. 시브네프트 회장은 북극 오지 추코트카 지역의 젊은 주지사로만 아브라모비치였다. 한때 보리스 베레조프스키의 사업 파트너였던 그는 시브네프트를 넘긴 돈으로 그해 영국의 명문 축구구단 첼시를 사들였다. 이 합병으로 호도르코프스키는 세계적인 유명인사가 되었다. '러시아 자본주의 시대의 개막'이라고 소개되기도 했다. 그로부터 한 주일 뒤 호도르코프스키는 경영진과 함께 노보-오가료보에 있는 대통령 별장에서 푸틴을 만났다. 추가 사업 확장을 위해 미국 기업들과 새로운 협상을 시작한 상태였다. 푸틴은 합병 성사를 축하하고 앞으로 몇 개월 동안의 사업 내역을 자기한테 상세히 보고하라고 지시했다. 푸틴은 그밖에도 호도르코프스키에게 제기하고 싶은 문제들을 모두 말했다. 하지만 그런 말은 공식 대화가 끝난 다음 사적으로 했다. 푸틴의 재선 선거일은 일 년 뒤였지만 재선은 거의 확실했다. 문제는 2003년 12월로 예정된 의회 총선이었다. 다른 거부들과 마찬가지로 호도르코프스키도 두마에 의석을 가진 정당들을 상대로 돈을 쏟아 붓고 있었다. 이들이 내세우는 정치적 이념과 상관없이, 그것도 크렘린의 승인 하에 돈을 댔다. 그는 진보 진영인 야블로코 블록과 우익세력 연합, 그리고 푸틴의 통합 러시아당과 공산당에도 자금을 지원했다.

기업과 정치의 유착 관계는 호도르코프스키 회사의 중역과 이사들이 직접 두마 의원으로 진출할 정도로 긴밀했다. 예를 들어 블라디미르 두보프 같은 이는 호도르코프스키를 부자 반열에 오르게 만든 메나테프 은행의 중역이면서 두마 의원으로 진출해 세금 관련 소위원회 위원장을 겸직했다. 호도르코프스키는 두보프를 통해 유코스에 손해가 될 입법에 대한 반대 로비를 폈다. 말도 안 될 정도로 뻔뻔스러운 로비들이 태연하게 행해졌다. 그런데 이제 푸틴이 그를 길들이겠다고 나선 것이었다. "공산당에 대한 자금지원을 중단하시오." 푸틴은 단독 대화 자리에서 이렇게 말했다. 호도르코프스키는 그 말에 깜짝 놀랐다. 불과 몇 달 전 푸틴의 정치적 스승이라는 블라디슬라프 수르코프가 공산당에 돈을 주어도 괜찮다는 말을 했기 때문이다. 하지만 아무 대꾸도 하지 않고 푸틴이 시키는 대로 했다. 유코스가 돈을 주는 후보들 가운데 몇 명은 자기 회사의 중역들이기도 했다. 유코스의 모스크바 지사장인 알렉세이 콘다우로프는 공산당 후보로 출마했다.(그는 이제 공산당이 사유재산을 부정하지 않는다는 말도 했다.) 호도르코프스키는 회사 중역들이 두마에 출마하거나 다른 정당을 지지하는 것을 막기는 힘들다고 해명해 보았지만 푸틴은 그런 해명을 받아들이지 않았다.

2003년 총선이 다가오면서 높은 인기에도 불구하고 푸틴이 추구하는 정치 일정은 추진력을 잃기 시작했다. 체첸전쟁은 거의 4년을 끌며 수렁에 빠져 있었다. 국민투표를 실시하고 선거를 통해 충실한 관료인 아흐마드 카디로프를 러시아연방의 일부로 다시 편입시킨 체첸의 새 대통령으로 선출했지만 전쟁은 끝나지 않았다. 두브로프카 극장 인질 사건 이후 강력한 검거작전이 진행됐지만 테러 공격은 수그러들지 않았고, 체첸 독립운동은 점점 더 과격해지고 있었다. 체첸전쟁이 일어난 지 처음 10년 동안 들어보지 못했던 자살폭탄 공격이 이제는 끔찍한 일상사가 되었다. 2003년 5월 12일 폭발물을 실은 트럭 한 대가 체첸 영토 내 즈나멘스코예 시내의 정부 청사로 돌진해 50여 명이 숨지는 사건이 발생했다. 희생자 대부분이 사고 현장을 지나던 버스에 탄 민간인들이었다. 이틀 뒤에는 여성 두 명이 그로즈니 동쪽에 있는 한 마을에서 종교행사에 참석하고 있던 카디로프 대통령에게 접근해 몸에 차고 있던 폭발물을 터트렸다. 카디로프 대통령은 부상을 입고 목숨을 건졌지만 경호원 4명을 포함해 15명이 사망했다. 6월에는 또 한 명의 '검은 미망인'이 모즈도크에서 버스에 타고 폭발물을 터트려 자폭해 18명이 사망했다. 7월에는 여성 두 명이 3만 명이 모인 모스크바 연례 록페스티벌에서 자폭테러를 저질렀다.

2006년 이라크가 종파분쟁으로 빠져들기 전까지 지구상에서 그런 규모로 테러 공격을 당한 나라는 없었다. 이스라엘도 그 정도는 아니었다. 푸틴은 폭도들을 궤멸시키겠다는 다짐을 되풀이하는 것 외에 다른 방도가 없었다. 1999년에도 폭도들을 시궁창에 처넣어 버리겠다고 다짐한 바 있었다. 많은 인질들의 목숨이 아깝게 희생되기는 했지만 극장 인질극을 끝내면서 보여준 단호함에 힘입어 푸틴의 지지율은 올라갔다. 하지만 얼마 못 가 다시 표류하기 시작했다. 취임 후 2년간은 성공적이었는데 이제 에너지가 소진된 것 같았다. 국가 경제는 계속 나아져서 수백 만 명에게 기회의 문이 활짝 열렸다. 하지만 아직도 많은 이들이 소련 시절의 유산인 광산, 공장, 농장에서 힘들게 일했다. 현대화를 거부하는 분야들이었다. 약속한 군대 개혁은 제도 미비로 지지부진했다. 의료보건 제도는 뇌물을 주어야 작동되고, 국민의 기대수명은 계속 줄어들었다. 전체 인구도 연간 1백만 명 가까이 줄어들었다. 푸틴 취임 후 경제부흥으로 많은 이들이 혜택을 누렸지만, 그 혜택은 대부분 이미 최상층에 올라 있는 사람들과 도시민들에게 주로 돌아갔다. 미하일 카시야노프 총리는 푸틴에게 약속한 국내외 정책들을 충실히 수행했으나 크렘린이 이제 더 이상 국민에게 내놓을 새로운 정책이 없다는 생각을 했다. 그가 시작한 정책들 가운데 일부는 뒷걸음질 치기도 했다.

내무부 장관인 푸틴 당의 보리스 그리즐로프 당수도 "정부가 현재 국가가 직면하고 있는 긴급하고 고통스런 문제들을 열정적으로, 확실하게 해결할 능력을 상실했다."고 말했다. 새로운 아이디어가 고갈되면서 푸틴 진영은 2003년 12월로 예정된 총선에서 야기될 정치적 위험요인에 관심을 집중했다. 통합 러시아가 두마에서 다수당이 되는 것도 확실치 않았다. 크렘린은 새로운 당이 나타나 푸틴에게 도전장을 내미는 일이 없도록 확실히 대비해야 했다. 무엇보다도 새로운 인물이 나타나거나, 새로운 정치세력, 정치 지도자가 나타나 국민들에게 대안을 제시하는 일은 용납할 수 없었다.

2003년 5월 말, 논문 한 편이 모스크바에 돌아다니며 사람들의 분노를 샀다. 전 해에 설립된 국가전략위원회라는 단체에서 작성한 것이었다. 이 위원회에는 다양한 정치 스펙트럼을 가진 23명의 전문가가 참여했는데, 이들은 모든 문제에 서로 의견이 엇갈렸다. 심지어 이 논문 내용에 대해서도 서로 입장이 달랐다. 이 위원회의 이념적인 스승은 크렘린과 가까운 요시프 디스킨과 정치전략가인 스타니슬라프 벨코프스키였다. 벨코프스키는 한때 보리스 베레조프스키의 그물에 걸려들었던 사람이다. 이 논문은 사람들의 관심권 밖에서 잊힐 뻔했는데 푸틴 당 소속의 강경파 대의원인 세친과 빅토르 이바노프가 크렘린이 위협에 직면하고 있는 증거라며 이를 푸틴에게 가져다 보이면서 사정이 달라졌다. '국가와 올리가르히'라는 제목의 이 논문은 러시아의 일부 거대 기업들이 자신들이 모은 부를 국제적으로 합법화하기 위해 러시아 정부를 전복시킬 음모를 꾸미고 있다는 내용을 담고 있었다. 이들은 직접 푸틴에게 도전해 권력을 빼앗는 대신 의회 권력을 강화해 새로운 정부 형태인 총리 중심의 의원내각제를 채택하려고 한다는 것이었다. "새 헌법에 의해 탄생될 의회중심제의 선두주자는 미하일 호도르코프스키인 것 같다."고 논문은 경고했다. 러시아의 정치 현실을 고려하지 않은 내용이었다. 의회 다수당이 푸틴 대통령으로부터 권력을 빼앗아 온다는 것은 현실적으로 불가능한 일이었다. 그러한 계획이 일부라도 사실인지 여부는 중요하지 않았다. 중요한 것은 푸틴이 그 내용을 사실이라고 믿었다는 점이다.

6월에 푸틴은 크렘린에서 연례 내외신 기자회견을 가졌다. 각본에 따라 그 보고서에서 '특정 올리가르히의 반란 음모'가 무르익고 있다고 한 경고에 대해 질문이 제기됐다. 푸틴은 미리 준비한 대로 장황하고 세세하게 대답했다. 그는 러시아처럼 면적이 크고 다양한 민족이 사는 나라에서는 의원내각제가 합당치 않다고 생각한다고 했다. "대통령 중심제 공화국 이외의 어떤 국가 형태도 받아들일 수 없을 뿐만 아니라 위험합니다." 그는 인내심을 갖고 설명을 계속했다. 시장경제가 확대되면서 거대 기업이 국민의 생활에 영향을 미치는 것은 당연한 일이라고 했다. 새로 출현한 러시아의 대부호들이 일자리와 세수를 창출하고 신기술을 개발하고, 현대적이고 효율적인 경영기법을 선보이는 것도 사실이라고 했다. 그러면서 이렇게 덧붙였다. "하지만 그렇다고 해서 어떤 기업 대표들이 자신들의 집단 이익을 추구하기 위해 국가정치에 영향력을 행사하도록 내버려두어서는 안 됩니다." 1825년 황제 니콜라이 1세에 저항해 혁명을 일으켰던 데카브리스트들을 소재로 한 푸시킨의 소설 〈예브겐 오네긴〉의 한 구절을 인용했다. 이들은 모두 교수대로 보내지거나 시베리아 유형을 떠났다. "이 원칙에 동의하지 않는 사람들은 다음 구절을 기억하기 바랍니

다. '어떤 자들은 영원히 사라졌고. 어떤 자들은 멀리 보내졌다.'" 분명한
경고였다.

유코스에 대한 사법적인 공격은 전격적으로 이루어졌다. 호도르코프
스키나 회사를 직접 공격하지도 않았다. 2003년 6월에 수사 당국은 유코
스의 보안 책임자 알렉세이 피추긴을 살인혐의로 체포했다. 경쟁 기업 관
계자들을 조직적으로 살해했다는 혐의였다. 푸틴이 '올리가르히의 쿠데
타'를 공개적으로 거론한 지 2주가 채 지나지 않은 7월 2일 경찰 특수수
사대가 모스크바의 한 병원으로 찾아왔다. 호도르코프스키의 사업 파트
너인 플라톤 레베데프가 그곳에서 심장병 치료를 받으며 요양하고 있었
다. 입원 중인 환자는 체포하지 못하도록 법으로 금지하고 있었지만, 이
들은 레베데프에게 수갑을 채워 데려갔다. 레베데프는 유코스 지분 61퍼
센트를 갖고 있는 메나테프의 회장이었다. 검찰은 그를 1994년 아파티트
Apatit라는 이름의 비료회사를 인수하는 과정에 사기를 저지른 혐의로 기
소했다. 호도르코프스키는 이틀 뒤 증인으로 소환됐고, 그로부터 일주일
뒤 경찰이 유코스의 사무실을 급습했다. 검찰총장 블라디미르 우스티노
프는 호도르코프스키 본인에 대해서는 어떤 조치도 취하지 않았으나 압
박은 점점 거세졌다. 우스티노프는 소치 출신의 평범한 검사로 푸틴의 상
트페테르부르크 서클 멤버도 아니었다. 하지만 구신스키와 베레조프스키
를 망명길로 내몬 사법 공격을 주도함으로써 근성을 보였다. 그러면서 크
렘린 내 푸틴 측근들에게 조금씩 다가갔다. 특히 이고르 세친과 각별한
사이가 되어 그해 아들을 세친의 딸과 결혼시켰다.

호도르코프스키 측에서는 푸틴과 세친이 유코스 수사를 지시했다고
확신했다. 하지만 이들은 법적으로 괴롭힘을 당하는 정도로 생각하고, 법

적 대응을 해 나가기로 했다. 호도르코프스키는 유코스가 러시아 경제에 차지하는 몫이 워낙 크기 때문에 자기와 회사는 무사할 것으로 믿었다. 유코스 사장단 회의에서 그는 회사가 검찰의 수사 대상에 올랐으며, 이에 맞서 싸울 준비가 안 된 사람은 떠나라고 경고했다. 자기는 당당하게 맞서 싸울 것이라고 했다. '유코스 사태'는 곧바로 큰 혼란과 함께 요란한 경고음을 울려댔다. 푸틴은 1990년대에 매각된 국유 기업들을 도로 국유화하겠다는 신호탄인지, 아니면 다른 그림이 있는지 누구도 짐작하지 못할 방식으로 수사를 진행해 사람들을 혼란에 빠트렸다. 정부 측 인사와 기업인들 모두 최악의 사태에 대비했다.

레베데프가 체포되고 나서 2주 동안 주식시장은 15퍼센트 급락했고, 유코스 주가는 5분의 1인 70억 달러가 날아가 버렸다. 유코스 사무실에 대한 압수수색이 진행되던 날 푸틴은 크렘린에서 의회 지도부와 노조 지도자, 대기업 총수들을 함께 만났다. 그 자리에서 아르카디 볼스키 상공인연합 회장은 검찰 수사가 계속되면 경제가 위험에 빠질 수 있다고 호소했다. 푸틴은 유코스를 직접 거명하지는 않고, 크렘린은 공공의 이익보다 "자기 집단, 회사, 개인의 이익을 우선시 하는 조직"은 용납하지 않겠다는 입장을 거듭 천명했다. 텔레비전 연설에서 그는 이렇게 알 듯 말 듯한 말을 했다.

"물론 나도 팔을 비트는 방식에는 반대합니다. 그런 식으로 경제 범죄가 해결될 것으로도 생각하지 않습니다. 어떤 특정한 사람 한 명을 감옥으로 보내는 것으로 끝내지는 않을 것입니다." 그로부터 몇 주 뒤 호도르코프스키의 '오픈 러시아'가 후원하는 고아원 한 곳이 검찰의 수색을 받았다.

푸틴의 비서실장인 알렉산드르 볼로신은 레베데프가 체포될 당시 그가 누군지 이름도 몰랐고, 푸틴도 몰랐을 것이라고 했다. 푸틴은 자신이 수사에 개입한 흔적을 일체 남기지 않으려고 했다. 자기는 체포나 수색을 결정하는 과정에 개입한 적이 없다고 주장했다. 하지만 나중에 미국 기자들과의 인터뷰에서 검찰총장과 레베데프 체포 건을 두고 의견교환이 있었다고 말함으로써 수사 개입 사실을 스스로 인정했다. 수사가 진행되면서 푸틴의 개입은 점점 더 심해졌고, 여름이 지나면서 소련 시절의 크렘린 정치가 시작됐다는 소리들이 나왔다. 9월이 되자 푸틴은 이 사건은 개별 범죄사실에 대한 수사라는 점을 강조했다. 호도르코프스키는 세금 관련 입법뿐만 아니라 중국과의 파이프라인 건설 등을 놓고 크렘린과 계속 마찰을 빚었다. 푸틴은 파이프라인 건설은 민간 기업이 아니라 국가사업으로 추진해야 할 성질이라고 생각했다. 수사가 확대되는 가운데서도 호도르코프스키는 시브네프트와의 합병을 밀어붙이고, 푸틴의 승인 아래 거대 미국 석유기업들의 자금을 끌어들이기 위한 협상을 진행했다. 레베데프 사건은 분명한 경고였지만 호도르코프스키는 별로 신경 쓰지 않았다. 계속 출장을 다니고 예정된 사업계획을 진행하면서 검찰과 맞섰다. 그는 유코스에 대한 수사는 푸틴 정부 내 권력 다툼의 산물이라고 생각했다. 그리고 여론의 압력 때문에 수사는 조만간 종결될 것이라고 믿었다. "내가 체포될 가능성은 90퍼센트 쯤 되지만 아직 100퍼센트는 아니다. 100퍼센트가 되려면 크렘린의 재가가 있어야 한다." 그는 자기 변호사에게 이렇게 말했다. 푸틴은 그에게 힌트를 주었다. 레베데프가 구속된 다음 호도르코프스키는 니콜라이 파트루셰프 FSB 국장을 통해 푸틴과의 면담을 추진했다. 파트루셰프는 푸틴 대신 우스티노프 검찰총장과의 면담을 주선했지만 호도르코프스키는 그 제안을 거부했다.

2003년 8월이 되면서 유코스는 주가가 조금 회복되었고, 러시아 반독점청이 시브네프트와의 합병을 승인했다. 투자자와 분석가들 사이에 수사 때문에 새로운 거대 석유 기업의 탄생이 무산될 것이라는 우려도 잦아들었다. 같은 달 크렘린은 BP와 TNK의 협력관계 수립을 승인했다. TNK는 BP보다 규모가 훨씬 작은 러시아 기업이었다. 러시아 기업의 문호를 외국 자본에 개방할 것이라는 신호를 던지는 결정이었다. 9월에 호도르코프스키는 상트페테르부르크에서 열린 미국과 러시아 석유 기업의 관계자들이 모이는 에너지 정상회의에 참석했다. 그는 유코스-시브네프트와 쉐브론의 합병안을 타결 짓고 싶어 했다. 그 합병안이 무산되자 이번에는 엑슨모빌과 합병 협상을 시작했다. 엑슨모빌 회장은 미하일 카시야노프에게 이 협상 진행 사실을 알렸다. 합병이 성사될 것이라는 소식이 전해지면서 유코스 주가는 고공행진을 이어나갔다.

10월 2일, 450억 달러 규모에 달하는 유코스-시브네프트 합병이 공식 마무리되었다. 호도르코프스키는 출장을 다니고 학생, 언론인, 활동가들을 상대로 강연을 계속했다. 소련식 사고방식의 고리를 끊고 국가의 인적 잠재력이 최대한 발휘되도록 기업과 사회를 현대적으로 개혁하는 데 대한 자신의 비전을 소개했다. 모스크바에 있는 으리으리한 유코스 본사에서 가진 인터뷰에서 그는 러시아가 지금 갈림길에 서 있다고 했다. 자본주의냐 공산주의냐가 아니라, 민주사회냐 독재사회냐를 선택해야 하는 갈림길이라는 것이었다. 그리고 이데올로기에 입각한 낡은 구분 방식을 버려야 한다며 이렇게 덧붙였다. "이것은 남한 모델과 북한 모델 중에서 한 쪽을 선택하는 문제가 아니라, 캐나다냐 과테말라냐 중에서 하나를 선택하는 문제라고 할 수 있습니다." 현대적이고 투명하고 책임 있는 정부로 갈 것이냐, 아니면 바나나공화국으로 갈 것이냐의 갈림길에 서 있다는 것이었다. 이런 공개적인 발언에 푸틴은 격노했고, 러시아 투자 건을 마무리하기 위해 모스크바를 찾은 존 브라운John Browne BP 회장에게 이렇게 불만을 털어놓았다. "내가 그자한테서 너무 심한 욕을 먹고 있소."

2003년 12월로 예정된 총선을 앞두고 호도르코프스키에 대한 푸틴의 분노는 두려움과 합쳐져 한꺼번에 터져 나왔다. 푸틴과 상트페테르부르크 출신 측근들이 정치 초년생인 호도르코프스키에 대해 갖는 혐오감은 엄청났다. 1990년대의 혼란기를 틈타 부를 쌓은 자가 이제 그 부를 가지고 러시아의 미래에 대해 훈수를 두겠다고 나선다고 생각했다. 수사가 정점에 오른 10월 푸틴은 뉴욕타임스와의 인터뷰에서 이런 말을 했다. "러시아에는 하루아침에 억만장자가 된 부류의 인간들이 있습니다." 엉뚱한 대답이었다. 질문은 서방에서 러시아가 민주주의를 받아들이지 않고 있다는 비판이 있는데 어떻게 생각하느냐는 것이었다. 유코스나 호도르코프스키에 대한 질문을 한 게 아니었다. "국가가 그자들을 억만장자로 만들어 준 것이지요. 어마어마한 규모의 자산을 공짜나 다름없이 쥐어준 것입니다. 자기들 입으로도 '나는 억만장자로 점지 받았다.'는 말을 합니다. 그런데 시간이 지나면서 이런 자들이 신이 자기들한테는 한없이 너그럽다고 생각합니다. 자기들은 무슨 짓을 해도 괜찮다는 식입니다." 크렘린의 고위관리는 푸틴이 호도르코프스키의 야심을 꺾는 게 자신의 '역사적 소명'이라고 생각한다는 말을 했다. 그는 호도르코프스키가 돈으로 정치에 영향력을 미치려는 정도가 아니라, 국가를 송두리째 차지하려 한다고 믿었다. 그래서 푸틴은 자기가 동원할 수 있는 모든 수단을 다 동원해서라도 그의 야심을 멈추려 한다고 이 관리는 말했다. "안타까운 일이지만,

그 일이 보기 좋은 모습으로 진행될 것 같지는 않습니다."

10월 23일, 모스크바의 유코스 본사에 팩스 한 장이 날아들었다. 블라디미르 우스티노프 검찰총장이 서명한 호도르코프스키 소환장이었다. 비료 회사 아파티트 인수 때 세금을 제대로 납부했는지 여부에 대해 조사가 필요하다는 것이었다. 나중에 호도르코프스키의 변호인은 호도르코프스키가 그 소환장을 못 봤다고 주장했다. 그는 시베리아로 가서 총선을 앞두고 지방유세를 계속했다. 10월 25일 해뜨기 직전 그가 탄 자가용 비행기가 노보시비르스크에 착륙하자 FSB 특수부대 병력이 비행기를 에워싼 다음 기내로 몰려 들어갔다. 러시아 최대 부호는 객실 바닥에 눕힌 채 수갑이 채워지고 머리에 두건이 씌어진 다음 군용기에 실려서 모스크바로 끌려왔다. 호도르코프스키가 체포되면서 러시아 주식시장은 한 주일 내내 요동쳤다. 투자자들은 물론이고 정치 지도자들도 일이 어떻게 돌아가는지 몰라 이리 뛰고 저리 뛰었다. 집권 3년 동안 푸틴은 자신을 개혁주의자, 러시아를 번영시킬 시장경제 신봉자로 내세웠다. 이제 그는 정부 내 강경 그룹 '실로비키'들의 편에 선 게 분명해 보였다. '스탈린의 얼굴을 한 자본주의'. 네자비시마야 가제타는 호도르코프스키가 체포되고 난 다음 월요일자 1면 톱기사 제목을 이렇게 달았다. 노바야 가제타 신문은 법집행 기관들이 권력을 장악했으며, "대통령은 이들의 쿠데타를 저지하기 위한 어떤 조치도 취하지 않았다."고 썼다. 러시아 상공인연합은 '국가를 후진시킨 조치'라며 그의 체포를 비난하는 성명을 발표했다. 그 주말까지 호도르코프스키는 이 단체의 회원이었다.

푸틴은 호도르코프스키가 체포된 이틀 뒤 각료회의를 소집했다. 주가와 환율, 채권 모두 큰 타격을 입고 있는 가운데 그는 '히스테리와 근거 없는 억측'을 멈추게 하라고 당부했다. 그는 이 사건에 대해 논의하자는 상공인연합의 청원을 거부하면서, "법집행 기관이 취한 조치와 관련해서는 어떤 타협도 하지 않을 것"이라고 단호하게 선언했다. 그리고 참석한 각료들에게는 이 사태에 절대 개입하지 말라고 경고했다. 그는 계속해서 "법원이 그러한 결정을 내린 데는 그만한 이유가 있었을 것"이라고 말했다. 자신이 호도르코프스키 체포 결정을 최종 재가했음에도 그렇게 말한 것이다. 푸틴 진영의 '개혁 세력'인 미하일 카시야노프와 푸틴의 상트페테르부르크 시절 동지인 게르만 그레프, 알렉세이 쿠드린 등은 이 사태를 자신들에게 맡겨진 개혁 소임이 다한 징조로 보고 충격에 빠졌다. 카시야노프는 2000년에 푸틴과 맺은 합의를 믿고 충실히 소임을 다해 왔다. 정부의 경제정책은 자기가 맡고 푸틴 대통령은 안보 문제에 전념한다는 합의였다. 이제 푸틴은 카시야노프의 거듭된 항의에도 불구하고 경제 문제에 깊숙이 개입했다. 검찰은 체포한 지 닷새 만에 호도르코프스키와 그의 파트너들이 소유하고 있는 유코스 지분을 동결시켰다. 주가가 폭락하기 전 가치로 따져 모두 140억 달러, 이 회사 전체 지분의 절반에 해당하는 금액이었다. 검찰 대변인은 동결 조치가 "자산 몰수나 국유화 조치"는 아니라고 해명했지만 이후 사태는 정확히 그런 쪽으로 흘러갔다. 이튿날 카시야노프는 자산 동결 조치는 전혀 결과를 예측할 수 없는 "새로운 현상"이라며 "깊은 우려"를 갖고 있다고 했다. 하지만 그는 사태의 향방에 아무런 영향력도 행사할 수 없는 처지였다.

푸틴의 측근들 중에서 본격적으로 항의한 사람은 알렉산드르 볼로신 비서실장 한 명이었다. 그는 옐친 대통령 시절부터 그 자리에 있으면서 업계 엘리트들과 가까운 관계를 유지해 온 사람이었는데 호도르코프스키가 체포되던 날 곧바로 물러났다. 푸틴은 다음 주까지 크렘린 안에서 여러 차례 그를 불러 설득해 보았지만 볼로신은 많은 약속과 함께 출범한 정부가 이제 수명이 다해가고 있고, 내부의 적을 찾아 혈안이 돼 있다고 판단했다. 그의 사임을 발표하면서 크렘린은 사임 이유를 언급하지 않았다. 푸틴이 젊은 심복인 드미트리 메드베데프를 후임자로 발표하는 것으로 그만이었다. 그리고 상트페테르부르크 동지인 드미트리 코자크를 메드베데프 밑의 부실장으로 승진시켰다. 볼로신이 떠남에 따라 푸틴 팀은 결속력이 더 단단해졌다. 볼로신의 동료들이 크렘린에서 송별파티를 할 때 푸틴은 그 자리에 늦게 참석했다. 그는 테이블 끝 빈자리에 앉아서 건배를 제의했다. 그러면서 자기는 볼로신이 떠나기로 한 게 잘못된 결정이라고 생각한다고 했다. 푸틴이 자기가 방해가 된 것 같다며 양해를 구하고 먼저 일어설 때까지 어색한 침묵이 길게 이어졌다.

호도르코프스키를 체포한 이유가 무엇이냐고 카시야노프가 세 번이나 물은 다음에야 푸틴은 그에 대한 대답을 했다. 그가 자기 정치적 반대자들에게 자금을 지원함으로써 넘어서는 안 될 선을 넘었기 때문이라는 것이었다. 일부에서 걱정한대로 국가 산업을 다시 국유화하거나 올리가르히 세력을 길들이겠다는 차원에서 벌인 일이 아니었다. 푸틴은 단지 자신의 권력에 정치적 위협이 된다고 생각되는 자를 한 명 때려잡은 것이었다. 호도르코프스키를 체포하고 며칠 뒤 푸틴은 경제보좌관 안드레이 일라리오노프에게 측근들이 그를 손보자고 했을 때, 그러지 못하게 말리고 그를 지켜 준 게 바로 자기였다는 말을 했다. 그런 고마움도 모르고 호도르코프스키가 거듭된 경고를 무시하고 크렘린과 '맞서 싸우기로 선택한 것'이라고 했다. 푸틴은 그래서 자기는 물러서 있고, "호도르코프스키 스스로 관련 인사들과 문제를 풀어보라고 맡긴 것"이라고 했다. 스탈린의 지시에 따라 멕시코시티에서 트로츠키를 얼음도끼로 찍어 죽인 것만큼 잔인하지는 않지만 그것 못지않게 거칠고 효과적인 처단 방법이었다. 호도르코프스키 체포는 12월 총선을 불과 6주 앞두고 단행됐다. 그리고 국내외적으로 비난이 쏟아지고, 러시아 시장에 대한 투자자의 신뢰는 추락하고 주식시장이 혼란에 빠졌음에도 불구하고 러시아 국민들은 올리가르히 세력을 처단하는 일에 높은 지지를 보냈다. 우선 국민 대다수는 주식 투자와 아무 관련이 없었다.

통합 러시아당으로 이름을 바꾼 푸틴 당은 총선에서 압도적인 승리를 일구어냈다. 푸틴을 지지한다는 것 외에는 뚜렷이 내세운 공약이 없는데도 그랬다. 크렘린의 전략가인 블라디슬라프 수르코프는 원래 호도르코프스키 밑에서 일을 시작했다. 그런데 이제는 올리가르히에 반대하는 국민정서를 이용했다. 올리가르히를 공산주의자들과 교묘하게 연관시키는 전략도 썼다. 그는 또한 선거 4개월 전에 '조국'이라는 뜻의 '로디나'당도 새로 창당했다. 당을 만든 유일한 목적은 민족주의와 사회주의 정서를 자극해 공산당 지지표를 빼오는 것이었다. 블라디미르 지리노프스키 당수의 러시아자유민주당과 비슷한 성격의 당이었다. 지리노프스키는 광대 같은 행동과 외국인을 혐오하는 국수주의적인 장광설로 유명세를 탔다.

유권자들의 무관심으로 맥 빠진 선거였다. 민주화가 가져다 준 부패와 혼란에 대해 유권자들이 가진 불만에 호소하는 게 선거전략의 전부인 양 선거유세는 1990년대 경제 붕괴 당시의 혼란상을 재탕하는 수준이었다.

텔레비전 토론에서 주요 소재는 옐친 시대 전체와 경제난, 그리고 호도르코프스키를 비롯한 올리가르히 세력에 대한 비난이 차지했다. 다음과 같은 메시지가 수도 없이 반복됐다. "푸틴이 국가 붕괴를 막았다." "만약 민주주의가 국가 붕괴를 뜻하는 것이라면 우리에게 그런 민주주의는 필요 없다." 선거 직전에 외국 기자들과 만나서 민주주의 자유가 후퇴하고 있다는 데 대한 질문을 받자 푸틴은 이렇게 대답했다. "민주주의가 왜 필요한가요? 국민의 삶을 더 풍요롭게 하고 자유롭게 하기 위해서입니다. 민주주의가 혼란을 가져오는 것이라면 그런 민주주의를 원하는 국민은 이 세상에 없을 것이라고 나는 생각합니다."

선거일 불과 이틀 앞두고 체첸에서 크게 멀지 않은 곳을 지나던 열차에서 자살폭탄 테러가 일어나 42명이 사망한 사건을 비롯해 러시아가 겪고 있는 혼란상은 사람들에게 일체 알려지지 않았다. 유럽안보협력기구 OSCE는 선거보도를 명백히 편파적으로 하고 있는 러시아 관영 언론을 상대로 비난성명을 냈다. 여당인 통합 러시아당에 유리하고 나머지 당들에게는 불리하도록 공권력이 선거개입을 하고 있다는 증거들도 제시했다. 겐나디 주가노프 공산당 당수는 바시키르공화국에서 통합 러시아당에 미리 기표된 80만 장의 투표용지가 발견됐다며 공식 항의하기도 했다. 선거 전날 푸틴은 잠을 제대로 못 잤다. 이튿날 아침 일찍 투표소에 나가 투표하면서 류드밀라가 그 이유를 설명했다. 푸틴이 애지중지하는 검은 라브라도르 사냥개 코니가 새끼 여덟 마리를 낳은 것이었다. 푸틴은 2000년 12월에 방문한 개 사육장에서 수색 구조 훈련을 받고 있던 코니를 선물로 받았다. 레오니드 브레즈네프가 키우던 라브라도르 혈통을 가진 개였다. 코니는 푸틴의 딸들이 키우던 푸들 애완견 토시카와 함께 자랐고, 푸틴이 좋아해 그가 가는 곳 어디든지 따라다녔다. 관저에서 갖는 공식 모임에도 나타나 푸틴의 인간적인 면모를 보여주는 소품으로 활용되기도 하고, 위협적인 존재감을 과시하기도 했다. 부시 대통령을 노보-오가료보로 초대했을 때 푸틴은 코니를 부시의 애완견인 스코틀랜드 테리어 종 바니와 비교하며 "우리 것이 더 크고, 빠르고, 더 강합니다."라고 했다.

야당보다 새끼 강아지 이야기가 더 크게 보도되었다. 선거일 저녁이 되자 야당에 대한 관심은 완전히 한쪽으로 밀려났다. 통합 러시아당은 독자적인 정당 조직을 갖추고 있지 않으면서도 거의 36퍼센트를 가볍게 득표했다. 비례대표 의식까지 합치면 두마에서 과반 의석 확보를 무난히 달성한 것이었다. 공산당은 4년 전 총선 때보다 절반 수준인 13퍼센트 미만 득표에 그쳤다. 1996년 선거에서 옐친은 공산주의 세력의 부활을 간신히 막았지만 푸틴은 이제 공산당의 위협을 사실상 영원히 잠재워 버린 것이었다. 자유민주당과 새로 창당한 로디나당도 공산당과 비슷한 득표율을 기록함으로써 겐나디 주가노프 공산당 당수의 속을 뒤집어 놓았다. 그는 "지금 우리 앞에서 벌어지는 수치스러운 희극은 도저히 민주주의라고 부를 수가 없다."라고 소리쳤다. 페레스트로이카 시절부터 민주 진영의 보루 역할을 해 온 야블로코와 진보주의 경제개혁 세력이 이끄는 우익세력연합은 의석 배분의 마지노선인 5퍼센트 득표에 실패해 한 석도 건지지 못했다. 우익세력연합은 호도르코프스키 체포에 강력히 반발했다. 이들은 크렘린의 압력을 견디지 못하고 내부 갈등 때문에 스스로 무너졌다. 무소속 당선자 일부를 제외하고는 소련연방 붕괴 이후 처음으로 두마에서 민주세력 블록이 자취를 감추게 된 것이었다. 최종 집계 결과 푸틴 당은 전체 450개 의석 가운데 300석이 넘는 다수 의석을 차지했다. 크렘린이 원하면 어떤 법이든 만들 수 있고, 헌법 개정까지 할 수 있게 된 것이었다. "우리는 이제 다시 일당 의회로 되돌아갔습니다." 야블로코를 이끄는 그리고리 야블린스키는 투표 다음 날 아침 붉은광장이 내려다 보이는 켐핀스키호텔에서 침울한 표정으로 이렇게 말했다. 켐핀스키호텔은 우아한 모습으로 재단장을 마쳐 푸틴 시대에 본격적으로 시작된 번영의 상징 같은 건물이었다. 소련 시절 말기에도 의회에서 토론은 있었다. "브레즈네프 이후로 러시아에 이런 의회는 없었습니다."

푸틴의 크렘린은 선거 승리에 한껏 고무됐다. 블라디슬라프 수르코프는 민주세력들이 의석 확보에 실패한 것을 보고 흐뭇해하며 이렇게 말했다. "이제는 이들이 자신들의 역사적 소명이 다했다는 사실을 깨달아야 합니다." 그는 푸틴이 낡은 정치체제를 마무리 지었다며 이렇게 덧붙였다. "이제 새로운 정치 시대가 열리고 있습니다."

푸틴이 5살 때인 1958년 7월 어머니 마리아의 무릎에 앉아 찍은 사진. Kremlin.ru

푸틴은 8살 때인 1960년 9월에 레닌그라드에 있는 제193초등학교에 입학했다. 집이 있는 바스코프 대로에서 걸어서 얼마 되지 않는 곳에 있는 학교였다. 당시는 친구들과 잘 어울리지 않고 수줍음이 많은 아이였다. Kremlin.ru

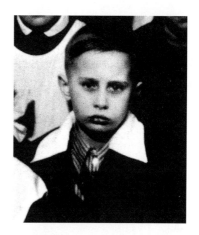

레닌그라드 초등학교 시절. 학교 공부에 별 흥미를 느끼지 못했고, 다소 비뚤어지고 충동적인 성격이었으며, 정서적으로 불안정한 면을 보였다. 교실에 들어오면 빙글빙글 돌았기 때문에 교사인 베라 구레비치와 급우들은 그에게 회전목마라는 별명을 붙였다. 푸틴은 호신술을 배우기 시작하면서 공부를 열심히 하기 시작했다. 사진 맨 뒷줄 왼쪽에서 두 번째가 푸틴. Kremlin.ru

푸틴은 1975년 KGB에 들어가 레닌그라드 근무를 시작했다. 처음에는 정보수집 업무를 담당했고, 얼마 뒤 해외정보를 취급하는 제1총국으로 배치됐다. Kremlin.ru

푸틴은 레닌그라드 KGB 지부에서 10년 동안 일하며 조금씩 진급해 올라갔고, 1985년에 동독의 드레스덴으로 파견돼 나갔다. 사진은 레닌그라드 KGB 근무 시절인 1980년 상사인 유리 레스체프와 함께 찍은 것으로, 얼마 뒤 레스체프는 당시 최고 요지로 꼽힌 동베를린 KGB 본부로 나가 근무했다. Rian

KGB는 동독의 악명 높은 비밀경찰 슈타시와 긴밀한 협력관계를 유지했다. 1989년 1월에 찍은 사진 속에서 당시 중령 계급의 푸틴은 드레스덴 군사박물관에서 열린 리셉션에 참석해 슈타시 동료들, 소련군, 동독군 관계자들과 기념촬영을 했다. 앞줄 왼쪽에서 두 번째 서 있는 이가 푸틴이고, 맨 뒷줄 왼쪽에서 세 번째가 슈타시 장교로 이후 푸틴의 친구이자 사업 파트너가 된 마티아스 바르니히. 맨 뒷줄 왼쪽에서 일곱 번째가 푸틴 정부에서 크게 출세하고 거부가 된 KGB 동료 세르게이 케메조프. Stasi archives

푸틴은 칼리닌그라드 출신의 아에로플로트 승무원이던 류드밀라 슈크레브네바와 오랜 연애 끝에 1983년 7월 28일 결혼식을 올렸다. Kremlin.ru

맏딸 마리아는 1985년 모스크바에서 태어났다. 푸틴 부부가 오랜 친구인 세르게이 롤두긴, 이리나 롤두긴 부부와 함께 찍은 사진. Kremlin.ru

둘째딸 예카테리나는 1986년 드레스덴에서 태어났다. 사진 왼쪽이 예카테리나. Kremlin.ru

푸틴은 2000년 3월 26일 대통령 선거에서 당선됐다. 두 달 뒤인 5월 7일 보리스 옐친이 옆에서 지켜보는 가운데 푸틴이 대통령 취임선서를 하고 있다. 취임연설에서 푸틴은 "러시아를 자유롭고, 번영되고, 강하고, 문명화된 나라로 만들겠다."고 다짐했다. 그리고 국민들이 자부심을 느끼고 국제적으로도 존중받는 나라를 만들겠다고 강조했다. Kremlin.ru

보리스 옐친이 1999년 12월 31일 대통령직을 물러나면서 총리인 푸틴은 3개월 뒤 대통령 선거가 실시될 때까지 대통령 권한대행이 되었다. 두 사람 가운데는 옐친의 비서실장인 알렉산드르 볼로신으로, 그는 푸틴 대통령 밑에서도 2003년까지 비서실장으로 일했다. 이 사진을 찍은 직후 옐친은 푸틴에게 "러시아를 잘 부탁하네."라고 했다. Kremlin.ru

2003년 10월 뉴욕타임스와 가진 인터뷰 때 푸틴 옆에 검정 라브라도 애완견 코니가 앉아 있다. 코니는 대통령궁에서 열리는 공식행사에도 수시로 등장해 분위기를 띄우는 역할을 하는가 하면 때로는 참석자들에게 두려움을 안겨주는 역할도 한다. 개를 무서워하는 앙겔라 메르켈 독일 총리는 푸틴과 가진 첫 번째 정상회담 때 이 개가 주위를 서성거렸다고 했다. James Hill

2003년에 러시아 검찰은 유코스 오일과 이 회사의 미하일 호도르코프스키 회장에 대한 수사를 전격 시작했다. 1990년대에 엄청난 부를 축적한 대표적인 올리가르히인 호도르코프스키는 탈세, 횡령, 사기 등의 혐의로 2005년 기소됐다. 푸틴에 대해 비판적인 입장을 취해 온 그에 대한 검찰 수사와 재판은 국내외에서 거센 비판을 받았다. 푸틴은 소치동계올림픽 개막을 앞두고 2013년 말에 그에 대한 사면조치를 단행했다. James Hill

푸틴은 공개적으로는 개인숭배를 배격한다고 강조했으나, 크렘린은 그가 다양한 스포츠와 여가생활을 즐기는 평범한 러시아 국민이라는 이미지를 심기 위해 치밀한 작업을 한다. 사진은 시베리아에 있는 티바공화국에서 여름휴가를 즐기는 푸틴 대통령. 일부러 상의를 벗은 사진을 공개한다는 여론을 의식한 듯 드미트리 페스코프 크렘린 대변인은 2013년 공식 논평을 내고 푸틴 대통령은 일부러 상의 탈의한 사진을 찍어서 공개한 적이 없다고 주장했다. Kremlin.ru

푸틴의 첫 번째 관심사는 일과 운동인데, 2011년 청년부 토너먼트에 출전하면서 아이스하키가 새로운 취미가 되었다. 그는 하루에 몇 시간씩 스케이트 타는 법과 스틱 다루는 법을 익혔고, 얼마 안 가서 사람들을 초청해 놓고 경기에 출전했다. 푸틴이 소속된 팀의 선수와 코치는 슬라바 페티소프와 파벨 부레 등 하키계의 전설 같은 인물들이었다. 사진은 아마추어 하키리그 선발팀과 러시아 하키 영웅팀과의 경기에 출전한 푸틴. Kremlin.ru

푸틴 대통령은 자신의 충직한 보좌관인 드미트리 메드베데프를 자신의 후계자로 지명함으로써 두 번째 임기 말을 앞두고 수개월 동안 지속된 불확실성과 정치적 마비사태를 끝냈다. 메드베데프는 곧바로 푸틴을 총리로 임명하겠다고 밝혔다. 이후 푸틴은 2008년부터 2012년까지 러시아의 실질적인 최고 지도자 역할을 수행했다. 2007년 말 거행된 통합 러시아당 대통령 후보 선출 당대회에서 푸틴이 지켜보는 가운데 메드베데프가 후보수락 연설을 하고 있다. James Hill

푸틴의 통치 기간 중 상트페테르부르크 출신인 그의 가까운 친구들 여러 명이 지방의 소규모 사업가에서 막강한 권한을 가진 전국적인 거부들로 성장했다. 그 가운데는 유리 코발추크, 겐나디 팀첸코, 그리고 푸틴의 유도 상대인 아르카디 로텐베르그 같은 인사들이 포함돼 있다. 사진은 2015년 스베르방크에서 추진하는 대학 모형관 앞에 모여선 푸틴과 측근 인사들. 왼쪽부터 스베르방크 이사회 의장 겸 CEO인 게르만 그레프, 푸틴 대통령, 세르게이 이바노프 크렘린 행정실장, 비야체슬라프 볼로딘 행정실 제1부실장. Kremlin.ru

블로그 등 SNS를 통해 활발히 반정부 운동을 벌이고 있는 알렉세이 나발니 변호사. 푸틴의 러시아에서 일어나는 부패와 측근들의 전횡을 온라인을 통해 고발하고 있다. 나발니 변호사는 2011년부터 2012년 사이에 총선과 대통령선서 부정에 항의하며 가두시위를 벌이다 체포돼 검찰에 기소됐다. 그의 컴퓨터 커버에 붙은 스티커에 그려진 푸틴의 얼굴에 '도둑'이라는 문구가 새겨져 있다. James Hill

2013년 푸틴 부부는 크렘린에서 발레공연을 관람하는 도중 휴식시간에 복도에서 기자의 질문을 받고 30년 가까운 결혼생활에 종지부를 찍고 이혼했다고 밝혔다. 푸틴의 두 번째 임기 대부분의 기간 동안 류드밀라 여사는 공개석상에서 자취를 감췄다. 사진은 2012년 5월 7일 세 번째 대통령 임기 취임식 직후 크렘린궁 안의 성수태고지 대성당을 방문한 푸틴 부부. Kremlin.ru

푸틴과의 염문설이 나돈 러시아 리듬체조 국가대표 선수인 알리나 카바예바. 2005년 국가공훈메달을 받는 자리에서 푸틴 대통령과 포즈를 취했다. 카바예바는 나중에 국가두마 의원이 되었다. 두 사람의 관계가 실제로 어느 정도인지는 여러 해 동안 분명하게 밝혀지지 않고 있으나 그녀는 푸틴의 측근 그룹에 포함돼 많은 혜택을 누렸다. 특히 유리 코발추크가 대주주인 언론 재벌 경영진에도 포함돼 푸틴과의 관계가 예사롭지 않다는 추측을 불러일으켰다. Kremlin.ru

2014년 크림반도 강제합병 뒤 푸틴은 국제적으로 많은 비난을 받고 국제적인 고립을 초래했다. 냉전 이후 유럽의 평화를 유지시켜 온 냉전 후 질서를 흔들었기 때문이다. 하지만 러시아 국내에서 푸틴의 인기는 고공행진을 거듭했다. 사진은 2014년 3월 붉은광장에서 거행된 푸틴 지지 시위 모습. 크림반도 합병을 지지하며 '우리는 하나다.'라는 등의 문구가 등장했다. James Hill

푸틴은 소치올림픽이 수십 년 동안 갖은 어려움에 시달려온 러시아국민들에게 진통제 역할을 해줄 것이라고 믿었다. 그는 올림픽 준비를 위한 대형 프로젝트들을 자기가 신임하는 사람들에게 나누어 주어 그들을 부자로 만들었다. 그에 따라 계약은 불투명하게 진행됐고, 공사비는 엄청나게 부풀려져 소치올림픽은 부패 올림픽이라는 오명을 듣게 되었다. 사진은 쇼트트랙에서 금메달 3개와 동메달 1개를 따 러시아의 영웅 반열에 오른 빅토르 안(안현수) 선수의 국가훈장 수여식에 참석한 푸틴. Kremlin.ru

푸틴은 2011년 8월 고대 그리스 유적이 가라앉아 있는 흑해에서 수중 다이빙을 하고 항아리 두 개를 건져 올리는 장면을 공개했다. 대통령 대변인은 나중에 그 장면이 연출된 것이었다고 시인했으나, 푸틴은 물에 젖어 몸에 끼는 옷차림으로 탄탄한 몸매를 과시했다. 사진은 푸틴이 고대 그리스 도시 파나고리아의 유적 발굴 현장에서 직접 건져 올린 유물을 들고 스턴트 정치를 하는 장면. Kremlin.ru

푸틴은 한때 자신을 완벽한 민주주의자로 추켜세운 적이 있는 게르하르트 슈뢰더 독일 총리와 세계에서 가장 긴 수중 천연가스 파이프라인 건설 계약을 체결했다. 그리고 슈뢰더가 같은 해인 2005년 선거에서 패해 총리직에서 물러나자 푸틴은 그를 노르트 스트림이라는 이름의 이 파이프라인 건설회사의 이사회 의장에 임명했다. 독일이 비밀리에 이 건설 사업에 10억 유로의 차관보증을 해준 불과 며칠 뒤였다. 사진은 노르트 스트림 이사회 의장인 슈뢰더 전 총리(푸틴 왼쪽에 앉은 사람)가 푸틴이 참석한 가운데 사업 관계자들과 비공식 미팅을 하는 장면. Kremlin.ru

제14장

철권통치

20 04년 9월 1일, 푸틴은 흑해 연안의 소치에서 전통적인 여름 휴가 철의 막바지 날들을 보내고 있었다. 그는 이곳의 아열대 기후를 좋아해 크렘린의 역대 다른 지도자들보다 모스크바 교외에 있는 별장들 대신 이곳의 대통령 별장에서 많은 시간을 보냈다. 외국 지도자와의 회담도 이곳에서 자주 가졌다. 바로 전날에도 이곳에서 자크 시라크 프랑스 대통령, 게르하르트 슈뢰더 독일 총리와 3자회담을 가졌다. 이들 트로이카는 미국의 이라크 침공을 공개적으로 반대했다. 이들은 자기들이 미리 경고한 대로 재앙이 벌어지고 있다고 생각했다. 미국은 사담 후세인 정부를 신속하게 무너뜨렸지만, 이후 이라크군의 강력한 저항에 부딪쳐 힘든 전쟁을 치르고 있었다. 푸틴은 슈뢰더 부부가 러시아 고아를 입양하도록

도와줄 정도로 가까운 사이가 되었다. 푸틴은 조지 부시 대통령의 일방주의 정책에 반대한다는 공통의 명분을 내세워 체첸전쟁을 비롯해 러시아에 대한 이들의 비판을 잠재울 수 있었다.

비극적인 사건이 연달아 일어나 여름휴가는 이미 망친 상태였다. 8월 21일, 체첸 안에서 반군들이 기습 공격을 펼쳐 50명 이상이 숨졌다. 그보다 앞서 6월에는 인근의 잉구세티야공화국에서 비슷한 공격이 일어나 100명 가까운 사망자를 냈다. 체첸에서 총선이 새로 실시되기 불과 며칠 전이었다. 시라크와 슈뢰더는 이 선거를 5년째로 접어든 체첸전쟁의 정치적 해결을 추구해 온 푸틴 대통령의 노력이 결실을 맺는 것이라고 추켜세웠다. 8월 24일 저녁에 민간 항공기 두 대가 한 시간 간격으로 모스크바의 도모데도보공항을 이륙했는데, 밤 11시경 자살 폭탄 테러로 두 대가 거의 동시에 공중 폭발했다. 테러범 두 명 모두 여성이었다. 한 명은 탑승수속이 끝난 다음에 1천 루블을 뇌물로 주고 비행기에 올랐다. 한 대는 볼고그라드 행이었고, 다른 한 대는 소치로 가는 비행기였다. 모두 89명이 사망했다.

사건의 심각성을 감지하고 푸틴은 모스크바로 돌아와 태스크 포스를 만들어 진상조사에 착수하라고 지시했다. 하지만 그는 주말에 소치로 돌아가 시라크, 슈뢰더와 함께 회담장에 모습을 드러내기까지 사고에 관해서는 한 마디도 언급하지 않았다. 그때까지 러시아 상공에서 일어난 최악의 테러 공격이었다. 그는 사고를 알카에다 소행이라고 비난했지만 그것은 사실이 아니었다. 그가 알카에다 소행이라고 비난하고 불과 몇 시간 뒤에 여성 한 명이 모스크바 시내의 리즈스카야 지하철역에서 자살폭탄 테러를 감행했다. 크렘린에서 불과 3마일 떨어진 곳이었다. 그 사고로 테러범을 포함해 10명이 숨지고 50여 명이 부상당했다. 시민들이 느낄 공포감을 감안해 유리 루즈코프 시장을 비롯해 시 관리들이 현장으로 달려갔다. 사람들은 1999년 아파트 폭탄 테러 때와 비슷한 수준의 공포감에 휩싸였다. 모스크바 경찰은 폭탄을 터트린 범인이 로사 나가예바라는 여성이라고 발표했지만 나중에 사실이 아닌 것으로 드러났다.

그녀의 여동생 아마나트가 민간 항공기 가운데 한 대를 폭파시켰고, 이들의 룸메이트인 사트시타 즈비르하노바가 다른 한 대를 폭파했다는 혐의를 받았다. 이들 세 명은 마리암 타부로바라는 여성과 함께 그로즈니 시내의 허물어져 가는 아파트에서 함께 살았다. 이들이 사는 곳은 진창에다 악취가 진동하는 중앙시장에서 불과 몇 발자국 떨어지지 않았다. 이들은 아제르바이잔에서 옷을 들여와 중앙시장에서 팔았다. 비행기 테러가 일어나기 이틀 전인 8월 22일 이들 네 명은 그로즈니를 떠나 버스를 타고 아제르바이잔 수도 바쿠로 갔다. 수사 당국은 이들의 행적을 꿰맞추었으나 타부로바의 행방이 묘연했다. 로사 나가예바의 행방도 마찬가지였다.

2004년에 접어들면서 푸틴의 권력은 절정에 달했다. 의회 장악력은 한결 공고해졌고 호도르코프스키 체포로 주식시장이 요동치는데도 대통령의 지지율은 흔들림 없이 70퍼센트를 넘고 있었다. 투자자들은 유코스에 대한 수사가 개인적인 감정과 정치적 힘겨루기에서 비롯된 것이지 산업을 도로 국유화하려는 낌새는 전혀 없다는 결론을 내리고 안도했다. 푸틴 붐을 타고 크게 성장한 허미티지 캐피털의 윌리엄 브로더William Browder 사장은 "앞으로 6개월만 지나면 호도르코프스키가 감옥에 있건 없건 아무도 신경 쓰지 않을 것"이라고 말했다. 모스크바를 비롯한 일부 대도시에서는 경제가 살아나면서 하루가 다르게 새로운 가게와 레스토랑, 아파트 건물이 들어서는 것 같았다. 1998년 경제위기 때와 비교해 유가는 세 배나 뛰었고, 석유회사들에게서 거둬들이는 세금이 국고를 가득 채워 주고 있었다. 아이러니하게도 석유회사들이 자발적으로 제안한 새로운 석유세율은 유코스가 만든 안에 기초한 것이었다. 정부가 석유를 통해 벌어들이는 세수는 거의 두 배로 뛰었다. 푸틴이 총리에 취임할 당시 60억 달러 미만이던 국가세입은 800억 달러를 넘어섰다. 러시아는 이제 사우디아라비아를 추월해 세계 최대 산유국이 되겠다는 야심을 키우고 있었다. 푸틴 혼자 잘해서 그렇게 된 것은 아니었다. 그를 비판하는 사람들은 운이 좋은 것이라고 치부했지만, 어쨌든 경제 호황의 정치적 과실은 그가 챙겼다.

1월 초 크렘린은 유코스 사태에 추가 압력을 가했다. 2000년 한 해에만 34억 달러의 세금을 탈세했다고 발표한 것이다. 미하일 카시야노프 총리 혼자서만 공개적으로 항의했다. 베도모스티 신문과의 인터뷰에서 그는 호도르코프스키와 그의 사업 파트너들이 고의로 탈세한 게 아니며, 남들처럼 법의 허점을 이용한 것뿐인데 이제 와서 법을 소급 적용해 탈세로 규정하는 것은 부당하다고 주장했다. 푸틴은 총리의 반발을 눈여겨보았다. 부드러운 말로 항의했다고는 하나 그냥 지나칠 수 없는 일이었다. 카시야노프 총리도 대통령을 직접 겨냥하지는 않았다. 하지만 다가온 토요일 국가안보회의 정례 회동에서 푸틴은 회의가 끝난 다음 참석자들에게 자리에 그대로 앉아 있으라고 했다. 국가안보회의에는 총리와 국방장관, 외무장관을 포함해 주요 각료들이 모두 참석했다. 푸틴은 블라디미르 우스티노프 검찰총장에게 호도르코프스키에 대한 혐의 내용을 참석자들이 모두 들도록 큰 소리로 읽으라고 지시했다. 호도르코프스키의 '범죄 사실'을 공개적으로 발표해 유코스 사태에 대해 제기되고 있는 의문이나 카시야노프 총리가 취하고 있는 부정적인 태도에 동조하는 사람이 나오지 않도록 미리 차단하겠다는 의도였다. 우스티노프 총장은 단조로운 어투로 한 시간 넘게 한 페이지씩 혐의내용을 읽어나갔다. "국가안보회의 멤버들은 왜 이런 짓을 하는지도 모른 채 굳은 얼굴로 미동도 하지 않고 듣고 있었어요." 카시야노프 총리는 당시의 분위기를 이렇게 전했다. 그는 "이런 황당무계한 짓거리와 말도 안 되는 꿰맞추기식 연극"에 실소를 금치 못했다. 푸틴은 긴 장방형 테이블 끝에 앉아서 참석자들의 얼굴을 하나하나 훑어보며 반응을 살폈다. 대부분은 무표정한 얼굴로 전면을 응시했고, 카시야노프 총리는 기가 차다는 듯 웃고 있었다. 우스티노프가 읽기를 마치자 누구도 질문을 하거나 반응을 보이지 않았다. "모두 입을 다문 채 걸어 나갔어요."

푸틴은 누구든 자신의 권위에 도전하는 행위를 절대로 용납하지 않았다. 3월로 예정된 대통령 선거에서도 주목할 만한 경쟁자가 없었다. 옐친 시절의 두 거물 정치인 겐나디 주가노프와 블라디미르 지리노프스키는 한때 집권 턱밑까지 갔으나, 이번에는 공식 선거운동이 시작되기도 전에 출마의사를 접었다. 이들은 당의 다른 인사들을 대신 내보냈다. 지리노프스키는 자기 경호원인 복싱선수 출신의 올레그 말리시킨을 당의 후보로 내세웠다. 그리고리 야블린스키는 12월 총선 패배 충격이 가시지 않은 듯 크렘린으로부터 출마 요청을 받고도 거부했다. 크렘린은 제3당도 후보를 내서 민주적인 선거 모양새를 갖추고 싶었던 것이다. 그해 겨울 옐친 시절 경제 개혁가로 활동했던 보리스 넴초프는 카시야노프와 함께 휴가를 보내면서 경제민주세력 대표로 출마해 보라고 권했다. 그러나 카시야노프는 푸틴에게 도전장을 낼 생각은 없다며 거절했다. 선거 몇 주 전에 실시된 한 여론조사에서는 응답자의 55퍼센트가 선거를 취소해 불필요한 선거비용이라도 아끼는 게 좋다는 의견을 보였다.

푸틴의 재선은 그가 선택한 국정운영 방식에 대한 재신임 성격이 있었다. 그런데 예상치 못한 부작용이 터져 나왔다. 수르코프가 총지휘한 '관리된 민주주의'managed democracy는 너무도 성공적이어서, 국민의 동의 아래 러시아를 변화시킨 민주적 지도자라는 푸틴의 이미지에 손상을 가할 정도가 된 것이었다. 두마는 새 회기를 시작하자마자 대통령 임기를 7년으로 늘리는 개헌 요구를 들고 나왔다. 개헌이 되면 푸틴이 2018년까지 대통령을 두 번 더 할 수 있게 되는 것이었다. 하지만 그는 개헌은 하지 않겠다고 못을 박았다. 그러면서 민주적인 절차에 따른 정권 연장 방법을 모색했다. 크렘린이 나서서 그와 경쟁시킬 후보를 물색했다. 야블린스키를 비롯해 상트페테르부르크 의회 의원을 지낸 세르게이 미로노프 등이 대상이었다. 미로노프는 군소 정당 한 곳의 후보 추천을 받아들이면서 다음과 같이 현직 대통령에게 투표해 달라고 호소했다. "푸틴 대통령처럼 신뢰받는 지도자가 전투에 나갈 때는 우리 모두 나서서 힘이 되어 주어야 합니다."

민주 진영에서는 단일 후보로 치러질 선거가 못마땅했지만, 그렇다고 힘을 모아서 민주 후보를 따로 내세울 처지도 아니었다. 일본계 러시아인으로 가장 유명한 여성 정치인인 이리나 하카마다가 무소속으로 출마했는데, 그녀가 당수로 있는 '우익세력연합'은 그녀를 자기당 후보로 내는 것에 반대했다. 런던에 망명 중인 보리스 베레조프스키는 두마 의장을 지냈고 옐친의 동료였던 이반 리프킨을 후보로 내세웠다. 그는 나중에 후보에서 사퇴했는데, 더 극적인 이야기는 2월에 나흘 동안 행방불명이 된 것이었다. 수사 당국은 그가 살해되었을 가능성이 있다며 수사를 시작했다. 그는 다시 나타나 선거운동을 계속하겠다고 했다가 얼마 뒤 갑자기 런던으로 도망가 버렸다. 그러고는 런던에서 알렉산드르 리트비넨코를 비롯한 베레조프스키의 보좌관들과 만났다. 리트비넨코는 FSB 출신으로 FSB를 떠나면서 공개적으로 조직을 비판해 유명해진 인물이다. 그는 2000년 10월에 러시아를 떠나 베레조프스키의 재정적인 도움을 받아 런던에 정착했다. 리프킨은 자신이 납치되어 약물에 취한 채 키예프로 끌려갔다고 주장했다. 그리고 키예프에서 체첸 분리주의 운동 지도자인 아슬란 마스하도프를 만났다고 했다. 체첸 대통령을 지낸 마스하도프는 러시아에서 지명수배령을 내린 가장 거물급 인사 가운데 한 명이었다. 리프킨은 마스하도프가 위험을 무릅쓰고 러시아 보안요원들이 깊숙이 자리 잡고 있는 우크라이나까지 갈 가능성이 거의 없다는 생각은 못한 모양이었다.

그는 키예프의 한 아파트에서 괴한들이 준 샌드위치와 차를 마시고 나흘간 의식을 잃었다고 했다. 의식을 차리자 무장한 러시아인 두 명이 나타나 비디오테이프를 틀어주었다고 했다. 그는 테이프 내용은 자세히 말하지 않고, 자기를 파렴치한으로 몰아 주저앉히기 위해 '변태성욕자들'을 출연시켜 만든 것이라는 말만 했다. 리트비넨코는 리프킨에게 투여된 약물이 러시아 해외정보국에서 자백을 받아내기 위해 쓰는 'SP-117'라는 약물이라고 주장했다. "SP-117를 투여하면 그자들이 원하는 대로 무슨 짓이든 할 수 있습니다. 차에 태워 여기저기 돌아다니고, 여성이나 남성들과 잠자리를 같이 하도록 하고, 시키는 대로 자백을 받고 등등 무슨 짓이든 다 합니다. 그리고 해독제 한 알이면 정상으로 돌아오는데 자기가 무슨 일을 당했는지 일체 기억하지 못합니다." 리프킨이 하는 말을 진지하게 받아들이는 사람은 아무도 없었다. 심지어 그의 아내도 그의 말을 믿지 못하겠다며 이렇게 말했다. "만에 하나 이런 사람들이 러시아를 통치하고 있다면 정말 한심한 일이겠지요." 그의 정치생명은 끝내 회복되지 못하고 끝났다. 하지만 베레조프스키는 푸틴에게 타격을 가하기 위해 끝까지 포기하지 않고 싸웠다. 그러다 보니 진실이건 아니건 신경 쓰지 않고 비판의 강도를 점점 더 올렸다. 이후에도 베레조프스키와 리트비넨코는 스파이와 독극물이 등장하는 센세이셔널 한 드라마를 계속 만들어 냈다.

푸틴은 4년 전에 그랬던 것처럼 경쟁후보들을 무시할 뿐만 아니라 겉으로는 자기 선거운동도 등한시했다. 공개적으로 선거운동을 할 필요도 없었다. 크렘린이 텔레비전을 장악하고 있기 때문에 대통령으로서의 임무만 수행하면 저녁 메인 뉴스에서 그의 동정뉴스를 충실히, 그리고 비판 없이 내보내주었기 때문이다. 반면에 다른 후보들에 대해서는 어린애 취급하거나 비판하는 내용만 내보냈다. 2월 12일 아침 8시에 첫 번째 후보 TV 토론회가 열렸는데 푸틴은 참석하지 않았다. 대신 그날 29분짜리 대국민 연설을 하며 공식 선거운동에 돌입했는데, 방송들은 이 연설 장면을 그날 저녁 때까지 반복해서 내보냈다. 텔레비전 광고도 하지 않고, 선거 유세도 다니지 않고, 두 번째 임기 때는 어떤 정책을 펴겠다는 확실한 공약도 내놓지 않았다. 국가 안정을 위한 정책들을 계속 실천해 나갔겠다는 약속만 했다.

하지만 푸틴이 집권한 지 4년이 되었는데도 러시아의 안정은 여전히 위태로운 상태였다. 선거운동 개시 전날 밤 옐레나 트레구보바의 아파트 문 앞에서 폭탄이 터졌다. 푸틴이 FSB 국장 시절 스시를 대접했던 바로 그 여기자였다. 2003년에 그녀는 크렘린 출입기자 경험을 바탕으로 《한 크렘린 탐구자의 이야기》Tales of a Kremlin Digger라는 제목의 책을 출간했다. 크렘린 출입기자단은 점점 폐쇄적으로 운영되고 있었다. 책은 크렘린이 기자단 보도를 입맛대로 끌고 가기 위해 어떤 짓을 하는지 세세하게 소개해 베스트셀러가 되었다. 예를 들어 푸틴이 자동차에 치인 어떤 남자아이를 보고 이렇게 꾸짖었다는 일화 같은 것이다. "교통법규를 위반하면 안 된다는 걸 이제 알겠지."

트레구보바는 이 폭탄이 다가오는 대선과 관련이 있을 것이라고 생각했다. 다치지는 않았으나 그녀는 너무 겁을 먹어 러시아를 떠나기로 하고 이렇게 말했다. "모스크바에 사는 게 점점 더 무서워져요." 그로부터 나흘 뒤 모스크바 시내 한가운데 지하철역에서 자살폭탄이 터져 41명이 숨지고 200명이 넘는 부상자가 발생했다. 용의자 가운데 한 명은 6개월 뒤에 일어난 리즈스카야 메트로 폭발사건에도 관련된 것으로 알려졌다. 공식 선거운동이 시작되고 이틀 뒤인 2월 14일에는 모스크바 남부에 있는 새로 지은 유명 인도어 워터파크의 천정이 무너졌다. 사고가 난 트란스발파크에는 푸틴 집권 후의 경제호황에 힘입어 등장한 신흥 소비자층을 겨냥해 위락시설이 들어차 있었다. 동토의 땅에 만들어진 열대의 실내 천국이었다. 그 사고로 28명이 숨졌다. 건설사는 테러 소행이라고 주장했으나 사실은 부실공사 때문에 일어난 사고였다. 푸틴 대통령에게 직접 책임을 물을 사건들은 아니었다. 하지만 경제호황을 자신의 업적이라고 자랑해 온 만큼 사고에 대한 책임에서도 완전히 자유로울 수는 없었다. 이반 리프킨은 지하철 테러와 워터파크 붕괴사고와 교육, 의료보건 분야의 비참한 실태를 신랄하게 비난하는 광고를 제작해 방송국에 보냈으나 관영 텔레비전 채널들은 광고를 내보내지 않았다.

수르코프가 지휘하는 전략팀은 세세한 일까지 철저히 챙겼다. 크렘린은 오지 지역들의 투표자 수와 푸틴 지지표가 얼마인지 등을 상세히 보고하라고 지시했다. 극동지방의 하바로프스크시 당국은 부재자 투표를 하지 않는 입원환자는 강제 퇴원시켜 버리겠다고 협박했다. 상트페테르부르크시의 주택 업무 담당 관리는 투표율이 반드시 70퍼센트를 넘도록 하라고 지시하는 공문을 아파트 관리인들 앞으로 보냈다. 지방 관리들은 푸틴의 경쟁후보들이 아예 선거운동을 하지 못하도록 막았다. 예카테린부르크에서는 폭발물 협박 신고가 들어왔다는 이유를 들어 야당 후보의 유세를 중단시켰다. 이틀 뒤 니즈니 노브고로드에서는 야당 후보 유세장에 전기가 끊겼다. 선거에 대한 유권자들의 관심이 워낙 저조하다 보니 크렘린은 혹시라도 투표율이 50%를 넘기지 못할까 걱정했다. 투표율 50%를 넘겨야 선거 결과가 법적으로 유효하기 때문이었다.

만에 하나 그런 일이 생긴다면 큰일이었다. 푸틴의 핵심 측근 보좌관들은 푸틴을 대통령 자리에서 밀어낼 수 있는 가능성은 아예 씨를 말려야 한다고 생각했다. 선거를 새로 실시해야 하는 경우에는 총리가 대통령 권한대행을 맡기로 법에 명시돼 있었다. 미하일 카시야노프가 대통령 자리에 오른다는 말이었다. 호도르코프스키 체포를 비난했고, 푸틴이 보기에는 최고 통치자 자리를 노리는 자였다. 보리스 넴초프가 휴가를 함께 보낼 때 그에게 대통령 출마 권유를 한 일이 있었고, 푸틴은 그럴 가능성이 충분히 있다고 보았다. 실제로 카시야노프가 대통령 자리에 오를 가능성은 지극히 낮았지만 푸틴과 그의 측근들은 그럴 가능성이 있다고 보았다. 그리고 아무리 사소한 위험이라도 그대로 둘 수 없다고 생각했다.

2월 23일, 크렘린에서 열린 콘서트에서 카시야노프는 푸틴이 자기를 대하는 태도가 냉랭하다는 느낌을 받았다. 공연 중간 휴식시간에 푸틴은 한쪽 구석에서 FSB 국장 니콜라이 파트루셰프와 귓속말을 주고받았고, 자기는 의도적으로 피하는 것 같았다. 이튿날 푸틴은 카시야노프를 크렘린 집무실로 단독으로 불러 해임을 통보했다. 해임사유는 발표되지 않았을 뿐만 아니라, 카시야노프 본인에게도 말해 주지 않았다. 그는 너무 놀라운 일이어서 푸틴이 하는 말을 언뜻 알아듣지 못했다. 3월에 재선되고 나면 자연스럽게 후임 총리를 지명할 수 있을 것이기 때문에, 갑자기 지금 당장 물러나라는 말을 할 까닭이 없다고 생각했다. 푸틴으로서는 무엇보다도 중요한 조치였다. 정부의 연속성보다 정치적 안정을 우선시한 것이었다. 전임자인 옐친과 마찬가지로 그도 충격을 극대화하고 언론의 관심을 자기한테 집중시키기 위해 깜짝 인사를 단행했다.

다른 고위인사들도 전혀 미리 눈치 채지 못했다. 다만 푸틴은 새 정부가 어떤 식으로 구성될지 유권자들이 미리 알 필요가 있다는 말을 했다. 선거결과가 어떻게 나올지 자기는 알고 있다는 점을 강조하는 말이기도 했다. 후임자는 곧바로 발표하지 않았는데 그 때문에 설왕설래가 무성했다. 3주 뒤로 다가온 대통령 선거가 아니라, 푸틴이 두 번의 임기를 마치는 2008년에 누가 그의 뒤를 이을지가 사람들의 더 큰 관심사였다. 많은 정치인과 분석가들이 카시야노프의 후임 총리로는 푸틴이 옐친의 후계자가 된 것처럼, 푸틴의 정치적 후계자가 임명될 것으로 내다보았다. 하지만 푸틴의 생각은 달랐다. 그는 후계자 감을 총리로 임명할 생각이 없었다. 그렇게 하면 그 사람이 자력으로 자신의 정치적 위상을 키우는 셈이 되기 때문이었다. 사람들은 자연스럽게 푸틴 없는 러시아를 떠올리게 될 것이고, 그런 사태가 오기에는 아직 시간이 너무 일렀다.

푸틴은 일주일을 끌며 사람들의 궁금증을 더 부채질했다. 푸틴의 크렘린 내 진영에 이목이 모아졌다. 알렉세이 쿠드린이 이끄는 민주세력과 세르게이 이바노프가 이끄는 실로비키들이 각자 푸틴의 옷자락을 잡고 정치적 영향력을 키우려고 애쓰고 있었다. 하지만 푸틴은 누구도 예상치 못한 사람을 임명했다. 양대 진영 어느 한 쪽에 들어 있는 인물도 아니었다. 선거일을 불과 2주 앞두고 의회지도자들과의 회동이 있었다. 헌법에 총리 임명을 의회와 협의토록 명시되어 있었기 때문이다. 그 자리에서 푸틴은 미하일 프라드코프를 새 총리로 임명할 것이라고 밝혔다. "순간 침묵이 흘렀습니다. 프라드코프가 누군지 모르는 사람들도 여럿 있었기 때문입니다." 회동 참석자 가운데 한 명이 베도모스티 신문 기자에게 이렇게 말했다. 대머리에 아래턱이 발달한 프라드코프는 소련 시절 대외경제부에서 출발해 내내 사람들의 눈에 띠지 않는 직책을 거쳐 왔다. 그를 후원해 주는 사람도 없고, 지역적 기반도 없었으며 두드러진 정책적 소신도 없었다. 1999년 푸틴이 총리로 발탁되었을 때처럼 아무 색채가 없는 선택이었다. 프라드코프 본인도 놀란 것 같았다. 푸틴은 주말에 그와 첫 통화를 했다. 푸틴이 신임 총리를 발표할 당시 그는 유럽연합EU 특사로 파견돼 브뤼셀에 있었다. 이튿날 모스크바로 돌아온 그는 자신이 총리직을 수행할 만한 자질이나 비전을 갖고 있지 못하다는 말을 했다. 하지만 총리 자질이 필요한 것이 아니었다.

푸틴이 새 총리 임명을 통해 차기 정부의 노선을 보여주려고 한 것이라면 그 노선은 누가 보더라도 분명하게 드러났다. 프라드코프 지휘 아래 구성될 내각은 두마나 연방위원회 못지않게 순종적인 성격을 띠게 될 것이 분명했다. 프라드코프는 개인적인 야심이 전혀 없는 사람이었고, 굳이 분류하자면 푸틴이 대통령이 되고 나서 모스크바로 끌어 모은 전직 정보기관 간부 그룹에 속했다. 모스크바 기계장비설계연구소를 졸업했는데 경력에 묘한 공백기가 있었다. 그리고 영어와 스페인에 능통하고, 1970년대 인도 주재 소련대사관에서 경제참사관으로 근무한 것으로 미루어 KGB와의 관련 가능성이 높아 보였다. 본인이 KGB 관련설을 시인도 부인도 하지 않았기 때문에 위장 신분으로 활동했을 것으로 추측됐다. 당시 많은 KGB 요원들이 대외무역 분야에서 위장 신분으로 활동했다. 그의 임명 사실을 발표하면서 푸틴은 프라드코프가 보안기관에서 근무한 훌륭한 행정가라고만 소개했다. 첫 번째 임기 내내 푸틴은 보안기관 근무 경력이 있는 인사들을 중용했다. 어떤 때는 정부 고위직의 70퍼센트까지 군과 경찰, 정보기관 출신자들이 차지하기도 했다. 그리고 이들 가운데 다수는 KGB 근무 경력을 갖고 있었다. 프라드코프는 정해진 틀을 벗어나지 않았다. 사실 푸틴은 이 단조롭고 호감이 쉽게 가지 않는 아파라치키 출신의 총리를 여러 해 전부터 알고 있었지만, 그런 사실을 아는 사람은 별로 없었다. 그는 1990년대 초에 상사인 표트르 아본과 함께 대외무역부 상트페테르부르크 사무소에서 근무했는데, 그때 푸틴이 시에 식품 공급을 위해 추진한 문제의 교환 거래를 승인해 주었다. 표트르 아본은 이후 러시아에서 가장 부유한 금융인 가운데 한 명이 되었다.

카시야노프와 그의 전임인 볼로신은 옐친 시대의 유산을 대변했다. 그들은 각자 야심이 있고, 이해관계, 정치기반도 가진 관료들이었다. 하지만 이제 이런 인사들은 사라지고 없었다. 크렘린 안에는 경쟁과 분파가 남아 있었지만 그마저도 사라지게 됐다. 푸틴은 프라드코프를 총리로 임명함으로써 자기한테 철저히 복종할 하위급 인사들을 요직으로 승진시키는 작업을 마무리하고 정치적 장악력을 확고히 했다. 신임 총리 발표 닷새 만에 두마는 9명만 발언자로 나서 형식적인 토론을 거쳐 프라드코프 인준안을 통과시켰다. 프라드코프는 자신이 추진할 정책에 대해 지극히 막연하고 틀에 박힌 입장만 밝혔다. 그는 푸틴의 명령을 수행하기 위해 그 자리에 온 것이었고, 그런 사실을 모두가 알고 있었다. 인준안은 찬성 352대 반대 58, 기권 24표로 가결되었다.

푸틴의 재선은 수르코프 팀이 작성한 각본대로 진행됐다. 그는 총 투표수의 71퍼센트를 얻어 승리했다. 무명인 공산당 후보 니콜라이 하리토노프가 13퍼센트 득표로 한참 뒤쳐진 2위를 차지했다. 투개표 부정의혹이 곳곳에서 드러나고 증거도 많이 나왔으나 크렘린은 선거 부정 관련 수사는 일체 진행되지 못하게 막았다. 일부 지역에서는 투표율과 푸틴의 득표율이 믿기 힘들 정도로 높게 나왔다. 전쟁으로 파괴된 체첸에서도 92퍼센트가 푸틴에게 투표한 것으로 나왔다. "투표장에 안 간 사람은 마스하도프와 바사예프 두 명뿐인 것 같다." 부정선거 의혹을 제기하면서 하리토노프는 이렇게 빈정댔다. 자기를 찍은 표들이 무더기로 푸틴 표로 집계되었다고도 했다. 18세기, 19세기에 러시아 제국에 의해 정복당한 북부 코카서스 지방에서도 차르에게 공물을 바치던 것처럼 이러한 선거결과들이 모스크바로 보고됐다. 다게스탄에서도 푸틴이 94퍼센트를 얻었다.

카바르디노발카르공화국에서는 96퍼센트, 잉구세티야공화국에서는 98퍼센트가 나왔다. 투표율과 푸틴의 득표율이 모두 99.9퍼센트를 넘어선 선거구도 여럿 있었다. 하지만 그런 결과를 보고 크렘린에서 누구 하나 당황스러워하는 사람이 없었다.

모스크바에서 투표가 종료되고 불과 몇 분 후에 크렘린에서 알렉산드르 정원을 지나서 있는 마네즈나야 광장의 신고전주의 건축물에서 화재가 발생했다. 불길은 순식간에 번져 지붕의 목조 서까래를 태우고 건물 전체를 삼켜 버렸다. 긴급뉴스로 나오는 텔레비전 화면은 마치 크렘린이 불타는 것 같은 착각을 불러일으켰다. "블라디미르 푸틴이 선거에서 승리하는 날, 크렘린 입장에서는 국민들에게 보여주고 싶지 않은 장면"이었다고 어떤 신문은 썼다. 푸틴은 크렘린에 있는 대통령 관저에서 이 광경을 지켜보았다. 선거 승리 연설을 취소했고, 국영 방송들도 시내 중심가에서 생방송으로 화제 뉴스를 전하면서 배경에 화재 현장 사진을 내보내지 않을 수 없었다. 지붕이 무너져 내리며 어설픈 폭죽처럼 불붙은 장작더미들이 하늘로 날아오르는 것을 보고 어처구니없게도 군중들은 환호성을 냈다. 떨어지는 서까래에 맞아 소방관 두 명이 목숨을 잃었다. 당국에서는 누전이나 용접 불길이 잘못 튀어 화재가 난 것으로 추정했다. 일요일 저녁에 그곳에서 아무도 작업한 사람이 없었기 때문에 방화 가능성도 제기됐으나 화재 원인은 끝내 밝혀지지 않았다. 사람들은 화재를 불길한 징조로 받아들였다.

"나는 우리 국민들이 이룬 민주적인 성과물들을 어떤 일이 있어도 지켜나갈 것을 약속합니다." 푸틴은 투표일 밤에 검정 터틀넥 스웨터 차림으로 선거운동 사무실에 잠간 모습을 드러내고 이렇게 말했다. 승리 축하

연이나 환호성은 없었다. 특별히 흥분한 모습을 보이는 이도 없었다. 재임에 성공한 이튿날 아침 푸틴은 조지 부시 대통령, 토니 블레어 총리, 자크 시라크 대통령, 게르하르트 슈뢰더 총리, 고이즈미 준이치로 총리로부터 축하전화를 받았다. 하지만 유럽안보협력기구OSCE에서 파견한 선거감시단은 기자회견을 갖고 이번 선거를 "민주적인 선거문화와 관리당국의 책무, 책임감이 결여되었음을 보여준 선거"로 규정했다.

푸틴이 재선됨에 따라 러시아의 민주세력들은 사기가 꺾였다. 총선 때부터 시작된 연이은 참패에 민주 정당들은 무엇이 잘못된 것인지 심각한 자기반성에 들어갔다. 2003년 두마 총선 때 시베리아 바르나울 선거구에서 무소속으로 당선된 블라디미르 리즈코프는 이를 '민주세력의 붕괴'라고 불렀다. 그는 러시아 민주세력들이 누렸던 명성은 소련 붕괴 이후 나타난 부정적인 결과들로 인해 빛이 바랬다고 했다. 사이비 자본주의로 넘어가는 과도기에 나타난 혼란과 갖가지 범죄행위 속에 수백만 명이 굶주리며 소련 시절의 안정된 생활을 그리워하게 되었다는 것이다. 당시의 이데올로기적인 억압과 경제침체 시절로 돌아가는 것은 원치 않으면서도 사람들 사이에 과거에 대한 향수는 강하게 번져나갔다. 푸틴은 초기 민주세력 가운데 한 명인 소브차크 시장과 함께 일했고, 1990년대 러시아를 이끈 옐친의 후계자였다. 그래서 경제회복에 대한 공로와 사람들이 개인의 자유를 누릴 수 있도록 해준 공을 차지했다. 민주세력 지도자들은 푸틴이 선거를 도둑질하고 민주적인 절차를 무시하고, 민주주의 자체를 망치고 있다고 비판했다. 하지만 야블로코, 우익세력연합과 같은 민주세력 정당 지지자들이 이들 정당의 후보가 아니라 푸틴에게 투표한 것이었다.

리즈코프는 "러시아 국민 다수가 이 나라의 민주세력 지도자로 제일 먼저 푸틴을 꼽은 것"이라고 한탄했다.

선거결과에 대한 가장 심각한 반성은 예상치 못한 곳에서 터져 나왔다. 바로 미하일 호도르코프스키가 갇혀 있는 비좁은 감방에서였다. 그는 벌써 5개월째 수감생활을 하고 있었고, 재판에 대비해 변호사들과 함께 수백 쪽에 달하는 검찰의 공소장을 꼼꼼히 들여다보며 대책을 논의했다. 그는 법원 심리에서는 발언을 별로 하지 않고, 대신 감방 안에서 러시아의 정치와 비즈니스가 앞으로 어떻게 진행되어 나갈지에 대해 숙고했다. 그동안 정치인들에게 많은 돈을 대주었는데, 모두들 총선과 대선에서 자기가 맞서려고 한 사람한테 참패하고 말았다. 그와 맞서는 게 얼마나 무모한 짓인지 이제는 알 것 같았다. 푸틴의 재선이 확정되고 난 뒤 그는 변호사와 주고받은 메모를 모아서 베도모스티 신문에 장문의 기고문을 실었다. 일종의 처방전이면서 참회록이었다. 자신을 포함해 러시아의 민주세력이 어떤 잘못을 저질렀는지에 대한 통절한 반성을 담았다. "대기업들이 사회에 이득이 되는 일보다 자신들의 이익을 더 우선시했다. 정치권력에 가까이 다가가고, 사람들에게는 권력에 대해 거짓말을 함으로써 정치를 왜곡시켰다. 민주주의를 외치면서 전체 국민의 10퍼센트에게만 관심을 두었고, 고통 받는 나머지 사람들의 삶에 무관심했다. 민주세력들이 사실상 두 손을 들고 항복했다. 이러한 사태를 가져온 것은 민주세력들이 저지른 잘못일 뿐만 아니라, 그들이 안고 있는 문제이기도 하다."

호도르코프스키의 공개서한은 옥중 반성문인 동시에 관용을 베풀어달라는 호소문이었다. 그러면서 러시아 정치와 사회에 대한 날카로운 분석을 담고 있었다. 그는 푸틴에 대해 이렇게 썼다. "그는 민주주의를 신봉하지도 않고 민주적인 사람도 아닐지 모른다. 하지만 그래도 그는 러시아 국민 70%보다는 더 민주적이고, 민주주의가 좋다고 생각하는 사람이다."

호도르코프스키는 모스크바 극장 인질 구출사건에 푸틴 대통령의 책임이 있다고 주장하는 신문 전면광고를 게재한 야당 후보 이리나 하카마다에 대해 이렇게 지적했다. "이제 대통령의 정당성에 의문을 제기하는 쓸데없는 시도는 그만두어야 한다. 우리가 그를 좋아하든 싫어하든 관계없이 이제는 그가 한 개인이 아니라 국가원수라는 사실을 인정해야 할 때다. 대통령은 국가의 안정과 통합을 지켜주는 하나의 제도이다. 이 제도가 또 붕괴된다면 신이 용서치 않을 것이다. 1917년 2월혁명이 또 일어난다면 러시아는 살아남지 못한다. 정부가 없는 것보다는 나쁜 정부라도 있는 게 더 낫다는 것은 역사를 보면 알 수 있다."

전통적으로 9월 1일은 러시아 전역에서 개학날이다. 그래서 이 날을 '배움의 날'로 부른다. 학부모들은 옷을 차려 입고, 새로 만나는 선생님들에게 건넬 꽃다발과 여러 가지 선물을 챙겨 아이들을 따라 학교에 모인다. 2004년 여름이 막바지로 접어들고 러시아 전역에서 개학식이 열리고 있었다. 북오세티야공화국의 작은 도시 베슬란에 있는 스쿨 No.1도 마찬가지였다. 북오세티야는 코카서스 지역의 중심에 위치해 있으며 주민 대다수가 러시아정교회 신자이다. 1200명이 넘는 사람들이 학교 운동장에 모여 있던 아침 9시에 군용트럭 한 대가 나타나더니 화물칸을 덮은 방수포 밑에서 군복 차림의 군인들이 뛰어내렸다. 이들은 소총으로 공포탄을 쏘며 "알라후 아크바르!"신은 위대하다라고 외쳤다. 총을 든 괴한들은 사람들을 모두 운동장 가운데로 모은 다음 체육관으로 몰아넣었다. 체육관에는 폭발물을 설치했다. 복면을 한 괴한들 가운데는 그로즈니에 있는 학교에서 같은 반 친구 사이인 여성 두 명이 있었다. 이름이 마리암 타부로바와 로사 나가예바인 이들은 이전에 일어났던 민간 항공기 폭파와 모스크바 지하철 폭발 사고와 관련이 있었다.

크렘린의 체첸 전략은 실패를 거듭하고 있었다. 가라앉은 분위기 속에서 푸틴 대통령의 두 번째 임기가 시작되고 이틀 뒤인 2004년 5월 9일, 새로 지은 그로즈니 시내 축구경기장 기둥 안에 몰래 설치된 폭탄 한 발이 터졌다. 공화국의 지도급 인사들이 나치에게 승리한 날을 기념하는 제59회 승리의 날 기념 퍼레이드를 참관하기 위해 경기장에 모여 있었다. 폭탄이 터지며 체첸공화국 대통령인 52세의 아흐마드 카디로프를 비롯해 13명이 숨졌다. 카디로프는 제1차 체첸전쟁 때 러시아군에 맞서 싸웠으나 아슬란 마스하도프가 대통령이던 시기에 이슬람 과격주의에 반대하며 그와 결별했다. 법학자이면서 존경받는 지휘관이었던 카디로프는 체첸과 러시아를 다시 통합시키려는 푸틴의 입장을 지지했다. 그런 카디로프가 이제 죽었고, 부족사회 전통에 따라 후계자가 될 사람은 그의 아들 람잔뿐이었다. 그는 한때 부친의 운전기사, 경호원으로 일하기도 했고, 나중에는 부하 몇 명을 데리고 반군을 무자비하게 살육하는 난폭한 전사로 유명했다.

푸틴은 카디로프가 숨진 그날 람잔을 크렘린으로 불렀다. 그는 운동복 차림에 꾀죄죄한 몰골로 나타났다. 겨우 27살이었고, 체첸 새 헌법에 따르면 대통령이 될 연령이 되지 않았다. 하지만 푸틴은 그를 총리로 임명해 서른이 되면 대통령이 될 수 있도록 기반을 만들어 주었다. 반군들은 람잔까지 죽이겠다고 선언하고 웹사이트에 이렇게 올렸다. "예언가 노스트라다무스가 아니라도 람잔 카디로프의 운명이 어떻게 될지는 쉽게 맞출 수 있을 것이다." 5월의 폭탄 테러가 일어나고 이틀 뒤, 푸틴은 극비리에 체첸으로 가서 카디로프의 장례식에 참석했다. 그는 그로즈니의 폐허 위를 헬기로 날아가며 두 눈으로 직접 파괴의 현장들을 보았다. 공식 피해 통계에 집계되지 않은 처참한 모습들이었다. 그는 모스크바로 돌아오자 각료회의를 소집하고 파괴된 체첸공화국 재건을 위해 박차를 가하라고 지시했다. 그리고 그로즈니에 사는 사람들은 다 아는 이야기를 이렇게 했다. "우리가 노력한다고 했지만 헬기로 내려다보니 너무도 처참하더라." 현장을 보고 충격을 받은 모습이었다.

베슬란 현지 당국은 어떻게 손을 써야 할지 엄두를 못 내고 있었다. 경찰 지휘부는 처음에 학교 안에 난입한 인질범들과 연락이 닿지 않는다고 했다. 그런데 인질범 가운데 한 명은 학교 전화로 뉴욕타임스의 니콜라이 칼립 기자와 통화하며 자기들이 샤밀 바샤예프 휘하에 있다고 했다. 바샤예프는 러시아 당국이 내린 수배자 명단에서 제일 상위에 올라 있는 인물이었다. "콧물이나 좀 닦으시오." 인질범은 칼립 기자에게 이렇게 말하며 여유를 부렸다. 얼마 뒤 겁에 질린 여성 한 명이 쪽지를 들고 학교 안에서 모습을 나타냈다. 북오세티야공화국 지도자와 인근의 잉구세티야공화국 지도자, 그리고 모스크바 극장 인질사건 때 중재역할을 한 의사 레오니드 로샬을 협상 중재자로 요구하는 내용이었다. 쪽지에는 만약에 인질범이 한 명이라도 사살되면 그때마다 인질 50명씩 총살시키겠다는 경고도 적혀 있었다. 저녁부터 인질범들은 인질들을 2층 교실로 몰아넣고 한명씩 사살한 다음 시신을 창밖으로 던졌다.

인질 사태가 시작된 날 아침 푸틴은 바다에서 이른 수영을 즐겼다. 하지만 사건이 터지며 계속 소치에 있을 수 없어 모스크바로 돌아왔다. 한 보좌관은 그가 기분이 매우 상해 있었다고 했다. 어떻게 중무장한 반군들이 학교를 통째로 장악하도록 보안에 완전히 구멍이 뚫릴 수 있느냐고 계속 불만을 터트렸다는 것이다. 푸틴은 그날부터 크렘린에 머물며 가끔 예배당에 가서 기도를 올렸다. 기도하는 사실은 외부에 공개했다. 그러면서 시간이 없어 매일 하는 운동을 제대로 못한다고 투덜거렸다. 공식 행사에도 잠간씩 모습을 내비쳤다. 9월 2일에는 요르단의 압둘라 국왕을 만난 자리에서 인질들의 목숨을 지키는 것을 최우선 과제로 삼겠다고 공언했다. FSB에 특수임무를 수행하는 특공대 10개 조를 베슬란에 투입하라는 지시를 내렸다는 말도 했다. 푸틴은 정부가 차분하게 대응하고 있다는 인상을 주려고 했지만, 비극적인 사태를 맞아 당국이 제대로 움직이지 않는다는 느낌을 주어 사람들 사이에 공포와 혼란을 더 부채질했다.

베슬란과 모스크바 당국은 인질 354명이 잡혀 있다고 밝혔지만 현지에 있는 사람들은 인질이 그보다 더 많다는 사실을 다 알고 있었다. 학교 밖에 모인 사람들은 텔레비전 화면을 통해 인질이 800명은 되는 것으로 보고 푸틴에게 사태를 평화적으로 해결해 달라고 당부했다. 푸틴이 체질적으로 평화적인 해결보다는 다른 방법을 찾으려고 할 것으로 보았기 때문이다. 체육관 안의 인질범들은 인질 수를 줄인 국영 텔레비전 보도를 보면서 화가 치밀었다. 이들은 인질 수가 354명이 될 때까지 인질들을 죽이겠다고 위협했다. 푸틴 집권 내내 보조를 같이 해 온 경찰과 내무부, FSB 등 보안 관련 기관들 모두 어쩔 줄 몰라 했다. 이들은 푸틴 정권을 지키는 것을 우선적인 임무로 생각했지만, 동시에 학교 안에 인질로 잡힌 학생과 학부모들을 지키는 것도 그것 못지않게 중요한 일이라 생각했다. 극장 인질사건 때 테러범들과 협상에 나섰던 안나 폴리트코프스카야는 망명 중인 체첸 반군 지도자들에게 다시 한 번 중재를 부탁하려고 나섰다. 하지만 그녀는 베슬란까지 자동차로 갈 수 있는 공항으로 비행기를 타고 가는 도중에 몸이 아팠다. 마신 차에 누가 독극물을 탄 게 분명하다고 생각했다. 전쟁 초기 당국에 체포돼 많은 논란을 불러일으킨 안드레이 바비츠키 기자도 모스크바 공항에 억류되었다. 베슬란에서 학교를 어처구니없이 인질범들에게 넘겨준 당국은 고분고분하지 않은 기자들의 접근을 막는 데 혈안이 되었다.

인질극이 이틀째로 접어들면서 당국은 어떻게 해야 할지 갈피를 잡지 못하는 모습이었다. 중간 중간 폭발물 터지는 소리와 총격이 오가며 긴장은 높아져 갔다. 안에서 무슨 일이 벌어지는지 모르고 그저 우왕좌왕하기만 했다. 푸틴은 러시아의 최고 권력자로 자리를 확고하게 다졌지만, 이러한 '수직적인 권력'은 위기의 순간에 공권력이 효과적인 대응을 못하고 마비되도록 만들었다. 질책을 들을까 무서워 누구도 선뜻 나서려고 하지 않았다. 푸틴은 테러범들과는 절대로 협상하지 않겠다는 원칙을 밝혔지만, 처음으로 보좌관들에게 대화를 통해 인질극을 끝낼 방법이 있는지 검토해 보라고 지시했다. 이 과정에서 푸틴 자신은 한발 물러서 있겠다는 것이었다.

푸틴은 현지 주지사인 알렉산드르 자소호프에게 망명 중인 아슬란 마스하도프의 대리인 아흐메드 자카예프와 접촉할 것을 지시했다. 자소호프는 이웃 잉구세티야공화국의 대통령을 지낸 루슬란 아우셰프를 통해 자카예프와 접촉했다. 아프가니스탄에서 싸운 소련군의 전쟁영웅인 아우셰프는 체첸의 독립운동을 옹호하는 입장을 취하면서도 자기 지역에서는 저항운동이 일어나지 않도록 철저히 단속했다. 아우셰프는 인질극이 시작된 이튿날 베슬란에 도착해 인질범들과의 접촉에 나섰다. 접촉을 시작한 지 15분 뒤에 그는 학교 안으로 들어오도록 허락을 받았다. 현장으로 들어간 최초의 당국자였다. 그의 눈에 들어온 현장은 처참했다. 인질범들은 인질들에게 먹을 것과 마실 것도 주지 않았다. 자신을 대령이라고 부르며 지휘자라고 나선 자는 아우셰프에게 손으로 갈겨쓴 요구사항을 내밀었다. 체첸의 독립을 허용하고, 러시아군은 체첸에서 철수하라는 것이었다. 그리고 독립국 체첸은 독립국가연합의 일원으로 참여할 것이며, 루블화를 공식화폐로 쓰고, 러시아군과 함께 질서회복에 나선다는 내용도 들어 있었다. 쪽지는 받는 사람을 '러시아연방대통령 각하에게'라고 쓰고, 보내는 사람은 '알라의 종인 샤밀 바사예프의 이름으로'라고 썼다. 요구사항 중에 푸틴이 받아들일 수 있는 내용은 하나도 없었다. 하지만 아우셰프는 갓난아기와 아기 어머니들을 먼저 내보내주면 요구사항을 전달하겠다고 약속했다. 인질범 가운데 한 명이 푹푹 찌고 악취가 진동하는 건물 안에 인질 1020명이 있다는 말을 했다. 아우셰프는 그들을 설득해 인질 26명을 데리고 나올 수 있었다. 여성 11명과 아기 15명이었다.

아우셰프는 대책본부로 돌아오자 곧바로 런던에 있는 자카예프와 통화했다. 자카예프는 자기와 마스하도프가 도울 용의가 있다고 하면서 마스하도프가 베슬란을 찾아가 인질범들과 대화하려면 러시아가 안전통로를 보장해 주어야 한다고 했다. 아우셰프는 러시아 당국이 이미 학교를 급습할 작전을 세워놓았다는 사실을 알고 있었다. 사실은 푸틴의 명령에 따라 특공대 2개 팀이 현장에서 멀지 않은 곳에 비슷한 학교 건물을 만들어놓고 공격 훈련을 하고 있었다. 아우셰프는 협상을 진행하는 과정에서 인질을 추가로 데리고 나올 수 있을 것으로 생각했다. 사흘째인 9월 3일 아침에 그는 이미 살해된 인질들의 시신을 학교 밖으로 가져 나올 수 있도록 인질범들과 합의했다. 합의에 따라 창밖으로 내던져진 시신들은 이미 부패되고 있었다. 오후 1시에 재난대책부 소속 요원 4명이 앰뷸런스에서 내려 시신을 수습하기 시작하는데 요란한 폭발음이 체육관 건물을 뒤흔들었다. 22초 뒤에 두 번째 폭발음이 울렸다. 폭발로 건물 지붕이 날아가고 벽에는 큰 구멍이 뚫렸다.

수십 명이 그 자리에서 숨졌고 살아남은 사람들은 걸려 넘어지고 하면서 놀라 달아나기 시작했다. 건물 밖에 있는 군인들이나 안에 있는 인질범들 모두 무슨 일이 일어났는지 제대로 알지 못한 채 10분 넘게 치열한 총격전을 벌였다. 지붕이 불길에 휩싸였고 불붙은 서까래들이 안에 있는 사람들 위로 쏟아져 내렸다. 나중에 러시아 군인들이 학교 안을 향해 총을 쏘기 시작하며 공격이 시작됐다는 음모론이 제기됐지만 공격이 시작되었을 당시 학교 밖에 있던 군인들은 아무도 공격을 시작할 준비가 되어 있지 않았다. 군인들 대부분이 방탄조끼도 입지 않았고 건물 주위에 보안지대도 설치하지 않았다. 앰뷸런스나 소방차도 대기시켜 놓지 않았다. 사냥총을 든 현지 주민들이 총격전에 가담해서 마구잡이로 총을 쏘고, 아이들을 구하기 위해 십자포화 속으로 뛰어들기도 했다.

끔찍한 대혼란은 전 세계 텔레비전으로 생중계되어 나갔다. 러시아 방송들만 빠졌다. 러시아 방송은 수시로 정규 프로그램을 중단하고 중간 중간 진행상황을 짤막하게 보도했고, 대학살이 벌어지는 가운데 상황을 축소해서 내보내기에 급급했다. 상황을 해결하기 위해 푸틴 대통령은 물론

정부의 고위당국자 누구도 나서지 않았다. 총알이 난무하고 폭발물이 여기저기 터지는 가운데 프라드코프 총리는 모스크바에서 사유화 계획 추진상황을 논의하는 관계 부처 회의를 주재했다. 전투의 클라이맥스는 그날 밤 11시 15분에 일어났다. 러시아 탱크 한 대가 학교 안으로 포탄 한 발을 발사해 지하에 숨어 있던 인질범 3명을 사살한 것이다. 러시아 관영 텔레비전 방송들은 그보다 세 시간 전에 사태가 완전히 진압되었다고 보도했다. 상황이 종료되었을 때는 인질 334명이 숨졌는데, 그 가운데 186명이 어린이였다. 인질을 구하러 들어간 러시아 특공대원 10명이 숨지고 테러범 30명이 숨졌는데, 그 가운데는 여성인 마리암 타부로바와 로사 나가예바도 들어 있었다. 이들의 룸메이트들이 두 대의 민간 항공기를 폭파함으로써 피의 연쇄테러를 시작했다. 인질범 한 명은 체포되어 나중에 재판에 넘겨졌지만, 나머지는 혼란을 틈타 도주한 것으로 추정됐다. 사망자 수가 불과 이틀 전 국영 텔레비전에서 되풀이해서 내보낸 인질 숫자보다 많았기 때문에 진실을 계속 숨기기는 힘들 것 같아 보였다. 공식발표에 대한 사람들의 불신은 계속 커졌다. 사람들은 사망자 수와 인질범들의 향방, 끔찍한 결말을 불러온 교전이 시작되게 만든 두 차례 큰 폭발이 왜 일어난 것인지에 대해 정부가 계속 거짓말을 한다고 생각했다.

푸틴은 9월 4일 새벽 크렘린을 떠나 베슬란으로 향했다. 동틀 무렵 도착해 병원에 들러 부상자들을 먼저 위로한 다음 북오세티야공화국 대통령 알렉산드르 자소호프를 만나 짤막한 위로 인사를 건넸다. "오늘 여러분들을 위해 러시아 국민 모두가 애도합니다." 그는 곧바로 인질극에 책임 있는 모든 자들을 반드시 처단하겠다는 말을 했다. 그는 주민들을 위로하러 간 것이 아니라, 자기도 위로받아야 하는 사람이란 이미지를 만들기 위해서 그곳에 갔다. 베슬란 주민들은 단 한 차례도 만나지 않았다. 카메라 기자들을 위해 연출된 만남도 하지 않았다. 주민들은 엄청난 충격과 고통 속에서, 그리고 흥분된 상태로 학교 바깥에서 밤을 꼬박 샜다. 이들은 정부가 계속 거짓말을 한다고 비난했다. 푸틴은 모스크바로 돌아와 전 국민들을 상대로 텔레비전 연설을 했다.

그날 저녁 사람들이 텔레비전을 켰을 때 푸틴은 평소답지 않게 충격을 받은 모습이었다. 그는 나무판자 벽과 러시아 국기를 배경으로 혼자 서서 연설했다. "지금은 정말 말하기도 힘들 정도입니다. 너무도 끔찍한 비극이 이 나라에서 일어났습니다. 가장 소중한 사람을 잃은 분들을 위해 러시아 국민 모두가 위로에 나서 주기를 바랍니다." 그는 이렇게 말하며 머리를 가볍게 숙였다. 하지만 사과한다거나 자기에게 책임이 있다는 말은 한마디도 하지 않았다. 자기가 추진해 온 체첸 정책이 옳았다거나 하는 설명도 하지 않고, 앞으로 어떻게 하겠다는 말도 하지 않았다. 체첸이라는 말은 아예 입에 올리지 않았다. 대신 러시아 역사에 대한 독백을 한 대목 소개했다. 벌써 13년이 지난 소련 시절에 대한 깊은 향수를 담은 독백이었다. 통합과 안보가 유지됐던 시절에 대한 향수였다. 그는 전에도 소련 시절의 실패와 범죄행위는 버리되 그 역사는 존중해야 한다는 말을 했다. 베슬란 인질극이 소련이 갖고 있던 그 강력한 힘을 지키지 못해서 일어난 것이라고 말하고 싶은 것이었다.

그는 마치 러시아 역사를 강의하는 교수라도 된 것처럼 길게 말을 이어갔다. "러시아는 역사적으로 비극적인 페이지가 너무도 많고, 힘든 시련도 많이 겪었습니다. 지금 우리는 거대하고 위대한 조국이 해체된 이후의 상황에서 살고 있습니다. 불행하게도 위대했던 조국은 급변하는 세계에서 살아남기 힘든 나라였습니다. 하지만 우리는 모든 어려움을 이겨내고 그 위대한 조국 소련이 가졌던 핵심적인 요소들을 지켜낼 수 있게 되었습니다. 그렇게 해서 탄생한 새로운 조국이 바로 러시아연방입니다. 우리는 모두 더 나은 쪽으로의 변화를 원하면서도 그런 변화에 대한 준비가 전혀 되어 있지 않습니다. 왜 그렇겠습니까. 그것은 바로 사회 발전을 따라가지 못하는 과도기의 경제, 과도기의 정치체제 때문입니다. 우리는 지금 더 악화된 내부 갈등과 민족 갈등을 겪으며 살고 있습니다. 과거에는 지배 이데올로기에 의해 억제되었던 갈등들입니다. 우리는 그동안 국방과 안보 문제를 너무 소홀히 했고, 법집행 기구들이 부패하도록 방치했습니다. 한때 국경 수호에 최고의 시스템을 자랑하던 우리가 갑자기 동서 모두로부터 무방비 상태가 되고 말았습니다."

마치 자기가 그토록 자신했던 안전보장 약속을 지키지 못한 데 대한 자아비판 같았다. 무방비 상태의 국경을 언급함으로써 체첸 위협을 인정한 셈이 됐다. 그는 체첸전쟁을 전 세계적인 알카에다의 위협과 연결 지으려고 해왔다. 하지만 극단 이슬람이라는 공통점이 있기는 하지만 러시아에서 일어나는 테러는 자생적인 성격이 강했다. 그 뿌리는 19세기 재정 러시아가 코카서스 지방을 정복한 것으로 거슬러 올라간다. 하지만 푸틴은 학교 인질 테러가 러시아를 약하고 순종적인 나라로 만들고 싶어 하는 세력들의 도움을 받아 자행됐다고 믿었다. 그는 예언하듯 강경한 어조로 생존을 위해 온 나라가 뭉쳐야 한다고 했다. "어떤 자들은 우리를 갈기갈기 찢어서 말랑말랑한 파이조각처럼 만들고 싶어 합니다. 그리고 그걸 부추기는 자들이 있습니다. 핵 강대국인 러시아가 아직 자기들에게 위협적인 존재이기 때문입니다. 그래서 그 위협을 걷어내려는 것입니다."

마치 대단한 계시라도 받은 것 같은 말투였다. 하지만 테러와의 전쟁은 그가 다른 세계 지도자들과 공감하는 부분이었다. 러시아군이 체첸에서 자행한 잔혹한 행위에 대해 간혹 비판이 있긴 했지만, 바사예프와 그 추종세력이 저지르는 테러행위에 대해서는 어떤 지도자도 동조하지 않았다. 제1차 체첸전쟁이 끝나고 체첸이 독립선언을 했을 때 이를 인정한 국가는 아프가니스탄의 탈레반 정권뿐이었다. 하지만 2001년 9월 11일 테러 이후 미국은 탈레반 정권 전복에 나섰고 러시아도 이를 지원했다. 그런데 지금 푸틴은 러시아 역사상 가장 참혹한 테러공격에 대해 보이지 않는 배후의 적을 비난하고 나섰다. 외부의 위협 앞에서 러시아는 계속 무기력하게 당해 왔는데, 이제 강한 국가를 만들기 위해 가능한 모든 방법을 다 동원하겠다고 약속한 것이다.

푸틴은 베슬란 비극 이후 가진 대국민 연설에서 약속한 개혁조치에 곧바로 착수했다. 학교 인질 사태를 사전에 막지 못한 정보기관은 손대지 않았다. 인질들을 안전하게 구출해 낼 수도 있었을 협상과정을 망친 군과 경찰 지휘부도 문책하지 않았다. 대신 민주 정부의 흔적들을 모두 씻어내고 정치에 대한 크렘린의 통제를 한층 더 강화하겠다고 했다. 인질극이 비극적으로 끝나고 열흘 뒤인 9월 13일 푸틴은 주지사와 시장을 비롯해 러시아연방 내 많은 자치 지역과 연방공화국들이 대통령을 뽑는 지방선거를 모두 폐지한다고 발표했다. 소련연방 붕괴 이후 이들 지방 공화국 정부들은 모스크바의 직접 통제를 벗어나 자치권과 권력기반을 유지해 왔다. 앞으로는 이들 지방 대표를 대통령이 직접 임명하고, 지역 의회로부터 임명 동의를 받도록 했다. 자신이 임명한 후보가 동의를 받지 못하면 해당 지역 의회를 대통령이 해산할 수 있도록 했다. 또한 의회인 두마 450석 가운데 절반을 차지하는 지역구 대의원 선거도 폐지했다. 2003년 총선 이후 야당세가 위축되면서 무소속과 민주 세력들은 지역구 선거를 통해서만 의회에 진출할 기회가 있었다.

이 같은 조치는 푸틴이 권위주의적인 입장을 갖고 있지만 그래도 민주주의를 향해 한발 한발 다가가고 있다고 믿은 사람들을 충격에 빠트렸다. 이즈베스티야는 이 조치를 '9월혁명'이라고 불렀다. 푸틴을 비판하는 사람들은 위헌적인 조치라고 비난했다. 하지만 법률적인 문제 제기는 해봐야 소용없다는 것을 알기 때문에 포기했다. 가장 강력한 비판은 보리스 옐친이 했다. 모스코프스키예 노보스티와의 회견에서 옐친은 베슬란 사태 이후 러시아는 전혀 다른 나라가 되고 말았다고 한탄하며 이렇게 말했다. "우리는 1993년 국민투표로 채택한 새 헌법 정신을 포기하도록 가만히 있지 않을 것이다. 국민의 자유를 억압하고 민주적인 권리를 축소한다면 그것이야말로 테러범들에게 승리를 안겨주는 것이 되기 때문이다." 옐친은 자신이 후계자로 지명해 권좌에 앉혀준 푸틴에 대해 큰 실망감을 표시했다. 언론과 야당, 그리고 주지사들을 상대로 취한 조치들은 자신이 물려준 유산을 훼손시키는 행동이라고 보았다. 하지만 옐친이 공개적으로 푸틴에 대한 실망감을 크게 드러낸 것은 그 인터뷰가 마지막이 되었다. 옐친이 가졌던 도덕적, 정치적 권위는 푸틴의 러시아에서 힘을 쓰지 못했다. 이제 그의 시간은 지나갔고, 그의 후계자가 러시아를 다른 길로 이끌어 가고 있는 것이었다. 푸틴은 차근차근 전임자의 유산을 지워나갔다. 스탈린이 레닌의 유산을 지우고, 흐루시초프가 스탈린의 유산을, 브레즈네프가 흐루시초프의 유산을, 옐친이 고르바초프의 유산을 지운 것과 똑같았다.

푸틴의 새로운 조치로 가장 피해를 보게 된 주지사와 시장들이 한 명 두 명 푸틴의 제안을 찬양하기 시작했다. 과거 대통령의 제안들은 정부 내에서 심의과정을 거쳤다. 하지만 푸틴은 베슬란 참사를 핑계로 이번 조치들을 곧바로 시행토록 밀어붙였다. 푸틴은 민의를 따르면 혼란으로 가는 길밖에 없다고 생각했다. 사람들에게 자신들의 지도자를 선택할 권리를 줄 때는 철저히 통제된 절차를 통해 해야 한다는 게 그의 생각이었다. 그는 '발다이 클럽'Valdai Club이라는 이름의 연례토론행사를 개최하며 별장으로 초대한 외국 기자들에게 이렇게 말했다. "러시아 국민은 후진적입니다. 여러분이 사는 나라에서 하는 식의 민주주의에는 적응할 능력이 없습니다. 그렇게 되기까지는 시간이 걸릴 것입니다." 몇 주 뒤에 두마와 연방위원회 모두 크렘린의 권한을 강화시키는 법안을 통과시켰다. "납작 엎드리는 것 외에는 달리 할 일이 없습니다." 공산당 간부인 레오니드 도브로호토프는 이렇게 분위기를 전달했다. 푸틴에 대한 충성심에서인지 두려움 때문인지는 모르지만 러시아의 엘리트 대부분이 이러한 조치에 군말 없이 따랐다.

제15장

오렌지혁명

푸틴이 베슬란 사태에 관한 대국민 연설을 한 2004년 9월 5일 저녁 빅토르 유센코는 키예프 교외에 있는 고급 다차를 향해 은밀히 자동차를 운전해 가고 있었다. 우크라이나 대통령 선거에 출마한 그는 최근 들어 살해 위협을 느끼고 있었다. 경호원 없이 선거운동 책임자만 대동하고 우크라이나 KGB의 후신인 우크라이나 보안위원회SBU 국장 이호르 스메시코 장군을 만나러 가는 길이었다. 스메시코는 배석자 없이 단독으로 만나자고 했다. 모임을 주선한 사람은 스메시코의 부하인 SBU 부국장 볼로디미르 사추크였다. 사추크는 삶은 가재, 샐러드 안주와 함께 맥주, 보드카, 코냑을 차례로 내놓았다. 크게 문제 삼을 건 없어 보였다. 유센코는 이 보안기관 우두머리 인사 두 명과 기념사진을 한 장 찍은 다음 새벽 2시에 그곳을 떠났다. 그런데 그날 낮부터 몸이 아프기 시작했다. 두통이 심하고 등골도 아팠다. 며칠 지나며 증상은 더 심해졌고, 잘 생긴 얼굴은 색이 변하고, 물혹 같은 낭포가 퍼지며 심하게 일그러졌다. 고통이 너무 심해 그는 치료를 받기 위해 9월 10일 오스트리아로 갔다. 우크라이나 병원은 믿을 수가 없었기 때문이다. 여러 주 동안 증상을 지켜본 그곳 의사들은 그날 밤에 먹은 음식에 많은 양의 독극물이 들어 있었던 것으로 최종 결론을 내렸다. '2,3,7,8-테트라클로로디벤조-파라-다이옥신'TCDD이라는 맹독성 물질이 엄청난 량으로 들어 있었다는 것이다. 기록상으로 지금까지 사람의 몸에 투여된 양으로는 가장 많았다고 했다.

대통령 선거일은 2004년 10월 31일이었다. 10년 동안 대통령직을 수행해 온 레오니드 쿠츠마 대통령의 뒤를 이을 새 대통령을 선출하는 선거였다. 관료 출신의 쿠츠마는 개혁을 기치로 내걸고 1994년 대통령에 선출됐으나 이후 우크라이나가 민주주의와 자본주의로 이행해 가는 과정에서 권위주의적인 통치와 부패로 신망을 잃었다. 우크라이나는 그 기간 중 러시아와 마찬가지로 혼란과 부패, 빈곤과 범죄로 몸살을 앓았다. 하지만 러시아와 큰 차이점이 있었으니 바로 소련연방 붕괴와 함께 독립국가가 되었다는 점이었다. 많은 우크라이나 국민들은 소련연방 붕괴를 재앙이 아니라 해방으로 받아들였다. 모스크바의 족쇄에서 풀려나 독립국가로 재탄생하게 된 것이었다. 독립국가로서의 지위는 1917년 볼셰비키혁명 직후의 혼란기에 아주 짧은 기간 누려봤을 뿐이었다.

2004년 당시 우크라이나는 인구 4800만 명으로 옛 소련연방에서 농업 및 산업 중심지로서 두 번째로 크고 중요한 위치를 차지하는 나라였다. 하지만 역사적으로는 내전과 기근만 양산한 이오시프 스탈린의 집단화 정책에 의해 파괴되었고, 이후 대조국전쟁 때 나치에 의해, 그 다음에는 소련 해방군에게 점령당했다. 대조국전쟁 때는 전체 인구의 6분의 1이 넘는 3백만 명 이상이 목숨을 잃었다. 그로 인한 상처는 깊고 오래 지속되었으며, 민족과 국가의 정체성은 매우 허약한 상태로 남았다. 무엇보다도 우크라이나와 러시아인 주민들 사이에 지리적으로, 민족적으로 깊은 골이 파였다. 우선 소련연방 붕괴와 함께 찾아온 해방을 환호하며 반기는 사람과 연방 붕괴를 한탄하는 사람들로 갈라졌다. 우크라이나는 역사적, 문화적으로 러시아와 가까웠다. 하지만 독립하고 나서 몇 년 동안 형성된 국민정서는 옛 연방공화국들인 리투아니아, 라트비아, 에스토니아와 비슷했다. 이들 3개국은 50년의 소련 점령기를 끝내고 독립해 지금은 나토와 유럽연합 회원국이 되어 있다. 우크라이나도 자체 상징물을 채택하고 도시 이름도 우크라이나어로 바꾸었다. 수도 이름은 수 세기 동안 러시아어로 표기해 온 키예프Kiev를 우크라이나어 표기 키예프Kyiv로 바꾸었다.

재임 기간 동안 쿠츠마 대통령은 한쪽에는 러시아, 다른 한쪽에는 유럽연합과 나토 사이에서 균형적인 입장을 취했다. 러시아와 경제, 외교적으로 밀접한 관계를 유지하면서도 미국이 주도하는 다국적군의 일원으로 우크라이나군을 이라크에 파병해 사담 후세인 몰락 후의 이라크 재건작업을 지원했다. 국가가 방향을 제대로 잡지 못했고 쿠츠마 대통령 본인도 뚜렷한 방향과 확신 없이 오락가락했다. 그는 탐욕과 권력욕에 사로잡혀 올리가르히들의 손에 놀아난 정치가였다. 그렇다고 푸틴처럼 정치를 완전히 장악할 의지도 능력도 없었다. 내부 분열로 권력의 중심도 여러 갈래로 분산되었기 때문이다. 올리가르히들도 서로 원하는 것이 다르고 배경이 다르다 보니 그에게 온전히 충성을 바치지 않았다. 우크라이나 민주주의는 미성숙 단계에서 제멋대로 움직였으며 사악했다. 한 명의 강력한 지도자가 정치를 좌지우지하지도 못했다. 쿠츠마의 반대세력들은 국가의 통제권 밖에서 움직이는 텔레비전 채널-5의 지원을 받았다. 다양한 뉴스와 분석이 자유롭게 통용되었고 열띤 정치토론 문화가 자리 잡았다. 저명한 언론인 게오르기 곤가제 피살사건에 자신이 연루되었다는 혐의를 받은 쿠츠마 대통령은 반정부 시위를 진압하지 못하고, 진상조사를 요구하는 야당의원들의 요구도 막지 못했다.

2000년 곤가제의 머리 없는 시신이 키예프 교외의 숲에서 발견되었다. 그가 탐사보도 전문 온라인 신문을 창간해 권력의 부패상에 관해 연이어 보도한 지 불과 몇 달 지난 시점이었다. 그의 폭로기사는 쿠츠마의 측근 세력을 분노케 만들었다. 쿠츠마가 집무실에서 곤가제의 보도 내용과 관련해 보좌관들을 질책하며 대책을 세우라고 지시하는 대화 내용이 몰래 녹음되었다. 쿠츠마 대통령은 살인지시를 내린 적이 없다고 부인했으나 그의 정치생명은 큰 타격을 입었다. 그의 두 번째 임기는 2004년에 끝나기로 되어 있었다. 그가 집권 연장을 위해 개헌을 할 것이라는 우려들이 나돌기도 했으나 결국 물러나는 외에 다른 방법이 없었다. 2003년과 2004년 사이에 러시아에서는 선거다운 선거가 없었으나, 우크라이나에서는 치열한 경쟁 속에 선거운동이 전개되었고 누구도 결과를 장담할 수 없었다.

푸틴은 걱정스런 마음으로 우크라이나의 정치상황을 면밀히 주시했다. 쿠츠마의 지지율이 떨어지면서 야당의 승리가 현실화 되고 있었다. 푸틴은 이미 옛 소련연방 공화국인 그루지야에서 2003년 실시한 총선거가 부정시비에 휘말리면서 국민들이 들고 일어나 정권이 무너진 것을 지켜보았다. 그루지야는 인구 5백 만의 소국으로 코카서스 지역에 위치하며 러시아 남부와 국경을 맞대고 있다. 당시 에두아르드 세바르드나제 대통령은 옛 소련의 외무장관으로 미하일 고르바초프의 최측근 인사였다. 많은 러시아인들이 그를 페레스트로이카에 이어 초래된 연방 붕괴에 책임을 져야 할 장본인 가운데 한 명이라고 욕했으나 그는 독립국이 된 고국에서 권력을 잡았다. 독립국으로 재탄생하기까지 그루지야는 러시아군이 지원하는 압하지야자치공화국, 남오세티야자치공화국과의 내전에 시달려야 했다. 이들은 그루지야 영토 내에 위치한 자치공화국들로 주민 다수가 그루지야가 독립국으로 새 출발하는 것에 반대했다.

2003년에 실시된 그루지야 총선은 부정으로 얼룩졌고, 수천 명의 시민이 부정선거에 항의해 거리로 쏟아져 나왔다. 조지 소로스와 미국 의회를 비롯한 국제적인 단체들이 시위대에 재정지원과 자문을 해주었다. 세바르드나제는 11월 22일 새 의회를 출범시키려고 했으나 야당 지도자 미하일 사카쉬빌리가 이끄는 시위대가 의사당 건물을 점거했다. 세바르드나제는 크렘린에 지원을 요청했다. 그날 저녁 세바르드나제가 전화를 걸어온 시각에 푸틴은 모스크바에서 제일 유명한 그루지야 식당에서 측근들과 저녁식사를 하고 있었다. 푸틴은 이고르 이바노프 외무장관에게 곧바로 트빌리시로 날아가 중재에 나서라고 지시했다. 그러면서 폭도들이 선거로 선출된 정부를 전복시키는 일은 절대로 용납해서 안 된다는 단서를 달았다. 하지만 이바노프 장관의 중재 노력은 실패했고 세바르드나제는 물러났다. 모스크바에서 끝까지 자기를 지지해 줄지에 대해 확신이 없었던 것이다. 이렇게 해서 마무리된 '장미혁명'으로 사카쉬빌리는 권좌에 올랐다. 그는 2004년 1월에 실시된 선거에서 대통령에 선출됐다.

사카쉬빌리는 스스로 그루지야의 푸틴이 되겠다고 생각했다. 국가의 안정을 회복시킬 강력한 지도자가 되겠다고 다짐한 것이다. 그래서 취임하자마자 모스크바로 가 푸틴을 만났다. 정치적 영감을 줄 그의 호감을 사려고 애썼다. 하지만 세바르드나제의 실각에 충격을 받은 푸틴은 사카쉬빌리의 친 서방 성향에 경계심을 갖고 있었다. 그의 앞에서 바르샤바조약 국가들이 '미국의 노예'가 되었다며 장광설을 늘어놓았고, 그루지야와 러시아의 관계는 그때부터 내리막길을 걸었다. 푸틴 입장에서 보면 우크라이나에 비해 그루지야는 이해관계가 크게 걸린 나라가 아니었다. 반면에 우크라이나는 러시아와 푸틴 대통령 자신에게 민족적, 문화적, 경제적으로 깊은 관계가 이어지고 있었다. 러시아의 역사적 뿌리가 바로 우크라이나였다. 중세의 봉건국가였던 키예프 루스의 블라디미르 1세 대공大公이 988년에 기독교인 동방정교회를 국교로 받아들이고 차르 러시아의 국경을 따라 영토를 정했다. 우크라이나라는 이름은 '국경'이라는 뜻에서 유래되었다. 국경은 수시로 바뀌었고, 서쪽 영토는 폴란드와 오스트리아-헝가리 제국에 편입되었다. 스탈린은 1939년 히틀러와 체결한 비밀조약을 통해 이 영토 일부를 되찾고, 2차 세계대전 종전 후에 나머지도 반환받았다. 1954년 니키타 흐루시초프는 18세기에 카테리나 대제가 정복하고 나치의 침략에서 지켜낸 크림반도를 우크라이나 소비에트 사회주의공화국이 다스리도록 했다. 영토권을 모스크바가 아니라 키예프에 넘겨준 것이다. 당시에는 누구도 크림반도를 가진 우크라이나가 언젠가 독립국가로 떨어져 나갈 것이라는 생각을 하지 못했다. 그로부터 20년 뒤 크림으로 신혼여행을 간 푸틴도 마찬가지였다.

우크라이나 대통령 선거일 3개월을 앞둔 2004년 7월 푸틴은 크림반도로 가서 쿠츠마 대통령과 2002년부터 총리로 있는 빅토르 야누코비치를 만났다. 2002년에 경질된 총리가 바로 야당의 유력 후보가 된 빅토르 유센코였다. 푸틴은 별로 탐탁지 않게 생각했지만 쿠츠마는 야누코비치를 자신의 정치적 후계자로 지목했다. 7월의 3자회동은 얄타의 리바디아궁에서 열렸다. 2차세계대전 전승국들이 전리품으로 얻게 될 유럽을 분할하는 협상을 한 바로 그 장소였다. 당시에도 푸틴은 우크라이나가 러시아의 영향권 안에 남아 있어야 한다는 생각을 확고하게 갖고 있었다. 푸틴은 쿠츠마에게 유럽연합, 나토에 추파 던지는 짓은 그만하라고 압박했다. 유럽연합과 나토가 차근차근 동진정책을 펴면서 러시아에서 이들에 대한 감정은 극도로 악화되고 있었다. 불과 몇 개월 전인 3월에 나토는 회원국을 19개국에서 26개국으로 늘렸다. 동유럽의 불가리아, 슬로바키아, 슬로베니아, 루마니아뿐만 아니라 옛 소련연방 공화국이었던 리투아니아, 라트비아, 에스토니아까지 포함시킨 것이었다. 이들 3개 공화국에는 아직도 러시아인 주민이 많았다. 미국과 유럽 관리들은 나토 확장이 민주국가들로 집단 방어망을 구축해 대륙의 안보를 더 강화시켜 줄 것이라고 믿었다. 유럽연합이 결성되면서 이전 여러 세기 동안 유럽대륙에서 계속되어 온 민족적인 갈등이 잦아든 것과 같은 맥락이다.

푸틴은 2004년 나토 확장을 마지못해 받아들였지만 추가 확장은 정말 받아들이기 힘든 조치였다. 러시아 안보기관에서 일하는 많은 이들과 마찬가지로 푸틴도 나토를 전복시키고, 필요하면 맞서 싸워야 하는 상대로 배웠다. 증오감이 쉽게 가시지 않는 상대였다. 러시아 관리들은 미하일 고르바초프가 1989년 이후 독일 통일 과정에서 나토가 동으로 회원국을 확대하지 않을 것이라고 한 약속을 믿었다고 했다.(미국과 유럽의 지도자들은 그런 약속을 한 적이 없다고 부인한다.) 발트해 국가들이 나토에 가입한다는 것은 러시아로서는 대단히 굴욕적인 일이었다. 그런데 미국과 유럽의 고위관리들은 그루지야와 우크라이나 등 옛 소련연방 공화국들을 추가로 더 받아들이겠다는 말을 공공연히 했다. 2004년 4월, 브뤼셀 유럽연합 본부 바깥에 신입 회원국 국기 게양식이 거행될 때 러시아의 신임 외무장관 세르게이 라브로프는 이렇게 말했다. "우리 국경 바로 맞은편에 미군이 주둔한다는 사실은 러시아에 일종의 피해망상을 안겨 준다." 실제로 발트해 국가들에는 미군이 주둔하고 있지 않고, 유럽연합 소속 비행중대 전투기들이 교대로 새 회원국들의 영토 상공을 비행할 뿐이다. 하지만 푸틴은 마치 적이 바로 문 앞에 와 있다는 생각을 하는 듯했다. 그래서 이를 막아야 한다고 공언하고, 그 저지선을 우크라이나로 설정한 것이었다.

얄타에서 푸틴은 쿠츠마와 러시아, 우크라이나, 벨라루스, 카자흐스탄이 참여하는 공동경제구역CES 창설에 대해 논의했다. 여러 해에 걸쳐 형식적으로 관세동맹을 결성시킨 다음 최종적으로 유럽연합에 맞설 경제, 정치 블록을 만든다는 구상이었다. 푸틴은 그 전 해에 이러한 구상을 내비친 적이 있었는데, 이제는 쿠츠마에게 이에 대한 지지 입장을 공개적으로 표명해 달라고 요구했다. 이는 쿠츠마 정부가 불과 한 달 전 우크라이나의 유럽연합과 나토 회원국 가입을 추진하겠다고 밝힌 공식 입장을 뒤집으라는 것이었다. 쿠츠마로서는 자신이 후계자로 내세운 후보가 야당 후보와 치열한 접전을 벌일 것으로 예상되기 때문에 푸틴의 지원이 절실한 상황이었다. 선거에서 이겨야 오점 많은 대통령으로서 퇴임 후의 안전이 보장될 수 있다고 판단은 쿠츠마는 결국 푸틴의 압력에 굴복했다. 회담을 마치고 나서 그는 자신이 얼마 전에 발표한 전략을 포기하고, 유럽

동맹국들과는 우호적인 관계만 유지하게 될 것이라고 밝혔다. 갑작스런 반전에 우크라이나 야당 진영은 큰 충격을 받았다.

두 사람은 또한 막후에서 부차적인 합의도 한 가지 이루어냈다. 에너지 거래회사를 새로 설립하기로 합의한 것이다. 회사 이름을 난해한 머리글자 로스우크르에네르고RosUkrEnergo로 짓고, 소유권은 일부러 모호하게 남겨놓았다. 지분의 절반은 가즈프롬 자회사 소유로 했다. 가즈프롬은 독점 에너지 기업으로 푸틴의 대★러시아 구상을 실현하는 데 중요한 역할을 하고 있었다. 크렘린 통제를 받았는데, 푸틴의 상트페테르부르크 출신 측근들이 운영을 좌지우지했다. 나머지 절반은 주주들의 신원이 비밀에 부쳐진 정체불명의 기업에게 돌아갔다. 이들의 주식은 오스트리아 은행 라이파이젠 인터내셔널Raiffeisen International이 관리했다. 신설 회사는 기업 등록을 러시아나 우크라이나가 아니라 스위스에 했다. 이 수상쩍은 거래는 푸틴이 우크라이나 선거에 대해 갖는 관심이 정치뿐만이 아니라 다른 분야에까지 깊이 관련돼 있음을 보여주었다. 푸틴이 움직일 때는 대부분 금전적인 이권이 깊숙이 걸려 있다는 사실을 보여주는 거래였다.

천연가스는 러시아가 외교정책을 펴나가는 데 있어서 석유보다도 더 강력한 수단이 되었다. 석유 거래는 세계경제를 헤집으며 자유롭게 이루어지는 반면, 가스 거래에는 유럽 여러 나라들을 러시아와 연결시켜 주는 고정된 파이프라인이 필요했다. 소련 시절로 거슬러 올라가는 파이프라인 망은 러시아에 영향력을 안겨다 주었고, 에너지 가격이 상승하면서 엄청난 부를 함께 가져다 줄 것으로 보였다. 약 10년 전 푸틴은 논문에서 국력의 핵심이 바로 여기서 나온다고 주장했다. 러시아의 가스관 대부분이 지나는 우크라이나는 푸틴의 이러한 야망에 목을 조를 수 있는 지리적 위치에 있었다. 그는 자신의 이러한 계획을 저지하려는 집단적인 힘이 작동되고 있다고 확신했다. 쿠츠마와 야누코비치와의 비공개 회담을 마치고 리바디아궁에 도착해서 푸틴은 러시아를 파괴하려는 국가들을 위해 조국을 배신하는 정보요원과 정보원들을 가리키는 '아겐투라'agentura라는 KGB 용어까지 동원해 가며 이렇게 말했다. "아겐투라들이 국내외에서 갖은 수단을 다 동원해 러시아와 우크라이나의 통합을 방해하려고 혈안이 되어 있습니다."

"내 얼굴을 보시오." 빅토르 유센코는 9월 21일 오스트리아의 병원에서 치료를 마치고 돌아와서 이렇게 소리쳤다. 독물을 넣은 범인이 누구인지, 독물을 고의로 넣은 게 맞는지도 아직 확실치 않은 상태였지만 그는 곧바로 우크라이나 의회인 '최고회의 라다'로 가서 자기를 후보직에서 끌어내리려고 하는 미지의 적을 향해 화살을 날렸다. 충격적인 장면이었다. 유센코는 우크라이나의 새 화폐인 흐리브나 도입 과정에 참여한 중앙은행 출신으로 쿠츠마 대통령 밑에서 2년 동안 총리로 재임했으나 친 서방 정책을 지지한다는 이유로 총리직에서 해임됐다. 그는 유럽연합과 나토와의 유대를 강력히 지지했다. 아내는 시카고에 사는 미국 국적의 우크라이나인으로 쿠츠마 대통령을 비롯한 반대 세력은 이런 사실을 그를 공격하는 호재로 이용했다. 쿠츠마 대통령은 그의 아내를 CIA 앞잡이라고 몰아붙였고 미행을 붙이기도 했다. 유센코는 라다의 연단에 서서 쿠츠마 일행이 자신을 암살하려고 했다고 주장했다. "내 얼굴이 이렇게 된 것은 음식을 잘못 먹어서가 아니라, 이 나라의 정권이 저지른 짓입니다."

나흘 뒤 그는 추가 치료를 받기 위해 빈으로 갔다. 유센코는 카리스마 넘치는 정치인은 아니지만, 지원 자금이 많이 들어와서 선거운동은 치밀하게 진행됐다. 그를 지지해 달라는 뜻으로 '예'라는 뜻의 '탁'TAK이라는 간단한 메시지를 내세우고 오렌지색을 상징색으로 정했다. 깃발과 현수막, 광고물을 만들어 시내 도처에 내걸었다. 그리고 율리아 티모셴코와 연대했다. 그녀는 국수주의자로 에너지 사업으로 돈을 번 거부였다. 러시아에서 미하일 호도르코프스키가 그랬던 것처럼 소련연방 해체 과정에서 많은 돈을 벌었다. 남성이 지배하는 정치판에서 미모를 정치적 자산으로 활용하며 야심을 키워나갔고 농가에서 쓰는 새끼줄 모양으로 머리를 땋아 올려 자신의 트레이드마크로 만들었다. 유셴코가 치료 때문에 자리를 비우면 그녀가 나서서 그의 역할을 대신했다. 쿠츠마 대통령을 신랄하게 몰아세우고, 야누코비치가 대선에서 승리하면 친 러시아 정책을 더 강화시킬 것이라는 점을 부각시켰다.

선거일이 가까워오면서 유셴코 진영은 승기를 잡아나갔다. 매일 아침 푸틴이 받아보는 정보보고는 그가 가장 두려워하는 악몽이 현실로 나타나려고 하고 있음을 보여주었다. 그 악몽은 바로 사악하기 짝이 없는 서방 세력이 러시아를 포위하는 것이었다. 우크라이나에서 일어나는 현실은 러시아에 대한 총공격의 전초전이라고 푸틴은 생각했다. 물론 이러한 음모는 러시아 정보기관들이 만들어낸 지나친 상상력의 산물이었다. 하지만 미국과 독일을 비롯한 유럽 여러 나라들이 민주주의 증진과 시민사회, 사법개혁, 환경보호 등을 내세우는 우크라이나 내의 여러 단체들에게 자금 지원을 함으로써 이런 의혹에 불을 지폈다. 소련연방 해체 이후 이들 비정부단체NGO들은 동유럽 전역에서 활동하며 일당독재로부터 다당제 민주주의로 넘어가는 과도기 과정에 많은 지원을 했다. 이들 비정부단체들은 2000년에 세르비아에서, 2003년에는 그루지야에서 평화적인 반정부 시위를 지원함으로써 비민주적인 정부를 무너뜨리는 데 일조했다. 몇 백만 달러 규모로 그리 큰돈을 지원한 것은 아니지만, 푸틴의 눈에는 이것이 아겐투라들에 대한 지원으로 비쳤다.

바로 그 얄타 회담에서 러시아 기업인들은 크렘린의 압력에 따라 야누코비치에 대한 지원을 약속했다. 야누코비치가 쓴 것으로 추정되는 6억 달러에 달하는 선거비용의 절반가량이 러시아에서 지원됐다. 6억 달러는 우크라이나 GDP의 1퍼센트에 해당하는 금액이다. 개인적인 관심도를 반영하듯 푸틴은 크렘린 비서실장 드미트리 메드베데프를 우크라이나 선거지원 책임자로 지명했다. 소브차크 시장과 푸틴의 선거를 치른 경험이 있는 메드베데프는 글레브 파블로프스키와 세르게이 마르코프 같은 최측근 보좌관들을 우크라이나로 파견했다. 러시아 선거지원팀은 8월 키예프 시내의 한 호텔에 '러시아 하우스'라는 이름으로 사무실을 열었다. 겉으로 러시아와 우크라이나의 친선 증진을 위한 단체라고 내세웠으나, 실제로는 야누코비치를 당선시키기 위해 움직이는 크렘린 지원팀 사무실이었다. 이들은 러시아 선거에서 동원하는 수법을 그대로 썼다. 관영 텔레비전에서 야누코비치 지지 모임은 비판 없이 보도하고, 유센코 후보에 대해서는 서방의 첩자라고 악랄한 공격을 퍼붓도록 만들었다. 부시 대통령이 카우보이 복장으로 우크라이나를 상징하는 말을 타고 있는 사진 밑에 유센코의 오렌지색 구호를 적어 넣은 포스터도 만들었다. 푸틴도 직접 선거전에 뛰어들어 쿠츠마와 야누코비치를 수시로 만났다. 1차 투표 실시일인 10월 31일 전날 밤 푸틴은 키예프를 공식 방문했다. 표면적으로는 1944년에 소련군이 나치를 물리치고 우크라이나를 해방시킨 60주년 기념식에 참석하기 위한 방문이었다. 기념 퍼레이드가 거행되기 전날 저녁에 그는 3개 관영 텔레비전에 출연해 시청자들로부터 전화 질문을 받았다. 답변을 통해 그는 우크라이나가 직면한 여러 문제들에 대해 아량과 관심을 보여주었다. 우크라이나의 독립과 주권에 대해서는 동의하면서도, 형제국인 두 나라를 분리시킨 것은 역사적 과오였다고 했다.

이메일과 팩스, 전화로 들어온 질문들 가운데는 소련연방이 해체된 사실에 통탄하는 내용들도 있었다. 어떤 질문자는 푸틴에게 우크라이나 대통령에게 출마하라는 부탁을 하기도 했다. 푸틴은 소련연방을 다시 만드는 것은 불가능한 일이라고 대답하고, 우크라이나의 미래는 러시아와 경제관계를 돈독히 하는 데 달려 있다고 했다. 유센코의 이름은 한 번도 입에 올리지 않았지만, 야누코비치가 총리 임무를 훌륭하게 수행하고 있다고 추켜세우는 말은 다섯 번이나 했다. 러시아에서 워낙 자주 해오던 방송 포맷이라 시청자들에게 자신의 인간적인 매력과 겸손함을 맘껏 보여주었다. 아나운서는 1분에 6백 통의 전화가 걸려오고 있다고 탄성을 질렀다. 푸틴은 우크라이나 국민시인 타라스 셰브첸코의 시 한 구절을 우크라이나어로 읊었다. 우크라이나어를 조금 읽을 줄은 알지만 말은 못한다는 고백도 곁들였다. 안드레이라는 이름의 어린 학생이 사진을 함께 찍어줄 수 있느냐고 물었다. 그 아이는 "블라디미르 블라디미로비치 대통령 각하. 각하는 꿈을 믿으세요?"라는 질문으로 시작해서 이렇게 물었던 것이다. 이튿날 푸틴은 안드레이와 함께 쿠츠마 대통령 관저에 나타나 아이에게 랩탑 컴퓨터를 선물로 주었다. 열병식에서 푸틴은 쿠츠마 대통령, 야누코비치 총리와 함께 사열대에 나란히 서서 퍼레이드를 지켜보았다. 수천 명의 군인들이 옛 소련군 복장을 하고, 다리를 굽히지 않고 높이 치켜

드는 행진 방식으로 지나갔다. (도중에 야누코비치가 푸틴에게 껌을 하나 건네주려고 하자, 푸틴은 깜짝 놀라는 시늉을 하며 그의 격의없는 태도에 엄청나게 혐오감을 담은 눈길을 보냈다.)

연출된 장면이 분명했지만 우크라이나 국민들 가운데는 푸틴의 이러한 모습에 감동을 받은 사람들이 더러 있었다. 이들은 러시아의 나아진 생활수준을 부러워하고, 많은 러시아인들이 소련 시절에 대해 갖는 향수와 비슷한 감정을 푸틴을 통해 느꼈다. 하지만 우크라이나는 러시아보다 더 복잡한 나라이고, 그들이 누리는 민주주의는 러시아에 비해 덜 '관리' 되고 있었다. 관영 텔레비전은 권력의 비위를 맞추고, 매일 유센코 후보를 비방하는 내용을 내보냈다. 그가 아픈 것도 스시를 잘못 먹었거나 매독 때문일 것이라는 식으로 몰아갔다. 하지만 쿠츠마는 언론 통제를 완벽하게 하지 못했다. 초콜릿 기업 부호인 페트로 포로센코가 소유주인 채널5 방송은 열렬한 유센코 지지 입장을 고수했다. 채널5는 야당 선거운동의 입 역할을 했고, 이 때문에 정부에서 방송면허를 취소하려고 해봤지만 뜻대로 되지 않았다. 야당에서는 전례 없는 러시아 대통령의 선거 개입도 주요 공격 소재로 삼았다. 야누코비치에게 표를 찍는 것은 우크라이나의 독립을 러시아 제국에 반납하는 짓이라는 논리를 폈다. 푸틴의 측근들은 러시아 정치에서 통했던 반미감정을 부추기는 전략이 우크라이나에서도 통할 것으로 생각했지만 실상은 그렇지 않았다.

10월 31일 1차 투표 개표결과 유센코는 총 유효표의 39.87 퍼센트를 얻어, 39.2퍼센트를 얻은 야누코비치를 간발의 차이로 앞섰다. 나머지는 20명의 군소후보들이 차지했다. 서방에서 비용을 부담해 실시한 출구조사는 유셴코가 그보다 훨씬 더 큰 폭으로 앞서는 것으로 나타났다. 투표와 개표과정에 부정이 있었다는 보도가 광범위하게 이어졌다. 율리아 티모셴코를 비롯한 야당 진영에서는 가두시위를 하자고 했다. 하지만 유셴코는 자기가 예상한 것보다 좋은 결과가 나왔다고 자평하고, 3주 뒤인 11월 21로 예정된 2차 결선투표에서 승리하겠다고 자신했다.

야누코비치의 득표율이 신통치 않은 것을 보고 푸틴은 선거운동에 더 열심히 뛰어들었다. 두 후보 모두 1차 투표 낙선자들의 표를 흡수하기 위해 공을 들였다. 푸틴은 5퍼센트를 얻은 페트로 시모넨코 우크라이나 공산당 후보에게 압력을 넣어달라고 겐나디 주가노프 러시아 공산당수에게 부탁했다. 주가노프는 그렇게 하겠다고 동의하는 대신 대가를 요구했다. 크렘린이 러시아공산당에 재정지원을 하고, 관영 텔레비전에서 계속해온 악의적인 보도도 중단해 달라고 요구한 것이다. 크렘린은 요구대로 들어주었지만 그 작전은 실패하고 말았다. 시모넨코가 1차 투표결과에 격하게 반발했기 때문이다. 그는 자기한테 투표한 표 가운데 최소한 5만 표 이상이 사라졌다고 생각했고, 그래서 2차 투표 때는 두 후보 누구에게도 투표하지 말라고 당원들에게 호소했다.

푸틴은 다시 우크라이나를 방문해 크림반도에서 쿠츠마와 야누코비치를 만났다. 크림반도와 러시아 본토를 오가는 정기 페리선 취항 기념식에 참석한다는 명분을 내세워 크림반도 해안을 따라 아르테크 국제아동센터까지 세 명이 함께 여행했다. 아르테크 국제아동센터는 소련 시절의 유명한 휴양지로 당시 그곳에는 베슬란 인질극에서 살아남은 학생 수백 명이 와 있었다. 메드베데프를 비롯한 크렘린의 선거 전략가들은 결선투표에서 야누코비치의 승리를 확신했다. 쿠츠마와 야누코비치가 워낙 승리를 장담하고 있었기 때문이기도 했다. 그래도 푸틴은 정부가 동원할 수 있는 모든 자원을 총동원해서 투표율을 끌어올리라고 야누코비치를 압박했다. 러시아에서는 얼마든지 가능한 일이었다.

결선투표를 준비하며 선관위 직원들은 유권자 명부에 '유령들'을 리스트로 만들어 붙였다. 그렇게 해서 야누코비치를 지지하는 동부에서는 투표율이 부풀려졌다. 도네츠크에서는 2차 투표 투표율이 거의 20퍼센트 뛰어서 96.7퍼센트라는 믿을 수 없는 수치를 기록했다. 결선투표 날 주거지 투표소에서 투표를 마친 사람들을 버스에 태워 키예프로 실어 날라 다시 투표를 시켰는데, 현장에서 적발된 사람만 수백 명에 달했다. 유센코 진영에서는 부정선거가 자행될 것으로 예상했지만 너무 적나라하게 부정행위들이 저질러지자 유권자들이 분노했다. 그날 밤 투표가 종료되자 유센코의 지지자들이 거리로 몰려나오기 시작했다. 오렌지를 손에 들고, 오렌지 깃발을 흔드는 사람들이 키예프 시내 중심가에 위치한 독립기념광장 마이단 네잘레즈노스티 주변을 가득 메웠다. 이튿날 아침 중앙선관위가 야누코비치가 49퍼센트를 얻어, 46퍼센트를 얻은 유센코를 누르고 승리했다는 잠정 집계결과를 발표할 즈음에는 모인 사람의 수가 수만 명으로 늘어났다. 앞서 미국과 유럽에서 온 NGO들이 직접 실시한 출구조사는 유센코가 11퍼센트 포인트 차로 승리한 것으로 나왔다. 국제선거감시단은 즉각 투개표 과정에 의문을 제기했다. 하지만 아세아태평양경제협력체APEC 정상회담 참석차 사흘 동안 라틴아메리카에 머물던 푸틴은 브라질에서 즉각 전화를 걸어 야누코비치의 승리를 축하했다.

유센코 지지자들은 마이단 광장에 텐트촌을 설치하고 투표결과가 뒤바뀔 때까지 싸우겠다고 다짐했다. 부정선거를 규탄하는 함성이 높았지만 현장은 축제 분위기였다. 유센코와 지지자들의 연설이 이어지는 틈틈이 팝가수들의 공연이 진행됐다. 쿠츠마 진영에서는 어떻게 대처할지 갑론을박을 거듭하며 우왕좌왕했다. 국영 텔레비전 기자들이 반기를 들기 시작했다. 특히 주요 국영 채널에서 농아들을 위한 수화통역사가 앵커의 말을 무시하고 자기가 아는 진실을 수화로 내보냈다. "중앙선관위에서 발표한 개표결과는 조작된 것입니다. 믿지 마십시오." 쿠츠마 정부는 시위대를 해산시키기 위해 아무런 조치를 취하지 않았고, 사람들은 계속 광장으로 모여들었다. 일반 시민들이 시위에 가세했고, 부모들은 역사의 현장을 보여주기 위해 어린 자녀들을 함께 데리고 나왔다. 광장은 갑자기 유센코 지지 모임 이상의 의미를 갖기 시작했다. 러시아 국민들과 달리 우크라이나 국민들은 국가 지도자들에게 공정함과 책임감을 요구하며 거리로 나온 것이었다. 11월 24일에 중앙선관위는 최종 개표결과를 발표하고 야누코비치가 이겼다고 공식 선언했다. 푸틴은 다시 야누코비치에게 "우크라이나 국민들이 안정을 선택했다."는 내용을 담은 서한을 보내 승리를 축하했다. 하지만 군중 수는 계속 늘어났고, 의회와 대통령 관저 주변은 오렌지 물결로 뒤덮였다. 푸틴이 생각한 최악의 시나리오가 현실로 다가오고 있었다.

푸틴은 유럽연합 지도자들과 만나기 위해 남미에서 브뤼셀로 날아갔다. 유럽 지도자 대부분이 우크라이나 선거결과를 인정하지 않고 부정선거에 대한 진상조사 실시를 요구했다. 푸틴은 유럽국들과 에너지, 안보, 무역, 여행 분야의 교류를 확대하고 싶었으나, 양측의 관계는 점점 더 껄끄러워졌고, 이제 우크라이나 선거를 둘러싸고 거의 파탄지경에 이르렀다. 푸틴은 유럽 정상들과 팽팽한 긴장 속에 회담을 마치고 나와 이렇게 말했다. "주요 유럽국가에서 대규모 소요가 일어나도록 부추길 권리는 우리한테 없다고 나는 확신합니다. 이런 종류의 갈등을 거리 폭력을 통해 해결하는 것이 국제적 관행이 되도록 해서는 안 됩니다." 그는 키예프 거리에 모인 사람들을 유럽 지도자들이 부추기고 있다고 비난했다.

푸틴이 선거결과에 "한 점 의혹도" 없다고 주장함에 따라 러시아 당국은 다른 해결 방법을 모색할 여지가 없었고, 크렘린은 사태를 계속 밀어붙이는 수밖에 없었다. 우크라이나 의회는 정치적 물길이 유센코 쪽으로 바뀐다는 것을 알고 선거결과에 문제가 있다는 결의안을 채택했다. KGB의 후신인 우크라이나 보안위원회도 내부적으로 대열이 흐트러지며 일부는 시위대 편으로 기울었다. 2개월 전 유센코의 얼굴을 일그러뜨려놓은 심야 만찬에 참석했던 이호르 스메시코 장군도 야누코비치 캠프에서 등을 돌려 시위대를 무력 진압하라는 명령이 떨어지더라도 내무부 병력은 명령에 불복할 것이라는 경고를 내놓았다.

푸틴은 대규모 시위에 반드시 강력 대응하고, 끝까지 타협에 응하지 말라고 쿠츠마 정부를 압박했다. 나중에 쿠츠마 대통령은 당시 상황에 대해 이렇게 말했다. "푸틴은 강경한 사람이지만 대단히 약아서 자기 입으로는 '시위 현장에 탱크를 투입하라'는 말을 직접 하지 않았다. 대신 그렇게 해보라는 식으로 힌트를 계속 던졌다."

야누코비치는 고향인 도네츠크 지방으로 물러나 그곳에서 동부지역 정치 지도자대회를 개최했다. 도네츠크주, 루한스크주, 하르키프주 등 동부지역은 그와 러시아의 입장을 열렬히 지지하고 있었다. 세베로도네츠크에 있는 스케이팅 링크에서 열린 지도자대회에서 지역 대표들은 키예프에서 혼돈이 계속될 경우 자기들은 자치주가 되겠다는 입장을 만장일치로 채택했다. 그리고 다음 주 자치주에 대한 찬반 주민투표를 실시하기로 했다. 유리 루즈코프 모스크바 시장은 그 대회에 참석해서 이러한 움직임에 지지를 보내며 우크라이나 야당 지도자들을 맹비난했다. 유센코의 승리를 인정하는 타협안이 마련될 경우 우크라이나의 산업 중심지인 돈바스는 둘로 쪼개질 운명에 처했다.

12월 2일 저녁 푸틴은 쿠츠마를 모스크바로 불러 인도 방문 길에 오르기 전 브누코보 공항 VIP 라운지에서 그를 만났다. 우크라이나 의회는 재선거 방안을 논의하기 시작했고, 대법원은 결선투표 무효를 주장하는 유센코 측의 반론을 들었다. 푸틴도 유센코의 반발을 깨끗이 잠재울 방법은 전면 재선거를 실시하는 수밖에 없다는 쿠츠마의 입장을 수용키로 하면서도 이렇게 아쉬움을 토로했다. "결선투표를 다시 해도 결과가 좋지 않으면 어떻게 할 것이오? 어느 한 쪽이 승복하는 결과가 나올 때까지 세 번, 네 번, 스물다섯번이라도 계속 재선거를 할 참이오?"

이튿날, 우크라이나 대법원은 2주 동안 변론을 듣고 심사한 끝에 결선투표 무효를 선언하고 재선거를 실시하라는 결정을 내렸다. 대법원은 결정문을 통해 "실시된 결선투표에서 조직적이고 대규모로 불법이 자행되었기 때문에 누가 진정한 승자인지 결정을 내리기가 불가능하다."고 밝혔고, 이는 텔레비전을 통해 전국으로 중계됐다. 유센코의 완전한 승리였고, 키예프 시내에는 환호성이 울려 퍼졌다. 푸틴에게는 참혹한 패배였다. 3주 뒤 결선투표가 새로 실시됐다. 대법원 판결과 재선거 사이에 유센코를 치료한 오스트리아 의료진은 그가 독성물질인 다이옥신에 중독된 것이라고 공식발표했다. 유센코가 유권자의 동정심을 유발하기 위해 독극물에 중독된 것처럼 연극하는 것이라고 주장하던 야누코비치 진영은 검은 음모를 감추려고 했다는 의혹을 피할 수 없게 되었다. 야당 후보를 주저앉히기 위해 독극물까지 동원한 타락한 체제의 실상이 드러날 위험에 처한 것이다. 두 번째 결선투표는 국제감시단이 지난번보다 더 철저한 감시활동을 벌이는 가운데 실시되었고, 유센코는 전체 유효표의 거의 52퍼센트를 차지해 압승을 거두었다. 야누코비치는 44퍼센트 득표에 그쳤다.

조사가 실시되었지만 누가 유센코의 몸에 독극물을 넣었는지는 끝내 밝혀지지 않았다. 유센코 본인은 독극물 때문에 끔찍하게 일그러진 얼굴을 하고서도 무슨 연유에서인지 범인이 누구인지 밝히는 진상조사에 열의를 보이지 않았다. 그는 나중에 자신을 초대한 볼로디미르 사추크를 범인으로 지목했다. 유센코가 집권한 다음 사추크는 수사 당국의 소환조사를 받고, 다이옥신의 흔적을 찾기 위해 다차도 압수수색을 당했지만 용의점은 발견되지 않았다. 2005년 6월에 사추크는 우크라이나를 떠나 러시아로 망명해 시민권을 얻었다. 유센코는 푸틴이 자신을 죽이려고 한 용의자를 숨겨준 것이라고 생각했다.

러시아는 오렌지혁명으로 수치스러운 패배를 당했고, 크렘린도 이를 불길한 경고로 받아들였다. 전략가임을 자처하는 푸틴은 지정학적인 힘겨루기에서 패배했고, 그 원한을 깊이 새겼다. 크렘린은 이에 대한 보복으로 러시아의 NGO 단체들을 탄압했다. 외국 스파이를 찾아낸다고 수색을 강화하고, 당국에서 친정부 청년운동단체 나시Nashi를 직접 만들어 기존 반정부 단체들의 활동에 제약을 가했다. 나시가 내세우는 이념과 활동방향은 소련 시절 콤소몰과 비슷하고, 심지어 나치의 청소년단인 히틀러 유겐트Jugend를 연상시킨다는 비판까지 제기됐다. 푸틴은 국제적으로 러시아의 민주적인 기본인권 침해 사례가 제기되는 데 대해 강력히 반발하며 배경에 의혹이 있다는 식으로 맞섰다. 그는 특히 부시 대통령 집권 아래서 미국의 대외정책이 대단히 공격적으로 진행되고 있다고 생각했다. 아프간과 이라크에서 정부를 전복시켰고, 그 다음 차례가 우크라이나라고 확신했다. 초기 부시 행정부와 유지하려고 했던 호의적인 관계는 냉각됐고, 더 악화될 가능성이 높았다.

두 정상은 2005년 1월에 부시 2기 행정부가 출범하고 얼마 지나지 않아 슬로바키아 수도 브라티슬라바에서 만났다. 그날 아침 부시 대통령은 브라티슬라바시에 있는 흐베즈도슬라보보 광장에서 시민들에게 연설했다. 푸틴이 도착하기 몇 시간 전이었다. 부시는 민주주의 발전의 핵심을 '자유의 신장'freedom agenda이라고 말하고, 이를 두 번째 임기의 주요 과제로 삼을 것이라고 밝혔다.

그러면서 그루지야와 우크라이나의 시민혁명에 박수를 보낸다고 했다. 또한 이라크에서 최근 실시된 선거들은 1989년 체코의 벨벳혁명과 함께 시작된 민주주의 발전의 피할 수 없는 결과물이라고 말했다. 그는 러시아를 직접 거명하지는 않았지만 이렇게 말했다. "드디어 자유를 찾는 목소리가 모든 사람의 마음과 영혼에 울려 퍼지고 있습니다. 자유의 약속이 모든 민족, 모든 나라에 미치게 될 날이 반드시 올 것입니다."

두 정상의 슬로바키아 방문에는 부인들도 동반했는데, 눈이 내리는 가운데 브라티슬라바 성문 앞에서 함께 기념촬영을 했다. 전 해에 푸틴이 재선한 이후로 눈에 띄게 공식 활동이 줄어든 류드밀라는 로라 부시와 함께 도시의 구시가지 중심에 있는 프리마시알궁의 태피스트리를 둘러보았다. 두 사람은 궁전 안에서 러시아어와 영어로 부르는 소년합창단의 공연도 함께 관람했다. 푸틴은 궁전 안에서 부시와 마주 앉아 이전에 보였던 우호적인 태도를 더 이상 유지하지 않았다. 부시가 미하일 호도르코프스키 체포와 언론 탄압에 대해 "민주주의의 발전에 역행하는 처사"라며 우려를 표시하자 푸틴은 곧바로 반박했다. 그는 베슬란 인질사태 이후 지역 주지사 선거를 폐지하기로 한 것을 미국이 선거인단을 통해 대통령을 선출하는 것에 비유했다. 호도르코프스키를 체포한 것도 텍사스에 기반을 둔 에너지 기업 엔론이 2001년에 파산한 것과 무엇이 다르냐고 우겼다.

두 사람의 회담은 이런 식으로 두 시간 가까이 진행됐다. 푸틴은 시종 조롱하고 야유하는 말투였고, 부시는 "통역의 뺨을 때릴 뻔할 정도로" 머리 꼭대기까지 화가 났다. 어느 순간 푸틴은 이렇게 소리쳤다. "그 기자를 해고시킨 주재에 나한테 언론자유에 대해 강의하려고 들지 마시오." 부시는 이 자가 무슨 소리를 하는지 몰라 순간적으로 당황했다. 그리고는 푸틴이 무슨 말을 한 것인지 알았다. CBS의 앵커 댄 래더가 부시가 월남전 당시 편법으로 주방위군Air National Guard에서 근무했다는 폭로 보도를 했는데, 그 보도의 근거가 되는 자료가 조작된 것으로 밝혀지면서 댄 래더는 방송에서 물러나게 되었다. 그 일을 부시가 언론자유를 탄압한 사례로 들고 나온 것이었다. 부시는 이렇게 대꾸했다. "사람들 앞에서는 그 말을 하지 않는 게 좋을 것이오. 그런 말을 하면 미국 국민들은 당신이 우리 체제를 전혀 이해하지 못하는 사람으로 여길 것이오."

이러한 견해차는 외교 관례상 공개하지 않는 게 원칙이었으나, 이번에는 이런 원칙도 통하지 않았다. 이후 가진 공동기자회견에서 두 사람은 갈등을 있는 그대로 드러냈다. 푸틴은 미국 대선의 선거인단 제도는 대단히 비민주적인 것이라는 입장을 되풀이했다. 크렘린이 질문 기회를 준 러시아 기자는 푸틴이 부시와의 비공개 회담에서 제기했던 문제를 그대로 되풀이하며, 왜 미국의 인권 침해 사례는 제기하지 않느냐고 푸틴에게 질문했다.("이런 질문도 우연의 일치로 나온 건가."라는 의문이 들었다고 부시는 나중에 말했다.) 4년 전 부시가 푸틴의 눈을 보며 들었다고 한 신뢰감은 이후 영영 회복되지 않았다. 국무장관 콘돌리자 라이스는 당시 상황을 이렇게 소개했다. "그때는 우리가 그를 믿을 만한 사람이라고 착각했던 모양이다. 슬로베니아에서 처음 만났을 때 우리가 생각했던 그 푸틴이 아니었다."

베슬란 인질사건을 겪고 난 다음 치러진 우크라이나 대통령선거는 푸틴과 러시아 모두에게 하나의 전환점이 되었다. 처음에 그는 서방과 완전한 연합은 아니더라도 긴밀한 협력관계를 유지하고 싶었다. 하지만 자신의 정치적 힘이 강해지고 러시아의 경제력이 커지면서 이러한 생각은 차츰 줄어들었다. 4월에 두마와 연방위원회 연례 합동연설에서 그는 국내외적으로 러시아에 도전하는 세력에 맞서 새로운 국가 정체성을 확립하자고 호소했다. 그는 "자유와 민주주의, 정의, 법치와 같은 가치들에 대해 좀 더 깊이 음미해 볼 필요가 있습니다."고 전제한 다음, 영광스러웠던 소련 시절에 대해 향수를 불러일으키는 발언을 이어나갔다. "소련연방이 붕괴된 것이야말로 이번 세기에 우리가 지정학적으로 겪은 가장 큰 재앙이었다는 사실을 알아야 합니다. 그것은 러시아 국민들이 겪은 가장 극적인 드라마였습니다. 수천 만 명에 달하는 우리 국민과 동포들이 러시아 영토 바깥으로 내몰렸습니다. 해체의 바람은 전염병처럼 러시아 영토 안으로까지 번지고 있습니다." 그는 소련연방이나 공산주의 체제를 다시 복원하자는 말은 하지 않았다. 그것은 정신 나간 사람이 아니면 누구도 원하지 않는 일이라고 분명히 선을 그었다. 하지만 처음으로 더 넓은 역사적 맥락으로 자신의 지도력을 확장시키는 발언을 한 것이었다. 그는 무엇인가 훨씬 더 오래되고, 훨씬 더 풍요롭고, 더 심오한 것을 회복하자고 호소했다. 러시아라는 국가의 의미를 다시 생각하자는 의미였다. '제3의 로마'로서의 절대국가, 외국의 가치와 상관없이 자신의 길을 가는 새로운 강대국 러시아의 길을 제시한 것이었다. 그것은 옛 러시아가 제시했던 길이지만, 그는 러시아의 새로운 미래 모델을 역사책에서 찾아냈다.

푸틴은 소련연방 해체라는 '대재앙'과 함께 철학자 이반 일린의 이름을 언급하기 시작했다. 이반 일린은 철학자이자 종교 지도자로서 볼셰비키들의 손에 수차례 체포되며 탄압을 당하다가 1922년 결국 러시아에서 추방되었다. 푸틴은 이반 일린의 철학을 자신이 추구하는 러시아 재건작업의 정신적인 토대로 삼았다. 푸틴은 이후 정치적 논쟁에서 그의 철학을 빈번하게 인용한다. 볼셰비즘에 반대한 백계 러시아인인 일린은 정교회에 기반을 둔 러시아 정체성을 옹호했고, 세속적인 공산주의 체제는 이를 탄압했다. 푸틴은 이반 일린의 저서들에서 자신이 건설하고자 하는 국가의 모습을 발견했다. 러시아 고유의 주권을 강조하는 '주권 민주주의' sovereign democracy 개념도 그의 철학에서 따온 것이다. 푸틴은 소련 체제의 붕괴를 아쉬워하는 것이 아니라 러시아라는 역사적인 정체성이 무너진 것을 아쉬워했다.

푸틴이 일린의 이름을 언급한 것은 이때가 처음이었다. 일린의 저작물들은 페레스트로이카가 시작된 이후에야 러시아에서 읽히기 시작했다. 그는 이렇게 강조했다. "우리는 이 점을 반드시 기억해야 합니다. 러시아는 국민들의 뜻에 의해 민주주의를 선택한 나라입니다. 우리 스스로 민주주의라는 이 길을 택한 것입니다. 따라서 우리는 역사적, 지정학적 고려, 그리고 우리가 가진 다른 여러 특성을 고려하고, 우리의 기본적인 민주 규범을 존중하면서, 어떤 길이 자유와 민주주의라는 원칙을 가장 확실히 구현할 수 있을지 정해 나가야 합니다." 푸틴이 러시아 안팎에서 거의 알려지지 않은 철학자의 이름을 언급하기 시작한 것은 일린의 유해 송환이 이루어진 것과 시기적으로 일치했다. 이반 일린의 유해 송환은 차르 군대의 사령관으로서 내전에서 패자의 편에 섰던 안톤 데니킨 장군의 유해와 함께 이루어졌다. 일린의 유해는 스위스에 안장돼 있었고 데니킨 장군의 유해는 미국에 있었다. 푸틴은 이 두 사람의 유해를 고국으로 옮겨와 모스크바의 돈스코이 사원에 안장하고, 일린의 묘비 앞에 찾아가 직접 참배했다. 이와 함께 일린의 저작에 대한 관심이 새롭게 일어났다. 미국 중앙정보국CIA은 부랴부랴 일린의 저작물들이 푸틴의 사고에 어떤 영향을 미칠지, 장기적으로 푸틴의 대내외 전략에 어떤 결과를 가져올지 분석하기 시작했다. 일린은 러시아정교와 애국주의, 법치, 사유재산제를 국가의 토대로 제시했다.

스탈린 치하와 대조국전쟁 기간 중 망명생활을 하며 쓴 저작물들을 통해 일린은 내전의 영웅들을 찬양했다. 그가 쓴 영웅들에 대한 숭배와 낭만적인 찬미가 새 러시아에서 새롭게 울려 퍼진 것이다. 푸틴은 일린이 쓴 구절들을 따서 그대로 인용하기를 좋아했다. "영웅은 국가의 짐을 대신 짊어졌다. 국가의 불행을 대신 짊어지고, 국가를 대신해 싸웠다. 국가의 부름을 받고, 국가의 짐을 대신 지고 싸워서 이겼다. 혼자서 싸워 조국을 구원했다. 영웅이 거둔 승리는 모두에게 본보기가 되고 신호불이 되고, 업적이 되고, 소명이 되었다. 애국심으로 연결된 모두에게 승리의 원천이 되고, 승리의 시작이 되었다. 그래서 모두가 그를 환호하고, 그를 보면 환희에 차게 되는 것이다. 그래서 우리 모두에게 그의 이름은 바로 승리를 뜻한다."

2005년 5월 9일, 크렘린은 대조국전쟁 승리 60주년 기념식을 과거 그 어느 때보다 성대하게 거행했다. 수십 가지의 기념식과 콘서트, 그리고 붉은광장의 군사 퍼레이드가 준비되었다. 옐친 집권 때 여러 해 동안 소련 시절의 휴일과 전통 명절을 대수롭지 않게 만들어놓은 것을 푸틴이 다시 거창하게 시작한 것이었다. 퍼레이드에는 조지 부시 대통령과 게르하르트 슈뢰더 독일 총리, 실비오 베를루스코니 이탈리아 총리, 고이즈미 준이치로 일본 총리를 비롯해 전승국과 패전국에서 57명의 대표가 초대됐다. 전쟁은 푸틴이 추구하는 새로운 애국주의의 핵심 주제였다. 어릴 적에 자기 아버지가 전해 준 전쟁의 추억들이 만들어낸 사고의 잔재이기도 했다. 기념일이 다가오면서 전후에 소련이 동부와 중부 유럽국들을 소련 블록에 편입시킨 것에 대해 논란이 제기됐다.

푸틴은 소련의 어두운 과거에 러시아가 책임지라는 요구에 대해서는 반발했다. 특히 1939년 악명 높은 몰로토프-리벤트로프 조약을 체결해 폴란드 영토 일부와 발트해 3국을 이듬해 소련이 점령하도록 한 데 대해서는 러시아의 책임이 아니라고 반박했다. 이에 대한 불만의 표시로 리투아니아와 에스토니아 대통령은 기념식에 참석하지 않았다. 바이라 비케프라이베르가 라트비아 대통령은 참석했으나 나시 대원들이 모스크바에 있는 라트비아 대사관에 몰려가 항의시위를 하는 소동이 벌어졌다. 알렉산드르 크바스니에프스키 폴란드 대통령은 우크라이나 대선 때 중재역할을 했다는 점이 푸틴의 눈 밖에 나 자리 배치가 레닌묘 위에 만든 사열대 제일 뒷 열로 밀려나는 홀대를 당했다.

푸틴은 제2차세계대전 시작 전 히틀러와 공모하고, 전사자가 너무 많이 생기게 한 사실 등 스탈린이 저지른 잘못에 대한 문제 제기에 대해 더 이상 가만히 듣고 있지 않겠다는 입장이었다. 그는 새로운 이데올로기 전쟁을 시작하면서 어린 시절 자신이 알고 있던 전쟁을 떠올렸다. 그것은 명예롭고, 정의롭고, 오점 하나 없고, 부끄럽지 않은 전쟁이었다. 그는 이렇게 말했다. "모스크바와 스탈린그라드 전투, 레닌그라드 포위 때 보여준 용기, 쿠르스크 전투, 드니에프르 도하작전 등에서 보여준 용기가 대조국전쟁을 승리로 이끌었습니다. 유럽 해방과 베를린 전투를 통해 붉은 군대는 전쟁을 승리로 끝낼 수 있었습니다. 그때 거둔 승리가 곧 우리의 승리입니다. 다른 것이 아닙니다."

그는 소련연방의 15개 공화국이 '공통의 희생' 아래 함께 뭉쳤는데, 이제는 발트해 공화국들과 그루지야, 특히 우크라이나가 각자 독립국가로서의 길을 추구해 나가고 있다는 점을 안타깝게 지적했다. 그리고 독일과 러시아의 화해는 21세기 국제관계의 본보기로 삼아야 할 것이라고 강조했다. 크렘린에서 멀지 않은 푸시킨박물관에서는 전승 60주년 기념으로 고대 유물 552점을 특별 전시했다. 그리스 청동조각, 고대 에트루리아 인물상, 로마 성벽 그림 등 소련군이 베를린의 지하벙커에서 가져가 지금까지 반환을 거부하고 있는 작품들이었다.

제16장

크렘린 주식회사

20 04년 12월, 우크라이나 대통령 선거 결선투표가 진행되기 일주일 전에 러시아는 유코스 오일을 해체했다. 유코스 사태가 시작되고 나서 푸틴은 유코스 오일을 해체할 의사가 없다는 입장을 고수했고, 다른 대기업과 외국 투자자, 일반 국민들도 그 말을 믿었다. 사람들은 호도르코프스키를 기소한 것이 그에 대한 반감에서 비롯되었다고 하더라도, 푸틴 대통령이 러시아 제1의 기업을 완전히 망가뜨리지는 않을 것이라고 생각했다. 하지만 호도르코프스키와 유코스에 대한 검찰 수사가 진행되면서 푸틴은 자신이 검찰 수사와 무관하다고 계속 우기기가 쉽지 않게 되었다. 한 크렘린 관리는 "푸틴이 직접 유코스에 대한 범죄혐의와 탈세혐의를 제기하지는 않았지만, 어느 시점에선가 푸틴이 관찰자에서 참여자

로 입장을 바뀌었다. 그런 다음에는 사건을 주도적으로 이끌었다."고 했다. 푸틴이 주도해서 러시아 자산 1위 기업을 해체해 자산을 재분배하는 일을 처리했다는 말이다. 그의 손에서 석유 제국 우량자산의 우선 매각 작업이 이루어진 것이다.

유간스크네프테가즈Yuganskneftegaz는 유코스의 주력 생산사업부로 서부 시베리아의 오브강 지류에 자리잡고 있었다. 소련의 오일붐이 일었던 1960년대 처음 유정이 가동되기 시작했으나 시간이 지나며 생산량이 차츰 감소해 왔다. 그러다 소련연방 붕괴를 전후해서는 여러 해 동안 심각한 경영난을 겪었다. 호도르코프스키 소유의 은행에서 논란이 많았던 주식담보대출shares for loans 방식으로 불과 1억 5000만 달러를 주고 유간스크네프테가즈를 사들였다. 그런 다음 해외 전문기술과 인력을 투입해 호도르코프스키가 체포될 당시 기준으로 유코스 전체 생산량의 60퍼센트를 이곳에서 생산했다. 호도르코프스키와 그의 사업 파트너인 플라톤 레베데프의 재판이 시작되고 불과 닷새 만에 러시아 사법부는 유간스크네프테가즈를 압류해서 공개매각할 것이라고 발표했다. 재판은 2004년 6월, 모스크바 북부에 있는 소규모 법정에서 삼엄한 경비가 펼쳐지는 가운데 진행됐다. 검찰이 호도르코프스키에 대해 11개 항에 달하는 공소자료도 제출하기 전에 유코스의 우량자산에 대한 처분이 집행되었다. 사주가 기소되기 전에 회사정리 절차부터 시작된 것이다.

호도르코프스키의 지지자들은 재판이 열리는 날 법정 밖에 모여 항의 시위를 벌였다. 이후 10개월 동안 재판이 열릴 때마다 모여서 시위를 벌였지만 결론은 이미 내려져 있었다. 피고와 증인은 물론 변호인들까지 부당한 대우를 받았고, 정해진 절차를 거의 무시하고 재판이 진행됐다. 소련 시절의 공개재판을 연상시켰다. 검찰의 논고는 정치권과 경제계 인사들에게 섬뜩한 공포감을 안겨주었고, 호도르코프스키 체포 이후 항의 발언을 내놓던 몇 명의 목소리까지 잠재웠다. 다른 메이저 석유회사들은 유코스가 세금을 줄이기 위해 쓰던 수법들을 재빨리 중단하고, 더 많은 세금을 충실히 납부하겠다고 공개 약속했다. 몇 명 되지 않은 호도르코프스키의 지지자와 대변자들, 투자자, 변호인, 가족, 친지들을 제외하고 푸틴의 크렘린에 공개적으로 맞서겠다고 나서는 사람의 수는 점점 더 줄어들었다. 아르카디 볼스키 러시아 상공인연합회 회장은 텔레비전 인터뷰에서 유코스 사태의 배후에 누가 있는지 알고 있다며 이렇게 말했다. "지금은 겁이 나서 배후 인물이 누구인지 이름을 대기 곤란합니다. 정말 겁납니다. 내 손자가 여섯인데, 그 애들 모두 목숨을 부지하도록 해야 하지 않겠습니까."

그 인터뷰를 하고 난 직후 그는 회장직에서 물러났다. 공식적으로 푸틴은 유코스 사태 진행과 계속 거리를 유지했다. 자신의 의사와 상관없이 일이 진행되는 것처럼 보이도록 한 것이다. 유코스의 자회사를 압류해 매각 처분키로 한 조치는 수사 당국의 목표가 단순히 호도르코프스키를 감옥에 가두는 데 그치지 않는다는 사실을 보여주었다. 유코스 해체는 피할 수 없게 된 것 같았고, 이처럼 파장이 클 결정은 최고 통치자의 손에 의해서만 내려질 수 있는 것이었다. 유간스크네프테가즈의 자산가치는 34억 달러를 훨씬 넘었는데, 이미 국가에 거액의 세금을 미납한 상태였다. 유코스 측은 자구노력의 일환으로 부채상환 계획을 밝혔으나, 세무 당국은 세금 미납분에 대해 거액의 추가 벌금을 부과하는 식으로 유코스의 부채상환 노력에 제동을 걸었다. 유코스의 부채는 순식간에 240억 달러로 뛰어 보유 중인 자산 가치를 넘어서 버렸다. 푸틴은 국고가 이미 넘치는 마당에 세금을 더 받아내는 데는 관심이 없었다. 그가 원하는 것은 자산 자체였다.

11월 18일, 러시아 국가자산기금은 유간스크네프테가즈의 공매 시초가를 86억 5천만 달러로 발표했다. 독일의 드레스드너 방크가 러시아 정부의 의뢰를 받고 제시한 감정가인 180억~210억 달러보다 상당히 낮은 가격이었다. 그리고 경매일을 법에 정해진 날짜 중에서 가장 빠른 12월 19일로 공시했다. 일요일이었는데도 그대로 강행했다. 유일한 관심사는 낙찰자가 과연 누가 될 것인가였다. 공매일이 다가오면서 푸틴의 정계, 재계 측근 인사들끼리 치열한 경합이 벌어졌고, 푸틴이 직접 중재 작업을 했다. 크렘린 바깥에서는 이제 그에게 대적할 세력이 없었지만 크렘린 안에서는 최측근 세력들 간에 치열한 세력다툼이 진행되고 있었다. 차르 시절 황제의 측근 귀족들끼리 했던 것과 비슷한 권력다툼이 벌어진 것이다.

어떤 왕정에서든 조신朝臣들 간에 갈등은 불가피하게 있었다. 하지만 이번 경우에는 '민주세력'과 '실로비키'들 간에 이념이나 국가 비전을 놓고 벌어진 갈등이 아니라, 돈과 권력을 차지하기 위한 싸움이었다. 이들은 상처 입은 유코스를 둘러싸고 이리떼처럼 덤벼들었다. 유코스의 가장 큰 자산을 차지한다는 엄청난 이권 때문이었다. 푸틴이 가장 총애하는 측근 인사들까지 싸움에 뛰어들었다. 천연자원에 대한 국가 통제를 강화해야 한다고 주장하며 강경파 '정치국원들'로 불린 드미트리 메드베데프와 이고르 세친, 빅토르 이바노프, 니콜라이 파트루셰프 등도 포함됐다. 메드베데프는 2000년부터 가즈프롬 회장을 지냈는데, 회장 재임 기간 중 사유화시킨 다음에도 국가가 지분의 38퍼센트를 차지하고 있는 가즈프롬에 대한 정부의 통제권을 크게 강화시켰다.

푸틴은 전 세계 천연가스 매장량의 5분의 1을 차지하고, 유럽 대부분의 나라를 따뜻하게 덥혀 주는 수천 마일에 달하는 가스관을 확보하고 있는 이 거대 에너지 기업을 완전히 자기 수중에 넣고 싶었다. 이 계획의 첫 단계가 바로 만성 경영난에 시달려 온 로스네프트를 가즈프롬에 흡수시키는 것이었다. 로스네프트는 100퍼센트 국가 소유였기 때문에 가즈프롬에 흡수되면 크렘린이 엑슨Exxon, 사우디아라비아의 아람코Aramco와 맞먹는 거대 공룡 에너지 기업의 대주주가 되는 것이었다. 이러한 아이디어의 뿌리는 푸틴의 상트페테르부르크 시절까지 거슬러 올라간다. 당시 푸틴은 동료들과 함께 지역의 기업 활동과 석유 거래를 총괄하면서 기업에 대한 국가 통제를 강화할 필요성을 주장하는 논문을 썼다. 그로부터 몇 년 뒤 국가 차원에서 자신들의 꿈을 실현할 기회를 맞게 된 것이었다.

푸틴은 2004년 9월 가즈프롬과 로스네프트의 합병 계획을 승인했다. 베슬란 인질사태 이후 대대적인 정치 쇄신안을 발표한 바로 이튿날이었다. 국가의 힘이 푸틴의 손아귀에 하나둘씩 들어오고 있었다. 유코스 사태 이후 러시아의 유동적인 시장상황에 대한 불안감으로 흔들렸던 투자자와 분석가들, 특히 외국 자본은 이 합병 안을 크게 반겼다. 이유는 간단했다. 돈을 벌 수 있는 여건이 만들어지기 때문이었다. 푸틴은 합병과 함께 국가가 가즈프롬의 대주주가 되면 소액 외국 자본의 지분 취득 제한을 없애겠다고 약속했다. 가즈프롬은 대단히 비효율적인 거대 기업이지만 국가가 천연가스 판매권을 독점하고, 크렘린이 팔을 걷어붙이고 후원해 준다면 아무리 신중한 투자자라도 큰 수익을 낼 수 있을 것이란 기대를 가질 수밖에 없었다.

이제 유코스의 운명에 대해서는 더 이상 신경 쓰는 사람도 없었다. 수천 명의 투자자가 가세하면서 가즈프롬의 시가총액을 두 배로 끌어올려 줄 것이라는 예상도 나왔다. 합병 발표 한 달 뒤 브리티시 페트롤륨BP의 CEO인 존 브라운은 푸틴이 러시아를 올바른 방향으로 이끌고 있다며 칭찬을 쏟아냈다. 그는 러시아 안팎에서 크렘린의 정책에 대해 제기하는 여러 문제점들은 불문에 부친 채 이렇게 말했다. "고르바초프 이래로 러시아에서는 많은 일들이 일어났다. 지금까지 짧은 기간에 이처럼 비약적인 변화를 이룬 나라는 없었다." 그는 유코스 사태와 호도르코프스키에 대한 검찰의 기소도 "특정한 개인과 특정한 시간, 특정한 장소"를 대상으로 행해진 단독 사건이며 국가의 경제적 미래에는 영향을 미치지 않을 것이라고 말했다. 푸틴은 연말까지 합병 작업이 마무리될 것이라고 밝혔다. 그리고 합병으로 탄생하는 새 거대 기업이 유간스크네프테가즈 입찰에 응할 것임을 분명히 했다. 2004년 경매 시작가가 발표되자 푸틴은 게르하르트 슈뢰더 독일 총리에게 입찰에 필요한 자금 100억 달러를 융자해 달라고 부탁했다. 이 융자를 담당할 컨소시엄은 드레스드너 방크가 주도했다. 이 은행의 러시아 지점장은 마티아스 바르니히였는데, 슈타시 요원 출신으로 1990년대에 푸틴과 친구가 된 사람이었다. 그는 이후 독일과 러시아 기업들 사이에 이루어진 여러 건의 거래에서 중간 연락자 역할을 했다. 푸틴의 측근인 알렉세이 밀러가 대표로 있는 가즈프롬은 경매에 큰 관심을 보이지 않았는데, 로스네프트와의 합병에다 유간스크네프테가즈까지 인수하는 데 대해 회의적인 입장을 가지고 있었다. 이미 부채 규모가 심각한데다 현대화 작업에 많은 비용이 소요될 예정이었기 때문이다.

한편 이고르 세친은 푸틴이 밀어붙인 거대 에너지 기업 탄생에 나름대로의 아이디어를 가지고 있었다. 그해 7월 푸틴은 세친을 러시아의 5위 에너지 기업이 된 로스네프트 회장에 임명했고, 세친은 가즈프롬이 아니라 로스네프트를 러시아 대표 에너지 기업으로 키우겠다는 거창한 비전을 갖고 있었다. 그것은 로스네프트를 가즈프롬에 완전히 흡수시키지 않고, 또한 로스네프트가 독자적으로 해체되는 유코스의 자산을 취득하겠다는 뜻이었다. 9월에 합병이 발표되자 로스네프트 회장인 세친과 사장인 세르게이 보그단치코프는 막후에서 합병을 무산시키는 작업에 착수했다. 그리도 두 사람은 다른 사람들이 전혀 예상하지 못한 방법으로 합병을 무산시켰다.

한편, 유코스의 주주와 경영진들은 유간스크네프테가즈 매각을 저지하고 회사를 지키겠다는 생각을 포기하지 않았다. 경영진 다수는 해외로 안전하게 빠져나가 있었다. 러시아 법정에서는 싸워도 승산이 없다는 것을 알기 때문에 변호인들은 유간스크네프테가즈 매각이 진행되기 6일 전 지구 반대편 텍사스에서 파산 신청을 했다. 러시아 기업이 아무 연고도 없는 텍사스에서 파산 신청을 한 것은 법적인 근거가 희박한 마지막 몸부림이었다. 하지만 파산 신청이 접수된 다음 날 판사는 소송의 근거 여부를 판단할 때까지 매각금지가처분 명령을 발부했다. 법원의 명령이 러시아 정부의 매각 작업을 중단시킬 효력은 없지만, 경매에 참여하기 위해 대기 중인 외국 은행들의 차관에는 영향을 미쳤다. 2주 전에 내려진 우크라이나 대법원의 대선 결과 판결과 마찬가지로 텍사스 법원의 매각금지가처분 결정은 푸틴의 치밀한 계획에 차질을 가져왔다. 그는 텍사스 법원 판결을 비웃으며 격하게 반발했다. 그는 "나는 이 법원이 러시아가 어디 붙어 있는 나라인 줄이나 아는지 모르겠다."라고 비웃었다. 러시아 국내 기업 일에 왜 미국 법원이 건방지게 관여하느냐고 화를 냈다. 그는 고대 로마법에 명시된 국가 주권의 핵심 원칙을 라틴어로 인용하기도 했다. 'par in parem non habet imperium.'대등한 자는 다른 대등한 자에게 지배권을 가지지 못한다.

체첸을 제외하고 다른 문제에서는 불만과 분노를 자제해 온 푸틴이 마침내 분노를 폭발시켰다. 텍사스 법원은 법적 근거가 미비하다는 이유로 최종적으로 소송을 기각했지만, 가처분 결정은 어느 정도 효력을 미쳐 각국 은행들이 가스프롬의 유코스 자산 매입을 위해 제공하려던 차관 제공을 잇달아 취소했다. 당초 각국의 은행 차관은 합병을 예상하고 설립된 가즈프롬 네프트Gazprom Neft라는 회사를 통해 제공될 예정이었다. 그때까지는 서류상 회사에 불과했다. 가즈프롬은 자사에 피해가 돌아가지 않도록 이 신설 회사와는 무관한 것으로 거리를 두었다. 하지만 이 이름뿐인 신설 회사는 일요일에 매각이 이루어지자 활동을 시작했다. 매각 대금도 한 푼 없었지만 어쨌든 일이 추진됐다. 경매에서는 가즈프롬 네프트 대리인 두 명이 한쪽 테이블에 앉고, 다른 한쪽에는 신원이 잘 알려지지 않은 남녀 한 명씩 앉았다. 이들은 자기들의 신원을 밝히지 않고, 바이칼파이낸스그룹Baikal Finance Group이라는 회사를 대리해서 나왔다고만 했다. 여성은 이름이 발렌티나 다블레트가리예바로 13일 전 모스크바 동남쪽에 있는 트베르시에서 회사 등록을 한 것으로 드러났다. 회사 주소지는 예전에 호텔이었던 곳인데 당시는 모바일폰 가게가 입주해 있었다. 자산은 359달러로 신고됐다.(이 회사는 경매가 진행되기 며칠 전 공탁금 17억 달러를 예치했다.)

경매는 격식을 갖춰 진행됐고, 경매인은 테일 턱시도에 나비넥타이 차림으로 의사봉을 두드렸다. 첫 번째 입찰자를 불렀다. 다블레트가리예바와 함께 온 이고르 미니바예프는 한 손을 들어 93억 7천만 달러를 제시했다. 가스프롬 네프트의 대리인은 휴회를 요청하고는 곧바로 방에서 나가 어디론가 전화를 걸었다. 그는 다시 돌아와서 입찰액을 말하지 않음으로써 경매에 불참했다. 경매인은 의사봉을 두드려 낙찰을 선언했다. 이 모든 과정이 10분 만에 끝났다. 푸틴의 크렘린을 제외하고는 유코스의 핵심 우량자산이 누구 손에 들어갔는지 아무도 알지 못했다. 매각을 주관한 러시아 자산기금 책임자조차도 몰랐다. 매각 과정은 1990년대에 진행됐던 혼탁한 사유화 과정을 떠올리게 했다. 푸틴이 한 약속과 달리 국가는 당시처럼 싼 값에 자산을 분배하는 수법을 썼다. 이번에는 개인의 재산을 빼앗아서 분배한 점이 다를 뿐이었다.

경매에 대해 가장 날 선 비판을 한 사람은 불과 일 년 전 크렘린에 '올리가르히의 쿠데타'를 조심하라고 경고한 정치 전략가였다. 그는 유간스크네프테가즈 경매가 "1990년대처럼 국가의 기본적인 금융흐름을 장악하라는 임무를 부여받은 범죄 집단이 자기들 마음대로 자산을 재분배하는 절차에 불과할 뿐"이라고 비난했다.

그는 "이 범죄 집단의 우두머리가 바로 푸틴"이라고 했다. 더 놀라운 것은 푸틴 정부 내부에서 나온 반대 목소리였다. 크렘린 경제보좌관 안드레이 일라리오노프는 대통령을 직접 비판하지는 않았지만, 이 경매가 하나의 불안한 전환점이 되었다고 했다. 그는 기자회견에서 이렇게 말했다. "지난 13년 동안 러시아는 볼셰비키혁명이 일어나기 전까지 속했던 제1세계로 돌아가려고 노력했습니다. 그런데 지금은 제3세계에 들어가려고 애를 쓰고 있습니다. 이제는 갈림길을 지나 전혀 다른 나라가 되었습니다." 그 보좌관은 다가오는 6월 스코틀랜드에서 열리는 G8 회담 준비를 하고 있었는데 곧바로 면직됐다.

이후 며칠 동안 모스크바에서는 유간스크네프테가즈의 운명을 놓고 갖가지 억측이 나돌았다. 많은 분석가들이 최종 구매자인 가즈프롬을 보호하기 위해 바이칼파이낸스그룹을 전면에 내세웠을 것이라고 생각했으나 사실과 다른 추측이었다. 경매 이틀 뒤, 푸틴은 게르하르트 슈뢰더와의 정상회담을 위해 독일을 방문 중이었다. 그는 바이칼파이낸스그룹이 유코스를 둘러싸고 각종 소송이 제기될 것이기 때문에 채무 관계에 휘말리지 않기 위해 급조한 회사라는 점은 알고 있었다고 시인했다. 하지만 베일에 싸인 구매자의 정체가 무엇이냐는 질문에 대해 시치미를 떼고 이렇게 말했다. "잘 아시다시피 이 회사의 주주는 모두 개인 투자자들입니다. 모두들 에너지 분야 사업에 여러 해 동안 관계해 온 사람들입니다. 내가 보고받은 바로는 모두들 자기 회사에 관심을 가진 러시아의 다른 에너지 기업들과 관계를 맺고 싶어 하는 사람들입니다." 마치 자세한 내용은 하나도 모른다는 말투였다. 하루 전 로스네프트는 러시아 반독점청으로부터 바이칼파이낸스그룹을 인수해도 좋다는 허가를 받아냈다. 물론 푸틴이 재가한 결정이었다. 이렇게 해서 불과 몇 주 전만해도 가즈프롬에 흡수될 운명이었던 로스네프트가 하루 1백만 배럴의 원유를 생산하는 유코스의 자회사를 엄청난 헐값에 인수하게 되었다.

매각이 진행되고 나흘 뒤인 12월 23일, 로스네프트는 유간스크네프테가즈 인수 사실을 발표했다. 복잡하게 얽힌 인수자금 문제를 해결하는 데 그때부터 일 년이 더 걸렸다. 잠시 나타났다 사라진 정체불명의 바이칼파이낸스그룹은 푸틴의 크렘린과 긴밀한 관계를 유지하고 있는 다른 석유

기업 수르구트네프테가즈로부터 경매 대금으로 지불할 선금을 받았다. 바이칼파이낸스그룹이 받은 돈은 로스네프트가 경매자산을 인수하면서 되갚았다. 경매로 받은 자산은 헐값에 사들였는데도 로스네프트 자산보다 많았다. 로스네프트는 다시 중국 국영 석유회사인 중국석유천연가스공사CNPC와 계약을 맺고 인수한 유코스 자산을 통해 생산하게 될 석유 판매대금을 미리 받았다. 미하일 호도르코프스키는 오랫동안 중국과 전략적 동반자 관계를 맺어야 한다고 주장해 왔다. 중국과 파이프라인을 통해 연결되어야 한다는 주장도 했다. 하지만 그의 제안은 중국이 경제 강국으로 발돋움하는 것을 경계하는 크렘린에 의해 번번이 제동이 걸렸다. 그런데 이제 이고르 세친을 이사로 앉힌 로스네프트는 몰수된 유코스 자산을 돈 한 푼 들이지 않고, 이 자산을 통해 만들 미래 생산품을 중국에 판매하겠다는 약속만 가지고 손에 넣게 되었다. 안드레이 일라리오노프가 말한 대로 '올해의 사기'로 선정될만한 거래였다.

국제적인 비난이 쏟아지자 푸틴은 당당하게 매각을 옹호하고 나섰다. 유코스 사태를 둘러싸고 쏟아지는 비난은 시간이 지나면 수그러들 것이고, 누구도 이 문제에 개입해서 손을 쓸 방법이 없을 것이라는 계산에서였다. 12월에 열린 연례 기자회견에서 그는 기자들의 질문을 무시하거나 핵심을 피해가는 식으로 넘겼다. "유코스 자산을 로스네프트가 매입한 것과 관련해, 그 회사 이름이 뭐였지요? 바이칼투자회사였던가요? 어쨌든 100퍼센트 국가 소유 기업인 로스네프트가 널리 알려진대로 유간스크네프테가즈 자산을 매입했습니다. 이게 다입니다. 내가 보기에는 모든 일이 시장규칙을 철저히 준수하며 이루어졌습니다. 독일에서 한 기자회견에서였던가요? 이미 입장을 밝힌 것처럼 국가 소유 기업, 더 정확히 말하면 1

백 퍼센트 국가 자산인 기업들도 다른 시장 플레이어들과 마찬가지로 다른 기업을 매입할 권리가 있고, 그 권리를 적법하게 행사한 것입니다." 그는 다시 한 번 1990년대 올리가르히들이 "갖은 수단과 방법을 동원해서 수십 억 달러에 달하는 국가 자산을 차지한 것"은 통탄할 일이었다고 말했다. 그러면서 지금은 사정이 다르다며 이렇게 말했다. "지금은 국가가 철저히 시장 메커니즘을 준수하고, 국익을 따져서 일을 처리합니다." 언론들은 푸틴의 이 마지막 말을 크게 보도했지만, 그게 어떤 의미를 가지는지는 깊이 따져 보지 않았다. 나중에 이 말은 두고두고 푸틴을 괴롭히고, 러시아에는 수십억 달러의 손실을 끼치게 된다.

미하일 호도르코프스키 재판은 다섯 달을 질질 더 끌었다. 검찰은 방대한 분량의 금융기록을 검토하고, 증인들을 심문했다. 증거는 희박하고 서로 모순되었으며, 일부 증거들은 명백하게 조작되었다. 하지만 그런 것은 문제가 되지 않았고, 결과는 이미 정해져 있었다. 4월 11일, 호도르코프스키는 법정에서 최후진술을 했고, 39분에 걸쳐 격정적으로 자신의 무죄를 주장했다. 그는 자신을 애국자라고 부르며, 범죄혐의가 있어서 기소를 당한 게 아니라, "권력의 반대편에 선 올리가르히라는 죄로" 재판을 받게 되었다고 주장했다. "나는 요트도 궁전도, 경주용 자동차도 축구 구단도 소유하고 있지 않습니다. 유코스 해체는 권력을 가진 사람들이 러시아 최고의 석유회사를 빼앗기 위해 억지로 만든 작품입니다. 더 정확히 말하면 유코스가 벌어들이는 수입을 자기들이 차지하기 위해 꾸민 짓입니다." 그리고 푸틴 대통령이 호도르코프스키가 정치적으로 위험인물이며, 국익을 위해서는 그를 제거해야 한다고 주장하는 사람들의 말에 속아 넘어갔다고 주장했다. "지금 유코스의 자산을 강탈하는 사람들은 러시아의 국익에는 아무 관심도 없습니다. 이들은 그저 추악하고, 자기 주머니를 채우는 것 외에는 아무 관심이 없는 자들입니다. 내가 왜 감옥에 갇히게 되었는지는 전 국민이 다 압니다. 그것은 바로 우리 회사를 강탈하는 것을 방해하지 못하도록 하려는 것입니다." 그는 '역사의 법정'은 자신의 편이 되어 줄 것이라고 말했다. 그리고 그동안 자기를 지지해 준 사람들에게 고마움을 전하고, 특히 용감하게 자기 곁을 지켜주는 아내를 '진정한 데카브리스트의 아내'라고 부르며 최후진술을 마무리했다.

최종 판결은 5월 들어서 꼬박 2주일 동안 계속됐다. 호도르코프스키가 자기 아내를 '데카브리스트의 아내'라고 한 역사적인 비유가 들어맞은 것 같았다. 그와 사업 파트너인 플라톤 레베데프 두 사람 모두에게 징역 9년 형이 선고됐다. 1825년 차르 니콜라이 1세에게 반기를 들었던 청년 장교들처럼 그에게도 시베리아 추방령이 내려져 중국, 몽골과 국경을 맞대고 있는 치타 시내의 수형지로 가게 되었다. 법에는 죄를 지은 곳에서 수감생활을 하도록 규정되어 있으나 지켜지지 않았다. 호도르코프스키가 시베리아에 도착하고 며칠 뒤, 그의 사업 파트너들이 돈을 모아 파이낸셜 타임스The Financial Times에 전면 광고를 내고 호도르코프스키가 보낸 항의 서한도 함께 실었다. 서한에서 호도로프스키는 이렇게 외쳤다. "그들은 호도르코프스키가 곧 잊히길 바랍니다. 그들은 여러분들에게 싸움은 끝났다고 믿으라고 합니다. 탐욕스런 관료들의 힘 앞에 이제 그만 무릎을 굽히라고 말합니다. 하지만 그건 사실이 아닙니다. 싸움은 이제 시작입니다." 최종적으로 로스네프트가 유간스크네프테가즈를 인수함으로써 단일 거대 에너지 기업을 만들겠다는 푸틴의 계획은 최종 마무리됐다. 가즈프롬은 자산을 인수하는 데 필요한 자금 확보에 실패했고, 무리하게 자금을 조달하려면 법적인 위험을 감수해야 했다.

　로스네프트는 해외에 드러난 자산이 없었기 때문에 텍사스 법원의 결정을 위반할 경우 위험에 처해질 가능성이 있었다. 거대 석유기업이 된 로스네프트는 가즈프롬과의 합병을 피하고, 독자 기업으로서의 지위를 유지하기 위해 여러 가지 방안을 모색했다.

　가장 중요한 국가 소유 자산을 서로 차지하기 위해 푸틴의 측근들끼리 벌이는 힘겨루기는 점점 더 치열해졌다. 푸틴은 이를 중재하기 위해 메드베데프와 밀러를 가즈프롬에, 이고르 세친을 로스네프트에 배치했다. 양측의 갈등은 크렘린 밖으로까지 알려질 정도였다. 이들의 다툼은 2005년 봄 푸틴이 나서서 이들 세력이 각자 자기한테 맡겨진 회사를 책임지는 것으로 타협안을 마련할 때까지 계속됐다. 유코스 해체는 계획대로는 아니지만 아주 성공적으로 진행됐다. 푸틴은 외부 경제학자들과 일라리오노프 같은 크렘린 내부 인사들까지 가세한 반대 의견을 무마시켰다. 이들은 기업에 대한 크렘린의 통제가 외국 자본의 투자와 기업 활동을 위축시킬 것이라는 우려를 제기했다.

　푸틴은 경제에 대한 국가의 손길이 더 깊숙이 미치더라도 외국 자본의 투자는 환영하고, 더 장려할 것이라는 입장을 되풀이했다. 유코스 사태는 러시아의 이미지에 손상을 주었고, 투자 리스크가 크다는 불신과 두려움을 안겨 주었다. 하지만 유코스 사태가 일어나고 3년 만에 러시아 주식시장의 시가총액은 세 배로 뛰었고, 경제도 연평균 GDP 6~7퍼센트의 높은 성장을 계속했다. 시간이 지나며 호도르코프스키와 유코스의 운명에 대한 사람들의 관심도 점차 멀어져 갔다. 전 세계 에너지 및 금융 분야 거대 기업들은 러시아가 안고 있는 엄청난 잠재력에 끌리지 않을 수 없었다. 각국의 지도자들도 마찬가지였다. 그래서 공개적으로는 러시아의 민주주의가 처한 상황과 법치 수준을 우려하고 비난하면서도 러시아를 무시하지는 못했다.

그러니 푸틴으로서는 누가 러시아의 정치 상황에 대해 문제 제기를 한다고 해서 신경 쓸 이유가 없었다. 그는 호도르코프스키에 대한 최종판결이 내려지고 채 한 달이 지나지 않은 2005년 6월 상트페테르부르크 콘스탄틴궁의 으리으리한 회의장에 모인 미국을 비롯한 각국 기업 대표들 앞에서 이렇게 말했다. "러시아는 엄청난 잠재력을 가지고 역동적으로 성장하는 시장입니다. 여러분을 비롯한 모든 투자자들에게 좋은 업무 환경을 제공해 드리고, 큰 수익을 올리도록 해드릴 것을 약속합니다." 푸틴은 마치 러시아를 대표하는 세일즈맨처럼 행동했다.

시티그룹Citigroup의 샌퍼드 와일Sanford Weill 회장은 푸틴이 참석한 2월 회의에 이어 이번 회의도 기대감을 갖고 참석했다. 인텔Intel의 크레이그 바렛Craig Barrett, 알코아Alcoa의 알랭 벨다Alain Belda, IBM의 새뮤얼 팔미사노Samuel Palmisano, 코노코필립스ConocoPhilips의 제임스 멀바James Mulva, 뉴스코퍼레이션News Corporation의 루퍼트 머독Rupert Murdoch을 비롯해 미국을 대표하는 기업 대표 11명도 그 자리에 참석했다. 모두들 러시아에 많은 투자를 해놓았고, 투자 규모를 더 늘릴 계획을 갖고 있었다. 와일 회장은 푸틴이 투자자들에게 투자규정을 분명하게 밝혀주었으면 좋겠다고 생각했다. 하지만 푸틴은 미국이 러시아와의 무역에 적용하고 있는 여러 규제사항을 언급하며 참석자들을 책망했다. 미국이 우주, 컴퓨터, 군사기술 분야에서 대對 러시아 수출을 규제하고 있다는 사실도 언급했다. 푸틴은 소련이 자국 유대인들의 이스라엘 이민을 규제하는 데 대한 보복으로 미국 의회가 통상규제를 위해 1974년에 채택한 수정법까지 문제 삼았다. 이후 러시아는 오래 전에 자국민의 이민 제한을 없앴지만 미국은 1990년대 들어서도 30년 전에 취한 통상규제를 해제하지 않고, 법의 적용을 유예하는 조치만 취하고 있다고 했다. "이런 웃기는 법이 어디 있습니까." 푸틴은 참석자들에게 이렇게 말했다. 그는 두 나라의 교역 확대를 주장하면서, 참석자들에게 미국으로 돌아가면 먼저 이런 잘못된 법부터 바로잡으라고 당부했다.

회의가 끝나고 미국 기업 대표들은 기념사진을 찍기 위해 환하게 웃는 표정으로 푸틴 주위에 모였다. 그때 와일 회장이 크래프트그룹Kraft Group 회장이며, 2월에 미식축구 수퍼볼에서 우승한 뉴잉글랜드 패트리어츠팀 소유주인 로버트 크래프트Robert Kraft 쪽으로 돌아서며 이렇게 말했다. "대통령께 당신 반지 한 번 보여드리지 그래?" 크래프트 회장은 반지를 손가락에 끼지 않고 양복 상의 주머니에 넣고 있었다. 다이아몬드 124개가 박히고 크래프트의 이름이 새겨진 반지였다. 그는 반지를 푸틴에게 건넸다. 푸틴은 반지를 받아들고 한쪽 손가락에 끼고는 탐나는 표정을 지어보이며, "이거면 사람도 죽일 수 있겠는데."라고 했다. 사진 촬영이 끝나고 크래프트는 반지를 달라고 손을 내밀었는데 푸틴은 자기 주머니에 집어넣고는 방향을 돌려 보좌관과 함께 방을 나가 버렸다. 푸틴은 그 반지를 선물로 준 것이라 생각했던 것 같았고, 크래프트는 당황해서 어쩔 줄 몰라 했다. 그는 와일 회장에게 하소연해 보고, 나중에는 백악관에도 반지를 되찾게 도와달라고 부탁했다.

그런 와중에 그 일과 관련한 기사와 사진들이 언론에 보도됐고, 크렘린과의 관계 악화를 우려한 백악관에서 보좌관을 보내 크래프트 회장에게 그 반지는 푸틴 대통령에게 선물로 준 것이라고 해준다면 양국 관계를 위해 제일 좋겠다는 말을 전했다. 하지만 크래프트 회장은 "그렇게 할 수 없습니다. 그 반지는 내게 특별한 의미가 있고, 내 이름까지 새겨져 있습니다. 그 반지가 이베이에 매물로 나오는 걸 보고 싶지 않습니다."라고 반발했다. 그 보좌관은 잠시 침묵을 지키더니 다시 이렇게 부탁했다. "회장께서 그 반지를 푸틴 대통령에게 선물로 주시는 게 제일 좋은 선택이라고 생각됩니다." 그로부터 나흘 뒤 크래프트 회장은 "반지는 러시아 국민과 푸틴 대통령에 대한 존경의 표시로 드린 것"이라는 내용의 성명을 발표했다. 러시아에서 사업을 하는 데 들어간 비용인 셈이지만, 이후에도 몇 년 동안 크래프트 회장은 억울한 마음을 씻지 못했다. (이후 그의 아내는 크래프트 회장의 유대인 선조들을 가리켜 이렇게 말했다. "아마 남편의 선조들도 이 자들에게 강간당하고 약탈당했을 것이다. 하지만 남편은 반지를 선물로 준 것이라고 말할 수밖에 없었다.") 크래프트 회장은 반지를 새로 만들었고, 푸틴에게 간 것은 국가원수가 받은 선물을 보관하는 크렘린 도서관으로 보내졌다.

유코스 사건은 일부에서 우려한대로 사유화 과정을 국유화로 되돌리는 전조는 아니었다. 그런 면에서 러시아의 천연자원에 눈독을 들이는 사람들은 안도했다. 하지만 유코스 사태는 하나의 전환점이 되었다. 특히 국가가 중요 국가 산업에 대한 통제권을 확보해 나가는 데 하나의 모델이 되었다. 푸틴은 민간 손에 넘겨 줄 수 없는 기업 수십 개를 법으로 지정한 다음, 거대 국영 기업을 여러 개 만들어 해당 산업을 확고하게 장악하는 방법으로 국가경제를 통제하기 시작했다. 그리고 국가경제를 통제하는 일은 상트페테르부르크에서 데려온 옛 동료들에게 맡겼다.

이들 가운데 다수는 해당 분야 장관으로 재직하면서 기업 직책도 겸했다. 이들은 기업에서의 지위를 이용해 자금을 조달하고 후원 활동을 했다.

어느 날 갑자기 러시아 제2의 석유 생산 기업으로 부상한 다음, 일 년 뒤에 곧바로 1위 생산업체가 된 로스네프트는 이고르 세친이 회장직을 맡았다. 그리고 당시 국방장관이던 세르게이 이바노프가 어느 날 갑자기 연합항공기제조회사United Aircraft Corporation 회장직을 차지했다. 민간 항공기와 군용 항공기 제작을 독점하기 위해 만든 회사였다. 블라디미르 야쿠닌은 러시아철도공사 사장이 되었다. 러시아에서 철도는 석유, 가스에 이은 제3의 독점 자원으로 불렸다. 드레스덴 시절부터 푸틴의 동료로 가까이 지낸 세르게이 케메조프는 독점 방산업체인 로소보론엑스포르트Rosoboronexport 회장을 맡았다. 2006년 기준으로 러시아의 국영기업들이 올린 수입이 국가 GDP의 5분의 1, 주식시장 시가총액의 3분의 1을 차지한다는 통계가 있는데, 이 국영기업들을 푸틴의 친구와 동료들이 모두 장악한 것이다. 이들 가운데서도 가장 막강한 기업은 가즈프롬이었다. 하지만 드미트리 메드베데프 회장이나 알렉세이 밀러 사장 모두 이 분야의 전문성이 아니라 푸틴에 대한 충성심 때문에 그 자리에 앉은 사람들이었다. 푸틴은 이들을 통해 가즈프롬을 조종했다. 회사의 예산 편성과 가격 책정, 파이프라인 루트 선정, 인사에도 직접 개입했다. 부장급 인사까지 관여했고, 주요 보직 인사를 밀러 사장에 알리지 않고 직접 지시하는 경우도 많았다.

푸틴이 가즈프롬 업무에 사사건건 간섭하자 그가 퇴임 후에 이 회사를 차지하려는 게 아니냐는 추측이 나돌았다. 2006년 1월 어떤 기자가 이 문제에 대해 단도직입적으로 질문하자 그는 이렇게 대답했다. "그런 자리를 제안해 주어서 고맙기는 하지만 기업체 경영에는 관심이 없습니다. 나는 사업가가 아닙니다. 성격에 맞지 않고 업무 경험도 없습니다." 가즈프롬은 유코스의 핵심 자산을 차지하기 위한 내부 경쟁에서는 밀렸지만, 은밀하고 신중한 전략으로 사업을 계속 확장해 나갔다. 로만 아브라모비치는 2003년에 푸틴과 면담 뒤 시브네프트와 유코스의 합병 계획을 포기했다.(호도르코프스키가 그에게 지불한 30억 달러는 그대로 차지했다.) 시브네프트에도 세금 추징 통보가 전달되었다. 10억 달러 고지서를 받아든 그는 2005년에 정부에 은밀히 협상을 제안해 3억 달러를 납부하는 것으로 합의했다. 그런 다음 곧바로 자신의 보유 주식을 처분하기로 했고, 세브론-텍사코Chevron-Texaco, 쉘Shell, 토탈Total에서 매입 제안이 들어왔다.

그는 호도르코프스키보다는 더 약은 사람이었고, 최소한 권력에 맞설 생각은 하지 않았다. 그는 재앙이 다가오고 있다는 조짐을 알아차렸다. 2005년 7월에 시브네프트는 주주들에게 22억 9천 만 달러에 달하는 엄청난 규모의 배당금을 지급했다. 최근 2년 치 회사 수익보다 많은 액수였다. 아브라모비치가 회사의 몸집을 줄이고 매각할 준비를 한다는 분명한 사인을 내보낸 것이다. 이틀 뒤, 스코틀랜드에서 열린 G8 정상회담에서 푸틴은 시브네프트 매각설이 사실이며, 가즈프롬도 인수전에 참여할 것이라고 확인했다. 그는 매각은 기업들끼리 처리할 문제라고 하면서도, 자신이 이 문제와 관련해 아브라모비치 회장을 만난 사실이 있다고 말했다. 가즈프롬은 시브네프트를 인수할 자금이 없었지만 푸틴은 정부기금을 이용해 가즈프롬 주식을 충분히 확보해서 경영권을 행사할 것이라고 말했다. 가즈프롬은 추가 확보한 자금으로 시브네프트를 130억 달러에 인수했다. 인수 금액이 너무 높아서 상당한 규모의 리베이트가 포함되었을 것이라는 추측이 나돌았다. 당시 러시아 주재 미국대사인 윌리엄 J. 번스 William J. Burns는 그 돈 가운데 아브라모비치에게 돌아간 것은 '4분의 1'밖에 안 된다는 내용의 전문을 국무부에 보냈다. 많은 사람들이 이런 내용에 공감했다.

　한때 몸집만 큰 부실기업이던 가즈프롬은 푸틴의 두 번째 임기가 시작될 무렵, 그가 꿈꾸었던 거대 에너지 기업으로 성장해 있었다. 시가총액 면에서 도요타, 월마트, 샌퍼드 와일의 시티그룹 같은 탄탄한 기업들을 제치고 세계 최대 기업 대열에 합류했다. 더 효율적으로 변하거나 관리가 잘 되는 것은 아니었지만, 푸틴은 가즈프롬을 러시아에서 가장 막강한 기업, 그리고 유럽을 상대로 한 러시아 대외정책의 강력한 무기로 만들었다. 푸틴은 한때 자신을 "완벽한 민주주의자"라고 추켜세운 적이 있는 게르하르트 슈뢰더 독일 총리와 러시아 가스 터미널과 독일의 가스 터미널을 연결하는 세계에서 가장 긴 수중 천연가스 파이프라인 건설 계약을 체결했다. 노르트 스트림Nord Stream으로 불리는 이 파이프라인은 우크라이나, 벨라루스, 폴란드를 관통하는 옛 소련의 기존 가스관 연결망을 거치지 않기 때문에 러시아는 이들 나라와의 통과료 협상에서 유리한 고지를 차지하게 되었다. 아울러 러시아 천연가스에 대한 유럽의 의존도는 더 높아지게 되었다. 이 가스관 건설계획은 큰 논란을 불러일으켰다. 폴란드 국방장관은 이 사업을 에너지 판 몰로토프-리벤트로프 조약이라고 불렀다. 환경보호론자들은 두 차례 세계대전 때의 탄약과 무기류가 대거 가라앉은 발트해 해저를 따라 파이프라인이 건설되면 큰 재앙을 초래할 수 있다는 우려를 제기했다. 슈뢰더가 그해 선거에서 패해 총리직에서 물러나자 푸틴은 그를 노르트 스트림 건설을 담당할 신설 합작회사의 이사회 의장에 임명했다. 독일이 비밀리에 이 건설 사업에 10억 유로의 차관보증을 해 준 불과 며칠 뒤였다.

가즈프롬은 독일의 2대 메이저 에너지 기업인 바스프BASF, 이온E.On과 함께 지배 지분을 차지하고, 푸틴은 여러 가지 특혜를 베풀어 주는 위치에 있었다. 파이프라인 프로젝트의 사장직은 그의 의중에 따라 오랜 슈타시 친구인 마티아스 바르니히에게 돌아갔다. 슈뢰더를 취업시킨 일주일 뒤에 푸틴은 부시 대통령 1기 시절에 상공장관을 지낸 석유 전문가 도널드 에반스를 갑자기 크렘린으로 불러 로스네프트 회장 자리를 제안했다. 로스네프트가 국제적인 인정을 받도록 해달라는 기대에서였다. 에반스 영입은 불발에 그쳤지만, 푸틴은 사람과 정치를 움직이는 것은 결국 돈이라는 믿음을 확고히 갖고 있었다. 유럽에서는 이런 믿음에 맞게 일이 진행되는 경우가 많았다.

자기한테 사업적 수완은 없다고 하면서도, 푸틴은 국가의 대형 사업 계획에 일일이 간섭했다. 직접 협상과정에 개입하고 분쟁이 생기면 조정 역할을 맡았다. 2005년 7월에 로열더치쉘Royal Dutch Shell은 극동 사할린섬 석유 가스 개발 프로젝트의 비용이 엄청나게 초과 계산되었다는 사실을 인정했다. 가즈프롬과 양해각서를 체결하고 불과 1주일이 지난 시점이었다. 11월 네덜란드 공식방문 때 푸틴은 암스테르담 시장 관저에서 열린 기업인들과의 만남에서 로열더치쉘의 제로엔 반 데르 비어Jeroen van der Veer 회장을 공개적으로 홀대했다. 리셉션에서 반 데르 비어 회장은 푸틴에게 단독 면담을 요청해 겨우 허락을 받았는데, 두 사람은 100억 달러 프로젝트가 왜 200억 달러로 부풀려졌는지를 놓고 독일어로 20분간 언쟁을 벌였다. 러시아 정부로서는 로열더치쉘 측의 비용 과다 산출로 큰 손실을 입게 되었다. 반 데르 비어 회장은 연안 플랫폼과 수백 마일에 달하는 파이프라인을 건설하려면 액화천연가스 생산에 필요한 전문 인력과 기술이 필요한데 가즈프롬을 비롯한 러시아 석유회사들은 그런 전문기술을 갖고 있지 않다는 점을 누누이 설명했다. 비용이 높다고 해도 러시아 측으로서는 수익성이 있는 프로젝트였다. 하지만 푸틴은 가즈프롬과의 재협상을 요구했다.

그런 식으로 협상이 수개월째 지지부진하자 크렘린은 천연자원부에서 환경 감시 역할을 맡고 있는 올레그 미트볼을 동원했고, 그는 사할린 석유개발 프로젝트가 환경에 미치는 악영향에 대해 강도 높은 공격을 개시했다. 사할린 개발 계획이 환경에 영향을 미치는 것은 사실이었다. 사할린의 연어 회귀지들과 오호츠크해의 귀신고래 번식지 환경이 직접적인 영향을 받게 된다. 하지만 러시아는 그때까지 야생동물 보호에 관심을 보인 적이 없었다. 미트볼은 나무 한그루만 베어내도 고소하겠다고 위협했다. 계획을 그대로 밀어붙일 경우 쉘은 500억 달러의 벌금을 물 수도 있게 되었다. 희한한 일이 벌어진 것이었다. 일본 미쓰이물산, 미쓰비시와 사할린 개발계획을 공동 소유한 쉘은 이런 위협을 가하는 러시아 당국의 진의가 무엇인지 알아차렸다. 쉘은 결국 재협상에 응하기로 하고, 개발계획의 지배권도 74억 5천만 달러에 가즈프롬으로 넘겼다. 시장가격보다 훨씬 낮은 가격이었다. 푸틴의 요구로 반 데르 비어 회장은 미쓰이물산, 미쓰비시 경영진과 함께 크렘린으로 다시 불려가 카메라 앞에서 재협상 내용을 인정해야 했다. 푸틴의 지배력이 러시아 관리와 기업인에만 미치는 게 아니라는 사실을 만천하에 보여주기 위해 마련된 행사였다. "전 세계 대기업들이 러시아 사업에서 수익을 올리고 있습니다." 푸틴은 대통령 집무실 옆 대회의실에 모인 사람들에게 이렇게 말했다. 환경 피해에 대해 푸틴은 "그 문제는 대부분 해결되었다."고 선언했다. 외국 기업들은 이 프로젝트의 지배권을 잃었지만, 매장되어 있는 석유와 가스 개발을 통해 수백만 달러의 수익을 올릴 수 있게 되었다.

그런 식으로 이들은 가즈프롬을 프로젝트의 새 주인으로 맞아들이고, 국제 파트너십을 지원해 준 데 대해 푸틴에게 감사했다. 크래프트 회장의 전철을 그대로 밟은 것이다. 이런 식으로 개발계획을 차지해 나가면서 푸틴은 자신감을 얻었다. 2005년 말 가즈프롬은 우크라이나로 보내는 천연가스 가격을 1천 입방미터 당 50달러에서 230달러로 급격히 올려 버렸다. 다른 유럽국들에 보내는 가격과 같은 수준으로 올린 것이다. 천연가스 가격 인상은 유셴코가 집권 후 친 서방 정책을 펴는 것에 대한 보복조치임이 분명했다. 푸틴은 우크라이나 대통령 선거를 앞두고 야누코비치의 당선에 도움을 주기 위해서 낮은 가격으로 천연가스를 제공하기로 협상을 마쳤다. 하지만 기대와 달리 유셴코가 당선되고, 그가 친 서방 정책을 펴자 푸틴은 우크라이나에 돈을 더 내라고 요구한 것이다. 푸틴은 이러한 조치가 정치와는 무관하며 순수하게 비즈니스적인 면만 고려해서 내린 결정이라고 주장했지만 그의 말에는 적의가 깃들여 있었다. 그는 우크라이나의 친 서방 정책에 대해 "왜 그런 정책을 우리 돈으로 지원해 주어야 하는가?"라고 했다. 러시아는 우크라이나 측에 가격인상 조치를 3개월간 유예해 주고 차관제공 등을 제안했으나 우크라이나가 미온적인 반응을 보이자 가즈프롬을 동원해 새해 첫날을 기해 가스공급을 중단시켜 버렸다. 물론 푸틴의 재가를 얻어 취해진 조치였다.

강경책은 역풍을 불러왔다. 러시아에서 유럽으로 가는 천연가스 대부분이 우크라이나를 통과하는 파이프라인을 거치기 때문에 한 겨울에 러시아가 내린 결정은 유럽 전역에 파장을 불러 일으켰다. 우크라이나는 보유 중인 러시아 가스를 유럽으로 보내지 않고 자기들이 필요한 양을 뽑아서 썼다. 그러자 어려움을 겪게 된 오스트리아, 프랑스, 이탈리아, 몰도바, 폴란드, 루마니아, 슬로바키아, 헝가리 등이 반발했다. 그동안 러시아에 우호적인 입장을 취한 나라들이 반발하자 푸틴은 후퇴할 수밖에 없게 되었다. 러시아가 유럽에 에너지를 안정적으로 공급해 줄 믿을 만한 나라라는 인상을 심어 주겠다는 전략에 차질이 생기게 되었기 때문이다. 그래서 푸틴은 가스 가격을 전반적으로 인상하는 타협안을 제시했다. 그러면서 로스우크르에네르고RosUkrEnergo라는 수상쩍은 회사를 중개자로 내세웠다. 오렌지혁명이 일어나기 몇 달 전 푸틴이 레오니드 쿠츠마 대통령과 함께 설립한 유령 회사였다. 가즈프롬이 지분의 절반을 갖고 , 나머지 절반의 소유주가 누군지는 비밀에 부쳐져 있었는데, 우크라이나 사업가인 드미트리 피르타쉬가 여러 명의 소유주 가운데 포함돼 있었다. 세계적으로 악명 높은 조직폭력단의 두목 세미온 모길레비치와 친분이 있는 자였다. 모길레비치는 사기죄로 FBI의 10대 수배자 명단에 올라 있는 범죄자였다. 더구나 그는 유센코 대통령을 비롯한 우크라이나 정부 인사들과 깊은 친분을 과시하고 있었고, 푸틴과도 1990년대부터 알고 지내는 사이였다. 쿠츠마의 대화내용을 녹음한 테이프에 따르면 그는 러시아의 비밀 정보원으로 일해 주는 대가로 푸틴의 보호 아래 가짜 신분으로 위장해 모스크바에서 산 것으로 알려졌다.

이 협상안에 따라 가즈프롬은 우크라이나 가스 공급에 더 큰 영향력을 행사할 수 있게 되었다. 러시아는 자기들로부터 멀어지려고 하는 나라에 대한 통제권을 더 강화하게 된 것이었다. 협상 중개자로 나선 회사와 유센코 사이의 수상한 관계는 우크라이나 국내에서 반발을 불러일으켰고 푸틴은 이를 교모하게 활용했다.

이와 관련해서 질문을 받자 그는 베일에 가린 로스우크르에네르고 소유주의 배후에 우크라이나 대통령이 있을 것이라며 이렇게 대답했다. "빅토르 유센코 대통령에게 물어보시오. 나는 그 사람보다 더 아는 게 없소. 가즈프롬도 아는 게 없소. 내 말이 사실이니 믿어 주시오." 실제로는 푸틴도 자신의 지분을 갖고 그 과실을 누렸다. 가즈프롬은 자기들이 생산해서 우크라이나에 판매하는 천연가스 수익금의 절반을 차지했다. 반면에 유센코는 부패에 연루되었다는 소문 때문에 국내에서 여론의 비난을 받았고, 결국 오렌지 혁명을 승리로 이끈 연합세력은 분열되고 말았다. 2006년 3월 우크라이나 총선에서 율리아 티모센코는 중재안을 비판하면서 자신이 당선시킨 유센코 대통령의 반대편에 섰다. 티모센코는 에너지 거래 사업을 한 경력 때문에 '가스 공주'로 불렸다. 총선에서 패배한 유센코는 자신이 몰아낸 빅토르 야누코비치와 다시 연합할 수밖에 없었다.

국정과 비즈니스 영역의 구분이 모호해졌고, 러시아 국민들은 러시아 정부를 '크렘린 주식회사'라고 부르기 시작했다. CEO는 푸틴 대통령이었다. 그는 가즈프롬만 좌지우지 한 게 아니라 국내에서 크고 작은 여러 기업들을 대상으로 세무조사를 면하게 해주는 등의 특혜를 베풀며 권한을 행사했다. 그리고 해외에 나가서도 이들 기업들의 이익을 챙겨 주기 위해 열심히 로비에 나섰다. 1990년대 옐친 시절에는 상상도 하지 못한 일이었다. 2005년이 되자 푸틴은 의회와 사법부에서 갖고 있는 자신에 대한 견제장치를 모두 걷어내고 국가 독점사업에 대한 통제권을 확고하게 장악했다. 러시아 전역에서 이루어지는 모든 거래에 직접 개입하지는 않았지만 대규모 거래는 암묵적으로 반드시 크렘린의 승인을 받아야 했다. 아는 사람이 거의 없었지만 크렘린이 특혜를 나누어주면 그렇게 해서 챙긴 부를 유지하기 위해 선물이 오고가는 식의 은밀한 거래가 이루어졌다. 콤소몰스코예 호숫가에 있는 푸틴의 오제로 다차 협동조합 동료 중 한 명인 니콜라이 샤말로프는 2000년에 소규모 의료장비 공급업체와 거래를 체결했다. 푸틴이 상트페테르부르크시 대외경제협력위원장으로 있던 1992년에 허가를 내 준 페트로메드Petromed라는 이름의 업체였다. 이후 상트페테르부르크시는 보유 지분을 처분했고, 회사는 번창했다. 샤말로프는 이 회사 소유주들로부터 올리가르히들을 대상으로 대통령을 후원하는 기부금을 받아내겠다는 승낙을 받아냈다.

로만 아브라모비치는 2억 300만 달러 기부를 약정했고, 금속, 광산 재벌인 알렉세이 모르다소프 회장은 1500만 달러 기부를 약속했다. 기부금은 의료장비를 구입하는 데 쓰였으나 그 가운데 일부가 해외은행구좌로 보내진 다음 역으로 방크 로시야 주식 같은 러시아 국내자산을 구입하는 데 쓰였다. 이러한 거래는 비교적 소규모로 은밀하게 이루어졌는데, 2005년이 되자 샤말로프는 페트로메드 소유주들에게 5억 달러 상당에 이른 기부금을 해외계좌에서 러시아 국내에 있는 로스인베스트Rosinvest라는 이름의 새로운 투자회사로 옮겼다고 통보했다. 이 돈의 상당 부분은 소치 부근 흑해 해안에 호화 주택을 짓는 데 사용됐다. 약 10억 달러의 건축비를 들여서 '차르의 위상에 걸맞는' 궁전이 세워졌다. 당시에는 이런 일들이 철저히 비밀에 부쳐졌다. 이런 일을 아는 사람은 극소수의 기업인과 고위 관리들뿐이었다. 이런 일을 발설하지 않을 정도로 입이 무겁거나 그만큼 부패한 자들이었다. 이 음습한 연결고리에서 국가 권력이 기업과 만나 새로운 올리가르히 계급을 만들어냈다. 경제의 변방에 있던 그림자 세력과 푸틴의 과거가 새로운 올리가르히로 등장했다.

물리학자였던 유리 코발추크는 상트페테르부르크가 자본주의 실험을 하던 초기에 푸틴과 함께 일한 사람으로 소련 시절에 설립된 방크 로시야를 계속 이끌어 왔다. 90년대 초까지만 해도 주주들의 자산을 운용해 주는 소규모 지방 금융에 불과했다. 푸틴의 집권 이후 이어진 경제붐과는 특별한 관련이 없었다. 하지만 방크 로시야는 푸틴이 1990년대부터 가까이 지낸 친구들을 한데 엮음으로써 누구도 상상하지 못한 곳까지 올라가게 되었다. 다차 협동조합 동지들도 마찬가지였다. 푸틴의 출세와 함께 이들도 승승장구했다. 푸틴은 첫 번째 대통령 임기 말에 다차 협동조합 지분을 처분한 것으로 알려졌다.

훨씬 더 야심적인 별장을 지을 계획이 있었기 때문이다. 다차 소유주 가운데 일부는 푸틴을 따라 모스크바로 진출해 정부에서 요직을 맡았다. 안드레이 푸르센코는 차관으로 시작해 산업기술부 장관을 거쳐 2004년에 교육과학부 장관이 되었다. 블라디미르 야쿠닌은 2005년 러시아철도공사 사장이 되었다. 독일 기업 지멘스의 러시아 대표가 된 니콜라이 샤말로프처럼 한결 낮은 자리를 차지한 사람도 있다.

푸틴의 1기 대통령 재임 시절 코발추크와 샤말로프, 겐나디 팀첸코 같은 이들은 일반 사람들에게 거의 알려지지 않은 인물이었다. 푸틴 대통령 밑에서 첫 총리를 지낸 미하일 카시야노프는 방크 로시야라는 은행 이름도 소유주가 누군지에 대해 들어본 적이 없다고 했다. 코발추크는 2004년에 러시아 최대 올리가르히 가운데 한 명인 세베르스탈Severstal의 알렉세이 모르다쇼프 회장이 방크 로시야에 1900만 달러의 예금을 예치하고 지분 8.8퍼센트를 차지하고 나서 방크 로시야의 이사회 의장을 맡았다. 당시 은행 자산 총액보다 많은 액수였다. 사람들은 업계 라이벌 기업과 치열한 경쟁을 벌이던 모르다쇼프가 푸틴의 환심을 사기 위해 예금한 것이라고 생각했다. 그는 병원 의료장비 공급업체인 페트로메드에도 거액을 기부했다.

자산이 늘어나면서 방크 로시야는 2004년 주식시장을 통해 가즈프롬 계열의 보험회사 소가즈Sogaz 지분 절반가량을 5800만 달러에 사들였다. 이는 당시 시세보다 크게 낮은 가격이어서 나중에 논란이 되었다. 가즈프롬이 비핵심 자산을 처분한 것은 처음이었다. 정부 관리들과 전문가들은 가즈프롬의 소가즈 지분 매각을 오래 전부터 주장해 왔으나 실제 매각을 보고는 모두 놀랐다. 매각이 비공개로 이루어졌고 매수자의 정체도 드러나지 않았기 때문이다.

푸틴이 매각작업에 직접 개입해 방크 로시야에 지분을 넘겨주라고 지시했다. "푸틴이 '방크 로시야!'라고 한마디 했고, 그것으로 끝났습니다." 푸틴의 대통령 1기 재임 시절 에너지부 차관을 지낸 블라디미르 밀로프는 나중에 이렇게 말했다. 매각 당시 방크 로시야가 어떤 역할을 했는지에 대해서는 2005년 1월까지 공개되지 않았고, 그래서 당시 내각의 민주 세력들은 충격과 혼란에 휩싸였다.

방크 로시야는 이름뿐인 쉘 컴퍼니shell company들을 통해 소가즈를 지배했고, 그 가운데 하나는 2002년 상트페테르부르크에서 설립된 아크세프트Aksept로 푸틴의 외삼촌인 이반 셀로모프의 손자 미하일 셀로모프가 소유주였다. 이반 셀로모프는 나치 침공 때 푸틴 대통령의 어머니를 피난시켜 준 사람이다. 방크 로시야가 최고 통수권자와 관련이 있다는 특수 지위는 알 만한 사람은 다 알게 됐고 그때부터 사업은 일사천리로 굴러갔다. 야쿠닌이 사장인 러시아철도공사와 이고르 세친이 장악한 로스네프트 같은 국영 기업체들이 잇따라 소가즈와 보험 계약을 체결했다. 사업은 순식간에 성장했고, 방크 로시야는 금융 계열사와 미디어 지주회사 등 가즈프롬의 자산을 소리 없이 차지해 나갔다.

방크 로시야의 사업 확장은 소리 없이 치밀하게 진행됐다. 소유구조는 마트료시카 인형처럼 여러 개의 해외 회사들에 이중삼중 숨겨놓아 누가 주인인지도 종잡을 수 없게 해놓았다. 푸틴이 큰 지분을 갖고 있다는 의혹도 제기됐다. 첫 번째 임기 때 푸틴은 경제 안정화를 위해 신중하게 움직였고 예상치 못한 유가 상승에 힘입어 경제는 활기를 되찾았다. 하지만 두 번째 임기 들어서는 큰 정책 변화를 보였다. 보좌진 가운데 민주세력 인사들이 떠나고, 정부와 의회는 물론이고 언론과 업계에 대한 장악력을 확고히 했다. 통치에 자신감이 생기자 그는 대기하고 있는 새로운 세대의 부호들에게 특권을 나누어 주기 시작했다. 1990년대 부의 축적 때 기회를 얻지 못한 자들이었다.

이들은 부를 과시하면서도 아직 억만장자 반열에는 들지 못한 자들이었다. 푸틴 시대에 맞춰 탄생한 새 세대 올리가르히들이었다. 하나같이 음침하고, 정치적 색깔이 없고, 비밀스럽고, 그리고 무명인 자기들을 키워준 사람에게 절대적인 복종을 바치는 자들이었다. 푸틴을 따라 정부 요직에 진출하지 못한 자들은 곧바로 업계에서 두각을 나타냈다. 로스네프트는 유코스의 알짜 핵심자산을 취득한 다음 자사 석유 거래 계약의 대부분을 겐나디 팀첸코에게 몰아주었다. 팀첸코는 1990년대에 처음 푸틴과 인연을 맺었다. 아르카디 로텐베르크와 보리스 로텐베르크 형제는 십대 때인 1960년대에 푸틴과 함께 유도를 배웠다. 이들은 1998년 상트페테르부르크에서 '야와라 네바'Yawara-Neva라는 이름의 유도클럽을 만들었는데, 이때 팀첸코가 이들을 후원하고 푸틴은 명예회장을 맡았다. 이 클럽은 KGB 출신자들과 함께 푸틴의 정치적 리더십을 구성하는 데 큰 역할을 하며 '유도크라시'judocracy라는 이름을 만들어냈다.

이 클럽을 함께 만들고 운동도 함께 한 바실리 셰스타코프는 1996년 푸틴을 코치로 영입하겠다고 한 사람이다. 그는 정치에 입문해 여러 권의 저서를 내고, 스포츠에 관한 비디오도 여러 편 만들었는데, 그 가운데는 푸틴과 함께 만든 것도 있었다. 2000년 대통령 취임식 전야에 푸틴은 국영 회사 한 곳을 설립했는데, 수십 개에 달하는 보드카 제조공장을 하나로 통합해 정부가 지배권을 가졌다. 푸틴은 로스스피리트프롬Rosspiritprom이라는 이름의 이 회사 경영권을 유도크라시에게 맡겼는데 아르카디 로텐베르크가 최고경영자 자리에 앉았다. 독주를 즐기는 나라에서 이 회사는 수백만 달러를 벌어들이는 기업으로 성장하며 전국 알코올 시장 매출의 거의 절반을 장악했다. 당국은 철저한 규제 장치를 도입하고, 경쟁 업체들에 대한 단속을 강화하는 식으로 이들을 도왔다.

로텐베르크 형제는 국영 주류회사의 수익금을 자기들이 운영하는 SMP방크에 넣은 다음, 이 돈을 다시 푸틴이 게르하르트 슈뢰더의 측근들과 협상 중인 파이프라인 건설에 투자했다. 1990년대 거부들이 사유화 과정에서 순식간에 큰돈을 거머쥔 것과 달리 푸틴의 측근들은 서서히 단계적으로 부를 축적해 나갔기 때문에 이들이 엄청난 특혜를 받은 사실은 한참 뒤에야 드러났다. 푸틴은 이런 식으로 친구와 측근들을 러시아 경제의 최정상에 오르도록 해주었다. 이들에게 부를 안겨주어서 이들이 천연자원에서 미디어에 이르기까지 주요 경제 분야를 두루 장악할 수 있도록 했다. 푸틴은 이러한 과정이 국가를 안정적으로 통치하는 데 대단히 중요하다고 생각했다. "그는 상트페테르부르크 아이들이 예뻐서 데려다 쓴 게 아닙니다. 성실하고 진실한 사람을 믿기 때문에 그렇게 한 것입니다." 푸틴의 첫 번째 유도 스승이었던 아나톨리 라흘린은 2007년 이즈베스티야와의 인터뷰에서 이렇게 말했다.

2005년 12월 26일, 푸틴은 크렘린에서 보좌관들을 모아놓고 놀라운 성장을 거듭하는 로스네프트의 수익을 어떻게 나눌지에 대해 특별회의를 주재했다. 긴 장방형 테이블 주위에 앉은 보좌관들은 알렉산드르 메드베데프, 알렉세이 쿠드린, 게르만 그레프, 이고르 세친 등 상트페테르부르크 시절부터 함께 일한 자들이었다. 예사롭지 않은 모임이었다. 각료회의보다는 규모가 작고, 경제 관계 정례 모임보다는 참석자 수가 많았다. 한 차례 강등 당한 안드레이 일라리오노프도 참석했는데, 그는 크렘린의 경제정책 방향이 점차 불만스러웠다. 경제학자인 그는 다혈질로 소련연방 해체 이후 러시아 정부에서 계속 일하는 동안 자유시장주의자로서 자신의 생각을 숨기지 않고 털어놓았다. 2000년 2월 대통령 권한대행 시절에 푸틴을 처음 만났는데, 그 자리에서 어떤 보좌관이 푸틴에게 체첸 주둔 러시아군이 샤토이 마을을 점령했다는 쪽지를 전달했다. 반군이 차지하고 있던 마지막 거점이었다. 푸틴이 환호하자 일라리오노프는 전쟁은 불법이고, 러시아에 재앙을 가져다 줄 것이라고 대꾸했다. 두 사람은 이후 한 시간이나 토론을 벌였는데, 결국 푸틴이 냉정하게 그의 말을 잘라 버렸다. 그때부터 두 사람은 체첸전쟁 이야기는 두 번 다시 하지 않고 경제 문제만 다루었다.

처음에 일라리오노프는 푸틴 대통령이 취하는 경제노선에 대해 지지를 표시했다. 13퍼센트 일률과세제 도입과, 부채상환, 국부펀드 조성 등 푸틴이 취한 결정을 찬성했다. 그러다 유코스 사태를 계기로 분위기가 달라졌고, 그는 푸틴이 이제 더 이상 자기 의견에 귀를 기울이지 않는다고 생각했다. 처음에는 직책을 강등 당했고, 그 다음에는 밑의 직원 수도 차츰 줄었다. 야당 성향의 뉴 타임스New Times와 가진 회견에서 일라리오노프는 푸틴이 자기 주위에 있는 사람들을 여러 그룹으로 나누어 관리한다고 했다. 하나는 '경제 그룹'인데, 경제 관련 모든 문제를 다루는 보좌관들이 여기에 속한다고 했다. 다른 하나는 '업계 사람들'로 구성된 그룹으로 공식 보좌관들은 이 그룹에서 배제된다고 했다. 그는 푸틴이 "자산과 금융 흐름에 대해 통제권을 행사하는 문제는 이 그룹 사람들과 의논한다."고 했다.

일라리오노프는 체첸 문제에 대해 푸틴과 더 이상 의견을 나누지 않는 것과 마찬가지로, 로스네프트와 관련해서도 더 이상 말을 하지 않으려고 했다. 그는 로스네프트를 런던증권거래소와 러시아증권거래소에 모두 공개하는 문제를 다루는 회의에 처음으로 불려갔는데, 참석하고 보니 이미 공개 계획이 상당히 진행된 상태라는 것을 알았다고 했다. 회의에서 세친은 주식 13퍼센트를 매각해 120억 달러를 모은 다음, 그 돈으로 회사 부채를 갚고 신사업 투자에 쓰자는 의견을 제시했다. 참석자들이 돌아가며 찬성 의견을 냈다. 그레프는 "좋은 계획"이라고 했고, 메드베데프는 법적인 문제에 대한 검토를 마쳤다고 했다. 일라리오노프는 발언 차례가 오자 반대 의견을 말했다. 정부가 최대 국영 석유회사 지분을 매각한다면, 그 수익금은 국가 예산으로 들어가는 게 맞지 않느냐는 논리를 폈다. 그 말을 듣고 푸틴은 얼굴이 벌게지며 의자를 뒤로 뺐다. 정치적 위험부담을 지적하는 말에 심기가 불편해진 것이었다.

호도르코프스키를 기소하고 유코스의 자산을 몰수하는 것에 대해서는 이견이 없었다. 일반 국민들도 환호하는 일이었다. 하지만 매각 대금을 궁극적인 주인인 러시아 국민들에게 돌려주지 않는 것은 곤란하다는 주장이었다. 일라리오노프는 자신을 제외하고 회담장에 있는 모든 사람이 이미 그 문제에 대해 찬성 입장을 갖고 있다는 것을 알게 되었다. 아무도 그의 주장에 동조하지 않고 말없이 서로 얼굴만 쳐다보았다. 한발 더 나아가 그는 수익금 전액이 로스네프트를 부양하고 사업을 확장하는 데 쓰이는 게 아니라는 점을 지적했다.

그날 제안된 계획에 따르면 주식 매각 대금 가운데 15억 달러가 이고르 세친을 포함한 로스네프트 경영진과 이사들에게 줄 특별 보너스로 책정돼 있었다. 이 말에 푸틴은 깜짝 놀란 반응을 보였다. 그는 안색이 창백해지더니 의자를 테이블 쪽으로 바짝 당기며 이렇게 말했다. "이고르 이바노비치 동지. 이게 도대체 무슨 말이오?" 세친은 앉은 자리에서 발딱 일어났다. 마치 훈련병이 화난 장교 앞에서 하는 몸동작이었다. 보너스에 대해서는 아무런 해명도 하지 않았고, 푸틴은 좋은 지적을 해주었다고 일라리오노프를 치하했다.

일라리오노프는 푸틴이 보너스에 대해서는 사전에 몰랐을 것이라고 믿었다. 그리고 이튿날 푸틴의 정책에 대해 공개적으로 비판하며 사표를 제출했다. "국가가 기업집단이 되었다. 이 회사의 이름뿐인 주인인 러시아 국민은 회사 운영에 아무런 발언권이 없다." 그는 코메르산트Kommersant에 실린 비판 칼럼에서 이렇게 썼다.

일라리오노프의 반대로 로스네프트의 기업공개IPO는 일단 제동이 걸렸으나 오래 끌지는 않았다. 세친과 푸틴이 세부 조건과 타이밍 등을 다시 조정한 다음 2006년 초 기업공개 사실이 발표됐다. 로스네프트 측은 당초 200억 달러 자금 조달을 목표로 내세웠다가, 이후 목표액을 100억 달러로 낮추었다. 러시아 정부는 일반 국민들을 대상으로 주식을 판매하기로 하고 국영 은행인 스베르방크를 비롯한 몇 개 은행을 주간사로 선정해 발표했다. 기업 공개의 혜택이 일반 국민들에게 돌아가도록 한다는 점을 부각시키기 위한 조치였다. 하지만 메인 포커스는 브리티시 페트롤리엄BP, 말레이시아의 페트로나스Petronas, 중국의 CNPC 등 세계적인 에너지 기업들을 러시아의 에너지 시장에 소액 주주 자격으로 투자하도록 끌어들이려는 것이었다. 기업공개에 대한 반응이 저조할 경우에 대비해 로만 아브라모비치를 비롯한 올리가르히들이 주식 대량 매입에 나섰고, 로스네프트는 자금 조달 목표를 달성했다. 여기에는 크렘린의 권유가 있었을 것이란 추측이 있었다.

로스네프트 주식 공개는 유코스 사태 못지않게 많은 논란을 불러일으켰고, 푸틴 개인으로서는 하나의 모험이기도 했다. 자신이 추진해 온 자본주의가 시험대에 올랐기 때문이다. 런던에서 주식을 공개하려면 모든 리스크를 투자자들에게 공개해야 했다. 로스네프트의 주식공개는 사실상 러시아에서 행해지는 범죄와 부패를 인정하는 것이었다. 그리고 유코스 관련 소송들이 앞으로 오랜 기간 이 회사를 괴롭힐 가능성이 높았다. 그리고 크렘린 주식회사가 이 회사의 운명을 쥐고 있다는 사실을 전 세계에 분명히 알렸다. "러시아 정부의 이익이 다른 주주들의 이익과 일치하지 않을 수도 있다. 로스네프트의 대주주인 러시아 정부가 주주의 가치를 극대화하지 않는 비즈니스 관행을 보일 가능성도 있다." 로스네프트는 투자 안내서에서 이렇게 밝혔다.

일라리오노프가 비판한 특별보너스가 예정대로 지급되었는지 여부는 공개되지 않았고, 기관 투자가들의 관심은 미온적이었다. 하지만 로스네프트는 주식 매각을 통해 107억 달러를 조달해 조달 규모로 역사상 5번째를 기록했고, 기업 가치는 800억 달러에 이르는 것으로 계산됐다. 주식 공개는 의도적으로 G8 정상회담이 열리는 전날 저녁에 이루어졌다. 푸틴이 의장국 대통령 자격으로 상트페테르부르크에서 최초로 여는 정상회담이었다. 크렘린은 천연가스 공급을 둘러싸고 우크라이나, 그루지야, 벨라루스 등과의 마찰에도 불구하고 안정적인 에너지 공급자로서 러시아의 입지를 분명히 다지겠다는 야심찬 계획들을 준비했다.

제17장

리트비넨코 독살

알렉산드르 리트비넨코는 푸틴이 자신을 죽였다고 공개적으로 비판한 그 시간에 이미 죽은 사람이었다. 방사성동위원소는 3주에 걸쳐 서서히 잔혹하게 그의 몸을 파괴시켰다. 마치 '소형 핵폭탄'이 몸 안에 투하된 것 같았다. 그를 치료한 의사들은 상한 스시를 먹은 게 증상의 원인인 것 같다고 했을 뿐 정확한 원인은 밝혀내지 못했다. 사실은 방사성원소인 폴로늄-210이 소량 투여되어서 생긴 증상이었다. 2006년 11월 1일 런던 시내 메이페어 밀레니엄 호텔의 바에서 마신 것이었다. 새로 시작한 사업에 채용하기 위해 러시아인 몇 명과 간단히 면담한 다음 그날 저녁 집에 돌아가서부터 몸이 아프기 시작했다. 사흘 뒤 병원에 입원한 다음부터 고통을 호소하며 눈에 띄게 쇠약해져 갔고, 11월 23일 저녁 43

살의 나이로 숨을 거두었다. 이튿날 아침, 그의 친구이자 동료인 알렉스 골드파르브가 텔레비전 카메라 취재진 앞에서 리트비넨코가 죽기 며칠 전부터 구술해 놓았다는 쪽지를 낭독했다. 망명생활을 시작하며 배운 영어였지만 믿을 수 없을 정도로 우아한 영어문장이었다.

"죽음의 천사가 내는 날갯짓 소리가 생생하게 들린다. 천사에게 달려가 안기고 싶으나 두 다리가 제대로 움직여 줄 것 같지 않다. 나를 아프게 만든 사람에 대해 한두 마디 해야 할 시점인 것 같다. 당신은 사람들을 침묵시킬 수 있을지 모르나 그 침묵에는 대가가 따를 것이다. 당신은 사람을 이렇게 만듦으로써 당신을 호되게 비판하는 사람들의 말처럼 당신이 야만적이고 잔인한 자라는 사실을 증명해 보였다. 당신은 사람의 목숨과 자유, 그리고 어떤 문명세계의 가치도 소중하게 여기지 않는다는 사실을 증명해 보였다. 당신은 지금 앉아 있는 그 자리에 앉을 자격이 없으며, 문명세계에 사는 모든 남자와 여자로부터 신뢰를 받을 자격이 없다는 사실을 입증해 보였다. 미스터 푸틴, 당신은 한 사람을 침묵시켰을지 모르나, 전 세계에서 들려오는 항의의 울부짖음이 평생 당신의 두 귓속을 파고들 것이다."

리트비넨코는 2000년 러시아에서 도망쳐 나간 뒤 조용히 망명생활을 보내지 않았다. 푸틴 시대가 시작된 1998년 기이한 기자회견을 통해 자신이 몸담은 조직을 배신하고부터 그는 그 조직으로부터 쫓기는 생활을 했다. 그는 영국 생활에 완전히 동화되지 못하고 망명객, 이민자, 떠돌이 갑부들이 모인 '런던그라드'Londongrad로 불리는 폐쇄적인 세계에 갇혀 지냈다. 그는 부를 과시하며 런던에 넘쳐나는 러시아 부호들과 어울리는 대신 푸틴을 격렬히 비판하며 그림자처럼 움직이는 음모자들과 어울렸다. 그들 가운데 우두머리는 보리스 베레조프스키였다. 그는 자신의 정치적 영향력과 부를 빼앗아 간 사람을 몰락시키기 위해 머리를 싸매고 있었다. 리트비넨코는 베레조프스키로부터 금전적 지원을 받았고, 그에게서 영감을 받아 미국에 사는 이민자인 역사학자 유리 펠쉬틴스키Yuri Felshtinsky 와 공저로 《러시아 폭파: KGB 공포정치를 위한 비밀음모》Blowing Up Russia:The Secret Plot to Bring Back KGB Terror라는 제목의 책을 출간했다. 책에서 그는 푸틴이 이끄는 FSB가 1999년에 일어난 여러 건의 폭탄테러 사건의 배후에 있고, 이 사건들을 디딤돌로 삼아 푸틴이 권좌에 올랐다고 주장했다. 첫줄부터 자극적인 문장이 이어졌다. "완전히 미친 사람이 아니고서는 러시아를 북코카서스에서뿐만 아니라 어떤 종류의 전쟁으로도 몰고 가려고 하지 않았을 것이다. 아프가니스탄 전쟁을 겪고서도 어떻게 그럴 생각을 하겠는가."

책은 영화로도 제작되어 모스크바에서도 조심스레 상영되었고, 외국 여러 나라에서 널리 상영되었다. 베레조프스키가 푸틴을 낙마시키기 위한 운동의 일환으로 재정지원을 했다. 리트비넨코는 두 번째 저서 《루비안카 범죄집단》Lubyanka Criminal Group을 펴냈다. KGB의 후신인 FSB를 마피아나 테러집단과 다를 바 없는 조직으로 묘사한 책이다. 이로써 리트비넨코는 자신의 과거와 보안기관 전력으로 되돌아갈 수 있는 다리를 모두 불태워 버렸다. 그는 거의 광기에 가까울 정도로 분별력을 잃었다. 푸틴과 그의 권력에 대한 혐오감이 앞선 나머지 다른 KGB 전직 요원들, 영국과 스페인 등 다른 나라 정보 요원들과도 정보를 교환했다. 그는 자기가

들은 정보는 아무리 하찮은 내용이라도 엄청난 음모가 도사리고 있는 것으로 생각했고, 온갖 상상력을 다 동원해 자기가 들은 사실과 루머를 새로 짜깁기했다.

짧은 생애의 마지막 시기에 그는 푸틴이 게이나 양성애자라는 루머에 빠져들어 분개하며 지냈다. 그 루머는 검찰총장을 지낸 유리 스쿠라토프의 회고록에 등장하는 근거 없는 이야기에서 유래된 것이었다. 그는 회고록에 푸틴이 자신의 비밀 섹스 장면을 담은 비디오테이프가 있다는 말을 한 적이 있다고 썼다. 그 비디오의 존재는 푸틴 비판자들 사이에는 전설적인 물건이 되었다. 1998년 푸틴이 FSB 국장에 취임하면서 쫓겨난 전직 간부들도 마찬가지였다. 이들은 여러 개의 테이프 사본이 해외로 빼돌려져 안전한 곳에 보관되어 있다고 주장했다. 그 사본을 실제로 본 사람은 아무도 없었지만 리트비넨코의 머릿속에는 단순한 가능성이 움직일 수 없는 확신으로 자리 잡았다. 독극물에 중독되기 약 4개월 전인 7월 5일 리트비넨코는 푸틴의 성性적인 취향을 암시하는 내용의 글을 썼다. 푸틴이 붉은광장을 찾은 어린 남자아이의 셔츠를 끌어올린 다음 아이의 배에 키스하는 어색한 장면이 공개되고 난 다음이었다.

그가 쓴 글은 체첸반군운동이 운영하는 웹사이트에 공개됐다. 리트비넨코는 런던에서 이 단체의 대변인인 아흐메드 자카예프와 친하게 지내면서부터 이 운동에 적극 동참했다. 자카예프는 런던 북부에서 리트비넨코와 같은 거리에 있는 연립주택에 살았다. 망명 중인 정보요원 출신 올레그 칼루긴이 그가 죽기 몇 달 전 만났을 때 근거 없는 루머를 퍼나르는 것은 위험한 일이니 조심하라고 경고했다. "이보게, 자네 너무 나가지 말게." FSB의 눈에 리트비넨코는 이미 반역자였다. 그의 딸도 아버지가 '약간 미쳤다.'는 생각을 했을 정도였다. 딸은 이렇게 말했다. "무슨 이야기를 하던 마무리는 항상 푸틴 정권으로 끝났어요. 마치 미친 사람처럼 스스로 제어할 수 없는 상태가 되셨어요." 리트비넨코는 계속 베레조프스키를 도와 일했지만 2006년 베레조프스키가 그에게 주던 생활비 액수를 줄이면서 두 사람의 관계는 소원해졌다. 고정적인 수입원을 확보하기 위해 리트비넨코는 러시아 사업의 리스크 관리를 조언해 주는 컨설턴트 회사에 사설 조사원이나 연구원으로 일하고 싶다는 제안을 했다.

FSB 내부 움직임에 관한 해박한 지식, 뛰어난 자료수집 능력, 정보를 제공하려는 의지가 합쳐져서 그는 푸틴이 이끄는 러시아의 감추어진 모습을 철저히 파고들었다. 2006년 4월에 그는 이스라엘로 가서 호도르코프스키의 유코스 파트너였던 레오니드 네브즐린을 만났다. 네브즐린은 나중에 리트비넨코가 "유코스 사태의 가장 본질적인 면을 알 수 있게 해 주는 정보를 들려주었다."고 했다. 어떤 정보였는지는 말하지 않았다. 한 달 뒤 그는 스페인으로 가서 보안요원들을 비롯해 유명한 검사인 호세 그린다 곤잘레스를 만나 러시아 마피아의 활동상황과 근거지, 핵심 인물들에 대해 정보를 교환했다. 그는 그린다 검사에게 논문을 한 편 건넸는데, 그린다 검사는 나중에 논문의 내용이 사실과 일치한다고 인정했다.

논문에서 그는 러시아 정부가 FSB와 외국에 나가 있는 정보 조직과 군 정보 조직을 통해 조직범죄단을 통제하고, 이들에게 무기밀매와 돈세탁, 암살 임무를 맡긴다고 주장했다. 다시 말해, "정부가 직접 할 수 없는 온갖 음습한 일을 이들의 손에 맡긴다."는 것이었다. 그린다 검사는 유명한 마피아 두목인 겐나디 페트로프를 비롯해 스페인에서 활동하는 러시아 범죄조직을 추적했다. 페트로프는 푸틴이 상트페테르부르크에 있던 시절 그곳에서 사업을 했고, 푸틴의 이너서클 인사들을 묶어주는 역할을 한 방크 로시야 은행의 주주였다. 리트비넨코는 망명 허가가 나면서 받은 영국 여권을 가지고 비밀리에 움직였다. 하지만 그는 가장 충격적인 푸틴 비판자 암살사건이 일어난 이후 스스로 일반 대중의 스포트라이트 속으로 자신을 드러냈다.

푸틴의 54세 생일인 2006년 10월 7일 저녁에 괴한 한 명이 안나 폴리트코프스카야를 뒤따라가 아파트 현관에서 엘리베이터에 올라탄 그녀에게 총알 네 발을 발사했다. 암살자는 권총을 그녀 옆에 놓아두고 갔다. 청부살인이라는 표시였다. 그녀를 죽인 것은 충격을 주기 위한 목적에서였고, 실제로 러시아 전역에 엄청난 충격을 던져주었다. 전쟁이 길어지면서 러시아 국민 대부분의 관심이 식었는데도 폴리트코프스카야는 지치지 않고 체첸전쟁을 보도했다. 반군 진압작전은 람잔 카디로프에 충성하는 병력이 주도했는데, 람잔은 푸틴이 앉힌 체첸 지도자 아흐마드 카디로프의 아들이고, 아흐마드 카디로프는 2004년 그로즈니에서 피살됐다. 폴리트코프스카야가 피살되기 이틀 전 람잔 카디로프는 서른 살이 되었다. 법적으로 체첸공화국 대통령이 될 나이가 된 것이었다. 푸틴은 앞서 그를 체첸 총리로 임명해 놓았는데, 그가 이미 체첸의 모든 권력을 차지하고 있었기 때문에 총리는 상징적인 자리에 불과했다. 피살 당시 폴리트코프스카야는 우크라이나에서 이민 온 체첸인이 고문당한 내용의 기사를 준비하고 있었다. 그는 살인 자백을 할 때까지 구타와 전기고문을 받았는데, 체첸전쟁의 또 다른 비극적인 면을 보여주는 사례였다. (그녀가 일하는 노바야 가제타 신문은 그녀가 피살되고 6일 뒤 그 기사를 게재했다.)

그녀는 전쟁의 잔혹성을 폭로하는 이런 기사가 일반 국민들에게 얼마나 충격을 줄지에 대해 회의적인 생각을 갖고 있었다. 사람들은 전쟁의 잔혹한 이야기들에 무관심함으로써 정부의 전술을 암묵적으로 지지하고 있었다. 그녀의 컴퓨터에는 '나의 죄는 무엇인가?'라는 죄목의 기사도 준비되어 있었다. 러시아 저널리즘의 현실에 대해 한탄하는 내용을 담은 기사였다. 기사에서 그녀는 자신의 신세를 "해변에 쓸려나온 돌고래" 같다고 했다. 그녀는 젊은 카디로프를 무조건 신임하는 푸틴의 행위를 신랄하게 비판했다. 푸틴이 "완전한 바보에 교육이라곤 받은 적이 없고, 두뇌도 판단력도 없이, 할 줄 아는 것이라고는 난장판을 만들고 폭력으로 강도짓 하는 것밖에 없는 자를 체첸 총리로 임명했다."고 썼다. 하지만 푸틴의 무자비한 체첸 전략은 효과적임이 입증되고 있었다. 1996년부터 1999년 사이 짧은 독립 기간 동안 체첸공화국 대통령으로 선출된 아슬란 마스하도프는 2005년 3월 그로즈니에서 불과 12마일 떨어진 한 아파트 지하로 쫓겨 들어가 사살되었다. 그의 뒤를 이은 반군 지도자 압둘 할림 사이둘라예프는 일 년 뒤 배신한 내부자의 고발로 사살되었다. 카디로프는 그자가 마약 한번 투여할 정도의 돈을 받고 사이둘라예프를 팔아넘겼다고 조롱했다.

몇 달 뒤인 2006년 7월에는 체첸 이웃 공화국인 잉구세티야에서 폭발물에 의해 악명 높은 반군 사령관 샤밀 바사예프가 피살됐다. 노르 오스트를 공연하던 극장 인질극과 베슬란 학교 인질극을 주도한 인물이었다. FSB는 특수작전을 통해 그를 살해했다고 주장한 반면, 반군들은 사고로 죽었다고 주장했다. 하지만 그의 죽음이 가져온 충격은 컸다. 반군 지도부는 와해되고 그들을 따르던 반군 세력은 지하로 더 깊이 숨어들었다.

푸틴이 집권 초기부터 노려온 목표가 달성된 것이었다.

전쟁으로 인해 흘린 피와 물질적인 피해 규모는 엄청났다. 수천 명의 러시아 군인이 사망했고, 더 많은 체첸 사람들이 떠돌이 신세가 되거나 '사라졌다.' 무자비하게 폭력을 행사하고, 젊은 카디로프를 지원하는 푸틴의 전략은 체첸 독립운동을 저지하는 데 성공을 거두었다. 폴리트코프스카야가 살해당하고 3개월 뒤 푸틴은 카디로프를 체첸의 새 대통령으로 임명했다. 그는 하찮은 부족장에 불과했으나, 푸틴은 크렘린에 대한 그의 충성심을 높이 사 체첸을 자기 영지처럼 마음대로 다스리라고 절대적인 권한을 부여했다. 카디로프는 푸틴의 뜻을 받들어 폴리트코프스카야처럼 자신에게 비판적인 인사들을 잔혹하게 처단했다. 그녀는 푸틴이 이끄는 전쟁의 마지막 희생자였다. 2008년 카디로프는 수도 그로즈니의 다 망가진 주요 도로 한 곳을 연방정부 예산을 잔뜩 퍼부어 새로 단장한 다음 도로 이름을 바꾸었다. 푸틴의 지시로 반반하게 정비된 시내 중심가 도로의 이름은 빅토리 거리에서 푸틴 거리로 바뀌었다. 폴리트코프스카야가 살아 있었더라면 그 특유의 신랄함으로 이를 비꼬았을 것이다.

폴리트코프스카야는 국제적인 명성을 얻고 있었기 때문에 그녀의 죽음에 전 세계의 이목이 집중되었다. 이와 대조적으로 크렘린은 침묵했다. 그녀는 1958년 유엔 주재 소련 외교관의 딸로 뉴욕에서 태어났기 때문에 미국 여권을 가지고 있었다. 그래서 러시아에 주재하는 윌리엄 번스 미국 대사는 러시아 당국에 우려와 함께 공식 항의를 전달하고, 미국 시민이기도 한 그녀의 죽음에 대해 철저한 조사를 해줄 것을 요구했다. 번스 대사는 안드레이 데니소프 외교부 차관을 만났는데, 데니소프 차관도 그녀가 피살된 데 대해 충격을 받은 모습이었다. 하지만 그는 "러시아 정부 내 어떤 직책에 있는 사람도 이 범죄행위와 아무 관련이 없다."고 주장했다. 그러면서 "폴리트코프스카야의 죽음으로 이득을 볼 사람은 수없이 많다."는 말을 덧붙였다.

그렇지만 러시아 외교부와 크렘린은 일체 공식 논평을 내놓지 않았다. 이처럼 민감한 사안에 대해서는 대통령이 어떻게 하라는 가이드라인을 제시하기 전에는 어떤 당국자도 나서서 입장을 밝히기 어려웠다. 사흘 뒤 장대비가 쏟아지는 날 수천 명의 조문객이 모여 지켜보는 가운데 장례식이 거행됐다. 그날까지도 푸틴은 아무런 입장을 내놓지 않았다. 푸틴은 바로 그날 자신이 KGB 요원으로 근무했던 드레스덴을 방문했다. 슈뢰더 후임으로 새 독일 총리로 취임한 앙겔라 메르켈과 동행한 공식방문이었다. 러시아 에너지산업 분야를 담당하고 있는 기업 대표들도 동행했다. 함께 모인 자리에서 메르켈 총리는 폴리트코프스카야 암살에 대한 국제적인 비난에 목소리를 보탰다. 하지만 푸틴은 그 문제와 관련해 아무 말도 하지 않았다.

다만 독일 기자가 기자회견에서 이 문제에 대해 질문하자 푸틴은 "끔찍한 범죄행위"라고 짧게 대답했을 뿐이었다. 하지만 그는 이어서 그녀가 한 일이 대단한 일이 아니라고 깎아내리면서, 그녀를 살해한 자들이 노리는 진짜 의도는 러시아의 평판에 먹칠을 하는 것이라고 말했다. "이 기자는 현 러시아 정부를 격렬하게 비판해 왔습니다. 하지만 여러분 모두 명심해야 할 일이지만, 그녀가 러시아 정치에 미친 영향력은 극히 미미한 수준이었습니다." 그는 이어서 그녀의 죽음이 그녀가 지금까지 쓴 어떤 기사보다도 러시아 정부에 더 큰 타격을 안겨주었다고 덧붙였다.

푸틴은 그날 저녁 반년에 한 번씩 개최되는 페테르스부르크 다이얼로 그Petersburg Dialogue라는 이름의 포럼에 참석해 러시아와 독일 정부 인사들이 지켜보는 가운데 이 문제에 대해 좀 더 자세히 설명했다. 폴리트코프스카야 암살이 러시아의 적들에 의해 자행되었다는 것이 그가 한 주장의 요지였다. 러시아의 적들이 자기를 몰아내기 위해 음모를 꾸미고 있다는 주장은 푸틴이 두고두고 쓰는 레퍼토리였다. 그는 이렇게 강조했다. "우리는 전 세계적으로 반反러시아 분위기를 고취시키기 위해 누군가를 희생양으로 만들려는 자들이 있다는 일관되고 믿을만한 정보를 가지고 있습니다."

리트비넨코는 폴리트코프스카야를 동지로 생각했다. 그래서 그녀가 런던을 방문하면 만나서 체첸 상황과 보안기관의 움직임 등에 대해 서로 정보를 주고받았다. 그는 폴리트코프스카야의 죽음에 분노했다. 독극물에 중독되기 2주 전인 10월 19일 그는 폴리트코프스카야의 암살을 주제로 런던에서 열린 패널 토론에 참석했다. 그 자리에서 그는 푸틴에게 책임이 있다는 주장을 폈다. 그는 청중석에서 일어나 이러한 주장을 폈는데, 처음에는 떠듬거리는 영어로 하다 나중에는 아흐메드 자카예프 옆에 앉은 여성 통역의 도움을 받아 러시아어로 말했다. 그는 참석한 기자들에게 자신은 아무 것도 숨길 게 없으며, 자기가 하는 말은 믿고 기사로 써도 좋다는 말을 수차례 되풀이했다. 그는 푸틴이 그녀의 이름을 암살 리스트에 올렸다는 내용의 경고가 폴리트코프스카야에게 전달되었다고 했다. "안나 폴리트코프스카야 정도의 지위에 있는 기자를 죽이라는 명령을 내릴 사람은 러시아에 단 한 명뿐이라는 사실을 나는 너무도 잘 압니다. 그 사람은 바로 푸틴입니다. 다른 사람은 아닙니다."

그로부터 13일 뒤에 그는 자기 말이 옳다는 것을 입증해 줄 '증거'를 확보했다. 이탈리아 보안분석가인 마리오 스카라멜라가 그가 가진 것과 같은 비밀정보를 취급하고 있었다. 다른 러시아 망명인사가 '살인명부'라며 보낸 이메일을 갖고 있었는데, '권위와 명예'라는 이름을 가진 전직 KGB 요원 단체가 작성한 것이라고 했다. 폴리트코프스카야의 이름이 명단에 들어 있었고, 리트비넨코와 베레조프스키의 이름도 있었다. 하지만 리트비넨코는 그 이탈리아 보안분석가와 점심약속을 마치고 러시아인 두 명을 만나러 가면서 아무런 대비도 하지 않고 태평스런 마음으로 갔다. 그 러시아인 두 명은 안드레이 루고보이와 드미트리 코브툰으로 그를 독살한 주요 용의자가 된다.

루고보이는 KGB 요원 출신으로 정부 요인 신변보호를 책임진 부서에서 일했으며 베레조프스키 소유의 텔레비전 방송국에서 보안 업무를 맡기도 했다. 그는 당시 나인스 웨이브Ninth Wave라는 이름의 보안 회사를 운영하며 베레조프스키와는 연락이 닿고 있었다. 코브툰은 루고보이와 어릴 적부터 친구 사이로 동독 주둔 소련군 정보 부서에서 대위로 일했으며 사건 당시에는 비즈니스 컨설팅 회사를 운영하고 있었다. 리트비넨코는 베레조프스키와의 커넥션을 통해 루고보이를 알게 되었고, 그를 자기가 접촉하는 궤도 안에 끌어들이고 싶어 했다. 그 접촉 궤도에 에리니스Erinys라는 보안 회사가 포함돼 있었는데 리트비넨코는 가끔 이 회사에서 컨설턴트로 일했다. 루고보이는 10월 방문 때 리트비넨코에게 코브툰을 소개했다. 처음에는 에리니스에서 만나고 그 다음에는 어떤 중국식당에서 만났다. 영국 수사당국은 나중에 최초의 암살시도가 그 보안 회사에서 있었다는 사실을 알아냈다. 그때도 같은 방사성 독을 사용한 것으로 드러났으며 당시 그는 밤중에 구토 등의 증세를 보였으나 곧 회복되었다.

세 사람은 11월에 다시 만났고, 이후 리트비녠코는 심하게 아팠다. 빨리 만나자고 재촉한 사람은 리트비녠코였는데 이튿날 아침에 다른 약속이 잡혀 있었기 때문이었다. 메이페어 밀레니엄 파인 바에서 있은 이들의 만남은 빨리 끝났다. 가족과 함께 여행 중인 루고보이가 그날 밤 에미레이츠 스타디움에서 열리는 아스날과 CSKA 모스크바 팀과의 축구경기 입장권을 갖고 있었기 때문이다. 아들이 바에 도착하자 그는 아들을 리트비녠코에게 인사시켰다. 그리고 나서 옷을 갈아입고 축구장으로 가기 위해 일어섰는데 코브툰은 리트비녠코가 이상하게 보인다고 생각했다. 얼굴이 상기되고, 몸이 좋지 않아 보였다. "입을 다물지 못했다."고 그는 말했다. 코브툰이 로비에서 루고보이를 기다리는 동안 리트비녠코가 그의 옆에 바싹 붙어 섰다. "옆에 서서 계속 무슨 말을 지껄이는 것이었어요."라고 코브툰은 말했다.

영국 수사당국은 리트비녠코를 죽이는 데 쓰인 독극물의 정체가 방사능 물질인 폴로늄-210 이라는 사실을 밝혀낸 이후, 세 사람이 들른 모든 장소에서 독극물의 잔여 흔적을 확인했다. 11월 1일뿐만 아니라 그 전인 10월 16일과 17일 이들이 만난 장소에서도 잔여 물질이 확인됐다. 이들이 머문 호텔 룸과 에리니스의 컨퍼런스룸, 그리고 에미레이츠 스타디움의 루고보이가 앉았던 자리, 헤이 조 스트립 클럽의 좌석 쿠션, 그리고 루고보이와 코브툰이 갔던 다르 마라케시 레스토랑의 물담뱃대 후카에서도 잔여 물질이 검출됐다. 모스크바와 런던을 오가는 브리티시 에어웨이 항공사의 항공기 두 대도 방사능에 노출됐고, 독일 함부르크에 있는 코브툰의 전처 집 소파에서도 방사능 물질이 검출됐다. 코브툰은 리트비녠코를 두 번째로 만나기 위해 다시 런던으로 가기 불과 며칠 전 그 집을 찾아갔다. 코브툰은 전처 집에서 친구를 만나 독극물을 음식에 넣어 줄 요리사를 소개해 달라고 부탁한 것으로 드러났다.

폴로늄-210은 지표면과 대기, 담배연기 등에서 자연적으로 소량이 검출되지만 가공하면 부드러운 은색의 금속 형태를 띠게 된다. 폴로늄은 한때 핵무기를 폭발시키는 데 사용되기도 했고, 소량으로 산업용 기계에서 정전기 제거용으로 쓰이고, 필름과 카메라 렌즈에서 먼지를 제거하는 데도 쓰인다. 하지만 인체에 섭취되면 건강에 위험을 초래한다. 손쉽고 안전하게 다룰 수 있고 인체에 치명적인 손상을 주기 때문에 위험한 무기로 쓰일 수 있다. 산업용으로 쓰이는 전 세계 폴로늄-210의 97퍼센트가 현재 사로프시에 있는 러시아 핵시설인 아방가르드Avangard에서 공급된다. 삼엄한 경비가 펼치지는 이곳은 소련 최초의 핵폭탄이 만들어진 곳이다.

폴 리트코프스카야 암살 때처럼 리트비넨코 암살 사건이 전 세계 언론에 터졌을 때도 푸틴은 유럽연합 정상회담 참석을 위해 헬싱키를 방문 중이었다. 회담이 끝나고 기자회견을 준비하고 있을 때 크렘린 대변인 드미트리 페스코프가 리트비넨코가 병상에 누워 자기를 죽인 범인의 배후에 대해 말한 내용에 대해 먼저 이야기했다. 기자들이 이 문제를 들고 나올 것을 알고 선수를 친 것이다. 푸틴은 자신이 리트비넨코의 죽음에 직접 개입했다는 비난에 대해 몹시 화를 내며 믿을 수 없다는 반응을 보였다. 핀란드 총리, 아이슬란드 총리, 노르웨이 총리, 그리고 유럽연합의 고위인사 두 명과 함께 모습을 드러낸 푸틴은 몹시 언짢은 표정을 짓고 있었다. 얼굴을 찡그린 채 자세를 이리저리 바꾸고, 천정을 응시했다. 옆에 붙어선 보좌관들이 기자들에게 감기 때문에 그렇다고 귀띔했지만, 그는 속에서 끓어오르는 분노를 억지로 삭이는 것처럼 보였다. 경제적, 사회적 유대를 한층 더 강화해나가기로 했다는 외교적 수사를 쓰긴 했지만, 연단에 모인 지도자 누구도 이번 회담이 성공적이었다고 생각하는 표정은 아니었다.

정상들의 회담 관련 발언이 끝나고 기자들이 던진 첫 번째 질문은 리트비넨코 사건에 관한 것이었다. 자신이 그의 죽음에 관련이 있다는 주장에 대해 과연 어떤 반응을 보일 것인가? 푸틴은 이런 종류의 기자회견에 항상 당당한 태도로 임했지만 이날은 어설픈 대답을 내놓았다. "사람이 죽는다는 것은 언제나 슬픈 일입니다." 이렇게 말을 시작한 다음 리트비넨코의 유가족들에게 위로의 말을 했다. 그리고 폴리트코프스카야 암살사건 때와 마찬가지로 피해자의 역할을 축소하며 사건의 본질을 흐리려고 했다. 그러면서 영국 의사들이 그의 죽음을 '변사'로 규정한 적이 없다고 했다. 그리고 자국 시민의 생명을 지키는 것은 영국 정부의 책임이라는 점도 지적했다. 필요하면 러시아도 수사에 협조하겠다고 하고, 영국 수사당국에 대해 "근거 없이 정치적 배후를 부풀리는 행위에 휩쓸리지 말아 달라."는 부탁도 했다. 자신을 배후로 지목한 리트비넨코의 메모에 대해서도 그는 그게 사실이라면 왜 살아 있을 때 공개하지 않았느냐고 반문하고, 만약 사후에 작성된 것이라면 대꾸할 가치조차 없다고 했다. 그리고 "이런 비극적인 일조차 정치적인 목적에 이용된다는 사실이 슬프다."고 했다. 폴리트코프스카야 사건 때와 마찬가지로 비난의 화살을 엉뚱한 곳, 다시 말해 자신의 정적들에게로 돌리려고 한 것이다. 그는 러시아인이 범인이라는 사실 자체를 부인했다.

푸틴이 리트비넨코나 폴리트코프스카야의 죽음에 개입됐다는 직접적인 증거는 나오지 않았다. 이밖에도 그의 재임 시절 일어난 여러 정치적 암살사건의 배후에 그가 관련됐다는 증거는 밝혀진 게 없다. 하지만 서방에서 그의 이미지는 크게 추락했고, 정치적 암살이 일상화된 암울한 분위기를 만드는 데 그가 기여했다는 사실에 의문을 제기하는 사람은 거의 없을 정도가 되었다. 리트비넨코 독살사건의 파장 속에 지난 일들까지 새로운 조명을 받기 시작했다. 폴리트코프스카야와 같은 신문사에서 일한 언론인으로 두마 의원이던 유리 세코치킨은 2003년 독물 중독으로 의심되는 갑작스런 병으로 사망했다. 당시 어떤 사건의 배후 음모 가능성을 제기하는 기사를 게재한 직후였다. 2004년 유코스 사태 때 중재역할을 한 어떤 남성의 이상한 죽음도 문제가 됐다. 1990년대 푸틴과 알고 지낸 로만 체포프라는 이름의 남성은 리트비넨코와 매후 흡사한 증상을 보인 후 사망했다. 그는 상트페테르부르크에 있는 FSB 지부 사무실에 불려가 차를 한잔 마시고 돌아온 후 방사능 오염 증상을 보이며 앓다가 숨을 거두었다.

리트비넨코 독살사건은 일관된 동기와 극적인 결말만 추가되면 존 르카레John Le Carré 소설의 복잡한 음모 구조를 그대로 보여주었다. 모스크바로 돌아온 다음 루고보이와 코브툰은 의심 살 만한 행동을 별로 하지 않았다. 루고보이는 리트비넨코가 아프다는 사실을 알고 나서 그에게 두 번이나 전화를 걸었다. 그의 독극물 중독 사실이 세상에 알려지기 전이었는데, 이는 일반적으로 살인 용의자들이 하는 행동과는 거리가 있는 행동이었다. 11월 1일 리트비넨코를 만난 사람 가운데 한 명으로 자신의 이름이 거론되자 그는 자진해서 모스크바 주재 영국 대사관으로 찾아가 영국 수사관들에게 자신의 행적에 대해 해명했다. 당시 그가 앉은 의자의 폴로늄-210 오염 정도가 너무 심해 영국 대사관은 그 방을 폐쇄조치했다.

리트비넨코가 죽은 바로 그날, 루고보이와 코브툰은 에코 모스크비 Ekho Moskvy 라디오 방송과 인터뷰를 갖고 자신들의 혐의에 대해 당혹스럽다는 입장을 밝히고, 이후 여러 달 동안 자신들이 연루되었다는 의혹을 계속해서 부인했다. 나중에는 자신들이 억울하게 누명을 쓰고 있다고 호소했다. "내가 그 사람을 그런 끔찍한 방법으로 죽였다는 건 상상도 못할 일"이라고 코브툰은 펄쩍 뛰었다. 그는 만약 자기와 루고보이가 암살 임무를 받아 런던으로 보내졌다면, 리트비넨코 같은 별 볼일 없는 인사가 아니라 살인명부의 상위에 올라 있는 요주의 인물들을 죽이라는 명령을 먼저 받았을 것이라는 말도 했다. 실제로 루고보이는 리트비넨코에게 독극물을 먹이기 바로 전날 베레조프스키를 만났다. "루고보이는 마음만 먹으면 베레조프스키, 자카예프 같은 인사들을 언제든지 만날 수 있었습니다. 그렇기 때문에 리트비넨코보다 더 요주의 인물을 죽이는 것도 얼마든지 가능한 일이었습니다." 이들이 살던 어둠의 세계에서는 어느 정도 일리 있는 말이기도 했다.

푸틴은 애써 무시하려고 했지만, 러시아 정부 인사들은 각국에서 이런 의혹이 퍼지는 것을 어떻게 하든 막아 보려고 애를 썼다. 살인 사건 자체에 대한 수사보다 의혹 차단에 더 신경을 썼다. 코브툰의 주변에서 폴로늄-210 흔적이 검출되자 러시아 검찰청은 그의 살인 혐의에 대해 조사하겠다고 발표했다. 하지만 그로부터 한 달 뒤, 검찰은 아무런 증거 제시나 설명 없이 리트비넨코의 사인이 유코스 사건과 관련 있다는 발표를 내놓았다. 푸틴은 2007년 2월 기자회견에서 리트비넨코에 대해 외국으로 도망갈 필요가 전혀 없는 인물이라고 깎아내렸다. "그는 어디로도 도망갈 필요가 없었습니다. 그는 비밀 정보를 갖고 있는 사람이 아닙니다. 그가 자기가 다룬 업무와 자기가 근무했던 기관에 대해 부정적인 말을 하더라도 그것은 이미 오래 전에 다 말한 내용들입니다. 무슨 말을 하든 새로운 내용이 하나도 없었다는 말입니다." 이렇게 말하고 푸틴은 "서유럽이나 중동으로 도망가서 숨어 지내는 올리가르히들이야말로 러시아에 해를 가하는 적들"이라고 주장했다.

푸틴의 2기 대통령 임기 말이 가까워오면서 갖가지 설들이 나돌기 시작했다. 일련의 암살 사건들이 2008년 말 대통령 선거 전에 국민적인 저항을 불러일으킬 것이라는 예측을 내놓는 사람들도 있었다. 이들은 우크라이나에서 게오르기 곤가제 암살 사건이 레오니드 쿠츠마 대통령의 종말을 앞당긴 것을 유사 사례로 제시했다. 푸틴이 계속 권좌에 남아 있기를 바랄 것이라고 이야기하는 사람들도 있었다.

런던에 있는 자신의 정적을 암살하는 계획을 지시했다는 비난을 피하고, 이후 형사소추를 면하기 위해 권력을 계속 잡으려고 할 것이라는 논리였다.

푸틴은 두 번째 임기를 시작할 때부터 헌법을 개정하여 3선에 도전할 것이냐는 질문을 받았다. 그는 대통령의 연임을 한차례로 국한시킨 헌법 조항을 고칠 생각이 없다는 뜻을 여러 차례 밝힌 바 있었다. 하지만 지방 곳곳에서 연임 제한 조항을 고쳐야 한다는 청원이 쏟아졌다. 극동의 연해주 프리모리예 주의회에서부터 체첸공화국 의회에 이르기까지 여러 곳에서 이 문제를 국민투표에 부치자는 제안을 내놓았다. 두카바카 압두라흐

마노프 체첸의회 의장은 람잔 카디로프 대통령과 함께 푸틴이 세 번이 아니라 네 번이라도 대통령직을 수행해야 한다고 충성맹세를 했다. 가능하다면 종신 대통령을 해야 한다고 주장했다. "대통령을 몇 번 하느냐는 재임 회수가 아니라 나이와 건강이 어떠냐에 의해 결정해야 한다."고 그는 말했다. 크렘린에서 그럴 의사를 내놓기만 하면 푸틴의 집권 연장은 쉽게 이루어질 분위기였다. 하지만 푸틴은 이런 요청을 딱 잘라 거절하지도 않은 채 헌법 개정에 부정적인 자세를 유지했다. 역사상 처음으로 러시아는 법률에 의해 민주적인 정권이양 메커니즘을 갖추었다. 하지만 푸틴 자신이 의도한 바에 따라, 그에게서 정권을 이어받을 후보자가 아무도 없는 상황이 벌어졌다.

푸틴은 대통령에 취임한 순간부터 자신의 후임 대통령으로 누가 적임자일지 생각했다는 말을 했다. 하지만 두 번째 임기 중에는 누구도 후임 문제를 입에 올리지 않았다. 병약한 옐친 대통령의 임기 말과 쿠츠마 우크라이나 대통령의 임기 말과 비슷한 상황이었다. 그는 2004년 12월 가진 기자회견에서 퇴임 후 계획과 2012년에 치러질 다음 선거에 다시 출마할 생각이 있느냐는 질문을 받자 우스갯소리로 "2016년에는 출마하면 안 됩니까?"라고 대답했다. 하지만 이런 대답에도 불구하고 그의 집권 연장 가능성은 완전히 수그러들지 않았다. 그는 2008년을 "국가의 운명에 대단히 중요한 해"라고 애매모호한 말을 함으로써 2008년 선거에서의 집권 연장 여지를 남겨두었다.

'후계자 선정 작전'이라고 불린 푸틴의 후계자 선정 작업은 2005년 11월부터 본격적으로 시작됐다. 당시 크렘린은 푸틴의 최측근 보좌관 두 명에 대한 승진 인사를 단행했다. 당시 비서실장이던 드미트리 메드베데프와 국방장관 세르게이 이바노프였다. 푸틴은 메드베데프를 신설된 제1부 총리에 임명하고, 이바노프를 부총리로 승진시켜 국방장관을 겸직토록 했다. 옐친이 푸틴을 후계자로 지목했을 때처럼 두 사람 모두 선출직 경험이 없었다. 두 사람 가운데서는 이바노프가 후계자가 될 가능성이 더 높아 보였다. 메드베데프보다 13살 더 많고, KGB에서 장군 서열에 오른 사람이었다. 반면에 메드베데프는 어려 보이는 외모에다 푸틴의 부름을 받아 모스크바로 오기 전까지 상트페테르부르크 국립대 법대에서 강의한 법률가 출신이었다. 하지만 푸틴은 두 명 가운데 누구를 후계자로 택할 것인지에 대해 누구에게도 말을 하지 않았다. 메드베데프는 농업, 주택, 교육, 보건 분야에서 50억 달러 규모의 '국가사업'을 관장했고, 이바노프는 군 개편작업과 2006년까지 군수품 조달을 담당하는 위원회를 관장했다. 두 사람의 동정은 이름뿐인 총리보다 저녁뉴스에 더 자주 보도됐다. 재임 첫해로 정치색이 없는 미하일 프라드코프 총리는 정치적 야심이 없는 인물로 이름이 나 있었다.

각종 추측이 난무하는 가운데 메드베데프와 이바노프 두 사람 모두 정치적 야심에 관한 질문을 많이 받았고, 하나같이 요령껏 핵심을 비켜가는 답변만 했다. 푸틴의 궁정에서는 아무리 정치적 야심이 있는 신하라도 그것을 겉으로 드러내서는 안 되었다. 대신 그들은 음모를 꾸몄다. 푸틴의 정치적 통제력이 워낙 견고하다 보니 그의 후계자 선정 작업에 영향력을 행사하기가 쉽지 않았다. 그것은 푸틴의 2기 재임 기간 내내 활발히 진행됐던 국가자산 재분배 작업의 연장선상에 있었다. 어떤 궁정에서나 그렇듯이 라이벌 세력들이 등장했다. 로스네프트 합병을 통해 세력을 키운 이고르 세친은 푸틴의 보좌관들 가운데서 후계자가 탄생되는 것을 원치 않았다. 세친은 유코스 사태 때 큰 역할을 했고, 그의 아들이 자기 딸과 결혼한 검찰총장 블라디미르 우스티노프를 선호했다. 하지만 불행하게도 두 사람이 나눈 대화 내용을 도청한 자료가 2006년 봄 푸틴의 책상에 올라갔다.

러시아연방 마약단속국 요원이 비밀리에 녹음한 것인데, 당시 마약단속국은 푸틴의 상트페테르부르크 시절 KGB 동료였던 빅토르 체르케소프가 이끌고 있었다. 대화에서 세친은 푸틴은 몸이 약하니, 우스티노프가 후계자가 되어야 한다는 말을 했다고 한다. 그것이 사실인지는 중요하지 않았다. 우스티노프는 정치적 야심을 너무 드러내 보였다. 검사 회의를 주재하며 '대통령 흉내'도 냈는데 그것은 너무 위험한 짓이었다. 호도르코프스키 몰락과 세친의 후원을 등에 업은 그는 2006년 5월 정부 고위인사들이 포함된 '고위층 범죄행위'를 처단하겠다고 공언했다. 드미트리 메드베데프까지 타깃이 되었다는 말이 나돌았다. 6월 2일, 푸틴은 우스티노프를 해임했다.

갑작스러운 경질 소식에 연방위원회는 놀랐다. 검찰총장의 독립성은 보장되지 않고 있었지만 임명과 해임에 대한 최종 권한은 여전히 연방위원회에 있었다. 옐친의 유리 스쿠라토프 해임 결정을 놓고 치열한 논란이 벌어진 이후 7년 동안 힘의 균형은 크게 바뀌어 있었다. 연방위원회는 대통령이 해임 결정을 내린 바로 그날 검찰총장 해임안을 의결했다. 토론도 없었고, 기권 2표가 있었지만 표결 결과는 사실상 만장일치 찬성이었다. 세르게이 이바노프가 우스티노프 경질에 '그럴 만한 사유'가 있었다는 투로 말했지만 푸틴은 공식적인 설명을 일체 하지 않았다. 우스티노프 경질은 수면 밑에서 벌어지는 정치적 파란이 처음으로 수면 위로 파장을 드러낸 사건이라는 점을 당시는 아무도 몰랐다. 얼마 안 돼 폴리트코프스카야와 리트비녠코 암살 사건이 뒤를 이었다. 하지만 푸틴의 후계를 둘러싼 막후 쟁탈전은 이듬해 '고래 세 마리'라는 뜻의 가구점 '트리 키타'Tri Kita수사를 둘러싸고 마침내 공개적으로 시작되었다. 유리 체코치킨이 의문의 죽음을 당하기 전 취재한 바로 그 사건이었다.

리트비녠코 수사를 둘러싸고 푸틴의 분노가 정점으로 치달았던 2007년 1월 푸틴은 메드베데프를 스위스 다보스에서 열리는 연례 세계경제포럼에 참석하도록 보냈다. 다소 어색한 모습에 갈색머리를 하고, 미국과 영국의 초기 헤비메탈 음악을 좋아하는 메드베데프는 서방 지도자들 앞에서 푸틴보다 한결 부드러운 이미지를 선보였다. 당시 41세에 불과한 그는 서방이 보기에 보안기관 근무 경력이 없는 인텔리겐치아의 아이였다. 그는 페레스트로이카가 뿌리를 내리던 시기에 성년이 되었고, 공산주의와 냉전의 세례를 비교적 덜 받은 세대의 정치인이었다. 딥퍼플Deep Purple 음악에 대한 열정 덕분에 배운 영어도 어설프게나마 몇 마디 구사할 줄 알았다.

기조연설에서 메드베데프는 청중들에게 가즈프롬은 절대로 다른 나라를 괴롭히는 존재가 아니라고 분명하게 말했다. 가즈프롬이 벨라루스에 대한 가스공급을 중단한 지 불과 몇 주일 지난 시점이었다.

크렘린이 앞장서서 로열더치쉘Royal Dutch Shell 같은 투자자의 지분을 강탈했지만 그는 러시아가 교역과 투자에서 믿을 만한 파트너가 될 용의가 얼마든지 있다고 강조했다. 심지어 푸틴의 정치 전략가인 블라디슬라프 수르코프가 만든 '주권 민주주의'sovereign democracy라는 슬로건을 내세우기도 했다. 그는 민주주의에는 수식어가 따로 필요 없다고 하면서 러시아 민주주의는 진짜 민주주의라고 했다. "우리는 다른 나라에게 러시아를 좋아해달라고 애원하지도 않지만, 러시아를 해치려는 자들도 그냥 두지 않을 것"이라며 이렇게 말했다. "우리는 러시아 국민과 국가가 모두 존중받는 나라를 만들기 위해 노력할 것입니다. 그리고 이러한 목표는 무력을 통해서가 아니라 우리가 하는 행동, 이루는 업적을 통해 이루어나갈 것입니다." 세계 각국의 야심 있는 정치 지도자들에게 다보스 포럼은 하나의 통과의례 같은 장소라는 점에서 메드베데프의 국제무대 데뷔는 성공적이었다. 이를 통해 푸틴의 후계자로서의 입지도 다진 것 같았다.

메드베데프가 러시아의 입장을 옹호한 내용은 푸틴이 해온 주장과 본질적으로 다르지 않았다. 하지만 그가 말하는 톤은 다보스 포럼 참석자들에게 그가 푸틴과는 다른 지도자가 될 것이라는 믿음을 갖게 해주었다. 하지만 그로부터 불과 2주 뒤에 푸틴은 다른 국제포럼에서 서방에서 자신을 비방하는 세력, 특히 미국 내 세력에 대해 훨씬 더 강경한 입장을 취할 것임을 분명히 했다. 폴리트코프스카야와 리트비넨코 암살자들에 대해 전 세계적으로 쏟아지는 분노가 푸틴의 심기를 건드렸다. 하지만 그의 성질을 직접 촉발시킨 것은 부시 대통령이 폴란드와 체코에 미국의 미사일방어망 기지 건설 협상을 시작키로 한 결정이었다. 그가 보기에는 두 사태가 모두 하나의 고리로 연결되어 있었다. 푸틴은 부시 대통령이 국가 미사일방어망 배치를 금지하는 냉전시대의 조약에서 탈퇴하겠다고 했을 때 격렬히 반대했다. 그러면서도 두 나라 사이에 건설적인 우호관계를 새로 정립하겠다는 약속에 어느 정도 누그러진 태도를 보였다. 그런데 미국이 이제 러시아의 바로 옆구리에 레이더 기지와 요격미사일 기지를 건설하겠다고 나선 것이었다. 푸틴과 러시아 군 지휘부가 볼 때 미사일 배치는 러시아가 보유한 핵 억제력의 핵심을 무력화하겠다는 조치였다. 핵 억제력은 소련연방 와해에도 유지되어 왔고, 러시아의 강대국 지위를 유지시켜 주는 근간이었다. "나도 참을 만큼 참았어." 그는 보좌관들에게 비장한 표정으로 이렇게 말했다.

푸틴은 자신의 불만을 알리기 위한 장소로 국가안보의 다보스 포럼이라 불리는 연례 뮌헨안보회의Munich Security Conference를 택했다. 2007년 2월 개최된 회의에서 앙겔라 메르켈 독일 총리의 개막연설에 이어 푸틴은 연단으로 걸어 나가 이렇게 경고성 인사말로 연설을 시작했다. "이 회의는 지나치게 격식을 차리지 않아도 좋고, 우회적인 표현을 쓰지 않아도 좋고, 남에게 듣기 좋은 표현으로, 공허한 외교적 수사를 동원하지 않고 말해도 좋은 자리라는 점을 알고 있습니다. 그래서 나는 이 자리를 빌어서 국제안보 문제에 대한 나의 생각을 솔직히 말할 생각입니다. 만약 내가 하는 말이 지나치게 논쟁적이거나, 너무 날카롭거나, 동료 여러분이 듣기에 부적절하다는 생각이 들더라도 내게 너무 화내지 말아주시길 바랍니다. 어차피 이곳은 회의장이니까 말입니다."

그는 회의 진행자에게 자기가 말하는 동안 시간이 초과했다는 경고등을 켜지 말아주기 바란다는 말도 농담조로 덧붙였다. 청중들의 어색한 웃음이 짧게 이어졌다. 앞줄에 앉은 메르켈 총리도 억지웃음을 지어보였다. 그는 비유적으로 이렇게 말했다. "냉전종식으로 전 세계는 탄약고처럼 되었습니다. 이념적 고정관념과 이중 잣대를 비롯한 냉전시대의 전형적인 진영논리들이 고스란히 남아 세계를 위협하고 있습니다. 소련연방 붕괴로 지정학적인 편 가르기는 사라졌지만, 대신 유일 초강대국의 일극

체제가 등장해 새로운 분열과 위협을 조장하고 있으며, 세계 전역에서 혼란을 조장하고 있습니다. 지금 세계에는 하나의 주인, 하나의 주권만 존재합니다. 이 유일 초강대국이 독단적이고 불법적인 행동을 일삼으며 과거 냉전시대보다 더 많은 전쟁과 죽음을 초래하고 있습니다." 그는 이 대목에서 "훨씬 더 많이 초래하고 있습니다."라고 되풀이 강조한 다음 말을 이었다. "오늘날 우리는 국제관계에서 거의 아무런 제재도 받지 않고 막강한 무력이 휘둘려지는 것을 목격하고 있습니다. 무력이 세계를 지속적인 갈등의 나락으로 몰아넣고 있습니다. 우리에게는 이러한 갈등을 해결할 힘이 없습니다. 정치적인 해결도 불가능해지고 있습니다. 국제법의 기본원칙들은 점점 더 무시되고 있습니다." 그는 이어서 구체적으로 미국을 적시했다. "미국은 온갖 다양한 방법으로 다른 나라의 국경을 침범했습니다. 경제, 정치, 문화, 교육 등 여러 면에서 다른 나라들에게 미국의 정책을 받아들이라고 요구하고 있습니다. 이런 상황을 바라는 나라가 어디 있겠습니까?"

메르켈 총리와 앞줄 그녀 왼편에 자리한 미국 대표단의 표정이 모두 굳어졌다. 부시 행정부의 로버트 게이츠 신임 국방장관과 이 모임의 단골 손님인 존 매케인, 조 리버먼 상원의원이 함께 자리했다. 푸틴이 당선을 막기 위해 그토록 공을 들였던 빅토르 유센코 우크라이나 대통령도 메르켈 총리 오른편에 앉아 있었다. 푸틴의 연설은 42분 동안 진행됐다. 군축조약에서부터 나토확장, 미사일방어망 개발, 우주무기 개발에 이르기까지 그동안 쌓인 불만을 서방에 대해 쏟아낸 공개적인 비난연설이었다. 푸틴은 이런 불만스러운 사태들이 세계를 자기 식대로 끌고 가려는 초강대국의 견제 받지 않는 오만함 때문에 야기되고 있다고 받아들였다. 그리고 다른 국제기구들은 미국의 요구에 끌려가기만 한다고 생각했다. 러시아의 WTO세계무역기구 가입은 이 문제와 무관한 언론의 자유 확대 문제와 뒤섞여 버렸다. 푸틴 집권 이후 러시아에서 선거가 공정하게 치러지지 않고 있다고 비판한 OSCE유럽안보협력기구에 대해서는 다른 나라의 내정에 간섭하는 '저속한 도구'로 전락했다고 비난했다. 참석자들의 반응은 충격에서 분노로 바뀌었다. 미국은 이튿날 반응을 내놓았다. 게이츠 장관은 미국이 정당하게 행동하고 있다고 말했다. CIA 국장을 지냈고 1989년 이후 수십 년 동안 냉전이후 세계질서를 직접 겪어온 게이츠 장관은 "냉전은 한 번으로 족하다."며 '부드럽지 않은' 사람의 연설을 부드러운 말로 반박했다.

푸틴의 연설은 러시아와 서방의 관계에 하나의 이정표가 되었다.

많은 이들이 '철의 장막'이라는 명언을 낳은 윈스턴 처칠의 1946년 연설 못지않게 획기적인 연설로 받아들였다. 푸틴의 연설은 본래 의도한 바 대로 조지 부시 대통령이 이끄는 미국에 대해 전 세계적인 분노를 촉발시켰다. 관타나모 포로수용소, 포로들의 비밀 장소 억류, 테러용의자 고문, 이라크 전쟁 등이 국제 여론의 도마에 올랐다. 푸틴은 리트비넨코 독살 사건과 권위적인 국내정치 스타일, 체첸을 비롯한 여러 곳에서의 잔혹행위로 비판을 받았지만 유럽과 미국 내 여론을 비롯해 전 세계적으로 그의 말에 동의하는 목소리가 적지 않았다. 심지어 고삐 풀린 미국의 유일 초강대국 역할에 제동을 걸고 나온 러시아와 지도자 푸틴에게 공개적으로 열광하는 소리들이 쏟아져 나왔다. 러시아는 베네수엘라나 이란처럼 반미구호를 밥 먹듯이 해대 사람들이 귀를 기울이지 않는 나라와 달랐다. 독일의 일간지 쥐드도이체 차이퉁Süddeutsche Zeitung은 푸틴의 경고를 귀담아 들어야 한다며 이렇게 썼다. "냉전의 승자가 패자를 가부장적인 방식으로 다룬 것이 모든 실패의 원인이 되었다.”

푸틴은 미국과 협력의 문을 완전히 걸어 잠그지는 않았다. 그는 부시가 추진하는 미사일방어망 계획에 협조하는 과감한 도박을 했다. 푸틴의 대통령 재임 7년째이자 마지막 해에 러시아는 석유와 가스에서 벌어들이는 수입이 늘어나면서 국제적인 자신감을 다시 회복했다. 푸틴은 특히 미국에 대해 불과 2주 전 메드베데프가 다보스에서 한 발언보다 훨씬 더 강경하고 적대적인 새로운 대외정책을 제시했다. 리트비넨코 암살 사건 이후 영국에 대해서도 강력한 메시지를 던졌다. 그는 뮌헨을 출발해 한때 소련의 격렬한 적대국이었던 사우디아라비아로, 이어서 카타르로 날아갔다. 천연가스를 앞세워 러시아의 에너지 파워를 OPEC 국가들로 확장하려는 행보였다. 세르게이 이바노프도 동행했는데, 그의 강경한 입장은 메드베데프 총리보다 푸틴을 빼닮았다. 메드베데프는 데뷔 무대인 다보스 포럼에서 세계 지도자들로부터 환대를 받았다. 그는 대통령 선거를 앞두고 비공식 후보경선에서 선두주자로 유력했다. 하지만 푸틴은 일주일 뒤 모스크바로 돌아와서 그가 아니라 이바노프를 승진시켰다. 그렇게 해서 두 명의 제1부총리가 탄생되었고, 이바노프가 푸틴의 비위를 훨씬 더 잘 맞추는 것 같았다.

푸틴이 뮌헨에서 쏟아낸 불만은 러시아 군과 보안기관에서 연쇄반응을 일으켜 미국뿐만 아니라 유럽 국가들을 상대로 위협과 적대행위가 급증하도록 만들었다. 러시아 전략미사일군 사령관은 폴란드와 체코가 자국 영토에 미국의 군사 장비를 배치할 경우 러시아 핵무기들의 목표를 이들 나라로 향해 재조준할 것이라고 경고했다. 4월에 푸틴은 유럽재래식무기감축조약CRE 이행 중단을 선언했다. 이는 냉전시대 말기에 유럽 전역에 배치된 장갑차, 포대, 공격용 항공기 수를 감축키로 한 협상이다. 뮌헨에서 푸틴이 행한 정책 수정 연설은 서방에 대한 배신감과 공포감에 휩싸여 지내는 러시아 국민들에게 하나의 신호탄과 같았다. 이들은 억눌린 감정을 외국인, 심지어 외교관들을 향해 발산시켰다. 에스토니아는 2007년 4월 수도 탈린에 있는 소련 전쟁기념관을 다른 곳으로 이전시켰는데, 이후 전국의 컴퓨터망이 사이버공격을 받아 마비되었다. 에스토니아 당국이 추적해 본 결과 러시아 국내에 있는 컴퓨터들에서 공격이 감행된 것으로 밝혀졌다. 놀랍게도 그 가운데 한 대는 푸틴 대통령 행정실 내부 인터넷 프로토콜 주소를 갖고 있었다.

러시아에서는 크렘린이 직접 창설해서 후원하는 호전적인 청년단체 나시Nashi가 에스토니아 대사관을 포위 공격했다. 전쟁기념관을 둘러싼 긴장을 진정시키기 위해 기자회견을 한 마리나 칼리유란드 에스토니아 대사의 경호원들은 회견장으로 난입한 나시 회원들로부터 대사를 보호하기 위해 최류탄을 쏘아야 했다. 그녀가 탄 차가 대사관을 빠져나갈 때 이들은 자동차를 공격했고, 당시 에스토니아 대사관을 방문했던 스웨덴 대사 차량도 함께 공격을 받았다. 러시아 경찰은 이런 외교 의례 위반행위를 지켜보기만 했다. 푸틴은 미국의 헤게모니에 대한 공개 비판을 자제하기는커녕, 5월 9일 붉은광장에서 행한 연례 승리의 날 기념식에서는 미국을 제3제국에 비유했다. 미국을 제3제국과 마찬가지로 "인명을 경시하고, 세계를 지배하려는 야욕을 가진 나라"로 지칭한 것이다.

영국 왕립검찰청CPS이 알렉산드르 리트비넨코 독살사건 수사결과를 발표하면서 푸틴의 서방 때리기는 절정에 달했다. 왕립검찰청은 2007년 5월 안드레이 루고보이를 살인혐의로 기소할 충분한 근거가 있다는 요지의 수사결과를 발표했다. 영국 수사당국은 당시 관련 증거를 공개하지 않았지만, 그런 대담하고 위험한 작전지시를 내릴 수 있는 곳은 크렘린뿐이라는 결론을 내렸다. 러시아는 루고보이의 신병을 인도해 달라는 영국 수사당국의 요구를 단호히 거부했다. 러시아 당국은 자국민을 강제송환할 수 없다는 헌법 조항을 거부의 근거로 들었다. 그러면서 보리스 베레조프스키를 본국으로 송환해 법의 심판을 받게 해달라는 러시아의 거듭된 요구를 거부한 영국의 행위를 위선이라고 비난했다.

4월에 베레조프스키는 가디언The Guardian과의 회견에서 러시아 내부에서 정치인과 경제계 엘리트들 사이에 새로운 혁명의 기운이 싹트고 있으며, 자신이 그 움직임을 적극 후원하고 있다고 밝혔다. 이들은 푸틴의 후계자를 뽑는 차기 대통령 선거가 아니라 혁명만이 러시아에 변화를 가져올 희망이라고 믿는 사람들이라고 했다. 그는 이렇게 말했다. "민주적인 방법으로는 이 정권을 변화시킬 수 없습니다. 무력이나 압력 없이는 어떠한 변화도 일어나지 않을 것입니다." 크렘린은 베레조프스키가 한 말을 극단주의를 금지한 법률을 위반한 행위라고 선언하고, 영국 당국에 그의 송환을 거듭 요구했다. 루고보이는 기자회견을 자청해 영국 수사당국이 자신을 기소한 것을 비웃으며, 대신 MI6(영국 해외정보국 MI6는 한때 루고보이를 요원으로 채용하려고 했다.)와 스페인에 있는 러시아 마피아 일당에게 화살을 돌리고(리트비넨코가 스페인 당국과 접촉한 데 대한 분풀이인 듯), 베레조프스키가 리트비넨코를 죽인 범인이라고 맹비난했다. 자신이 폴로늄-210에 오염된 사실에 대해서는 "나중에 정치적으로 필요할 때 쓰려고 소지한 것"이라고 둘러댔다.

이러한 일련의 움직임은 폴리트코프스카야를 비롯한 여러 암살 사건과 마찬가지로 리트비넨코 독살도 러시아의 정치적 전환기에 치밀한 음모의 일환으로 자행되었다는 의혹을 증폭시켰다. 남은 의문은 음모를 꾸민 자들이 러시아 국내에 있느냐, 아니면 바깥에 있느냐, 그리고 이들이 과연 푸틴의 집권을 연장시키기 위해 일을 저질렀는지, 아니면 그를 권좌에서 몰아내기 위해 일을 꾸몄는지 하는 것이었다.

6월에 영국은 러시아가 루고보이 송환을 거부한 데 대한 보복으로 러시아 외교관 4명을 추방했다. 같은 시기에 영국 경찰은 위조 여권으로 런던에 도착한 정체불명의 러시아인 한 명을 억류했다. 베레조프스키의 목숨을 노리고 입국한 것으로 의심한 영국 경찰은 그자를 곧바로 추방했다. 7월 1일 영국 공군 전투기들이 냉전시절처럼 영국의 방공망을 테스트하기 위해 영공을 침범한 러시아 TU-95 전략폭격기들을 요격했다. 소련이라는 북극곰이 수십 년의 겨울잠에서 깨어난 것 같았다.

제18장

위장 정권교체

20 07년 7월 푸틴은 자신의 소명이라고 생각하는 일을 위해 과테말라로 향했다. 1980년 소련이 모스크바에서 하계올림픽을 개최했을 때 당한 국제적인 망신을 만회하겠다는 소명이었다. 당시 소련의 아프가니스탄 침공에 반대해 서방 국가 대부분이 올림픽에 불참했다. 1990년대 소브차크 시장이 상트페테르부르크를 하계올림픽 개최지로 신청했다 실패하고 나서부터 푸틴은 반드시 러시아에서 올림픽을 다시 개최하겠는 목표를 세웠다. 열렬한 스포츠맨으로 피트니스 애호가에 유도선수였고, 스키와 수영을 즐기는 푸틴은 올림픽을 좋아했다. 대통령으로서 그는 올림픽 개최를 러시아가 세계 무대에서 강대국의 위치를 되찾은 것을 과시하는 수단으로 생각했다. 대통령에 취임하고 얼마 되지 않은 2001년 그

는 옐친 시절의 올리가르히인 블라디미르 포타닌과 민주세력 정치인으로 초기에 자신을 지지한 보리스 넴초프를 대동하고 오스트리아의 상 안톤 암 알베르그로 스키여행을 갔다. 알프스 산자락에 자리한 리조트를 보면서 그는 러시아에는 그만한 시설이 없다는 사실에 탄식했다. 그러면서 일행에게 이런 말을 했다. "유럽 스타일의 겨울 휴양지 한 곳은 반드시 만들고 싶소."

푸틴에게 신세를 진 올리가르히들이 그의 뜻을 받아들였다. 2006년 1월 유리 코발추크가 은행장으로 있는 방크 로시야가 이고라Igora라는 이름의 스키 리조트를 개장했다. 상트페테르부르크에서 고속도로로 코발추크와 푸틴이 함께 쓰는 오제로 다차가 있는 북쪽으로 52마일 떨어진 곳에 있었다. 수직 표고차가 4백 피트 채 안 되기는 하지만 슬로프 7개가 있는 스키장이었다. 포타닌은 자신이 소유한 지주회사 인터로스Interros를 통해 거대 금속기업 노릴스크 니켈Norilsk Nickel의 대주주가 되어 러시아 억만장자 중에서도 상위 자리에 앉은 사람이었다. 그는 흑해 연안의 휴양지 소치 위쪽에 있는 로사 후토르 산등성이에 이보다 훨씬 더 야심적인 청사진을 만들었다. 소치에 있는 대통령 전용 별장에서 수시로 휴가를 보내는 푸틴은 한적한 산악마을 크라스나야 폴랴나 위쪽에 위치한 이곳을 직접 방문해 보았고, 그렇게 해서 전설이 탄생하게 되었다. 나중에 소치 시장이 된 아나톨리 파호모프는 "푸틴 대통령이 직접 이 길을 와서 보았다."고 했다. 미침타강을 따라 구불구불하고 곳곳이 움푹 움푹 파인 위태로운 길이었다. 직접 답사한 다음 푸틴은 이렇게 말했다.

"크라스나야 폴랴나의 이렇게 아름답고 풍부한 자연은 우리 국민 모두가 즐길 수 있도록 해야 합니다."

푸틴은 순수 경제적인 입장에서 이 프로젝트에 투자한 게 아니었다. 사실 경제적인 면에서의 전망은 불투명했다. 더 큰 명분을 위한 애국심의 발로라고 해야 할 것 같았다. 국민들이 따라 줄 것이라고 확신하고 본인 스스로 내린 결정이었다. 얼마 뒤 푸틴의 확고한 영향력 아래 있는 가즈프롬이 로사 후토르 인근 계곡에 비슷한 리조트 공사를 시작했다. 이 두 프로젝트가 푸틴이 과테말라에서 국제올림픽위원회IOC 위원들 앞에서 프레젠테이션을 하게 될 동계올림픽 개최지 신청의 토대가 되었다.

소치의 개최지 신청은 2005년 러시아올림픽위원회가 제출했다.

파호모프는 푸틴의 공을 내세우지만 소치의 올림픽 개최 아이디어는 푸틴의 머리에서 처음 나온 것이 아니었다. 러시아 지도자들이 수십 년 동안 품어 온 희망을 그가 실행에 옮긴 것이라고 보는 게 정확한 표현일 것이다. 모스크바 반쪽 올림픽 개최 이후 크렘린의 원로 정치국원들은 은밀히 동계올림픽 개최 논의를 시작했다. 소련 전역에서 개최 후보지 네 곳이 검토되었다. 하지만 1980년대 들어 당서기장 교체가 급박하게 이어지고, 페레스트로이카 이후 대혼란이 시작되면서 올림픽에 대한 꿈은 자연스럽게 접을 수밖에 없었다. 당시 후보지로 거론된 곳 가운데 카자흐스탄의 알마티, 그루지야의 바쿠리아니, 아르메니아의 차그카조르 세 곳은 이제 러시아 영토가 아니고, 소치 한 곳만 남게 되었다. 하지만 이곳은 스탈린 시절부터 유명한 해변 휴양지였지만 올림픽 개최에 필요한 현대적인 시설이 없고, 제대로 된 스키 슬로프도 갖추고 있지 않았다. 옐친이 대통령 자리에 있던 1995년에 러시아는 소치를 2002년 동계올림픽 개최지로 신청했지만 예선에서 탈락하고 말았다. 푸틴은 2005년에 모스크바를 2012년 하계올림픽 개최지로 신청했다. 뉴욕, 마드리드, 파리, 런던에 맞서 도전장을 냈지만 모스크바는 최종 결선투표에서 꼴찌를 기록했다. IOC는 평가서에서 러시아가 수도에서 올림픽을 개최할 능력에 의문을 표시했다. 그렇다면 그로부터 불과 2년 뒤인 2014년에 러시아가 소치에서 올림픽을 개최하는 것이 과연 가능할까. 소치는 올림픽 기준에 부합되는 시설을 한 곳도 갖추지 않은 낡은 휴양지였다. 소치는 오스트리아의 잘츠부르크, 한국의 평창과 경쟁을 벌였다. 평창은 이전 개최지 선정에서 아깝게 탈락했고, 이번에는 가장 유력한 후보였다. 소치가 이길 가능성은 높지 않았다.

119차 IOC 총회는 과테말라시티 중심에 있는 웨스틴 카미노 레알에서 열렸다. 푸틴은 열심히 준비했고, 영어 연설을 여러 번 반복 연습했다. 발음이 약간 부자연스럽고 거친 억양이었지만 완벽에 가까운 영어였다. 최종 후보지 대표들 가운데서 오전에 그가 제일 먼저 연단에 등장했다. "소치의 올림픽 개최지는 새 러시아가 최초로 건설한 세계 최고 수준의 산악 스포츠 센터입니다." 그는 이렇게 연설을 시작했다. 1980년대 당정치국의 올림픽 개최 준비 이야기와 소련연방 해체 이후의 사정 등도 상세히 소개했다. "소련연방 해체 이후 러시아는 산악 스포츠 경기장 대부분을 잃어버렸습니다. 내 말이 믿어지십니까?" 그러면서 가혹한 역사의 장난이 자신도 믿어지지 않는다는 표정을 지어보였다. 그는 코카서스산맥의 높은 산봉우리를 배경으로 흑해 연안에 위치한 소치의 아름다운 자연을 소개했다. "해안에서 멋진 봄날을 만끽하는데 산으로 올라가면 그곳은 한겨울입니다." 그는 120억 달러를 들여 경기장을 지을 것이라고 약속했다. 2010년 밴쿠버가 책정한 예산을 넘어서는 엄청난 액수였다. 그러면서 "안전하고 즐겁고, 기억에 남는 경험을 할 수 있도록 대회를 만들겠다."고 했다. 소치시의 만성적인 교통체증도 해소할 것이라는 농담까지 했다. 그는 부자연스런 발음이지만 프랑스어로 IOC위원들에 대한 감사 인사를 하면서 연설을 마무리했다.

연설을 마친 다음 푸틴은 호텔을 떠났다. 표결에 대비해 혼신의 노력을 기울인 다음 마치 좋지 않은 결과가 나올 것이라고 예견한 것처럼 투표장을 떠난 것이다. 잘츠부르크나 평창 대표단이 축하 환호성을 올리는 장면을 보고 싶지 않아서였는지도 모른다. 그는 곧바로 대통령 전용기를 타고 모스크바로 돌아오는 긴 여정을 출발했다. 당시 푸틴은 대부분의 서방 국가들로부터 비난의 대상이 되어 있었다. 그렇지만 그가 다른 나라를 상대로 무력을 휘두르는 미국에 맞서 항의의 목소리를 내는 데 대해 일리 있다고 맞장구를 치는 나라도 더러 있었다. 미국의 이라크 침공에 대한 그의 비판은 틀린 말이 아니었다. 푸틴이 대서양 상공을 지날 때 표결이 시작되었는데, 표결에 참가한 IOC 위원들 가운데서도 푸틴의 그런 역할에 동의하는 사람들이 더러 있었다. 1차 투표에서 소치는 34표를 얻어 2위를 차지했다. 36표를 얻은 평창이 1위였다. 잘츠부르크는 25표를 얻는데 그쳐 탈락했다. 2차 결선투표에서 소치는 잘츠부르크 표를 좀 더 많이 흡수해 평창을 4표 차로 따돌리고 개최지로 선정됐다. 러시아의 승리, 그리고 푸틴이 이긴 것이었다. 프랑스 스키 챔피언으로 IOC 위원인 장 클로드 킬리 선수는 투표 결과를 이렇게 설명했다. "푸틴은 훌륭했습니다. 프랑스어를 할 줄 모르면서 프랑스어를 했고, 영어를 구사할 줄 모르면서 영어로 연설했습니다. 소치가 네 표를 더 얻은 것은 푸틴의 카리스마 덕분입니다."

과테말라에 남아 있던 알렉산드르 주코프 부총리는 대통령 전용기에 탄 푸틴에게 전화를 걸어 투표 결과를 보고했다. 푸틴은 자크 로게 IOC 위원장에게 전화를 걸어 '공정한 결정'을 내려주어서 고맙다며 감사인사를 했다. 국내에서 푸틴의 인기는 더 높이 치솟았다. 그는 개선장군처럼 의기양양하게 모스크바로 돌아왔고, 브누코보공항 귀빈실에서 모여든 기자들을 만났다. "쓰러져 있던 러시아가 다시 일어섰다." 과테말라시티에서 게르만 그레프는 이렇게 외쳤다.

그해 여름에 시작해 가을로 들어서기까지 크렘린 성벽 안에 있는 사람들은 푸틴이 물러나면 러시아는 다시 뒷걸음질 칠지 모른다는 두려움에 휩싸여 지냈다. 정치권과 경제계 인사들은 권력 장악력이 최고조에 달한 시점에서 푸틴의 임기가 끝나가고 있다는 사실이 불안했다. 푸틴은 개헌 의사가 전혀 없다는 점을 여러 차례 밝혔기 때문에 그가 세 번 연임할 가능성은 없는 것으로 최종 정리됐다.

그냥 해본 말이 아니었다. 푸틴으로서는 스스로 문제를 자초한 셈이 되었다. 그는 헌법조항을 건드리지 않고 차기 대통령에게 순조롭게 권력을 넘겨주고 싶어 했다. 그러면서도 이 모든 과정을 자신의 뜻대로 진행시키고 싶었다. 그의 계획은 명백한 권위주의 통치였지만, 그는 거기에다 정당성이라는 옷을 입히고 싶었다. 해외에 있는 자신의 적대 세력이 앞장서서 또다시 색깔혁명을 일으킨다면 지난 8년 가까이 공들여 온 체제가 무너지고 마는 것이었다.

여전히 세르게이 이바노프가 푸틴의 후계자로 가장 유리한 고지에 올라 있는 것처럼 보였다. 드미트리 메드베데프가 그 뒤를 바짝 뒤쫓고 있었고, 거기다 푸틴은 간간이 제3의 인물이 낙점될 수도 있다는 뜻을 비쳤다. 그럴 경우에는 푸틴의 오랜 친구인 러시아 국영철도 사장 블라디미르 야쿠닌, 상트페테르부르크 시장 발렌티나 마트비옌코 등이 물망에 올랐다. 하지만 푸틴의 고유권한을 침범하면 안 된다는 생각 때문에 차기 대통령직 도전 의사를 밝힌 사람은 아무도 없었다. 이바노프는 은밀히 참모진을 구성해 정책 점검을 시작한 반면, 메드베데프는 정부가 추진하는 프로젝트들을 관장하고 있었기 때문에 자연스럽게 공적인 업무를 챙길 수 있었다. 두 사람 모두 지지자를 모았고, 자연스럽게 정부 내에서 반대 세력도 생겼다. 하지만 여름이 끝나갈 때까지도 푸틴은 누구를 택할 것인지에 대해 아무런 언질도 주지 않았다. 그로서는 서두를 이유가 없었다. 후계자를 지목하는 순간 관심은 그자에게 쏠릴 것이고, 그 순간부터 자신의 레임덕이 시작될 게 뻔했기 때문이다. 그로서는 생각할 수도 받아들일 수도 없는 일이었다. 그러다 보니 모든 관료조직이 마비되다시피 했다. 차기 대통령까지 연결되는 정책 결정은 뒤로 미루어졌고, 관료들은 차기 대통령이 들어섰을 때 자기 자리에 영향을 미칠 수 있는 결정은 하지 않으려고 했다.

푸틴이 뜸을 들이는 사이 일반 국민들 사이에서도 위험스러운 긴장상황이 만들어지기 시작했다. 9월 12일 푸틴은 '관리된 민주주의'와 관련해 추가적인 발언을 함으로써 여러 억측을 더 부채질했다. 2004년부터 충성스러운 실무 총리 역할을 충실히 수행해 온 미하일 프라드코프가 갑자기 물러났다. 그는 총리직에서 물러나며 푸틴에게 이렇게 말했다. "나는 현재 진행되는 정치적 상황을 충분히 이해하고 있으며, 대통령이 후계 구도와 관련해 자유롭게 결정을 내릴 수 있도록 도움을 주기 위해 총리직에서 물러나려고 합니다." 아무 사심 없이 물러나는 사람이라기보다는 대본을 충실히 익히지 못한 배우 같은 모습이었다. 그는 황망하고 힘든 표정을 지어보인 반면 푸틴은 느긋하게 심사숙고한 표정을 지어 보였다. "총리가 옳은 결정을 내린 것인지도 모르겠소." 그는 이렇게 말하며 그간의 노고에 감사를 표했다. 그러면서도 그가 저지른 몇 가지 실책을 지적했다.

푸틴은 12월 의회 총선과 이듬해 3월에 치러질 대통령 선거를 앞두고 정치적 상황을 잘 관리할 수 있는 인물에게 후임 총리 자리를 맡길 것이라는 말을 덧붙였다. 몇 시간 뒤 전혀 예상 밖의 인물이 프라드코프 후임 총리로 지명됐다. 빅토르 주브코프였다. 크렘린 바깥에서는 물론이고, 크렘린 안에서도 푸틴이 왜 그를 선택했는지 제대로 아는 사람이 없었다. 세르게이 이바노프도 후임 총리 인선에 대해 사전에 전혀 알지 못했다. 푸틴도 옐친이 그랬던 것처럼 대통령 선거를 앞두고 총리를 바꾸면서 일부러 정치적 야심이 없는 인물을 고른 것이었다. 대조국전쟁이 시작되고 몇 달 뒤에 태어난 주브코프는 1990년대 상트페테르부르크에서 푸틴과 긴밀한 관계를 맺기 시작한 그룹의 일원이었다. 1991년 겨울에 자원-식량 교환 프로그램과 관련해 문제가 불거졌을 때 당시 집단농장 책임자였던 주브코프는 지방 농민들에게 농산물 부족으로 시달리는 시에 농산물을 공급하도록 영향력을 행사함으로써 푸틴에게 큰 힘이 되어 주었다.

이후 그는 푸틴의 최측근 인사 중 한 명이 되었고, 시 징세국장을 지낸 다음 1990년대에 광산연구소에서 이고르 세친과 함께 푸틴의 논문 작성을 도왔다. 푸틴을 따라 모스크바로 진출한 다음에는 7년 동안 소리 없이 금융감시국을 이끌었다. 푸틴과 주브코프는 금융감시국 업무를 통해 러시아 기업들의 자금 흐름을 훤히 꿰뚫게 되었으며, 여기서 얻은 정보를 가지고 기업들의 충성을 이끌어내고, 라이벌 금융제국들 사이에 조정 작업도 했다. "단언컨대 빅토르 주브코프는 나의 신임을 단 한 번도 배신한 적이 없다."고 푸틴은 말했다. 새 총리 인선 발표 직후 푸틴은 메드베데프가 추진하는 농업 분야의 사업을 둘러보기 위해 추바시자치공화국과 벨고로드를 방문했다. 정계 고위인사들은 새 총리 지명과 관련해 푸틴이 던진 뜻밖의 카드에 담긴 의미를 파악하느라 분주하게 움직였다. 메드베데프나 이바노프를 버리기로 한 것인가? 아직 최종 결정을 유보하고 있다는 신호를 보낸 것은 분명했다. 9월 14일, 푸틴은 차기 대통령 후보로 최소한 다섯 명을 진지하게 고려하고 있다고 말했다. 다섯 명이 누구인지는 밝히지 않았다.

주브코프 인준안은 지명되고 이틀 뒤 고무도장 역할을 하는 두마에 의해 신속히 처리됐지만 막후에서 벌어지는 권력 암투는 계속됐다. '측근들의 전쟁'으로 불린 이 막후 암투는 10월 2일 예상치 못한 사건에 의해 표면으로 터져 나왔다. FSB 특수부대가 도모데데보공항에 도착한 연방 마약단속국 부국장 알렉산드르 불보프 중장을 전격 체포했다. 그는 무장 경호원을 대동하고 있었는데, 체포 과정에서 거의 총격전 직전까지 가는 상황이 벌어졌다. 불보프는 아프가니스탄에 참전해 무공을 세운 자로 푸틴이 1970년대부터 가까이 지내는 KGB 요원 출신 가운데 한 명이었다. 푸틴의 지시에 따라 불보프는 오랫동안 지지부진해 온 트리 키타 가구점 밀수 사건 수사를 진행하고 있었다. 그 사건 외에 '그란드'Grand라고 부르는 제2의 사건 수사도 병행하고 있었다. 이 사건은 2000년에 세관 직원들이 트리 키타 가구점 소유주들이 중국에서 선적해 들여오는 가구를 압수하면서 시작되었는데, 가구를 수입하며 FSB 고위 관리들의 도움으로 관세와 세금을 포탈한 사실이 드러났다. 검찰총장 블라디미르 우스티노프는 곧바로 수사를 중단했지만 논란은 가라앉지 않았다. 그러면서 이 사건을 노바야 가제타에 기사로 쓴 뒤 살해당한 두마 의원 유리 체코치킨 등 희생자들까지 생겨났다. 푸틴은 우스티노프 검찰총장을 경질하고 철저한 수사를 지시했다. 그런데 그 수사를 책임진 사람이 FSB에 의해 체포된 것이었다. 기업인, 언론인을 불법도청한 혐의였다. 푸틴 진영에 있는 체르케소프 연방 마약단속국장의 경쟁 세력이 이번 사건을 주도한 것 같았다. 이고르 세친과 손잡은 실로비키들이었다.

푸틴의 심복들은 처음부터 각자의 야심에 따라 서로 합종연횡을 계속해 왔고, 푸틴은 그런 사실을 알면서도 겉으로는 단합을 과시하려고 했다. 그런데 대통령 임기가 끝나가면서 이들 세력 간의 긴장관계가 겉으로 터져 나오기 시작한 것이었다. 정부 요직에 두루 심어놓은 푸틴의 측근 인사들은 푸틴 권력의 토대 역할을 해왔으나, 이제 과거와 같은 유대 관계가 지속되지 않는 것 같았다. 부국장을 비롯한 고위관리 네 명이 체포당하자 체르케소프 국장은 부글부글 끓었다. 대통령과 연락도 잘 닿지 않았는데, 세친과 손잡은 경쟁자에 의해 접근이 차단당하는 것이 분명했다. 체르케소프는 자신의 KGB 경력을 자랑스럽게 생각하는 다소 외골수 같은 성격의 소유자였다. 그는 비상수단으로 코메르산트Kommersant 신문 1면에 공개서한을 싣고, 추측만 무성하던 크렘린 내부의 여러 가지 일들을 소상히 공개해 버렸다. 그는 한때 조국의 수호자 역할을 했던 연방보안국 FSB이 내부에서 추악한 전쟁을 벌이고, 사사로운 이익과 이권을 좇는 집단으로 추락했다고 했다. 그는 이들이 마약단속국 부국장을 체포한 것은 자신들이 '트리 키타' 사건에 연루된 사실을 숨기기 위해 저지른 짓이라고 주장했다. 그는 푸틴의 휘하에 있는 전 현직 정보요원들을 지칭하며 이렇게 몰아붙였다. "상인과 전사 역할을 모두 하려고 하지 말라. 두 가지 역할을 모두 할 수는 없다. 둘 중에서 한 가지 일만 하라."

그는 이어서 푸틴 휘하 인사들끼리의 싸움은 승자가 없으며, 그동안 푸틴이 이루어 온 업적을 송두리째 무너뜨린 다음에야 끝날 전쟁이라고 말했다. 내부 투쟁은 가을까지 계속됐으며 푸틴이나 주브코프의 통제를 벗어난 것 같았다. 11월에 들어서며 그동안 잊혀진 보도 내용이 다시 모습을 드러냈다. 그동안 억눌려 왔다는 표현이 더 정확할 것이다. 16년 전 상트페테르부르크에서 푸틴이 수출업무와 관련해 불법행위를 저질렀다는 보도였다. '측근 전쟁'은 얼마 안 가 푸틴 본인의 이미지에도 손상을 가하기 시작했고, 푸틴은 처음으로 유리 코발추크와 겐나디 팀첸코와 같은 상트페테르부르크 출신 측근들을 전면에 내세워 부를 축적했다는 여론의 비난을 받게 되었다.

옐친 대통령 재임 마지막 여름처럼 쿠데타가 임박했다는 루머가 모스크바 일대에 나돌았다. 하지만 이번에는 쿠데타의 목적이 푸틴 정권을 무너뜨리는 것인지, 아니면 그의 집권 연장을 위해 헌법을 파괴하겠다는 것인지 분명치 않았다. 국민들에게 동요하지 말라고 당부하는 호소문이 소련 시절의 KGB 의장과 각 지방 지부장을 지낸 다섯 명이 쓴 편지글 형식으로 전국지인 자프트라Zavtra에 실렸다. 1991년 실패로 끝난 보수 쿠데타 주모자 중 한 명이었던 블라디미르 크류츠코프도 포함돼 있었다. 호소문은 "우리 경험으로 미루어 볼 때, 엄청난 재앙이 다가오고 있다."고 경고했다. 푸틴은 측근들 간의 싸움에 대해 말을 아꼈다. 서로 맞싸우는 세력들 사이에서 중심을 지키려고 애쓰는 모습이었다. 하지만 일부에서는 그가 측근들 간의 갈등을 적당히 조종하며 최종 중재자로서의 역할을 계속 유지하려는 게 아니냐는 의혹을 제기했다. 그는 "어쩌려고 이런 소란을 일으키느냐."고 체르케소프를 나무라면서도 그가 이끄는 마약단속국의 권한을 확대시켜 주었다. 푸틴은 12월 초로 예정된 의회 총선 결과를 기다리며 후임 대통령 승계 계획을 가다듬고 있었다.

러시아 선거는 중앙정부에서 워낙 철저히 통제하기 때문에 진정한 의미의 경쟁도 없고, 그래서 긴장감도 없는, 왜 하는지 모를 행사가 되어 버렸다. 여당을 뜻하는 권력당인 '통합 러시아'가 크렘린이 제공하는 자원을 거의 독점하고, 공산당, 극우정당인 자유민주당, 상트페테르부르크 출신 푸틴의 정치적 동지가 이끄는 정의 러시아당 등 야당에는 거의 숨 쉴 여지를 주지 않았다. 푸틴 정부에서 총리를 지낸 미하일 카시야노프와 세계 체스 챔피언이었던 개리 카스파로프를 비롯해 푸틴에 비판적인 자유민주세력 인사들이 용감하게 맞서려고 나서 보았지만 이들에게는 절차상 하자를 문제 삼아 아예 총선 후보 부적격 판정이 내려졌다. 살인 용의자로 이름을 널리 알린 안드레이 루고보이는 절차상의 장애물을 넘어서 자유민주당 후보자 명단에 이름을 올렸다. 그는 두마 의원에 당선되어 기소면제 혜택을 부여받았다.(러시아 당국이 그의 영국 송환을 거부했기 때문에 사실 기소면제 혜택도 필요 없었다.)

푸틴이 보기에 제멋대로 행동하는 야당 지도자들은 국가에 반역 음모를 꾸미는 자들이었다. 2005년 체스계에서 은퇴한 카스파로프는 푸틴의 권력을 흔드는 데 전념하고 있었지만 아무런 성과도 거두지 못했다. 그는 총선을 앞둔 주말 모스크바, 상트페테르부르크를 비롯한 여러 도시에서 불법시위를 주도한 혐의로 체포되어 5일간 구류처분을 받았다. 여러 언어를 구사할 줄 아는 카스파로프는 경찰 버스에 강제로 태워질 때 영어로 무어라고 소리쳤다. 1985년에 젊은 카스파로프가 거둔 극적인 승리를 기억하는 푸틴은 이 장면에 대해 못마땅한 표정으로 이렇게 말했다. "카스파로프씨는 체포당할 때 왜 러시아어로 하지 않고 영어로 소리를 지르는 거지요?" 타임 매거진과 인터뷰할 때였다. 당시 타임은 서방뿐 아니라 여러 나라에서 비난의 화살을 받고 있는 푸틴을 '올해의 인물'로 선정했다. "한번 생각해 봅시다. 나를 비난하면서 러시아 국민이 아니라, 다른 나라 사람들을 향해 하고 있습니다. 정치인이 다른 나라 국민들을 상대로 무슨 일을 벌이겠다는 것입니까. 지도자가 되고 싶으면 자기 나라 말을 해야지요. 그게 무슨 꼴사나운 짓입니까."

푸틴은 여당인 통합 러시아당에 참여하지 않고 있었지만, 선거일이 다가오면서 통합 러시아당 정당명부 후보자 명단 맨 위에 이름이 올려졌다. 결국 당의 대표 얼굴이 된 것이다. 일부에서는 그가 대통령직에서 물러나더라도 당 대표 자리를 통해 정치적 권한을 행사할 것으로 내다보았다. 그는 선거운동에 본격적으로 나서지 않고 대통령으로서의 일정만 충실히 소화해 나갔다. 저녁뉴스에는 러시아의 통치자, 구세주라는 이미지만 보여주었다. 선거 하루 전날 저녁에 그는 대국민 텔레비전 연설을 했다. 고별사를 연상케 하는 연설이었다. 예의 그 단호하고 딱 부러지는 말투로 이렇게 시작했다. "우리는 그동안 많은 일을 함께 이루었습니다. 경제는 차츰 안정돼 가고 있고, 느리지만 빈곤은 차츰 사라지고 있습니다. 지금부터는 범죄와 부패를 물리치기 위해 더 많은 노력을 기울여 나갈 것입니다. 8년 전 우리 사정이 어떠했는지 생각해 봅시다. 수렁에 빠진 나라를 구해내기 위해 우리가 얼마나 많은 노력을 해왔습니까."

그는 아직 문제가 완전히 가신 것은 아니지만 자신의 재임 기간 동안 이룬 업적에 대해 자신 있게 말했다. 앞으로도 갈 길이 멀지만, "이미 나라를 실패로 이끈 다른 자들의 손에 다시 나라를 맡길 수는 없다."고 강조했다. 선뜻 납득이 가지 않는 말이었다. 누구를 못 믿겠다는 말인가? 자신을 크렘린 권좌에 앉혀 준 옐친을 가리키는 말인가? 소련 시절의 공산당 세력인가? 공산당은 강령에서 연금생활자와 같은 계층에 대해 더 많은 사회적 정의를 실천할 것을 요구하지만, 그렇다고 푸틴이 추구해 온 경제 발전을 완전히 도외시하자고는 하지 않았다.

푸틴은 그 '다른 자'들을 적으로 규정했다. 그가 말하는 그 '다른 자'들은 오직 러시아를 파괴하겠다는 목적만 가지고 덤벼드는 미친 야만인들이었다. "지금 그자들은 러시아 국민들이 지지하는 발전 계획을 바꿔서 수치스러웠던 의존과 해체의 시대로 되돌리려고 하고 있습니다." 12월 2일 투표 공식집계 결과 통합 러시아당은 전체 유효투표의 64퍼센트를 얻었다. 하지만 개표결과는 물론이고 투표율 집계까지 공정하게 이루어졌다고 믿는 사람은 별로 없었다. 일부 지역에서는 투표율이 지나치게 높게 집계돼 의혹을 불러일으켰다. 그래도 우크라이나 사태 때처럼 거리로 몰려나와 재개표나 재투표를 요구하는 사람은 없었다. 카스파로프가 선거운동 과정에서 경고했던 것처럼 이미 예견된 승리를 뒷받침해 주는 역할을 하는 법적인 메커니즘에 도전하는 것은 이제 불가능해졌다. 공산당은 형편없는 결과를 얻었지만, 자유민주당은 선전해 안드레이 루고보이도 당선됐다. 투표 다음 날 푸틴은 선거결과에 대해 러시아 국민들이 성숙한 민주주의를 보여준 것이라고 선언했다.

대통령 선거를 3개월 앞둔 시점에서 푸틴의 정치적 미래는 불투명했다. 측근들이 보기에도 마찬가지였다. 결단의 순간이 다가오고 있었다. 그는 재임 기간 중 체첸을 다시 손아귀에 넣었고, 경제 발전을 이루었으며 동계올림픽 유치에 성공했다. 그는 여기에 덧붙여 평화적인 정권교체를 자신의 가장 큰 업적으로 남기고 싶었다. 오랜 러시아 역사에서 스스로 권좌에서 물러난 사람은 병약한 보리스 옐친 한 명뿐이었다. 이제 푸틴도 옐친이 마주했던 것과 같은 갈림길에 서게 되었다. 거수기와 다름없는 의회 절대 다수 의석을 확보하고 있기 때문에 마음만 먹으면 당장이라도 헌법을 고쳐 계속 권좌에 남을 수 있었다. 국내에서는 일부 저항이 있을 테지만, 그의 지지율이 워낙 높기 때문에 문제 될 게 없었다. 국제사회에서 비난 여론이 터져 나올 게 분명하지만, 이는 러시아의 적들이 러시아의 강대국 복귀를 막으려 한다는 그의 논리를 뒷받침해 주는 역할만 할 것이었다. 권력을 후임 대통령에게 물려주고 물러나는 길도 있었다. 옐친이 8년 전 자기한테 "러시아를 부탁한다."며 소임을 맡기고 물러난 것과 같았다.

총선 실시 8일이 지났고, 대통령 선거가 4개월도 채 남지 않은 시점이었다. 푸틴은 마침내 최종 선택을 하면서 한 번 더 정치적 쇼를 연출했다. 그런 다음 미루어왔던 겨울휴가를 떠났다. 12월 10일, 통합 러시아당 당수인 보리스 그리즐로프는 다른 3당 대표들과 함께 크렘린의 대통령 집무실에 마주앉았다. 모두들 후임 대통령 후보가 누가 될지에 대해 신경이 곤두서 있었다. 그리즐로프는 푸틴에게 이 문제에 대해 함께 의견을 나누었으면 좋겠다는 의사를 표명했다. 회담 분위기는 허심탄회하게 의견을 교환하는 자리 같았지만, 푸틴은 이미 마음속으로 결정을 내려놓고 있었다. 정치를 하지만 연극공연을 하는 것 같았다. 배우들이 서투르다는 점만 달랐다. 그리즐로프는 함께 온 다른 당 대표들과 자기는 의견이 모아졌다고 말했다. 이바노프나 주브코프, 또는 푸틴이 직접 언급한 다른 제3의 인물들이 아니라, 지난 일 년 동안 관심권 밖으로 밀려나 있었던 드미트리 메드베데프였다. 지난 17년 동안 개인 똘마니처럼 푸틴에게 변함없이 충성을 바쳐 온 인물이었다.

메드베데프는 우연히 그 자리에 참석한 것처럼 되어 있었는데, 텔레비전 카메라들이 일제히 그를 비추었다. 그는 전혀 처음 듣는 소리라는 거짓 표정을 지어 보이고 있었다. "드미트리 아나톨리예비치, 이 문제와 관련해 사전에 상의한 적이 있습니까?" "그렇습니다." 그는 다른 참석자들과 마찬가지로 자기한테 주어진 배역대로 이렇게 대답했다. "사전에 상의가 있었고, 긍정적인 방향으로 결론이 내려졌습니다. 오늘과 내일 이 문제에 대해 논의를 계속할 예정입니다." 그러자 푸틴은 "새해가 되기까지 얼마 남지 않은 시간 안에 처리해야 할 정치적 과제가 산적해 있습니다. 선거법에 따라 선거운동도 시작되어야 하고."라고 말했다. 선거라는 게 마지못해 하는 시늉이라도 해야 하는 허드렛일 정도로 생각하는 투였다.

옐친이 그랬던 것처럼 후계자가 누구라고 밝히는 대신 푸틴은 방안에 모인 정당 대표들이 '사회 각계각층의 의견을 수렴해' 자기 대신 후계자를 선택해 주었다는 인상을 주려고 했다. 권력을 두 손에 모두 거머쥔 푸틴은 다원적인 선택 과정을 준수하는 인상을 주고 싶어 했다. 다시 말해 권위적인 후계자 지명이 아니라 '관리된' 민주주의 과정을 지키는 흉내를 낸 것이었다. 자기 뜻대로 후계자를 정하고, 서방에서 조롱거리가 되고 있음에도 불구하고, 그는 정당성을 인정받고 싶었다. 법률가로서 훈련 받은 푸틴은 권력이양을 헌법정신까지는 아니더라도 헌법규정은 철저히 준수하면서 실행하고자 했다. 크렘린 측근들 가운데서 메드베데프는 분란을 가장 적게 초래할 인물인 것 같았다. 세르게이 이바노프나 이고르 세친은 다른 반응을 보일지 모르지만, 푸틴 휘하에 포진하고 있는 여러 분파들이 비교적 쉽게 받아들일 만한 인물이었다. 푸틴 본인에게는 말할 것도 없고, 측근들 누구에게도 심각한 위협을 가할 인물이 아니었다. 메드베데프도 정부 내에 자신을 지지하는 동료들인 민주 개혁세력이 있기는 하지만 권력 기반은 전무했다.

푸틴은 이처럼 임기 말에 재기한 초강대국 러시아에서 쉽게 이루어지기 힘든 권력이양 작업을 실행에 옮겼다. 하지만 그렇게 하면서도 끝까지 자신의 속마음은 드러내지 않았다. 그가 펼치는 정치극 무대의 마지막 장은 그로부터 하루 뒤 막을 올렸다. 차기 대통령이 유력한 메드베데프는 대국민 연설을 통해 자신이 만약 대통령으로 선출된다면 국가의 안정을 위해 총리직에…블라디미르 푸틴을 임명하겠다고 선언했다. 두 사람의 역할분담은 '2인승 자전거'로 불렸다. 푸틴이 크렘린을 떠나고 난 뒤를 걱정해 온 사람들은 안도의 한숨을 내쉬었다. 8년 동안 국가수반의 자리를 지켜온 푸틴은 사실상 그 자리에서 떠나지 않기로 한 것이었다.

드미트리 메드베데프의 대통령 취임식이 거행되기 몇 주 전인 2008년 4월 11일, 창간한 지 얼마 되지 않은 타블로이드 신문 모스코프스키 코레스폰덴트Moskovsky Korrespondent는 신임 대통령이 열어갈 정치 시대의 한계가 어느 정도일지 테스트하는 짤막한 기사를 실었다. 세르게이 토폴이라는 고참 기자가 쓴 이 기사는 불과 641개 단어로 이루어진 대단히 짧은 기사였고, 특별히 자극적이거나 누구를 비방하는 내용도 아니었다. 푸틴의 사생활에 대해 오히려 동정적인 내용을 담고 있었다. 기사 내용이 완전히 사실과 부합되는 것은 아니지만, 지난 8년 동안 밀봉되었던 푸틴 가족의 비밀장막을 걷어 올린 기사였다. '사르코지 신드롬'이라는 기사의 제목이 말해주듯이 사르코지 프랑스 대통령의 최근 이혼 이야기와 세 번째 부인이 되는 모델 겸 팝가수 카를라 브루니와의 결혼을 소개했다. 그러면서 토폴 기자는 푸틴의 사생활은 두 번의 대통령 임기를 거치는 내내 지금의 부인과 결혼생활을 유지해 왔기 때문에 사르코지와는 정반대라고 평가했다. 하지만 이제 임기가 끝났기 때문에 "부부관계를 계속 이어 줄 끈이 별로 남아 있지 않게 되었다."고 썼다. 토폴 기자는 "푸틴이 이제 대통령 복무가 해제되었기 때문에 개인적인 일들을 해결할 시간이 생길 것"이라고 썼다.

그런 다음 이 네 단락짜리 기사는 폭탄을 터뜨렸다. 푸틴 부부는 지난 2월 비밀리에 이혼했으며, '우리 정보 소식통'에 따르면 6월에 재혼할 예정이라고 기사는 밝혔다. 결혼 상대는 러시아 리듬체조 국가대표 선수로 2000년 시드니올림픽 동메달, 4년 뒤 아테네 올림픽에서 금메달을 목에 건 알리나 카바예바라고 했다. 카바예바는 만 25세가 채 되지 않았고, 러시아에서 가장 육감적인 몸매를 가진 유명인 중 한 명이었다. 운동선수로서 절정의 기량을 발휘하던 2001년 무렵에 그녀는 통합 러시아당이 내세우는 간판 얼굴이 되었다. 2007년 12월에 그녀는 당 이미지 쇄신용으로 총선 출마 후보자 정당명부에 이름이 올려졌고, 이 당이 두마 의석을 휩쓸면서 두마 의원이 되었다.

푸틴은 8년 동안 공인으로 살면서도 사생활은 외부에 노출되지 않도록 사실상 완전히 차단시켜 놓았다. 사람들이 자신의 사생활을 들여다볼 수 없게 할 뿐만 아니라, 사람들의 입에 오르내리는 것도 막아 놓았다. 특히 두 딸은 철통 보안 속에 완전히 감추어 놓았다. 딸의 안전에 대해 가진 지나친 걱정과 피해망상 때문이었다. 푸틴은 "아내와 아이들은 꽁꽁 숨겨놓았다."고 오랜 친구인 세르게이 롤두긴에게 말한 적이 있었다. 롤두긴은 마샤의 대부이다. 초기에 체첸 전쟁의 여파가 모스크바 시내 중심에까지 미쳤을 때는 딸들의 안전이 걱정되어서 그렇게 했고, 모두들 당연한 조치라고 생각했다. 러시아의 일반 국민들과 정치인, 사업가의 아이들과 달리 푸틴의 딸들은 아버지의 신분 덕분에 출세하거나 유명인사가 되지 못했다. 대신 사람들의 이목에서 사라진 채 익명의 삶을 살았다. 처음에 한때 딸들을 애지중지하는 아빠라는 부드러운 이미지를 보여주려고 아이들이 인터뷰에 응하도록 한 적은 있었다. 하지만 이후부터는 아이들을 절대로 정치적 목적으로 이용하지 않았다.

아이들은 철저한 보안 속에 개인교사를 불러 교육을 받았다.

두 아이 모두 피아노와 바이올린을 배웠는데, 롤두긴의 권유도 있었고 푸틴 자신도 음악에 관심이 있었기 때문이다. 롤두긴은 두 아이 모두 "다른 운명을 타고 났더라면" 전문적인 뮤지션이 되었을 것이라고 말했다. 두 아이 모두 가명으로 아버지의 모교에 다녔다.

가까이 지낸 친구들도 아이들의 아버지가 누구인지 모를 정도였다. 시간이 지나면서 푸틴이 국정에 바쁘게 지내면서 딸들과의 사이는 다소 소원해졌다. 아이들 둘이서 아버지를 위해 바하의 콘체르토 B 마이너를 연주한 CD를 만들기도 했다. 아이들이 대학에 들어간 뒤 푸틴은 밤에 아무도 방해하지 말라고 엄명을 내린 다음 딸들이 녹음한 바하 곡을 듣기도 했다. 성인이 된 다음부터 가족 외에는 아이들의 모습이 어떻게 변했는지 조차 몰랐다.

류드밀라는 정치인의 아내라는 공적인 삶에 적응하지 못했다. 남편이 대통령이 되고 난 초기에 그녀는 가끔 인터뷰에 응하기도 하고, 남편의 해외방문길에 동행하기도 했다. 특히 미국 대통령 영부인과 영국 총리부인과는 자리를 나란히 함께 했다. 하지만 그것도 의전에 필요한 경우에 국한되었고, 나들이 횟수는 점점 줄어들었다. 그녀는 '러시아어 발전센터'라는 이름의 조직을 이끌며 '루스키 미르'Russki mir, 다시 말해 '러시아 세계' 안에서 러시아어 읽기와 교육, 그리고 언어를 보존하는 일에 전념했다. 소련연방 해체 이후 다른 나라가 된 옛 연방공화국들도 이 러시아 세계 안에 포함시켰다. 푸틴은 우크라이나의 오렌지혁명으로 자존심이 상한 다음부터 이 운동을 적극 지원했다. '러시아 세계 재단'이라는 정부 기구를 만들어서 연방 해체 후 떨어져 나간 공화국에 거주하는 러시아인들의 인권을 지켜주고, 이들을 조국인 러시아의 문화권 안에 감싸 안으려고 했다.

하지만 남편 푸틴이 추진하는 정책에 대해 류드밀라가 미치는 영향력은 미약했다. 두 사람의 사적인 관계에서도 마찬가지였다. 롤두긴은 "그녀는 푸틴의 정치에 간섭하는 법이 일체 없고, 푸틴도 아내에게서 그런 역할을 바라지 않았다."고 했다. 두 사람은 공개석상에서 서로 애정표현을 한 적이 없는 것은 물론이고, 다정한 모습을 보인 적도 없었다. 두 사람은 함께 있으면 서로 불편한 모습을 보였고, 그러다 보니 두 번째 임기 중에는 함께 있는 모습을 보이는 횟수가 점점 줄어들었다. 물론 두 사람은 함께 살았다. 아이들이 함께 있을 때는 가족끼리 식사도 같이 하고, 공개된 자리에서 서로 다투는 일도 없었다. 하지만 더 이상 친밀한 관계는 아니었다고 롤두긴은 말했다. 크렘린이 언론을 워낙 철저히 통제했기 때문에 대통령의 사생활에 대해서는 아무리 좋은 내용이라도 다루는 것이 금기시 되었다. 그런 점에서 푸틴은 이전 소련 시절 지도자들과 다르지 않았다. 최고 지도자는 저 높은 곳에 있기 때문에 누구도 함부로 다루면 안 되는 존재라는 발상이었다.

크렘린은 푸틴이 자기 가족들에게 자상한 가장일 뿐만 아니라, 국가의 아버지라는 이미지를 보여주기 위해 계속 아이디어를 짜냈다. 2월에는 푸틴을 자상한 남편으로 묘사하는 영화가 상영됐다. 그런 남편이 아니라는 루머가 나돌던 때였다. '키스, 오프 더 레코드'A Kiss Off the Record란 제목의 이 영화에는 푸틴을 빼닮은 정치인이 기자들 앞에서 류드밀라를 닮은 여성에게 키스하는 장면이 나온다. 이 남자는 기자들에게 그 장면을 기사화 하지 말라고 장난스럽게 말한다. 영화제작자인 올가 줄리나는 가상의 이야기에 기초해 만든 영화일 뿐이라고 주장하나, 주인공이 KGB 요원으로 드레스덴에서 근무한 것이나, 아내의 자동차 사고, 갑작스레 권력 상층부로 진출해 나가는 이야기 등 줄거리는 푸틴과 정확히 맞아떨어졌다. 심지어 주인공의 코드명 플라토프까지 푸틴과 일치했다. KGB 연수 시절 푸틴의 코드명이 플라토프였다. 아내가 한 역할만 실제의 류드밀라와 다를 뿐이었다. 클라이맥스에서 주인공의 아내는 외국에서 진행된 중요한 기자회견에 남편인 플라토프가 나타나지 않자 대신 연단에 올라 침착하게 그의 역할을 소화해내 기자들로부터 기립박수를 받았다.

영화의 본래 의도는 푸틴의 여성 지지자들에게 환상을 심어주는 효과를 노린 것이지만, 배경에는 주인공 플라토프의 안정된 결혼생활에 국가의 정치적 운명이 달려 있다는 메시지가 깔려 있다. 현실에서 크렘린 출입기자들은 푸틴의 가정생활에 대해서는 묻지도 쓰지도 말아야 한다는 사실을 잘 알고 있었다. 하지만 임기 말이 되면서 토폴 기자가 밝힌 대로 이미 널리 퍼진 루머를 그냥 덮고 지나가기란 불가능했다. "대통령 부부의 결혼생활 후반부가 순탄치 않다."는 루머였다. 토폴 기자는 기사에서 "블라디미르 푸틴 대통령도 여느 다른 건강한 남성들처럼 권력 상층부에 얼굴이 널리 알려진 아름다운 운동선수 여성들에게 무관심하지 않다."고 썼다. 그러면서 그가 다른 여성들과의 염문설이 담긴 '가십'도 나돌고 있다는 식으로 썼다. 농구스타 출신으로 국영 텔레비전 채널1의 유명 앵커인 예카테리나 안드레예바의 이름이 가십에 들어 있다고 썼다. 옐레나 트레구보바 기자 이름도 언급되었는데, 푸틴이 그녀를 손님이 아무도 없는 스시 레스토랑으로 불러 단 둘이 식사를 했다는 일화가 소개됐다. 사르코지에서부터 빌 클린턴, 바츨라프 클라우스 체코 대통령에 이르기까지 다른 국가 정상들의 여자관계도 소개됐다. 그러면서 러시아 국민들도 과거 크렘린이 꾸며낸 화목한 가정생활을 하는 지도자라는 신화에서 벗어나, 지도자의 이혼을 자연스런 일로 받아들일 마음의 준비를 해야 한다고 기사는 주문했다. 정보의 출처가 어느 정도 신빙성이 있었기 때문에 기사는 화제를 불러일으켰다. 외국 언론들은 신이 나서 기사를 소개했고, 건드리지 말아야 할 곳을 건드렸다는 사실을 잘 아는 러시아 기자들은 충격에 휩싸였다. 카바예바는 대변인을 통해 푸틴과의 관계를 소개한 기사 내용을 부인했고, 실제로 6월에 카바예바와 푸틴의 결혼은 실현되지 않았다. 기사 내용은 아직 크렘린의 통제권 밖에 있는 인터넷을 통해 퍼져나갔고, 푸틴의 사생활을 완고하게 둘러싸고 있는 '철의 장벽'의 강도를 시험했다.

드미트리 메드베데프는 선거운동을 통해 더 개방되고, 더 자유로운 러시아를 만들겠다고 약속했다. 이제 오랫동안 금기시 되어 온 문제들을 입 밖에 낼 때가 되었는지도 모를 일이었다. 갖가지 소문이 꼬리를 물고 이어진 지 일주일이 지나자 푸틴도 이제 더 이상 이 문제를 모른 체하기 어렵게 되었다. 이탈리아에서 실비오 베를루스코니 총리와 회담 뒤 가진 기자회견에서 이 문제에 대한 설명을 하지 않을 수 없었다. 베를루스코니의 사생활을 둘러싼 추문도 이탈리아 언론에 쉼 없이 기사거리를 제공해 주고 있었다. 베를루스코니는 푸틴의 정치 스타일을 매우 좋아했으며, 두 사람은 이심전심으로 서로 통하는 사이였다. 푸틴은 베를루스코니의 전속 재단사가 만든 양복을 입었고, 두 사람은 업무는 물론이고 개인적으로도 친밀한 관계였다. 자주 만나고 값비싼 선물을 주고받았다. 푸틴은 베를루스코니에게 모서리에 기둥 네 개가 있고, 덮개가 달린 포-포스터four-poster 침대도 선물했는데, 베를루스코니는 이 침대 위에서 파트리치아 다다리오라는 콜걸과 밀회를 즐겼다. 베를루스코니는 이 침대를 '푸틴의 침대'라고 불렀다.

러시아 기자인 네자비시마야 가제타 신문의 나탈리야 멜리코바가 질문을 던졌다. 이미 이탈리아 언론에 보도된 루머였는데도 그녀는 겁먹은 표정이 역력했다. 먼저 방문 목적과 관련한 질문을 한 다음, 이혼 루머, 큰딸 마샤가 독일로 이주해서 결혼했다는 루머 등에 관한 질문을 덧붙였다. 잠시 뜸을 들인 다음 푸틴은 이보다 더 도발적인 질문도 피하지 않을 것이라며 대답을 시작했다. "당신이 한 질문 가운데 사실은 단 한 마디도 없다는 점을 먼저 밝히고 싶습니다." 그러면서 묻지도 않은 안드레예바와의 관계에 대해서도 입장을 말했다. 질문이 나올 줄 예상하고 있었음이 분명했다.

"나는 러시아 여성 모두를 좋아합니다. 그러니 내가 루머에 등장하는 그 여성들을 모두 다 좋아한다고 해도 놀랄 일이 아닙니다. 나는 러시아 여성들이 세상에서 제일 아름답고 자질이 뛰어나다고 생각합니다. 이렇게 말한다고 기분 나빠 할 사람은 아무도 없을 것입니다. 러시아 여성과 견줄 만한 여성은 이탈리아 여성들뿐입니다." 통역이 이탈리아어로 옮기자 이탈리아 기자들은 맞는 말이라는 뜻으로 빙그레 웃으며 고개를 끄덕였다. 그러자 푸틴은 정색하며 이렇게 말을 이었다. "나도 국민들은 공인들이 실제로 어떤 삶을 사는지에 대해 알 권리가 있다고 생각합니다. 하지만 그런 경우에도 한계는 분명하게 있어야 합니다. 누구로부터도 침해받지 말아야 할 사생활이란 게 있습니다. 나는 유치한 호기심과 선정적인 환상을 갖고 다른 사람의 사생활에 개입하는 사람들에 대해서는 항상 부정적인 생각을 갖고 있었다는 사실을 알려 드립니다."

이렇게 말한 다음 그는 주제를 바꾸어 자신의 재임기간 동안 경제성장률이 얼마를 기록했는지에 대한 이야기로 옮겨갔다. "러시아에서 빈곤층의 수는 절반으로 줄었고, 실질소득은 증가했습니다. 그리고 이제는 체첸에 대해 이야기하는 사람이 아무도 없습니다." 자기 뜻을 분명히 밝힌 것이었다. 사생활 대신 자신이 이룬 업적을 문제 삼아 달라는 것이었다. 친구가 답변을 마치자 베를루스코니는 두 손을 모아 질문한 그 젊은 기자를 겨냥해 자동소총을 발사하는 시늉을 해보였다.

같은 날 모스크바에서는 푸틴의 이혼설을 최초 보도한 모스코프스키 코레스폰덴트의 소유주가 신문을 자진 폐간한다고 발표했다. 폐간 사유로 판매부진을 내세웠으나 그 말을 믿는 사람은 아무도 없었다.

카바예바를 비롯한 여러 여성들과 푸틴의 관계가 어느 정도 깊은지에 대해서는 친한 친구들 외에 누구도 알 수 없었다. 두 사람의 관계는 정치적으로 잠간 스쳐 지나가는 인연 정도는 넘어선 것이 분명했다. 카바예바는 푸틴의 두 번째 임기 동안 권력 심장부로 진입해 들어온 상트페테르부르크 사단의 일원으로 편입되었다. 푸틴과의 관계가 보도되고 한 달 뒤 그녀는 새로 출범한 내셔널 미디어 그룹National Media Group 자문위원으로 임명됐다. 유력 텔레비전 방송과 신문사 여러 곳을 소유한 금융 재벌 유리 코발추크가 실소유주인 지주회사였다. 안드레이 푸르센코 교육과학부 장관의 동생인 세르게이 푸르센코, 그리고 그와 함께 오제로 다차 협동조합의 창설 멤버 한 명이 이 지주회사의 사장을 맡았다. 내셔널 미디어 그룹은 지분을 확대해 푸틴의 권력을 지키는 데 유용한 도구 역할을 계속했다. 카바예바가 그곳 자문위원단의 일원으로 들어간 것은 푸틴과 개인적으로는 아니라고 하더라도, 최소한 푸틴의 측근 패거리에 합류했다는 것을 뜻했다. 이들 측근 그룹은 푸틴의 재임기간 중 엄청나게 부를 키웠다. 푸틴이 임기 말을 맞아 퇴임 후의 권력 연장 방안에 골몰하는 사이, 이 측근 그룹을 둘러싼 비밀의 장막이 조금 벗겨졌다. 이들 세력들 간의 관계를 둘러싼 루머들이 나돌며, 내부에서 권력다툼이 진행 중이라는 추측이 제기됐다.

2008년 2월, 메드베데프를 대통령으로 선출할 투표가 진행되기 하루 전날 밤 푸틴의 가장 날선 비판자인 보리스 넴초프와 블라디미르 밀로프 두 사람이 푸틴의 측근들을 연결하는 사업 고리를 최초로 상세히 파헤친 76쪽 짜리 팸플릿을 공개했다. 유리 코발추크가 어떻게 사업을 키웠는지 말해주는 놀라운 비화들도 들어 있었다. 팸플릿 내용에 따르면 내셔널 미디어 그룹 자산에는 2005년 1억 6600만 달러에 사들인 가즈프롬의 언론부문 자산이 들어 있었다. 메드베데프는 2년 뒤 이 부문의 자산가치를 75억 달러로 평가했다.

넴초프와 밀로프 두 사람 모두 각료 출신으로 야당 급진세력은 아니지만, 푸틴 정권에 타격을 가하기 위해 전력을 다하고 있었다. 이들은 이 팸플릿이 적어도 메드베데프가 대통령으로 선출되기 전에 논란거리를 제공해 주기 바랐다. 적어도 메드베데프가 자기들의 호소에 귀는 기울여 줄 것으로 기대했다. 넴초프는 수학박사로 니즈니 노브고로드 주지사와 옐친 정부에서 부총리를 지냈다. 그는 처음에는 푸틴을 지지했고, 소치올림픽 꿈을 키울 당시 오스트리아 알프스로 스키 여행을 함께 갈 정도로 가까운 사이였다. 밀로프는 푸틴 정부에서 에너지부 차관을 지냈다. 하지만 두 사람 모두 푸틴이 초기 개혁 시기를 지나면서부터 권위주의 경향을 보이기 시작하자 그에게 등을 돌렸다.

'푸틴: 업적'이라는 제목이 붙은 팸플릿은 푸틴이 한 퇴임 연설에 담긴 내용부터 문제를 제기했다. 퇴임사에서 푸틴은 자신이 1990년대의 잿더미에서 조국을 일으켜 세웠으며, 이를 위해 자신은 '갤리선의 노예'처럼 뼈 빠지게 일했다고 자평했다. 팸플릿 작성자들은 GDP와 평균임금이 놀랄 만큼 큰 폭으로 상승하고, 실업률이 하락하고 빈곤층이 줄어든 점은 인정했다. 하지만 푸틴이 이룬 경제 기적은 구조적인 문제와 상상할 수 없을 정도로 부패한 현실을 덮어두고, 오직 유가상승에서 얻은 수익으로만 이룬 '포템킨 미라지'Potemkin mirage 같은 허상에 불과하다고 지적했다. 푸틴이 집권할 당시 국제투명성기구가 발표한 러시아의 부패지수는 세계 82위였다. 부패 정도가 덜한 나라 순으로 순위를 매기는 것이다. 그것이 집권 8년 만에 143위로 추락했다. 앙골라, 기니비사우, 토고 같은 나라들과 같은 부류가 된 것이었다. 옐친 대통령 시절에 아나톨리 추바이스 당시 제1부총리 겸 재무장관과 대통령 보좌관 여러 명이 책 집필 선금 명목으로 출판사로부터 9만 달러씩 받은 사실이 드러나 물러난 일이 있었다. 팸플릿은 "오늘날 부패 수준에서 보면 이런 푼돈은 웃음거리가 되었을 것"이라고 지적했다. "지금은 관료들의 도둑질이 국민들 모르게 수십억 달러 규모로 자행되고 있다. 실질적인 혜택을 챙기는 것은 푸틴의 친구들이지만 이들의 신분은 비밀 정보기관이 숨겨 주고 있다. 그리고 크렘린의 철저한 통제 아래 있는 언론은 이러한 권력 상층부의 부패상을 보도하는 것을 금기시하고 있다."

팸플릿은 모스코프스키 코레스폰덴트 기사처럼 푸틴 시대의 크렘린이 요구하는 비밀유지 서약을 어긴 것이었다. 대통령의 사생활과 관련된 은밀한 내용들은 누구도 발설하지 말아야 할 금기사항이었다. 팸플릿 작성자들은 코발추크가 권력 중심부로 부상하는 과정을 상세히 소개했을 뿐만 아니라, 가즈프롬 자산 처분, 로만 아브라모비치의 축재 과정, 우크라이나에 설립한 천연가스 중개회사 로스우크르에네르고RosUkrEnergo의 수상하기 짝이 없는 영업활동, 스위스에 본사를 둔 원유 중개업체 군보르Gunvor의 설립자인 겐나디 팀첸코가 원유 수출을 통해 엄청난 이득을 챙긴 배경 등을 낱낱이 파헤쳤다. 아브라모비치를 제외하고 다른 신흥 부자들은 푸틴 재임 8년 내내 언론에 이름이 오르내린 적이 거의 없는 무명인사들이었다. 그런데 지금은 팀첸코 소유의 회사들이 러시아에서 수출되는 석유 수출물량의 거의 3분의 1을 차지했다. 특히 로스네프트가 유코스의 자산을 인수한 다음부터 여기서 생산되는 물량은 팀첸코가 거의 독점 수출했다.

호리호리한 백발의 템첸코는 에너지 시장을 중시하는 푸틴의 정책과 호흡이 잘 맞았으며 유도 취미도 같았다. 하지만 워낙 알려지지 않은 사람이라 본인은 부인했지만 KGB 출신일 것이라는 추측이 나돌았다. 그는 핀란드 여권과 러시아 여권을 같이 사용하면서 제네바호수가 내려다보이는 스위스 콜로니의 빌라에서 살았다. 공개된 사진도 거의 없고, 인터뷰는 더더욱 한 적이 없었다. (팸플릿이 공개되고 4개월 뒤 월스트리트저널과 인터뷰를 했는데, 그때도 사진은 찍지 않고, 본사 주소를 공개하지 않는다는 조건으로 인터뷰 요청을 받아들였다.) 그는 푸틴과는 친구가 아니라 얼굴만 아는 사이라고 주장했으나 거짓말이었다. 이코노미스트The Economist가 '그리즈 마이 팜'Grease My Palm이라는 제목으로 보도한 기사내용이 사실과 다르다며 소송을 제기하기도 했다.

푸틴의 올리가르히들이 거머쥐는 부의 규모가 커지면서 이들의 신분을 감추기도 점점 어렵게 되었다. 코발추크와 팀첸코 두 사람 모두 팸플릿이 공개된 다음 달 포브스Forbes가 선정한 억만장자 명단에 이름을 올렸다. 얼마 지나지 않아 로텐베르그 형제 이름이 뒤를 이었다. 텁수룩한 얼굴과 장난스런 얼굴에 안경을 낀 정치 전략가 스타니슬라프 벨코프스키는 저서 《국가와 올리가르히》The State and the Oligarchs에서 유코스 사태의 전말을 소개하고 있는데, 푸틴에 대해 넴초프나 밀로프보다 더 신랄하게 비판적으로 썼다. 그는 팀첸코가 푸틴의 대리인 겸 동업자 역할을 하고 있으며, 푸틴은 그를 내세워 군보르와 가즈프롬, 수르구트네프테가즈 지분을 소유하고 있다고 주장했다. 그는 푸틴의 개인 재산이 400억 달러에 달하는 것으로 추산했는데, 이는 미국중앙정보국CIA이 그 전 해에 추산한 액수와 비슷하다. 사실은 CIA도 벨코프스키의 자료를 인용해서 집계했기 때문에 비슷할 수밖에 없다.

벨코프스키는 자신의 정보 출처가 크렘린 내부 소식통들이라고 주장했다. 이고르 세친을 비롯한 크렘린 내부 인사들과의 친분을 고려하면 이런 주장은 어느 정도 설득력이 있었다. 하지만 문서화 된 증거자료는 갖고 있지 않다고 했다. 여러 해 동안 푸틴을 신랄하게 비판해 오면서도 목숨을 부지하고 있는 것은 확실한 증거를 갖고 있지 않기 때문일 것이라고 추측하는 사람들도 있었다. 푸틴은 그해 3월 메드베데프가 출마한 대통령 선거일을 앞두고 대통령으로서 가진 마지막 기자회견에서 재산 문제에 대한 질문이 나오자 처음에는 유머로 응수하다가, 엄청나게 못마땅한 투로 이렇게 대답했다. 유럽에서 제일 부자라는 말이 사실이냐는 질문에 그는 이렇게 응수했다. "그건 사실입니다. 나는 유럽에서뿐만이 아니라 세계에서 제일 부자입니다. 위대한 조국 러시아 국민들이 나를 두 번씩이나 지도자로 믿고 지지해 주었으니 이보다 더 큰 자산이 어디 있겠습니까." 그런 다음 벨코프스키가 주장한 내용은 자기도 읽어 보았지만 "쓰레기 같은 내용들입니다. 쓰레기 더미에 코를 처박고 뒤져서 주은 것들을 신문에 도배질한 것입니다."라고 깔아뭉갰다. 언론들은 푸틴의 개인 재산을 일일이 추적하기가 사실상 불가능했지만, 크렘린 역시 카바예바를 비롯한 푸틴 측근들의 부패 커넥션이 존재한다는 사실을 부인하기 어렵게 되었다.

푸틴이 크렘린에서 물러나고 여러 주일이 지난 뒤, 스위스에서 출발해 프라하를 거쳐 동계올림픽 개최 예정지 소치로 가는 자가용 비행기 탑승자 명단에 카바예바의 이름이 올랐다. 푸틴은 재임 시절 올림픽 시설물 건설 특혜 계약을 측근들에게 나누어 주었기 때문에 퇴임 후 소치에서 많은 시간을 보냈다. 탑승자 명단에는 2000년부터 크렘린 행정실장을 지낸 블라디미르 코진의 이름도 들어 있었다. 푸틴이 모스크바로 진출하고 첫 근무처가 바로 크렘린 행정실이었다. 그리고 푸틴의 측근 기업인 두 명이 탑승하고 있었는데, 의료기기 공급업체 페트로메드Petromed의 소유주인 드미트리 고렐로프와 페트로메드에 대한 후원모금을 주도한 니콜라이 샤말로프였다. 샤말로프와 고렐로프가 2005년 푸틴의 지시로 설립된 로스인베스트Rosinvest의 핵심 주주라는 사실이 외부로 알려진 것은 그로부터 2년이 더 지나서였다. 이들은 소치 인근 흑해 해안에 푸틴을 위한 호화 '차르의 별장'을 건설하는 데 투자한 것으로 알려졌다. 별장은 담으로 둘러싸여 있고, 출입문에는 러시아 국가 문양이 새겨져 있고 철저한 보안 시설이 갖추어져 있다. 헬기 착륙장 세 개가 있고, 본관 외에 부속건물 한 채와 체육관, 방갈로, 야외 원형극장이 있다. 그날 이들 외에도 스위스에서 소치로 가는 다른 승객 3명을 더 실은 자가용 비행기는 에어픽스항공 Airfix Aviation 소속이었고, 이 항공사의 소유주는 겐나디 팀첸코였다.

푸틴의 임기 말에 측근들의 비리를 둘러싼 이런 주장들이 제기되면서 권력이 바뀌면 변화가 일어날 수도 있다는 기대와 희망도 있었다. 넴초프와 밀로프가 작성한 보고서 내용은 다가온 대선 운동기간 중 야당이 내세울 정강정책 같았다. 보고서는 푸틴이 약속한 개혁을 실천에 옮기라고 요구했다. 검찰과 경찰이 나서서 부패와의 전쟁을 수행하고, 군의 전문화, 현대적인 도로 건설, 의료보건제도 정착 등을 요구했다. 보고서는 푸틴이 유가 인상으로 경제호황을 이끈 것은 사실이지만 모스크바와 같은 대도

시의 에너지 소비가 지나치다고 지적했다. 사람들은 푸틴이 총리로 재임하더라도 결국 그가 최종적인 정치적 영향력을 행사하게 될 것이라고 생각했다. 메드베데프가 대통령이 되더라도 푸틴은 러시아의 덩샤오핑鄧小平처럼 막후에서 권력을 휘두를 것이라는 말이었다. 많은 이들이 그렇게 될 것이라고 생각했고, 푸틴 본인도 부인하지 않았다. 8년을 크렘린에서 푸틴의 충실한 보좌관으로 일해 온 메드베데프도 마찬가지 생각이었다.

메드베데프도 보고서 작성자들이 제기한 우려들을 상당 부분 공감했다. 그는 국가 근대화와 더 자유로운 시장경제 체제와 정치체제로의 이행이 필요하다고 생각했다. 최소한 말은 그렇게 했다. 그는 "자유는 없는 것보다 있는 게 더 낫다."는 말을 자주 했다.

카바예바와의 관계가 터져 나오자 두마는 즉각 명예훼손죄 처벌을 강화하는 법안을 꺼내들었다. '개인의 명예와 존엄에 손상을 입히는 거짓 정보를 고의로 유포하는 행위'를 테러와 민족 간 분쟁을 조장하는 행위와 같은 범죄행위로 간주한다는 내용이었다. 새 법안은 개인을 명예훼손 혐의로 처벌하는 것 외에, 정부가 이를 위반한 언론기관의 문을 닫게 만들 수 있도록 했다. 푸틴이 자신의 결혼생활과 관련해서 쓴 기사를 비판한 일주일 뒤 새 법안은 399표의 찬성으로 1차 심의를 통과했다. 용감하게 반대표를 던진 의원은 단 한 명뿐이었다. 법안이 최종 통과되자 메드베데프는 대통령으로서 독립적인 권한을 행사해 독자적인 길을 걸어가겠다는 의지의 표현이었는지 모르지만 거부권을 행사했다.

THE NEW TSAR
THE RISE AND REIGN OF VLADIMIR PUTIN

PART 04

제19장

섭정 총리

러시아의 제3대 대통령 드미트리 메드베데프는 2008년 8월 7일 아내 스베틀라나, 십대인 아들 일리야와 함께 볼가강에서 유람선을 타고 뱃놀이를 하고 있었다. 나른한 휴가철에 업무휴가를 즐기러 나온 것이었다. 대통령 가족은 그날을 16세기에 이반 뇌제雷帝가 정복한 타타르스탄자치공화국의 수도인 고대 도시 카잔에서 보냈다. 그곳에서 2013년에 개최되는 전 세계 대학 스포츠 대회인 유니버시아드 준비상황을 체크했다. 그로부터 8개월 뒤 소치에서 개막되는 동계올림픽 리허설 격인 대회였다. 하루 전에는 이웃 추바시자치공화국을 방문해 현대식 도서관 네트워크 구축 방안을 논의하고, 그날 아침에는 소련 시절의 대표적인 반체제 인사였던 알렉산드르 솔제니친의 장례식에 참석했다. 솔제니친은 8월

3일 모스크바에서 눈을 감았는데, 소련연방 붕괴 이후 블라디미르 푸틴이 러시아 예술가들이 최고 영예로 치는 국가공로상을 수여하며 존경받는 원로 인사로 완전히 복권시켰다. 메드베데프는 대통령으로 취임한 지 3개월이 지났는데도 다시 일어서는 핵 강대국의 통수권자가 아니라 제1부총리 때 하던 자질구레한 일을 그대로 되풀이하는 것 같았다.

3월에 치른 대통령 선거에서 그의 당선은 4년 전 푸틴의 당선 때처럼 이미 기정사실이었다. 본인의 정치적 기반도 없고, 특별히 내세운 공약도 없었다. 변화를 바라는 국민들의 욕구도 없었다. 메드베데프의 대통령직은 한마디로 국민들이 변화가 아니라 안정을 바란다는 전제 위에서 시작되었다. 국민들은 할 수만 있다면 푸틴을 다시 선출했을 것이 거의 확실했다. 하지만 푸틴이 그렇게 해달라고 원했기 때문에 그의 후계자를 대통령으로 선출했을 뿐이었다. 그렇게 해서 메드베데프는 관권 선거를 통해 손쉽게 압도적인 승리를 거두었다. 미하일 카시야노프와 개리 카스파로프 등 푸틴 체제에 반대해 온 대표적인 인사들은 2007년 두마 선거 때처럼 후보등록을 원천 봉쇄당했다. 카스파로프는 인지도가 높고 넉넉한 자금이 확보되어 있음에도 불구하고 선거법에 규정된 규모의 후보지명대회를 열 장소를 빌릴 수 없었다. 카시야노프는 후보지명에 필요한 서명자의 13퍼센트 이상이 조작되었다는 혐의 때문에 후보자격을 얻지 못했다. 또 한 명의 민주 진영 후보인 안드레이 보그다노프는 후보등록 때 아무런 제재도 받지 않았다. 정치 전략가인 보그다노프는 프리메이슨 회원으로 전 해에 러시아 그랜드 로지의 그랜드 마스터로 선출된 인물이었다. 메드베데프 외에 다른 후보자가 없을 경우에 대비해 크렘린에서 구색용으로 내세운 후보였다.

메드베데프는 이전에 푸틴이 그랬던 것처럼 자신에게 맡겨진 역할을 충실히 수행했다. 구체적인 선거운동은 하지 않고 후보 토론회에도 참석하지 않았다. 메드베데프와 경쟁할 최종 후보로는 보그다노프 외에 2004년 선거 때 푸틴에게 도전장을 냈던 공산당 당수 겐나디 주가노프와 극우 민족주의자인 블라디미르 지리노프스키가 있었다. 메드베데프는 부총리 업무만 계속 수행하고, 관영 텔레비전 채널들이 그의 동정을 주요 뉴스로 내보냈다. 물론 그의 후원자인 푸틴의 얼굴도 화면에 자주 등장했다. 그는 푸틴이 낙점한 유일한 후계자였다. 국민들의 동의절차만 남겨놓은 황제의 아들인 셈이었다. 짧은 선거운동 기간은 구색용이란 게 너무 드러나 미하일 고르바초프가 나서서 "선거가 무언가 잘못돼 있다."고 공개적으로 문제를 제기했다. 하지만 그는 이미 한물간 사람이고, 관영 언론은 말할 것도 없고 누구도 그의 말에 귀를 기울여 주지 않았다.

개표 결과 18퍼센트를 얻은 주가노프가 1위에 한참 뒤진 2위를 했다. 보그다노프는 1백만 표에 못 미치는 득표에 그쳐 무효 처리된 표보다 적게 얻었다. 독자적인 정치경험이 전무한 43세의 메드베데프는 그렇게 해서 러시아 역사상 투표로 선출된 최연소 대통령이 되었다. 71.2퍼센트를 얻었는데, 4년 전 푸틴이 얻은 71.9퍼센트보다 약간 낮은 득표율이었다. 많은 사람들이 일부러 그렇게 맞추었을 것으로 생각했다.

메드베데프는 5월에 취임하자마자 자신을 그 자리에 앉혀준 사람의 그림자에서 벗어나기 위한 작업을 시작했다. 옐친은 푸틴을 후계자로 임명한 순간부터 자신은 일부러 사람들의 이목을 피했지만, 푸틴은 메드베데프의 취임식 기간에도 대놓고 공개석상에 나서서 활보하고 다녔다. 그는 후임 대통령 취임식에 참석해서 자신의 고별연설을 했다. 전례 없는 일이었고, 대궁전에 모인 고위인사들 앞에서 통치무대에서 물러날 의사가 없음을 공개적으로 알리려는 의도가 분명했다. 메드베데프는 유럽에서 러시아의 최대 무역 상대국인 독일을 방문함으로써 하루 빨리 세계무대에서 자신의 존재감을 과시하려고 했다. 그런데 푸틴이 프랑스를 먼저 방문해 선수를 쳤다. 연방위원회 외교위원장인 미하일 마르겔로프는 러시아를 방문한 미국 관리에게 이렇게 말했다. "메드베데프는 아직 완전히 성숙하지는 않았지만 열심히 배우고 있는 재능이 뛰어난 학생입니다. 그런데 학장은 푸틴이 계속 맡고 있습니다." 그는 푸틴도 점진적이기는 하지만 국가수반으로서 하던 일들, 특히 외교 업무는 물려주려고 하고 있다고 말했다. 메드베데프는 지난 8년 동안 푸틴의 통치 스타일에 맞춰져 있던 관료조직을 자신이 장악하기 위해 애를 썼다. 그러나 워낙 온순한 학자풍의 기질 때문에 겨우 크렘린 안의 분위기를 바꾸는 데 그쳤다. 선거운동 기간과 취임 초기에 그는 국민들의 자유와 경제 현대화를 확대하고, 러시아 정치와 사회를 병들게 만든 만연한 부패와 사법 허무주의를 종식시키겠다고 약속했다.

　푸틴도 이전에 비슷한 약속을 한 바 있지만, 메드베데프는 과거와 다른 이미지의 리더십을 보여주고 싶어 했다. 정권이 바뀐 게 상징적인 의미에 그치는 게 아니라 실질적인 변화를 보여주고 싶었던 것이다. 푸틴이 매섭고 상대를 불편하게 만드는 스타일이라면 그는 부드럽고 개방적인 편이었다. 현대적인 기기를 능숙하게 다루고 (2010년 스티브 잡스가 그에게 아이폰을 선물했다.) 소셜웹사이트를 개설해 취미로 찍은 사진들을 올려놓았다. 푸틴이 총리 자리에 앉아 존재감을 과시하기는 하지만, 그래도 메드베데프가 푸틴이 제대로 이루지 못한 민주적인 개혁조치들을 수행해 나갈 것이라고 많은 사람들이 믿었다. 그렇게 믿는 사람들 가운데 한 명이 바로 시베리아의 감방에 갇혀 있는 미하일 호도르코프스키였다. 당시 그는 가석방 대상이 되어서 7월에 변호사를 통해 조기 가석방 신청을 했다. 메드베데프 주도의 변화 가능성을 믿은 또 다른 한 명은 조지 부시 대통령 후임 자리를 노리는 버락 오바마였다.

8월의 그날 밤, 메드베데프는 자신이 탄 배가 볼가강의 잔잔한 물살에 흔들리는 가운데 낙관적인 희망을 갖고 자신의 시대를 열어갈 기대감에 부풀어 있었다. 하지만 같은 시각, 그에게 엄청나게 큰 시련이 닥쳐오고 있었다. 취임 1백일도 채 안된 시점이었다. 8월 8일 새벽 1시 국방장관 아나톨리 세르듀코프가 러시아 남부 국경지대에서 전쟁이 시작됐다고 전화로 보고해 왔다. 친 서방 정책을 추구하는 미하일 사카쉬빌리 대통령이 이끄는 그루지야군 병력이 남오세티야자치공화국으로 지상과 공중에서 동시 무력침공을 감행했다는 것이었다. 남오세티야는 그루지야 영토 내에서 독립국 지위를 요구하고 있었다. 남오세티야와 인근 압하지야는 소련연방이 해체된 다음 1990년대 초반 짧은 기간 그루지야와 무력충돌을 벌이며 독립을 선포했다. 하지만 이후 계속 외교적인 해결책을 찾지 못하고 그루지야의 일부로 남아 있으면서 실제로는 러시아의 지원을 받으며 독립공화국 지위를 요구하고 있었다. 러시아군은 두 지역에 유엔평화유지군의 일원으로 병력을 주둔시켜놓고 있었다. 2008년 2월 코소보가 세르비아로부터 독립을 선언하면서부터 푸틴은 이 두 지역에 대한 지원을 강화했다. 대통령 재임 말기에 푸틴은 압하지야에 주둔 중인 러시아 평화유지군 병력을 증강시켰다. 당시 러시아군은 이곳에서 소치까지 연결되는 철도 재건사업을 보호하는 임무를 맡고 있었다.

푸틴은 임기가 끝나기 전 마지막 몇 주 동안 이 두 지역의 운명에 깊이 관여했다. 당시 푸틴은 부쿠레슈티에서 그루지야와 우크라이나의 나토 가입 문제를 놓고 부시 대통령을 비롯한 나토 지도자들과 날카롭게 대립했다. 2008년 여름 내내 러시아와 그루지야는 '해묵은 갈등' 해결을 빌미로 무력침공을 시작했다며 서로 상대를 비난하는 설전을 주고받았다. 메드베데프는 사카쉬빌리와 연쇄 회담을 가졌고, 샤카쉬빌리는 '장미혁명' 이후 계속 이어져 온 대결 국면이 메드베데프 집권으로 바뀌기를 바랐다. 2006년에는 그루지야가 러시아 정보요원 4명을 체포하자 이에 대한 보복으로 러시아가 금수조치를 단행하기도 했다. 사카쉬빌리는 이 두 지역 문제에 대한 정치적 해결을 제안했고, 메드베데프도 처음에는 이를 받아들일 것처럼 보였다. 하지만 7월 카자흐스탄에서 다시 만났을 때 메드베데프는 더 이상 대화에 관심을 보이지 않았다. 사카쉬빌리는 메드베데프가 모스크바에 있는 다른 실권자인 푸틴의 지시대로 움직인다는 느낌을 받았다.

전쟁이 불가피해 보였고 러시아는 전쟁 준비를 철저히 했다.

하지만 이들은 전쟁이 일어나더라도 남오세티야가 아니라 압하지야에서 일어날 것이라고 예상했다. 러시아군은 전쟁이 나면 개입할 계획을 철저히 세워놓고 있었다. 나중에 푸틴은 이미 2006년 말에 개입 준비 계획이 만들어졌다고 했다. 여름에 러시아군 지휘부는 메드베데프의 명령에 따라 코카서스 북부에서 대규모 군사훈련을 실시하기 위해 병력을 집결시켰다. 압하지야와 남오세티야 어디든 공격을 가할 수 있는 거리였다. 그런 상황이었지만 메드베데프는 그날 저녁 볼가강 유람을 망친 긴급보고를 받고 크게 놀랐다. 처음에는 보고의 신빙성을 의심하며 이렇게 지시했다. "다시 확인해 봅시다." 그는 세르듀코프 장관에게 이렇게 지시했다. "사카쉬빌리가 스트레스를 너무 받아 정신 나간 거 아니요? 오세티야 사람들의 반응을 한번 떠보고 우리한테 어떤 메시지를 보내려고 그러는 것 아닐까요?" 그는 세르듀코프 장관에게 한 번 더 알아보고 다시 전화로 보고하라고 지시했다. 당시 푸틴은 모스크바를 출발해 베이징으로 향하고 있었다. 국가수반은 아니지만 부시 대통령을 비롯한 다른 국가 정상들과 함께 이튿날 시작되는 하계올림픽 개막식에 참석하기 위해서였다.

세르듀코프 장관은 한 시간 뒤 다시 전화를 걸어와서는 보고 내용이 사실이라고 했다. 그루지야가 남오세티아 수도 츠힌발리로 포 공격을 하고 있다는 것이었다. 메드베데프는 이렇게 지시했다. "좋소, 다른 소식이 들어오는 대로 알려주시오." 그는 베이징에 가 있는 푸틴과 보안전화로 연결을 시도했으나 되지 않았다. 푸틴과의 통화를 시도했다는 것은 소련 연방 해체 이후 처음으로 러시아 국경 바깥에서 전쟁을 시작해야 할지에 대해 아직 확신이 서지 않았음을 보여주었다.

이렇게 망설이고 있는데 세르듀코프 장관이 세 번째 전화를 걸어 왔다. 러시아 평화유지군이 들어 있는 막사에 로켓포가 떨어져 "전원 사망했다."는 것이었다. 과장된 보고였고, 이런 보고는 이후 며칠 동안 계속됐다. 하지만 러시아군과 이들이 지원하는 남오세티야 비정규군 민병대가 그루지야군의 공격을 받고 있다는 것은 분명한 사실이었다. 츠힌발리가 로켓포 공격을 받고 있다는 보고를 받고 4시간이 더 지나서 메드베데프는 "대응공격을 하라."며 전쟁개시 명령을 내렸다. 그리고 곧바로 모스크바로 귀환했다.

메드베데프가 모스크바에 도착할 때쯤, 그루지야 병력은 남오세티야 영토 안으로 침공해 들어오고 있었다. 러시아 공군기들이 전투지역뿐만 아니라 병력이 추가로 유입되는 것을 막기 위해 그루지야 영토 안에까지 공습을 가하기 시작했다. 그루지야의 침공 소식은 베이징에 있는 푸틴의 귀에도 들어갔고, 푸틴은 격노했다. 사카쉬빌리에 대한 분노였지만, "결의가 부족하다."며 메드베데프에게도 불만을 나타냈다. 푸틴은 그날 아침 중국에서 기자들 앞에서 그 사태와 관련한 첫 번째 성명을 발표하고, 그루지야의 침공을 결코 용납하지 않겠다고 다짐했다. 그는 8월 8일 아침 국가안보회의를 주재하는 메드베데프에게 수차례 전화를 걸었다. 메드베데프는 아침 10시에 첫 공식성명을 발표했다. 푸틴이 발표한 성명보다 늦게 나온 것이었다.

성명에서 메드베데프는 그루지야가 국제법을 위반하고 침략행위를 감행해 러시아 평화유지군을 비롯해 많은 사람의 목숨을 희생시켰다고 비난했다. "오늘 남오세티야에서 민간인, 여성과 어린이, 노인들이 죽어가고 있습니다. 이들 대부분은 러시아연방공화국 국민들입니다." 그는 이렇게 말을 이었다. "나는 러시아연방공화국 대통령으로서 헌법과 법률에 의거하여 러시아 국민이 어디에 가 있건 그들의 목숨과 존엄을 지켜 줄 의무가 있습니다." 그날 낮, 러시아군 병력이 그루지야 국경을 넘어 들어가기 시작했다.

베이징에 가 있던 부시 대통령은 보좌관으로부터 러시아군이 그루지야 국경을 침공해 들어갔다는 보고를 받았다. 당시 부시는 인민대회당에서 후진타오 주석을 접견하기 위해 다른 정상들과 줄을 서서 기다리고 있었다. 푸틴은 같은 줄 몇 사람 앞쪽에 서 있었다. 하지만 외교관례상 부시는 자기 카운터파트인 러시아 대통령에게 먼저 접촉하도록 되어 있었다. 그래서 부시는 호텔로 돌아온 다음 메드베데프와 전화 통화를 하고 침공 행위를 당장 멈추라고 경고했다. "우리는 그들과 함께 할 것입니다." 부시는 그루지야인들을 옹호하며 이렇게 말했다. 당시 부시 대통령은 러시아가 이 전쟁에서 미국의 책임이 얼마나 크다고 생각하는지 제대로 몰랐다. 러시아는 부시 행정부가 사카쉬빌리의 남오세티야 침공계획에 청신호를 켜 주었다고 믿었다. 미국 정부가 침공계획을 승인하지 않았다고 하더라도, 그루지야의 군사훈련을 도와주고, 4월 부큐레슈티 정상회담에서 나토 회원 가입을 약속함으로써 사카쉬빌리를 도와준 것은 사실이었다. 당시 푸틴은 부시 대통령과 만나 그루지야를 나토 회원국으로 받아들이는 것은 러시아에 대한 도발행위라고 직접 경고했다.

그루지야는 오판에 대한 대가를 혹독하게 치렀다. 부시와의 대화에서 메드베데프는 사카쉬빌리를 사담 후세인에 비유하면서, 그루지야가 이미 1500명의 목숨을 앗아갔다고 말했다. 엄청나게 과장된 수치였다. 러시아는 물러날 의사가 전혀 없었다. 부시는 그날 저녁 베이징의 냐오차오 鳥巢 스타디움에서 열린 올림픽 개막식에서 마침내 푸틴과 정면으로 맞섰다. 두 사람은 같은 열 VIP 좌석에 앉았는데, 부시 대통령이 아내 로라 부시 여사와 태국 국왕에게 푸틴 옆에 가서 앉으려고 하니 좀 지나가자고 부탁했다. 통역이 옆에 엉거주춤 서 있는 가운데 푸틴은 자리에서 일어났다. 그리고 키가 더 큰 부시가 몸을 일으켜 세울 때까지 잠시 동안 내려다보며 사카쉬빌리는 전범이라고 말했다. "사카쉬빌리가 다혈질이라고 내가 미리 경고하지 않았던가요." 부시가 이렇게 질책하자 푸틴은 "나도 다혈질이오."라고 응수했다. 부시는 그 말에 "블라디미르, 당신은 다혈질이 아니라 냉혈한이지요."라고 쏘아붙였다.

푸틴은 개막식 이튿날 아침 후진타오와 만난 뒤 베이징을 떠나 러시아로 돌아갔다. 그는 모스크바로 가지 않고 러시아 침략군이 모여 부산하게 움직이고 있는 집결지로 갔다. 그는 토요일 밤 코카서스산맥 북쪽 능선에 위치한 러시아 영토 내 북오세티야자치공화국 수도 블라디카브카즈에 있는 58군 사령부에 도착했다. 북오세티야는 스탈린에 의해 그루지야 영토에 속한 남오세티야와 분리되었다.

푸틴이 야전에서 전투복 차림의 장군들로부터 작전 브리핑을 받는 장면이 국영 텔레비전에 등장했다. 그 시간에 메드베데프는 창백한 안색으로 크렘린 집무실에서 지시사항을 하달하고 있었다. 푸틴은 미국과 나토가 부추겨서 대담해진 그루지야가 남오세티야를 삼키려 하고 있다고 지적하고, 이제 그루지야는 남오세티야를 영원히 잃게 될 것이라고 경고했다. "지금 그루지야 영토 안에서는 집단학살이 자행되고 있습니다." 그는 격노해서 이렇게 말했지만 지상의 현실을 지나치게 과장한 표현이었다. 그 시간에 러시아군 탱크가 츠힌발리에 도착했고, 곧 이어 오세티야 국경을 넘어 스탈린의 출생지인 그루지야의 고리시로 진격해 들어갔다. 러시아 전함들은 압하지야자치공화국과의 국경 남쪽에 위치한 포티항을 봉쇄했다. 그루지야군은 여러 해에 걸쳐 미군 장비를 갖추고 훈련을 받았지만 금방 사분오열 되고 말았다. 러시아군이 이들의 유일한 통신수단인 휴대폰 통신망을 교란시키고 차단하자 서로 교신도 제대로 하지 못했다.

궁지에 몰린 사카쉬빌리는 도움을 청했다. 미국은 그루지야가 미국의 이라크 전쟁을 지원하기 위해 이라크에 파견한 그루지야 군인 2천 명을 공수해 주고, 이후 추가원조와 장비를 지원해 주었다. 하지만 부시 대통령은 미국이 군사적으로 직접 그루지야를 도우러 가지는 않을 것이라는 점을 분명히 밝혔다. 여름에 군사훈련을 실시한 다음 그루지야에 머무르고 있던 군사고문단들도 개입 소지를 피하려고 철수했다. 러시아군이 수도 트빌리시로 진격해 들어오자 사분오열된 그루지야군은 후퇴했다. 트빌리시도 공습을 받았고, 사카쉬빌리는 휴전 제안을 하지 않을 수 없었다. 푸틴은 표면상으로 자기 수하를 군 통수권자 자리에 앉혀놓기는 했지만 관료조직과 군, 언론 등 국가의 모든 시스템이 자신이 최고지도자 역할을 하는 체제로 돌아가고 있었기 때문에 메드베데프가 최종 책임자라는 인상을 주도록 하기가 쉽지 않았다. 푸틴은 뒷전으로 밀려나 있을 수도 없었고, 본인 스스로 그럴 의사도 없었다. 위기사태 기간 중에 비상회의가 소집되면 푸틴이 나서서 지시를 내렸고 메드베데프는 형식적으로 이를 추인하는 시늉만 했다. 이런 장면들이 텔레비전 화면에 비쳐졌다.

공개석상에서 푸틴은 메드베데프가 최고통치권자라는 점을 부각시키려고 했지만, 사석에서는 자기가 최고지도자인 양 상대를 어르고 겁주었다. 니콜라 사르코지 프랑스 대통령은 8월 12일 휴전협상을 중재하기 위해 모스크바를 방문해 메드베데프를 만난 다음 그가 차분하고 낙관적인 성격이라 협상이 가능할 것이라고 생각했다. 함께 참석한 푸틴은 허풍이 심하고 저속하며 사카쉬빌리에 대한 지극히 개인적인 감정을 여과 없이 거칠게 쏟아냈다. 사르코지는 그루지야의 수도를 향해 진격해 들어가서 대통령을 몰아내려는 침공작전을 즉각 중단하라고 요구했다. 세르게이 라브로프 외무장관은 콘돌리자 라이스 미국 국무장관에게 밝힌 것처럼 사카쉬빌리를 권좌에서 몰아내는 것을 휴전의 전제조건으로 내세웠다.

라브로프 장관은 두 나라 정상이 크렘린에서 만나 휴전협상 문제를 논의하는 동안 프랑스 대사와 만나 메드베데프를 대수롭지 않은 사람으로 취급하는 발언을 하기도 했다. 사르코지는 만약 선거로 선출된 지도자를 몰아낸다면 세계가 이를 용납하지 않을 것이라고 밀어붙였으나, 이 말에 푸틴은 더 거세게 화를 냈다. "나는 사카쉬빌리 그자를 반드시 목매달아 죽여 버릴 것이요." 푸틴이 씩씩 거리며 이렇게 말하자 사르코지는 놀라서 되물었다. "목매달아 죽인다고요?" 푸틴은 심술궂게 대꾸했다. "안 될 게 뭐 있습니까? 미국은 사담 후세인을 목매달아 죽이지 않았습니까." 사르코지가 부시와 똑같은 사람으로 역사에 기록되고 싶으면 그렇게 하라고 말하자 푸틴은 겨우 성질을 누그러뜨렸다.

이튿날 이른 아침 사르코지가 협상안에 사카쉬빌리의 사인을 받기 위해 그루지야 수도로 떠난 다음, 메드베데프는 전쟁 개시 5일 만에 휴전을 발표했다. 그는 크렘린에서 혼자 등장해 푸틴처럼 단호한 어조로 "침략군은 응징됐다."고 선언했다. 안색은 창백하고 피곤한 기색이 역력했다. 휴전 선언에도 불구하고 러시아군은 패배한 그루지야군이 물러간 자리에 진지를 공고하게 구축했다. 남오세티야 민병대원들은 자치공화국 영토 내에 있는 그루지야 주민들 마을에서 약탈을 자행했는데, 러시아 군인들이 지켜보는 가운데 저질러지는 경우가 많았다. 휴전 이틀 뒤 콘돌리자 라이스 국무장관이 그루지야로 가서 미국이 정치적, 인도적 지원을 제공하겠다고 약속했다. 그런 가운데서도 러시아군 기갑부대가 동쪽으로 수도 트빌리시 경계선에서 불과 25마일 떨어진 곳까지 진격해 들어갔다. 러시아군 잔류 병력은 이후 두 달 더 그루지야 영토에 머문 다음 물러났고, 완전 철수한 다음에도 남오세티야와 압하지야자치공화국 안에 병력을 증원 배치했다. 전쟁의 잔해가 말끔히 치워지기도 전인 8월 26, 메드베데프는 이 두 자치공화국을 독립국가로 인정한다고 발표했다. 메드베데프를 비롯한 러시아 고위인사들은 코소보의 선례를 인용해 독립을 인정한다고 했다. 하지만 6개월 전 러시아는 코소보의 독립선언을 불법이라고 규정한 바 있었다.

그루지야와의 전쟁은 러시아 국내에서 민족주의 감정을 부채질했다. 국영 언론들은 러시아 해방군의 활약을 미화하고 적을 향해서는 엄청난 비방을 쏟아 부었다. 대조국전쟁 이후 전례가 없는 대대적인 선전전이 벌어졌다. 하지만 영웅으로 추앙받은 대상은 메드베데프 못지않게 푸틴이었다. 누가 봐도 그는 여전히 러시아의 최고지도자였고 메드베데프는 권한이 한껏 줄어든 대통령이 되었다. 이유는 간단했다. 푸틴이 대통령의 권한 일부를 크렘린에서 노비 아르바트Novy Arbat 반대편 끝에 있는 백악관 건물의 총리실로 떼어갔기 때문이다. 권한뿐만 아니라 대통령 행정실 인력도 상당 수 데려가 버렸다. 메드베데프는 형식상 국가수반 자리를 차지하고 있었지만 외교정책은 오락가락 혼란을 거듭했다. 왜냐하면 중요한 결정은 모두 총리와 사전 논의를 거쳐야 하기 때문이었다.

2008년 11월 버락 오바마가 미국의 새 대통령으로 선출되었다. 이튿날, 세계 곳곳에서 고삐 풀린 미국의 침략시대를 뜻하는 부시 시대의 종식을 축하하는 시간에 메드베데프는 취임 후 첫 대국민 연설을 했다. 크렘린 대궁전에서 연설을 진행하는 동안 메드베데프는 오바마의 이름은 단 한 차례도 언급하지 않았다. 대신 그는 그루지야 전쟁을 부추겼다며 미국을 맹비난했다. 그리고 미국이 유럽에 미사일방어망을 구축한다면 러시아는 칼리닌그라드에 탄도미사일을 배치할 것이라고 경고했다. 칼리닌그라드는 동유럽에 자리한 러시아 영토로 2차세계대전 이후 소련에 합병되었다. 메드베데프는 단호한 목소리가 아니라 음감이 없는 단조로운 목소리로 연설을 이어나갔다. 미국을 맹비난하면서도 본인이 실제로 화가 나는지 의문이 들 정도였다.

옐친 대통령 시절부터 러시아의 외교정책 입안 과정은 매우 불투명하고 제어하기 힘든 것으로 악명이 높았다. 하지만 정치권력의 중심이 두 곳으로 분산되면서 일이 더 복잡하게 되었다. 메드베데프는 2주 뒤 워싱턴을 처음으로 방문해 부시 대통령을 만난 자리에서 자기가 한 연설 내용에 대해 사과했다. 전 세계 지도자들이 버락 오바마의 대통령 당선을 축하하는 날 자신이 도발적인 경고를 한 것은 단순 실수였다고 해명했다. "미국에 대한 존경의 마음에도 불구하고, 그날 나는 그처럼 중요한 정치적 행사가 있다는 사실을 깜빡 잊고 있었습니다." 그런 다음 그 자리에 적합하지 않은 말까지 덧붙였다. "개인적인 감정은 추호도 없었습니다."

그루지야 전쟁 때처럼 메드베데프는 자기 발에 걸려 넘어졌다. 아니면 푸틴의 발에 걸려 넘어진 것인지도 모르겠다. 신참 대통령 메드베데프에게 가해진 두 번째 타격은 그루지야 전쟁이 끝나고 불과 몇 주 뒤에 일어났다. 원유와 가스로 벌어들이는 수익이 차츰 늘어나면서 러시아는 경제 호황을 누리게 되었다. 외제차 판매에서부터 가구, 식품 소비에 이르기까지 내수시장은 활기를 띠었다. 푸틴 재임 기간 중 경제는 연평균 7퍼센트의 성장을 기록했다. 푸틴은 외채를 상환하고, 지출을 늘리라는 압력에 굴하지 않고, 수천 억 달러 규모의 외환을 보유해 어떤 위기가 닥쳐도 국가경제를 지켜줄 안정기금을 확보해 놓았다. 총리직을 차지한 뒤 푸틴은 어떤 일이 있어도 자신이 이룩해 놓은 위대한 유산을 되돌리는 짓은 막겠다는 듯이 행동했다.

하지만 2008년의 정권교체와 때맞춰 러시아 경제는 성장이 둔화되기 시작했다. 인플레가 심해지자 총리는 시장과 올리가르히들을 상대로 행동에 나섰다. 7월에 푸틴은 파이프라인 제작용 철강 가격이 너무 뛴다는 에너지 기업 경영진의 불평을 받아들여 니즈니 노브고로드에서 금속산업 기업가 회의를 개최했다. 푸틴이 회의에 앞서 러시아 최대 철강제작 회사 메첼Mechel의 억만장자 오너를 특별히 지목했기 때문에 회의 목적은 분명했다. 푸틴은 메첼이 점결탄coking coal을 국내시장에서 해외시장보다 더 비싼 값에 파는 방법으로 세금을 탈루했다고 지적했다. (이고르 세친이 이 문제를 푸틴에게 환기시켜 준 장본인이었다. 로스네프트가 겪고 있는 경제적인 어려움 때문에 그랬다는 설이 있었다.) 메첼의 오너인 이고르 주진은 고객과 경쟁업체들로부터 이미 압력을 받고 있었는데, 이 회의에 참석하지 않고 심장병 치료를 위해 병원에 입원하는 우를 범했다. 푸틴의 반응은 냉랭했다. 푸틴은 반독점 규제당국과 필요하면 검찰총장까지도 나서서 이 회사의 비리를 조사해야 한다며 이렇게 덧붙였다. "물론, 아픈 건 아픈 것이지만 그가 하루 빨리 회복되기 바랍니다. 그렇지 않으면 우리가 직접 의사를 보내 모든 문제를 깨끗이 해결할 수밖에 없습니다."

그날 하루 동안 뉴욕증시에서 메첼의 주가는 3분의 1 하락하며 60억 달러 가까운 돈이 날아가 버렸다. 이는 이미 하락 국면에 들어선 러시아 시장 전반에 부정적인 파장을 미쳤다. 메첼은 신속하게 반성하는 성명을 발표하고 총리가 우려하는 사안들을 해결하겠다고 약속했다. 하지만 푸틴은 러시아 계획경제의 조종간을 놓을 의사가 없다는 메시지를 분명하게 전달했다. 문제가 있다고 판단되면 언제든지 개입하겠다는 뜻이었다. 이렇게 해서 보다 우호적인 투자환경을 조성하겠다는 메드베데프의 초기 노력은 타격을 입게 됐다. 메드베데프와 그의 보좌관들은 푸틴이 취한 조치를 보고 놀랐다.

대통령 고위보좌관인 아르카디 드보르코비치는 시장을 진정시키기 위해 바삐 움직였지만, 며칠 뒤 푸틴은 메첼이 세금을 포탈하고 있다는 비판을 또 다시 내놓았다. 메첼의 주가는 또 곤두박질쳤다. 푸틴은 러시아 경제는 무적인 것처럼 행동했다. 그해 여름 내내 끓어오르고 있는 경제 폭풍우의 영향을 받지 않고 홀로 번영을 구가하는 외딴 섬이라고 생각했다. 유가는 배럴당 140달러를 넘어섰다.

2008년 미국의 모기지 디폴트로 촉발된 글로벌 경제위기도 처음에는 러시아 경제에 별 영향을 주지 않을 것처럼 보였다. 러시아 은행들은 폭탄이 되어 되돌아오는 서브프라임 모기지를 발행하지 않았기 때문이다. 하지만 9월 15일 미국의 투자은행 리먼 브라더스가 파산신청을 하면서 파장은 세계 전역으로 퍼져나갔고, 러시아도 엄청난 충격에 휩싸였다. 같은 날 유가는 배럴당 100달러 밑으로 떨어졌고, 이튿날 주요 주가지수는 17퍼센트 하락했다. 겁에 질린 투자자들이 매도에 나서는 바람에 이후 여러 주에 걸쳐 주식거래를 일시 정지하는 조치가 되풀이되었다. 정부가 개입해 부양책을 내놓았지만, 몇 개월 사이에 1조 달러 넘는 돈이 주식시장에서 빠져나갔다. 10월부터 12월 사이 1300억 달러의 자본이 러시아에서 빠져나갔다. 미국에 비해 주식 거래자 수는 적지만, 러시아 투자자들 가운데는 평생 모은 돈을 주식시장에서 날린 사람들이 많았다. 빈곤층들이 더 많은 타격을 받은 것이다. 가처분 소득은 순식간에 하락했고, 기업들이 경비절감에 들어가면서 소비지출도 하락하고, 그러면서 생산은 더 위축되었다. 돈을 물쓰듯 해대던 올리가르히들도 '요트를 저당 잡히고, 자가용 비행기를 팔아치웠다.' 호황을 누리던 경제가 가파르게 추락하자 푸틴은 1998년 위기 때처럼 팔을 걷어 부치고 위기관리에 나섰다. 자신의 재임 기간을 단단히 받쳐 준 10년의 번영이 쓰러지지 않도록 받쳐주는 북엔드 역할에 나선 것 같았다.

며칠 만에 정부는 금융구제를 위해 400억 달러를 긴급 지원하고, 295개 기업을 대상으로 500억 달러 규모의 금융 지원책을 마련했다. 이 기업들이 러시아 경제의 80퍼센트를 담당하고 있었다. 러시아 중앙은행은 루블화의 하락 속도를 늦추기 위해 2000억 달러를 쏟아 부으며 필사적으로 매달렸다. 8월에 최고치를 기록한 외환보유고 5980억 달러의 3분의 1을 루블화 지키기에 쓴 것이다. 푸틴은 균형예산과 외환보유고를 높이고, 위기에 대비한 국가기금을 마련하는 식으로 보수적인 거시경제 정책을 폈다. 크렘린 내에서도 지출을 늘리자는 포퓰리스트적인 주장을 펴는 사람들이 있었지만, 결과적으로 푸틴의 정책이 선견지명이 있었음이 입증되었다. 당시 푸틴은 특혜 받은 올리가르히들을 구제하고, 어려움에 처한 기업들을 헐값에 인수해 다시 국가 소유로 돌려야 한다는 압력을 받고 있었다. 하지만 그는 신중한 접근을 주문하는 보좌관들의 말을 들었다. 푸틴 정부의 경제보좌관을 지난 세르게이 구리예프는 "그렇게 해서 의사결정권을 경제에 대해 잘 알고 경제 발전에 도움을 줄만한 사람들에게 넘겨주는 쪽으로 방향을 잡았다."고 썼다.

단기적으로는 재무장관 알렉세이 쿠드린 등 메드베데프 편에 선 민주세력이 주류를 이룬 것 같았다. 그리고 최악의 상황을 가정한 시나리오는 실현되지 않았다. 하지만 그 과정에 쏟아 부은 비용이 만만치 않았다. 2009년에 러시아 경제는 8퍼센트 감소해 경제 대국 20개국 가운데 가장 저조한 실적을 기록했다. 처음으로 푸틴의 인기도 급락했다. 불만을 품은 사람들이 거리로 쏟아져 나오고, 임금 체불에 항의하는 근로자들이 가두 시위를 벌였다. 재임 8년 동안 푸틴은 자신에게 쏟아지는 비판의 책임을 항상 총리가 이끄는 정부로 돌렸다.

이제는 자신이 총리를 맡고 있기 때문에 비난의 대상을 다른 곳에서 찾아야 했다. 그래서 외부의 적인 미국으로 화살을 돌렸다. 10월에 그는 의례적으로 두마를 찾아가 공산당 대표들과 만났다. 공산당 대의원들을 만난 것은 대통령 재임기간을 포함해 그가 권력을 장악하고 나서 처음 있는 일이었다.

경제위기가 유권자들의 표심에 미칠 영향을 염두에 둔 제스처였다. 연금생활자, 근로자 등 소련 시절에 향수를 버리지 못하고 있는 사람들은 여전히 공산당을 지지하고 있었다. 공산당 당수 겐나디 주가노프는 의례적으로 농업과 같은 핵심 산업에 대한 지출을 늘려달라고 요구하면서, 러시아의 곡물생산량과 트랙터 생산량이 벨라루스보다 뒤졌다고 한탄하고, 재무장관 쿠드린의 통화정책이 실효를 거두지 못하고 있다고 비판했다. 푸틴은 공산당이 내놓은 제안에는 아무 관심도 없었다. 그의 눈에 주가노프 당수나 공산당 간부들은 자신이 국민들에게 전할 메시지를 감쌀 포장지에 불과했다. 주가노프는 미국이 대공황을 겪을 때 프랭클린 델라노 루스벨트 대통령은 한수 배우기 위해 '최고의 경제 전문가들'을 소련에 보냈는데, 지금은 미국의 자본주의 탐욕이 세계를 재앙으로 몰아넣고 있다는 등 장광설을 늘어놓았다. 카메라가 돌아가는 가운데 푸틴은 그의 말에 맞장구를 쳤다. "자유세계와 시장경제를 하는 나라들의 지도국이라는 미국의 위상이 흔들리고 있다는 말은 참으로 훌륭한 지적입니다. 월스트리트가 세상의 중심이라는 말도 이제 더 이상 사실이 아닙니다. 미국이 예전의 지위를 절대로 되찾지 못할 것이라는 견해에도 동의합니다. 세상은 절대로 예전처럼 되지 않을 것입니다."

위기는 러시아 경제가 가지고 있는 구조적인 취약점을 극명하게 드러내 보여주었다. 그것은 바로 에너지 자원에 의존하고, 산업기반이 붕괴되고, 부패가 만연하고, 인프라는 무너져 내리는 현실이었다. (2008년의 포장도로 길이가 1997년보다 더 줄어들었다.) 세르게이 구리예프 같은 경제학자들은 러시아가 위기에서 교훈을 얻어 대대적인 변화를 실행에 옮겨야 한다고 주장했다. 크렘린의 아르카디 드보르코비치 같은 인사들도 이런 생각에 공감했다. 러시아 경제가 살아나기 위해서는 법치와 재산권 보호, 진정한 경쟁체제, 투명성, 그리고 탐욕스런 부패 관료들에 대한 규제 같은 조치들이 필요했다. 메드베데프가 이끄는 크렘린 팀은 이런 문제들 가운데 일부라도 해결할 수 있는 제안을 작성했는데, 그 가운데 하나가 바로 메드베데프가 버락 오바마 당선 이튿날 발표한 내용이었다. 그는 그날 대국민 연설을 통해 경제자유화 조치 확대를 촉구했다. 푸틴 재임 기간 동안 증대돼 온 관료체제의 간섭으로부터 경제를 풀어주자는 것이었다. "관료제도는 20년 전과 마찬가지로 자유로운 개인과 자유로운 기업 활동에 대해 갖고 있는 오랜 불신에 기초하고 있습니다."고 그는 말했다. "강한 국가와 막강한 관료주의는 같은 말이 아닙니다. 강한 국가는 사회를 발전시키고, 질서를 유지하고, 민주적인 제도들을 강화하는 데 필요한 도구이지만, 막강한 관료주의는 대단히 위험한 시스템입니다."

하지만 여름과 가을, 두 차례 닥친 위기는 메드베데프의 정치적 소망을 바꾸어 놓았다. 측근 보좌관들은 그가 제시한 어젠다를 지키지 않아서 위기가 발생했다고 주장했지만 가장 큰 장애물은 푸틴이었다. 푸틴은 2008년 11월에 행한 메드베데프의 첫 번째 대국민 연설문을 사전에 함께 검토했다. 그가 대통령을 할 때는 총리들이 감히 꿈도 못 꾼 짓이었다. 그는 미국과 서방에 대해 강경한 발언을 해야 한다고 주장했다. 메드베데프는 칼리닌그라드에 미사일을 배치하겠다고 위협하는 내용이 못마땅했다. 푸틴은 경제가 어려워지면서 정치적인 파장이 닥칠 것을 우려해서 자신의 수하인 대통령의 연설에 제안을 하나 더 넣자고 요구했다. 경제적인 혼란이 정치체제 자체를 위협할 경우에 대비해 만든 안전장치라고 했다. 연설 초안에 없던 내용이었다. 푸틴은 연설 전 날 메드베데프와의 사전모임에서 이 제안을 내놓았다. 메드베데프는 연설문 한 쪽에 그 내용을 끼워 넣었는데, 측근 보좌관들도 그 사실을 전혀 몰랐다. 단어 수가 8천 개가 넘는 연설문에서 딱 한 문장이었다.

메드베데프는 개헌을 하자고 제안했다. 푸틴은 지난 여러 해 동안 정치안정을 해친다는 이유로 일관되게 개헌 요구에 반대했다. 개헌 요지는 대통령의 임기를 지금의 4년에서 6년으로 늘리는 것이었다. 두마 의원 임기도 4년에서 5년으로 늘리자고 했다. 왜 늘리자는 것인지에 대해서는 아무 설명도 내놓지 않았다. 프랑스와 같은 민주주의 국가들 다수가 대통령 임기를 더 길게 하고 있다는 말만 덧붙였다. 그는 나중에 1993년 채택한 이후 첫 번째가 되는 이번 개헌은 현행 제도의 정치적, 법적인 뼈대는 손대지 않는 '단순 수정'에 그치는 것이라는 점을 강조했다. 실제로 개헌의

골자는 대통령제를 강화하고, 선거 주기를 줄이는 것이었다. 푸틴은 선거를 자주 실시하는 것이 '색깔혁명'의 빌미가 된다는 점을 우려했다. 개헌 제안에 정치권은 술렁였다. 개헌을 하겠다는 이유가 선뜻 납득이 되지 않았기 때문이다. 메드베데프가 중도 하차하고 푸틴이 대통령직에 다시 복귀할 것이라는 추측이 나돌았다. 개헌 작업은 푸틴이 특수작전을 수행할 때처럼 비밀리에 신속하게 진행됐다. 9일이 채 안 걸려 개헌안이 두마에 회부됐고, 공산당만 반대했다. 연말에 개헌안은 별 논의도 거치지 않고 두마와 상원을 모두 통과했다. 일반 국민의 의견도 전혀 반영되지 않았다. 사면초가인 민주세력이 개헌에 반대하고 정부의 경제정책 실패를 규탄하는 시위를 벌이려고 했지만, 정부 당국과 정부가 내세운 프락치들, 특히 크렘린이 키운 청년 단체들이 끊임없이 방해해 뜻을 이루지 못했다.

그해 불만의 겨울에 개리 카스파로프와 보리스 넴초프, 그리고 블라디미르 밀로프를 비롯한 몇 명이 모여서 새로운 야당연합을 결성하려고 했다. 경제난을 반정부 운동의 도화선으로 삼겠다는 기대에서였다. 이들은 모임의 이름을 옛 폴란드의 반체제 자유노조 이름을 따서 '솔리다리티' Solidarity로 지었다. 하지만 이 모임은 개인 간 세력다툼과 정책을 둘러싼 견해차 등으로 지리멸렬해지고 말았다. 푸틴을 비판하지만 체제 안에서 변화를 추구하겠다는 사람들이 있는 반면, 혁명으로 판을 뒤엎자는 이들도 있었다. 카스파로프나 카시야노프가 싫어서 참여하지 않겠다는 이들도 있었다. 솔리다리티는 12월 어느 주말에 창립총회를 개최했는데, 상당 기간 동안 총회 개최 장소와 시간을 비밀에 부쳐야 했다. 모임 장소를 구해 놓았다가 크렘린의 전화 한 통에 장소 예약이 취소되는 바람에 이미 여러 차례 예비 모임이 무산되었다. 어떤 규모의 야당 운동도 용납하지 않겠다는 크렘린의 불안감이 입증되었지만, 한편으로는 크렘린이 마음만 먹으면 푸틴에 반대하는 어떤 조직도 발을 디딜 틈이 없다는 현실도 입증이 된 셈이었다.

솔리다리티 지도부는 마침내 힘키 외곽에 있는 한 회의장에서 모임을 개최했는데, 통합 러시아당과 관련이 있는 '청년 호위대' 대원들이 버스를 타고 들이닥쳐서 참석자들을 괴롭혔다. 그들이 타고 온 버스에는 솔리다리티 엠블렘이 새겨진 모자와 티셔츠를 입힌 양들이 실려 있었다. 복면을 하고 바나나를 던지는 대원들도 있었다. 미국의 새 대통령을 모욕하는 인종차별적인 퍼포먼스였다. 그들이 주려고 한 메시지의 의도는 명확했다. 푸틴에게 반대하는 자들은 미국의 사악한 손아귀에서 놀아나는 양떼와 다름없다는 것이었다. 이들이 버스에서 양들을 밀쳐내는 바람에 많은 양이 다쳤다. 양들은 도로에서 비틀거리며 울어댔고, 몇 마리는 그 자리에서 죽었다.

연말연시 연휴가 시작되기 직전인 12월 30일, 메드베데프는 개정 헌법에 서명했다. 푸틴이 2004년에 주지사 선거를 없앤 이래 가장 큰 정치체제 변화를 불과 2개월 만에 해치운 것이다. 취임한 지 일 년이 채 되지 않았지만, 메드베데프는 국정을 운영하는 '2인승 자전거'에서 주니어 파트너에 불과하다는 사실이 한층 더 분명해졌다. 푸틴은 겉으로는 그에게 국가원수 자리를 양보해 주었지만, 계속해서 그를 한쪽으로 밀어내고 자기가 주도권을 쥐었다. 12월에 푸틴은 시청자들을 상대로 연례 '국민과의 대화' 쇼를 실시하고, 전국적으로 엄선해서 가려 뽑은 70가지 질문을 듣고 대답했다. 이 자리에서 그는 경제위기의 파장은 미미할 것이라고 말하고, 연금인상과 실업자를 위한 보호 장치 구축을 약속했다. 푸틴이 등장하는 이 같은 행사는 메드베데프의 정치적 권위에 손상을 주었고, 그가 추구하려고 하는 관료사회 개혁도 점점 더 어렵게 만들었다. 메드베데프는 공개적으로 반대의사를 나타낸 적은 한 번도 없지만, 사석에서는 좌절감을 드러냈다. 그의 측근 보좌관들은 총리실의 끊임없는 간섭에 분개했다. 메드베데프는 관료사회에서 지지세력을 모으려고 안간힘을 썼지만, 푸틴에게 충성하는 자들이 크렘린을 포함해 각처에서 너무 많은 자리를 차지하고 있었다. 최종 권력은 총리실이 자리한 '백악관'에 있었다. 모두들 그렇게 생각했다. 한 미국 외교관은 이렇게 비꼬았다. "메드베데프는 푸틴 주연의 배트맨 영화에서 로빈 역할을 맡고 있다."

제20장

스턴트 정치

20 09년 5월 15일, 피칼레보시에 난방을 공급하는 유일한 발전소 용광로가 폐쇄됐다. 공장 측은 가즈프롬에 450만 달러를 체납하고 있었는데, 푸틴의 러시아에서는 항상 가즈프롬에 우선권이 주어졌다.

상트페테르부르크 동쪽에 있는 주민 2만 2천 명의 피칼레보시는 1957년에 도시가 시작되었는데, 소련 시절의 계획경제 아래서 한 가지 산업만 가동되는 일명 '모노타운'monotown으로 시멘트, 칼리, 그리고 알루미늄 제련에 쓰이는 화합물질 알루미나를 생산하는 연동 공장 세 곳이 있었다. 소련 시절이나 지금이나 주민 모두의 생계가 이 공장들에 달려 있었다. 다만 지금은 공장이 세 개의 독립회사로 사유화 되었는데, 9월의 경제위기가 닥치기 전부터 경영난을 겪고 있었다. 계획경제의 유산에 시달리는 데다 글로벌 경제위기의 여파로 가격을 둘러싸고 큰 논란을 겪고 나서 피칼레보의 공장들은 경제적으로 더 이상 버티기 힘들 게 되었다.

제일 먼저 시멘트 공장이 2008년 10월 문을 닫고 근로자 수백 명이 일자리를 잃었다. 이듬해 2월에는 칼리 공장이 문을 닫고, 5월에는 알루미늄 공장이 뒤를 이었다. 발전소 소유주도 알루미늄 공장이었다. 공장 세 곳에서 일하던 근로자 4500명은 무급휴가를 가거나 직장을 떠났다. 이 지역에 속한 레닌그라드주 주지사는 2월까지 해결책을 마련해 달라고 드미트리 메드베데프 대통령에게 호소했지만 소용이 없었다. 레닌그라드시는 상트페테르부르크로 이름이 바뀌었지만 주는 레닌그라드라는 이름을 그대로 쓰고 있었다. 발전소 폐쇄로 주민들의 불만은 폭동 직전 수준까지 올라갔고 마침내 사람들은 거리로 몰려나오기 시작했다. 주지사는 노조가 위기를 조장하고 있다며 주민들의 항의시위를 무시했다. 그는 수리를 위해 일정 기간 온수를 잠그는 일은 어느 시에서나 하는 일이라고 말하고, "아직 여름인데 어차피 난방은 필요 없지 않은가."라고 했다.

5월 20일, 주민 수백 명이 시장실에서 열린 비상대책회의장에 몰려와 온수 공급뿐만 아니라, 일자리와 밀린 임금 지불 등을 요구했다. 하지만 시 관리들도 공장 문제에 대해 아무런 권한이 없기는 주민이나 매한가지였다. 공장 소유주들은 먼 오지 주민들이 겪는 어려움보다는 자기들이 처한 재정난에나 관심이 있는 거부들이었다. 그 중 한 명은 러시아 최고 부자 중 한 명인 올레그 데리파스카였는데, 그는 옐친 시대 이후 살아남아 푸틴 정권에서도 특혜를 누리고 있었다. 시장실에 몰려가서도 해결이 되지 않자, 주민들은 상트페테르부르크 인근에 있는 2차선 고속도로에 몰려나와 여러 시간 동안 도로를 점거했고, 이 때문에 교통체증이 250마일까지 이어졌다. 전국 곳곳에서 이런 시위가 벌어졌다. 바이칼스크에서는 제지회사 근로자들이 밀린 임금 때문에 단식농성을 벌였고, 블라디보스토크에서는 자동차 수입관세 때문에 일본에서 들어오는 중고차 판매가 줄어들자 이에 항의하는 시위가 벌어졌다. 크렘린은 불만의 정황들을 면밀히 관찰했다. 메드베데프는 측근 보좌관들과 소요 움직임을 컴퓨터로 추적하는 프로그램을 만들었다. 문제 지역은 물론이고, 새 총리의 지지율까지 매트릭스로 생생하게 나타났다.

피칼레보의 상황이 다른 지역보다 특별히 더 심각한 것은 아니었다. 하지만 시위가 점점 격화되고 있어서 크렘린은 푸틴에게 조치를 취해달라고 부탁했다. 6월 4일 푸틴은 피칼레보를 방문해 문 닫은 공장의 소유주들을 불러 모아놓고 공개석상에서 이들을 질책했다. "왜 진작 이런 문제를 해결하지 않은 거요? 내가 온다니까 바퀴벌레 마냥 도망 다녔지요." 크렘린 기자단의 텔레비전 카메라가 열심히 돌아가는 가운데 이들을 몰아붙였다. 비가 내리는 가운데 주민 수백 명이 이들이 만나고 있는 회의장 바깥을 에워싸고 좋은 소식이 들려오기를 기다리고 있었다. 푸틴은 회색 레인코트 차림에 맨 위 단추는 잠그지 않은 채 탁자에 비스듬히 기대앉아서 화난 목소리로 이들을 질책했다. "당신들 욕심 채우려고 주민들을 볼모로 잡고 있는 것 아니요. 무얼 몰라서 그렇게 한 것이요. 아니면 순전히 욕심 때문에 그런 것이요. 주민 수천 명이 피해를 입고 있어요. 이건 도저히 용납할 수 없는 처사요."

그는 서류 뭉치를 꺼내놓고 모두들 사인은 다 했느냐고 다그쳤다. 도착하기 전에 미리 다 만들어놓은 서류들이었다. 그는 면도도 하지 않고 나온 데리파스카를 쳐다보며 말했다. 그는 경제위기를 겪으며 엄청난 피해를 입고 있었다. 누군가가 사인을 했다고 대답하자 데리파스카는 당황한 표정으로 고개를 끄덕였다. 사실은 사인할 서류도 없었다. 그런데도 푸틴은 그를 회의장 맨 앞으로 불러내 사람들이 지켜보는 가운데 공개적으로 모욕을 주었다. 푸틴이 가장 의식한 것은 그날 저녁뉴스를 볼 텔레비전 시청자들이었다. 모두들 총리의 위세를 보고 놀랄 것이 분명했다. 푸틴이 자기 만년필을 서류 뭉치 위에 던지자 데리파스카는 그걸 집어 서명하기 전에 서류 내용을 훑어보는 시늉을 했다. 그가 서명을 하고 돌아서자 푸틴은 낮은 소리로 한 번 더 말했다. "내 만년필은 돌려 줘야지." 바깥에 기다리고 있던 근로자들의 휴대폰으로 서류 내용이 전달되었다. 은행에서 보낸 문자였다. 1백만 달러에 달하는 밀린 임금이 그날 안으로 지불될 것이라는 내용이었다. 푸틴이 문제를 해결한 것이었다.

여러 달 동안 푸틴은 점점 더 격리된 생활을 하는 것 같아 보였다. 정부청사인 백악관 안에 으리으리하게 새로 마련한 총리 집무실보다는 노보 오가료보에 있는 관저에서 일을 보는 시간이 더 많았다. 일상적인 업무는 부총리 가운데 한 명인 이고르 슈발로프에게 맡겼다. 새해 예산안 편성 작업이 여러 달째 시간을 끌고 있었다. 관료들은 예산안 작업이 하루빨리 마무리되기를 기다리고 있었지만 푸틴은 전혀 서두르는 기색이 없었다. 피칼레보에서 벌인 쇼를 계기로 그는 경제위기를 다루고 해결책을 내놓아야 하는 정치 일선으로 복귀했다. 푸틴이 피칼레보를 휘어잡은 바로 그날 메드베데프는 최악의 위기는 넘겼지만 아직 '샴페인을 터트릴' 때는 아니라는 경고를 내놓았다. 하지만 푸틴은 사람들에게 약간의 숨통을 터줄 필요가 있다는 것을 잘 알았다.

피칼레보에서 있었던 일은 푸틴이 통치의 고삐를 메드베데프 손에 넘겨줄 의사가 없다는 것을 보여주었다. 거리로 몰려나온 사람들에게 굴복할 생각도 물론 없었다. 푸틴은 공장 소유주들을 강도 높게 질책했지만, 배경에는 사람들이 정부에 대한 불만을 공개적으로 표출하는 것을 절대로 용납하지 않겠다는 뜻이 자리하고 있었다.

데리파스카는 이런 거짓 제스처의 숨은 의도를 알아차렸고, 그래서 공개적인 모욕을 참고 받아들였다. 권력 상층부와 가까이 지내며 특혜를 누린 대가라고 생각했다. 공장을 재가동하려면 넘어야 할 산이 많았다. 피칼레보 공장의 원료인 네펠린의 주공급자는 원료를 원가보다 낮게 공급하라는 압력을 받았다. 푸틴은 원료 공급의 세세한 내역에까지 개입했다. 원료 수송은 러시아 국영 철도회사가 맡고 있었는데, 상트페테르부르크 시절부터 푸틴의 오랜 동료인 블라디미르 야쿠닌이 사장으로 있었다. 원료 공급자인 포스아그로PhosAgro는 얼마 뒤 지분을 확대해 미하일 호도르코프스키가 편법으로 갈취한 비료 원료 제조회사 아파티트Apatit를 새로운 주주로 편입시켰다. 새로 편입된 주주 가운데는 1997년 문제가 많은 푸틴의 논문을 통과시켜 준 블라디미르 리트베넨코도 포함됐다.

피칼레보는 조업을 재개했지만 생산을 둘러싼 문제가 해결된 것은 아니고, 경제난으로 타격을 받은 알루미늄 수요도 개선되지 않았다. 하지만 그런 것은 문제가 되지 않았다. 데리파스카는 부채상환에 필요한 긴급자금 수백만 달러를 지원 받았고, 피칼레보 공장 운영에 필요한 추가대출도 약속받았다.

푸틴의 공개 문책은 다른 거부들에게도 경고의 메시지를 던져 주었다. 정부에 대한 국민들의 공개적인 불만은 푸틴이 개입하기 전에 알아서 해결하라는 메시지였다. 9월에 메드베데프는 '전진하자 러시아!'라는 온라인 구호를 채택하고 경제위기 극복을 독려했다. 하지만 푸틴은 경제위기를 러시아 경제의 취약점을 개선하는 기회로 삼는 대신, 국가자원을 배분하는 최종 조정자로서의 역할을 강화하는 기회로 활용했다. 자신의 경제 비전에 저항하는 자들은 응징하고, 경제를 망치더라도 자기 뜻에 순응하는 자들은 보상해 주었다.

푸틴은 2009년 경기부양을 위해 마련한 국가기금 지원 대상 기업을 일방적으로 선정했다. 푸틴은 기업이 이런 식으로 돌아간다고 생각했다. 자유시장 체제처럼 모든 결정이 시장이 아니라, 인맥과 거래를 통해 이루어지는 것이었다.

푸틴 혼자서 경제정책을 좌지우지하면서 수시로 혼란이 야기되었다. 5월에 푸틴이 피칼레보에서 힘을 과시하는 가운데서도, 크렘린의 경제보좌관들은 미국을 상대로 그동안 미루어져 온 러시아의 세계무역기구WTO 가입 협상안 최종 마무리 작업을 하고 있었다. 푸틴도 러시아가 WTO에서 배제되는 것은 안 된다고 말했고, 협상안이 진전을 이루었다고 평가했다. 그런데 불과 며칠 뒤 그는 예고 없이 벨라루스, 카자흐스탄과의 경제협력체 구성 계획을 발표했다. WTO에도 벨라루스, 카자흐스탄과 단일 회원 자격으로 동반 가입하겠다고 했다. 러시아는 이들 두 나라보다는 유럽, 미국과의 교역규모가 훨씬 더 크기 때문에 이러한 입장 변경은 경제적으로 사실 별 의미가 없었다. 아직 이루어지지도 않은 블록을 만들어 다른 나라와 동반 가입하겠다는 의사를 밝힘으로써 러시아의 WTO 가입은 기약 없이 늦어질 것 같았다. 크렘린 내부에서도 입장이 엇갈렸다. 푸틴 내각의 재무장관인 알렉세이 쿠드린은 푸틴의 입장을 듣기 위해 그 주에 세 번이나 접촉을 시도했지만 뜻을 이루지 못했다. 메드베데프도 푸틴을 만나지 못했다.

푸틴은 글로벌 위기를 맞아 국가 경제를 개방하는 대신 민족주의적인 자립경제 본능에 기댔다. 글로벌 시장의 급격한 변동이 러시아에 타격을 입히기 위해 의도적으로 만들어지고 있다고 믿는 강경세력들은 푸틴의 입장에 환호했다. 그는 그렇게 하는 것이 더 현명한 위기극복 방안이라고 믿었다. 경제위기는 러시아를 뒤흔들어 놓았지만, 크렘린은 비상수단을 동원해 완전한 파국을 피할 수 있었다.

2009년 중반이 되자 유가가 다시 오르고, 재정압박도 어느 정도 완화되기 시작했다. 루블화 가치가 회복되고 주식시장도 손실을 만회하기 시작했다. 2010년이 되자 러시아 경제는 다시 성장세를 보이기 시작했고, 사실상 유럽과 미국보다 훨씬 더 힘찬 회복세를 보였다. 위기를 겪으면서 푸틴은 경제 현대화를 받아들이는 것이 아니라, 러시아의 경제안보는 자신이 구축한 체제를 관리하고, 자신이 강한 의지력을 발휘할 때 유지될 수 있다는 믿음을 확고히 갖게 됐다. 푸틴이 구축한 체제나 푸틴 본인도 경제위기와 정치적 격변기를 무사히 넘기지 못할 것이라는 비관적인 전망은 크게 과장된 것임이 드러났다.

2009년 9월 28일, 가즈프롬 사장 알렉세이 밀러는 소치 남쪽 퇴적작용에 의해 만들어진 하성河成 평야인 이메레티계곡이 내려다보이는 언덕 위에 현지 관리들과 자리를 같이 했다. 5년이 채 안 남은 동계올림픽 주경기장 두 곳 가운데 하나로 푸틴이 결정한 곳이었다. 이들이 그곳에 간 것은 발전소 건설 계획 때문이었는데, 완공되면 가즈프롬 로고를 달고 해

안에서 제일 눈에 띄는 건축물이 될 것이었다. 발전소를 새로 지어야 할 정도로 그동안 낙후된 지역이었다는 말이기도 했다. 그곳에 별장을 지은 스탈린을 비롯해 많은 소련 지도자들이 즐겨 찾은 휴양지였지만, 소련연방 붕괴 이전에도 이미 관리를 제대로 하지 않아 시설이 엉망이었다. 경제회복과 함께 소비층이 늘어나면서 수백만 명의 러시아인들이 태국, 터키, 시나이반도와 같은 값싼 해외 여행지로 발길을 돌렸고, 소치는 계속 뒷전으로 밀려났다.

동계올림픽 개최지로 확정되자 푸틴은 소치에 옛 영광을 되찾아 주겠다고 다짐했다. 젊은 시절인 1970년대 처음 가보았을 때 소치는 대단한 곳이었다. 경제위기를 겪으면서도 푸틴은 그 다짐을 잊지 않았고, 사실은 소치에서 경제위기의 해법을 찾았다고 하는 편이 옳을 것이다. 소치를 통해 그는 소련 시절의 메가 프로젝트, 중앙정부가 주도하는 거대 프로젝트를 부활시키고자 했다. 소련의 산업화를 이룬 개발방식이기도 했다. 푸틴이 배운 역사에서 산업화는 이데올로기의 승리를 보여준 업적이었다. 농업 생산량을 늘리기 위해 시작한 1950년대의 처녀지 개간사업에서부터 1970년대 바이칼-아무르 철도BAM 건설에 이르기까지의 대규모 국가건설 사업들이었다.

소련 시절과 마찬가지로 이 공사의 목적도 경제적인 면 못지않게 이데올로기와 관련이 있었다. 많은 자원을 투입해서라도 전 세계에 러시아의 발전상과 위상을 과시하는 것이 목적이었다. 소치는 소련연방 해체 이후 최대 규모의 인프라 건설 사업이었다. 물론 이런 건설 사업은 소치 외에도 있었다. 푸틴은 극동지역 블라디보스토크 개발을 위해 200억 달러 규모의 공사를 승인했다. 폐쇄된 군사항구였던 이곳에 대학 한 곳을 세우고, 섬과 도심을 연결하는 현수교도 만들기로 했다. 모든 공사가 2012년 이곳에서 이틀간 개최될 APEC아시아태평양경제협력체 정상회담 개막에 맞춰 진행됐다.

2013년 유니버시아드대회 준비로 카잔시를 재단장하는 데 70억 달러를 투자했다. 2년 마다 개최되는 유니버시아드는 메이저 국제행사가 아닌데도, 그는 이 대회를 핑계로 거액을 들여 도시를 뜯어고쳤다.

올림픽 유치로 힘을 얻은 푸틴은 2018년 월드컵 유치 계획도 세웠다. 이를 위해 12개 도시에 흩어져 있는 스타디움을 새로 단장하겠다고 했다. 유니버시아드를 개최할 카잔시 스타디움과 2014년 동계올림픽 개막식과 폐막식이 거행될 소치 스타디움도 월드컵 경기장으로 활용하겠다고 했다. 푸틴은 이런 거대 프로젝트를 다방면으로 활용할 생각을 갖고 있었다. 우선 강대국 러시아의 위상을 과시하고, 어려움에 처한 경제에 활력을 제공하고, 또한 국가의 자원을 특정 인사들에게 나누어 주는 기회로 삼는 것이었다. 총리 재임 시절 동안 소치에 대한 관심이 워낙 각별하다 보니 소치올림픽은 푸틴의 '애완사업'으로 불렸다. 소치는 자신의 권한을 과시하는 도구일 뿐 아니라, 그 권한을 유지하는 도구이기도 했다.

그는 가장 신임하는 최측근 참모인 드미트리 코자크를 올림픽 준비 총책임자로 앉혔다. 그리고 국영기업 올림프스트로이Olympstroi를 새로 설립해 소치올림픽 개최에 필요한 경기장 건축공사를 맡겼다. 푸틴은 정부 포고령을 내려 관련 공사에 대해서는 법적 제약과 의회의 감독을 받지 않도록 했다. 비용 감사나 환경평가도 하지 못하도록 만든 것이었다. 유네스코가 '유럽에서 인간의 손길이 크게 미치지 않은 유일한 대규모 산악지대'로 지정한 지역이었는데도 개의치 않았다. 또한 올림픽 개최 경기장 건설

계약 체결권도 공식적으로 자기 권한 아래 두었다. 그리고 국가개발 프로젝트에 대한 자금지원을 담당하는 브네쉬에코놈방크Vnesheconombank 고문으로 앉아서, 이들 대형 프로젝트에 대한 자금지원을 자신이 직접 결정하고 계약자 선정도 자기 손으로 했다.

가즈프롬 기공식에서는 어떤 회사들이 공장 건설과 파이프라인 건설을 맡게 되는지, 그 회사의 소유주는 어떤 사람들인지에 대해서 묻는 사람도 없고 말하는 사람도 없었다. 파이프라인 공사 계약자는 스트로이가즈몬타시라는 회사였는데, 한 해 전까지만 해도 그런 이름을 가진 회사는 없었다. 2008년 경제위기 때 러시아 전국의 방대한 파이프라인 망 건설을 담당하는 가즈프롬의 자회사와 하청업체들로부터 4억 달러에 일감을 낚아채면서 급부상한 회사였다. 스트로이가즈몬타시의 실소유주는 우연히도 푸틴의 유도 스파링 파트너인 아르카디 로텐베르그였다. 로텐베르그는 당시 보드카 독점 공급업체인 로스피리트프롬Rospiritprom을 통해 큰 돈을 벌어들이고 있었다. 그가 소유한 보드카 공장에서는 푸틴카Putinka라는 이름의 새 브랜드를 내놓았는데, 얼마 안 가 러시아에서 가장 인기 있고 수익성이 좋은 보드카 브랜드가 되었다. 파이프라인 건설에 진출하면서 로텐베르그가 벌어들이는 돈의 규모는 차원이 완전히 달라졌다. 가즈프롬이 진행하는 파이프라인 확장공사는 대부분 그의 회사가 맡아서 했다. 게르하르트 쉬뢰더를 구설수에 오르게 만든 북유럽 가스관 건설사업인 노르트 스트림 프로젝트에서부터 푸틴이 블라디보스토크에 새로 만드는 복합단지에 건설하는 파이프라인 건설공사에 이르기까지 모두 그가 독차지했다.

아르카디 로텐베르그는 2010년에 동생 보리스 로텐베르그와 함께 포브스 선정 러시아 1백대 부호 명단의 맨 끝 두 자리를 차지했다. 재산은 각각 7억 달러로 소개됐다. 아르카디 로텐베르그는 워낙 은둔 생활을 해서 러시아 최고 부호 명단에 이름을 올리기 전까지는 언론 인터뷰를 한 번도 하지 않았다. 부호 명단에 갑자기 이름이 올라가면서 돈을 어떻게 벌었는지에 대해 여러 억측이 나돌기 시작했다. 로텐베르그는 푸틴의 메가 프로젝트 사업을 등에 업고 눈부신 속도로 사업을 키워나갔다. 2010년에 그는 아들과 함께 미래의 올림픽 빌리지 위쪽에 발전소를 건설 중이던 회사를 인수했다. 그리고 올림픽 준비 공사계약을 마구잡이로 따냈다. 모두 21개 공사에 공사 금액만 70억 달러에 달했다. 2010년 밴쿠버동계 올림픽 준비에 든 총 비용과 맞먹는 액수였다.

그는 푸틴과의 친분이 자신의 비약적인 사업 확장에 도움이 되었다는 사실을 부인하지 않았다. 하지만 그는 두 사람의 관계가 서로에게 의무이자 부담이며, 자기들을 가르친 유도 코치가 한 말처럼 '신뢰의 문제'라고 했다. 그는 한 신문과의 인터뷰에서 이렇게 말했다. "그처럼 높은 관직에 있는 사람을 안다고 손해될 것은 없지만, 그렇다고 무조건 도움이 되는 것도 아닙니다. 거듭 말하지만 그런 관계가 사업에서 보증수표 같은 것은 아닙니다. 푸틴은 많은 유명인이나 성공한 사람들에 비해 친구가 많은 사람입니다. 많은 사람들이 어떤 이유로든 그런 친분 관계에 따르는 책임감을 망각하고 살지만 나는 그런 책임감을 잊지 않습니다. 나는 그 사람을 배신하는 짓은 절대로 하지 않습니다." 푸틴 정부는 이처럼 공사 계약을 공개입찰 하지 않고, 공개적인 검증절차를 거치지 않고 무더기로 특정인들에게 나누어 주었다. 그리고 대부분은 로텐베르그처럼 푸틴이 키운 사람들에게 돌아갔다.

블라디미르 야쿠닌이 사장으로 있는 러시아 철도공사는 단일 최대 공사이고 가장 비싼 공사를 총괄했다. 해안에서 스키 경기가 개최될 산악지대로 연결되는 철도 건설 공사였다. 자동차 도로와 철도가 결합된 '복합 도로'라고 불린 이 프로젝트는 엄청난 지질학적인 장애물들을 극복해야 하는 놀라운 엔지니어링 기술을 선보일 공사였다. 공사에 반대하는 사람들은 고요하던 계곡을 환경재앙으로 몰아넣는 쓸데없는 사업이라고 욕했다. 철도 노선은 미침타강 서안을 따라 고지대로 올라갔다. 미침타라는 이름은 19세기에 러시아 제국이 이 지역을 정복할 당시 산악지대 주민들이 사용하던 우비흐어로 '야생'이라는 뜻을 갖고 있다. 그리고 강 동안을 따라 2차선 고속도로가 철도와 나란히 건설되었다. 강의 협곡이 너무 좁아서 총연장 30마일에 이르는 전체 철길 가운데 24마일이 터널을 통과하거나 철교 위를 지나야 했다. (터널은 모두 12개이고, 그 가운데 한 곳은 길이가 거의 3마일에 달한다.)

철교 교량의 교각 수백 개가 강이나 강안에 세워지면서 야생의 환경을 되돌리기 힘든 상태로 바꾸어놓았다. 환경보호론자들은 공사에 반대하는 캠페인을 벌였다. 하지만 푸틴이 나서서 보통 때 같으면 공사를 못하게 막았을 관련법의 효력을 중지시켜 버렸다. 공사에 반대한 환경론자들은 온갖 방해에 시달리고 투옥되었다. 러시아 철도공사는 공사 대부분을 교량 건설업체인 SK모스트처럼 푸틴의 측근과 관련 있는 기업들과 하도급 계약을 맺었다. SK모스트의 지분 다수는 나중에 겐나디 팀첸코가 인수했다. 시작부터 올림픽 건설공사는 일정이 계속 늦춰지고, 공사비가 눈덩이처럼 불어나는 등 문제가 많았다. 공사를 진척시키기 위해서는 푸틴이 개입할 수밖에 없었다. 푸틴은 올림프스트로이 사장을 세 명이나 경질했다.

표면적으로는 공사 진행이 더디고, 공사비가 너무 늘어난다는 이유를 들었다. 하지만 푸틴이 공사에 너무 관심을 보이니 비용은 계속 불어났고, 공사 계약이 너무 불투명하게 배정되다 보니 책임지는 사람도 없었다.

2009년 두마에서 공산당 의원들이 주도해 늘어나는 공사비를 감사할 법적 근거를 마련하려고 했으나 통합 러시아당이 제동을 걸었다. 부패의 증거들이 광범위하게 불거졌고, 계약을 둘러싸고 엄청난 액수의 뇌물이 오간 정황이 포착됐다. 하지만 푸틴은 공사비 과다와 부패 위험에 대해 관리들을 공개적으로 질책하면서도 이들을 처벌하지는 않았다. 증거가 명백히 드러난 경우에도 아무런 조치를 취하지 않았다. 2009년에 모스크바의 기업인 발레리 모로조프가 크렘린 행정실 직원인 블라디미르 레체프스키가 소치에 있는 정부 소유 휴양시설 수리 공사대금 5억 달러 가운데 12퍼센트를 갈취해 갔다고 폭로했다. 뇌물은 현금으로 직접 주거나 역외회사를 통해 송금했는데, 돈을 계속 뜯기자 경찰에 신고한 것이었다. 경찰은 크렘린에서 멀지 않은 맥주 레스토랑 슬리보비차에서 함정수사를 했다. 그는 벨트에 몰래 카메라를 숨겨 가서 마지막으로 주기로 한 현금 5백만 달러를 건네는 장면을 녹화했다. 레체프스키는 그 현금을 받아 챙겼는데도 구속되지 않고 풀려났다. 경찰이 개입해도 아무 도움이 되지 않자 모로조프는 이를 폭로하기로 하고, 메드베데프 대통령 집무실로 직접 호소문을 보내고, 영국과 러시아 언론에도 상세한 내용을 제보했다. 메드베데프는 수사를 지시했으나 사건은 2년 뒤 조용히 종결 처리됐다. 오히려 검찰에서 모로조프 회사에 대한 수사를 시작했고, 그는 영국으로 도피해서 정치적 망명을 신청해 받아들여졌다. 이 일이 정권에 도전하려는 사람들에게 던지는 메시지는 분명했다.

그 중의 한 명인 세르게이 마그니츠키는 2009년 11월 16일, 모스크바에 있는 마트로시카야 티시나 교도소에서 숨을 거두었다. 당시 그는 탈세혐의로 수감된 지 1년 정도 되었는데, 급성 최장염과 담낭염 치료를 받기 위해 그곳으로 이송되어 있었다. 교도서 당국은 그를 교도소 내 병원으로 데려가는 대신 간수 8명이 달려들어 독방에 가두고 양손을 묶은 다음 몽둥이로 구타했다. 불과 37세의 회계사인 그를 푸틴 체제를 위협하는 급진적인 인물로 볼 사람은 아무도 없었다. 그는 전형적인 소련 이후 세대의 젊은이로 교육 받고 실력 있는 젊은이였다. 그리고 그는 푸틴이 약속한 '법의 독재'를 믿었고, 메드베데프가 약속한 '법률 허무주의의 종식'이 실현될 것으로 믿었다.

2008년에 체포되자 그는 법이 자신을 지켜줄 것이라고 믿었다. 하지만 불결한 감방을 이리저리 옮겨 다녔고, 아내와 어머니에게도 어쩌다 한 번씩 면회가 허용되었다. 그는 자기가 당한 가혹행위들을 꼼꼼하게 기록했다. 건강은 조금씩 나빠져 갔다. 시간을 보내려고 셰익스피어의 비극을 차례차례 읽었다. 그가 감옥에서 어떤 치료를 받았고, 어떻게 죽음을 맞게 되었는지도 러시아의 끔찍한 사법체계 안에서 죽어간 많은 사람들의 경우처럼 얼마 안 가 잊힐 뻔했다. 그해에도 5천 명이 감옥에서 죽었다. 하지만 마그니츠키 뒤에는 막강한 후원자인 윌리엄 브로더William Browder가 있었다. 그는 한때 러시아에서 가장 유명한 외국인 투자자였고, 취임 초기에는 푸틴 대통령을 좋아했다. 처음에는 그가 한 경제개혁 약속을 믿었기 때문이다. 하지만 얼마 안 가서부터 그의 철저한 반대자가 되었다.

브로더는 러시아 기업에 투자해 번 돈으로 기업의 지분을 확보하고, 그 영향력을 내세워 기업 거버넌스를 개선하고 투명성을 올리기 위한 로비 활동을 벌여 왔다.

그는 성격이 급하고 공격적이었다. 툭하면 기업들을 상대로 소송을 제기했는데, 물론 법정에서 대부분 패소했다. 그는 푸틴도 자기처럼 1990년대 기승을 부리던 부패한 올리가르히 시대를 청산하고, 정말 경쟁력 있는 경제를 만들겠다는 생각을 한다고 믿었다. 하지만 2005년에 그는 모스크바 공항에서 뜻하지 않게 강제추방 당했다. 국가안보와 관련되는 이유로 비자가 취소되었다는 것이었다. 그러다 브로더의 공격적인 투자전략이 넘어서는 안 될 선을 넘었다. 푸틴과 밀접한 관련이 있는 가즈프롬이나 수르구트네프테가즈 지분을 건드렸을 가능성이 있는데, 본인은 어느 쪽 지분인지 이후에도 정확히 몰랐다. 처음에는 자기가 추방당한 게 무슨 착오가 있어서이며, 금방 바로잡힐 것으로 생각했다. 그는 크렘린에 있는 자기편이라고 생각한 사람들에게 도움을 청했다. 2007년 들어서 검찰이 그의 모스크바 사무실로 눈을 돌리자 그는 자신이 설립한 투자 펀드 허미티지 캐피털Hermitage Capital의 자산을 은밀히 런던으로 빼돌리기 시작했다.

그해 6월 러시아 내무부 직원 20여 명이 껍데기만 남은 모스크바의 허미티지 캐피털 사무실에 들이닥쳐 회사 장부들을 압수해 갔다. 포트폴리오를 구성하는 3개 지주회사의 사업자등록증과 회사 직인들이 압수당했다. 그해 말 이들 3개 지주회사 모두 미심쩍은 과정을 밟아 사업자로 재등록되었는데, 새로운 소유주는 모두 전과자들이었다. 소유주들은 곧바로 2억 3천 만 달러에 달하는 세금환급을 신청했고, 12월 어느 날 동시에 환급을 받았다. 브로더는 모스크바에 있는 로펌 파이어스톤 던컨Firestone Duncan에 의뢰해 일이 어떻게 돌아가고 있는지 알아보았다. 복잡하게 얽힌 이 문제를 담당한 로펌 소속 회계사가 바로 세르게이 마그니츠키였다. 그는 국가 진상조사위원회에 출석해서 내무부 관리들과 판사, 세무 공무원들이 회사 직인을 도용해 세금 환급자료를 허위로 제출하는 방식으로 돈을 횡령했다고 증언했다. 내무부는 횡령사건의 진상조사를 지시했고, 마그니츠키를 횡령을 주도한 인물로 지목한 아르 쿠즈네초프가 조사 책임자로 임명됐다. 그로부터 8일 뒤에 마그니츠키는 체포되었다.

마그니츠키의 죽음에 러시아 지식인들은 큰 충격을 받았다. 그들은 오래 전부터 크렘린이 정치활동가와 자신들의 말을 잘 듣지 않는 기업인들을 가혹하게 다룬다는 사실을 익히 알고 있었다. 하지만 마그니츠키는 정치인도 기업인도 아니었다. 브로더가 누군가의 이권에 위협을 가했다고 하더라도, 마그니츠키는 그야말로 부수적인 피해자였다. 그의 죽음은 그가 조사한 사건에 권력남용을 비롯해 온갖 종류의 거짓이 뒤범벅된 부정행위가 개입돼 있음을 보여주었다. 그가 체포되어서 구금당하고, 악화된 건강을 치료한 방법, 마지막으로 그를 죽음에 이르게 한 구타행위가 일어난 과정도 의혹투성이인 것은 마찬가지였다. 메드베데프도 충격을 받았다. 그는 '사법 허무주의'가 러시아 경제의 미래를 망친다고 믿고 있었는데, 사법 허무주의를 이보다 더 극명하게 보여준 사례는 드물었다. 그는 사건을 독자적으로 조사할 특별조사위원회를 구성해 진상조사에 착수하라고 검찰총장에게 지시했다. 그리고 푸틴이 크렘린에 있는 동안 소외되었던 저명한 인권운동가들을 이 특별조사위원들로 임명했다.

12월에 메드베데프는 교도소 관련 공무원 20명을 해임했다. 하지만 대부분은 먼 오지에서 근무하는 사람들이었고, 감옥에서 마그니츠키의 치료와 관련된 사람은 한 명뿐이었다. 그러는 동안 브로더는 모든 자원을 동원해 2억 3천만 달러의 세금 부정환급 사건을 추적했다. 횡령사건 진상조사 책임자는 시가 2백만 달러가 넘는 아파트 두 채를 매입해 부모 명의로 등록한 것으로 드러났다. 그밖에도 메르세데스-벤츠 승용차, 레인지 로버, 랜드로버 SUV 차량을 각각 한 대씩 구입했는데 모두 대당 가격이 그의 연봉 1만 200달러의 몇 배나 되는 차들이었다. 세금 환급을 승인해 준 국세청 소속 담당 여직원은 모스크바에 부동산 한 건과 두바이 해변에 빌라 한 채, 해외구좌에 남편 이름으로 현금 1100만 달러를 예치해 놓고 있었다. 관련 공무원들은 공식 수입으로는 상상할 수 없는 재산을 보유하고 있었는데, 이는 허미티지 건과 유사한 수법으로 횡령한 건수가 수백 건, 수천 건에 이를 것이라는 사실을 반증해 주었다. 마그니츠키는 일부 관리들의 비행이 아니라 체제 전체가 부패했다는 사실을 폭로한 것이었다. 그 사건은 '전진하자 러시아!' 캠페인을 시작하고 불과 몇 달 만에 터졌기 때문에, 메드베데프로서는 횡령과 죄 없는 회계사를 숨지게 한 관련자들을 처벌해서 본보기로 삼을 좋은 기회였다. 하지만 공식적인 수사는 소리 없이 시간만 끌었다. 브로더는 국제적인 관심을 불러일으키기 위해 미국과 유럽 의회들에 탄원서를 보내 사건 관련자 60명에 대해 국제적인 제재조치를 취해달라고 부탁했다. 검찰은 마그니츠키가 사망하고 1년째 되는 전날 밤에 마침내 수사결과를 발표했다. 하지만 수사결과는 메드베데프가 통탄스러워했던 것과는 전혀 다른 엉뚱한 방향으로 나타났다. 검찰은 마그니츠키 본인이 자기 손으로 밝혀낸 횡령사건의 주범이었다고 의기양양하게 발표했다.

메드베데프가 임명한 진상조사위원회도 2년이 걸려서 최종 보고서를 제출했는데, 마그니츠키를 구속한 것은 불법이었으며, 그를 사망에 이르게 한 것도 범죄행위라고 결론지었다. 또한 수사는 진상을 은폐하는 역할을 했고, 법원은 이를 방조했다고 주장했다. 메드베데프도 회의에서 범죄행위가 저질러졌다는 점을 인정했으나 무슨 조치를 취할 힘이 없었다. 이튿날 정부 조직법상 대통령의 직접 지휘를 받는 내무부는 진상조사위원회의 최종 보고서를 도움이 안 되는 내용들이라고 묵살했다. 이어서 검찰은 철저한 조사를 실시한 결과 마그니츠키의 범죄행위에 대한 수사를 재개해 그를 세금횡령 혐의로 기소한다고 발표했다. 1930년대 무자비한 숙청 기간 때 행해진 최악의 여론조작용 공개재판 때도 죽은 사람을 재판에 회부하지는 않았다. 그의 어머니를 증인으로 법정에 출석시키기까지 했다.

오바마 행정부는 메드베데프 대통령에게 큰 기대를 가졌다. 그가 대통령에 당선된 것을 러시아 정치의 큰 발전이라고 평가하고 부시 행정부 시절 최악을 기록한 러시아와의 관계를 재설정하겠다고 약속했다. 푸틴이 계속 정치적인 영향력을 행사하고 있다는 점을 알면서도 오바마 행정부는 메드베데프와 직접 소통하기 위해 공을 들였다. 시간이 지나면 그가 자신의 정치적 기반을 만들어 갈 것이라는 희망을 가졌던 것이다. 오바마는 푸틴에 대해 "한 발을 옛날 업무 방식에 담그고 있는 사람"이라며 비외교적인 표현을 써서 평가했지만 메드베데프에 대해서는 새로운 시대를 열어갈 지도자라는 희망을 가졌다. 백악관이나 국무부 안에서는 메드베데프가 푸틴의 동의 없이 중대한 국가 의제를 결정할 수 있을 것이라고 생각한 사람이 아무도 없었다. 하지만 오바마 행정부의 이러한 메드베데프 접근 정책은 몇 가지 결과를 나았다.

2009년 양국 지도자는 핵무기 추가 감축을 위해 푸틴과 조지 부시 대통령이 2002년에 체결한 전략무기감축협정START을 대체할 후속협정인 뉴스타트New START 협상을 시작했다. 메드베데프는 아프가니스탄 주둔 미군이 물자(무기를 제외한)를 러시아 영토를 경유해 운반해 나갈 수 있도록 허용했다. 푸틴도 대통령 재임 때 이를 허용해 준 적이 있었다. 이란이 비밀리에 우라늄 농축 프로그램을 개발하자 러시아는 이란 경제에 새로운 제재를 가하기로 한 유엔안보리 결의안 채택에 미국과 보조를 같이했다. 러시아가 특히 싫어하는 일임을 감안해 오바마 대통령은 체코와 폴란드에 배치하기로 했던 미사일방어망 계획을 보류시켰다. 푸틴은 2007년 뮌헨 연설에서 미국이 동유럽에 미사일방어망을 배치하려는 계획은 냉전을 불러오는 행위라고 격하게 비난했다.

오바마 행정부는 우크라이나와 그루지야의 국내정치 변화를 이끌어내는 노력도 자제하기로 했다. 그동안 기울여 온 노력도 사실 별 효과를 내지 못하고 있었다. 그루지야는 미국과 긴밀한 관계를 유지했지만 2008년 러시아와 전쟁을 치른 뒤부터 관계에 금이 가기 시작했다. 빅토르 야누코비치는 2004년 선거에 출마해 대통령에 당선되었으나 부정선거 논란으로 실시된 재선거에서 패했다. 그는 2010년 2월 선거에서 율리아 티모센코를 누르고 대통령에 당선됐다. 선거 패배 뒤 티모센코는 재판을 받고 감옥으로 갔는데, 우크라이나 총리 재임 때인 2009년 겨울 푸틴이 단행한 2차 천연가스 공급 중단 조치를 해결하기 위한 협상과정에서 부정을 저질렀다는 혐의를 받았다.

러시아와 미국의 관계 재설정은 자리를 잡아가는 듯했으나, 두 나라의 해빙무드가 푸틴에게까지 미치지는 못했다. 그리고 얼마 뒤에는 다른 사건들이 일어나 이런 관계 개선 분위기에 찬물을 끼얹었다. 오바마와 메드베데프가 뉴스타트협정에 서명하고 불과 두 달 뒤인 2010년 4월 FBI는 미국에서 위장 신분으로 활동 중인 대기 정보요원 '슬리퍼 에이전트'sleeper agent 11명을 적발해 냈는데, 이들은 푸틴의 대통령 재임 기간 내내 미국에서 첩보활동을 해왔다. 이들은 외교관 면책특권의 보호를 받지 않고 보스턴, 뉴욕, 워싱턴 등지 교외에서 살며 직장에 다니고, 자녀들을 키우며 평범한 미국 시민으로 위장해서 살았다. 첩보 세계에서는 이들을 '불법 체류자'라고 불렀다. 2009년 러시아 연방보안국FSB은 이들에게 '정책입안 그룹과 관계를 맺은 다음 C로 정보를 보낼 것'이라는 암호문을 보냈는데 FBI가 이 암호를 중간에서 가로챘다. C는 센터를 가리키는 이니셜이었고, 이들은 정보를 그곳으로 보내며 자신들이 아메리칸 드림을 이루며 살 수 있도록 교육비와 주택비 등을 보내달라고 요청했다.

FBI는 메드베데프 대통령이 두 번째로 미국을 공식방문하기 전날 밤 오바마 대통령에게 관련 사실을 보고했다. 메드베데프는 미국 방문 기간 중 실리콘 밸리를 방문해서 외국투자 유치와 교역증진을 위한 활동을 벌였다. 미국 정보 당국은 메드베데프가 백악관에서 오바마 대통령과 정상회담을 하고, 버지니아주 알링턴에 있는 유명한 햄버거 가게에서 정답게 점심식사 하는 동안 이들을 체포하지 않고 기다렸다. 언론들은 미국 생활에 맛을 들인 별 볼일 없는 스파이 일당들이라고 흥미 위주로 보도했다. 오바마 대통령의 보좌관들도 이들의 첩보활동을 공개된 소스를 통해 쉽게 접할 수 있는 정보들을 모아 보낸 것에 불과하다며 대수롭지 않은 것으로 무시했지만, 이들의 활동은 러시아가 미국 정부의 러시아에 대한 정책 의도를 여전히 불신하고 있다는 사실을 입증해 주었다. 7월에 러시아 첩보요원 10명이 유죄를 인정했고, 11번째 요원은 키프로스로 도망간 다음 러시아로 돌아갔다. 나머지 요원들은 냉전시대 드라마에 나오는 장면처럼 빈 공항에서 서방을 위해 간첩활동을 한 혐의로 러시아 국내에서 복역 중인 러시아 첩보원 4명과 맞교환했다. 그 가운데 한 명은 자기는 간첩활동을 한 적이 없다고 끝까지 부인했다.

이들 슬리퍼 에이전트들이 고국으로 돌아오자 푸틴은 비밀리에 이들을 만나 치하했다. 모두들 푸틴 자신이 어린 시절에 꿈꿨던 스파이 활동을 한 사람들이었다. 푸틴은 이들과 어울려서 같이 노래도 불렀다. 1968년 푸틴이 KGB에 지원하게 된 동기가 되었던 소련 시절의 첩보 영화 '방패와 칼' 주제가도 불렀다. 그의 고립되고 편집적인 세계관도 이 영화의 영향을 받은 것이 분명해 보였다. 푸틴은 첩보요원들이 쓰는 말투를 썼고, 그들이 부르는 노래를 피아노로 연주할 줄도 알았다.(몇 달 뒤 자선바자회에서 실제로 연주해 보이기도 했다.) 그 노래 가사에는 '조국은 어디서 시작되는가?'라고 묻는 대목이 나오는데, 그 답은 푸틴의 지나온 삶에 깊숙이 자리하고 있는 것 같았다.

믿을 수 있는 좋은 친구들과
이웃 하면서 함께 산다.

푸틴은 7월 흑해함대 사령부가 있는 크림반도의 세바스토폴항 방문길에 이 친구들을 만나는 장면을 공개했다. 세계 모터사이클 경주대회에도 참석했는데, 미국의 폭주클럽 '지옥의 천사들'Hell's Angels을 본뜬 러시아

클럽 '밤의 늑대들' 회원들이 주최하는 대회로 애국심과 러시아정교회, 그리고 푸틴에 대한 충성심으로 무장한 오토바이 폭주족들의 모임이었다. 그는 이들과 함께 오토바이를 탔는데, 그를 위해 특수 제작한 세 바퀴 모터사이클이었다. 사진 촬영용 퍼포먼스였는데, 이후 푸틴은 이런 과시용 사진을 점점 더 많이 찍었다.

'불법 체류자' 첩보원들의 배신행위는 푸틴을 크게 분노케 했다.

그는 이들이 반드시 고통을 겪게 만들겠다고 공언했다. "배신자들은 고통을 받게 마련입니다. 이들은 보통 알코올중독이나 마약중독으로 죽게 되어 있습니다." 그는 이렇게 말하며 2000년에 미국으로 망명한 고참 정보요원 세르게이 트레챠코프를 예로 들었다. 트레챠코프는 미국 요원들 사이에 'J 동지'Comrade J라는 암호명으로 통했는데, 그가 제공한 정보 가운데는 푸틴의 경호실장 빅토르 졸로토프에 관한 상세한 정보도 들어 있었다. 트레챠코프는 스파이 조직망이 일망타진되기 불과 며칠 전에 사망했지만 그의 아내는 FBI가 부검을 마칠 때까지 남편의 사망 사실을 숨겼다. 부검 결과 타살의 흔적은 발견되지 않았다. 그는 유엔에서 러시아의 첩보활동을 책임지고 있었기 때문에, 러시아 '불법 체류자'들의 신상을 넘겨주는 데 역할을 했을 것이라는 의혹을 받았으나 그의 아내는 그럴 가능성을 부인했다. 푸틴은 트레챠코프에 대해 이렇게 말했다. "그 사람이 살아온 길은 한마디로 쓰레기 같았다."

메드베데프와 푸틴이 가진 극명한 스타일의 차이 때문에 두 사람이 타는 2인승 자전거에 균열이 생길 것이라는 추측이 끊이지 않았다. 하지만 그런 불화의 증거가 표면 위로 나타나는 일은 거의 없었다. 적어도 겉으로 보기에 두 사람과 양측 보좌관들은 서로를 러시아의 미래에 대해 같은 비전을 공유한 사이라고 불렀다. 국가 두마의 보리스 그리즐로프 의장은 2010년 "메드베데프와 푸틴의 연합전선에는 기본적으로 어떤 불화도 있을 수 없다."라고 말했다. 대통령 임기 초에 메드베데프는 푸틴과 사실상 둘 만의 합의를 맺었다. 각자 상대가 맡은 영역을 존중한다는 것이었고, 푸틴은 군사와 정보 분야에서 역대 어떤 총리보다도 더 큰 발언권을 행사했다. 임기 절반을 지나는 동안 메드베데프는 푸틴 본인이나 그가 수행하는 업무에 대해 직접 비판하는 말을 단 한 마디도 하지 않았다. 그는 간혹 연설에서 푸틴보다 한결 더 민주적인 톤으로 말했는데, 이를 두고 푸틴을 간접 비판하는 것으로 해석하는 사람들도 있었다.

하지만 양측 집무실과 보좌관들 사이에는 막후 경쟁이 격화되었다. 크렘린에서 일하는 메드베데프의 보좌관들은 대통령이 사회, 경제 발전을 위해 내놓는 정책과 비전을 가로막는 장애물들에 대해 비판을 퍼부었다. 이들은 메드베데프의 권위는 푸틴이 인내하는 범위 내에서만 허용된다는 사실에 대해 점점 더 노골적으로 불만을 토해냈다. 메드베데프의 한 측근 보좌관은 "두 진영 사이에 의견을 달리하는 부분이 있었다. 그건 당연한 현상 아닌가."라고 말했지만 이런 말도 드러내놓고 하지는 못했다. 실제로 푸틴은 자신의 이익이 첨예하게 걸린 사안에 대해서는 거부권을 행사했을 뿐만 아니라 세세한 내용에까지 일일이 간섭했다. 일반 국민들의 눈에 메드베데프는 '전진하자 러시아!'와 같은 말을 내세우는 사람이고, 푸틴은 행동으로 보여주는 사람이었다. 2010년 여름 최악의 산불로 모스크바를 비롯한 여러 도시가 연기로 뒤덮였을 때도 피칼레보 시멘트 공장 임금체불 문제가 일어났을 때처럼 문제를 해결하기 위해 팔을 걷어붙이고 나선 사람은 푸틴이었다.

화재는 열풍을 타고 수주일 동안 걷잡을 수 없을 정도로 계속 번지며 수십 명을 숨지게 하고, 마을 여러 곳을 완전히 불태웠다. 메드베데프는 흑해에서 휴가 중이었는데, 사태가 악화되는 가운데서도 서둘러 모스크바로 돌아오지 않았다. 정부는 손을 거의 놓다시피 했고, 엄청난 비난이 쏟아졌다. 에코 모스브키Ekho Moskvy에 소개된 어느 블로거의 비판 글은 푸틴이 그냥 지나칠 수 없을 정도로 심한 독설이 가득했다. "우리가 낸 세금은 다 어디로 간 것인가?" 트베르 인근에 살며 이름을 알렉산드르라고 소개한 블로거는 이렇게 물었다. 그는 마을로 타들어오는 불길을 막을 소화 장비 하나 제대로 갖추어지지 않았다고 한탄하며 이렇게 비판했다. 그는 메드베데프가 내세운 대표적인 사업 가운데 하나를 예로 들었다. 모스크바 교외 스콜코보에 실리콘 밸리 같은 혁신기술 도시를 건설한다는 계획이었다. "왜 우리는 매년 가장 원시적인 사회 시스템으로부터도 자꾸 멀어져 가는가? 불 끄는 데 필요한 소방차 한 대 없는데 스콜코보에 짓는 망할 놈의 혁신 센터가 도대체 우리한테 무슨 소용인가?" 다행히 그가 늘어놓은 장광설은 푸틴이 아니라 메드베데프 대통령을 겨냥했기 때문에 좋은 반응을 얻을 수 있었다.

만약 푸틴을 겨냥해 그런 독설을 날렸더라면 어떤 언론도 이를 소개해 주지 않았을 것이다. 블로거 글이 소개되고 9일 뒤에 푸틴은 불을 끄는 수륙양용 비행기에 직접 타고 텔레비전에 등장했다. 비행기는 오카강에 착륙해 물을 퍼 담은 다음 모스크바 남쪽의 검은 연기를 피워내며 타고 있는 습지에다 쏟아 부었다. "제대로 된 건가?" 푸틴이 이렇게 묻자 조종사는 "정확히 명중시켰습니다!"라고 대답했다. 이런 장면은 크렘린의 미디어 담당 보좌관들과 고분고분한 텔레비전 방송이 합작해서 연출한 것이 분명하지만 큰 효과를 거두었다. 푸틴은 크렘린이 직접 제작한 리얼리티 프로그램의 유명인사 주인공이 되었다. 그는 시청자들의 눈에 러시아에 없어서는 안 될 지도자이며, '탄탄한 몸매를 한 엘리트 섹스 아이콘' 같은 인물로 각인되었다. 그의 스턴트 연기는 여성 시청자들에게 '정열적인 섹스 심벌'이라는 인상까지 심어주었다.

메드베데프는 그런 과장된 억지 칭찬을 좋아하지 않았다. 그는 개인숭배 분위기를 풍기는 전시회에 가서 국가지도자에 대한 존경심을 너무 뚜렷이 나타내는 것은 스탈린주의를 생각나게 한다며 이의를 제기하기도 했다. 하지만 푸틴은 자신을 추켜세우는 그런 분위기를 점점 더 즐기는 것 같았다. 공개적인 스턴트 연기는 푸틴의 정치적 영향력에 도움이 되었을 뿐만 아니라 그의 허영심을 더욱 부채질했다. 그리고 그는 자신의 허영심을 충족시키기 위해 더 적극적으로 나섰다. 58번째 생일을 지내고 몇 주 뒤에 푸틴은 공식석상에 나타났는데 메이크업을 얼마나 진하게 했던지 기자들이 모두 눈치 챌 정도였다. 우크라이나 항공기 제작사와 신설 국영기업인 러시아 유나이티드 항공사United Aviation Corporation와의 합병 논의를 하기 위해 키예프를 방문한 길이었다. 2010년 야누코비치 대통령 당선 이후 우크라이나와 러시아의 관계는 크게 개선되었다.

그런데 푸틴은 텔레비전 카메라들 앞에서 계속 불편한 기색을 했다. 카메라를 피하는 눈치였다. 메이크업을 한 밑으로 눈 밑의 검푸른 멍 자국이 뚜렷이 드러났다. "조명 각도 때문에 그렇게 보인 것입니다. 총리께서 피로가 누적되어서 그렇습니다." 총리 대변인 드미트리 페스코프는 이렇게 둘러댔다. 하지만 멍 자국은 부인할 수 없는 사실이었고, 푸틴이 성형수술을 했다는 추측이 퍼졌다. 푸틴 측은 이런 추측에 대해 부인으로 일관했지만 앞뒤가 맞지 않는 경우가 많았다. 푸틴의 외모에 변화가 뚜렷이 나타나기 시작하면서 억측은 계속 확산됐다. 변화는 사진으로도 분명히 드러났고, 그를 만나는 외국 관리들도 외모 변화를 유심히 관찰했다. 외국 관리 한 명은 그가 성형수술을 받은 것은 움직일 수 없는 사실이라고 단언했다.

양쪽 관자노리 부근 눈가의 잔주름이 사라졌고, 이마의 깊이 팬 주름, 눈 밑의 쳐진 살도 보이지 않았다. 피부는 팽팽해지고 양쪽 볼은 도톰해졌다. 머리숱은 줄어들었지만 단정하게 손질했고, 얼굴은 더 둥글어지고, 눈은 더 가늘어져 보였다. 첼랴빈스크의 성형외과 의사인 알렉산드르 푸코프는 푸틴의 성형수술을 집도한 의사가 누군지 안다는 주장까지 내놓았다. 그는 "대통령이 늙고 축 쳐진 것보다 낫지 않느냐?"고 단정적으로 말했다.

2010년 가을이 되자 쌍두마차의 균열이 좀 더 두드러졌다. 모스크바와 상트페테르부르크를 연결하는 새 고속도로 건설을 둘러싸고 항의시위가 일어났다. 새 고속도로 건설 필요성에는 누구나 공감하고 있었고, 80억 달러 규모의 이 프로젝트는 푸틴이 경제 활성화 방안으로 추진하는 메가 프로젝트 공사들 가운데 하나였다.

하지만 도로 노선을 두고 여러 해 동안 논란이 격화되어 왔는데, 갑자기 공식발표도 하지 않고 공사가 진행되기 시작한 것이었다. 7월에 불도저들이 나타나 힘키숲의 나무를 밀어내기 시작했다. 모스크바 교외에 있는 힘키숲은 모스크바의 '허파'로 불리며 보존지역으로 지정되어 있었다.

공사가 시작되자 인근 마을 주민들이 항의시위를 시작했고, 곧 이어서 현지 환경운동 단체와 외국의 환경운동가들이 가세했다. 큰 화재로 가뜩이나 시민들의 분노가 커진 상황이라 메드베데프는 8월에 공사를 중단하고 대체 노선을 찾겠다고 발표했다. 논란은 메드베데프의 대통령으로서의 입지를 테스트 해보는 기회가 되었고 결과는 예상대로 나타났다.

유리 루즈코프 모스크바 시장은 정부지인 로시스카야 가제타 신문에 공사 중단을 강하게 비판했다. 푸틴을 상대로 한 번도 한 적이 없는 공개 비판에 나선 것이었다. 루즈코프 시장은 처음에는 고속도로 건설에 반대했으나 푸틴이 공사를 밀어붙인다는 사실을 알고는 공사 지지로 입장을 바꾸었다. 푸틴은 2008년 고속도로 건설계약을 체결하고, 1년 뒤에는 숲의 보존지역 지정을 해제해 공사가 시작될 수 있도록 만들었다. 메드베데프가 이런 사실을 알고 있었는지는 분명치 않지만, 어쨌든 마치 자기가 개입해 공사를 중단시킬 힘을 갖고 있는 것처럼 행동에 나선 것이다. 18년 동안 모스크바 시정을 책임져 온 루즈코프는 "정부가 제대로 권위를 가지고 공사를 추진해 달라."고 요구했다. 푸틴이 최종 권한을 가지고 공사를 진행시켜 달라고 공개적으로 요구한 것이나 마찬가지였다. 메드베데프로서는 그냥 넘기기 힘든 도발이었다. 크렘린의 메드베데프 보좌관들이 국영 텔레비전에 나와 루즈코프 시장을 맹렬히 비난했다. 그로부터 일주일 뒤 대통령실장이 루즈코프를 불러 조용히 물러나라고 요구했다. 그가 이 요구를 거부하자 크렘린은 일주일 동안 휴가를 가서 사퇴 여부를 더 깊이 생각해 보라고 했다.

메드베데프는 공개적으로 루즈코프를 맹비난했지만 푸틴의 승낙 없이는 어떤 조치도 취하지 못하는 것 같았다. 보리스 넴초프 같은 야당 지도자들은 대통령으로서의 권위를 보여 달라고 메드베데프를 압박했다. 루즈코프는 휴가를 마치고 모스크바로 돌아오자 곧바로 민주적인 지도자인 척 흉내 내지 말라며 메드베데프를 조롱하는 서한을 보냈다. 그러면서 푸틴이 없앤 시장, 주지사 선거를 부활시키라고 공개적으로 요구했다. 그 일이 있고서야 푸틴으로부터 그를 해임시켜도 좋다는 허락이 떨어졌다. 2주일 뒤 푸틴은 자기가 대통령 재임 때 대통령실 행정실장을 맡겼던 세르게이 소브야닌을 새 모스크바 시장에 앉히라고 메드베데프에게 지시했다. 시베리아에서 주지사를 지낸 소브야닌은 수도 행정에는 경험이 전무했다. 루즈코프를 시장직에서 몰아냈기 때문에 메드베데프가 이긴 것처럼 보였지만, 대통령으로서 그의 힘의 한계를 보여준 사건이기도 했다. 이후 고속도로 건설공사는 예정대로 진행되었다. 단독 입찰자이기도 한 주 계약자는 키프로스와 영국령 버진아일랜드에 적을 둔 정체가 모호한 여러 개의 기업을 거느린 그룹 소유였다. 그 중의 하나인 크로아제트 인베스트먼츠Croisette Investments라는 회사는 지분의 절반을 올폰 인베스트먼츠Olpon Investments라는 다른 회사가 갖고 있었으며, 이 두 회사의 소유주는 아르카디 로텐베르그였다. 메드베데프는 공사 재개를 허용해 준 데 대해 비판을 받자, "사적인 이해관계가 개입돼 있다."는 말만 할 뿐 분명한 해명을 내놓지 못했다.

푸틴을 비판하는 사람들은 메드베데프의 지도력에 실망했고, 메드베데프 본인은 자신의 권한을 제약하는 다른 요인 때문에 좌절을 겪었다. 2010년 말, 미하일 호도르코프스키의 운명을 놓고 마침내 그의 불만이 처음으로 끓어 넘쳤다. 2심 재판이 다가오면서 수사 당국은 호도르코프스키와 그의 사업 파트너인 플라톤 레베데프에 대한 재수사를 시작했다.

그를 계속 감옥에 넣어 두겠다는 의도였다. 2009년에 2심 재판이 시작됐는데, 이번에는 유코스가 6년 동안 생산한 석유 가격보다 더 많은 액수의 회사 돈을 횡령한 혐의가 추가되었다. 재판은 19개월 동안 계속되었다. 호도르코프스키의 변호인들은 유죄 판결을 피할 수 없다고 생각하고, 사건의 배후에 정치적 동기가 있다는 점을 부각시키기로 했다. 이들은 푸틴과 이고르 세친, 그리고 재무장관 알렉세이 쿠드린을 비롯해 정부 관료 20여 명을 증인으로 신청했다. 재판부는 정부 고위관료 몇 명을 제외하고, 다른 사람들에 대한 증인채택 요구는 받아들이지 않았다. 몇 명을 증인으로 채택한 것은 공정한 재판이 이루어지고 있음을 보여주기 위한 조치인 것 같았다. 증인 가운데는 푸틴의 오랜 친구이자 동료인 게르만 그레프도 들어 있었다. 그는 호도르코프스키가 유리 칸막이를 통해 직접 질문하자 매우 당황한 기색을 보였다. 그레프는 정부 관리의 묵인 없이는 국가 전체의 연간 석유생산 금액과 맞먹는 회사 돈을 빼돌리는 것은 불가능한 일이라는 요지로 증언했다.

　재판이 워낙 정치의 영향을 많이 받기 때문에 호도르코프스키가 이길 희망은 거의 없었다. 변호인은 재판과정에서의 위법행위를 지적하는 전략을 폈고, 그 전략은 효과가 있었다. 공소 내용은 메드베데프가 '사법 허무주의를 끝내겠다.'고 한 약속을 비웃기라도 하는 듯 1심 때보다 더 불분명하고 복잡했다. 외국에서는 러시아가 전체주의 국가가 된 증거라며 비난을 쏟아냈다. 판결이 내려지기 전날 저녁에 푸틴은 자기 식으로 판결을 내리며 재판에 개입했다. 그는 12월 16일 전 국민을 대상으로 방영되는 '국민과의 대화' 프로그램에 출연해 판결과 관련해 1979년에 방영된 텔레비전 인기 미니시리즈 '회담장은 바꿀 수 없다.'에 나오는 대사를 인용해 "도둑이 있어야 할 자리는 감옥이다."고 했다. 그는 또한 호도르코프스키를 역사상 최대 규모의 폰지 사기죄로 150년 징역형을 선고받은 미국의 금융인 버나드 메이도프에 비유하기도 했다. 푸틴의 반응은 지나치게 감정적이고 개인적인 분노로 가득 차 있었다.

결국 메드베데프까지 나서서 반대 입장을 밝히지 않을 수 없게 되었다. 그는 대통령이든 총리든 누구도 판결이 내려지기 전에 판결에 영향을 미치는 발언을 할 권리는 없다며 처음으로 푸틴을 공개 비판했다. 메드베데프의 발언은 별 파장을 불러일으키지 않았다. 사실 판결 내용은 이미 결정되어 있었으며 878쪽에 달하는 판결문도 작성이 끝난 상태였다. 재판은 메드베데프가 내놓은 '사법 허무주의의 종식'이 얼마나 공허한 약속인지 다시 한 번 보여주었을 뿐이다. 두 지도자 사이에 균열이 점점 커지고 있으며, '2인승 자전거'의 시대는 끝나가고 있고, 많은 사람이 걸었던 희망도 사라지고 있음을 보여주었다. 호도르코프스키는 13년 징역형을 선고받았고 형량은 그 뒤 약간 줄어들었다. 이로써 그는 이미 복역한 형기를 포함해 다음 총선과 대통령선거 뒤인 2016년까지 감옥에 있게 되었다. 호도르코프스키는 일반 국민을 상대로 호소하고 법에도 선처를 호소해 보았지만 아무런 효과도 보지 못했다. 그는 메드베데프를 무기력한 지도자라고 비웃고 푸틴을 복수심에 눈이 먼 사람이라고 불렀다.

제21장

크렘린 복귀와 자리바꿈

20 11년 가을, 러시아에서 유일하게 영향력을 가진 정당인 통합 러시아당 대의원들이 루즈니키 스타디움에 이틀째 모였다. 루즈니키 스타디움은 소련의 국력이 전성기를 구가하던 1950년대에 지어진 대규모 스포츠 경기장이다. 소련 시절에 딱 한번 개최된 올림픽 경기가 1980년 이곳에서 열렸고, 수리를 거쳐 2018년 월드컵 주경기장으로 사용될 예정이다. 러시아는 2010년 12월에 월드컵 개최권을 따냈는데, 푸틴이 직접 유치전에 뛰어들기 전에는 유치 전망이 밝지 않았다. 푸틴은 유치 과정을 직접 지휘하고 올리가르히들을 독려해 기부금을 받아냈다. 당시 러시아는 2022년 월드컵 개최국으로 함께 결정된 카타르와 표를 서로 몰아주기 했다는 의혹을 받았고, 이와 관련된 논란은 FIFA 집행위원회로

확대됐다. 러시아가 FIFA 집행위원들을 매수하기 위해 상트페테르부르크 국립 에르미타주 미술관 창고에 있는 그림들을 뇌물로 돌렸다는 말까지 나돌았다. 그 가운데는 피카소의 작품도 있고, 뇌물로 받은 사람이 "형편없는 작품"이라고 불만을 토로한 풍경화도 있었던 것으로 알려졌다.

2011년 9월, 1만 명이 넘는 통합 러시아당 대의원들이 당기와 적백청 삼색 러시아 국기들이 걸린 그랜드스탠드를 꽉 메웠다. 미국식 전당대회 분위기는 아니고, 당과 국가에 대한 충성맹세를 하러 모인 것 같았다. 옛 소련공산당 시절의 당대회 분위기를 연상한 사람이 한 두 명이 아니었다. 당시에는 대머리와 백발의 장군들이 훈장이 주렁주렁 달린 군복 차림으로 줄지어 자리를 지켰다. 달라진 점은 회의장 치장이 한결 더 번지르르해졌다는 것이다. 텔레비전 중계를 의식해 소련식 선전물과 서방에서 쓰는 최신 기술과 장비들이 함께 동원됐다. 의회 총선을 불과 두 달 반 정도 남긴 시점이었다. 통합 러시아당의 압승이 예고되어 있었다. 하지만 일사불란한 겉모습과 달리 모든 일이 다 순조롭게 진행되는 것은 아니었다.

두마가 지난 회기 동안 일반 국민들의 생활에 도움이 되는 일을 한 게 별로 없기 때문에 당의 인기는 급락해 있었다. 당은 조롱과 조크의 대상, 스캔들의 온상이 되었다. 두마는 비열한 아파리치키들과 기회주의자들로 채워졌고, 체조선수 알리나 카바예바와 FSB 요원인 안드레이 루고보이 같은 유명인과 푸틴의 충복들이 자리를 차지했다. 이들은 지역 유권자들의 선택을 받은 것이 아니라 후보자 정당 명부에 이름을 올려 두마로 진출했다. 2011년 2월에는 자신의 블로그에 만연한 부패 현황을 폭로해 인기를 모은 변호사 알렉세이 나발니가 앞장서서 통합 러시아당을 꺾고 민주적인 사회를 만들자며 풀뿌리 선거운동을 시작했다. 그는 통합 러시아당을 '사기꾼과 도둑들이 모인 정당'이라고 규정했다. 나발니 변호사는 1990년대 말부터 민주세력의 편에서 활동해 왔다. 처음에는 야블로코당에 가담했으나 내분과 명분 없는 일에 시간을 보내는 당의 분위기에 실망했다. 그러다 야블로코의 민주세력이 극도로 싫어하는 민족주의자들의 연례행사인 '러시아 행진'에 참석했다가 당에서 출당조치 당했다.

로펌을 만들어 잠시 활동했고, 윌리엄 브로더처럼 러시아 경제를 좌지우지하는 국영기업들의 불투명한 거래내역을 조사하면서 이름을 알리기 시작했다. 그의 전략은 간단했다. 주식을 취득한 다음, 해당 회사 회계장부를 조사하는 것이었다. 그는 석유를 독점적으로 수송하는 트란스네프트Transneft의 주식 두 주를 취득한 다음, 왜 회사가 2007년에 3억 달러를 외부 단체에 기부하면서 주주들에게는 배당금을 그렇게 인색하게 나누어 주었는지에 대해 따져 물었다. 이런 방법으로 이 회사가 엄청난 규모의 자금을 크렘린으로 흘려보냈다는 사실을 밝혀냈다. 고위관리들의 경호를 담당하는 연방경호서비스에 특별한 지원을 했는데, 이 회사는 푸틴의 경호원을 오래 한 빅토르 졸로토프가 사장으로 있었다. 나발니 변호사는 법적으로 수사권이 없었지만, 일반 국민을 상대로 자신이 알게 된 정보를 알릴 수 있는 최후의 공간인 인터넷이 있었다. 국가공무원들의 각종 부정행위, 이권개입과 국고 빼돌리기 등을 일목요연하게 정리해 공개했다.

트란스네프트 외에도 그는 공공기관과 국영기업들이 계약 액수를 엄청나게 부풀려서 체결하는 관행과 두마 의원들의 수상한 비즈니스 활동, 봉급이 얼마 되지 않는 두마 의원과 국가공무원들이 본인과 자녀들 이름으로 엄청난 재산을 보유한 사실 등을 폭로했다.

세르게이 마그니츠키가 한 것처럼 정부가 공개한 자료들에서 얻은 증거들을 짜 맞추었다. 예를 들어 메드베데프의 지시에 따라 모든 정부 발주 공사는 온라인을 통해 공개입찰을 받도록 되어 있었다. 그는 웹사이트 RosPil.ru를 개설해 이러한 정부입찰을 정밀조사하고, 문제점이 발견된 계약은 사람들에게 공개해 취소되도록 만들었다. 물론 그가 폭로해서 형사 처벌로 이어지는 경우는 거의 없었지만, 이런 활동을 하면서 두마와 현 체제, 그리고 푸틴 개인에 대한 그의 불만은 점점 더 커졌다. 이름이 널리 알려지면서 그는 러시아를 다른 방향으로 이끌어갈 정치운동을 펴보겠다는 야심을 숨기지 않았다. 장신의 금발에 잘 생긴 외모를 한 그는 조각 같은 턱과 쾌활하고 불같은 성격을 갖고 있었다. 지리멸렬한 야당세력에서 푸틴에 대항할 만한 자질을 갖춘 유일한 인물처럼 보였다. 얼마 안 가 사람들의 시선이 그에게 쏠리기 시작했다.

메드베데프는 호도르코프스키의 2심 재판이 시작되기 전까지 공개적으로 푸틴에게 맞선 적이 한 번도 없었다. 하지만 대통령 임기가 끝나가면서 두 사람을 따르는 진영 사이에 선전 포고 없는 선거전이 시작됐다. 2011년 1월 메드베데프의 보좌관인 아르카디 드보르코비치가 호도르코프스키의 2심 재판이 러시아에 대한 투자 분위기를 해치고 있다고 공개적인 경고를 내놓았다. 러시아의 사법 정의가 지나치게 무원칙적이고 부패했다는 인식이 강해지고 있다는 말도 덧붙였다.

그로부터 몇 주 뒤 메드베데프는 4년 전 자신의 국제무대 데뷔 장소였던 다보스를 다시 방문했다. 다보스에서 그는 호도르코프스키 재판에도 불구하고 외국 투자와 자본을 환영한다고 강조하며 러시아 경제를 현대화 하겠다는 의지를 재차 다짐했다. 다보스 방문 불과 며칠 전에 그는 뉴스타트 합의 준수 의사를 거듭 다짐하고, 스위스 방문 기간 중에는 2009 년에 푸틴이 중단시킨 러시아의 WTO세계무역기구 가입 협상을 재개하겠 다고 밝혔다. 그해 말 의회 총선이 실시되고, 총선 3개월 뒤 대통령 선거 가 실시될 예정이었다. 메드베데프는 미래에 대한 의욕을 내보이고 있었 고, 크렘린과 정부 안에서는 힘의 중심이 그와 푸틴 양쪽으로 나누어지고 있었다. 메드베데프가 다보스에서 받은 첫 번째 질문은 아랍의 봄에 관 한 것이었다. 그의 연설문에는 빠져 있었지만 대단히 중요한 질문이었다. 2010년 12월 튀니지에서 시작되어 아랍 전역을 휩쓴 이 바람은 이집트에 서 호스니 무바라크 정권을 무너뜨리고, 리비아의 무아마르 엘 카다피 정 권을 위협하고 있었다.

메드베데프는 튀니지 거리로 몰려나온 수천 명의 사람들이 외치는 민 주화에 대한 열망과 부패와 빈곤, 정치적인 권리의 결핍 등에 대한 불만 을 잘 안다고 대답했다. 그리고 정부는 국민들의 이러한 불만을 해결할 책임이 있다고 덧붙였다. 그는 또한 국민과 정부의 바람직한 관계는 러시 아에서도 마찬가지로 중요하다고 강조했다. 그러면서 러시아에서는 그동 안 국민들의 의사가 선거과정에 제대로 반영되지 않았다고 말했다. "정부 가 사회적 변화를 따라가지 못하고, 국민들이 원하는 바에 제대로 응하지 못하면 무질서와 혼란이라는 비극적인 사태가 일어나게 됩니다." 그는 이 렇게 덧붙였다. "이는 정부 스스로 해결할 문제이고 스스로 감당해야 할 책임입니다. 정부는 국민들의 요구가 받아들일 수 없는 내용이라고 하더 라도 여러 다양한 그룹들과의 대화를 계속해야 합니다. 그렇지 않으면 정 부의 진정한 권력기반을 잃게 될 것입니다."

아랍 세계의 민주화 시위는 궁지에 몰린 러시아 야당세력에게 큰 자극이 되었다. 적어도 인터넷이라는 안전한 공간에서는 그랬다. 그리고 메드베데프의 연설은 푸틴이 가장 두려워하는 사태에 대해 공감하는 것으로 들렸다. 하지만 메드베데프는 국내 시위에 대해서는 동조한 적이 없기 때문에 그의 연설은 의례적인 것으로 비쳐지기도 했다. 조셉 바이든 미국 부통령은 2011년 3월 모스크바 국립대에서 행한 연설에서 대담하게 메드베데프의 연설 대목을 인용했다. 러시아 국민들도 다른 나라 국민과 똑같은 권리를 누려야 한다고 말한 대목이었다. "대부분의 러시아 국민들은 자신의 국가 지도자와 지역 지도자를 자유로운 경쟁 선거를 통해 선택하고 싶어 합니다." 바이든 부통령은 선전포고 없이 시작된 러시아 선거에서 특정 세력을 지지하는 듯한 발언을 이어갔다. "그들은 집회의 자유를 가지길 원하고 국가권력의 영향으로부터 자유로운 언론을 원합니다. 그리고 부패와 싸우는 나라에 살고 싶어 합니다. 그것이 바로 민주주의입니다. 그것이 바로 민주주의의 구성 요소들입니다. 그래서 나는 여기 모인 학생 여러분 모두에게 부탁합니다. 민주주의의 기본 요소에 대해서는 타협하지 마십시오. 절대로 파우스트처럼 타협하지 마십시오."

막후에서 바이든은 러시아 방문을 통해 메드베데프에게 리비아에 대한 무력개입을 승인하는 유엔안보리 결의안을 지지해 달라고 압박을 가했다. 리비아에서는 평화적인 시위가 독재자 무아마르 엘 카다피에 대한 무장반란으로 바뀌고 있었다. 미국과 나토 회원국, 그리고 일부 아랍 국가들은 리비아 정부군이 반군을 무자비하게 진압하는 것을 막기 위해 리비아 상공에 '비행금지구역'을 설정하자고 했다. 러시아 외무부를 비롯한 안보 관련 관리들은 나토 영토 바깥에서 나토가 주도하는 군사작전이 펼쳐질 경우 이를 미국의 헤게모니가 세계 다른 지역에까지 확대되는 것으로 간주해 반대했다. 하지만 메드베데프는 무력개입의 인도적인 명분 때문에 이에 동의했다. 푸틴의 길에서 위험스러울 만치 너무 멀리 나간 것이었다. 두 사람의 대결은 불가피해 보였다.

불과 몇 주 전 푸틴은 리비아를 비롯한 다른 아랍 국가들에서의 대규모 반란은 알카에다와 연대한 이슬람 극단주의 세력의 부상을 가속화 할 것이라고 경고했다. 독재정치를 하는 지도자들을 몰아내겠다는 단견을 가진 서방의 동조 세력들이 극단주의를 부추기고 그들에게 힘이 되고 있다는 것이었다. 극단주의의 부상에 대한 그의 우려는 틀린 말이 아니었다. 이들은 나중에 리비아를 삼키고, 시리아를 끝없는 내전 상황으로 몰아넣었다. 시리아는 중동에서 러시아의 매우 중요한 동맹국이었다. 푸틴이 리비아와 시리아의 독재자들을 지원해 온 것은 러시아의 지정학적인 이해가 걸려 있기 때문이었다. 에너지 프로젝트와 리비아의 해안 도시들을 연결하는 철도 건설 계약을 체결해 놓고 있었고,(이 프로젝트는 푸틴의 친구인 블라디미르 야쿠닌이 주도했다.) 대규모 무기판매도 걸려 있었다. 그리고 옛 소련 영토 바깥에서 유일하게 러시아 군사기지가 있는 것이 바로 시리아였다. 푸틴의 진짜 걱정은 그보다 훨씬 더 깊은 곳에 미치고 있었다. 그의 마음속에는 민주화에 대한 열망과 극단주의의 부상, 선거와 혼란 사이에는 어두운 상관관계가 있었다. 그는 선거가 치러지면 혼란은 피할 수 없다고 믿고 있었다. "미안하지만 역사를 한 번 뒤돌아봅시다." 푸틴은 2월 브뤼셀 방문 때 이렇게 말했다. "이란혁명을 주도한 호메이니가 어디서 살았습니까? 바로 파리에서 살았습니다. 많은 서방 사회가 그를 지지했습니다. 그런데 지금 서방은 이란의 핵무기 프로그램이란 문제에 직면하고 있습니다. 우리 파트너 국가들이 팔레스타인 영토에서 민주적인 선거를 실시해야 한다고 요구했던 기억이 납니다. 정말 훌륭한 생각이었습니다! 그 선거에서 누가 이겼습니까. 하마스가 이겼습니다."

푸틴은 리비아에서 일어나는 반란이 모스크바를 뒤엎으려는 혁명으로 나아가는 디딤돌이라고 본능적으로 생각했다. 아직 젊었기 때문일 수도 있고, 안보 관련 기관에서 근무한 경력이 없기 때문일 수도 있고, 아니면 개인적인 성향 때문일지도 모르지만 메드베데프는 서방과 민주주의, 인간 본성을 극도로 불신하는 이런 음울한 생각에 동의하지 않았다. 그는 대통령 취임 후 3년 동안 버락 오바마 행정부와 우호적인 관계를 지속했다. 그리고 지금 미국뿐 아니라 미국보다 훨씬 더 가까운 관계를 맺고 있는 프랑스와 이탈리아가 리비아의 민간인 대량학살을 막아달라고 그에게 매달리고 있었다. 그의 훈령에 따라 3월 17일 안보리의 유엔결의안 1973호 표결 때 러시아는 기권했다. 카다피 정부군이 리비아 동부에 위치한 반군의 근거지로 이동하지 못하도록 막기 위한 무력사용을 승인해 준 것이다. 메드베데프의 결정에 대해 러시아 외교관과 안보 관련 관리들은 반발했다. 리비아 주재 러시아 대사인 블라디미르 차모프는 중요한 동맹국을 잃게 될 것이라고 경고하는 전문을 대통령 앞으로 보냈다. 메드베데프는 그를 해임했고, 대사는 모스크바로 귀환해 대통령이 국익에 반하는 행동을 하고 있다고 공개적으로 선언했다. 이틀 뒤 나토가 첫 공습을 감행해 리비아의 방공망을 초토화시켰다. 많은 러시아 국민들은 메드베데프가 미국이 주도하는 또 하나의 전쟁에 공모자가 되었다고 생각했다.

총리의 측근 보좌관 가운데 한 명은 나중에 푸틴이 표결 전 안보리결의안 내용을 읽어보지 못했다고 주장했다. 총리가 관례대로 외교보다는 '경제 외교'에 치중하느라 그랬다는 것이다. 하지만 공습이 시작되자 푸틴은 결의안의 중요성을 알게 되었다. 나토의 목적이 단순히 민간인 보호에만 있는 게 아니라 카다피 정권을 전복시키는 데 있음을 알게 된 것이다. 푸틴은 메드베데프가 서방의 농간에 놀아났다고 생각했다. 그 보좌관은 이렇게 말했다. "푸틴은 결의안 내용을 꼼꼼히 읽고, 일부 국가들이 자기들 의도대로 문구를 해석해서 행동할 여지가 있다는 것을 알게 됐습니다." 리비아에 대한 나토 공습이 시작되자 푸틴은 강경하게 대응했다. 무기 공장을 시찰하면서 유엔결의안이 '허점이 많고 부적절한 내용'을 담고 있다고 비판했다. "결의안을 읽어보면 누구든 주권 국가를 상대로 어떤 수단이든 다 동원할 수 있도록 승인해 주고 있다는 사실을 금방 알 수 있습니다. 중세의 십자군 전쟁을 연상시킵니다." 그는 유엔결의안을 이전에 미국이 주도했던 세르비아 공습과 아프가니스탄 침공, 그리고 거짓 명분을 내세워 감행한 이라크 침공에 비유했다. "그리고 이번에는 리비아 차례가 된 것입니다."

푸틴의 대변인은 총리가 개인 의견을 밝힌 것일 뿐이라고 말했으나, 그것은 결의안 채택에 대해 명백한 반대 입장을 나타낸 것이었다. 메드베데프는 즉각 크렘린 기자단을 모스크바 교외에 있는 대통령 별장으로 불러 러시아의 표결 기권에 대해 해명했다. 그러면서 간접적으로 푸틴을 비판했다. 메드베데프는 털 칼라가 달린 조종사용 가죽 재킷을 입고, 지퍼를 끝까지 올린 차림이었다. 조금 불편해 보이고 신경이 곤두선 듯했지만 단호한 표정이었다. 그는 리비아 정부의 태도에 비추어 볼 때 안보리는 정당한 결정을 내린 것이라고 말했다. 그러면서 다소 방어적인 입장을 취했다. 러시아가 유엔결의안에 대해 거부권을 행사하지 않은 것은 극한으로 치닫는 분쟁 국면에 해결책을 마련해 주기 위해 '어쩔 수 없이 내린 결정'이었다고 설명했다. "지금 리비아에서 벌어지는 일은 모두 리비아 지도부가 자국민을 상대로 도저히 용납할 수 없는 범죄행위를 저지르기 때문에 일어난 것입니다." 그는 다국적군의 공습(이후 8개월 동안 계속됨) 범위에 대해 우려를 표시하면서도, 푸틴의 발언은 전투를 종결시키는 데 도움이 되지 않는다고 경고했다. "말을 좀 더 신중하게 가려서 해야 한다고 나는 생각합니다. 십자군 전쟁 운운 하며 문명충돌을 야기할 수 있는 발언은 곤란합니다. 이런 표현은 도저히 용납할 수 없습니다."

임기 말이 다가오면서 메드베데프는 자기한테 주어진 시간이 얼마 남지 않았다고 생각한 듯 경제개혁을 위한 노력을 배가했다. 한 가지 예로 정부 각료들이 국영기업 이사를 겸직할 수 없도록 금지하는 포고령을 내렸다. 푸틴은 각료의 국영기업 이사 겸직을 자신의 경제정책을 지탱하는 핵심으로 삼았다. 메드베데프 본인도 대통령 행정실장과 부총리 재임 때 가즈프롬 이사를 겸직했다. 고위관료들의 겸직을 금지시킨 것은 푸틴 진영에 있는 자신의 최대 라이벌인 이고르 세친의 힘을 약화시키려는 의도로 풀이됐다. 당시 세친은 부총리로 있으면서 로스네프트 회장을 겸직하고 있었다. 푸틴은 겸직 금지 조치에 동의했으나 자신의 측근인 빅토르 주브코프 전 총리가 가 있는 가즈프롬은 예외로 하자고 했다.

메드베데프는 연임을 원하고 있음이 분명해 보였으나, 그런 의사를 공개적으로 밝힐 엄두는 내지 못하고 있었다. 자신과 푸틴이 당내 경선을 해야 하는 것과 비슷한 입장에 처해 있었고, 중요한 것은 자신이 아니라 푸틴의 의중이 어디에 있느냐는 것임을 잘 알고 있었다.

5월에 메드베데프는 취임 3년 만에 첫 기자회견을 가졌다. 푸틴은 자신이 국정을 완전히 장악하고 있음을 과시하는 행사로 활용하기 위해 기자회견을 매년 가졌지만 메드베데프의 기자회견은 푸틴이 한 것을 겨우 흉내 내는 수준이었고, 임기 말이라 시기적으로 너무 늦었다. 필사적으로 하는 정치적인 몸부림으로 보이기도 했다. 기자회견 장소는 그가 러시아판 실리콘 밸리로 만들겠다고 의욕적으로 밀어붙이고 있는 스콜코보였다. 그는 푸틴에 대한 충성심이 변함없으며, 국익을 위해 헌신한다는 두 사람의 약속은 변함이 없다는 점을 강조했다. 그러면서 리비아 공습에도 불구하고 나토와의 관계는 '그렇게 나쁘지 않다.'고 했다. 그리고 우크라이나는 유럽과의 통합을 추진할 권리를 갖고 있다고 말했다. 푸틴은 우크라이나의 유럽 편입을 러시아의 국익에 엄청난 위협으로 간주하고 있었다. 주지사 교체와 관련된 질문에 답하면서 그는 푸틴의 장기집권을 넌지시 비꼬았다. 튀니지와 이집트 사태를 예로 들면서, 지도자는 너무 오래 그 자리에 머무르려고 하지 말고, 새로운 세대를 위해 자리를 비켜주는 곳이 옳다고 답한 것이다. "누구도 권력을 영원히 누릴 수는 없기 때문에 이것은 대단히 중요한 문제라고 나는 생각합니다. 그런 환상을 품은 권력자들의 말로는 좋지 않았습니다."

리비아 내전이 장기화 되면서 메드베데프는 언론의 집중 비판을 받았다. 푸틴의 입김이 작용했음이 분명했다. 5월에 푸틴은 전국 러시아 인민전선이라는 새로운 조직의 창설을 발표했다. 자신을 지원해 줄 새로운 연합 정치세력을 출범시켜서 '사기꾼과 도둑들의 정당'과는 거리를 두겠다는 의도였다. 며칠 뒤 수백 개의 조직과 노조, 연합회, 공장이 가입 사태를 이루었다. 이 계획의 목적은 푸틴을 이들 세력을 통합시켜 줄 '국가적인 지도자'로 부각시키려는 것이었다. 메드베데프는 자본 자유화와 기술

혁신 등의 경제개혁 정책을 계속 밀고 나갔지만 정치적 기반은 약화되고 있었다. 그는 전국의 대표적인 기업인 27명을 일일이 만났다. 하지만 이들 올리가르히들은 다른 사람들과 마찬가지로 누가 차기 대통령이 될지를 숨죽여 지켜보고 있었다. 그는 이들 경제인들에게 자신의 개혁정책을 지지해 달라고 호소했는데, 사실은 자신이 차기 후보가 되도록 도와달라는 것이었다. 일부 참석자들은 메드베데프의 부탁을 누구 편에 설 것인지 결정하라는 일종의 최후통첩으로 받아들였다. 하지만 그의 메시지는 너무 종잡을 수 없어서, 대통령 자리를 지키기 위해서 싸우겠다는 것인지, 그럴 힘이 있기는 한 것인지 판단하기 힘들었다. 결국 기업인들은 그의 부탁을 조롱거리로 생각했다.

6월에 파이낸셜 타임즈The Financial Times와의 인터뷰에서 메드베데프는 연임에 도전하겠다는 의사를 처음으로 인정했다. 그러면서 자기 혼자 결정할 문제는 아니라는 점도 인정하며 이렇게 말했다. "대통령 자리에 있는 사람이라면 누구라도 다시 출마하고 싶을 것입니다. 하지만 실제로 출마할 것인지 여부는 다른 문제입니다. 출마 의사를 가지는 것과 실제로 출마할 것이냐는 것은 다른 문제라는 말입니다. 내 대답은 이것입니다." 정말 정치적으로 독립할 생각이 있다고 하더라도 그런 뜻을 겉으로 드러내지는 않은 것이다. 그는 인터뷰 같은 기회를 통해 자신의 출마 의사를 공개적으로 밝힐 수 있었다. 푸틴에게도 도전할 의사가 있음을 분명히 밝히고 유권자들의 선택을 호소할 수도 있었다. 대신 그는 핵심적인 질문에 답하지 않고 엉거주춤한 상태로 머물렀다. 그렇게 해서 2011년 여름은 정치적인 미궁 속으로 지루하게 빠져들었다. '2008년의 불확실성'을 연상시키는 안개 정국이었다. 국정 마비 사태를 보여주는 듯 자연재해가 아닌 각종 사건사고들이 잇달았다. 7월에는 볼가강에서 여객선이 침몰해 120명 넘게 익사했고, 프로 하키팀 로코모티프 야로슬라블 선수와 코치들이 탄 항공기가 추락했다. 메드베데프는 사고 며칠 뒤 사고를 당한 하키팀의 본거지에서 기자회견을 하기로 되어 있었다. 하지만 각료들도 그 자리에 배석하는 것이 푸틴에 도전하는 메드베데프를 지지하는 것으로 비칠까 두려워서 참석을 피했다.

푸틴은 강인한 카리스마와 단호한 의지, 러시아 국민들이 겪는 일상적인 어려움들과는 거리가 먼 것 같은 우월한 존재감으로 사건사고들이 일어나도 비난의 대상에서 비켜나 있었다. 하지만 메드베데프는 대통령으로서 온갖 비난을 한 몸에 다 받았다. 누가 의도적으로 그렇게 만든 것인지는 모르지만, 여객선 침몰과 비행기 추락 사고에 대한 국민들의 비난은 모두 그에게 쏟아졌다. 국영 언론에서 푸틴을 돋보이게 보도하는 경향이 갑자기 두드러지기 시작했다. 개인적인 매력, 심지어 신체적인 매력까지 조직적으로 부각시키기 시작한 것이다. 두 사람의 차별화 전략이었다. 푸틴은 청년 단체 나시의 여름 캠프에 모습을 나타냈고, 러시아정교회에서 가장 신성시하는 장소를 찾아가 기도를 올렸다. 그리고 고대 그리스 유적이 가라앉아 있는 흑해에서 수중 다이빙을 하고 항아리 두 개를 건져 수면 위로 올라왔다. 대통령 대변인 드미트리 페스코프는 나중에 그 장면이 연출된 것이었다고 시인하고, 화면 하단에 작은 글씨로 연출되었다는 사실을 적어놓았으나 눈에 잘 띄지 않은 것이라고 말했다. 어쨌든 푸틴은 물에 젖어 몸에 꽉 끼는 옷차림으로 여전히 탄탄한 몸매를 과시했다.

9월에 통합 러시아당 대의원들이 루즈니키 스타디움에 모였을 때는 대통령 임기 말을 앞두고 정국이 어떻게 전개될지 대단히 불확실한 상황이었다. 불과 10주 앞으로 다가온 선거에서 제시할 당 정강정책을 만들면서도 당 지도부와 푸틴이나 메드베데프 진영의 측근 참모들을 포함해 누구도 앞날이 어떻게 전개될지 점치지 못하고 있었다. 토요일인 그날 아침 스타디움 안에 모인 대의원들은 무너져 내린 이데올로기의 제국을 다시 일으켜 세우고, 놀라운 변화를 이끌어낸 업적을 찬양하는 연설들에 귀를 기울이고 있었다. 그 업적을 이룬 주인공은 말할 것도 없이 푸틴이었다. 구시대의 아파라치키를 그대로 연상시키는 두마 의장 보리스 그리즐로프는 긴장하고 초췌한 표정으로 당 강령을 읽어 내려갔다. 마지막으로 조명이 어두워지고 참석자들은 숨을 죽였다.

갑자기 조명이 밝아지면서 록스타처럼 푸틴과 메드베데프가 대회장으로 입장했다. 두 사람은 어깨를 맞대고 당당하게 걸어 들어왔다. 푸틴은 극도로 자신에 찬 모습이었다. 그의 지지자들은 쇠퇴하는 제국의 위축된 지도자상이 아니라, 러시아가 오랫동안 갈망해 온 당당한 지도자의 모습이라고 환호했다. 공식 서열에 따라 그가 먼저 연설했다. 그는 러시아가 직면한 어려운 도전들을 열거하는 것으로 연설을 시작했다. 하지만 대의원들이 가장 궁금해 하는 질문에는 정확한 답을 내놓지 않았다. 그는 며칠 앞서 여러 사람들과 비공식 회합을 가진 자리에서도 명확한 입장을 밝히지 않았다. "통합 러시아당 당원들과 지지자, 그리고 이곳에 모인 대의원 여러분들 모두 선거 뒤에 모습을 드러낼 국가의 권력구조와 정부조직에 관해 궁금해 하고 있다는 것을 잘 압니다. 단도직입적으로 말해, 우리는 앞으로 일어날 일에 대해 오래 전에 합의해 놓고 있었습니다. 그 합의는 여러 해 전에 한 것입니다. 하지만 메드베데프 각하와 나는 누가 어떤 자리를 맡을 것인지는 중요한 문제가 아니라고 생각합니다. 그보다 더 중요한 것은 업무를 어떻게 성공적으로 수행할 것이냐는 것입니다. 우리가 어떤 업적을 이루고, 국민들이 우리가 하는 노력을 어떻게 평가하고, 우리가 국가의 미래를 위해 내놓는 정책들에 대해 국민들이 어떤 반응을 나타내는지, 그리고 우리를 지지해 줄 것인지가 중요합니다."

그러면서 푸틴은 민주주의에 대한 자신의 생각을 장황하게 늘어놓았다. 국민들은 선거라는 형식을 통해 지도자를 선택하는 게 아니라, 이미 정해진 지도자를 추인하는 것이라고 했다. 그러면서 메드베데프는 당의 전통에 따라 12월 총선에서 비례대표 후보 1번으로 나서서 이미 예정된 당의 정직한 승리를 위해 헌신해야 한다고 주장했다. 박수갈채가 기계적으로 이어졌다. 하지만 푸틴은 두 사람 가운데 누가 어느 자리를 맡을 것인지에 대해서는 언급하지 않았다. 푸틴에 이어 메드베데프가 연단에 나섰다. "이곳에 서게 돼 무한한 영광입니다." 그는 어색한 미소를 지으며 말문을 열었다. 4년이나 대통령 자리에 있었지만 여전히 정치연설에는 미숙한 모습이었다. 그는 러시아의 민주화와 새로운 수준의 정치문화가 형성된 것에 자부심을 느낀다고 했다. 그러면서 '과도한 형식주의와 관료주의'가 이러한 업적을 위협할 수 있다고 경고했다. 대의원들은 별 감흥 없이 연설을 듣고 있었다. 별로 가슴에 와 닿지 않는 내용들이었다.

그는 8가지 정치 의제를 발표했다. 모두 재임 기간 중에 약속해 놓고 아직 실행에 옮기지 않은 내용들이었다. 경제와 산업의 현대화, 임금과 연금 보장, 건강보험, 부패척결, 사법정의 확립, 인종 및 종교 간 화해와 불법이민 단속, 현대적인 정치 시스템 확보, 경찰력과 군사력 재건 등이었다. 아울러 푸틴이 제안한 당 비례대표 후보 1번을 수락하고, 푸틴이 언급한 여러 해 전에 해놓은 합의에 대해 언급했다.

메드베데프는 마치 자신의 정치적 사망기사를 읽는 사람 같았다. 역사상 가장 기괴한 고별사 가운데 하나였을 것이다. "나는 당과 국민들 모두에게 대단히 중요한 한 가지 문제를 결정할 것을 제안합니다. 대통령 후보를 정하는 문제입니다. 내가 당의 비례대표 후보 1번이 되어서 당무를 맡아 총선을 승리로 이끌고, 당대회에서는 총리인 블라디미르 푸틴 동지를 러시아의 다음 대통령 후보로 지지하는 게 옳다고 생각합니다."

따지고 보면 놀라운 내용도 아니었다. 그해 내내 메드베데프의 정치적 발언권은 계속 줄어들었다. 그래도 스타디움 전체가 한동안 충격에 휩싸인 듯했다. 이어서 우레 같은 박수갈채가 터져 나오더니 계속 이어졌다. 푸틴은 긴장감을 한껏 고조시킨 다음, 자신이 후보로 결정되는 순간에 맞춰 그것을 발산시킨 것이었다. 그는 스포트라이트를 받으며 맨 앞 줄 자리에서 일어나 미소를 지어보였다. 시선은 강렬했고 얼굴에는 짧게 조소가 스쳐 지나갔다. 더 높은 자리로 오를 후보직을 제안 받았지만 두 손을 들어 승리의 제스처를 지어보이지도 않았다. 자기는 대통령 자리로 다시 돌아가기로 이미 정해져 있었다는 듯이 그저 머리만 끄덕여 보였다.

메드베데프가 연설을 마치자 푸틴은 연단에 다시 올라가 장황하게 정책 관련 연설을 했다. 참전용사와 농부, 의사, 교사, 과학자, 군인들을 위한 정책들을 세세하게 소개했다. 그리고 국민들이 글로벌 경제위기로 인해 계속되는 어려움을 이겨낼 수 있도록 하겠다고 약속했다. 그는 지금 겪는 어려움이 "러시아 내부 문제 때문에 일어난 것"이 아니라고 거듭 강조했다. 메드베데프의 비례대표 후보 1번 배정이나 자신의 대통령직 복귀에 대해서는 거의 언급하지 않았다. 한순간에 그것은 이미 누구도 왈가왈부할 수 없는 기정사실로 굳어져 있었다. "이제 우리는 긴 선거일정에 돌입했습니다. 국가 두마 선거는 12월 4일 실시되고, 이어서 두마 상임위원회를 구성하고 정부 기구들을 정비해야 합니다. 대통령 선거는 내년 봄에 실시됩니다. 나를 대통령 후보로 추천한 데 대해 긍정적인 반응을 보여주어서 감사드립니다. 나로서는 대단한 영광입니다." 그는 자신이 나서서 정한 것은 하나도 없다는 투로 말했다.

두 사람 사이의 합의는 몇 년 전에 이루어졌다고 푸틴은 말했다. 메드베데프도 그런 식으로 말했지만, 결과가 자기가 생각하는 쪽으로 나타나지 않은 것이다. 메드베데프는 적어도 9월 초까지는 연임 희망을 키우고 있었다. 하지만 그때부터는 공개적인 행동이 연임에 대한 희망을 접기 시작한 것으로 비쳐지기 시작했다. 푸틴의 최종 결심을 알게 된 것은 전날 밤 노보 오가료보의 심야 회동에서였다. 메드베데프를 당 후보 제일 위에 올리는 데 쓸 투표용지를 인쇄할 때, 그의 이름이 들어갈 자리는 공란으로 비워 두었다가 회의장에서 발표가 있은 다음에 채워졌다. 푸틴은 최종 결정이 공식 발표되기 전까지는 아내 류드밀라에게도 말하지 말라고 메드베데프에게 당부했다고 한다. 푸틴은 자신의 대통령직 복귀 의사를 정부 인사나 참모들에게도 일체 알리지 않았고 상의도 하지 않았다. 그는 자신의 정치 역정에서 가장 중대한 결정을 최측근 자문그룹과만 상의했다. 메드베데프의 측근인 아르카디 드보르코비치는 당대회 진행상황을 보고 자신의 트위터에 "이제는 스포츠 채널이나 보고 살아야겠다."라고 썼다. 그는 그 전 해에 메드베데프가 추진하는 계획과 대통령직 수행 자체가 "낡은 체제를 고수하고, 비효율적인 예산 집행과 자원 위주의 국가

경제에 매달린 세력들"로부터 저항을 받고 있다고 했다. 이름을 거론하지는 않았지만, 그 저항세력이 푸틴 주변의 인물들임을 분명히 한 것이다.

푸틴은 자신이 왜 대통령을 다시 하겠다는 것인지 그 이유를 크렘린 측에 단 한 번도 설명하지 않았다. 메드베데프가 대통령을 한번 더 하더라도 푸틴은 국가 최고지도자 자리를 계속 유지할 수 있었을 것이다. 아마도 자신의 후계자가 만족스러울 정도로 강한 대통령이 아니라는 생각을 했을 가능성이 높다. 당대회 결정 이후 여러 달 동안 푸틴의 지지자들은 메드베데프가 그루지야와의 전쟁과 나토의 리비아 공습 사태 등에서 약한 모습을 보였다며 그를 깎아내렸다. 푸틴이 메드베데프에게 자기 아내한테 말하지 말라고 한 대목은 아내가 자신의 대통령직 복귀를 지지해 줄 것이라는 믿음이 없었다는 뜻이기도 하다. 왜 아무에게도 알리지 않고 혼자서 결정했느냐는 부분은 어느 정도 설명이 된다. 하지만 왜 그런 결정을 내렸는지는 여전히 쉽게 이해가 되지 않는다. 굳이 다시 대통령을 할 필요가 없었기 때문이다. 대통령 자리는 자기가 원하면 언제든지 자기 것임을 보여주기 위해서라는 것 외에는 달리 설명이 되지 않았다.

푸틴의 대통령 복귀에 회의적인 사람들은 헌법개정을 통해 대통령 임기가 4년에서 6년으로 늘어난 것의 의미를 되새겨 보기 시작했다. 이번에 당선되면 푸틴은 2018년까지 재임하고, 그 뒤 한 번 더 연임하면 2024년까지 러시아 대통령을 하게 되어 브레즈네프의 집권 기록을 넘어선다. 그러면 푸틴보다 더 오래 집권한 사람은 31년을 권좌에 있은 스탈린 한 명밖에 없게 된다. 야당 성향의 신문 노바야 가제타는 푸틴이 대통령 임기를 모두 마쳤을 때를 가정해서 연필 캐리커처를 실었다. 얼굴 주름이 잔뜩 지고, 머리칼은 더 성글어졌으며, 양복에는 각종 훈장과 리본을 잔뜩 매단 모습이었다. 측근 참모들도 끝까지 자리를 함께 지키고 있었는데, 모두들 구부정한 대조국전쟁 참전 군인들의 모습을 하고 있었다.

한때 민주세력과 개혁주의자들의 희망이었던 메드베데프는 푸틴보다 더 심한 조롱거리가 됐다. 러시아 체스에서 자리를 서로 맞바꾸는 것을 '로키로프카'rokirovka라고 하는데, 왕을 더 확고히 지키기 위해 왕의 자리를 성의 장수인 루크와 맞바꾸는 것을 말한다. 이제는 진짜 권력을 쥔 사람이 누구인지 아무도 의심하지 않게 되었다. 한때 메드베데프가 독자적인 지도자의 자리를 차지해 줄 것이라는 기대를 품었던 사람들도 마찬가지였다. 이들의 실망감은 격한 분노로 바뀌었다. 자리바꿈 결정이 2008년에 내려졌건, 아니면 2011년에 내려졌건 관계없이 메드베데프는 푸틴이 두는 체스판의 졸에 지나지 않는다는 사실을 모두 알게 되었다. 푸틴은 대통령의 임기를 제한하는 법을 치우는 수를 두기 위해 메드베데프라는 졸을 이용한 것이었다. 러시아 국민들은 메드베데프의 가장 큰 업적이 11시간인 러시아의 시간대를 9시간으로 줄이고, 여름철에만 적용하던 서머타임을 사계절 계속 적용키로 한 것이라고 조롱했다.

두 사람의 자리바꿈 결정이 발표되자 메드베데프의 우군으로 간주되던 알렉세이 쿠드린 재무장관이 공개적으로 그와의 결별을 선언했다. 메드베데프가 총리로 있는 내각에는 참여하지 않을 것이라고 했다. 메드베데프는 여론조사로 누가 대통령 후보가 될지 결정하자고 푸틴과 합의했다고 말하며, 자신의 선택임을 강조하려고 했다. 유권자의 의견을 중시하는 결정 방법을 택했다고 말한 것이다. 하지만 그는 사람들이 싫어하는 미국의 경우를 인용하는 바람에 사태를 더 악화시켰다. 그는 같은 민주당 소속인 버락 오바마와 힐러리 클린턴이 서로 후보가 되겠다고 끝까지 싸우면 어떻게 되겠는지 상상해 보라고 했다. "두 사람은 같은 민주당원이고, 그래서 본선에서 누가 더 좋은 성적을 낼 수 있을지를 근거로 후보자를 결정한 것입니다. 우리도 같은 방식으로 후보를 정한 것입니다." 당대회가 끝난 지 일주일 채 되기 전에 이런 말을 했다. 치열했던 2008년 미국 민주당 대선 후보 예비선거 과정을 제대로 이해하지 못하고 한 이 말 때문에 그는 더 사람들의 웃음거리가 되었다.

자기가 헌법을 충실히 준수한다고 생각한 푸틴은 자신의 대통령직 복귀에 대한 사람들의 반응을 잘못 계산하고 있었다. 그는 스스로 통찰력이 뛰어나다고 믿고 있었지만, 실제로는 일반 국민들이 하는 생각으로부터 점점 더 고립되고 동떨어지고 있었다. 그는 사회가 안정을 이루고, 경제 위기에도 불구하고 국민들이 번영을 누리게 되었다며, 툭하면 이것을 자신의 업적이라고 내세웠다. 하지만 그것만으로는 새로운 세대들로 하여금 자신의 복귀를 받아들이도록 만들 수는 없었다. 1990년대 겪었던 혼란은 이미 먼 기억이 되었고, 경제 호황의 혜택을 입은 많은 이들은 보다 더 현대적이고, 보다 더 개방적인 정치문화를 원하고 있었다.

크렘린은 텔레비전 보도를 철저히 통제했다. 하지만 이러한 비디오크라시videocracy, 다시 말해 영상 통치는 고골리 이래로 러시아 문학의 특징이 되어 온 풍자에 밀려 효력이 떨어지고 있었다.

로키로프카에 대한 들끓는 반대 여론은 크렘린의 통제 범위를 벗어나 있었다. 푸틴의 크렘린 복귀에 대해 쏟아지는 좌절과 분노가 트위터, 유튜브, 페이스북, 러시아판 페이스북인 브콘탁테VKontakte 등 각종 소셜미디어와 온라인 네트워크를 뒤덮었다. 적어도 온라인 상에서 사람들의 반감은 반란 수준으로 커졌다. 반란 주모자들의 압도적 다수가 교육 받은 계층 사람들이었다. 금전적인 여유가 있고, 첨단기술에 대한 지식도 있는 이들은 전통적인 소통 장벽이 허물어진 인터넷 미디어에 쉽게 접근했다. '인터넷 햄스터'라고 불리는 이들은 야유, 패러디, 풍자물을 일차 생산해 올리며 마음껏 푸틴을 조롱했다. 흑해에서 고대 유물을 건져 올린 일에서 부터 성형수술, 꼼수를 동원한 크렘린 복귀에 이르기까지 전통 언론들이 오래 전부터 감히 다루기를 포기한 주제들을 주저 없이 도마에 올렸다.

불만은 빠르게 번져나갔다. 11월에 푸틴은 올림피스키 경기장에서 열린 종합격투기 경기 때 링 위에 올랐는데, 관중들은 우 하는 함성과 휘파람 소리를 내며 야유를 보냈다. 푸틴 측근들은 관중들의 야유가 경기에서 패배한 미국 선수를 향한 것이라고 둘러댔다. 화장실 앞에 기다리는 줄이 너무 길어서 생긴 불만 때문이라는 해명도 내놓았다.

저녁뉴스에는 우 하는 함성이 들리지 않도록 대폭 편집된 화면이 소개 됐다. 하지만 비디오 원본이 온라인을 통해 유포됐고, 이 원본을 본 알렉세이 나발니는 푸틴의 시대는 끝났다고 선언했다. 푸틴은 이전에도 유권자들로부터 야유를 받은 적이 있기는 하지만, 이번에는 야유를 퍼부은 관중들 가운데 그의 열렬한 지지자들까지 포함돼 있었다는 점이 달랐다. 그때까지만 해도 푸틴에 반대하는 그룹은 극소수의 엘리트, 인텔리겐치아, 그리고 친 서방 성향을 가진 신세대 힙스터hipster들이었다는 점을 감안하면 놀라운 사태 변화였다.

크렘린 복귀 뉴스가 알려지면서 푸틴의 인기는 2000년 이래 최저 수준으로 떨어졌다. 12월 총선이 다가오면서 푸틴의 권력기반은 심하게 흔들렸다. 2000년 이후 고수해 온 정치 모델로는 더 이상 통하지 않는다는 게 분명해졌다. 크렘린은 친 기업을 표방한 친여 성향의 '올바른 일'당을 만들어 야당 흉내를 내도록 하려고 했다. 하지만 크렘린이 당수로 앉힌 억만장자 미하일 프로코로프의 지지자들이 그를 당수로 추대하기 위한 전당대회장 입장을 거부당해 웃음거리가 됐다. 그 당이 선거에서 승리할 것으로 생각하는 사람은 아무도 없었지만 메드베데프가 정치를 해보라고 프로코로프를 설득했다. 메드베데프는 크렘린의 정치책략가인 블라디슬라프 수르코프의 말을 듣고 그렇게 한 것이었다. 2010년에 미국 프로농구 NBA의 뉴저지 네츠(나중에 브루클린 네츠로 이름이 바뀜) 팀을 인수한 사업가인 프로코로프는 자신이 정치적으로 독자적인 노선을 걸을 수 있을 것이라는 순진한 생각을 했다.

총선은 이전과 마찬 가지로 진행됐다. 국가에서 인정하는 정당들이 민주주의 흉내를 내며 구색을 갖추었다. '체제 야당'이라고 불린 이들은 겉으로는 권력을 견제한다고 외쳤지만 사실은 체제에 완전히 종속된 정당들이었다. 주가노프가 이끄는 공산당, 지리노프스키의 자유민주당, 그리고 세르게이 미로노프가 이끄는 민족주의자들이 '정의 러시아당'으로 이름을 바꾸어 등장했다. 미로노프는 푸틴의 똘마니로 2004년 대선 때 푸틴에 도전장을 내기도 했다. 야블로코나 보리스 넴초프의 당처럼 집권 여당에 위협이 될지도 모를 정당들은 여러 방해공작을 동원해 입후보 등록 길을 막았다. 후보자를 낸다고 해도 야당 세력이 10년 넘게 변방으로 내몰리고 워낙 지리멸렬하게 분열돼 있어서 전혀 위협이 되지 못했다.

야당은 선거 승리가 아니라 러시아에서 선거가 겉치레 행사에 불과하다는 점을 부각시키는 것을 목표로 삼았다. 푸틴의 입장은 완강했다. 발전과 번영이라는 눈에 보이는 괴물 뒤에 숨은 사람들의 불만이 얼마나 위험한 것인지 잊은 것 같았다. 통합 러시아당의 운명은 심상치 않았다. 지지율은 급락했고, 여론조사는 헌법 개정에 필요한 다수 의석은 고사하고 과반 의석 확보도 어려울 것으로 나타났다. 푸틴의 그늘 아래서 특혜를 누린 관료와 특권 계층들은 점차 오렌지혁명의 가능성에 대해 겁을 먹기 시작했다. 아랍의 봄이 철권통치를 하나둘 도미노처럼 무너뜨리고 있었다. 군부의 반란이 도처에서 일어났다. 무바라크는 감옥으로 갔고 카다피는 죽었다. 그리고 아사드는 군부 반란으로 궁지에 몰렸고, 시리아는 분열돼 유혈내전 상태에 빠져 있었다.

푸틴은 자신은 절대로 그들의 뒤를 따르지 않을 것이라고 장담했다. 크렘린은 투표율을 끌어올려 통합 러시아의 승리를 위해 총력을 다하는 것으로 불안감을 나타냈다. 유권자 권리 보호 운동을 하는 단체인 골로스 Golos는 투표 하루 전 날에도 수천 건의 선거법 위반 사례를 적발했다. 골로스는 외국 민주주의 지원 단체의 자금 후원을 받아 위반 사례를 온라인 맵에 공개했다. 공개된 자료들은 유권자들 사이에 바이러스처럼 번져 나갔고, 친 정부 성향의 신문과 웹사이트들까지도 이를 인용했다. 푸틴은 상트페테르부르크의 철강 노동자들을 찾아가 선거감시운동 단체들은 러시아의 안정을 해치려는 외국의 스파이들이라고 말하고 골로스를 유다 같은 자들이라고 몰아붙였다. 그 말이 떨어지기 무섭게 골로스에는 선거법 위반으로 벌금형이 부과되고, 골로스 회장은 모스크바 선거 전 날 밤 공항에서 여러 시간 동안 억류당했다가 랩톱 컴퓨터를 압수당한 다음에야 풀려났다. 투표가 시작되자 골로스의 웹사이트는 컴퓨터 공격을 받고 곧바로 먹통이 됐다. 인기 라디오 방송 에코 모스크비를 비롯한 여러 단체들의 웹사이트도 같은 일을 당했다. 이 방송은 투표가 종료될 때까지 방송 송출이 중단됐다. 우연이라고 하기 힘든 일이었다. 크렘린이 인터넷의 영향력을 차단하기 위해 적극적으로 나서기 시작한 것이었다.

이전에 치러진 선거들도 모두 관권개입과 부정으로 얼룩졌지만, 12월 4일 총선 때는 과거 어느 선거보다도 어처구니없는 부정이 광범위하게 저질러졌다. 당국의 차단 노력에도 불구하고 인터넷은 부정선거 증거들을 채집해 사람들에게 알렸다. 아마추어들이 노골적인 무더기 투표행위와 유권자들을 버스에 태워 투표소를 옮겨 다니며 투표하는 장면 등을 휴대폰으로 찍어 온라인에 올렸다. 모스크바 제2501 투표소에서 늙수그레한 관리 책임자가 투표용지 한 다발을 책상 위에 올려놓고 자기 손으로 찍어대는 장면이 유튜브에 올라오기도 했다. 유럽안보협력기구OSCE가 파견한 국제선거감시단은 전국의 투표소 3곳 가운데 1곳 꼴로 유사한 부정행위가 저질러졌다는 결론을 내렸다. 이들이 참관한 투표소만 대상으로 집계한 것이기 때문에 부정사례는 이보다 더 많을 것이 분명했다. 통합러시아당이 50퍼센트에 육박하는 의석을 차지했다는 비공식 집계가 발표되자, 집권당의 선거법을 깡그리 무시한 행위에 분노가 쏟아졌다. 의석이 줄어들기는 했지만 명백한 부정선거로 거둔 승리였다. 상트페테르부르크 시절 푸틴의 KGB 동료였던 블라디미르 추로프가 선거관리위원장을 맡았고, 그 외에도 공무원, 국영 언론 기자들을 포함해 수천 명이 개입해 선거결과를 왜곡시켰다. 메드베데프와 함께 선거사무실에 나타나 승리를 선언한 푸틴의 표정도 그리 밝지 않았다. 엄청난 규모의 부정선거에 정치적 무관심으로 푸틴주의의 부상과 관료주의적 정체 현상에 일조했던 수천 명이 적극적으로 비판의 목소리를 내기 시작했다.

최종 공식 개표결과가 발표되고, 그날 저녁 야당인 솔리다리티가 모스크바 중심에 위치한 치스티예 프루디 역에서 항의집회를 개최했다. 솔리다리티는 이전에도 항의집회를 수시로 열었지만 매번 시위군중 수백 명이 모이면 그보다 훨씬 더 많은 경찰 병력이 이들을 에워싸고 엄중히 감시했다. 하지만 이번에는 비가 내려 추워진 날씨에도 불구하고 인터넷에 올라온 집회 소식을 보고 수천 명이 모였다. 이들은 돌아가면서 마이크를 잡고 갖가지 요구사항과 최후통첩을 내놓았다. 다양한 부류의 사람들이 모였고, 쏟아내는 말들도 각양각색이었다. 가장 주목을 끈 발언자는 알렉세이 나발니였다. 그동안 반부패 운동을 벌여 사람들의 주목을 받은 인물이기 때문이었다. 인터넷에 엄청난 수의 팔로어를 확보하고 있는 그는 마이크를 들고 사람들 앞에서 푸틴 반대 구호를 외쳤다. 사람들은 '푸틴은 도둑"푸틴 없는 러시아'라고 쓴 깃발들을 흔들었다. 나발니와 시위 주동자 수십 명은 광장에서 선거관리위원회 사무실을 향해 도보행진을 벌이다 체포당했으며, 나발니는 체포과정에서 저항하다 15일 구류처분을 받았다. 그래도 시위는 계속됐고, 사람 수는 점점 더 늘어났다. 그 다음 주 토요일에는 크렘린에서 강 건너 반대편에 있는 볼로트나야광장에 수만 명이 모였다. 잡혀가는 것도 무서워하지 않고, 과격 청년 단체 나시의 반대집회도 아랑곳하지 않았다. 나시는 크렘린이 우크라이나의 오렌지혁명을 보고 이런 반대집회에 써먹으려고 조직한 단체였다. 당국은 집회에 참가한 징집 연령의 청년들은 체포되면 곧바로 입대시킬 것이라는 경고를 내놓았지만 시위대는 개의치 않았다.

2주 뒤인 12월 24일에는 거의 20만 명이 모였다. 이번에는 집회장소가 안드레이 사하로프 박사의 이름을 딴 거리였다. 반체제 물리학자인 사하로프 박사의 민주화에 기여한 명성은 크게 쇠퇴해 있었다. 15일 구류를 마친 나발니도 참석했다. 그는 눈 내리는 밤거리에서 지지자들이 자신의 이름을 연호하는 가운데 시위군중 앞에 나타났다. 그는 이제 총선 부정에서 3월 4일로 예정된 대통령 선거 부정을 막는 쪽으로 관심을 돌려야 한다고 했다. "3월 4일에도 부정선거를 통해 불법적인 권력승계가 이루어질 것입니다." 1991년 8월에 보수 쿠데타를 저지하기 위해 모였던 시위군중 이래 가장 많은 사람이 모인 집회였다. 집회는 다른 도시들로 번져나갔고, 공무원과 노동자, 연금생활자, 학생, 자본주의가 들어오며 새로 일자리를 얻은 사무실 근무자 등 여러 부류가 참가했다. 시위가 평화적으로 진행되자 크렘린은 더 불안했다. 푸틴은 처음에는 부정선거 시비에 일체 대응하지 않고 무시하는 태도를 보였다. 대규모 반란 가능성에 대해서는 싸늘하게 조롱하는 입장을 취했다.

푸틴은 의회 선거 사흘 뒤, 다가오는 대통령선거운동 캠프 관계자들을 모아놓고 시위사태의 책임을 힐러리 클린턴 미국 국무장관에게 돌렸다. 힐러리 장관이 러시아 선거를 부정선거라고 비난했기 때문이라는 것이었다. "그 여자가 러시아에 있는 운동가들에게 신호를 보냈고, 이 신호를 받은 우리 운동가들이 미국 국무부의 도움을 받아 공작을 벌이는 것"이라고 했다. 그는 시위를 KGB에서 쓰는 용어인 공작이라고 했다. 시민들의 항의시위를 자발적이고 자연스러운 것이 아니라 정보공작의 일환으로 본다는 말이었다. 12월 텔레비전 시청자 참여 프로그램 '국민과의 대화'에 출연해서는 한 발 더 나아갔다. 시위대가 흰색 상징 리본을 달고 모이는 것에 대해 흰색 콘돔을 옷에 달고 다니는 사람들이라고 조롱한 것이다. 시위대를 루디야드 키플링의 소설 〈정글북〉에 등장하는 회색원숭이 무리

반다로그에 비유하기도 했다. 정글북은 푸틴이 십대 때 소련 텔레비전에서 시리즈로 방영했다. "나는 어렸을 적에 키플링의 책을 좋아했습니다." 푸틴은 장난기 어린 미소를 지어보이며 이렇게 말했다.

푸틴은 태연한 척했지만 관료조직은 심하게 흔들리기 시작했다. 푸틴으로부터 조롱을 받은 시위대는 더 격렬해지고 참가자 수도 더 늘었다. 시위대는 콘돔에 바람을 넣어 풍선처럼 부풀려 들고 흔들었다. 원숭이를 그린 포스터와 원숭이 박제까지 등장했다. 정부도 겉으로 단합된 모습을 보였지만 내부적으로는 분열의 징조들이 나타났다. 메드베데프는 처음에 부정 기표 장면을 담은 비디오 화면들이 조작된 것이라는 주장을 내놓았으나, 나중에는 제기된 의혹을 모두 철저히 조사하겠다고 약속했다. 두마의장 보리스 그리즐로프는 통합 러시아당이 의회를 독식한다는 불만을 누그러뜨리기 위해 상임위원장 자리를 야당에도 배정하겠다는 약속을 내놓았다. 그러다 얼마 안 가 압력을 받고 의장직에서 물러났다. 크렘린은 '회색 추기경'으로 불리며 막강한 권한을 휘둘러 온 행정실 제1부실장 블라디슬라프 수르코프를 전격 경질했다. 그는 푸틴 통치철학의 핵심인 '주권 민주주의'를 입안한 장본인으로 알려져 시위대의 표적이 되어 있었다. 가즈프롬 소유의 NTV 기자들은 12월 10일 시위 뉴스를 내보내지 못하면 방송을 거부하겠다고 선언했다. 크렘린의 언론 통제 책임자들이 처음으로 양보해 반정부 시위 장면이 텔레비전을 통해 전국으로 내보내졌다. 시위대의 불만이 푸틴을 향한 것이라는 내용은 방송되지 않았다.

학자와 정치 전략가, 관료, 러시아정교회 사제 등 항상 푸틴을 지지해온 엘리트 계층까지도 선거부정 의혹을 제기하기 시작했다. 알렉세이 쿠드린도 12월 24일 집회에 등장해 크렘린을 향해 좀 더 책임 있는 체제를 만들어 달라고 주문했다. 시위 때문에 재선거가 실시되거나 부정선거 진상조사가 제대로 이루어질 것으로 생각한 사람은 거의 없었다. 시위에 참가한 군중들도 마찬가지 생각이었다. 그리고 3월 선거에서 푸틴이 다시 선출될 것이라는 점을 의심하는 사람은 더 없었다. 하지만 푸틴 통치의 앞날에 대한 불확실성이 처음으로 퍼지기 시작한 것은 사실이었다. 총선 뒤 러시아 주식시장은 침체에 빠졌다. 그리고 위기 때마다 되풀이되는 일이지만 자본이탈이 가속화 되었다. 엘리트 계층, 특히 푸틴 통치에 투자한 사람들 사이에 불안감이 스며들기 시작했다.

푸틴이 논문을 쓴 상트페테르부르크 광산연구소의 블라디미르 리트베넨코 소장은 이러한 불안감을 잘 나타냈다. 그는 자신의 학생이었던 푸틴과 긴밀한 관계를 계속 유지해 오며 부자 반열에 올랐다. 그는 포스아그로PhosAgro의 정부 지분에 대해 자문을 해준 대가로 쌓은 재산이라고 말했다. 포스아그로는 정부가 미하일 호도르코프스키를 기소한 다음 압류한 자산으로 설립한 기업이었다. 불과 몇 개월 전에 이 회사는 런던주식시장에 상장했다. 그는 과거에 푸틴이 한 말을 그대로 되풀이했다. 길거리에서 정의를 외치는 군중들이 무질서를 부르고, 폭도들이 권력자들을 쓰러뜨리고 거리를 피로 물들일 것이라고 했다. 그는 시위가 확산되는 것을 보고 이렇게 말했다. "이것은 혁명이 아니라 폭동입니다. 거리에서 벌어지는 저 무질서를 보십시오. 이것은 재앙입니다. 이 나라가 그런 길로 가지 않도록 우리는 모든 수단을 다 동원해야 합니다."

THE NEW TSAR
THE RISE AND REIGN OF VLADIMIR PUTIN

PART 05

제22장

—

권위주의 광풍

스산하게 추운 2012년 2월 어느 날 아침이었다. 푸틴의 대통령 재선출을 2주 채 남기지 않은 그날, 모스크바에 있는 새로 단장한 화려한 장식의 성당에 젊은 여성 5명이 나타났다. 러시아정교회 신자들에게는 소련 시절 억압당한 교회의 부활을 상징하는 건물인 구세주 그리스도 대성당이었다. 여성들이 성화벽 앞쪽으로 가서 겨울 외투를 벗자 요란한 색상의 민소매 드레스와 어울리지 않는 레깅스가 드러났다. 이들은 복면으로 얼굴을 가린 채 고함을 지르며 춤을 추기 시작했다. 양팔로 허공을 내지르며 내는 고함소리는 텅 빈 성당 안에서 메아리치며 불협화음을 만들어냈다. 그 가운데 한 명인 예카테리나 사무체비치는 기타를 어깨에 걸치기 전에 경비원이 달려와 제지했고, 나머지 네 명은 계속 소리를 질러댔는데, 무슨 말인지 잘 알아듣기 힘든 내용이었다.

그리스도의 어머니이신 성모 마리아여!
푸틴을 쫓아내 주소서! 제발 푸틴을 쫓아내 주소서!

소란은 일 분도 채 계속되지 못했다. 경비원들의 제지를 받고 여성들은 기다리는 남성 몇 명과 함께 서둘러 성당을 빠져나갔다. 그날 저녁에 뮤직 비디오가 온라인에 올라왔다. 모스크바 시내 다른 성당에서 찍은 화면을 따다 붙이고, 번쩍이는 조명과 사운드를 넣고, 구세주 그리스도 대성당 건물이 스쳐 지나가도록 삽입해서 만든 비디오였다. 엄숙한 분위기의 성가로 시작하는가 싶더니 곧바로 하드펑크의 요란한 화음이 반복되고 중간 중간에 쌍소리가 삽입됐다. KGB에 협력하고, 탐욕스럽고 부패하고, 여성을 억압하고, 게이와 레즈비언에게 편견을 가진 교회와 사제들을 조롱하는 내용이었다. 비디오에는 '펑크 프레이어'Punk Prayer라는 제목이 붙었는데, 국가가 위기에 처했을 때 올리는 특별기도 형식을 빌었다.

새로운 형태의 어모포스 게릴라amorphous guerrilla 저항운동이었다. 이들은 미국에서 유행한 제3의 페미니즘 운동인 라이엇 걸Riot Grrrl 운동과 푸틴의 대통령직 복귀를 빗대 그룹 이름을 '푸시 라이엇'Pussy Riot이라고 지었다. 신분을 비밀에 부친 10여 명의 푸시 라이엇 여성 멤버들은 푸틴의 권좌 복귀 발표 직후 그룹을 결성하고, 총선 뒤부터 거리로 몰려나온 반정부 시위 대열에 합류했다. 도발적인 정치적 주제의 아트 퍼포먼스를 전문으로 하는 아트 콜렉티브로 '전쟁'이라는 뜻의 '보이나'Voina 멤버들도 푸시 라이엇에 포함됐다. 이들은 2008년 메드베데프가 당선된 대통령 선거 전날 밤 모스크바 생물학박물관에서 5쌍의 남녀가 집단 섹스 하는 장면을 필름에 담았다. 인구 붕괴를 피하기 위해 출산율을 높이자는 정부의 호소를 조롱하는 퍼포먼스였다. 이들은 푸틴의 크렘린 복귀를 앞두고 창의적인 에너지를 푸틴을 향해 정조준했다.

푸시 라이엇의 첫 번째 은밀한 대중 퍼포먼스는 푸틴과 메드베데프의 자리바꾸기인 '로키로프카' 발표 한 달 뒤인 2011년 10월에 행해졌다. 모스크바 시내 여러 장소를 옮겨가며 촬영했는데, 건축공사장 비계 위에 올라가기도 했다. 얼굴은 다양한 색상의 복면으로 완전히 가리고 고함과 노래를 섞었는데, 무바라크를 끌어내린 카이로의 시위대를 연상시켰다. 붉은광장에서도 같은 일을 해내자는 외침을 담았다. 1월에는 붉은광장에서 공연했는데, 16세기 차르의 칙령을 읽는 장소로 지어진 석조 플랫폼 '로브노예 메스토'Lobnoye Mesto 위에서 했다. 이번에는 멤버 8명이 등장해 '푸틴 피스드 힘셀프'Putin Pissed Himself라는 타이틀의 곡을 공연했다. 대규모 시위가 벌어지자 갈피를 못 잡고 우왕좌왕하는 정부를 비웃는 곡이었다. 처음에 당국은 이 그룹에 대해 크게 주의를 기울이지 않는 것 같았다. 공연에 참여한 멤버들은 수시로 구금당하고 심문을 받았으나 가명을 대고, 몇 시간 조사를 받으면 풀려났다. 하지만 이들이 제작한 비디오는 사이버 공간에서 활발히 번져 나가 러시아의 저항운동은 새로운 전환점을 맞게 되었다. 이들의 저항운동은 러시아 사회 전반에 번지는 반정부 분위기와 잘 맞아떨어졌다. 이러한 분위기는 겨울이 지나고 대통령 선거가 있는 새해 들어서도 계속 이어졌다. 이러한 저항운동의 흐름 앞에 크렘린의 견고한 권력기반이 흔들리는 것 같았다. 어쩌면 3월로 예정된 푸틴의 재등장이 저항운동에 발목이 잡힐지 모른다는 흐릿한 희망이 생겨났다.

"요즘 그 사람 기분이 별로 좋지 않아 보였다." 헨리 키신저는 저항 시위가 계속되던 2012년 1월 모스크바에서 푸틴과 만난 다음 이렇게 말했다. 현실정치의 대가인 키신저는 푸틴이 권좌에 오른 이후 정기적으로 그와 만났다. 푸틴은 1990년대 상트페테르부르크에서 공항으로 키신저 영접을 나가서 처음 만났다. 키신저는 당시 "훌륭한 사람들은 모두 정보 분야에서 일을 시작했지요."라는 말로 푸틴을 추켜세워 주었고, 푸틴은 정성을 다해 그를 안내했다. 푸틴은 키신저를 미국과의 관계 변화와 상관없이 자신에게 도움을 주고, 러시아의 국익을 존중해 줄 믿을 만한 조언자로 생각했다. 냉전의 전사로 오랫동안 러시아와의 협력을 강화해야 한다고 주장해 온 키신저는 푸틴의 기대를 저버리지 않았다. 그는 푸틴의 사람 됨됨이를 이렇게 평가했다. "푸틴은 미래에 자신의 적이 될 가능성이 있는 상대는 누구든 파괴해 버려야 한다는 생각을 가졌던 스탈린과 다릅니다. 푸틴은 자기 앞에 닥친 임무를 수행하는 데 필요한 힘을 기르는 사람입니다." 권력 복귀를 위한 선거운동을 준비하면서 가장 시급한 과제는 길거리의 항의시위를 막는 것이었다. 키신저는 확고한 신념을 보이던 평소와 달리 푸틴의 의지가 다소 약화되었다는 느낌을 받았다.

형식적으로 드미트리 메드베데프가 이끄는 크렘린은 초기 시위대의 분노를 누그러뜨리기 위해 몇 가지 양보안을 내놓았다. 그 가운데는 푸틴이 2004년에 폐지한 지역선거 부활안과 정당 창당 요건을 완화하는 안도 들어 있었다. 러시아정교회도 정부를 상대로 거리로 나선 사람들의 분노를 헤아려 달라고 요구했다. 러시아정교회의 성탄절인 1월 7일, 정교회의 수장인 키릴 총대주교는 관영 텔레비전과의 인터뷰에서 만약 시위군중을 무력으로 진압한다면 소련 시대의 억압정치로 오인 받게 될 것이라고 말했다. 권력과 그토록 밀접한 관계를 유지해 오던 기관의 수장으로서 놀랄만한 입장을 내놓은 것이었다. 다른 교회 지도자들도 정부와 시위대 사이에 중재 역할을 자청하며 비슷한 입장을 내놓았다. 그러다 갑자기 교회의 입장이 바뀌었다. 그로부터 한 달 채 안 되어서 푸틴은 정교회와 유대교, 불교, 무슬림, 로마가톨릭, 아르메니아가톨릭, 심지어 공식 인정을 받지 못한 제7일안식일교회까지 포함해 전국의 교계 지도자들을 모두 모스크바 시내 다닐로프수도원으로 초청했다. 호스트 역할을 한 키릴 총대주교는 입장을 바꾸어 푸틴을 열렬히 추켜세웠고, 다른 성직자들과 랍비, 라마, 회교 성직자들도 다투어 가세했다. 키릴 총대주교는 푸틴이 등장하기 전인 1990년대에 사정이 얼마나 어려웠는지 회고하면서, 당시를 17세기 초 '혼란의 시기'에 비유했다. 1812년 나폴레옹 침공과 1941년 히틀러의 침공 때에 비유하기도 했다. "그런데 2000년대 들어와서 어떻게 되었습니까?" 그는 이렇게 말을 이었다. "하느님이 일으킨 기적에 힘입어, 그리고 국가 지도자의 적극적인 노력 덕분에 끔찍한 체제위기를 이겨낼 수 있었습니다." 그는 푸틴의 이름을 직접 거명하며 "이 잘못된 역사의 왜곡을 바로잡는 데 엄청난 역할을 해준 데 대해" 감사드린다고 했다.

교회의 푸틴 지지는 놀라운 일은 아니었다. 하지만 공식적으로 헌법에서 교회와 국가를 분리해 놓은 세속국가에서 선거가 임박한 시기에 교회가 그런 충성서약을 한 것은 사람들의 분노를 사기에 충분했다. 푸시 라이엇이 구세주 그리스도 대성당에서 행한 항의 퍼포먼스도 그런 와중에 나온 것이었다. 크렘린이 총대주교를 비롯한 종교계 지도자들에게 푸틴과 함께 그 자리에 참석해 달라고 압력을 넣었다는 루머가 나돌았다. 야당 성향의 언론들은 키릴 총대주교와 관련된 오래 된 루머들을 다시 소개했다. KGB 관련설과 1990년대 담배 수입에 관련했다는 소문, 그리고 호화 다차와 개인 요트를 소유하고 있고, 고급 손목시계 같은 사치품을 좋아한다는 소문들이었다. (고급 손목시계를 찬다는 루머에 대해 그는 포토샵으로 손목에 찬 시계를 삭제한 사진을 공개하고, 명품 손목시계를 찬 적이 없다고 부인했으나, 탁자 위에 비친 손목시계 그림자를 삭제하지 않아 사과성명을 내야 했다.)

교회는 한때 많은 억압을 받았으나 소련 체제 붕괴 이후 러시아에서 가장 존경받는 조직 가운데 하나로 부활했다. 많은 신자들은 정교회를 정치보다 상위에 있는 존재로 생각했다. 그런데 키릴 총대주교가 신앙을 국가와 직접 연결 짓는 데 앞장선 것이었다. 불과 한 달 전 시위대의 주장에 동조하는 입장을 내놓더니, 이제 와서 이들의 주장이 러시아의 전통과 맞지 않는 서방의 소비문화를 숭배하는 자들이 지르는 '귀를 찢는 듯한 비명소리'라고 비난했다. 키릴 총대주교의 태도 변화는 충격적이었고, 많은 사람들을 분노케 했다. 하지만 그것은 푸틴의 복귀를 알리기 위해 크렘린에서 쏘아올린 신호탄이었다. 단순히 소련 시절에 대한 향수가 아니라, 그보다 한참 더 거슬러 올라가 차르 시대에 뿌리를 둔 움직임이었다. 푸틴이 2005년 연설에서 인용한 정치철학자 이반 일린의 저작물들에 자세히 소개되어 있는 주장이었다.

대규모 시위 사태를 맞아 푸틴은 자신을 소비에트 시대 이후 이룬 업적들을 지키는 역할뿐만 아니라, 보다 근본적인 면에서 국가를 이끌 지도자로 내세웠다. 러시아 사회와 문화적인 가치를 지킬 수호자임을 자처한 것이다. 그는 자신의 선거공약을 주요 신문들에 7회에 걸쳐 시리즈로 소개하면서 놀라울 정도로 보수적인 국가관을 피력했다. 러시아를 서방의 부패한 가치에 정면으로 맞서는 '문명국의 모델'로 소개했다. 그리고 자신의 통치에 반대하며 길거리에서 항의시위를 벌이는 사람들이야말로 서방의 가치를 추종하는 자들이라고 규정했다.

그는 반격을 선택했고, 그것은 대단히 효과적인 전략이었다. 시위가 절정에 달한 12월과 1월 여론조사는 푸틴의 과반 득표가 힘들 것으로 나왔다. 결선투표를 치러야 한다는 말이었다. 하지만 2월이 되면서 그의 지지율은 다시 오르기 시작했다. 크렘린의 영향 아래 있는 언론들은 그를 위기에 처한 국가를 구할 지도자로 부각시켰다. 그를 반대하는 세력들은 너무 허약하고, 국가 전복을 외칠 정도로 너무 과격했다. 마이클 맥폴 미국 대사가 새로 부임했다. 그는 부임 이튿날 미국 대사관에서 야당 지도자들을 만났는데 타이밍이 좋지 않았다.

관영 텔레비전이 이들의 회동 장면을 시위대와 연결시켜 외계인의 침공이라고 부르며 집중포화를 퍼부었다. 푸틴은 야당이 대결을 원하고 있으며, 필요하면 살인도 저지를 자들이라고 말했다. 그는 안나 폴리트코프스카야, 알렉산드르 리트비넨코 피살 사건 뒤 발표한 해명자료를 인용하며 이렇게 말했다. 체첸 반군들에 대해 썼던 말을 시위대들에게 그대로 썼다. "나는 분명히 알고 있습니다. 이들은 재물로 바칠 희생자를 찾고 있습니다. 유명한 인물이면 더 좋겠지요. 그런 사람을 희생 재물로 바친 다음 정부가 한 짓이라고 우길 것입니다." 그 전 날, 국영 텔레비전 채널 원Channel One은 푸틴 암살모의를 한 두 명의 용의자를 우크라이나에서 체포하는 장면을 공개했다. 모스크바에서 푸틴 일행이 지나가는 차량 행렬에 폭탄을 터트리는 모의를 했다는 혐의였다. 여러 주 전에 일어난 일이었다. 투표일이 다가오면서 러시아 국민들 앞에 주어진 선택은 극명하게 대비되는 생존의 문제가 되었다. 푸틴을 택할 것이냐 아니면 혼란을 택할 것이냐의 양자택일이었다.

　이전에 치른 선거와 마찬가지로 푸틴은 직접 선거운동에 나서지 않고, 공식 업무 일정의 압도적인 비중을 군사적인 문제에 두었다. 1월에는 그의 형인 빅토르 푸틴이 2차대전 전쟁 기간 중에 죽어서 묻힌 레닌그라드 국립묘지를 방문했다. 며칠 뒤에는 사로프 핵연구소의 과학자들을 찾아가(유명한 폴로늄-210도 이곳에서 생산됨) 유럽 대륙 깊숙이 타격 가능한 신형 미사일을 보유한 10개 연대를 새로 창설해 배치하겠다고 약속했다. 2월에는 루즈니키에서 열린 대중집회에 처음으로 참석했다. 옛 소련 적군 기념일로 당시는 '조국 수호자들의 날'로 이름이 바뀌었다. 국영 채널은 스타디움의 수용인원이 8만 명인데, 기념식에 13만 명이 참석했다고 보도했다. 참석자 대부분 공무원들이고, 일부는 멀리 떨어진 도시에서 버스로 실어 나른 사람들이었다. 국영 텔레비전은 거창한 기념식 장면을 몇 번이나 되풀이해서 내보냈다. 푸틴은 기념식장 한가운데 푸른색 카펫이 깔린 연단으로 걸어 나가 마이크를 잡았다. 간간이 내리는 눈발을 피하기 위해 검정 파커 차림이었다. 그는 국기와 깃발이 바다를 이룬 한가운데 혼자 서서 이렇게 외쳤다. "우리 모두 러시아를 사랑합니까?" 무대 주위를 둘러보자 환호성이 자신의 온몸을 휘감는 것 같았다. 그는 이렇게 호소했다.

　"다른 나라는 쳐다보지 맙시다. 왼쪽으로도 가지 말고 한쪽 구석으로도 가지 맙시다. 조국을 배반하지 말고, 우리와 함께 합시다. 러시아를 위해 일하고, 러시아를 사랑합시다. 온 마음을 다 바쳐 러시아를 사랑합시다." 지난번 종교 지도자들과의 만남에서 키릴 총대주교가 한 것처럼 모스크바 외곽에서 나폴레옹 군대를 물리친 보로디노 전투를 다시 언급했다. 외국의 침략에 저항한 신성한 전통을 잊지 말자고 호소했다. 보로디노 전투 25주년을 기념해 발표된 미하일 레르몬토프의 유명한 시도 인용했다. 대령이 자기 부하들에게 조국을 지키기 위해 무슨 희생이든 감수하자고 말하는 대목이었다.

"제군들, 모스크바는 우리를 위해 존재하지 않는가?

그렇다면 우리도 형제들이 죽은 것처럼 모스크바 가까이서 죽어야 하지 않겠는가. 우리도 그렇게 죽겠다고 맹세하지 않았던가."

그로부터 2세기가 지났지만 러시아를 지키기 위한 전쟁은 계속되고 있다고 푸틴은 외쳤다. "우리는 반드시 승리합니다." 얼굴은 긴장으로 잔뜩 일그러졌다.

3월 4일 저녁이 되자, 모두가 예상한대로 푸틴의 승리가 확실시되었다. 그는 1차 투표에서 63퍼센트를 득표했다. 이전에 그가 거둔 득표나 메드베데프가 얻은 득표율에는 못 미쳤지만, 그래도 압도적인 승리였다. 대선에 네 번째 출마한 주가노프는 17퍼센트를 얻어 한참 뒤진 2위를 차지했다. 의회 총선거 이후 논란이 된 부정선거 시비를 염두에 둔 듯 푸틴은 전국의 거의 모든 투표소에 감시 카메라를 설치하라고 지시했다. 그래도 중복 투표, 무더기 투표와 같은 부정의 증거들이 드러나 개표결과에 의문이 제기됐다. 수백 만 표가 푸틴 앞으로 부정 집계됐다는 추정도 있었다. 하지만 푸틴이 압도적인 승리를 거두었다는 점은 누구도 부인하기 어려웠다. 푸틴은 모스크바를 제외한 전국의 모든 지역에서 이겼다. 푸틴의 복귀에 불만을 품은 엘리트 계층이 모여 있는 모스크바에서도 득표율 47퍼센트를 기록했다. 12월 총선 이후 정치에 대한 관심이 부쩍 높아진 고향 상트페테르부르크에서는 59퍼센트를 득표했다.

푸틴은 마네즈 광장에 나와 크렘린의 탑들을 배경으로 텔레비전 카메라 앞에서 승리를 선언했다. 작은 연단 뒤에는 많은 군중이 모여 있었다. 대부분 모스크바 바깥에서 버스를 타고 경비가 삼엄한 현장으로 실려 온 사람들이었다. 모두 푸틴을 지지하는 사람들이었고, 힙스터나 지식인, 과격분자, 러시아의 역사와 전통을 송두리째 뽑아 버리려는 '뿌리 없는 코스모폴리탄'들은 그 자리에 없었다. "우리 국민이 사리분별력이 뛰어나다는 점을 증명해 보였습니다." 메드베데프의 소개를 받고 등장한 푸틴은 이렇게 인사했다. "러시아를 파괴하고 권력을 탈취하려는 정치적 도전으로부터 나라를 지키고, 현대화를 이루겠다는 진정한 희망이 승리했습니다." 연설하는 도중 그의 얼굴에 눈물이 흘러내렸다. 12년 전 아나톨리 소브차크의 장례식에서 눈물을 흘린 이래 공식석상에서 처음으로 보이는 눈물이었다. 사람들 눈에 순수한 감정표현으로 비치는 효과를 거두었고, 크렘린은 찬바람 때문에 눈물이 나온 것이라고 해명했다.

푸틴의 반대 세력들은 선거 패배 후 낙담해서 어쩔 줄 몰랐다. 대규모 시위로 한껏 부풀어 올랐던 축제 분위기는 사라지고 절망감에 휩싸였다. 시위대는 푸틴에 반대한다는 명분으로 뭉쳤지만, 이들에게는 목표를 달성하는 데 필요한 아무 전략도 없었다. 바뀐 것은 하나도 없고, 앞으로도 바뀔 전망은 보이지 않았다. 다원적이고 민주적인 사회를 지향한다는 추상적인 목표는 있었지만, '푸틴 없는 러시아'가 실현된다고 하더라도, 누가 과연 그 자리를 대신할 것이냐는 문제에는 답이 없었다. 이튿날 저녁 크렘린에서 1마일 채 떨어지지 않은 푸시킨 광장에서 시위가 예고돼 있었다. 하지만 시위에서 무슨 주장을 내세울 것인가? 2만 명 정도가 시위에 참가했다.

"우리가 가진 힘을 스스로 너무 과대평가했습니다." 나발니는 그날 저녁 이렇게 말했다. 집회에 허가된 두 시간 뒤까지 자리를 지킨 사람은 2천 명 남짓했다. 사람들은 나발니가 한 자성의 목소리에 귀를 기울여야 할지, 아니면 더 과격한 지도자인 세르게이 우달초프의 주장대로 거리에 더 남을 것인지 갈피를 잡지 못하는 것 같았다. 우달초프는 2004년 우크라이나 사람들이 키예프에서 한 것처럼 거리에 텐트를 치고 농성하자는 주장까지 내놓았다. 그 전 해에 카이로 시민들도 거리 농성을 했다. 그러는 사이 폭동 진압 경찰이 경찰봉을 휘두르며 들이닥쳐 현장을 쓸어 버렸다. 250여명이 검거되고 수십 명이 부상당했다. 그렇게 해서 모스크바 거리는 깨끗이 치워졌다.

이후에도 몇 주, 몇 달 동안 항의시위가 이어졌지만, 횟수를 거듭할수록 열기는 조금씩 줄어들었다. 많은 러시아인들이 부패하고 조롱의 대상이 된 체제를 끝장내고 싶어 했다. 하지만 푸틴을 극도로 싫어하는 사람을 포함해 혁명을 원하는 사람은 거의 없었다. 시위가 진행되는 와중에 크렘린의 정치전략가인 세르게이 마르코프가 시위군중을 장난감을 달라고 떼쓰는 버릇없는 어린아이에 비유했다. 크렘린은 아이한테 시달리면서도 엄한 태도를 유지하는 부모라는 것이었다. "운다고 아이한테 장난감을 사주는 것은 옳지 않다. 아이의 관심을 다른 곳으로 돌리는 게 더 바람직한 대응 방법이다."

다시 2월의 이야기로 돌아가자. 기타리스트 예카테리나 사무체비치는 푸시 라이엇의 퍼포먼스를 하기 위해 구세주 그리스도 대성당에 도착했을 때 비밀 계획에 무언가 차질이 생겼다는 것을 알았다. 비디오 카메라 기사들은 이미 성당 안에 들어와 있었다. 그런데 경비원들이 이들이 오는 것을 미리 알고 있었던 것처럼 너무 신속하게 움직였다. 예카테리나(친구들은 카챠라고 부른다)는 공연을 촬영하기 위해 부른 카메라 기사들 가운데 한 명이 정보를 흘린 것 같다는 느낌을 받았다. 아니면 FSB가 자기들을 감시하기 시작했을 수도 있었다. 저항운동이 확산되면서 이들의 비디오가 사람들 사이에 급속히 전파되고 있었기 때문이다. 성당을 나서자 기자들이 바깥에서 기다리고 있었다. 확신할 수는 없지만 덫에 걸린 기분이 들었다. 어쨌든 당국에서 이들의 움직임을 주시하고 있고, 이를 끝내고 싶어 한다는 것이 분명했다.

비디오가 유포되기 시작한 이튿날, 성당 대변인인 대사제 프세벨로드 차플린은 공연이 대죄이며 하느님에 대한 범죄행위라고 비난했다. 검찰은 즉각 조사에 착수했다고 발표했다. 공권력이 푸시 라이엇을 잡아들이는 것은 시간문제였다. 푸틴이 당선되기 전 날, 경찰은 여성 세 명과 남성 한 명을 체포하고, 이튿날 여성 두 명을 추가로 체포했다. 그룹의 정체를 확실히 파악하지 못한 경찰은 그 가운데 네 명을 석방했고, 이어서 공연을 한 2월 그날 성당 안에 있던 단원 가운데 나데즈다 톨로코니코바와 마리아 알료키나 두 명을 찾아냈다. 카챠는 두 주 뒤인 3월 16일 체포됐다. 이들은 단순 난동이 아니라 종교적 증오심을 부추기기 위해 저지른 집단 난동혐의로 기소되었다. 단순 난동은 벌금형만 받도록 되어 있기 때문에 이들을 본보기로 엄히 다스리겠다는 의지가 반영된 기소였다.

검찰은 이들이 교회뿐만 아니라 국가의 '정신적인 토대'를 손상시킨 혐의까지 추가했다. 기소 내용으로는 최고 7년 징역형에 처해질 수 있는 죄목이었다. 푸시 라이엇 멤버들은 교회와 국가가 한통속이 된 데 대해 사람들의 관심을 환기시키려는 목적을 갖고 있었다. 나데즈다와 마리아는 어린 아이를 둔 엄마였는데도 이들 세 명 모두 보석 없이 구속 수감됐다. 이들이 엄한 혐의로 구속되자 새로운 분노가 일어났다. 시위로는 아무 것도 바꿀 수 없다는 자괴감까지 더해진 분노였다. 세 명의 여성은 국제적인 유명인사가 되었고, 권위주의 정권에 맞서는 이들의 용기에 사람들의 찬사가 쏟아졌다. 앰네스티 인터내셔널은 이들을 양심수로 인정했고, 페이스 노 모어, 마돈나, 피트 타운센드, 폴 매카트니 같은 세계적인 유명 가수들이 이들의 입장을 옹호하고 나섰다.

하지만 러시아에서 이들의 운명은 대단히 어려워졌다. 가뜩이나 분열된 야당은 이들의 공연으로 인해 더 갈라졌고, 이들을 비난하는 데 앞장서기도 했다. 민족주의적인 성향을 가진 알렉세이 나발니는 이들을 구속한 당국을 비난하면서도, 이들이 한 행위는 어리석은 짓이라고 했다. "그런 행동은 바람직하지 않다. 내가 교회 안에 있는데 미친 여자애들 몇 명이 들어와 비명을 지르며 재단 주위를 뛰어다닌다고 생각해 보라." 그는 자신의 블로그에 이런 글을 올렸다. 이 사건은 당초 의도한대로 푸틴 정권에 대한 논의에 불을 지핀 것이 아니라, 러시아 사회에 문화전쟁을 촉발시켰다. 그리고 이것은 푸틴을 도와주는 셈이 됐다. 러시아에서 교회는 대통령과 대등한 위치에 서 있고, 사람들로부터 가장 존경받는 단체 가운데 하나였다. 러시아 국민 70퍼센트 이상이 자신을 정교회 신자라고 생각했다. 물론 그 가운데 다수는 신앙생활을 철저히 하지 않고, 교회에도 자주 가지 않는 사람들이기는 하다.

'펑크 프레이어'Punk Prayer에 대한 반격이 시작됐다. 그동안 교회는 부패하고 상업화 되었다는 비판을 받아왔는데, 이제 신자들이 교회를 지키기 위해 나섰다. 교회를 지키는 것이 애국하는 길이고, 애국이 바로 교회를 지키는 것이라는 분위기가 만들어지기 시작한 것이다. 4월에는 부활절을 맞아 구세주 그리스도 대성당에서 특별 모임을 갖자는 총대주교의 요청에 따라 수만 명의 신자들이 교회로 모여들었다. 모인 사람의 수는 공식집계로 6만 5천 명이나 됐다. 다소 과장된 수치라고 해도, 푸틴의 대선 승리 이후 간헐적으로 계속된 반대시위 규모를 훨씬 뛰어넘는 숫자였다. 그날 키릴 총대주교는 소련 시절에 훼손된 이콘을 든 주교, 신부들의 행렬에 나타났다. 1920년대에 총탄에 맞아 구멍이 난 이콘도 있었다. "오늘날 신앙에 대한 박해자들의 공격은 소련 시절의 탄압과 비교할 정도는 아닙니다. 하지만 서방의 자유주의는 신앙에 위협이 되고 있습니다. 신성모독과 성전을 조롱하고 더럽히는 행위는 반드시 막아야 합니다." 그는 푸시 라이엇의 이름을 직접 거명하지는 않았지만, 이들을 러시아를 오염시키는 외부 세력의 상징처럼 간주했다. 그리고 멤버 세 명에 대해 선처를 호소하는 일부 사제들을 "사제복을 입은 배신자들"이라고 불렀다.

푸틴의 취임일인 5월 7일 저녁, 반反 푸틴 시위 주동자들은 한 번 더 시위 계획을 세웠다. 크렘린에서 강 건너 맞은편에 있는 볼로트나야광장에서 집회 승인을 받았다. 크렘린에서는 메드베데프가 푸틴에게 권력을 이양하기로 되어 있었다. 진정으로 자신의 것인 적은 한 번도 없는 권력이었다. 봄이 시작되며 따뜻해진 날씨 덕분에 푸시 라이엇이 구속되었을 때처럼 많은 사람이 모였다. 사람들이 모여들자 갑자기 경찰이 나서서 광장 입구를 봉쇄해 버렸다. 그러자 시위대가 스크럼을 짜서 도로로 밀려나오기 시작했다. 경찰의 차단막 바깥은 항의농성장으로 변했고 텐트까지 등장했다. 경찰 수뇌부에는 오렌지혁명을 연상시키는 장면은 절대로 허용하지 말라는 상부의 지시가 내려진 상태였다. 한동안 시위는 평화적으로 진행되었지만 경찰이 시위대를 차례차례 끌고 가기 시작하면서 현장은 아수라장으로 변했다. 군중들은 잡혀가는 사람들을 막기 위해 결사적으로 달려들었고, 경찰은 경찰봉을 휘두르며 대응했다. 시위대 일부는 아스팔트 조각을 떼어내 던졌다. 보리스 넴초프는 경찰에 끌려가면서 "러시아는 자유를 얻을 것이다."라고 소리쳤다. 나발니는 무대 옆에서 끌려가면서 푸틴과 아르카디 로텐베르그, 겐나디 팀첸코 같은 이름을 부르며, 자기가 집권하면 모조리 감옥에 처넣어 버릴 것이라고 외쳤다.

집회는 시위대 4백여 명이 잡혀가면서 저녁 무렵에 끝났다. 수십 명이 다쳤고, 부상자 가운데는 경찰 병력 29명도 들어 있었다. 경찰 부상자들은 병실에 누워 국영 텔레비전과의 인터뷰에 충실히 임했다. 많은 이들은 연출된 장면이라고 생각했다. 푸틴의 심복으로 통하는 공보비서 드미트리 페스코프는 경찰이 너무 유연하게 대처했다고 불만을 토로하며, "좀 더 강경하게 대응했어야 했다."고 주장했다.

시위 진압은 이튿날까지 계속됐다. 경찰은 시내에서 수십 명을 추가로 체포했는데, 흰색 리본만 착용해도 잡아갔다. 내무부 소속 특공대원들이 야당의 비공식 모임장소로 알려진 곳도 수색했다. 장 자크라는 이름의 프랑스 요리 레스토랑이었는데, 창의적인 직업에 종사하는 젊은이들이 즐겨 찾는 곳이었다. 그날 저녁까지 모스크바 전역에서 7백 명이 넘는 사람이 잡혀갔다. 장 자크 같은 곳에서 잡혀간 젊은이들은 모병소로 데려가 입대수속을 밟도록 했다. 인권단체인 메모리얼Memorial에서 일하는 올레그 오를로프는 이렇게 말했다. "누가 보스인지 사람들에게 분명히 알려주려고 이런 일을 벌이는 것입니다. 새로운 차르가 등장했습니다."

푸틴의 취임식은 이전의 취임식처럼 전국으로 생중계 되는 가운데 정오에 맞춰 거창한 의식과 함께 진행됐다. 다만 이번에는 중계 카메라들이 백악관에 있는 총리 집무실에서부터 시작해 중앙 출입문을 지나 메르세데스-벤츠에 오르기까지 그를 따라갔다. 상공에서 카메라가 푸틴 일행이 탄 차량 행렬이 메드베데프가 기다리고 있는 크렘린에 도착할 때까지 중계했다. 행렬이 지나가는 도로에는 차량이 없을 뿐만 아니라, 주변에 사람도 거의 보이지 않아 기괴한 분위기를 연출했다. 햇볕이 내리쬐는 일요일 낮에 쳐다보는 사람 하나 없고, 손을 흔들거나 환호하는 사람도 없었다. 감히 밖으로 나오려는 사람이 없는 것 같았다. 2000년에 푸틴은 경제위기와 체첸전쟁으로 정치적 불확실성이 팽배한 분위기에서 첫 번째 대통령 취임선서를 했다. 두 번째 임기는 전쟁의 그늘이 짙게 드리운 가운데 더 차분한 분위기에서 진행됐다. 유코스 해체로 정치적 자유는 더 억제돼 있었다. 하지만 경제가 살아나면서 역사상 그 어느 때보다도 많은 사람들이 풍요로움을 누린 시기였다. 2008년 메드베데프의 취임은 러시아가 격동의 역사를 마감하고, 새로운 세대의 지도자들에게 권력을 넘겨줄 것이라는 기대감을 심어주었다. 소련이 아니라 현대적인 러시아만 기억하는 새로운 지도자들이 등장할 것이라는 기대였다.

푸틴은 세 번째 취임선서를 하며 권좌에 복귀했다. 앞으로 6년 동안 조국을 위해 봉사하고 조국을 지키겠다는 맹세를 했다. 하지만 그동안 그 자신도 바뀌고 조국도 변화했다. 그는 사회를 분열시키고, 외부의 적에 대한 공포감을 확산시키고, 그동안 자신이 이룬 업적들을 무력화시키면서 다시 크렘린에 복귀했다. 투표용지에 오른 후보 가운데 제대로 경쟁력을 갖춘 후보는 푸틴 한 명뿐이었다. 그는 이제 러시아 국민의 대통령이 아니라, 그를 지지하는 사람들만의 대통령이 되었다. 그를 반대하는 사람들로서는 받아들이기 힘든 현실이었다. 그는 12년 전에 걸어 들어갔던 대 ★크렘린궁의 긴 복도를 다시 걸어 들어갔다. 패배한 후보들도 뒷줄에 자리를 차지했다. 미하일 고르바초프와 실비오 베를루스코니를 비롯한 외국 지도자들도 참석했다. 베를루스코니는 이제 푸틴의 친구가 되었고, 총리를 세 번 연임하며 재임기간이 푸틴과 맞먹었다. 하지만 베를루스코니는 갖가지 부패혐의와 섹스 스캔들로 정치생명이 끝난 상태였다. 메드베데프가 먼저 짧게 연설했다. 그는 러시아의 미래에 가장 중요한 것은 연속성이라고 했다. 그리고 "우리가 하고 싶었던 일들을 하지 못했고, 우리가 계획한 일들을 마무리하지 못했습니다."라며 자신의 임기가 너무 짧았다는 아쉬움을 토로했다.

푸틴은 흔들리지 않는 위엄을 갖춘 모습이었다. 나이가 들었지만 성형 덕분에 얼굴은 팽팽하고, 머리숱이 많이 빠졌지만 59세 치고는 아직 몸매가 날씬하고 유연했다. "조국과 국민을 위해 봉사하는 것이야말로 내 삶의 의미이고 목적입니다. 국민 여러분이 보내 주는 지지는 내게 영감을 주고 힘을 줍니다." 그는 이렇게 말을 시작했다. 다가올 몇 년은 러시아의 미래 모습을 결정하는 데 매우 중요하며, 앞으로 '위대한 러시아'의 위엄을 되찾고, 유라시아의 중심국가가 될 것이라고 했다. "이미 전 세계가 러시아가 새롭게 일어서는 모습을 지켜보고 있습니다." 그는 짧은 인사말을 마치고 혼자서 연단을 걸어 내려왔다. 그리고는 행사 내내 메드베데프의 아내와 키릴 총대주교 옆에 서 있던 류드밀라 앞을 곧장 지나쳐 걸어 갔다. 류드밀라는 행사 내내 안색이 좋지 않아 보였다. 그 동안 공식석상 에서 모습을 감춘 이후 여러 억측이 나돌았다. 안됐다는 동정도 있고 조 롱하는 소리들도 있었다. 푸틴은 두 걸음 지나친 다음 멈추더니 돌아서서 그녀 앞에 와서 섰다. 그리고 붉은 로프 너머로 몸을 기울여 그녀 뺨에 입 을 맞춘 다음 계속 걸어갔다.

세 번째 대통령 임기를 시작한 푸틴이 좀 더 부드럽고 덜 권위적인 정치를 할 것이라고 기대한 사람은 별로 없었다. 설혹 있었다 하 더라도 그런 기대는 금방 자취를 감추었다. 당국은 볼로트나야광장 소란 사건에 대한 조사를 시작했다. 당국은 이날 사태를 소요사태, 심지어 쿠 데타 기도라고까지 불렀다. 27명에 범죄혐의가 부과됐는데, 집회 주동자 나 과격행위자들이 아니라, 푸틴에 대한 반대 목소리를 내기 위해 집회 에 참여한 일반 시민들이었다. 학생, 프리랜서 기자, 세일즈 매니저, 예술 가, 지하철 근로자, 그리고 두마 야당의원의 공보 담당 비서도 포함돼 있 었다. 수배명단에 오른 시민운동가 레오니드 라즈보츠하예프는 우크라이 나로 도피했다가 그곳에서 복면을 한 특수요원들에게 납치되어 모스크바 로 끌려왔다. 모스크바로 잡혀온 그는 납치된 뒤 고문당했다고 주장했다. 연행된 사람들은 수년의 징역형에 처해질 운명이었다. 채집된 비디오와 부상자, 진압 경찰관의 증언 같은 부실한 증거들이 제시되었다. 반정부 인사들을 대대적으로 구인해 가지는 않았지만 단계적이고 선별적인 법집 행이 이루어졌다. 수사당국은 볼로트나야 수사를 계기로 이후 여러 해에 걸쳐 전국적으로 대대적인 수사를 진행하는데, 볼로트냐야 집회와 관련

없는 인사들까지 대상이 되었다. 예를 들어 2003년에는 모스크바에서 수백 마일 떨어진 오렐에서 활동하던 인권운동가 두 명이 체포됐다.

러시아공화국이 1990년 소련연방으로부터 독립을 선언한 기념일인 6월 12일에 맞춰 야당 지도자들이 반정부 시위를 계획하자, 경찰 수사관들이 모스크바 전역을 다니며 알렉세이 나발니, 보리스 넴초프, 일리야 야신, 크세냐 소브차크 등 유명 야당 지도자들의 집을 급습했다. 크세냐 소브차크는 텔레비전 스타로 푸틴의 정치적 멘토이며 한때 러시아 민주세력의 상징적인 인물이었던 고故 아나톨리 소브차크의 딸이다. 사교계 유명인사인 데다 부유하고, 부친과 푸틴 대통령과의 관계 등을 감안해 그녀가 반정부 시위에 참석하는 것에 대해 회의적으로 보는 시각도 있었다. 하지만 그녀의 등장은 푸틴의 크렘린 복귀에 대한 반대여론이 얼마나 심각한지를 보여주는 상징성이 있기도 했다. 크세냐 소브차크는 집이 수색당한 다음 방송 인터뷰에서 "이런 말을 하고 싶지는 않지만, 아버지가 이런 모습을 보지 않으셔서 정말 다행입니다."

시위 주모자들은 이튿날 모두 경찰의 소환조사를 받았다. 휴일이었지만 이들의 집회 참석을 막으려는 의도에서였다. 나발니는 경찰에 출두해서도 트위터에 시위대를 격려하는 글을 올렸다. 경찰의 가택수색과 체포 방침에도 불구하고 5만 명이 넘는 사람이 모였다. 하지만 시위자들에 대한 탄압은 더 강화되었고, 크세냐 소브차크와 같은 유명인도 예외를 두지 않음으로써 푸틴에게 맞서는 사람은 누구도 처벌을 피할 수 없다는 신호를 분명히 보냈다. 관료조직과 경찰, 검찰, 새로 구성된 두마와 상원인 연방위원회 인사들 모두에게 무슨 수를 써서라도 푸틴에 대한 도전을 막으라는 지시가 떨어진 것과 같았다. 푸틴이 취임하고 몇 주 만에 두마는 불법시위 참가자에 부과하는 벌금을 5천 루블에서 30만 루블로 인상하는 법안을 신속히 통과시켰다. 미화로 환산하면 거의 1만 달러에 달하며, 러시아 국민들의 월 평균임금 몇 배에 해당하는 액수였다. 모스크바시는 자동차에 흰색 리본을 부착하고 다니는 것을 금지시켰다.

두마는 또한 당국에 어린이에게 유해한 정보를 올리는 웹사이트를 폐쇄할 수 있는 권한을 부여하는 법안과 '동성애 선전물'을 유포하는 행위를 금지하는 법안을 통과시켰다. 7월에는 외국의 자금지원을 받는 단체는 '외국의 앞잡이'로 등록할 것을 요구하는 새로운 법안이 채택됐다. '외국의 앞잡이'는 소련 시절의 반체제 탄압을 연상시키는 무서운 문구였다. 또한 '외국 기관에 정보를 제공하는 사람'은 반국가 사범으로 간주해 최고 징역형에 처할 수 있는 법안도 통과시켰다. 푸틴은 법안이 의회에서 통과된 날 곧바로 서명해 발효시켰다. 골로스 같은 정치단체만 겨냥한 게 아니라, 소치올림픽 준비 공사를 상대로 환경문제를 제기하는 북코카서스 환경워치 같은 환경단체도 겨냥해서 만든 법안들이었다. 10월에 두마는 국가 반역죄의 범위를 넓게 적용해서 '국가기밀'을 본의 아니게 외국 정부나 국제단체에 제공하는 행위도 반역죄로 처벌받을 수 있도록 했다. 제공한 정보가 일반인이 접할 수 있는 정보라 해도 처벌받도록 했다. 두마나 연방위원회에서 새 법안을 만들면서 형식적으로라도 진지하게 법안 심의를 한다는 것은 아예 기대할 수 없게 되었다. 메드베데프가 제외시킨 비방죄도 다시 범죄목록에 포함시켰고, 특히 정부관리에 대한 비방이나 명예훼손은 처벌을 더 강화시켰다. 푸시 라이엇의 공연을 의식해 신성모독과 '신앙심을 훼손하는 행위'도 처벌 대상에 포함시켰다. 반정부 시위에 동조하는 사람들은 대가를 치러야 했다. 어떤 두마 의원은 시위에 참가했다가 면책특권을 박탈당하고 의원 자격을 상실하기도 했다. 크세냐 소브차크의 어머니인 류드밀라 나루소바는 십년 동안 갖고 있던 연방위원회 의원직을 박탈당했다. 푸틴과의 개인적인 친분도 도움이 되지 못했다.

소나기 입법과 함께 반정부 활동에 대한 강경진압, 애국심과 신앙심을 부추기는 각종 구호들이 한데 어우러졌다. 그렇게 해서 푸틴의 취임과 함께 격렬한 문화전쟁이 벌어지게 되었다. 푸시 라이엇 재판이 첫 번째 대결장이 되었다. 재판은 7월 30일 시작되었는데, 그날 푸틴은 비방죄 처벌과 인터넷 활동을 규제하는 법안에 서명했다. 삼엄한 경비 속에 진행된 첫날 재판에서 세 명의 여성은 소란을 일으킨 데 대해 잘못을 시인하면서도, 종교적 적대감을 표현한 것이 아니라 헌법에 보장된 표현의 자유인 정치적인 의사를 나타내려고 한 것이라고 주장했다. 표현의 자유를 방어 논리로 내세웠지만 이것이 받아들여질 것으로 보는 사람은 아무도 없었다. 재판은 불공정한 진행으로 얼룩졌고, 검찰은 이들의 공연이 '도덕적인 비행'을 저질렀음을 입증하기 위해 갖은 무리수를 두었다. 공연 현장에 있지도 않고 비디오만 본 사람들을 증인으로 내세우기도 했다.

피고 측 변호인인 비올레타 볼코바는 피고인들에게 제시된 증거물들을 볼 기회가 주어지지 않았다고 불만을 토로했다. 수백 시간에 달하는 비디오가 증거물로 제시되었는데, 피고들은 구치소에 있는 동안 이 비디오를 볼 수가 없었다. 변호인은 또한 검찰이 제시한 서류들이 조작되었으며, 피고인들을 단독으로 접견할 기회도 허락되지 않았다고 주장했다. 전문가 증언도 받아들여지지 않았고, 변호인이 검찰 심문에 이의를 제기해도 받아들여지지 않았다.

"우리가 21세기 러시아에 사는 게 아니라, 〈이상한 나라의 앨리스〉에 나오는 다른 우주에 가 있는 것 같은 느낌"이라고 볼코바 변호사는 말했다. 그녀는 천년의 역사를 가진 교회의 기반이 단 몇 초짜리 공연으로 흔들린다는 검찰 주장이 말이 되느냐고 반박했다. 스탈린과 브레즈네프 시절에 진행됐던 공개재판과 흡사했다. 검찰은 세 명의 여성을 교육을 제대로 받지 못한 문제아들로 만들려고 했지만, 이들은 역사와 종교에 대해서도 나름대로 식견을 갖추고 있었고, 균형 잡히고 용기 있는 자세를 보여주었다. 최후진술에서 이들은 소크라테스에서 예수, 도스토예프스키, 솔제니친에 이르기까지 인류의 지성들이 보여준 지적, 도덕적인 저항의 역사를 소개하며 자신들의 행위를 변호했다.

재판이 진행되며 푸틴의 재집권 이후 권위주의 통치가 강화되는 데 대한 국제사회의 분노가 쏟아졌다. 이러한 분노는 푸틴이 어느 나라를 가든 따라 붙었다. 그는 2012년 하계올림픽을 참관하기 위해 런던을 방문했을 때 이 재판과 관련해 공개석상에서 처음으로 언급했다. 다음은 소치올림픽이었다. 그는 데이비드 캐머런 영국 총리와 회담에서 이 문제를 의제로 다루지 않았다고 주장했지만, 총리 보좌관들은 두 사람이 이 문제에 대해 논의했다고 밝혔다. 푸틴은 필요하면 사실을 왜곡하고 무시하는 일을 예사로 했다. "그 일은 더 이상 언급해 봐야 좋을 게 하나도 없습니다. 더 이상 말하고 싶지 않습니다." 그는 재판에 관한 질문을 받자 이렇게 답변했다. "만약 이 여성들이 이스라엘에 가서 그런 신성모독적인 짓을 저질렀다면, 그 장소에서 무사히 벗어나지 못했을 것입니다." 그리고 만약 북코카서스의 모스크에서 그런 공연을 했다면, 경찰이 체포하기 전에 더 고약한 운명을 맞이했을 것이라는 말도 덧붙였다. 그는 관대한 말투로 자신은 그 여성들이 '너무 가혹한' 처벌은 받지 않았으면 좋겠다는 입장을 밝혔다. 물론 공정한 재판이 진행될 것으로 기대하는 사람은 없었다.

8월 17일, 세 명 모두 정식 기소되어 재판에 회부됐다. 이들의 행위가 국가 지도자들에 대한 정치적 항의의 표시였다는 변호인의 주장은 받아들여지지 않았다. 징역 3년이 구형되었는데, 푸틴의 말이 영향을 미쳤는지 2년 유배지 징역형이 선고되었다. 이 그룹을 지지하는 수백 명이 법원 바깥에 모였고, 일부는 모스크바 시내를 돌아다니며 조각상들의 머리에 이들이 썼던 복면을 덮어 씌웠다. 경찰은 단호하게 대응했다. 법원 입구 계단에서 기자회견을 준비 중이던 개리 카스파로프는 선고가 내려지기도 전에 경찰에 끌려가 실컷 두들겨 맞은 다음 호송차에 태워졌다. 판결 소식이 전해지자 법원 주변에서는 크고 작은 충돌이 일어났고, 수십 명이 경찰에 체포됐다.

이런 장면은 국영 텔레비전에서 반 서방 정서를 자극하는 데 교묘하게 활용됐다. 크렘린은 이들을 진압하는 데 반 서방 정서를 가장 큰 무기로 내세웠다. 최후진술에서 나데즈다는 솔제니친의 소설 〈제1원〉에 나오는 구절을 인용해 용감하게 말했다. "솔제니친이 말한 것처럼 나는 말들이 시멘트를 부술 것이라고 믿습니다."

사람들의 기대와 달라 푸시 라이엇 사건은 반정부 세력을 분열시키고 위축시키는 결과를 가져왔다. 시위대의 기세는 완전히 꺾여 주모자들 다수가 지하로 숨어들거나 해외로 도피했다. 푸시 라이엇은 세계적인 스타가 되었지만, 이들을 만들어낸 반정부 운동은 어려움을 맞았다. 공연 당시 이들과 함께 성당 안에 있던 다른 두 명은 발라클라바와 세라피마라는 이름으로만 알려져 있었는데, 선고가 내려지자 해외로 도피했다. 세 명의 여성은 10월에 항소했다. 총리로 자리를 바꾼 드미트리 메드베데프도 이들로 인한 시위에 진저리가 난다며, 이들을 계속 감옥에 가둬놓는 것은 비생산적이고 불필요한 일이라는 입장을 밝혔다. 당시 이들은 7개월째 수감생활을 하고 있었다. 카챠는 변호인을 새로 선임해 공연의 정당함을 내세우는 대신, 자신에 대한 기소가 부당함을 부각시키는 전략을 취했다. 자기는 성당 안에서 기타 연주를 시작도 하지 않았다고 했다. 나데즈다와 마리아의 변호인들은 푸틴과 메드베데프의 발언이 재판에 영향을 미쳤기 때문에 당장 석방하거나 재판을 다시 하라고 요구했다. 법원은 카챠 측의 주장을 받아들여 형집행정지로 풀어주었지만, 나데즈다와 마리아 측 요구는 들어주지 않았다.

카챠가 사법당국과 별도 거래를 한 것으로 의심하는 사람들도 있었고, 크렘린이 사법부가 공정하게 사건을 처리한다는 것을 과시하려고 내린 결정일 수도 있었다. 하지만 카챠 처리가 본건에 따라 공정하게 내려진 결정이라고 믿는 사람은 없었다. 체제가 사회를 서서히 옥죄고 있었지만 러시아 국민들은 그에 맞서서 싸울 준비가 되어 있지 않았다. 카챠는 자신들을 처벌하는 과정에서 푸틴이 직접 악당 역할을 수행하지는 않았을 것이라고 했다. 그는 단지 보수적이고 지극히 권위적인 사회의 얼굴을 대변하는 사람이라는 것이었다. 문화와 정치에서 사소한 일탈이라도 위험시하는 극도로 획일화 된 체제가 바로 악당 역할을 했다고 카챠는 말했다. "모두가 무죄라고 생각하는데도 불구하고 우리가 부당하게 처벌을 받은 게 아닙니다. 푸틴이 직접 나서서 여기저기 전화를 걸고 우리에게 벌을 주라고 지시한 게 아닙니다. 그게 문제가 아닙니다." 그녀는 이렇게 말했다. "모두가 우리에게 죄가 있다고 생각하는 게 진짜 문제입니다."

제23장

이혼 그리고 차르의 자리로

푸틴은 2012년 10월에 60세가 되었다. 러시아 국민들의 공식 은퇴 나이이다. 대통령을 비롯해 고위공직에 있는 사람들에게 연령제한은 아무 의미가 없지만 드미트리 메드베데프는 대통령 재임 시절에 공식 정년을 65세에서 굳이 더 낮추었다. 비대해진 관료조직을 '젊게 만들어서' 젊은 층에게 더 많은 자리를 만들어 주겠다는 취지였다. 하지만 푸틴은 자신의 60회 생일을 앞두고 정년을 70세로 올려 버렸다. 당시 푸틴의 측근들 다수가 60세를 넘긴 사람들이었다. 사소한 조정 같아 보였지만 사실은 메드베데프가 남긴 유산을 하나 둘 뒤엎는 조치였다. 정년 연장과 비방죄를 형법에 추가한 것 외에 메드베데프가 없앤 두 시간의 시차도 도로 회복시켰다. 메드베데프가 서머타임에 고정시킨 시간제도 폐지했다.

2011년부터 2012년 사이의 겨울 반정부 시위 와중에 발표된 메드베데프의 정치개혁 조치들은 하나둘씩 희석되기 시작했고, 지역 지도자 선거도 크렘린의 사전 심사를 거친 후보들만 출마할 수 있게 했다.

메드베데프는 총리 겸 통합 러시아당 당수 자리를 지키고 있었지만, 크렘린은 지도자들을 모신 신전에 그의 자리를 마련해 줄 의사가 없었다. 푸틴이 대통령 자리를 한 번도 비운 적이 없다는 식이었다. 크렘린은 나아가 메드베데프의 업적을 깎아내리기 시작했다. 소련 시절에 하던 역사 왜곡처럼 지금까지의 모든 업적은 푸틴이 이룬 것이라는 식으로 부각시켰다. 8월에 그루지야전쟁 4주년을 맞아 정체불명의 47분짜리 다큐멘터리 영상이 유투브에 올라와 빠른 속도로 퍼졌다. '잃어버린 날'Lost Day이라는 제목이 붙은 이 동영상은 고위 군사령관들의 말을 인용해 개전 초기 몇 시간 동안 메드베데프가 우유부단하게 대처해 오세티야와 러시아군의 인명피해가 엄청나게 늘었다는 내용을 담고 있었다.

러시아의 미디어 전략가들이 정적이나 사업상 경쟁상대에게 타격을 주기 위해 즐겨 쓰는 블랙 PR 수법이었다. 그 수법이 푸틴의 오랜 수족 노릇을 해온 메드베데프를 겨냥한 것이었다. 영상 내용은 앞뒤가 맞지 않고 장소도 오락가락 엉망이었다. 음산한 배경음악과 함께 영상이 내세우는 핵심 주장은 메드베데프가 1천 명의 죽음을 초래한 장본인이라는 것이었다. 그루지야전쟁에서 양측 합해서 사망자는 884명이었다. 영상에서 메드베데프를 향해 가장 혹독한 비판을 가한 사람은 유리 발류예프스키 장군이었는데, 그는 전쟁이 일어나기 두 달 전에 물러난 사람이었다. 그는 그루지야군의 남오세티야 침공 개시 시간을 실제보다 두 시간 앞당겨 말했고, 베이징하계올림픽을 참관하기 위해 베이징에 가 있던 푸틴이 직접 나설 때까지 메드베데프가 아무런 조치도 취하지 않았다고 주장했다. "엉덩이를 발로 걷어차이기 전까지, 다시 말해 베이징에서 블라디미르 블라디미로비치가 직접 나서서 걷어차기 전까지 나서서 움직이려는 사람이 아무도 없었습니다."

영상의 출처는 끝내 밝혀지지 않았고, 자기가 올렸다고 나서는 사람도 없었다. 이런 블랙 PR에서는 익명이 판을 친다. 유투브 아이디는 아슬란 구디예프라는 사람의 것이고, 알파라는 회사에서 제작한 것으로 되어 있었는데, 러시아에는 그런 이름을 가진 스튜디오가 없었다. 러시아어판 포브스Forbes는 이 영상을 내셔널 미디어 그룹 소속의 텔레비전 채널과 관련 있다고 보도했다. 내셔널 미디어 그룹은 방크 로시야가 지배권을 행사하고 있었는데, 방크 로시야는 푸틴의 오랜 친구인 유리 코발추크가 대주주였다. 영상이 유포되자 크렘린 출입기자 한 명이 푸틴에게 영상 내용에 관해 질문했고, 푸틴은 필름에서 주장하는 내용 대부분이 사실이라고 대답했다. 베이징에서 자신이 메드베데프에게 두 차례 전화를 걸었다는 내용도 사실이라고 했다. 메드베데프가 한 설명과 정반대되는 주장을 한 것이었다. 크렘린 출입기자단은 크렘린의 철저한 통제 하에 있기 때문에 관영 통신사인 RIA 노보스티 기자가 그런 질문을 한 사실 자체가 각본에 의한 것일 가능성이 높았다. 푸틴이 영상에 대해 많은 사람들이 관심을 가져주기를 바랐다는 말이다. 푸틴은 마음만 먹으면 자신의 오랜 보좌관이자 수족이었던 사람에 대한 악의적인 모함을 쉽게 물리쳐 줄 수 있었는데도 그렇게 하지 않았다.

메드베데프가 수백 개 기업의 국가 지분을 민영화하는 계획을 밀어붙이자, 푸틴이 대통령직에 복귀하기 직전 격화됐던 양측 측근들 간의 내부

다툼이 다시 격화됐다. 하지만 메드베데프는 대통령 재임 4년 동안 그랬던 것처럼, 여전히 자신에게 독자적인 권한이 없다는 사실만 거듭 확인하고 말았다. 푸틴 진영의 라이벌들은 건재했다.

세르게이 이바노프는 크렘린 행정실장이 되었고, 이고르 세친을 비롯한 실로비키들은 국영 기업에서 더 본격적으로 이권을 챙겼다. 메드베데프는 2018년 대선 출마 가능성을 배제하지 않는다고 했고, 그가 이런 입장을 밝히자 크렘린에 있는 사람들은 격분했다. 그들은 푸틴의 재집권 이후 계속되는 항의시위의 책임이 메드베데프에게 있다고 생각했다. 유투브 영상이 공개되고, 그가 취한 정책들이 잇따라 뒷걸음질하면서 가뜩이나 취약한 그의 정치적 입지는 더 줄어들었다. 그가 야심차게 시작한 모스크바 외곽의 러시아판 실리콘 밸리 건설계획은 수사당국이 프로젝트 책임자들을 반정부 시위대에 자금을 지원한 정황이 있다며 수사에 착수함으로써 위기를 맞았다.

크렘린과 가까운 언론들이 메드베데프의 총리 업무에 대해 비판을 가하기 시작했다. 푸틴은 정부의 예산집행에 문제가 많다고 신랄하게 비판했고, 주택난 해소와 어린이 조기교육 개선, 과학연구 발전, 평균수명 늘리기 등 푸틴이 복귀하며 내세운 공약사항들을 실행에 옮기는 데 정부가 너무 미적댄다고 몰아붙였다. 메드베데프의 업적을 훼손하는 작업은 외교 분야로까지 확대됐다. 푸틴은 취임 며칠 뒤 오바마 행정부에 의해 끌려가는 일은 더 이상 하지 않겠다는 뜻을 밝혔다. 그달 말 워싱턴 인근에서 열리는 G8 정상회담에 직접 참석하지 않겠다고 백악관에 통보했다. 미국뿐만 아니라 다른 선진국들에게도 불만의 뜻을 전달한 것이었다. 그는 새 정부 구성 업무로 너무 바쁘다는 핑계를 대고 메드베데프를 대신 참석시키겠다고 했다.

　백악관에 있는 누구도 푸틴의 크렘린 복귀를 반가워하지 않았지만 오바마 대통령은 푸틴이 당선되자 국가안보보좌관 토머스 도닐런을 모스크바로 보내 축하했다. 핵무기 감축과 격화되는 시리아 내전 종식을 위해 러시아의 지지를 확보하기 위해서였다. 자신의 재선 운동을 앞둔 오바마는 3월에 유럽 내 미사일방어망 배치 계획에 대한 러시아의 반대를 완화해 줄 것을 메드베데프에게 당부했다. 하지만 재임이 확정될 때까지 기다리는 수밖에 없었다. 서울에서 열린 핵안보정상회의에서 두 사람이 마이크가 켜진 것을 모르고 사적인 대화를 나눈 외교적인 실수가 일어났다. "특히 미사일방어망을 비롯한 문제들은 해결될 수 있습니다. 하지만 푸틴 대통령이 내게 약간의 말미를 주었으면 좋겠습니다." 오바마 대통령이 이렇게 말하자 메드베데프 총리는 이렇게 답했다. "잘 알겠습니다. 말미를 달라는 각하의 뜻을 푸틴 대통령에게 전달하겠습니다." 그러자 오바마는 이렇게 말을 이었다. "나로서는 이번이 마지막 선거입니다. 재선되고 나면 이 문제에 조금 더 유연성을 보일 것입니다." 메드베데프는 이렇게 대답했다. "알겠습니다. 이 대화 내용을 블라디미르 각하에게 그대로 전하겠습니다."

　오바마가 범한 실수를 보고 공화당 후보 미트 롬니는 "지정학적으로 우리의 주적은 러시아"라고 말했다. 안보리에서 거부권 행사를 통해 '세계 최악의 문제 국가들'에게 보호막을 제공해 주기 때문에 북한이나 이란의 핵무장보다도 더 나쁘다는 것이었다. 오바마는 재선되고 나면 조금 더 유연성을 발휘하겠다는 생각을 했을지 몰라도 푸틴은 이전보다 더 강경한 태도로 바뀌었다. 6월에 오바마는 바자 캘리포니아 해안에서 개최된

G20 정상회담에서 푸틴과 만났는데, 두 사람 모두 상대방에 대한 거부감을 숨기지 않았다. 푸틴은 오바마와의 약속장소에 30분 이상 늦게 나타났고, 회담 뒤에는 두 사람 모두 웃지도 않고, 서로 말도 하지 않았다. 기자회견장에서 두 사람 모두 바닥만 응시했다. 악화되는 시리아 사태 등 이견이 있는 문제들에 대해 입장 조정도 전혀 진전이 없었다. 오바마 행정부 측에서는 시리아 대통령 바사르 알 아사드를 망명시킬 계획을 세웠지만, 이는 아사드가 물러나고 푸틴이 그에게 망명을 떠나도록 설득한다는 순진한 가정 하에 세운 계획이었다.

메드베데프가 2011년 유엔에서 리비아에 대한 군사작전을 승인한 유엔결의안 채택 때 거부권을 행사함으로써 '항복 선언' 한 것을 염두에 둔 듯, 푸틴은 미국이 주권국가의 지도자를 몰아내기 위해 개입하는 일은 허용하지 않을 것임을 분명히 했다. 사태가 악화돼 아무리 많은 인명피해가 발생하더라도 받아들이지 않겠다고 했다.

아사드 정권은 러시아로서는 중동에 마지막 남은 동맹이었다. 주요한 무기 구매자인 동시에 지중해 연안의 타르투스항에는 러시아 해군기지가 있다. 푸틴의 가장 큰 관심은 미국이 또다시 극단적인 무력행사를 하지 못하도록 막는 것이었다. 워싱턴을 비롯한 일부 서방국 관리들은 푸틴의 반미 언동들을 외부의 적에 맞서 자국민의 애국심을 자극하기 위한 것으로 과소평가했다.

하지만 미국에 대한 푸틴의 감정은 그보다 훨씬 더 심각한 영향을 미치고 있었다. 자신의 크렘린 복귀에 대해 국제사회가 보인 명백한 불만, 반정부 시위 진압에 대해 보인 거부감, 푸시 라이엇 재판과 볼로트냐야광장 시위 진압에 쏟아진 비난 등으로 인해 서방에 대한 푸틴의 시각은 더 강경해졌다. 그는 서방이 자신에 대해 무조건 적대적인 입장을 취한다고 생각했고, 이를 러시아에 대해 무조건 적대적인 입장을 취하는 것으로 받아들였다. 푸틴의 발언은 냉전시대 최악의 시기를 떠올렸다. 주류 강경세력의 입장이 확대 재생산되며 메드베데프를 중심으로 한 온건파들의 목소리는 점점 더 한쪽 구석으로 밀려나고 있었다. '외국의 첩자'라는 호칭이 되살아났고, 이는 크렘린이 인권운동가나 나발니로 대변되는 반정부세력들을 러시아의 주권을 해치는 반국가 범죄자로 본다는 것을 의미했다. 나발니는 나중에 예일대대학원 리더십 과정에 등록했는데, 크렘린은 이 일도 그를 반국가 인사로 낙인찍는 근거로 삼았다.

2012년 여름 검찰은 나발니에 대한 수사를 재개했는데, 키로프 지역 정부에 무급 컨설팅을 해주면서 50만 달러 상당의 목재를 빼돌렸다는 혐의였다. 연방수사위원회 위원장인 알렉산드르 바스트리킨이 체코에 사업체와 아파트를 소유하고 있다는 증거를 나발니가 공개한 지 일주일 뒤에 이 같은 수사방침이 발표됐다. 곧 이어서 나발니의 다른 혐의점들로 수사는 확대되었고, 그는 법정 싸움을 벌이느라 다른 일에 시간과 에너지를 쓸 수 없게 되었다. 2011년부터 2012년 사이의 겨울에 분출됐던 반 푸틴 움직임은 서서히 세력이 약화되기 시작했다. 크렘린의 대응 방침이 강경해지면서 시위 규모와 현장의 열기도 차츰 수그러들었다. 햄스터와 힙스터로 대변되는 푸틴의 반대세력 다수는 창의적인 일에 종사하는 지식계층들이었다. 이들은 나발니의 그늘에서 반정부 활동을 벌였으나 이제 인터넷으로 숨어들어 대책 없이 분노만 쏟아낼 수밖에 없게 됐다.

9월에 크렘린은 러시아에 진출해 있던 미국국제개발처USAID의 활동을 갑자기 중단시켰다. 두 나라의 관계 악화를 보여주는 새로운 조치였다. 미국국제개발처는 골로스를 비롯한 시민운동 단체들을 지원하는 한편, 주택 모기지 사업 확대와 에이즈 예방 프로그램 등 비정치적인 지원 활동도 해왔다. 10월에는 다른 나라나 국제적인 단체에 '재정적, 물질적, 기술적 지원과 자문 등을 제공하는 행위'도 국가반역죄에 포함시키는 새로운 법안이 통과됐다. 대상을 워낙 광범위하게 규정해놓았기 때문에 이제 외국 NGO와 계약을 맺은 반정부 단체나 인사들은 얼마든지 국가반역죄로 처벌할 수 있게 되었다. 전국민주연구소National Democratic Institute와 국제공화연구소International Republican Institute 등 러시아 대선 때 활동한 미국의 저명한 단체 두 곳이 러시아에서 추방당했다. 이들과 비슷한 활동을 한 유럽 단체들도 함께 추방됐다. 이들은 단체에서 일한 직원들, 그리고 이들과 접촉한 인사들이 반역죄로 20년 징역형에 처해질 위기에 놓이자 강제추방에 응했다. 보복의 악순환이었다.

미국 의회는 2012년 푸틴과의 협력 모양새를 유지시키고 싶어 하는 백악관의 반대 속에 세르게이 마그니츠키의 이름을 딴 새 법안을 통과시켰다. 그를 기소해 가혹행위 끝에 숨지게 한 러시아 관리들을 상대로 미국 입국금지와 자산동결 등의 제재조치를 취한 것이었다. 미국 검찰은 마그니츠키가 러시아 공무원들이 횡령했다고 폭로한 2억 3천만 달러를 추적한 결과, 이 돈이 호화 콘도 네 채를 비롯해 맨해튼에 있는 자산과 연결돼 있다는 사실을 확인했고 자산은 압류됐다. 이 자산들은 키프로스에 있는 한 부동산 지주회사가 옛 소련 연방공화국 몰도바에 있는 페이퍼 컴퍼니를 통해 세탁된 자금으로 사들였다. 푸틴은 마그니츠키 법안이 채택된 데 대해 격분했다. 그는 마그니츠키 사건의 진상을 알지 못한다고 하면서도,

미국이 당사자가 감옥에서 사망한 진짜 원인을 무시한 채 무조건 러시아를 비난한다고 주장했다. 그는 "마그니츠키 사건이 없었다면 미국은 다른 핑계거리를 찾았을 것"이라고 했다. 이에 맞서 러시아는 관타나모 수용소 등지에서 수감포로 학대, 고문에 연루된 미국 관리 18명에 대해 입국금지 등의 제재조치를 취했다. 과거 소련 시절의 선전선동 수법처럼 푸틴은 러시아에 쏟아지는 비난을 피하기 위해 전혀 무관한 일을 끌어들였다.

푸틴은 여기에 그치지 않고 더 나아갔다. 입양한 러시아 고아들을 학대한 사건에 관여한 미국 판사와 관리들에 대해서도 제재조치를 취할 수 있도록 하는 법안을 제안한 것이다. 러시아 고아 입양과 관련된 문제로 인해 수시로 두 나라 사이에 갈등이 있어 왔으나, 입양 전후 과정을 보다 면밀히 관리키로 양측이 합의한 바 있었다. 마그니츠키 사건 관련 제제조치로 불만이 한껏 고조된 시점에 두마는 미국인의 러시아 고아 입양을 전면 금지하는 법안을 통과시켰다. 법안 내용이 워낙 터무니없어 푸틴 정부 인사들까지도 반대했지만, 최종 표결에서 거의 만장일치로 통과됐다. 러시아 고아원은 가족의 손길을 기다리는 아이들로 만원이었다. 입양을 기다리는 고아는 80만 명에 달하는데, 러시아인들은 입양을 백안시하고 있고 입양하는 경우도 매우 드물었다. 미국인들은 1999년부터 매년 5만 명 가까운 고아들을 러시아에서 입양하고 있었는데 입양금지법 통과로 이미 진행 중인 입양절차도 중단됐다. 러시아의 보복조치는 상호 비대칭적일뿐만 아니라 자해행위였다. 미국은 부패 관리를 제재 대상으로 했는데, 러시아는 자기 고아들을 제재조치의 대상으로 삼은 것이었다.

두마의 최종 표결이 있기 전 날 가진 연례 기자회견에서 푸틴에게 전례 없이 날카로운 질문들이 쏟아졌다. 미국과의 정치적인 분쟁에서 왜 러시아 어린이들의 이익을 해치는 조치를 취했느냐는 질문을 여덟 차례나 받았다. 푸틴은 예상치 못한 날카로운 질문을 받자 냉정을 잃고 러시아 입양아들이 학대당하는 것을 방치한 것은 미국이라고 강하게 반박했다. 미국에 주재하는 러시아 외교관들이 입양된 고아들이 학대당하는 사례들이 있으니 진상을 조사해달라고 여러 차례 요청했는데도 미국 관리들이 이를 묵살했다는 것이었다. "이게 정상이라고 생각하시오?" 그는 질문을 한 기자에게 화를 버럭 내며 되물었다. "모욕당하는 게 어찌 정상이란 말이요? 당신은 모욕당하면 기분이 좋소? 당신 마조히스트요?" 그로부터 일주일 뒤 국내에서 거센 반대시위가 벌어지는 가운데 푸틴은 이 법안에 서명했다.

2012년 10월 7일, 푸틴의 60회 생일을 맞아 전국적으로 개인숭배에 버금가는 식으로 축하행사가 벌어졌다. 푸틴은 기회 있을 때마다 자기는 개인숭배를 싫어한다고 했는데, 이제 생각이 바뀐 것 같았다. 생일 며칠 전부터 모스크바에서는 '푸틴-세상에서 가장 따뜻한 마음씨를 가진 사람'이란 타이틀로 그림 전시회가 열렸다. 통합 러시아당 소속의 청년 단체는 네 명의 미녀가 등장해 푸틴의 특기를 재연하는 4분짜리 섹시 비디오를 제작해 선보였는데, 산악승마, 전투기 조종, 노란색 라다 승용차 몰고 시베리아 달리기 등의 장면을 담았다. 학생들을 대상으로 시낭송회와 에세이 콘테스트도 열렸다. 소련 역사에서 지도자의 60회 생일은 정치적으로 특별한 의미를 발휘했다. 1939년 스탈린의 60회 생일은 공휴일로 지정됐으며, 핀란드와의 겨울전쟁이 시작됐는데도 아랑곳하지 않고 요란한 축하행사가 열렸고, 스탈린은 레닌훈장을 수여받았다. 히틀러는 '소련 국민들의 번영된 미래를 빌며'라는 문구가 담긴 축하전문까지 보냈다. 니키타 흐루시초프도 1954년 60회 생일 때 레닌훈장을 수여받았고, 레오니드 브레즈네프는 60회 생일 때 소련 영웅훈장을 받았다. 푸틴은 60회 생일을 맞아 훈장을 받지 않았고, 축하행사에도 무언가 허전한 기운이 감돌았다. 공식적인 축하 분위기에도 불구하고, 그의 지지자와 비판 세력 모두에게서 불안한 동요가 감지됐다. 나이가 들어가고 있으며, 그의 나이가 누구도 권력을 영원히 누릴 수는 없다는 냉정한 사실을 새삼 깨닫게 해주었기 때문이다.

9월 블라디보스토크에서 열린 APEC 정상회의에 참석한 푸틴은 눈에 띄게 거동이 불편한 모습을 보였지만, 크렘린은 명쾌한 설명을 내놓지 않았다. 이후 크렘린은 아이스하키를 하다 등 근육을 조금 다쳤기 때문이라는 설명을 내놓았다. 건강 이상설은 쉽게 수그러들지 않았다. 푸틴은 첫 번째 대통령 임기 시절에 보인 활기를 되찾기 위해 고심했다. 분명한 목표도 없이 대통령 자리에 복귀한 것 같았다. 자신이 가진 목표를 이루기 위한 수단으로 대통령에 복귀한 것이 아니라, 대통령 복귀 자체가 목표였던 것 같았다. 정상회담에 참석하기 위해 가는 도중에 그는 모터 글라이더를 타고 멸종위기에 처한 시베리아 두루미 떼를 야생으로 되돌려 보내는 보호 프로그램에 참여했다. 푸틴은 그동안 여러 야생동물들과 어울리는 모습을 통해 지지자들을 열광시켰다.(진정제를 먹인 야생동물도 있었다.) 하지만 이런 스턴트 장면 연출도 이제는 사람들에게 효과가 없어진 것 같았다. 선거 전후 정국이 시끄러워지자 스턴트 연출은 한때 중단됐다. 흑해에서 몰래 가져다 놓은 고대 항아리를 잠수복을 입고 건져 올리는 쇼를 했다가 들통 난 일 때문일 수도 있었다. 이제 다시 쇼를 시작한 것이었다.

푸틴은 흰색 점프슈트를 입고 글라이더 조종석에 앉아 시베리아 서부 오브강 인근에서 잡아 사육한 두루미떼를 남쪽의 안전지대로 인도했다. 글라이더에는 카메라 여러 대가 장착됐고, 처음에 두루미 떼가 따라오지 않자 재시도해서 다시 날았다.

이를 위해 푸틴은 몇 시간 글라이더 비행훈련까지 받았고, 글라이더는 돈을 주고 빌렸다. 하지만 이 행사는 21세기에 벌어진 소련식 지도자 숭배 짓이라는 비웃음을 샀다. 크렘린 전략가로 일하다 눈 밖에 난 글레브 파블로프스키는 이 쇼를 예전 아이디어 흉내 내기이고, 사람들이 믿지도 않는다며 크렘린의 새로운 아이디어가 고갈된 것 같다고 혹평했다. 파블로프스키는 텔레비전 스턴트 액션을 통해 푸틴의 정치적 이미지를 만드는 노력을 누구보다도 많이 한 사람이었다. 푸틴은 그렇게 해서 지도자가 되었다. 그런데 대통령직에 복귀한 다음에도 그런 쇼 외에는 다른 통치 방법을 모르는 것 같았다. 희귀조류 보호는 뒷전이고, 두루미들은 푸틴의 허영을 과시하는 소도구에 불과했다. "영화에 한번 출연시켰더니 거기서 빠져나올 생각을 하지 않는다." 파블로프스키는 후회된다는 투로 이렇게 혹평했다. 푸틴이 60회 생일을 가족, 가까운 친구들과 상트페테르부르크에 있는 대통령 별장 관저에서 보내는 동안, 국영 텔레비전 채널들은 모두 특집 프로그램을 내보냈다. 채널 로시야의 주간뉴스 프로그램에서 드미트리 키셀료프는 푸틴을 추켜세우며 스탈린에 필적하는 인물이라고 했다. "활동 영역의 폭을 놓고 볼 때 20세기 전임자들 가운데서 푸틴에 비견될 만한 인물은 스탈린뿐입니다." 13분짜리 푸틴 찬양 프로그램은 국민들의 봉급과 연금이 오르고, 강한 군대를 다시 만들었으며, 미국과의 핵균형이 다시 이루어지도록 한 것을 그의 업적으로 꼽았다.

NTV 채널은 50분짜리 다큐멘터리 필름을 제작해서 내보냈다. '푸틴을 만나다'라는 제목이 붙은 프로그램은 오직 측근들만 아는 푸틴의 새로운 면모에 대해 방송한다고 요란을 떨었지만, 실제로 새로운 내용은 전혀 없었다. 진행자 바딤 타크메네프는 노보 오가료보 별장에서부터, 크렘린 집무실, 타지키스탄 방문까지 대통령의 업무 현장을 일주일 내내 추적했다. 그리고 여러 차례의 인터뷰를 통해 푸틴은 지난 선거와 반대세력, 부패, 외교정책 등에 대해 자신의 생각을 이야기했다. 자신에 대한 비판에 대해서는 사소한 골칫거리 정도로 평가절하했다. 그는 나발니 같은 시위 지도부는 조만간 사라지고 말 '검불' 같은 존재이고, '진정으로 카리스마 있고 흥미로운 사람들'이 그들을 대신해 정치무대에 등장할 것이라고 했다. 부패는 과장된 것이고, 자신이 취임할 때 연간 1000달러 미만이던 러시아 국민들의 평균수입은 거의 1만 달러에 육박했다고 말했다. "이 나라에 사는 사람이라면, 전 세계가 우러러보는 강대국의 국민이라는 사실을 명심하는 것이 대단히 중요합니다."

그는 이어서 미국과 전략적으로 핵균형을 이루는 나라는 러시아뿐이라는 사실이 무엇보다도 중요하다고 했다. 국민들이 매일매일 행정업무를 처리할 때마다 뇌물을 바치면서 분노하고 좌절을 겪는 현실에 대해서는 무시하는 입장을 취했다. 나발니가 여러 차례 폭로한 관리들의 끔찍한 직권남용 사례들, 국제투명성기구가 부패 인식지수에서 러시아를 176개국 중에서 133위라는 수치스러운 순위에 앉힌 사실도 무시했다. 이틀 전 NTV는 거리로 몰려나온 시위대들이 그루지야 올리가르히와 서방 후원자들의 도움을 받아 정부를 전복시키려는 음모를 꾸미고 있다고 비난하는 다큐멘터리 프로를 방송했다. 두 다큐멘터리 모두 푸틴을 오직 정직한 애국심으로 국가 업무에만 충실한 지도자로 그린 반면, 그를 비판하는 세력은 무정부 상태를 바라는 외계인 같은 자들로 묘사했다. 자신의 친구와 측근들이 부를 축적하도록 도와준 부패와 정실주의의 증거가 도처에 널린 상황에서 푸틴은 검소한 생활을 하는 지도자로 그려졌다. 관저는 넓은 공간에 안락한 시설들로 꾸며져 있지만 호화 사치품은 보이지 않아 푸틴이 거의 금욕적인 삶을 사는 것으로 소개됐다.

보리스 넴초프가 최근 푸틴의 측근들이 축적한 부와 부패상에 대해 발표한 백서에 의하면, 대통령이 사용하는 국가 별장이 20곳이고, 수십 척의 요트와 항공기가 한 대 있었다. 별장 가운데 9곳은 그가 재임 중에 만든 것이었다. 하지만 푸틴에 반대하는 사람들도 그가 부를 축적하는 것보다는 권력에 더 많은 관심을 갖고 있다는 점을 인정했다.

'푸틴을 만나다'는 푸틴 칭송 일색으로 꾸몄지만, 그래도 옐친이 물러난 이후 12년 동안 일반 국민들의 눈에 신비스런 상태로 남아 있던 푸틴의 업무 일정을 어느 정도 공개해 보여주었다. 매일매일 무미건조한 회의와 의식들의 연속이었다. 타크메네프가 진행한 프로에서는 이틀째 아침 비교적 늦은 시간인 8시 30분에 일어나 연방보안국FSB과 해외정보국SVR이 취합한 일일 정보보고서를 읽었다. 대부분은 늦게까지 일했다. 먼저 관저 체육관에서 헬스 기구로 운동을 한 다음 텔레비전 뉴스를 보고, 다시 실내수영장에서 1킬로미터 수영을 했다. 정오 다 돼서 아침식사를 하는데, 포리지와 날 메추리알, 커티지 치즈에 근대와 고추냉이를 갈아 만든 주스를 곁들인 간단한 차림이었다. 아침식사 재료는 키릴 총대주교가 교회 농장에서 직접 보내준다고 했다.

업무시간은 늦게 시작해서 저녁 늦게까지 계속됐다. 각료회의도 일반 국민들이 잠자리에 들 시간에 시작되는 경우가 많았다. 한 번은 한밤중에 연방마약단속국장 빅토르 이바노프와 국방장관 아나톨리 세르듀코프를 만나기 위해 타케메네프와의 인터뷰를 끝내기도 했다. 두 사람은 그때까지 대기실에서 기다리고 있었다. 각료들은 항상 대기상태로 있다가 푸틴이 부르면 즉각 달려와야 했다. 그는 언론이 편견을 갖고 있기 때문에 믿지 않는다고 했는데, 크렘린이 사실상 거의 모든 채널을 통제하고 있기 때문에 흥미로운 말이었다. 그는 자신의 측근인 세르듀코프와 이바노프를 통해 입수하는 정보를 좋아하는데, "훨씬 더 완전하고 정확한 정보이기 때문"이라고 했다. 집무실 책상에는 인터넷을 연결시킬 수 있는 컴퓨터가 없었다. 인터넷을 이용한다면 측근들이 그의 심기를 살피며 가공해서 올리는 것과 다른 정보도 얻을 수 있을 것이었다. 다큐멘터리에서 푸틴은 보좌관과 경호원으로만 둘러싸여 지냈고, 다른 사람은 보이지 않았다. 혼자 일하고 수영도 혼자 했다. 영상에 가족은 아무도 등장하지 않았다. 아내와 27살인 딸 마리아와 26살인 카챠 누구도 모습을 나타내지 않았고, 친구도 없었다. 제일 가까운 동반자는 검정 래브라도 개 코니였다. 코니는 그가 수영을 마칠 때까지 풀장 바깥에서 기다렸다.

NTV 영상에서는 한때 가장 가까운 보좌관이었고, 당시 총리인 메드베데프의 이름이 유일하게 한 번 언급되었다. 푸틴이 체육관 바깥에 세워져 있는 붉은색 2인승 자전거를 손으로 가리키면서 메드베데프가 선물로 준 것이라고 말한 다음 곧바로 "농담"이라고 덧붙인 것이다. 자전거는 한번도 사용한 흔적이 없었다. 어떤 텔레비전 비평가는 국가 지도자가 혼자 있는 것은 가능성이 희박하며, 연출된 것이라고 했다. 시청자들에게 부패하고 냉정한 인물이 아니라, 국가를 위해 자신의 사생활을 희생하는 지도자라는 점을 부각시키려는 의도에서 연출한 장면이라는 말이었다. 소규모 최측근 몇 명만 제외하고 푸틴의 사생활은 철저히 비밀에 붙여졌다. 이들 측근 그룹은 여러 해에 걸쳐 꾸준히 친밀한 관계를 유지해 온 사람들로, 이들 또한 외부에 잘 알려지지 않고 폐쇄적인 입장을 취했다.

러시아 국민들이 푸틴의 사생활에 대해 아는 것이라고는 크렘린이 철저한 계산 아래 언론을 통해 공개하는 제한된 내용뿐이었다. 푸틴은 밤늦게까지 일하고, 사람을 몇 시간씩 기다리게 만드는 것으로 유명해졌다. 친구들도 그를 만나려면 몇 시간 기다려야 했다. 20년 전 그와 인터뷰했던 영화제작자 이고르 사드칸은 마지막으로 푸틴을 만난 장면을 이렇게 회고했다. 관리들과 기업인들과 함께 줄지어 몇 시간 기다린 뒤 새벽 1시가 되어서야 면담이 성사되었다고 했다. 1991년에 사드칸은 편하게 농담을 주고받는 푸틴에게 호감을 느꼈는데, 이제는 그런 사이가 아니었다. 농담을 건넸는데도 푸틴은 웃지 않았다. 2013년 한 인터뷰에서 사드칸은 이렇게 말했다. "스탈린도 밤에 일하는 스타일이었어요." 그는 솔제니친의 작품 〈제1원〉에 등장하는 스탈린의 내적독백을 떠올리며, 푸틴을 '매우 지치고, 고독하고, 자신의 도그마에 갇힌 인물'이라고 했다. "측근들도 지금은 굴욕을 참고 머리를 조아리지만, 자기가 권좌에서 물러나는 순간 곧바로 덤벼들 것이라는 강박감에 사로잡혀 있다."고 했다.

한때 푸틴의 외곽궤도에 자리하고 있던 각료와 기업인, 지인들은 그를 보는 횟수가 줄어들었다. 사람이 어딘가 달라진 것 같았다. 상트페테르부르크 시절부터 푸틴의 조언자 역할을 해온 게르만 그레프는 그가 변했다는 평가에 대해 한참 망설인 끝에 "권력은 사람을 변하게 만듭니다."는 대답만 내놓았다. 한때 가까운 사이였으나 소원해진 사람들도 많았다. 아나톨리 소브차크의 미망인인 류드밀라 나루소바는 남편이 푸틴을 스털리 츠라는 별명으로 부르던 때와 사람이 달라졌다고 했다. 스털리츠는 소련 시절 TV 미니 시리즈 '봄의 17가지 장면'에 이중 스파이로 등장하는 주인 공 이름이다. 나루소바는 2012년 가을 연방위원회 의원직에서 물러난 뒤 신문 인터뷰에서 "푸틴도 한때는 유머감각이 뛰어난 적이 있었습니다." 라고 했다. 그녀가 권력에서 밀려난 것은 반정부 시위에 가끔 동조하는 발언을 하고, 딸 크세냐가 시위에 참가한 데 따른 대가였다. "블라디미르 블라디미로비치에 대한 환상이 깨진 것이 아닙니다. 내가 아는 그는 대단 히 정직하고 점잖고 경건한 사람입니다. 하지만 정말 역겨운 자들이 그의 주위를 둘러싸고 있습니다."

총리 시절에도 푸틴은 노보 오가료보의 대통령 별장에서 계속 살았 다. 대통령으로 복귀할 즈음에는 혼자서 살았다. 맏딸 마리아는 네덜란드인 요리트 파센Jorrit Faassen과 결혼했고, 파센은 가즈프롬 경영진 에 참여해 일했는데, 2010년 11월 도로에서 일어난 자동차 관련 사고 때 문에 사람들의 주목을 받게 되었다. 당시 그는 BMW를 몰고 모스크바의 부유층이 모여 사는 류블뵤브카 부근의 정체상태인 고속도로를 지나고 있었다. 젊은 금융가 마트베이 우린이 모는 메르세데스와 충돌할 뻔했는 데, 메르세데르를 뒤따르던 폭스바겐 밴에서 경호원 여러 명이 달려 나 와 파센을 흠씬 두들겨 팼다. 그런데 교통경찰이 아니라 대통령경호실에 서 수사를 맡아 진행했고, 몇 주 뒤, 폭력을 휘두른 경호원들뿐 아니라 우 린까지 구속됐다. 우린은 구타죄에 배임, 사기죄까지 추가돼 징역 4년 반 을 선고받았으며, 그가 이끌던 금융제국은 완전히 해체됐다. 요리트와 마리아는 비밀리에 결혼식을 올렸는데, 2012년 그리스에 있는 어떤 섬에서 올렸다는 루머만 있을 뿐 정확히 언제 어디인지 알려진 적이 없었다. 부부는 푸틴의 60세 생일 얼마 전에 아들을 낳았고, 푸틴은 할아버지가 되었다. 하지만 이런 사실은 러시아 언론에 일체 보도되지 않았다.

둘째 딸 카챠에 관한 정보는 더 베일에 싸여 있었다. 대학에서 아시아학을 전공했고, 한국 해군제독의 아들과 사귄다는 소문이 오랫동안 나돌고, 결혼했다는 소문까지 있었으나 사실이 아닌 것으로 판명됐다. 댄스를 좋아하고 카테리나 블라디미로브나 티호노바라는 이름으로 세계로큰롤연맹 부회장이 되었다. 어머니 류드밀라의 외가 쪽 성을 따른 이름이었다. 26세인 2012년에는 모스크바 국립대 자리에 16억 달러 짜리 최첨단 연구센터 건설을 책임진 조직인 전국지능개발펀드의 대표가 되었다. 펀드 이사진에는 이고르 세친과 세르게이 케메조프를 비롯해 국영기업 경영을 책임진 푸틴의 측근 거부들이 다수 포함되었다. 푸틴의 오제로 다차 협동조합 멤버였던 니콜라이 샤말로프의 아들 키릴 샤말로프와 결혼했다는 설이 있었다. 키릴 샤말로프도 카챠와 같은 대학을 졸업한 뒤 가즈프롬의 경영진에 합류했다. 이후 러시아 최대 석유화학 회사인 시부르Sibur의 이사 겸 주주가 되었는데, 당시 겐나디 팀첸코가 이 회사의 공동 소유주였다.

친구와 동료, 족벌로 얽힌 푸틴의 측근 정치는 다음 세대로 이어지고 있었다. 푸틴의 사생활에 대한 공식자료나 신뢰할 만한 정보가 없는 상황에서 각종 루머가 만들어졌는데, 대부분은 인터넷을 통해 가십거리와 음모의 냄새가 풍기는 이야기들이 퍼져 나갔다. 류드밀라의 건강에 관한 억측이 나돌았는데 우울증, 알코올 중독설도 있고, 차르의 왕비들처럼 프스코프 인근의 수도원에서 유배생활을 한다는 루머도 나돌았지만 믿을 만한 이야기들은 아니었다. 푸틴의 오랜 친구인 세르게이 롤두긴은 푸틴 부부가 아직은 다정한 사이를 유지하고 있지만 차츰 멀어지고 있는 건 사실이라고 했다. 푸틴은 가족보다는 어릴 적 친구와 KGB 동료, 그리고 1990년대부터 시작된 기업인 친구들과 더 많은 시간을 보냈다. 마음 편하게 쉬고, 모스크바나 다른 곳에 있는 대통령 전용별장에서 밤늦게까지 파티를 즐기는 것도 이런 친구들과 함께였다. 이런 별장들은 보리스 넴초프가 대통령 재산 보고서에 상세히 소개해 놓았다.

롤두긴의 말에 따르면, 이런 모임에서 푸틴은 업무나 정치 이야기는 거의 하지 않는다고 했다. 대신 역사, 문학 등 다양한 주제들이 이야기되었는데, 푸틴은 따분한 이야기는 좋아하지 않고 새로운 정보에 대해서는 관심이 아주 많았다고 했다. 가수를 초대해 소규모 콘서트를 열기도 했는데, 푸틴은 그리고리 레프스와 필리페 키르코로프 같은 크루너 가수들을 좋아했다. 초대가수나 손님들은 자동차나 헬기를 타고 때를 가리지 않고 도착했다. 한번은 푸틴의 오랜 친구가 아트 디렉터로 일하는 상트페테르부르크 음악원에서 뮤지션들을 데려오라고 롤두긴에게 부탁해 바이올리니스트, 피아니스트, 클라리넷 연주자 등 세 명의 뮤지션이 와서 모차르트와 베버, 차이코프스키를 연주했다. 감동을 받은 푸틴은 차르처럼 한껏 우아한 표정을 지으며 이튿날 한 번 더 연주해 달라고 부탁하고 친구들을 초대해서 연주를 감상했다. 이런 모임에는 유리 코발추크와 겐나디 팀첸코 같은 이들이 주로 참석했고, 푸틴의 아내 류드밀라는 자리를 함께 하는 횟수가 점점 줄어들었다.

푸틴의 첫 번째 관심사는 여전히 일과 운동이었는데, 2011년 청년부

토너먼트에 출전하면서 아이스하키가 새로운 취미가 되었다. 그의 친구인 팀첸코와 보리스 로텐베르그, 아르카디 로텐베르그도 아이스하키 팬이었다. 로텐베르그 형제는 러시아 콘티넨탈 하키 리그에 프로팀들을 소유하고 있었다. 푸틴은 십대 때 호신술을 배울 때처럼 하루에 몇 시간씩 스케이트 타는 법과 스틱 다루는 법을 열심히 익혔고, 얼마 안 가서 사람들을 초청해 놓고 경기에 출전했다. 그가 소속된 팀의 선수와 코치는 슬라바 페티소프와 파벨 부레 등 하키계의 전설 같은 인물들이었다. 로텐베르그 형제와 각료들, 심지어 벨라루스 대통령 알렉산드르 루카센코도 함께 뛰었다. 크렘린과 총리실의 경호원들도 가담했다. 올림픽 준비기간 중에 푸틴은 40세 이상 선수를 대상으로 하는 야간 아마추어 리그를 만들라는 포고령을 발표했고, 이후 이 리그는 전 연령대 선수를 대상으로 하는 리그로 확대됐다. 그는 스포츠와 체력단련을 통해 국가의 활력을 되찾겠다는 생각을 가졌다. 아마추어 선수들이 참가하는 리그는 얼마 뒤 일반인에게 문호가 개방됐고, 날로 향상되는 대통령의 기량을 다루는 보도들이 줄을 이었다. 푸틴은 등번호 11번을 달로 손쉽게 득점을 올렸다. 한 게임에서 여섯 골을 득점하기도 했다. 2011년 12월, 대규모 반정부 시위가 시작된 날 밤에도 자신은 하키 경기를 했다는 말을 당당하게 했다. 2012년 취임식 날 저녁에도 크렘린을 나와 대통령 신분으로 은퇴한 전설적인 선수들과 시범경기를 했다. 자리에서 물러난 실비오 베를루스코니와 게르하르트 슈뢰더도 관중석에 앉아 있었다. 그 경기에서 푸틴은 두 골을 기록했는데, 연장전에서 결승골이 된 페널티 샷도 성공시켰다.

그해 5월 대통령 취임식에 참석한 이후 류드밀라와 푸틴이 함께 있는 모습은 공식석상에서 자취를 감추었다. 그녀의 모습이 사라지면서 두 사람이 별거 중이라는 루머가 나돌았다. 부활절 예배에도 푸틴은 메드베데프 부부, 모스크바 시장 세르게이 소브야닌과 함께 참석했고, 그녀의 모습은 보이지 않았다. 정교회 성탄 전야로 그녀의 55세 생일인 2013년 1월 6일 저녁에도 푸틴은 소치에 가 있었다. 그곳에서 프랑스 배우 제라드 드파르디외가 본국에서 거액의 세금추징을 피할 수 있도록 러시아 국적 인증서를 수여하고, 새로 단장한 올림픽 슬로프에서 스키를 탔다. 푸틴 부부는 공식석상에 함께 모습을 보이지 않다가 이듬해 6월 크렘린에서 공연한 발레 '에스메랄다' 3막 가운데 1막이 끝난 뒤 바깥으로 나와 기자의 질문을 받았다. 워낙 당돌한 질문이라, 질문은 물론이고, 그 공연에 부부가 참석한 것도 사전 각본에 의한 것일 가능성이 높았다. "에스메랄다 공연은 어땠습니까?" 밖에서 기다리던 뉴스 전문 채널 로시야 24의 기자는 이렇게 질문을 시작했다. 기자는 음악과 무용수들에 대해 몇 마디 의례적인 평가를 들은 다음 껄끄러운 주제를 조심스레 꺼냈다. 평소 같았으면 푸틴을 격분케 했을 질문이었다.

"두 분이 함께 다니는 일이 드물고, 그래서 두 분이 같이 살지 않는다는 루머들이 있습니다. 사실입니까?" 푸틴은 심호흡을 하면서 류드밀라를 쳐다보았고, 잠시 후 이렇게 대답했다. "사실입니다. 나는 공적인 일을 하는 사람입니다. 매우 공적인 일이지요. 이런 사실을 좋아하는 사람도 있고, 그렇지 않은 사람도 있습니다. 이런 일을 도저히 받아들이지 못하는 사람도 있습니다." 그는 아내를 류드밀라 알렉산드로브나라는 호칭으로 불렀다. 낯선 사람이나 손위 사람을 부를 때 그렇게 한다. "아내는 참을 만큼 참고 기다렸습니다. 8,9년쯤 되었을 것입니다. 결론적으로 말하면 우리 두 사람이 함께 내린 결정입니다." 두 사람은 어색한 자세로 약간 떨어져 있었고, 류드밀라는 힘들어 하는 표정이었다. 푸틴은 단호한 말투로 계속했다. "서로 잘 보지도 않고, 이제 우리 결혼은 끝났습니다." 류드밀라가 이렇게 거들었다. "블라디미르 블라디미로비치는 업무에 빠져 지냅니다. 아이들은 다 자랐고, 이제 알아서 잘 지낼 것입니다. 우리도 마찬가지입니다."

류드밀라는 푸틴에 대해 "지금도 나와 아이들을 지지해 주고 있으며", 앞으로 친구로 지낼 것이라고 했다. 푸틴은 또한 많은 정치인들이 자녀들을 외국에 나가 살게 하거나, 유학 보내는 경우가 많은 점을 의식한 듯, 자기 아이들은 모두 러시아에 살고 있다고 강조했다. 기자는 실제로 이혼한 것인지 재차 물었다. "교양 있는 이혼 정도로 불러 주세요." 류드밀라는 이렇게 대답했다. 푸틴은 종교적인 가르침과 도덕심을 부각하는 등 사회정책에서 보수적인 면을 강조하는 시기에 자신의 결혼생활에 대한 의혹을 해소시키기로 한 것이었다.

일반 국민들은 대부분 이 뉴스에 대해 무관심을 나타내거나 안됐다는 반응을 보였다. 놀라운 것은 사실을 공개한 타이밍이었다. 이혼은 이듬해 공식 발표되었다. 두 사람이 헤어지기로 했다는 뉴스가 나오자 곧바로 푸틴이 재혼을 준비 중이라는 추측이 뒤를 이었다. 상대는 알리나 카바예바이며, 2010년 푸틴의 아들을 낳았다는 루머가 있었다. (2012년에는 딸까지 낳았다는 소문이 돌았다.) 카바예바는 2011년 보그Vogue 러시아판 표지에 가슴골을 깊이 들어낸 발망 드레스 차림으로 등장했는데, 아이를 낳았다는 소문은 사실이 아니라고 강하게 부인했다.

미녀 스파이로 유명한 안나 채프먼, 그리고 푸틴의 공식 촬영기사인

라피코바와의 염문설도 나돌았다. 라피코바는 모델 출신으로 미스 모스크바 미인대회에 출전한 경력이 있었다. 하지만 이런 루머는 푸틴의 대변인 드미트리 페스코프가 모두 부인했고, 어딘가 수상쩍은 구석이 있었다. 정치전략가이고 칼럼니스트인 스타니슬라프 벨코프스키는 푸틴의 염문설이 크렘린 PR팀이 푸틴의 이미지를 띄우기 위해 만든 작품이라고 주장했다. 벨코프스키는 독일에서 출판한 저서 《푸틴》Putin을 통해 푸틴을 외톨이고, 남을 잘 믿지 않는 인물로 묘사했다. 친구들을 포함해 남을 잘 믿지 못하고, 사람보다는 애완견과 더 친하게 지내는 인물이라고 했다. 책은 추측과 전해들은 말을 실제 사실과 함께 모아놓았는데, 예를 들어 두 딸에 관한 이야기는 대단히 정확한 내용들이었다. 그래서 어떤 부분이 사실이고, 어떤 부분이 떠도는 말을 모은 것인지 구분하기가 쉽지 않다. 푸틴은 12년 넘게 사람들의 주목을 받으며 살다 보니 일반 사람들과는 거리가 많이 있는 인물이 되었다. 과거 당서기장이나 차르처럼 된 것이다.

제24장

부패 페스티벌 소치동계올림픽

푸 틴은 2013년 2월 러시아 관리들과 국제올림픽위원회IOC 위원들
로 구성된 대규모 방문단을 이끌고 이틀간의 일정으로 소치를 방
문했다. 소치올림픽 개막일을 정확히 1년 앞둔 시점이었다. 하지만 그의
표정은 그리 밝아 보이지 않았다. 5년의 준비기간을 통해 조용하던 해안
휴양지는 크게 바뀌었다. 크렘린 인사들은 좋은 쪽으로 바뀌었다고 말하
고, 올림픽에 비판적인 인사들은 나쁘게 바뀌었다고 했다. 올림픽 파크가
들어서는 이메레틴스카야 계곡에는 미끈하게 지은 현대식 건축물들이 외
계 생명체처럼 모습을 드러냈다. 하지만 주위에는 아직 건설자재와 흙더
미, 크레인들이 여기저기 흩어져 있어 어수선한 분위기였다. 산악지대인
크라스나야 폴랴나 주변에도 건설공사가 한창 진행 중이었다. 2백 마일

에 달하는 고속도로, 철도와 함께 수십 개의 터널과 교량이 건설되고 있었다. 철도역 8곳과 31개의 간이역, 그리고 가즈프롬이 짓는 발전소 한 곳을 비롯해 공항과 항만도 각각 한 곳씩 건설되고 있었다.

푸틴의 오랜 친구인 블라디미르 야쿠닌은 거의 100억 달러의 공사비를 들여서 건설한 소치 철도를 시베리아 횡단철도 건설에 비유했다. 시베리아 횡단철도는 러시아제국 쇠퇴기에 차르 알렉산드르 3세와 그의 아들 니콜라스 2세가 건설했다. 처음부터 푸틴은 이 올림픽 프로젝트에 집착했다. 설계를 꼼꼼히 따지고, 공사 스케줄을 직접 챙기며 공식, 비공식적으로 수시로 소치를 드나들었다. 소치에 오면 보차로프 루체이에 있는 대통령 별장과 가즈프롬이 산속에 지은 새 별장에 묵었다. 다른 대형 프로젝트와는 확연히 다르게 소치는 러시아의 경제적인 부와 국제적인 위상을 상징적으로 보여주기 위한 사업이었다. 또한 북코카서스 지역을 기반으로 하는 테러리즘과 분리주의 욕구를 누르고 이룬 번영을 과시하는 사업이었다. 그 코카서스의 발밑 산등성이에서 올림픽이 열리는 것이었다.

푸틴에게 올림픽은 이러한 정치적인 목적보다 훨씬 더 깊은 의미를 가졌다. 그는 올림픽이 지난 수십 년 동안 갖은 어려움에 시달려 온 러시아에게 진통제 역할을 해줄 것이라고 믿었다. "소련연방이 무너지고, 코카서스 지방을 중심으로 일어난 암울한 유혈사태들을 겪고 나서 러시아 국민들의 생각은 대단히 부정적이고 비관적이 되었습니다." 푸틴은 외국 기자들에게 이렇게 말한 적이 있다. "우리 스스로를 다시 추스르고, 어려운 대규모 프로젝트를 우리 힘으로 제대로 치를 수 있다는 것을 보여줄 필요가 있었습니다. 강한 군사력 못지않게 스포츠 분야에서의 업적도 대단히 중요합니다." 그는 이어서 올림픽이 "국민들의 사기를 높여줄 것"이라고 했다. 푸틴의 비판자들도 문제 제기를 하면서도 올림픽이 얼마나 큰 국가 사업인지는 인정했다. 독립신문 네자비시마야 가제타의 발행인 겸 편집인인 콘스탄틴 렘추코프는 소치 재건사업을 18세기 표트르 대제의 상트페테르부르크 건설에 비견할 만한 사업이라고 했다. 당시 표트르 대제는 단순히 수도를 모스크바에서 옮겨오기 위해서만이 아니라 국가를 후진상태에서 벗어나게 하기 위해 도시 건설에 매달렸다.

"푸틴에게 소치는 자기 손으로 건설하는 상트페테르부르크입니다. 아마도 앞으로 50년, 60년이 지나면 그곳에 사는 사람들은 그곳 이름을 푸틴그라드로 바꿀 것이라고 나는 생각합니다."

다른 국가 전략사업들처럼 푸틴은 대형 프로젝트를 자기가 신임하고 조종할 수 있는 사람들에게 맡겨 그들을 부자로 만들어 주었다. 그의 지시에 대들어서도 안 되고, 일정 지연도 용납되지 않았다. 그럼에도 불구하고 공사는 많이 지체되었고, 갖가지 사고와 공사비 과다책정, 부패, 횡령 등 뒷말이 무성했다. 2009년에는 강한 겨울 폭풍이 불어 닥쳐서 건설자재를 수송하기 위해 만든 하물 하역항이 파괴되고, 수천 미터에 달하는 방파제까지 쓸려가 버렸다. 푸틴은 주 계약사인 국영기업 올림프스트로이의 사장을 세 번이나 해임했고, 네 번째 사장이 가까스로 자리를 지키고 있었다. 몰도바, 우크라이나, 중앙아시아에서 저임금 근로자 수만 명이 몰려와 일자리를 차지하면서 그 지역에 사는 러시아인들의 불만이 터져 나오기도 했다. 외부 노동자들은 저임금 등 끔찍하게 부당한 대우를 받고 추방당하기도 했다. 사고로 목숨을 잃은 사람이 수십 명에 달했다.

푸틴은 올림픽을 러시아 도약의 상징으로 만들고 싶었지만, 러시아의 상징인 부패가 공사마다 따라다녔다. 각종 부패로 공사비는 엄청나게 부풀려졌다. 푸틴의 측근 보좌관으로 부총리가 되어서 소치 사업을 총괄하는 드미트리 코자크는 2013년 초 소치 준비 비용이 당초 푸틴이 IOC에 약속했던 120억 달러를 훨씬 넘어서서 510억 달러로 늘어났다고 했다. 역대 가장 비싼 올림픽을 치르게 되는 것이었다. 2010년 밴쿠버가 동계올림픽을 치르면서 지출한 비용의 7배가 넘고, 베이징이 2007년 이보다 규모가 훨씬 더 큰 하계올림픽을 치르면서 쓴 돈보다 더 많았다. 아직 경제가 어려운 처지인 나라로서 정치적으로 민감한 문제를 초래할 수 있는 수치였다. 그래서 코자크 부총리를 비롯한 각료들은 이 수치를 다시는 발설하지 말라는 엄명을 받았다. 책임을 맡은 관리들은 높은 공사비를 열악한 지질학적 여건과 IOC의 까다로운 요구조건을 충족시켜야 하기 때문이라고 했다. 하지만 실질적으로 모든 프로젝트 비용이 다른 곳에 건설되는 유사한 프로젝트와 비교할 때 훨씬 높게 책정되었다.

발레리 모로조프가 2010년 주장한 것처럼 계약사들이 관리들에게 뒷돈을 챙겨주기 위해 비용을 부풀린다는 소문이 무성했다. 아르카디 로텐베르그의 회사가 올림픽 경기에 전기를 공급하기 위해 흑해 해저에 건설한 파이프라인 공사비는 킬로미터 당 500만 달러로 노르트 스트림이 발트해 해저에 건설한 파이프라인 공사비 400만 달러보다 훨씬 더 높게 책정됐다.(노르트 스트림의 400만 달러도 유럽 평균보다 몇 배 더 높은 액수이다.) 보리스 넴초프는 소치올림픽을 '부패 페스티벌'이라고 불렀다. 2013년 6월에 발간한 푸틴 시대 부패 보고서 최신판에서 그는 전체 비용 510억 달러의 절반이 낭비되거나 도둑질 당했다고 썼다. 러시아 관리들조차도 엄청난 액수의 돈이 증발되었다는 사실을 인정했다. 러시아 회계감사원은 소치올림픽 준비 지출 가운데 최소한 5억 달러는 증빙서류가 없다고 밝힌 다음 곧바로 분기별 회계보고서를 국가기밀로 분류해 버렸다.

하지만 형사고발이 이루어진 예는 단 한 번도 없었다. 특히 올림픽 준비과정에서 엄청난 부를 챙긴 푸틴의 측근들 가운데 처벌 받은 사람은 한 명도 없었다. 비용이 너무 많이 들고, 예산의 상당 부분이 증발하는 것 때문에 올림픽을 개최하는 게 잘하는 일인가 하는 문제 제기가 많았다. 많은 올림픽 개최 도시들이 겪은 고민이기도 했다. 하지만 러시아의 경우는 때가 좋지 않았다. 러시아 경제는 여전히 천연자원 의존도가 높았고, 심각한 경제위기에서 완전히 회복되지 않은 상태였다. 2012년에 3퍼센트를 기록한 경제성장률이 2013년에는 1퍼센트대로 떨어졌다. 고유가에 힘입은 소비 붐이 국가경제 개선으로 이어지지 않고 있었다. 2013년에 푸틴의 지지율은 처음 대통령이 된 2000년 이후 최저 수준으로 내려앉았다. 그루지야와의 전쟁 직후 88퍼센트로 최고점을 기록했던 지지율이 60.6퍼센트로 떨어진 것이었다. 응답자 가운데 국정 방향이나 대통령의 정책을 신뢰한다고 답한 비율은 그보다 더 낮았다.

2월에 크라스나야 폴랴나의 슬로프를 돌아보면서 푸틴은 화가 머리끝까지 차올랐다. 파호모프 시장은 푸틴이 경기장 시설을 둘러보면서 만족을 표시한 곳이 거의 없다고 했다. 푸틴은 공사감독이었고, 자기가 원하는 기준이 충족되지 않으면 화를 냈다. 파호모프 시장은 이 현장 방문을 통해 푸틴의 집념이 얼마나 강한지 알게 되었다고 했다. 그는 자기가 만족하지 못한다는 점을 공개적으로 나타내 보였다. 새로 완성한 봅슬레이 경기장에 고위 보좌관들을 모아놓은 다음 자기는 검정 코트 차림으로 한가운데 자리했다. 소치올림픽조직위원장 드미트리 체르니셴코가 좌석배치에 대해 설명을 시작하자, 푸틴은 갑자기 다른 경기장으로 화제를 돌렸다. 예산낭비와 일정 지연의 대명사처럼 된 스키 점프장 이야기를 꺼낸 것이다. '카루셀 산'이란 뜻의 '고르나야 카루셀' 프로젝트로 명명된 이 공사는 러시아올림픽위원회 부위원장인 아흐메드 빌라로프가 총괄했다. 그는 공사 현장에 토지를 소유하고 있었고, 직전까지 공사를 맡은 회사의 지분을 갖고 있다가 그 지분을 급하게 동생에게 넘겼다. 다게스탄 출신의 사업가인 빌라로프는 두마 의원을 지냈고, 드미트리 메드베데프 및 그의 측근들과 가까운 사이였다.

메드베데프가 대통령 자리에 있을 때 올림픽위원회 부위원장으로 임명됐고, 메드베데프가 북코카서스 재개발을 추진하며 스키 리조트 건설 프로젝트를 총괄하는 책임을 맡았다. 메드베데프는 지역 개발을 통해 경제적인 혜택을 줌으로써 반란의 진원지인 이 지역 주민들의 불만을 해소시킨다는 생각이었다. 체첸에도 스키 리조트 한 곳이 들어서기로 되었다. 카루셀 스키 점프대는 입지선정 잘못과 부실설계, 수준미달의 기술로 공사가 제대로 진척되지 못하고 있었다. 2012년에는 부실공사로 산사태가 일어나 현장이 거의 매몰되다시피 했다. 거액의 예산을 투입해 옹벽을 새로 세우고, 원래 계약에 없던 도로도 새로 닦았다. 400억 달러로 시작한 공사비가 2600억 달러를 넘어섰다. 그리고 개막이 1년 앞으로 다가왔는데도 공사 현장은 자재와 건설 쓰레기가 곳곳에 흩어져 있고, 진흙투성이가 그대로 남아 있는 미완성 상태였다.

푸틴 일행의 표정이 일그러졌다. 체르니센코는 공사가 더딘 이유를 묻는 푸틴의 질문에 제대로 대답하지 못했다. 푸틴이 주위의 사람들을 차례로 훑어보자 드미트리 코자크가 나서서 공사가 예정보다 2년 늦어졌다고 설명했다. 푸틴이 공사 책임자가 누구냐고 묻자 코자크는 "빌라로프 동지입니다."라고 대답했다. "그 사람은 지금까지 뭘 하고 있었단 말인가?" 코자크가 그건 잘 모르겠다고 머뭇거리자, 푸틴은 주위에 늘어선 사람들을 노려보았다. 누군가가 빌라로프는 지금 북코카서스 리조트 회사를 운영하고 있고, 러시아올림픽위원회 일도 하고 있다고 대답했다. 알렉산드르 주코프 올림픽위원장도 그 자리에 있었다. "그 사람이 당신 부위원장 맞소?" 주코프는 대답도 못하고 고개만 끄덕였다. "올림픽 부위원장이 이런 건설공사를 맡고 있단 말이오?" "그 사람이 건설회사 같은 걸 갖고 있습니다." 뒤에서 누군가가 이렇게 끼어들었다. 푸틴은 다시 코자크에게 물었다. 마치 검사가 머뭇거리는 증인을 심문하는 모양새였다. "공사비가 인상된 적이 있었나?" 푸틴이 이렇게 묻자 코자크는 긴장해서인지 아니면 자세한 내막을 몰라서인지 고개를 땅에 처박고 예산내역을 대충 설명했다. 푸틴이 자세한 수치를 대보라고 다그치자 코자크는 지시대로 했다. 그러자 푸틴은 화를 벌컥 내며 소리쳤다. "잘하는 짓들이다!" 이렇게 일갈한 다음 "그만 합시다!"라며 몸을 돌려 걸어 나가 버렸다. 이런 장면은 관영 텔레비전을 통해 그대로 방영됐다. 푸틴의 지시에 따라 빌라로프는 바로 이튿날 모든 직책이 박탈됐다.

그가 하고 있는 북코카서스 리조트 공사에 대한 일제 조사가 시작됐다. 2012년 런던하계올림픽에 가서 흥청망청 써댄 출장비 내역도 조사됐다. 빌라로프는 동생 마고메드와 함께 얼른 해외로 도망갔다. 이후 4월에 독일 바덴바덴의 한 병원에 모습을 드러내고 혈액 속의 수은 수치가 올라갔는데 누군가가 고의로 독극물을 주입한 것 같다고 주장했다. 담당 의사는 나중에 혈액에서 검출된 독극물이 비소와 몰리브덴이라고 밝혔다. 빌라로프 형제는 거처를 런던으로 옮겼고, 푸틴은 스키 점프대 건설 마무리 공사를 게르만 그레프가 회장으로 있는 스베르방크에 맡겼다. 두 사람은 1990년대부터 알고 지낸 사이로, 그레프는 수시로 푸틴의 정책을 비판했지만(호도르코프스키 재판에 증인으로 참석해 푸틴을 비판하는 증언을 했다.) 푸틴은 그를 믿고 점프대 건설을 맡겼다.

일정에 차질이 생기고 비용을 과다지출하는 사업이 스키 점프대 건설 프로젝트 뿐만은 아니었다. 푸틴이 이곳을 꼬집어서 문제 삼은 것은 공사를 맡은 회사의 소유주가 메드베데프 진영과 관련이 있기 때문에 희생 재물로 삼았을 것이라는 추측이 나돌았다. 일부에서는 이 사건을 두고 푸틴이 러시아를 좀먹고 있는 부패에 철퇴를 가하기 시작했다고 말했고, 올림픽 프로젝트에 쏟아지는 비판의 화살을 돌리기 위해 쇼를 벌였다고 하는 사람들도 있었다. 하지만 빌라로프 사건을 포함해서 형사처벌을 받은 경우는 한 건도 없었다. 부패는 워낙 광범위하게 퍼져 있어서, 마치 제도적으로 자리를 잡은 것 같았다. 그러다 보니 부패를 이용해 사람을 협박하기도 하고, 자기편으로 끌어들이기도 했다. 부패에 연루되지 않은 사람이 없고, 연루되지 않았다고 해도 처벌할 방법은 얼마든지 있었다. 부패를 무기로 누구든지 협박하고 길들일 수 있었다. 빌라로프의 경우는 부패척결이 아니라, 푸틴이 올림픽 준비에 관여하는 사람들에게 올림픽 성공을 방해하면 용서하지 않겠다는 공개 경고를 보낸 것이었다. 푸틴은 스키 점프장 완공에 맞춰 12월에 그레프를 대동하고 그곳을 다시 찾았다. 스베르방크는 그 공사에서 많은 손실을 입었다.

2013년 6월 23일 홍콩에서 출발한 아에로플로트기가 모스크바에 도착했다. 푸틴은 "정말 멋진 크리스마스 선물이 도착했다."고 말했다. 비행기에는 미국 국가보안국NSA 요원이었던 젊은이 에드워드 스노든이 타고 있었다. 그는 미국이 전화통화 감찰과 컴퓨터 감시 프로그램을 통해 획득한 광범위한 정보를 담은 극비문서 수만 건을 가디언Guardian과 워싱턴포스트에 폭로했다. 캐나다, 영국, 호주, 뉴질랜드 등 미국의 동맹국들이 이 정보 획득 과정에 협력했다. 폭로 이후 미국으로부터 스파이 혐의로 지명수배된 스노든은 홍콩에서 러시아 영사관 직원들과 만난 다음 위키리크스 변호인과 함께 그곳을 빠져나왔다. 스노든은 모스크바에서 비행기를 환승한 다음 쿠바로 갈 생각이었으나, 미국 국무부가 그의 여권을 중지시켰다. 미국의 조치에 불만을 품은 중국이 그의 출국을 허락해서 모스크바로 올 수 있었던 것이다. 하지만 모스크바 세르메체보공항에 도착한 다음에는 사실상 오도 가도 못하고 발이 묶였다. 그는 모스크바에서 FSB의 밀착감시 아래 5주를 지냈고, 워싱턴 당국자들은 패닉상태에 빠졌다. 미국은 러시아 당국에 그를 미국행 비행기에 태워달라고 거듭 요청했고, 혹시라도 그가 러시아 측에 추가 정보를 넘겨 줄 가능성 때문에 애를 태웠다.

푸틴으로서는 미국을 골탕 먹일 수 있는 뜻하지 않은 기회가 찾아온 것이었다. 푸틴은 이틀 뒤 핀란드 방문길에 스노든이 공항 환승 라운지에 머물고 있다는 사실을 확인해 준 다음, 그가 러시아 영토 안에서 범죄를 저지르지는 않았다는 말을 했다. 푸틴은 스노든을 "정보의 자유를 지키기 위해 싸우는 인권운동가"라고 말하고, "여러분은 그런 사람을 감옥에 보낼 것인지" 스스로 자문해 보라고 되물었다. 푸틴은 스노든 일에 직접 개입하고 싶지 않다고 말하고, FSB 국장인 알렉산드르 보르트니코프에게 사건처리를 일임했다고 했다. 보르트니코프는 푸틴과 같은 해인 1975년 레닌그라드 KGB 지부에 들어간 오랜 동료이다. "어쨌든 나는 그 일에 직접 관여하지 않을 것입니다. 돼지새끼 털 깎는 것처럼 시끄럽기만 하고 털은 별로 나오지 않을 일입니다." 여러 해 동안 미국으로부터 인권 문제로 비판을 받아오던 터라, 푸틴으로서는 신나는 일이었다.

러시아 언론들은 스노든을 안드레이 사하로프 박사에 비견되는 영웅으로 추켜세우며 그가 폭로한 정보들을 사하로프의 반체제 소설에 비유했다. 스노든이 제한구역에서 지낸 지 3주 만에 크렘린은 그에게 변호인 접견과 휴먼 라이츠 워치, 앰네스티 인터내셔널, 국제투명성 기구 등 3개 국제 인권단체 대표들과의 만남을 주선해 주었다. 러시아 수사당국은 '외국 첩자 수색'을 이유로 이들 인권단체들의 모스크바 지부 사무실을 압수수색한 바 있다. 스노든은 법을 지키지 않는 나라로 돌아가기보다는 정치적 망명을 원한다는 내용을 담은 성명서를 낭독했다. "한 달여 전에 나는 천국 같은 곳에 가족이 있고 집도 있었습니다. 안락한 생활을 누리고 있었습니다. 나는 또한 영장 없이 언제든지 여러분의 통신내용을 마음대로 획득해서 읽을 수 있었습니다. 사람들의 운명을 바꾸어놓을 수 있는 권한을 갖고 있었던 것입니다." 스노든 사건은 푸틴 입장에서는 외교적으로, 그리고 정보 면에서 쿠데타에 버금가는 대사건이었다. 스노든이 러시아 정보기관에 어느 정도 협조했는지는 알려지지 않았지만 FSB는 예상치 않게 날아든 이 '선물'을 면밀히 감시했다. "그는 사실상 러시아 정보요원들에 의해 포위돼 있었습니다." 러시아 정보기관에 대해 책을 쓴 러시아 기자 안드레이 솔다토프는 이렇게 말했다. 자신과 같은 독립적인 러시아 언론인들과의 만남을 금지 당했는지 모르지만 그를 만날 수 없었다고 했다.

푸틴은 스노든 사건을 통해 미국이 패권을 추구하고 있으며, 자기가 상대한 미국의 3대 행정부가 모두 위선적인 정권이었음을 보여주는 증거를 확보한 셈이었다. 스노든의 폭로로 오바마 대통령의 체면은 손상되고 외교력은 약화되었으며, 앙겔라 메르켈 총리의 전화 대화 내용도 도청당한 사실이 드러난 독일을 비롯한 동맹국들과의 관계도 손상됐다. 러시아 정부도 소름SORM이라는 감시 프로그램을 통해 솔다토프와 같은 언론인들을 비롯해 러시아 국민들을 광범위하게 도청한 사실이 드러났으나, 스노든 사건으로 파장이 희석돼 버렸다. 소름 프로그램은 "국민들의 사생활을 위협하고, 통신시설을 통해 정부를 비판하는 내용의 대화를 할 수 없도록 만든 조지 오웰식 네트워크"로 통했다. 이 프로그램의 등장으로 그동안 정부의 간섭으로부터 비교적 자유로웠던 인터넷과 소셜미디어 사이트들에 대한 정보기관의 간섭은 더 강화되었다. 2007년 이후 보리스 넴초프와 알렉세이 나발니 같은 반정부 지도자들을 상대로 한 감청 건수는 두 배로 늘었다. 감청한 내용들은 크렘린에 우호적인 언론기관에 흘려 보도되도록 했다.

스노든의 폭로 내용이 있는데, 미국이 어떻게 러시아를 정보국가라고 비난할 수 있겠는가. 8월 1일, 러시아 이민국은 스노든에게 임시 망명을 허가함으로써 러시아에서 살고, 일도 할 수 있도록 해주었다. 푸틴의 승인이 있었음이 거의 확실했다. 스노든은 환승 터미널에서 나와 모스크바 모처에 숨어서 새로운 삶을 시작했다. 백악관은 이러한 결정을 언론보도를 통해 알게 되었다. 이로써 오바마가 메드베데프와 추진했던 양국 관계의 '재설정' 계획은 푸틴의 크렘린 복귀 이후 계속 내리막길을 걷다 드디어 마지막 못질이 가해졌다. 일주일 뒤 오바마는 9월에 상트페테르부르크에서 열릴 예정인 G20 정상회담에서 푸틴과 갖기로 한 개별면담 계획을 취소했다. 푸틴에 대한 오바마의 실망감은 부글부글 끓어올랐다. 기자회견을 통해 그는 여러 정책과 세계정세에 대한 견해 차이를 감안할 때 지금 시점에 푸틴과 회담을 갖는 것은 의미가 없을 것 같다고 했다. 중동 정세에 관한 이견과 러시아 반정부 인사 탄압, 러시아 고아의 미국 입양 금지, 러시아 국영 언론과 공식성명에 등장하는 반미 논조 등 두 나라의 입장이 서로 부딪치는 분야는 도처에 널려 있었다. 오바마는 푸틴을 음흉하고 무례하다고 했고, 푸틴은 이 말에 격분했다. 푸틴의 대변인 드미트리 페스코프는 두 나라 관계에 대해 "혼자 탱고를 출 수는 없다."고 했다.

8월에 시리아 수도 다마스쿠스 외곽에 신경가스를 장착한 로켓포 세례가 퍼부어져 1400명이 숨졌다. 오바마는 2년 전 시리아 정부가 화학무기를 사용한다면 '레드 라인'을 넘는 것이 된다고 경고했다. 이에 따라 미국 국방부는 일주일 만에 시리아군을 향해 보복 미사일 공격계획을 수립했다. 푸틴은 공개적으로 아무런 입장 표명을 하지 않았지만, 러시아 관리들은 바샤르 알 아사드 대통령의 군에 책임이 있음을 보여주는 증거에 의문을 제기하며 논점을 흐리려고 했다. 푸틴은 데이비드 캐머런 영국 총리에게 "화학무기 공격이 있었는지", 만약에 있었다 해도 "누가 감행한 것인지" 보여주는 증거가 없다고 말했다. 푸틴은 아사드에게 개인적으로 동정심을 가진 것은 아니었지만, 중동에서 미국 주도의 무력침공이 또 시작될 것에 결단코 반대했다. 그는 미국이 처음부터 시리아를 공격해 아사드 정권을 무너뜨릴 구실을 찾고 있다고 확신했다.

오바마는 미국의 공습 개시를 불과 몇 시간 앞두고 갑자기 입장을 바꾸어 공습 개시 전에 의회의 승인을 먼저 얻겠다고 했다. 기대했던 연합전선이 이루어지지 않았고, 영국과 독일 같은 긴밀한 동맹국들이 공습에 동참하지 않았기 때문이다. 9월 상트페테르부르크에서 열린 G20 정상회담에서는 화학무기 사용에 대한 '레드 라인'을 설정한 것 때문에 국제사회에서 오바마의 입지는 확고하지 않았다. 아사드의 잔혹한 진압작전을 옹호하는 푸틴의 입장은 고립되어 있었지만, 다른 정상들이 시리아 무력개입에 유엔안보리의 승인이 선행돼야 한다는 러시아의 입장을 지지하고 나섰다. 러시아는 안보리 승인에 대한 거부권을 갖고 있다. 프란체스코 교황까지 푸틴 앞으로 서한을 보내 각국 지도자들이 "무력개입이라는 무모한 시도를 포기할 것"을 촉구했다.

푸틴과의 개별 면담 계획을 취소하고 난 한 달 뒤에 오바마는 G20 정상회담이 열린 콘스탄틴궁 한쪽에서 각자 통역만 동석한 채 푸틴과 마주 앉았다. 그 자리에서 푸틴은 시리아로 하여금 국제감시단 입회 아래 화학무기 보유분을 공개하도록 하자는 제안을 내놓았고 오바마가 이를 받아들였다. 이 제안이 공개되자 미국 주도의 무력개입에 대해 남아 있던 얼마 되지 않은 지지마저 완전히 증발해 버렸다. 재집권 이후 국내에서 강권통치로 비난받아 온 푸틴이 갑자기 전쟁위기를 막은 영웅 대접을 받았다. 오바마는 아사드 정권에 대해 국제사찰을 받아들이라는 압력의 일환으로 군사작전에 대한 의회 승인을 계속 밀어붙이고 있었다. 이런 시점에서 크렘린은 미국의 홍보회사 케첨Ketchum에 거액을 지불하고, 뉴욕타임스 9월 12일자에 미국의 외교정책을 비판하는 푸틴의 기고문을 게재했다. 기고문에서 푸틴은 대조국전쟁 이후 구축된 국제질서를 미국이 위협하고 있다고 주장했다.

아프가니스탄, 이라크, 리비아에 대한 미국의 개입은 "효과적이지 않고, 무의미한 정책"임이 입증되었다고 주장했다. 러시아는 아사드 정권

수호보다 국제법 준수를 더 중요시한다는 주장도 했다. 그리고 다른 나라에 대한 무력 사용은 유엔안보리만이 승인할 수 있다고 하면서, 시리아에 대한 미국의 공격은 "침략행위에 해당"된다고 주장했다.

푸틴은 오바마가 전국 텔레비전 연설을 통해 시리아 공습 취소 결정을 밝히면서 '미국의 예외적인 입장'American exceptionalism을 언급한 것에 대해서도 발언의 동기가 어찌됐건, "자국민들에게 스스로를 예외적인 존재로 생각하라고 부추기는 것은 대단히 위험한 발상"이라고 반박했다. 기고문은 결론적으로 "우리는 모두 다르다. 하지만 하느님의 축복을 간구할 때는 하느님이 우리를 평등하게 창조하였다는 사실을 잊어서는 안 된다."라고 했다. 미국 독립선언문을 흉내 낸 것이 분명해 보이는 설교조의 이 기고문을 보고 워싱턴 관리들은 분노했다. 많은 이들이 러시아의 위선적인 태도를 지적했다.

러시아는 2008년 그루지야를 침공할 때 유엔의 승인을 구하지 않았고, 아사드가 반군을 상대로 무자비한 진압작전을 계속할 수 있도록 시리아에 무기지원을 할 때도 유엔의 승인을 얻지 않았다. 푸틴은 기고문에서 시리아 반군들이 화학무기를 사용했을 가능성이 농후하며, 이들이 앞으로 이스라엘을 상대로 화학무기를 쓸 것이라는 근거 없는 주장도 폈다. 하지만 푸틴이 던진 수는 전쟁에 지친 미국에 지푸라기를 던진 셈이 됐고, 의회의 반대에 직면한 오바마는 그 지푸라기를 잡았다. 러시아 NTV는 미국의 공습을 막은 공로로 그해 노벨평화상이 푸틴에게 주어져야 한다는 주장으로 방송을 시작했다. 정부가 언론을 통제하는 러시아에서 놀라울 일은 아니지만, 푸틴의 주장은 미국에서도 박수를 받았다. 미국의 보수층은 오바마가 국제무대에서 무기력한 모습으로 푸틴에게 밀리는 모습을 보고 환호했다. 한 달 뒤, 포브스Forbes는 오바마를 제치고 처음으로 푸틴을 세계에서 가장 영향력 있는Most Powerful 인물로 선정했다. 아무 의미 없는 순위이지만 러시아 언론은 이를 두고두고 되풀이해서 내보냈다. 미국의 블로거인 매트 드러지가 운영하는 드러지 리포트는 푸틴을 '자유 세계의 지도자'로 불렀다.

우크라이나에서 푸틴은 이보다 더 큰 외교적 승리를 거두었다. 우크라이나는 여러 해에 걸친 협상 끝에 2013년 가을 유럽연합과의 포괄적인 협력협정 체결에 바짝 다가섰다. 협정이 체결되면 양측 사이의 무역, 정치적 관계는 한층 더 발전될 것으로 전망됐다. 우크라이나 대통령 빅토르 야누코비치는 2010년에 당선된 이후 러시아의 영향권 안에 머물며 줄곧 긴밀한 관계를 유지해 왔다. 하지만 2015년으로 다가온 차기 선거를 앞두고 지지율이 떨어지자 유럽과의 관계강화 가능성을 다시 부각시키는 전략을 취했다. 유럽과의 관계강화는 야당이 강력히 주장해 온 정책이었고, 그는 여기에 덧붙여 유럽연합이 협력협정 체결의 조건으로 내세운 정치개혁까지 약속했다. 유럽연합은 몰도바, 그루지야, 아르메니아를 상대로도 이들이 유럽 단일시장에 진출하는 길을 터주기 위해 유사한 협정체결을 추진하고 있었다. 유럽연합 회원국들은 경제협력협정 체결을 이들을 정회원으로 받아들이는 전 단계로 생각했다. 그렇게 되면 보다 평화롭고 안정된 유럽 건설이라는 유럽인들의 오랜 꿈에 한발 더 다가서게 되는 것이었다. 하지만 푸틴은 유럽이 우크라이나까지 확장되는 것을 러시아에 대한 잠식으로 받아들였다. 또한 소련의 위성국이었던 나라를 비롯한 많은 유럽 국가들이 러시아의 에너지 정책과 인권 문제들에 대해 의구심을 갖고 있어서 유럽연합과 러시아의 관계는 진전되지 않고 있었다. 푸틴은 오렌지혁명이 일어나기 직전인 2004년 레오니드 쿠츠마에게 우크라이나와의 관계 개선을 제안했지만 우크라이나를 러시아 편으로 끌어들이려는 푸틴의 노력은 이후에도 별 진전을 거두지 못했다.

10년 뒤, 모스크바를 핵심으로 하는 무역, 경제블록 설립은 벨라루스, 카자흐스탄과의 기술적인 관세동맹 체결을 넘어서는 수준으로 발전됐다. 크렘린 복귀 선언 이후 푸틴은 2011년 첫 정책발표를 통해 소련연방 붕괴 이후 표류해 온 연방공화국들을 다시 묶어 유라시아경제연합EEU이라는 이름의 광범위한 경제협력체를 구성하겠다고 했다. 푸틴은 이미 유럽연합과 나토에 편입된 발트해 3국은 제외하고, 이 경제 블록을 유럽연합의 대항마로서뿐만 아니라 그 자체로 하나의 새로운 제국으로 등장시킬 생각이었다. 유라시아와 흑해에서 중앙아시아, 시베리아까지 이어지는 광대한 스텝지대를 하나의 공동체로 연결한다는 구상이었다. 유라시아경제연합은 푸틴이 자신의 측근들과 함께 오랫동안 키워온 꿈을 실현시키는 것이었다. 러시아에서 유라시아주의는 매우 보수적인 철학으로, 그동안 소련 체제의 국제주의 이데올로기에 밀려 지하로, 해외로 숨어서 떠돌았다. 유라시아주의는 1990년대 들어서 다시 부상하게 되는데, 철학자 이반 일린 같은 망명객들이 신봉하는 종교적인 신앙과 군주제에 대한 신념이 한데 뒤섞여 나타났다. 푸틴은 이반 일린을 좋아해 그의 저작물을 자주 인용했다. 여기에 해퍼드 매킨더Halford Mackinder가 주장한 지정학적인 이론이 가미됐다. 그는 '핵심지역'Heartland Theory으로서 유라시아라는 개념을 제안했다. '세계의 섬'인 유럽과 아시아, 아프리카의 광대한 대륙을 차지하기 위한 싸움에서 유라시아가 '중심축'이 되어야 한다는 이론이다. 이는 보수 정치이론가인 알렉산드르 두긴이 저서와 논문을 통해 퍼트리며 주류 이론으로 부상했다. 푸틴의 측근들은 심야 모임 등을 통해 이 이론을 받아들였고, 실세 보좌관들이 공개 발언에서 이 이론들을 언급하기 시작했다.

이러한 지정학적인 이론은 러시아 국내정치에서 부상하기 시작한 보수주의 성향과 합쳐졌다. 러시아정교회와 이슬람의 가르침을 따르는 정치적 보수주의는 신성모독을 범죄로 규정하고, 어린이들에게 '동성애를 받아들이는 선전선동'을 금지하는 새로운 법안이 채택되도록 만들었다. 푸틴의 심복인 블라디미르 야쿠닌은 서방의 문화적 가치를 러시아에 전파하려는 움직임을 해양세력과 육지세력이 벌이는 역사적, 지정학적인 투쟁에서 새로 형성된 전선으로 보았다. 거대한 육지세력인 러시아가 새로운 해양세력인 미국의 공격에 맞서 자신의 가치를 지키기 위해 싸운다는 것이었다. 매킨더의 이론과 매우 흡사하다는 것을 알 수 있다. 야쿠닌은 정치와 세계 금융을 미국이 지배하는 것을 잠재적 경쟁자를 억누르려는 음모라고 주장했다. 그래서 유라시아연합을 서방에 위협적인 세력으로 키워나가자는 것이었다.

"러시아는 앵글로색슨 문명의 이익 추구에 맞서 지정학적인 경쟁자 역할을 할 것"이라고 그는 말했다. 이 새로운 이데올로기가 갖는 아이러니는 이를 신봉하는 러시아 엘리트들의 생활방식이 지극히 서구화 되었다는 점이었다. 이들은 자기들이 그처럼 욕하는 나라들에 가서 휴가를 즐기고, 그곳에 재산을 보유하고 있었다. 야쿠닌의 아들도 런던에 살았다. 알렉세이 나발니는 블로그에 다음과 같은 풍자글을 올렸다. "블라디미르 이바노비치 야쿠닌은 정신적 가치라고는 찾아볼 수 없는 끔찍한 서방의 탐욕스러운 목구멍 안으로 푸틴 다음으로 자신이 가장 아끼는 가족을 던져 넣었다."

9월에 시리아 화학무기를 둘러싼 외교적 승리에 고무된 푸틴은 '유럽-대서양 국가들'이 기독교적 뿌리를 버리고 위험스레 표류하고 있다며 이렇게 말했다. "이들은 도덕적 원칙과 모든 전통적인 가치를 부정한다. 민족, 문화, 종교, 심지어 성性적인 가치마저 버리고 있다. 사탄을 믿으면서 하느님을 믿는다고 착각한다. 더 고약한 것은 이런 위험한 생각들을 다른 나라에 주입시키려 한다는 점이다." 푸틴이 유라시아연합에 가장 끌어들이고 싶은 나라는 우크라이나였다. 우크라이나는 러시아와 역사적, 사회적, 종교적으로 깊은 유대를 가진 나라이다. 우크라이나인들 다수는 인종적으로 러시아인들이고, 20세기 최악의 지정학적인 재앙에 의해 조국을 떠나 그곳으로 간 사람들이라고 푸틴은 생각했다. 그런데 이제 우크라이나가 유럽과 미국의 부추김에 넘어가 유라시아연합을 버리고 유럽연합의 품 안으로 들어가려고 하고 있었던 것이다.

2012년 12월에 힐러리 클린턴이 러시아가 유라시아연합을 추진하는 것은 이웃 국가들을 소련식 동맹으로 복속시키려는 시도에 불과하다고 경고한 것이 바로 그 증거라고 푸틴은 생각했다. 힐러리 클린턴은 "우리는 이러한 시도를 저지하기 위해 효과적인 방법을 강구할 것"이라고 밝혔다. 유럽연합은 11월 리투아니아에서 열리는 정상회담 전까지 무역협정을 체결하라고 우크라이나 측에 시한을 제시했다. 그리고 그 시한까지 몇 달 남은 기간 동안 푸틴은 유럽연합의 말에 따르지 말라고 우크라이나를 설득하는 데 엄청난 노력을 기울였다. 2004년 오렌지혁명이 일어나기 전에 그랬던 것처럼 푸틴은 계속해서 우크라이나를 찾아갔다. 2013년

7월에는 우크라이나와 러시아의 종교적 관계를 강조하기 위해 키예프에서 열린 블라디미르 대공의 세례 기념식에 참석했다. 키예프공국의 블라디미르 대공은 988년 러시아정교회로 개종해 세례를 받았다. "우리는 모두 1025년 전 이곳에서 거행된 세례식의 정신적 상속자들입니다." 푸틴은 야누코비치와 함께 러시아정교회의 가장 신성한 장소 가운데 하나인 동굴 수도원에서 거행된 기념식에 참석해 이렇게 말했다.

경제적인 영향력도 동원했다. 푸틴이 기념식에 참석하고 몇 주일 뒤 러시아는 우크라이나에서 생산되는 열차 객차와 로센Roshen이 만든 과자류 수입을 금지했다. 로센은 각료 출신의 올리가르히인 페트로 포로센코가 소유한 회사로, 그는 유럽과의 경제통합을 주장했다. 8월에 러시아는 벨라루스, 카자흐스탄과 맺은 관세동맹의 관세법을 무리하게 적용해 사실상 우크라이나와의 모든 교역을 전면 중단시켰다. 유럽 대신 러시아와 동맹관계를 맺는다면 우크라이나의 경제적 미래가 한결 밝을 것이라는 점을 보여주려는 너무도 빤한 수법이었다. 푸틴의 우크라이나 특사 세르게이 글라지예프는 9월 얄타에서 열린 한 회의에 참석해서 우크라이나가 유럽과 협력협정을 체결하는 것은 자살행위라며, "만약 이 협정에 서명한다면 정치적, 사회적인 소요가 일어나게 될 것"이라고 경고했다. 그는 나중에 야누코비치에게 1천 페이지에 달하는 유럽연합 협정문 러시아어 번역본을 건네주며, 이 협정을 체결한다면 러시아는 유럽산 제품의 유입을 막기 위해 국경을 모두 봉쇄할 것이라고 경고했다.

푸틴은 야누코비치를 싫어했다. 큰 덩치에 줏대 없이 유럽인들의 비위를 맞추려고 자신을 배신했다고 생각했다. 푸틴은 10월 말, 11월 초 잇따라 그를 만나서 유럽연합과 협정을 체결하면 우크라이나는 비싼 대가를 치르게 될 것이라고 매몰차게 경고했다. 우크라이나는 러시아의 높은 관세 부과로 이미 경제적 부담을 겪고 있었지만 앞으로 러시아 시장에 새로운 장벽이 만들어지고 천연가스 가격 상승으로 당할 경제적 고통에 비하면 그것은 아무 것도 아니었다. 야누코비치와 협상에 임한 유럽연합 관계자들은 막판 그의 입장에 변화가 생겼음을 감지했다. 푸틴이 그에게 경제적인 고통을 가하는 것 외에 다른 협박을 가했을 것으로 짐작됐다. 그가 공개하지 못할 어떤 유인책을 제시했을 가능성이 높았다. 야누코비치 본인과 가족, 가까운 기업인들에게 큰 이권을 안겨주는 비밀거래가 있었고, 그것 때문에 야누코비치의 태도가 갑자기 바뀌었을 것이라는 추측이 나돌았다. 고위 크렘린 보좌관은 나중에 협박이 있었던 것은 아니며, 두 나라의 경제가 얼마나 밀접한 관계를 맺고 있는지 냉정하게 분석해 보면 짐작될 것이라는 말을 했다. 유럽연합 측과 가진 회담에서 야누코비치는 러시아와의 교역과 에너지 가격 인상으로 1600억 달러의 손실을 입게 되었다고 주장했다. 우크라이나의 GDP국내총생산와 맞먹는 어마어마한 액수였다. 야누코비치는 이만한 액수의 지원을 해달라고 요구했고, 유럽연합은 협상을 중단했다. 결국 푸틴이 이긴 것이었다.

리투아니아에서 열릴 정상회담 일주일을 앞둔 11월 21일, 야누코비치 정부는 유럽연합과의 협력협정 체결을 중단한다고 발표했다. 수개월 동안 지속해 온 협상과정을 뒤집는 결정이었다. 유럽연합은 물론이고 많은 우크라이나 국민들도 경악했다. 유럽과의 관계를 강화함으로써 소련 시절의 유산에서 벗어나기를 원했던 많은 우크라이나인들은 분노했다. 그날 저녁 1천 명의 시위대가 키예프 중앙 광장인 마이단 네잘레즈노스티에 모였다. 율리아 티모센코는 옥중 성명을 통해 사람들에게 "쿠데타를 일으킨다는 각오로" 거리로 나가라고 촉구했다. 이튿날 수천 명이 더 모였고, 주말에는 더 많은 사람이 몰려나와 텐트까지 등장했다. 2004년 대통령 부정선거 직후 상황과 비슷했다. 다만 이번에는 오렌지색 깃발 대신 푸른색 바탕에 노란별이 둥글게 박힌 유럽연합 깃발이 거리에 등장했다. 사람들은 이 시위를 '유로마이단'EuroMaidan이라고 불렀다. 우크라이나 국민 4600만 명이 갖고 있는 이상이 서로 충돌한 현장이었다. 시위대는 키예프 중앙 도로 끝 쪽에 세워져 있는 레닌 동상에 분노를 퍼부었다. 레닌은 단순히 흘러간 인물이 아니라, 계속 우크라이나를 지배하려고 하는 러시아를 상징하는 인물이었다.

야누코비치는 처음에는 시위대를 해산하려고 적극 나서지 않았다. 조만간 겨울이 오면 자연스레 흩어질 것이라는 계산을 했다. 중국과의 경제협력을 추진하면 유럽연합과의 경제협력협정 체결이 무산된 데 대한 분노도 진정될 것이라고 생각했다. 그는 귀국길에 소치에 들러 푸틴을 만났다. 그곳에서 두 사람은 비밀협정을 체결했는데, 그 내용은 12월 17일 두 사람이 크렘린에 함께 모습을 드러낼 때까지 공개되지 않았다. 그 자리에서 푸틴은 우크라이나에 150억 달러의 현금지원을 약속했다. 러시아 국가복지펀드기금을 우크라이나 국채에 투자하는 형식으로 지원하겠다는 것이었다. 또한 가즈프롬은 천연가스 가격을 입방미터 당 400달러에서 268달러로 인하해 주기로 했다. 푸틴은 우크라이나의 유라시아연합 가입을 조건으로 지원하는 것은 아니라고 시치미를 뗐지만 많은 이들이 일단 시위가 진정되면 우크라이나가 유라시아연합에 가입하기로 푸틴과 야누코비치 두 사람 사이에 합의가 이루어졌을 것이라고 생각했다. 푸틴은 이어서 세바스토폴 해방 70주년 기념식을 거행하겠다고 밝혔다. 세바스토폴은 크림반도에 있는 항구도시로 1944년 나치 점령에서 해방됐으며, 기념식은 2014년 5월 9일 거행될 예정이었다. 추운 겨울인 모스크바에서는 몇 달 뒤인 그때 일까지 미처 생각한 사람이 없었다.

올림픽을 앞두고 푸틴은 국민들에게 다시 한 번 국정을 두루 챙기는 지도자라는 인상을 심어 주었다. 일 년 동안 반정부 인사들을 탄압하고 억압적인 법률을 잇달아 제정하고 나서 2013년 여름부터 크렘린은 해빙의 시그널을 보내기 시작했다. 7월에 키로프 법원은 나발니를 횡령혐의로 재판에 회부했다. 항의 집회에 이어 크렘린이 나서서 법원과 여러 차례 협의한 끝에 나발니는 집행유예로 풀려났다. 크렘린은 이어서 나발니가 현 시장인 세르게이 소브야닌에 맞서 모스크바 시장 선거에 후보로 출마하는 것을 슬그머니 허용했다.

2004년 베슬란 인질사건 이후 푸틴이 지방 지도자 선거를 폐지하고 나서 처음으로 치러지는 시장 선거였다. 2010년에 유리 루즈코프 시장이 해임된 이후 시장에 임명된 소브야닌은 자유롭고 공정한 선거를 통해 정치적 정당성을 확보하겠다며 조기 사임했다. 경쟁자들을 탄압하고, 현직에게 유리하도록 정부가 가진 자원을 총동원하는 관행에도 불구하고, 이 선거는 과거 십여 년 동안 러시아에서 치러진 어떤 선거보다도 공정하게 진행됐다. 푸틴을 비판하는 사람들도 그 점은 인정했다.

나발니는 미국 텔레비전 시리즈 '더 와이어'The Wire에서 본 선거운동 방식을 따라 했다. 모스크바 시내 곳곳에 있는 공공장소에서 사람들을 상대로 대중연설을 한 것이었다. 지금까지 러시아에서 그런 식으로 선거운동을 한 전례는 거의 없었다. 2년에 걸쳐 반정부 시위가 줄어들면서 푸틴의 권력 장악력은 조금도 줄지 않았다. 그래서 이제는 반대파를 억누르기 위해 휘둘렀던 압력행사를 조금 느슨하게 할 정도로 자신감이 생긴 것 같았다. 시장 선거 개표결과, 소브야닌이 당선됐지만 나발니도 27퍼센트를 얻어 여론조사 때보다 훨씬 높은 득표율을 기록했다. 그렇게 해서 나발니는 러시아에서 가장 유명한 야당 지도자로 위상을 굳혔다. 하지만 당장 푸틴의 정치적 통제에 위협이 될 만한 존재는 아니었다. 해빙무드는 12월에도 계속됐다. 푸틴의 제안에 따라 두마는 수감자 수천 명에 대한 특별사면안을 통과시켰다. 대부분 경제사범들이었지만, 그 가운데에는 정치적 이유로 갇힌 제법 이름 있는 수감자들도 있었다. 푸시 라이엇 멤버인 나데즈다 톨로코니코바와 마리아 알료키나도 형기를 몇 달 앞두고 풀려났고, 볼로트나야광장 시위 주모자 몇 명도 석방됐다. 그리고 2013년 카라해에서 러시아 최초의 연안 유정 건설에 반대해 해상시위를 벌이다 체포된 그린피스 운동가 30명도 사면 대상에 포함됐다.

하지만 무엇보다도 놀라운 사건은 미하일 호도르코프스키 석방이었다. 그는 10년째 복역 중이었고, 러시아 검찰이 얼마 전 그의 새로운 범죄행위를 추가로 조사 중이라고 발표한 바 있어 절대로 풀려날 것 같지 않은 상황이었다. 하지만 독일이 중재에 나서서 2년간 비밀협상을 진행한 끝에 마침내 풀려날 길이 열린 것이었다. 협상에 따라 호도르코프스키는 11월에 사면을 호소하는 서한 두 통을 푸틴에게 썼고, 이 서한의 내용은 공개되지 않았다. 푸틴은 호도르코프스키에게 먼저 자신의 죄를 인정하라고 요구하면서도 그의 모친의 건강이 나쁘다는 점을 들어 인도주의적인 입장에서 그의 사면 요청을 받아들인다고 했다.

"그 사람은 이미 10년을 복역했고, 벌을 받을 만큼 받았다고 생각합니다." 푸틴은 12월에 가진 연례 기자회견에서 이같이 말했다. 돌이켜 생각해 보면 2003년에 체포된 호도르코프스키 석방을 포함해 당시 이루어진 광범위한 사면조치는 러시아 현대사에서 암흑기로 되돌아가는 하나의 신호탄이었다. 푸틴이 모스크바에서 이 말을 하고 몇 시간 뒤 호도르코프스키는 수감생활 마지막 몇 년을 한 카렐리야에서 새벽 2시에 잠을 깼다. 그리고는 곧바로 비행기에 태워져서 상트페테르부르크를 거쳐 베를린으로 보내졌다. 새 러시아에서 또 한 명의 망명객이 탄생한 것이었다. 이튿날 그는 박물관으로 바뀐 찰리 검문소에 나타나 냉전시대의 반체제 영웅들과 베를린 장벽에서 희생된 사람들에게 조의를 표했다. 희끗해진 머리를 짧게 깎은 호도르코프스키는 "차갑고 어두운 방에서 밝은 불이 켜져 있는 따뜻한 방으로 걸어 들어온 것" 같아 보였다고 현장에 있던 아르카디 오스트로프스키 기자는 썼다. 그는 감옥에서 독서와 글쓰기로 많은 시간을 보낸 탓인지, 전혀 흐트러지지 않았고, 비통해 하는 모습도 보이지 않았다. "나에 대한 모든 결정은 단 한 사람, 바로 블라디미르 블라디미로비치 푸틴에 의해 내려졌습니다. 따라서 오늘 그 사람에게 고맙다고 인사할 수는 없습니다. 어떤 말을 해야 좋을지 한참 생각했습니다. 이 결정이 내려져서 기분이 좋습니다. 이 말밖에 할 수 없습니다."

석방 조건으로 그는 앞으로 일 년 동안 정치활동을 하지 않겠다고 약속했다. 대신 러시아에 시민사회가 형성되도록 멀리서 돕겠다고 했다. "러시아가 안고 있는 문제가 대통령 한 사람 때문만은 아닙니다." 그는 이렇게 말했다. "러시아 국민 대다수가 자신의 운명은 스스로 책임질 줄 알아야 한다는 점을 모른다는 것이 진짜 문제입니다. 많은 사람들이 자신의 운명을 기꺼이 블라디미르 푸틴의 손에 맡겨 놓고 있습니다. 다음에는 또 다른 사람에게 맡길 것입니다. 러시아처럼 큰 나라에서 국민이 이렇게 하면 희망이 없습니다." 푸틴은 사람들의 눈에 호도르코프스키 석방을 반정부 인사 추방이 아니라 차르가 관용을 베푼 것으로 보이게 하고 싶었다. 호도르코프스키와 푸시 라이엇 멤버들을 포함해 많은 이들은 이 사면을 크렘린이 불과 두 달 앞으로 다가온 소치올림픽 개막에 맞춰 거세지고 있는 국제적인 비판을 무마하기 위해 취한 조치로 받아들였다.

우크라이나에 대한 압박, 반정부 인사들에 대한 사법조치 강화, 소치올림픽 개최 준비에 든 과도한 비용, 동성애 혐오 분위기 및 그와 관련된 입법, 코카서스 지방에서의 무자비한 테러 진압작전 등등이 모두 국제사회로부터 비판의 대상이 되었다. 버락 오바마, 앙겔라 메르켈, 데이비드 캐머런을 비롯한 세계 지도자들이 올림픽 개막식에 참석하지 않겠다는 뜻을 분명히 했다. 자신들의 참석이 푸틴 정권을 지지하는 것으로 비쳐지지 않도록 하기 위해서였다. 푸틴은 소치올림픽 준비를 위한 사업 계약을 자기가 신임하는 자들에게 나누어 준 것처럼 사면도 선심 쓰듯 단행했다. 우크라이나의 야누코비치 정부를 러시아의 영향권 안으로 끌어들이기 위해 국가복지펀드기금 150억 달러를 아무런 토의 절차 없이 지출한 것도 같은 맥락이었다. 국민들이 통치권한을 위임했기 때문에 푸틴이 마음대로 권력을 휘두른다고 한 호도르코프스키의 말은 옳았다. 그렇게 해서 그는 막강한 지도자, 사이비 민주국가의 '차르'가 되었다. 이제는 일반 국민에서부터 기존 정치, 경제 시스템에 몸담고 있는 아파라치키들을 비롯해 러시아에 살고 있는 누구도 책임지고 변화를 추구하겠다고 나서지 않았다.

2014년 2월 7일, 푸틴은 소치동계올림픽 개회를 선언했다. 준비가 제대로 마무리되지 않아 개막 이후에도 공사는 계속됐다. 보도 공사는 완공되지 않은 상태로 서둘러 마무리되었고, 공사장의 폐자재는 푸른 천막으로 가려졌다. 외국 기자들이 묵을 숙소를 비롯해 많은 호텔이 완공되지 않아 논란이 되었다. 올림픽 개막 전 언론보도에서 가장 많이 다루어진 주제는 유기견을 모아 안락사 시키는 문제였다. 12월 말에는 볼고그라드에서 일어난 두 건의 자살폭탄 테러로 34명이 목숨을 잃었다. 개막을 전후해서 신성모독과 동성애 선전 금지법 등 인권 탄압 요소가 있는 법안에 대한 국제적인 우려도 거듭 제기되었다. 개막 이틀 전에는 전 세계 30개국의 작가 200여 명이 푸틴이 재집권한 이후 채택된 표현의 자유를 억압하는 법안들을 폐기하라고 요구하는 공개서한을 가디언The Guardian에 실었다. 귄터 그라스, 월레 소잉카, 엘프리데 옐리네크, 오르한 파묵 등 네 명의 노벨상 수상작가도 서한 서명자 명단에 포함됐다.

푸틴은 공개적으로 이러한 비판에 무관심한 척했지만 실제로는 격분한 것으로 알려졌다. 푸틴의 대변인 드미트리 페스코프는 코메르산트와의 인터뷰에서 부패와 경비 과다지출 등의 지적은 과장된 것이라고 일축했다. 그는 의심스러우면 직접 소치로 와서 보라고 했다.

그는 푸틴을 '대단히 현명한 분'으로 부르며, "현명한 분이 이렇게 물으셨습니다. '언제 모두가 우리를 좋아하고, 비판을 멈추는지 아는가?' 내가 '언제입니까?'라고 묻자 그분은 '우리가 군대를 해산하고, 천연자원을 모조리 넘기고, 우리 영토를 모두 서방 투기꾼들한테 팔아치우면, 그들은 우리를 더 이상 비판하지 않을 것이네.'라고 대답하셨습니다." 올림픽이 시작되자 푸틴에 대한 비판은 수그러들었다. 개막식 행사는 푸틴이 가진 러시아의 꿈을 화려하게 표현했다. 채널 원 사장인 콘스탄틴 에른스트가 총연출을 맡았다. 에른스트 사장은 '승리의 날' 기념 붉은광장 퍼레이드와 푸틴의 연례 기자회견도 총지휘한 사람이다.

개막식 행사는 '러시아의 꿈'을 주제로 거의 세 시간 동안 진행됐다. 공연은 사랑을 뜻하는 류보프라는 이름의 주인공 소녀가 등장해 키릴문자를 소개하는 것으로 시작됐다. Б는 바이칼Baikal, С는 스푸트니크Sputnik, П는 멘델로프의 주기율표Periodic Table 하는 식으로 알파벳 순서대로 머리 글자가 들어간 유명 아티스트, 투자자, 장소 이름을 소개해 나갔다. 샤갈, 칸딘스키, 나보코프 등 한때 이단이나 배신자로 낙인찍혔으나 복권돼 러시아의 영광스러운 역사에 이름을 올린 이민자들도 있었다. 이어서 류보프는 황제를 뜻하는 알파벳 И Imperiya로 표트르 대제를 소개하고, 아름다운 발레로 전쟁과 평화를 소개하고, 성바실리 대성당의 양파 돔 지붕, 고골리 소설 〈죽은 혼〉에서 러시아에 빗대 이렇게 외친 트로이카도 등장했다. "루시, 도대체 어디로 달려가는가? 답을 다오." 공연은 볼셰비키와 공포정치, 집단수용소 굴락 등도 빠트리지 않았지만 자세히 소개하지는 않았다. 공연의 핵심 주제는 과거를 국민들이 수치스러워하는 게 아니라, 자랑스러워할 역사로 탈바꿈시키는 것이었다.

예기치 않은 문제가 발생했다. 5륜을 나타내는 다섯 개의 눈꽃 조명 가운데 하나가 켜지지 않은 것이다. 노련한 텔레비전 제작진은 재빨리 리허설 때의 영상으로 대체해 방송을 내보냈다. 그래서 러시아 텔레비전 중계를 보는 사람들은 무슨 사고가 일어났는지 알지 못했다. 성화 봉송은 바이칼 호수 바닥에서부터 우주까지 이어졌으며, 러시아의 유명 올림픽 영웅들이 주자로 참여했다. 가장 눈에 띄는 주자는 2004년 아테네올림픽 금메달리스트인 알리나 카바예바였다. 올림픽은 푸틴이 의도한 정치적 목적을 충실히 이행했다. 알렉세이 나발니조차도 개막식을 보고 감동해서 "너무도 멋진 단합을 보여주었다."고 했다.

스포츠로 관심이 옮겨가면서 올림픽은 푸틴과 그의 측근들에게 쏟아졌던 거센 비판의 목소리들을 무디게 만드는 것 같았다. 푸틴 일행이 예상한 대로였다. 푸틴은 경기장을 분주히 찾아다니며 자신에게 쏟아지는 관심과 경기를 모두 즐겼다. 푸틴은 선수들과 사진을 함께 찍고 빌렘 알렉산더 네덜란드 국왕과 더치 하우스에서 맥주도 함께 마셨다. 미국 선수단도 방문했는데, 미국과 정치적인 견해차가 있음에도 불구하고 선수단을 환영한다는 것을 공개적으로 보여준 것이었다. 나아가 개막식에 참석하지 않은 오바마 대통령보다 자기가 훨씬 통 큰 지도자임을 과시하는 효과도 노렸다. 푸틴은 자신의 꿈을 성취했다. 드디어 러시아가 세계의 중심 자리에 서게 된 것이었다. 부유한 나라, 모두가 가까이하고 싶어 하는 나라, 단합된 러시아가 세계인을 맞아 축제를 벌이게 된 것이었다.

그는 러시아가 마침내 자기가 어렸을 때 소련이 누렸던 영광과 세계인의 존경을 받는 나라가 되었다고 생각했다. 가가린이 우주로 가고, 붉은 군대가 막강한 전력으로 두려움의 대상이던 시절의 영광이 재연된 것이었다. 하지만 겉으로 드러난 화려함과 스포츠 경기 이면에는 불편한 두려움이 흐르고 있었다. 소치에서 보여준 국가의 단합에도 불구하고 푸틴 정부는 반정부 조짐이 조금이라도 보이면 단호하게 목을 졸랐다.

우크라이나 시위사태는 겨울이 지나도 수그러들지 않고 먼 곳에서 난 지진의 여파처럼 모스크바에까지 반향을 일으켜 미미하지만 불길하게 지반이 흔들렸다. 올림픽 개막 몇 주 전에 푸틴은 러시아 내에 시위가 다시 일어나는 것을 막기 위해 선제적인 조치를 취했다. 12월에 리아RIA 노보스티 통신을 폐쇄하고 새로운 통신사로 재편하는 조치를 발표했다. 노보스티는 관영 통신사로 메드베데프 대통령 시절에 균형 있는 보도와 다양한 견해를 대변한다는 평판을 얻었다. 1월에는 민간 독립 텔레비전 방송국인 도즈드Dozhd의 케이블 채널 허가가 취소되었다. 이 방송은 872일 동안 독일군의 포위를 견디며 1백만 명이 넘는 희생자를 낸 레닌그라드 포위를 놓고, 만약에 소련 붉은군대가 항복하고 퇴각했다면 더 많은 사람의 목숨을 구할 수 있었다고 생각하느냐는 문항을 놓고 시청자 상대로 온라인 투표를 실시했다는 이유로 제재조치를 당했다.

푸틴은 올림픽을 맞아 러시아의 국가 이상을 설정해 놓고 그 이상에 맞지 않는 언행을 하는 사람은 누구든 침묵시키려고 했다. 올림픽 개막일에도 표현의 자유를 증진한다는 올림픽 헌장의 정신을 무시하고 상트페테르부르크에서 코카서스에 이르기까지 러시아 전역에서 경찰이 시위군중 수십 명을 체포했다. 올림픽이 진행되는 중에도 크라스노다르 법원은 소치올림픽 준비 과정에서 저질러진 환경파괴 사례를 모은 보고서 발표를 막기 위해 북코카서스 환경 워치Environmental Watch 소속 활동가 한 명에게 3년 징역형을 선고하고 여러 명을 구금시켰다. 푸시 라이엇 멤버들은 소치에서 올림픽에 항의하는 신곡 '푸틴은 조국을 사랑하라고 가르친다.'를 발표했다. 하지만 코사크 민병대가 나타나 이들에게 채찍을 휘둘렀고 경찰이 곧바로 체포해 갔다. 경찰은 이들을 절도혐의로 조사했다고 주장했다. 올림픽이 한창 진행 중이던 2월 18일 '배신의 생리학'이란 제목이 붙은 다큐멘터리 영상이 텔레비전 채널 로시야Rossiya에서 방영됐다. 영상은 러시아 반정부 세력을 1942년 나치에 포로로 잡힌 뒤 나치에 협력한 소련군 사령관 안드레이 블라소프 장군에 비유했다. 2012년 볼로트나야광장 시위 때 체포된 8명에 대한 재판이 끝난 날 재판정 밖에서 시위를 벌이던 212명이 체포됐다. 그리고 사흘 뒤 이들에 대한 재판결과가 발표되는 시간에도 항의시위가 벌어졌고, 이번에는 232명이 체포됐다. 알렉세이 나발니와 푸시 라이엇 멤버들도 함께 체포됐다.

푸틴은 올림픽에 너무 많은 투자를 해놓았기 때문에 올림픽을 비판하는 행위, 나아가 올림픽이 가져다 줄 긍정적인 효과에 의문을 제기하는 행위까지 신성모독, 국가에 대한 반역행위로 간주했다. 평론가 빅토르 센데로비치는 예제드네브니 주르날Yezhednevny Zhurnal 웹사이트에 게재한 칼럼에서 올림픽 기간 중에 느낀 자긍심에 대해 쓰면서, 푸틴이 이러한 사람들의 자긍심을 자신의 권력을 강화하는 데 이용하지 않을까 우려를 표시했다. 그는 2000년에 인기 풍자쇼 '쿠클리'Kukli에서 푸틴을 우스꽝스럽게 묘사했다가 방송을 중단 당하기도 했다. 그는 자기 같은 비평가가 아무 거리낌 없이 러시아 팀을 응원할 수 있을지에 대해 의문을 표시했다. 러시아 피겨스케이팅 팀의 단체전 첫 금메달은 15세의 율리아 리프니츠카야가 눈부신 경기를 마친 다음 결정되었다. 센데로비치는 칼럼에서 자신도 이 선수의 경기에 환호했다고 썼다. 하지만 그는 독자들에게 독일이 1936년 베를린올림픽의 영웅 한스 볼케 선수에게 환호했던 일을 상기시켰다. 볼케는 잘 생긴 얼굴에 멋진 미소로 새 독일제국의 젊음을 상징하는 인물이었다. 하지만 "돌이켜 보면 그의 우승을 축하할 수만은 없는 무엇이 있다."고 그는 지적했다.

그는 볼케 선수가 관련된 일을 상세히 설명하는 대신, 다하우의 유대인 강제수용소와 나치의 코벤트리 대공습, 레닌그라드 포위, 벨라루스 수도 민스크 인근에 있는 카틴 마을 학살사건 등을 언급했다. 나치는 1943

년 나치 제118 경찰 예비대대가 빨치산으로부터 공격당한 보복으로 카틴 마을 주민 모두를 잔혹하게 처형했다. 이 예비대대 장교였던 볼케는 당시 빨치산의 공격을 받는 와중에 사망했다. 나치의 카틴 마을 주민 학살은 끔찍한 전쟁범죄로 나중에 소련이 이를 공개해서 외부에 알려졌다. 센데로비치는 "물론 학살 사건이 한스 볼케의 잘못은 아니지만 그가 그 사건이 일어나게 된 동기가 된 것은 사실"이라고 썼다. 그가 나치를 언급한 것은 엄청난 반발을 불러 일으켰고, 그는 신문과 방송에서 집단성토를 당했다. 칼럼이 실린 바로 이튿날 로시야 채널은 센데로비치가 어떤 여성과 유사 성행위를 하는 장면을 담은 비디오 영상 클립을 내보냈다. 그로부터 몇 주 뒤, 예제드네브니 주르날 웹사이트와 야당 성향의 포탈인 그라니 Grani.ru와 카스파로프Kasparov.ru가 폐쇄됐다. 한동안 인터넷의 논조에 관대한 입장을 취해 오던 크렘린이 인터넷의 위험성을 인식하게 된 것이었다. 반정부 세력에 대한 탄압은 마치 다시 전쟁을 앞둔 총동원 체제처럼 전방위적으로 전개되기 시작했다.

제25장

푸틴의 꿈 러시아제국의 부활

푸 틴은 소치올림픽이 끝나기 전에 대규모 시위사태가 일어날 것이라고는 미처 예상치 못했다. 하지만 러시아가 야누코비치 정부의 경제위기를 해결해 주기 위해 150억 달러의 긴급 자금지원을 약속하면서 잠시 수그러들었던 시위는 2월 18일 저녁에 다시 격화됐다. 경찰이 키예프 시내 마이단광장 주변에 모인 시위대를 몰아내기 시작하면서 거리는 폭력과 불길이 뒤얽힌 아수라장으로 변했다. 시위대 수십 명이 숨지고, 사망자 명단에는 경찰 병력도 몇 명 포함됐다. 이튿날 새벽이 되면서 시내 중심가에서는 경찰과 시위대 간에 총격전까지 벌어졌고, 사망자 수는 순식간에 1백 명을 넘어섰다. 대조국전쟁 이후 최악의 폭력사태였다.

사건은 크렘린에 있는 푸틴에게 보고되고 이어서 러시아 텔레비전에도 보도되었다. 러시아 언론은 무장봉기 때문에 일어난 충돌이라고 소개했다. 미국과 유럽 외교관들이 시위대에 음식과 과자까지 나눠주면서 무장봉기를 부추겼다고 보도했다. 유럽연합과의 협정체결을 지지하며 평화적으로 시작된 시위는 11월부터 야누코비치 부패 정권을 몰아내자는 운동으로 발전했다. 우크라이나 과격 민족주의 단체인 스보보다와 프라비 섹토르 소속 회원들이 복면 차림에 총기를 들고 시위에 등장했고, 이런 장면을 본 푸틴은 야누코비치가 무정부, 파시즘 세력에 대한 통제력을 잃었다고 판단했다. 그는 그해 겨울 우크라이나 사람들을 거리로 내몬 불만이 무엇인지 몰랐다. 부패하고 탐욕스런 지도자 밑에서 기본적인 욕구조차 채워지지 않은 상태에서 사람들은 점점 더 과격해졌다. 푸틴은 야누코비치 대통령을 돈으로 매수한 것처럼 우크라이나 국민들도 돈으로 달랠 수 있을 것으로 생각했다. 고비마다 사람들에게 경제적인 혜택을 나누어주는 식으로 러시아를 14년간 통치해 왔기 때문이다.

2월 20일 유럽 외교가의 트로이카인 프랑스, 독일, 폴란드 3국의 외무장관이 마이단광장에서 벌어지는 폭력사태를 중재하기 위해 키예프로 달려왔다. 푸틴은 소치올림픽에 집중하느라 처음에 아무런 대책도 내놓지 않았고 그 때문에 러시아의 반응은 혼란스럽고 앞뒤가 맞지 않았다. 야누코비치가 3국 외무장관을 접견하는 가운데 세르게이 라브로프 러시아 외무장관은 '초대받지 않은 손님들'이라고 유럽의 개입을 비난했다. 야누코비치는 유럽 외무장관들과의 협상을 통해 타협안을 모색하는 도중에 회담을 중단하고 푸틴과 전화통화를 하러 나갔다. 푸틴은 그때 소치에서 모스크바로 돌아와 있었다. 야누코비치는 독립국가의 대통령이면서도 푸틴의 승인 없이는 아무런 결론도 내릴 수 없는 입장이었다. 그는 푸틴에게 대통령직에서 물러나 조기 대통령 선거를 실시하고, 대통령궁에서 멀지 않은 곳에서 시위대와 대치중인 진압경찰 병력을 뒤로 물리는 협상안에 합의할 생각이라고 말했다. 푸틴이 보기에 그것은 굴욕적인 사퇴였고, 폭도들 앞에서 정부가 허약함을 보이는 대단히 위험스런 조치였다.

"그렇게 하면 무정부 상태가 닥칠 것이오. 수도가 혼란에 빠질 것이란 말이오." 푸틴은 야누코비치에게 이렇게 말했다.

우여곡절 끝에 야누코비치는 유럽의 중재를 받아들였고, 2월 21일 오후 2시에 협상안이 발표되었다. 그날 저녁부터 야누코비치를 지지하던 인사들이 그를 버리고 떠나기 시작했다. 경찰과 내무부 병력에 대한 그의 장악력이 급속히 약화되면서 우크라이나 서부 지역 경찰서 곳곳에서 탈취당한 무기들이 수도로 옮겨지고 있다는 보도가 잇따랐다. 야누코비치는 우크라이나에 첫 금메달을 안겨준 여자 바이애슬론 계주팀에 축하 메시지를 보낸 뒤 수도를 빠져나갔다. 그는 곧바로 우크라이나 동부로 간 다음 거기서 크림반도를 경유해 러시아 남부로 몰래 숨어들었다. 그의 도피는 푸틴이 2월 23일 보좌관들과 심야 긴급회의를 갖고 지시한 특별 작전에 의해 이루어졌다. 야누코비치가 도주함에 따라 사태는 급반전됐다. 야누코비치 지지세력이 그를 버리자 우크라이나 의회는 즉각 그의 탄핵안을 표결처리했다. 절차상으로는 하자가 있는 조치였지만 의회는 의장단을 새로 구성하고, 대통령 권한대행을 임명해 대통령 선거가 실시되기까지 대통령직을 수행토록 했다. 새 의장단이 들어서서 제일 먼저 취한 조치는 우크라이나어를 유일 공용어로 지정하는 것이었다. 앞서 야누코비치 정부는 러시아어를 우크라이나어와 함께 공용어로 지정했다. 대통령 권한대행에 임명된 올렉산드르 투르치노프는 이 조치에 반대했으나 민족갈등의 불길이 이미 번지고 있었다. 독립 이후 4반세기가 지났지만 우크라이나 민족과 러시아 민족 간의 갈등은 제대로 봉합되지 않은 채 남아 있었다. 푸틴이 예상한 최악의 시나리오가 현실로 나타나고 있었다. 그는 국민의 신임을 잃은 지도자에 대항해 일어난 민중봉기가 아니라 우크라이나 민족주의자들과 과격분자들이 혁명을 가로챈 것이며, 러시아의 적인 유럽과 미국이 이들을 지원했다고 생각했다. 푸틴은 시위 주동자들을 나치 돌격대장 에른스트 룀 같은 자들이라고 비난했다.

푸틴은 2월 23일 오전 모스크바 무명용사묘에 헌화하고 저녁에는 소치올림픽 폐막식에 참석했다. 러시아는 금메달 13개로 1위를 차지했고 전체 메달 수도 33개로 가장 많았다. 몇 년의 준비 끝에 드디어 러시아의 영광을 되찾게 되었는데 우크라이나 사태가 터져서 모든 것을 뒤덮어 버린 꼴이었다. 16일간의 스포츠 제전은 푸틴과 러시아에 대단히 상징적이고 이데올로기 면에서도 매우 중요한 의미를 안겨 주었다. 그 때문에 우크라이나 사태로 인해 푸틴이 느끼는 굴욕감은 더했다. 푸틴을 지지하는 사람들 일부는 우크라이나 사태가 올림픽의 성공을 훼손하려는 세력이 일부러 부추긴 것이라고 생각했다. 푸틴은 폐막식이 열리기 몇 시간 전 앙겔라 메르켈 총리와 통화하며 유럽이 야누코비치와 합의한 내용을 제대로 이행하지 않아 그가 해외로 도피했다는 식으로 불평을 늘어놓았다.

푸틴은 그날 소치에서 우크라이나 사태와 관련해서는 공식적으로 아무런 입장도 내놓지 않았다. 이튿날도 조직위원회 인사들과 조찬을 하고 메달을 딴 러시아 선수들에게 훈장을 수여하고, 러시아가 딴 메달 수만큼 33그루의 기념식수를 하면서도 우크라이나 사태에 대해서는 일체 언급하지 않았다. 사실은 이후 나흘을 더 그런 식으로 보냈다. 2월 23일 오전에 비밀작전 개시명령을 내리면서도 그랬다. 각료들도 그 비밀작전이 시작되는지 몰랐다. 2월 25일 푸틴은 키예프 사태가 시작되고 나서 두 번째로 국가안보회의를 주재했다. 12명으로 구성된 국가안보회의에는 메드베데프 총리와 국방, 외무, 내무 장관과 상하원 의원 대표들, 해외정보국장, FSB 국장이 참석했다. 회의에서 상원인 연방위원회 의장 발렌티노 마트비옌코가 우크라이나에 혼란을 이유로 군사적으로 개입하는 것은 불가능하다는 입장을 내놓았다.

마트비옌코 의장을 포함해서 크렘린 내 인사들 대부분이 그때 이미 러시아가 군사개입을 한 상태라는 사실을 알지 못했다. 푸틴은 우크라이나를 분할해 버릴 생각이었다. 이튿날 그는 공군사령부와 방공사령부 병력을 포함해 러시아 서부에서 병력 수만 명이 참가하는 군사작전 훈련을 전격 발표했다. 훈련은 이미 여러 달 전에 계획된 것이지만 수천 명에 달하는 러시아군 정예 특수작전 병력을 우크라이나에 신속히 배치하는 것을 위장하기 위해 그때로 잡은 것이었다. 푸틴은 국제사회, 특히 나토의 반응이 어떨지 확신이 서지 않았다. 그래서 우크라이나 병력 배치 내용을 밝히기 전에 국제사회 지도자들의 반응을 테스트해 보고 싶었다.

2월 27일 새벽 동트기 전에 러시아군 사령부와 흑해함대를 비롯한 크림반도 기지사령부 소속 병력이 크림반도 지역 의회를 비롯한 주요 건물과 비행장 두 곳을 전격 장악했다. 투입된 병력은 정예 장비로 중무장한 상태였고, 군복에는 아무런 식별도 달지 않았다. 작전 개시 전에 식별을 모두 제거하라는 명령이 하달됐다. 이후 24시간 안에 수천 명의 추가 병력이 공항에 도착해서 각처로 배치돼 큰 무력충돌 없이 크림반도 전역을 장악했다. 우크라이나 군인들과 팽팽한 대치가 벌어진 곳도 있었지만 정치적 대혼란 와중에서도 우크라이나 군인들에게 저항하지 말라는 명령이 이미 내려져 있었다. 긴급히 소집된 크림 지역 의회는 비밀회의를 통해 새 정부를 선출하고, 크림반도의 자치권 확대에 대한 찬반을 묻는 주민투표를 5월 25일 실시한다고 선언했다. 이는 우크라이나 헌법에 위배되는 결정이었다.

푸틴의 지지자들도 놀랐다. 푸틴은 세르게이 이바노프, 니콜라이 파트루셰프, 알렉산드르 보르트니코프 등 가장 신임하는 KGB 출신 최측근 인사 몇 명과만 상의한 다음 이 같은 조치를 취했다. 이들은 모두 나토의 야욕에 대한 의심, 우크라이나 사태를 둘러싸고 보이는 서방의 태도에 대한 분노 등 모든 면에서 푸틴과 생각을 같이 하는 인사들이었다. 이제 러시아에서 이루어지는 모든 중요한 결정은 푸틴의 손 안에서 좌우되었다.

2012년 대통령직에 복귀한 이래 푸틴은 자기한테 올라오는 정보 통로를 제한하고, 신중한 조언을 할 가능성이 있는 외교부와 경제 부처의 정보 보고는 모두 차단시켜 버렸다. 그러다 보니 크렘린 대변인과 외무장관 세르게이 라브로프도 크림반도에는 러시아군 병력이 주둔하고 있지 않다, 전략거점들을 장악한 적이 없다는 등 거짓 발표만 되풀이해서 내놓았다. 러시아군이 크림반도를 장악하고 몇 시간 뒤인 2월 27일 긴급 소집된 유엔안보리 회의에서 비탈리 추르킨 유엔 주재 러시아 대사는 기본적인 사실조차 제대로 설명하지 못했다. 실제로 사태가 어떻게 돌아가는지 제대로 몰랐기 때문이었다. 이튿날 야누코비치는 키예프에서 도주한 지 일주일 만에 러시아 영토에서 모습을 드러냈다. 그는 우크라이나 국경에서 멀지 않은 러시아 남부 로스토프나도누돈강의 로스토프에 있는 쇼핑센터에서 우스꽝스러운 기자회견을 했다. 회견에서 그는 자신이 아직도 우크라이나의 합법적인 대통령이라고 주장했다. 그 시간에 시위대와 취재기자들은 키예프 외곽에 있는 대통령 관저로 몰려가 사치와 부패의 증거들을 끌어 모으고 있었다. 야누코비치는 자신은 우크라이나 영토의 분할과 러시아의 개입에 반대한다고 말했다. 푸틴이 이미 러시아군을 투입시킨 사실은 모르고 있었다.

야누코비치가 모습을 드러낸 이튿날 푸틴은 우크라이나에 대한 무력 사용을 승인해 달라고 연방위원회에 요청했다. 연방위원회 의장인 발렌티노 마트비옌코는 불과 사흘 전 우크라이나 사태 개입에 반대한다는 입장을 밝혔으나, 토요일임에도 불구하고 의회를 소집해 푸틴의 요청을 신속히 승인했다. 의원들은 차례로 등장해 우크라이나와 미국을 상대로 독설을 퍼부었다. 재적 166석 가운데 출석한 90명 모두 만장일치로 푸틴에게 우크라이나 침공 권한을 부여해 주었다. 실제로는 이미 침공한 뒤였다. 그 뒤 3월 2일, 푸틴은 야누코비치를 모스크바 교외 대통령 관저로 불러 러시아의 개입을 요청하는 서한에 서명하라고 했다. 서한의 서명일은 연방위원회 결의안이 채택되기 전 날로 되어 있었다. "우크라이나는 내전의 위기에 처해 있다. 나라는 혼란과 무정부 상태에 빠져 있다." 서한에는 이렇게 쓰여 있었다. "서방 국가들의 영향으로 테러와 폭력이 난무하고 국민들은 언어와 종교적인 이유로 고통 받고 있다. 이런 이유로 나는 러시아 대통령 푸틴 각하에게 우크라이아의 합법적인 지위와 평화, 법질서를 확립하고, 우크라이나 국민을 지켜줄 것을 요청하는 바이다."

야누코비치를 압박해 서한에 서명토록 만든 날, 푸틴은 각국 지도자들과 연쇄적으로 전화 통화를 했다. 각국 지도자들은 우크라이나에서 어떤 일이 벌어지고 있는지 파악하기 위해 분주히 움직였다. 불과 이틀 전 푸틴은 앙겔라 메르켈 총리에게 크림반도에는 러시아군이 단 한 명도 없다고 말했지만 이제는 사실대로 말할 수밖에 없게 됐다. 우크라이나 영토에 침공해 들어간 지 6주 만인 4월에 푸틴은 그 사실을 처음으로 인정했다. 푸틴은 우크라이나에 거주하는 러시아인들이 폭력을 당할 위험에 처해 있어 러시아군이 나서지 않을 수 없었다고 거듭 주장했다. 유럽 대륙에서 그나마 푸틴의 대화 상대가 되어 준 메르켈 총리는 강력히 반발했다. 그녀는 푸틴과 통화하는 도중에 버락 오바마 대통령에게 전화를 걸었고, 통화가 끝난 다음에는 푸틴에게 더 강경하게 대했다.

미국에 이어서 유럽연합, 나아가 G8 회원국 모두 러시아가 우크라이나를 상대로 영토 주장을 한다면 G8 회원국 자격을 박탈당하는 등 국제적인 지위가 위협 받는 것은 물론이고, 제재조치를 당하게 될 것이라고 경고했다. 푸틴은 별 대책이 없었다. 측근들도 손을 놓고 있었다. 그는 혼자서 즉흥적으로 결정을 내렸다. 그리고 모스크바 북쪽 키릴로프스키산에서 실시한 군사작전을 참관한 다음 3월 4일 모스크바로 돌아와 2주 동안 벌어진 우크라이나 사태에 대해 처음으로 공개적인 언급을 했다. 그리고 노보 오가료보 대통령 관저로 크렘린 출입기자단 몇 명을 불러서 만났다. 철저히 준비된 연례 기자회견과 달리 이번 모임은 준비가 제대로 안된 상태에서 급하게 이루어졌다. 그는 기자들의 질문에 부실하고 앞뒤가 맞지 않는 답변을 내놓았다. 불편한 기색이 역력했고, 의자에 구부정하게 앉아 수시로 몸을 뒤척였다. 그는 야누코비치가 우크라이나의 합법적인 대통령이라고 말하는가 하면, 지금 우크라이나에 합법적인 대통령이 없어서 대화를 못하고 있다는 말도 했다. "그 사람은 이제 정치적으로 미래가 없다고 생각합니다. 그 사람한테도 그렇게 말했어요." 그러면서 우크라이나에서 권력의 변화는 필요한 일일 수 있다고 하고, 키예프에서 일어난 사태는 "무력으로 권력을 찬탈한 것"이라고 단정했다. "병 안에서 도깨비가 갑자기 튀어나온 것처럼" 민족주의자, 세미 파시스트, 나치 완장을 찬 반유대주의자들이 시내를 뒤덮었다고 했다.

푸틴은 그러면서 미국의 아프가니스탄 침공과 이라크, 리비아 개입을 또 거론했다. 그는 우크라이나 사태에 미국의 이러한 행태가 깊이 관련돼 있다고 믿었다. 사실 오바마 대통령은 중동 지역 위기에 대처하느라 우크라이나 사태에는 미온적인 대응을 보였지만 푸틴은 유럽보다도 미국이 더 우크라이나 사태를 부추겼다고 확신하고 있었다. "나는 가끔 이런 생각이 듭니다. 대양 너머 미국에서 사람들이 실험실에 앉아서 실험쥐를 가지고 하듯이 우크라이나를 상대로 실험을 진행하고 있다는 생각이 듭니다. 자기들이 하는 짓이 어떤 결과를 가져오는지 제대로 알지도 못하면서 말입니다." 그는 러시아가 세바스토폴에 있는 흑해함대 사령부의 병력을 증강시켰다는 점을 간접적으로 시인했다. 하지만 견장을 달지 않았지만 러시아 군복 차림을 하고 키예프 시내 주요 건물을 장악한 병력에 대해 질문을 받자 능청스럽게 이렇게 대답했다. "그자들은 현지 자위 병력들입니다. 가게에 가면 무슨 군복이든 살 수 있는 것 아닙니까."

그로부터 이틀 뒤 국제적인 반대여론이 커지는 가운데 새로 구성된 크림 의회는 일정을 앞당겨 3월 16일에 주민투표를 실시하겠다고 발표했다. 우크라이나인과 크림 타타르 주민들이 반대하기는 하지만 국민투표 결과는 해보나 마나 한 것이었다. 이튿날 크렘린은 크림반도를 모국 러시아로 되찾아 오겠다는 의지를 분명히 했다. 두마와 연방위원회 지도자들이 크림반도 대표단을 만났고, 공식허가를 받은 대규모 집회가 붉은광장에서 열렸다. 광장은 러시아 국기와 '크림반도는 러시아 땅'"크림 나쉬!'크림은 우리땅 같은 구호가 적힌 깃발로 뒤덮였다. 주민투표는 러시아 군인들이 삼엄한 경비를 펼치는 가운데 실시됐다. 한편의 코미디였다.

이틀 뒤인 3월 18일, 푸틴은 크렘린 대궁전에 나타나 각계 인사들을 모아놓고 크림과 세바스토폴이 러시아연방의 새로운 부속영토가 되었다고 선언했다. "지금부터 크림에 있는 모든 것이 우리의 역사와 자긍심을 함께 한다." 참석자들은 환호하며 박수갈채를 보냈다. 눈물을 흘리는 사람들도 있었다. 그날 저녁 푸틴은 붉은광장에서 열린 집회와 콘서트에 참석했다. 신성한 축일을 기념하는 국가적인 축제였다. "오랜 고난의 항해를 마치고 크림과 세바스토폴은 마침내 모항으로 돌아왔습니다. 모국의 해안으로 돌아왔습니다. 고향 러시아의 품으로 돌아왔습니다." 그는 요동치는 군중들을 향해 이렇게 외쳤다. 소련 시절의 감상적인 곡 '세바스토폴 왈츠'도 연주됐다. 대조국전쟁이 끝나고, 푸틴이 태어난 이듬해인 1953년에 작곡된 곡으로 그 또래의 러시아인들이면 모두 따라 부르는 곡이었다.

"우린 집에 돌아왔네, 세바스토폴의 살던 집. 밤나무 꽃이 활짝 피면 나는 당신을 기다리고 있었지. 젊은 시절 당신과 함께 걷던 길을 다시 걸으며 노래 부르리."

한 나라가 다른 나라 영토를 마지막으로 점령한 것은 1990년 이라크였다. 사담 후세인 군대가 쿠웨이트를 밀고 들어가 점령한 것이었다. 이라크가 쿠웨이트를 침공해서 점령한 것은 국제사회의 분노를 불러일으켰고, 미국 주도의 다국적군이 결성되어 7개월 만에 이라크군을 다시 몰아냈다. 다국적군의 공격은 유엔의 승인 아래 이루어졌고 소련도 반대하지 않았다. 푸틴도 외국 영토를 점령하는 데 따르는 위험을 잘 알고 있었다. 크림반도는 명백하게 우크라이나 영토였고 러시아에 대한 군사적, 안보적인 위협 요인도 없었다. 푸틴은 이웃 나라의 주권을 침해했을 뿐만 아니라, 많은 이들이 손댈 수 없다고 믿은 냉전 후 질서를 한순간에 뒤집어 버렸다. 냉전 후 질서는 1990년에 유고슬라비아 연방이 피비린내 나는 내전을 겪으며 해체되고 나서 자리 잡았다. 많은 유럽인들이 유혈 참극을 끝내고 평화적인 협력과 통합의 시대를 갈망하면서 냉전 후 질서가 자리 잡게 된 것이다.

푸틴 자신도 미국과 미국 동맹국들의 일방적인 무력 사용을 주권국가의 권리를 보호하는 국제질서에 대한 위협이라고 비난하면서 냉전 후 질서를 거듭 옹호했다. 그는 불과 일 년 전에도 버락 오바마 대통령이 화학무기를 사용한 시리아를 무력으로 응징하겠다는 데 반대하며 이런 주장을 폈다. 푸틴은 크림반도 합병에 세계가 어떻게 반응할지 알고 있었지만, 러시아를 상대로 1990년에 사담 후세인을 응징한 것처럼 나오지는 못할 것이라는 계산을 했다. 이라크는 약한 나라였지만 러시아는 강대국으로 다시 부상하는 나라였기 때문이다.

그는 서방이 러시아를 상대로 행동에 나서지 못할 것이라고 생각했다. 2008년 그루지야의 영토를 지켜 주기 위해 나서지 않았던 것처럼 우크라이나를 위해서도 나서지 않을 것이었다. 러시아는 이제 무기력하던 말년의 소련이 아니었다. 푸틴은 자기가 국익이 도움이 된다고 생각하는 대로 움직일 각오가 되어 있었다. 그는 힘이 있었기 때문에 우크라이나로부터 크림반도를 빼앗아 차지했다. 그리고 초강대국이라면 법적으로 도덕적으로 그럴 권한이 있다고 생각했다. 냉전 이후 미국이 하고 있는 행동과 같다고 생각한 것이다.

푸틴이 크림반도에서 실시한 작전은 그루지야와의 전쟁 때 배운 것이었다. 그리고 그가 총리직을 수행하면서 시작한 무기 현대화 사업도 작전에 도움을 주었다. 러시아의 국방비는 2005년 이후 거의 두 배로 늘어나 2014년에는 약 840억 달러에 달했다. 액수로는 미국과 중국에 뒤지지만 GDP에서 차지하는 규모로는 경제 대국들 가운데서 가장 높았다. 무기 현대화 계획에 힘입어 함정과 전투기 성능 면에서 미국과 나토 공군력에 맞설 만한 수준이 되었고 우크라이나에 침투한 병력처럼 정예 병력의 전투력도 크게 향상 되었다. 크림반도를 점령함으로써 러시아군은 붉은군대가 와해된 이후 과거 그 어느 때보다도 우수한 전투력을 보여 주었다. 유럽 국가들 입장에서는 불길한 일이었다. 손을 쓰기에는 이미 늦은 정도로 높은 수준에 도달해 있는 것 같았다. 푸틴은 주민투표 실시를 앞두고 뒤늦게 러시아군이 크림반도 전역을 장악한 사실을 인정했다. 하지만 합병이 이미 기정사실화 된 이후였다. 국제적으로 비난 여론이 들끓었지만 빠른 시일 안에 점령을 되돌릴 가능성은 없어 보였다.

푸틴은 합병을 정당화하기 위해 나섰고, 그가 내놓는 주장은 외교 창구와 군부, 그리고 크렘린이 장악하고 있는 언론을 통해 전파됐다. 그는 크림반도가 역사적으로 러시아제국의 일부였다는 주장을 폈다. 니키다 흐루시초프가 1954년에 이곳을 당시 우크라이나사회주의공화국에 편입시키기 전까지는 소련이 통치했으며, 지금도 러시아 흑해함대의 모항이 있다는 사실을 내세웠다. 그리고 우크라이나 새 정부는 적법한 지위가 없으며, 크림반도 주민들이 주민투표를 통해 우크라이나로부터 독립을 원했고, 파시스트들의 위협에 직면해 있다는 점 등을 합병을 정당화하는 명분으로 내놓았다. 미국은 다른 나라들을 침공하는데 러시아는 왜 그러면 안 되느냐는 식의 억지주장도 내놓았다. 가장 불길한 주장은 크림반도에 있는 러시아 '동족'을 보호하기 위해 개입했다는 것이었다. 이들이 현재 러시아 국민은 아니지만, 1991년 소련연방이 해체되면서 '외국'으로 바뀐 나라들에서 떠돌이 신세가 된 러시아 동족들을 지키겠다는 말이었다. 푸틴은 그 전부터 이런 주장을 기회 있을 때마다 내놓았다. 그는 여러 해 전부터 '루스키 미르'러시아 세계를 예찬했다. 국경을 초월해 러시아 언어와 문화, 종교로 한데 뭉치자는 말이었다. 하지만 군사 행동의 명분으로 이런 주장을 내세운 적은 없었다.

이 주장이 불길하게 들린 것은 아돌프 히틀러가 1938년 오스트리아를 침공하고, 그 다음 체코슬로바키아 영토인 수데텐란트에 군대를 보내 점령하면서 내놓은 논리와 매우 유사하기 때문이다. 히틀러는 당시 그곳의 다수 주민인 독일 민족을 보호한다는 명분을 내세웠다. 푸틴이 과연 어디까지 이런 정책을 밀고 갈 것이냐는 데 관심이 모아졌다. 우크라이나 영토 내에 러시아인이 많이 거주하는 지역이 또 있고, 카자흐스탄을 비롯해 리투아니아, 라트비아, 에스토니아 등 나토 회원국이 되어서 나토 헌장 제5조에 명시된 상호방위조약의 보호를 받는 나라들도 같은 경우에 해당되었다. 푸틴이 이들 나라를 무력으로 공격해서 나토와 군사적 대결을 벌일 것이라고 생각하는 사람은 많지 않지만, 푸틴이 합리적인 사고를 한다고 믿기 힘든 것도 사실이었다.

크림반도 합병 며칠 뒤 우크라이나 동부 몇 개 도시에서 시위가 벌어져 시위대가 행정 관서를 장악하기 시작했다. 러시아 정보요원들이 배후에서 시위를 부추기고 직접 시위에 가담하기도 했다. 동부의 도네츠크주와 루한스크주에서는 우크라이나 중앙정부를 비난하면서 자체 인민공화국을 선포하고 5월에 주민투표를 실시하겠다고 나섰다. 2004년 오렌지혁명이 일어났을 때도 이들은 중앙정부에서 독립하겠다는 경고를 했다. 이두 지역은 러시아 인구가 과반이 넘지는 않지만 가장 많은 수를 차지하고 있는데, 이들은 심정적으로 우크라이나 중앙정부보다 푸틴 정부에 더 가까웠다. 2013~2014년 겨울 동안 우크라이나를 휩쓴 대격변을 거치며 이곳 주민들의 친러시아 성향은 더 강해졌다. 우크라이나 동부 지역에서는 크렘린이 통제하는 러시아 방송을 쉽게 접할 수 있고, 이곳 주민들은 러시아 방송에서 내보내는 선전을 곧이곧대로 믿었다. 방송에서는 우크라이나 지도부를 러시아계 주민들의 기본적인 인권도 지켜주지 않는 극단적인 민족주의자들로 몰았다. 툭하면 러시아 주민들을 끌고 가서 고문하고 죽인다는 내용이 많았다.

푸틴은 러시아계 주민들의 시위를 대놓고 지지하지는 않았지만 우크라이나 정부를 계속해서 비판하고, 러시아 정부는 러시아계 주민들의 권리를 보호할 의무가 있다는 점을 거듭 강조했다.

그로부터 몇 주 뒤 푸틴은 '뉴 러시아'라는 뜻의 '노보로시야'Novorossiya라는 용어를 쓰면서, 오데사에서 러시아와의 국경에 이르는 우크라이나 영토에 대한 영유권이 역사적으로 러시아에 있다고 주장했다. 18세기에 러시아제국이 쇠퇴하던 오토만제국으로부터 빼앗은 영토였다. 미국과 유

럽은 키예프의 유혈사태와 2월 22일 야누코비치의 갑작스런 해외 도주에
이어 크림사태까지 일어나자 충격에 빠졌다. 러시아의 합병조치에 대해
국제사회는 초기에 어쩔 줄 몰라 머뭇거리다 푸틴의 속임수에 속수무책
으로 당했고, 러시아 특공대 병력 수천 명이 주민 2백만 명이 사는 1만 평
방마일이 넘는 영토를 순식간에 차지해 버리는 것을 보고 충격에 빠졌다.

크림반도 주민투표를 며칠 앞두고 유럽과 미국의 지도자들은 외교
적 압력이 효과를 볼 것으로 기대했다. 주민투표가 강행되는 것
을 보면서도 이들은 경제제재와 국제적인 압력이 억제효과를 거둘 것이
라는 계산을 했다. 주민투표 이튿날인 3월 17일, 미국과 유럽은 러시아와
크림반도의 관리 10여 명에 대한 제재안을 발표했다. 하지만 제재에 포함
된 사람은 연방위원회 의원인 발렌티나 마트비엔코와 크렘린 정치전략가
였던 블라디슬라프 수르코프 같은 인사들로, 이들은 당시 푸틴의 정책결
정에 아무런 영향력을 미치지 못했다. 푸틴은 국제사회의 초기 반응에 신
경을 쓰지 않았다. 이미 회복불능의 관계에 빠진 버락 오바마 대통령뿐만
아니라 앙겔라 메르켈 총리의 경고도 귀담아 듣지 않았다. 푸틴은 메르켈
에게 러시아에 대한 유럽의 사악한 행동에 대해 격렬한 비난을 퍼부었고,
메르켈은 오바마에게 "푸틴이 다른 세상에 사는 사람" 같다고 했다.

푸틴의 고집은 국제사회로부터 고립을 자초했고, 러시아는 2014년 여
름 휴양지 소치에서 열릴 예정이던 G8 정상회담을 앞두고 G8에서 축출
됐다. 크림반도 합병 이틀 뒤 미국은 러시아에 대한 강화된 제재조치를
내놓았고, 유럽연합도 그 뒤를 이었다. 제재조치는 푸틴의 측근들을 겨
냥했다. 푸틴의 대통령 재임 기간 중에 부를 축적한 측근들에게 제재를

가함으로써 그의 행동에 변화를 유도하겠다는 의도였다. 제재 대상 명단에는 푸틴의 유도 연습 상대인 아르카디 로텐베르그와 보리스 로텐베르그 형제, 오제로 다차 협동조합 멤버인 유리 코발추크, 안드레이 푸르센코, 겐나디 팀첸코 등이 포함됐다. 미국 재무부는 푸틴의 정적들이 여러 해 동안 주장해 온 내용들을 바탕으로 푸틴이 팀첸코 소유의 회사 군보르Gunvor에 직접 지분을 갖고 있으며, "군보르 자금에도 손을 댔을 가능성이 높다."고 주장했다. 미국은 코발추크 소유의 방크 로시야도 푸틴을 포함한 크렘린 고위관리들의 '사금고' 역할을 하고 있는 것으로 지목했다.

제재 명단에 오른 인사들은 미국 입국이 금지되고, 자산동결과 함께 미국 기업과의 거래도 금지됐다. 사실상 세계 전역에서 달러로는 거래할 수 없게 된 것이었다. 미국과 유럽의 제재 범위는 이후 더 확대되어 대상 인물과 기업의 수가 늘어나 로텐베르그 형제 소유의 SMP 은행과 국영 석유기업 로스네프트 등이 추가됐다.

하지만 새로운 추가 제재조치도 효과 면에서 푸틴 권력의 외곽 인사들에 대한 제재보다 더 나을 게 없었다. 사실상 제재효과가 없는 것이나 마찬가지였다. 측근들의 제재조치도 푸틴의 결의를 누그러뜨리는 데 아무런 도움이 되지 않았다. 이들 모두 푸틴 시대의 새로운 엘리트로 체제 안에 확고히 자리를 차지하고 있었고, 이들의 안위는 푸틴이 확실히 지켜주었다. 그들이 누리는 권력과 부는 푸틴의 힘에서 나왔고, 푸틴에 대한 충성만 있으면 모두 지킬 수 있었다. 제재 명단에 오른 블라디미르 야쿠닌은 푸틴이 러시아의 국익을 위해 내리는 결정을 누구도 막지 못할 것이라고 했다. 누가 그것을 막으려 든다고 해도 "그가 절대로 그것을 용납하지도 용서하지도 않을 것"이라고 했다. 제재조치를 당했다고 흔들리는 사람은 아무도 없었다. 이들은 차례로 푸틴에 대한 충성과 연대를 맹세했고, 필요하다면 어떤 희생이라도 감수하겠다고 했다. "세상에 공짜로 얻는 것은 없다." 겐나디 팀첸코는 이렇게 말했다. 그는 제재조치가 발표되기 바로 전날 자신의 군보르 지분을 파트너에게 비싼 값에 넘겼다. 다가오는 위협에 대한 내부 정보를 이용해 발 빠르게 움직여 자산동결 조치를 피한 것이었다. 그는 자가용 비행기 걸프스트림 제트가 부품을 구하지 못해 발이 묶였고, 아내의 신용카드가 정지당했으며, 이제는 가족과 애완견 로미를 데리고 유럽으로 휴가를 갈 수 없게 되었다고 불평했다. 로미는 푸틴의 애완견 코니의 새끼였다. 그는 이렇게 말했다. "국가의 이익이 위험에 처해 있을 때는 사업상 불이익과 개인적인 불편함은 기꺼이 감수해야한다. 그런 것은 사실 대수로운 게 아니다."

2월 심페로폴을 비롯한 여러 도시에서 시작된 시위는 우크라이나 전역으로 확산됐다. 5월에 오데사에서는 친 러시아 성향의 분리주의 시위대와 우크라이나 정부를 지지하는 시위대가 도심에서 폭력 충돌을 벌이면서 옛 노조본부 건물에서 화재가 나 48명이 숨졌다. 같은 달 도네츠크주와 루한스크주에서 실시된 주민투표는 크림반도에서 실시된 주민투표 때와 마찬가지로 서둘러 실시되었고 법적 근거도 모호했다. 우크라이나 보안군은 분리주의 반군 지도자 드미트리 보이초프가 우크라이나 정부군이 무장한 채로 투표소를 지키고 있어서 선거 감시를 제대로 할 수 없다고 주장하는 통화 녹음을 확보했다. "이 더러운 인간들 때문에 투표를 제대로 실시할 수 없어요." 통화 상대방은 알렉산드르 바르카쇼프였는데, 1993년 모스크바 도심의 백악관을 거점으로 보리스 옐친 대통령에 저항하던 옛 소련공산당 세력에 가담했던 악명 높은 네오 나치주의자였다. 바르카쇼프는 무조건 투표를 강행해 89퍼센트 지지를 만들어내라고 했다. "밖에 나가서 투표함을 일일이 모으고 있소? 미쳤다고 그런 짓을 하고 있소?" 바르카쇼프는 이렇게 소리쳤다.

개표결과는 그가 말한 대로 정확히 89퍼센트가 분리독립을 주장하는 것으로 나타났다. 루한스크주에서는 96퍼센트가 우크라이나로부터의 분리독립을 지지하는 것으로 나타났다. 주민투표 이후 무력충돌은 더 격화됐다. 크림반도 합병은 큰 힘 들이지 않고 이루어졌다. 하지만 우크라이나 동부의 상황은 훨씬 더 복잡해졌고, 푸틴의 의도가 명확히 드러나지 않아 분리주의 반군들도 갈팡질팡했다. 초콜릿 재벌 페트로 포로셴코가 해외로 도피한 야누코비치 후임 대통령으로 새로 선출되었다. 그도 동부지역의 분리주의 반군을 진압하기 위해 총력을 기울였다. 우크라이나군은 마이단광장 사태 때 구성된 비정규군 민병대와 함께 반격에 나서 정부 통제권 밖으로 벗어난 영토를 다시 장악했다. 상황은 거의 내전 수준으로 치열해졌다. 도네츠크주와 루한스크주 분리주의자들의 지원요청에 푸틴은 공식적으로는 거리를 두려고 했다. 서방의 제재조치가 예상보다 강화되자 분리독립을 결정짓는 주민투표 실시를 연기하라는 요구를 내놓기도 했다. 미국과 유럽은 러시아의 외교적 고립과 제재조치 강화가 최소한 푸틴의 선택에 영향을 미쳐 러시아의 개입을 자제해 주기 바랬다.

하지만 반군들은 공식, 비공식적으로 러시아로부터 전폭적인 지지를 받았다. 반군 지도부는 주로 러시아계 주민들이었다. 정보요원 출신인 이고르 기르킨도 '이고르 스트렐코프'라는 가명으로 활동했다. 민병대는 현지 주민과 러시아에서 온 자원병들로 구성됐는데, 크렘린은 이들이 '루스키 미르'를 수호하기 위해 형제애로 반란에 가담했다고 주장했다. 이들 가운데 일부는 1990년대 초 소련제국 와해 시기에 압하지야, 남오세티 야, 그루지야, 그리고 몰도바공화국 영토 안의 작은 지역인 트란스니스트 리아 내전에 참가해서 싸운 자들이었다. 러시아 정규군 사령관과 장교들 이 이들에게 돈을 지불하면서 참전을 부추겼고, 크렘린의 지시에 따라 군 복에 러시아군 표식을 붙이지 않고 전투에 참가했다. 푸틴은 러시아가 공 식적으로 개입하는 위험부담을 감수하지 않으려고 했다. 러시아가 위장 개입을 하다 보니 유럽은 러시아의 행동에 대해 제대로 대응책을 내놓지 못하고 혼란과 분열을 겪었고, 푸틴은 이를 노렸다. 우크라이나 동부의 내전 상태는 전쟁과 평화, 전쟁을 일으킨 측과 방어하는 측의 구분이 애 매한 상태로 진행됐다. 러시아 전사자들을 넣은 관이 돌아와 묻히고 나서 도 한참 동안 크렘린은 우크라이나 영토 안에 러시아군 병력과 무기가 들 어가 있다는 사실을 계속 부인했다. 이들은 아프가니스탄에서 전사한 소 련 군인들처럼 비밀리에 묻혔다. 심지어 우크라이나에서 포로로 잡힌 러 시아 군인들이 그곳에서 시가행진까지 했는데도 크렘린은 이들의 존재를 부인했다.

6월 6일, 푸틴은 연합군의 노르망디 상륙작전 D-데이 70주년 기념식 에 참석하기 위해 프랑스를 방문했다. 그는 러시아가 G8에서 축출된 것 을 실감했다. G7 정상들은 그 주에 소치 대신 브뤼셀로 장소를 옮겨 정상 회담을 개최했다. 러시아의 크림반도 강제합병 때문에 D-데이 기념식에 도 긴장감이 감돌았다. 푸틴은 거듭 러시아의 책임을 부인했고, 우크라이 나 정부가 동부 지역에 대한 지배권을 주장하고 있어 정치적 해결이 필요 하다고 주장했다. 유럽 지도자들은 푸틴의 이러한 입장에 점점 더 좌절감을 느꼈다. 앙겔라 메르켈 총리와 프랑수아 올랑드 프랑스 대통령은 평화 회담 중재에 나서 정치적 해결을 주장하는 푸틴의 진짜 의도가 무엇인지 시험해 보았다. 푸틴은 우크라이나 사태가 일어나고 처음으로 노르망디에서 페트로 포로셴코 우크라이나 대통령을 만났다. 푸틴은 반군에 어떠한 지원도 하지 않는다고 말했지만, 사실상 분리독립을 요구하는 반군 입장을 대변했다. 하지만 이후에도 우크라이나 정부군과 반군 사이의 전투는 더 치열해졌다.

그로부터 한 달 뒤 푸틴은 브라질에서 독일과 아르헨티나의 월드컵 결승전을 앞두고 메르켈 총리와 다시 만났다. 그는 2018년 월드컵 개최국 국가원수 자격으로 결승전을 참관했다. 이미 월드컵을 위해 대규모 스타디움 건설 프로젝트가 시작됐지만 대회 유치 과정에 뇌물이 오갔다는 의혹이 끊이지 않고 있었다. 두 사람이 만나 휴전을 이끌어내기 위해 노력하겠다고 다짐하는 가운데서도 러시아군 장비가 우크라이나 국경을 넘어 들어갔다는 보도가 이어졌다. 하루 뒤 고도 2만 피트로 비행하던 우크라이나 정부군의 AN-26 수송기가 반군에 의해 루간스크 인근 러시아 국경에서 격추됐다. 반군의 화력이 점점 강해지고 있다는 불길한 징조였다.

7월 17일 오후에 도네츠크 반군 사령관 이고르 스트렐코프가 토레즈 마을 인근에서 AN-26 수송기를 격추시켰다는 글을 웹사이트에 올렸다. 토레즈는 도네츠크와 러시아 국경 사이에 위치하고 있다. 스트렐코프는 "우리 상공으로 들어오지 말라고 경고했지만 듣지 않았다."고 의기양양하게 밝혔다. 우크라이나 당국은 나중에 전투기 조종사와 러시아 정보당국이 이 수송기 격추 사실을 확인하는 교신 내용을 감청했다고 주장했다. 하지만 격추된 비행기는 우크라이나 정부군 수송기가 아니었다. 사고기는 승객 283명과 승무원 15명을 태우고 암스테르담을 출발해 쿠알라룸푸르로 향하던 말레이시아항공 17편 보잉777 여객기였다. 여객기 잔해와 시신이 여러 평방마일에 걸쳐 흩어져 있었다.

여러 정황으로 미루어 러시아제 9K37 부크 지대공 미사일이 도네츠크 지역 상공을 비행하던 여객기를 격추시킨 것으로 보였다. AP통신은 미사일이 이동하는 것을 보았다는 인근 마을 주민들의 증언을 보도했다. 부크 지대공 미사일이 쿠르스크시에 위치한 러시아군 제53방공미사일여단 소속이라는 후속보도가 이어졌다. 사고 전 날 미사일 네 발이 국경을 넘어갔는데, 그 가운데 세 발만 부대로 돌아온 것으로 알려졌다. 네덜란드 정부는 1차 조사결과 사고기가 공중 폭발한 것으로 결론지었다. 기체 손상이 부크 미사일에 격추되었을 경우와 일치한다고 했다. 러시아 국방부는 전투기에서 발사된 미사일에 의해 격추된 것이라고 주장했다.

브라질 방문에서 돌아오는 귀국길에 사고 보고를 받은 푸틴은 전화로 메르켈, 오바마와 의견을 나누었으나, 공식적으로는 간단한 입장만 내놓았다. 그는 러시아의 관련 여부에 대해서는 언급하지 않고, 우크라이나 동부에서 전투가 격화되었기 때문에 비극적인 사고가 일어났다고 우크라이나 정부를 비난했다. 우크라이나가 반군이 장악하고 있는 영토를 도로 차지하기 위해 전투를 벌이는 와중에 사고가 일어났기 때문에 우크라이나 정부의 책임이라는 것이었다. "이런 비극적인 사고를 정치적 목적에 이용할 권리는 누구에게도 없습니다." 그는 이례적으로 7월 21일 새벽 텔레비전 연설을 통해 이렇게 말했다. 지치고 핼쑥해 보였다. 집무실 책상 앞에 겨우 서 있었고 두 눈은 충혈되었다. "이런 비극 앞에서 우리는 분열하지 말고 서로 단합해야 합니다. 이 지역을 책임진 사람들은 국민들 앞에, 그리고 이번 사고로 희생된 여러 나라 국민들 앞에 더 큰 책임감을 느껴야 합니다." 사고와 관련해 자신의 책임은 일체 언급하지 않았다.

말레이시아항공 피격 사건 이후 전 세계 여론은 푸틴에게 등을 돌렸다. 영국의 타블로이드지 선Sun은 머리기사에 '푸틴의 미사일'이라는 제목을 달았다. 많은 언론 매체들이 푸틴의 책임을 지적했다. 푸틴이 아니면 크림반도 합병도 없었을 것이고, 우크라이나 동부에 내전도 없었을 것이며, 민간 항공기가 격추되는 사고도 일어나지 않았을 것이라는 논리였다. 푸틴의 전쟁이 분명했다. 크렘린은 논점을 흐리기 위해 거짓 정보를 퍼트리고, 음모론을 주장하는 등 선전전을 펼쳐 보았지만 비난을 피하는 데 도움이 되지 못했다. 푸틴이 직접 나서서 반군 지도자들을 설득하고, 러시아군 병력과 장비를 철수시키고, 국제조사단을 사고 현장에 들여보내서 298명의 목숨을 앗아간 사고의 책임이 누구한테 있는지 가려내 처벌받도록 할 수 있었을 것이다. 하지만 그는 자신의 대통령 재임 중 일어난 여러 부정부패 사건이 터졌을 때 그렇게 하지 않은 것처럼 이번에도 그렇게 하지 않았다. 그는 자신을 러시아 부활의 상징으로 만들려고 했고, 그러기 위해서는 잘못을 시인하면 안 된다고 생각했다. 그는 자신이 곧 러시아라고 생각했다. "푸틴이 있어야 러시아도 있다. 푸틴이 없으면 러시아도 없다." 2011년 블라디슬라프 수르코프 후임으로 크렘린 정치전략 참모가 된 비야체슬라프 볼로딘은 2014년에 이렇게 말했다.

러시아와 서방의 불화는 이제 되돌리기 힘들 정도로 심각한 수준이 되었다. 미국은 말레이시아 민항기 격추 사건이 일어나기 전에 이미 러시아에 대한 제재조치를 확대했다. 제재조치 확대에 대한 반대 입장을 밝혀 온 유럽 국가들의 태도도 누그러졌다. 금융과 에너지를 포함한 경제 전반이 제재 대상이 되었고, 러시아 정부관리들뿐만이 아니라 푸틴의 측근들도 포함됐다. 2014년 중반이 되자 그해 해외 안전지대를 찾아 러시아를 떠난 도피 자본과 현금이 750억 달러에 이르렀고, 연말에는 그 규모가 1500억 달러로 늘어났다. 투자가 위축되면서 가뜩이나 부진하던 러시아 경제는 더 침체의 길로 들어섰다. 중앙은행의 방어 노력에도 불구하고 루블화는 폭락했다. 유가가 떨어지면서 세수가 줄어들고 외환보유고는 바닥났다. 푸틴은 유가 하락이 미국과 사우디아라비아의 음모 때문이라고 주장했다. 러시아 경제는 2009년과 1998년 경제위기 때와 같은 수준으로 어려움에 처했다. 푸틴의 전략이 역풍을 초래한 것이다. 서방에서는 푸틴이 자초한 것이라며 느긋한 시선으로 러시아 경제의 추락을 바라보았다. 하지만 푸틴은 러시아가 경제적, 외교적으로 직면한 위기를 러시아와 자신의 통치를 약화시키려는 방대한 음모의 일환이라고 생각했다.

말레이시아 민항기 피격 이튿날 헤이그에 있는 국제상설중재재판소는 유코스 주주들이 러시아 정부의 회사 강제수용 조치에 대해 제기한 소송의 최종판결을 통해 500억 달러를 배상하라고 판결했다. 판결은 10년 전 푸틴이 회사 핵심자산 처분을 지지한 사실을 근거로 들어 회사 파산에 정부의 책임이 있다고 판결했다. 푸틴은 러시아에 대한 이러한 조치들이 모두 자신에 대한 계산된 공격이라고 믿었다. 그는 제재조치와 국제적인 고립을 무시했다. 러시아의 입장, 러시아의 국익이 무시당하지 않은 적이 없고, 자신도 제대로 된 대접을 받은 적이 없었다고 생각했다.

4년 동안 총리로 물러나 있다가 2012년 크렘린으로 복귀한 뒤부터는 서방의 그런 태도가 더 심해졌다고 생각했다. 푸틴이 크림반도 합병과 우크라이나 동부에 대해 취한 조치는 철저히 계산된 행동이었다. 서방이 어떤 반응을 보일 것인지에 더 이상 신경 쓰지 않기로 한 것이다. 푸틴의 이러한 태도는 말레이시아 여객기 격추 사건 이후 더 분명하게 드러났다. "그는 괴롭힘을 당하면 더 강해지는 사람입니다." 푸틴의 오랜 친구인 세르게이 롤두긴은 이렇게 말했다. 학교 운동장에서 집단 괴롭힘을 당한 아이처럼 우크라이나 사태는 푸틴의 개인적인 성향에 깊은 영향을 미친 것 같다. 롤두긴의 말에 의하면 새로 구성된 우크라이나 정부에 과격 인사가 많고, 이들이 러시아계 주민들에게 위협이 되며, 우크라이나 정부군이 민간인을 상대로 가혹행위를 저지른다는 등의 우려를 푸틴이 제기했는데 메르켈이 무시했고, 그 때문에 푸틴이 격분했다는 것이었다.

푸틴은 말레이시아 여객기 격추사건에 대해 모두들 자신에게 비난을 퍼부으면서 우크라이나 동부에서 정부군이 저지르는 잔혹행위에 대해서는 왜 침묵하느냐고 반발했다. 그는 한때 메르켈을 비롯한 서방 지도자들의 입장에 타협적인 태도를 취했지만 이제는 자기 고집을 굽히지 않으려고 했다. 푸틴은 개인적인 성향을 정책으로 나타내는 사람이다. 앞선 두 번의 대통령 임기 때 취한 실용주의적인 정책은 막을 내린 지 오래였다. 이제 우크라이나 사태를 겪으면서 그가 걸어온 정책 노선과의 근본적인 결별을 예고하고 있었다. 14년 동안 권좌에 있으면서 그는 러시아를 세계 강대국의 반열에 다시 올려놓기 위해 온힘을 기울였다. 그를 위해 러시아를 글로벌 경제에 편입시키고, 은행, 주식시장 도입 등 자유시장경제의 금융 시스템을 활용했다. 그 과정에서 푸틴의 측근들이 부를 축적했지만 러시아 국민 전체가 평균적으로 혜택을 누린 것도 사실이었다.

이제 그는 서방이 인정하든 하지 말든 러시아의 힘을 보여주기로 했다. 서방의 '보편적' 가치, 민주주의, 법치는 러시아와 무관한 것으로 간주해 외면하기로 했다. 이런 가치들은 러시아를 끌어안는 게 아니라, 서방에 종속시키려고 하는 것이라고 간주했다. "러시아가 심리적으로 불안한 상태에 놓인 지도자의 포로가 되었다." 소설가 블라디미르 소로킨은 크림반도가 합병되자 이렇게 썼다. "그가 느끼는 불안감, 열정, 허약함, 열등감이 그대로 국가정책이 되었다. 그가 피행망상에 빠지면 국가 전체가 적을 두려워하고 스파이를 겁내야 한다. 그가 불면증에 시달리면 모든 각료가 함께 밤을 새워야 한다. 그가 술을 한 방울도 입에 대지 않으면 모두가 금주를 해야 하고, 그가 술에 취하면 모두 함께 취해야 한다. 그가 사랑하는 KGB가 미국을 상대로 싸웠고, 그가 미국을 좋아하지 않으면 전 국민이 미국을 싫어해야 한다."

러시아 사회에는 푸틴과 푸틴의 철학에 반대하는 사람들이 있어 왔다. 그런데 2014년 사태를 겪으면서 이러한 반反푸틴 정서는 한쪽 구석으로 내몰렸다. 그에게 도전하거나, 도전한 적이 있는 지도자들에 대한 박해는 과거 그 어느 때보다도 심해졌다. 개리 카스파로프를 비롯해 몇 명은 우크라이나 사태가 일어나기 전에 떠났다. 카스파로프는 출장 중에 알렉산드르 바스트리킨을 수사하는 조사위원회가 집으로 전화를 건 사실을 알고는 체포될 것을 우려해 도주했다. 조사위원회의 전화는 과거 현관에서 들리는 KGB의 노크 소리처럼 불길한 경고로 받아들여졌다. 메드베데프의 경제 보좌관이었던 세르게이 구리예프, 중앙은행 부총재를 재낸 세르게이 알렉사셴코 등 수사관들에게 쫓기는 여러 사람이 카스파로프의 뒤를 이어 러시아를 떠났다. 알렉세이 나발니와 함께 반부패운동을 벌였던 블라디미르 아스쿠로프도 영국에서 정치적 망명을 허용 받았다.

러시아의 대표적인 신세대 기업인으로 러시아판 페이스북 브콘탁테

VKontakte를 창업한 파벨 두로프도 회사 지분을 처분하고 러시아를 떠났다. 그는 나중에 이렇게 말했다. "나는 확고한 자유시장주의자이기 때문에 지금 취하고 있는 정부의 방침을 도저히 이해하지 못하겠다."

푸틴 정권을 탄생시킨 주역 가운데 한 명이었다가 가장 신랄한 비판자로 돌아선 보리스 베레조프스키는 2013년 런던 교외에 있는 자택 욕실에서 목을 매 숨진 채 발견되었다. 자살인지 타살인지 그의 죽음을 둘러싼 의혹은 완전히 가시지 않고 있다. 미하일 호도로코프스키는 2013년 겨울에 푸틴으로부터 사면조치를 받은 뒤 스위스로 옮겨 오픈 러시아Open Russia 재단을 다시 열고 러시아의 민주화를 증진시키기 위한 활동을 재개했다. 그는 자신을 새로운 러시아로 나아가는 과도기를 책임질 미래 지도자로 생각하지만 감히 모국으로 돌아갈 엄두는 내지 못하고 있다. 국내에서 크렘린의 우크라이나 정책을 비판한 인사들은 입을 닫고 쫓기는 신세가 됐다.

저명한 역사학자인 안드레이 주보프는 크림반도 합병을 1938년에 히틀러가 오스트리아를 강제합병한 것에 비유했다가 모스크바 국립 국제관계대 교수직에서 쫓겨났다. 그는 일간 베도모스티Vedomosti 기고문에서 "오스트리아 합병이 전쟁으로 이어졌고, 결국 제3제국의 몰락으로 이어졌다. 동지들이여, 역사는 되풀이된다."고 썼다.

국내에 남아서 푸틴과 그가 이끄는 민족주의 세력을 상대로 외로운 싸움을 계속하는 사람들도 있었다. 알렉세이 나발니는 소치올림픽 폐막식장에서 볼로트냐아광장 시위에 대한 판결에 항의하다 체포된 뒤 2014년 한해 대부분을 모스크바 남부에 있는 작은 아파트에서 가택연금 상태로 보냈다. 자생적인 반정부 세력의 유일한 지도자인 그는 가택연금을 당하는 동안 가족을 제외한 누구도 만날 수 없었고, 푸틴 체제를 위협하는 유용한 수단이었던 인터넷 사용도 금지 당했다.

아파트 곳곳에 감시 장비가 설치됐고, 유일하게 외출이 허용된 것은 재판 참석 때뿐이었다. 보리스 넴초프는 가까스로 야로슬라블 지역 의회 의원으로 선출된 다음에도 면책특권을 이용해 푸틴 반대운동을 계속했다. 그는 페이스북과 트위터를 통해 우크라이나 전쟁을 비판하고, 푸틴을 죽은 자의 피와 고기를 먹고 사는 악귀 '구울'ghoul로 묘사했다. 그는 러시아에 대한 국제사회의 제재와 외교적 고립정책이 실효를 거두지 못하고 있다고 불만을 토로했다. 그는 푸틴 정권을 끝장내기 위해 협상이 아니라 더 강력한 국제적인 노력이 필요하다고 주문했다.

2014년 7월 31일, 러시아의 최고 부자 몇 명이 푸틴의 크림반도 합병 이후 발생한 여러 문제를 논의하기 위해 러시아축구연맹 사무실에 모였다. 축구연맹 관계자들과 프로구단 소유주들이 참석했다. 수퍼마켓 체인 소유주로 크라스노다르 축구팀 소유주인 세르게이 갈리츠키, 다게스탄공화국 프로구단 안지 마하치칼라 소유주인 술레이만 케리모프, 로코모티프 모스크바 구단을 후원하는 러시아 철도공사의 블라디미르 야쿠닌 사장 등이었다. 이날 회의의 주제는 크림반도의 3개 프로구단을 러시아 리그에 편입시킬지 여부를 축구연맹 이사회 표결에 부치는 것이었다. 참석자들은 국제 제재조치 파장이 러시아축구연맹과 자신들이 소유한 구단에까지 미쳐서 서방으로의 여행이 제한되고, 유럽 경기에 출전할 수 없게 될 것을 우려했다. "우리 모두가 제재조치의 대상이 될 것이 분명합니다." 갈리츠키는 이렇게 불만을 늘어놓았다. 회의에서 오고간 대화내용을 비밀리에 녹음한 내용이 노바야 가제타에 누출돼 보도됐다. 그는 지난

4반세기 동안 쌓아올린 사업이 한 번에 다 날아가게 생겼다고 한탄했다. 그는 마그니트라는 이름의 스토어 체인을 소유하고 종업원 25만 명에 자산 규모가 300억 달러에 이르렀다. 참석자들 모두 그의 걱정에 공감했지만 자칫 대통령의 심기를 거스를까 겁을 먹고 있었다. 갈리츠키를 비롯한 회의 참석자들은 투표를 하지 않는 게 좋다는 생각이었기 때문에 안건을 표결에 부칠지 여부에 대한 논의만 계속했다. 하지만 표결을 하지 않는 것도 푸틴의 뜻을 거스르는 게 되었다.

CSKA 모스크바 구단의 공동 소유주인 예브게니 기네르까지 표결에 대해 부정적인 입장을 내놓자 야쿠닌이 나서서 이들의 입장을 날카롭게 지적했다. "이건 옳은 태도가 아닙니다. 조국이 지금 제재조치를 당하고 있고, 대통령 혼자 난간에 내몰려 있습니다. 여러분이 어떤 입장을 취하든 그자들은 추가 제재조치를 취할 것입니다. 여러분이 그자들 앞에 배를 땅바닥에 깔고 기어도 그자들은 제재를 합니다. 아시겠어요? 그러니 이 나라를 떠나든지, 아니면 러시아 국민답게 제대로 행동하시오." 그로부터 9일 뒤 푸틴은 자신의 입장을 분명히 했고, 러시아축구연맹은 크림반도의 3개 팀을 러시아프로리그에 받아들였다. 푸틴의 전임 총리였고, 러시아축구연맹 이사인 세르게이 스테파신은 이렇게 경고했다. "행동수칙이 따로 필요 없어요. 크림은 원래 러시아의 영토입니다!" 크림반도는 전국을 푸틴 뒤에 하나로 뭉치게 만든 새로운 구호가 되었고, 모든 논의는 그것으로 끝났다.

크림반도 합병으로 푸틴의 지지율은 85퍼센트를 넘어섰다. 국영 텔레비전을 통한 조지 오웰식 선동선전에 힘입어 높은 지지율은 이후 몇 달 동안 이어졌다. 소련연방 붕괴 이후 4반세기 동안 개방화를 경험한 뒤 러시아 국민들은 다시 외부 세계를 두려워하고 저항해야 할 적으로 바라보게 되었다. 적에게 포위되어 있다는 강박관념은 어떤 희생이든 정당화한다. "외국의 압박을 받고 있다고 느끼는 한 러시아 국민들은 지도자를 버리지 않습니다." 푸틴 내각에서 비교적 민주적인 입장에 서 있던 제1부총리 이고르 슈발로프는 이렇게 말했다. "우리는 어떤 고난이 닥쳐와도 이겨낼 것입니다. 적게 먹고 전기를 절약해 가면서 이겨냅니다." 검열과 감시에 대한 두려움 때문에 반정부 목소리는 자취를 감추었고, 푸틴은 권력의 정점에 확고히 자리를 지켰다. 그는 이제 때가 되면 선거를 치른다는 사실 외에는 더 이상 민주국가가 아닌 나라에서 부동의 자리를 확보한 지도자가 되었다. 2012년 권좌에 복귀한 이후, 권력을 행사하는 것 외에는 어떤 국가 목표도 제시하지 않았던 푸틴이 이제 국가를 하나로 통합시킬 수 있는 강력한 요소를 찾아냈다. 21세기 들어 지금까지 다른 어떤 지도자도 이룩하지 못한 강력한 국가를 만들 국가 목표를 찾은 것이었다. 그가 이룩한 러시아는 소련제국이나 차르의 왕국이 아니라, 그 두 체제의 특성을 합친 새로운 러시아였다. '푸틴이 없으면 러시아도 없다.'

그는 러시아를 한 명의 지도자 뒤에 하나로 통합했다. 다른 지도자는 감히 상상도 못할 일이었다. 그것은 2008년과 2012년에 그랬던 것처럼 다른 지도자의 등장을 허용하지 않기 때문이다. 2015년 3월에 푸틴이 열흘 동안 공개석상에서 모습을 감추자 정치권 전체가 마비상태에 빠지고 언론은 큰 일이 난 것처럼 갖가지 추측기사를 쏟아냈다. 푸틴 대통령이 아픈가? 쿠데타가 일어난 것인가? 넴초프 암살로 내부 권력투쟁이 벌어지고 있는 것인가? 등등. 푸틴이 알리나 카바예바와의 사이에 아이를 낳았다는 새로운 루머가 나돌았다. 당시 카바예바는 두마 의원직을 물러나

내셔널 미디어 그룹으로 자리를 옮겼다. 내셔널 미디어 그룹은 푸틴의 오랜 친구인 유리 코발추크가 이사회 의장으로 있는 방크 로시야가 대주주인 민영 언론사이다. 척추 이상으로 치료를 받았다든가 하면 성형수술설도 나돌았다.

진위야 어떻든 간에 한때 요지부동처럼 보이던 푸틴의 권좌가 예전 같지 않는 듯이 보였다. 하지만 2018년으로 예정된 차기 대통령 선거 전까지 그의 권력에 도전할 뚜렷한 후보는 보이지 않는다. 헌법에는 당선되면 6년을 더 재임할 수 있도록 되어 있다. 그리고 2024년에 물러난 다음에는 어떻게 될까? 그때도 만 72세가 되지 않는다. 브레즈네프는 75세에 현직 서기장으로 죽음을 맞았고, 스탈린도 74세 때 현직 서기장으로 사망했다. 메드베데프에게 한 번 더 물려줄지, 아니면 측근 가운데 다른 사람에게 물려줄지 모르지만 선택은 그의 손에 달렸다.

러시아의 운명은 이제 푸틴 자신의 운명과 한데 엉켜 있다. 둘 다 고골리의 〈죽은 혼〉에 나오는 트로이카처럼 미지의 운명을 향해 질주할 것이다. 그저 앞을 향해 돌진할 뿐, 어디로 가는지는 푸틴 자신도 모를 것이다. 맹렬히, 흔들림 없이, 뒤돌아보지 않고 돌진할 뿐이다.

참고자료

Bibliography

Albats, Yevgenia. *The State Within a State: The KGB and Its Hold on Russia—Past, Present and Future.* New York: Farrar, Straus and Giroux, 1994.

Albright, Madeleine, with Bill Woodward. *Madame Secretary: A Memoir.* New York: Miramax Books, 2003.

Alekperov, Vagit. *Oil of Russia: Past, Present and Future.* Minneapolis: East View Press, 2011.

Andrew, Christopher, and Oleg Gordievsky. *KGB: The Inside Story of Its Foreign Operations from Lenin to Gorbachev.* New York: HarperCollins, 1990.

Andrew, Christopher, and Vasili Mitrokhin. *The Sword and the Shield: The Mitrokhin Archive and the Secret History of the KGB.* New York: Basic Books, 1999.

——. *The World Was Going Our Way: The KGB and the Battle for the Third World.* New York: Basic Books, 2005.

Anthony, Ian, ed. *Russia and the Arms Trade.* Stockholm International Peace Research Institute (Sipri). Oxford: Oxford University Press, 1998.

Applebaum, Anne. *Gulag: A History.* New York: Anchor Books, 2003.

Arutunyan, Anna. *The Putin Mystique: Inside Russia's Power Cult.* Northampton, MA: Olive Branch Press, 2014.

Aslund, Anders. *How Ukraine Became a Market Economy and Democracy.* Washington,DC: Peter G. Peterson Institute for International Economics, 2009.

———. *Russia's Capitalist Revolution: Why Market Reform Succeeded and Democracy Failed.* Washington, DC: Peter G. Peterson Institute for International Economics, 2007.

Aslund, Anders, and Michael McFaul, eds. *Revolution in Orange: The Origins of Ukraine's Democratic Breakthrough.* Washington, DC: Carnegie Endowment for International Peace, 2006.

Aslund, Anders, Sergei Guriev, and Andrew Kuchins, eds. *Russia After the Global Economic Crisis.* Washington, DC: Peter G. Peterson Institute for International Economics and the Center for Strategic and International Studies, 2010.

Babchenko, Arkady. *One Soldier's War.* New York: Grove Press, 2007.

Bain, Olga B. *University Autonomy in the Russian Federation Since Perestroika.* New York: RoutledgeFalmer, 2003.

Baker, Peter. *Days of Fire: Bush and Cheney in the White House.* New York: Doubleday, 2013.

Baker, Peter, and Susan Glasser. *Kremlin Rising: Vladimir Putin's Russia and the End of Revolution.* New York: Scribner, 2005.

Balmaceda, Margarita M. *Energy Dependency, Politics and Corruption in the Former Soviet Union: Russia's Power, Oligarchs' Profits and Ukraine's Missing Energy Policy, 1995—2006.* London: Routledge, 2008.

Barylski, Robert V. *The Soldier in Russian Politics: Duty, Dictatorship and*

Democracy Under Gorbachev and Yeltsin. New Brunswick, NJ: Transaction Publishers, 1998.

Bennetts, Marc. *Kicking the Kremlin: Russia's New Dissidents and the Battle to Topple Putin.* London: Oneworld, 2014.

Blotsky, Oleg M. *Vladimir Putin: Doroga k Vlasti* [Vladimir Putin: The Road to Power]. Moscow: Osmos Press, 2002.

———. *Vladimir Putin: Istoriya Zhizni* [Vladimir Putin: A Life History]. Moscow: Mezhdunarodniye Otnosheniya, 2001.

Bortsov, Yuri C. *Vladimir Putin.* Moscow: Feniks, 2001.

Bower, Tom. *Oil: Money, Politics, and Power in the 21st Century.* New York: Grand Central Publishing, 2009.

Brannon, Robert. *Russian Civil- Military Relations.* Farnham, UK: Ashgate, 2009.

Browder, Bill. *Red Notice: A True Story of High Finance, Murder, and One Man's Fight for Justice.* New York: Simon & Schuster, 2015.

Browne, John, with Philippa Anderson. *Beyond Business: An Inspirational Memoir from a Remarkable Leader.* London: Phoenix, 2011.

Bruce, Gary. *The Firm: The Inside Story of the Stasi.* New York: Oxford University Press, 2010.

Bush, George W. *Decision Points.* New York: Crown, 2010.

Clark, Westley K., *Waging Modern War: Bosnia, Kosovo and the Future of Combat.* New York: PublicAffairs, 2001

Clinton, Hillary Rodham. *Hard Choices.* New York: Simon & Schuster, 2014.

Cohen, Stephen F. *Soviet Fates and Lost Alternatives: From Stalinism to the New Cold War.* New York: Columbia University Press, 2009.

Coll, Steve. *Private Empire: ExxonMobile and American Power.* New York: Penguin, 2012.

Colton, Timothy J. *Yeltsin: A Life.* New York: Basic Books, 2008.

Colton, Timothy J., and Michael McFaul. *Popular Choice and Managed Democracy: The Russian Elections of 1999 and 2000.* Washington, DC: Brookings Institution Press, 2003.

Cornell, Svante E. and S. Frederick Starr, eds. *The Guns of August 2008: Russia's War in Georgia.* Armonk, NY: M.E. Sharpe, 2009.

Cowell, Alan. *The Terminal Spy: The Life and Death of Alexander Litvinenko, a True Story of Espionage, Betrayal and Murder.* London: Doubleday, 2008.

Dawisha, Karen. *Putin's Kleptocracy: Who Owns Russia?* New York: Simon & Schuster, 2014.

De Waal, Thomas. *The Caucasus: An Introduction.* Oxford: Oxford University Press, 2010.

De Wolf, Koenraad. *Dissident for Life: Alexander Ogorodnikov and the Struggle for Religious Freedom in Russia.* Translated by Nancy Forest- Flier. Grand Rapids, MI: William B. Eerdmans, 2013.

Dorofeyev, Vladislav, et al. *Dmitri Medvedev: Chelovek, Kotory Ostanovil Vremya* [The Man Who Stopped Time]. Moscow: Eksmo, 2012.

Duelfer, Charles. *Hide and Seek: The Search for Truth in Iraq.* New York: Public-Affairs, 2009.

Dunlop, John B. *The 2002 Dubrovka and 2004 Beslan Hostage Crises: A Critique of Russian Counter- Terrorism.* Stuttgart: Ibidem, 2006.

———. *The Moscow Bombings of September 1999: Examinations of Russian Terrorist Attacks at the Onset of Vladimir Putin's Rule.* Stuttgart: Ibidem, 2012.

Earley, Pete. *Comrade J: The Untold Secrets of Russia's Master Spy in America After the End of the Cold War.* New York: Berkley Books, 2007.

Evangelista, Matthew. *The Chechen Wars: Will Russia Go the Way of the Soviet Union?* Washington, DC: Brookings Institution Press, 2002.

Fagan, Geraldine. *Believing in Russia—Religious Policy After Communism.* London: Routledge, 2013.

Felshtinsky, Yuri, ed. *Boris Berezovsky: The Art of the Impossible.* 3 vols. Falmouth, MA: Terra- USA, 2006.

Felshtinsky, Yuri, and Vladimir Pribylovsky. *The Corporation: Russia and the KGB in the Age of President Putin.* New York: Encounter Books, 2008.

Freeland, Chrystia. *Sale of the Century: Russia's Wild Ride from Communism to Capitalism.* New York: Crown Business, 2000.

Gaidar, Yegor. *Collapse of an Empire: Lessons for Modern Russia.* Washington, DC: Brookings Institution Press, 2007.

Gessen, Masha. *The Man Without a Face: The Unlikely Rise of Vladimir Putin.* New York: Riverhead Books, 2012.

———. *Words Will Break Cement: The Passion of Pussy Riot.* New York: Riverhead Books, 2014.

Gevorkyan, Nataliya, Natalya Timakova, and Andrei Kolesnikov. *First Person: An Astonishingly Frank Self- Portrait by Russia's President Vladimir Putin.* New York: PublicAffairs, 2000. Originally published in Russian as *Ot Pervovo Litsa: Razgovory c Vladimirom Putinim.*

Gilligan, Emma. *Terror in Chechnya: Russia and the Tragedy of Civilians in War.* Princeton, NJ: Princeton University Press, 2010.

Goldfarb, Alex, with Marina Litvinenko. *Death of a Dissident: The Poisoning of Alexander Litvinenko and the Return of the KGB.* New York: Free Press, 2007.

Goldman, Marshall I. *Petrostate: Putin, Power and the New Russia.* Oxford: Oxford University Press, 2008.

——. *The Piratization of Russia: Russian Reform Goes Awry.* London: Routledge, 2003.

Gomart, Thomas. *Russian Civil- Military Relations: Putin's Legacy.* Washington, DC: Carnegie Endowment for International Peace, 2008.

Gorham, Michael S. *After Newspeak: Language, Culture and Politics in Russia from Gorbachev to Putin.* Ithaca, NY: Cornell University Press, 2014.

Goscilo, Helena, ed. *Putin as Celebrity and Cultural Icon.* London: Routledge, 2013.

Greene, Samuel A. *Moscow in Movement: Power and Opposition in Putin's Russia.* Stanford, CA: Stanford University Press, 2014.

Gurevich, Vera. *Vspominaniya o Budushchem Prezidente* [Recollections of the Future President]. Moscow: Mezhdunarodniye Otnosheniya, 2001.

Gustafson, Thane. *Wheel of Fortune: The Battle for Oil and Power in Russia.* Cambridge, MA: Belknap Press of Harvard University Press, 2012.

Harding, Luke. *Expelled: A Journalist's Descent into the Russian Mafia State.* New York: Palgrave Macmillan, 2012.

Hastings, Max. *Inferno: The World at War, 1939—1945.* New York: Alfred A. Knopf, 2011.

Herspring, Dale R., ed. *The Kremlin and the High Command: Presidential Impact on the Russian Military from Gorbachev to Putin.* Lawrence: University Press of Kansas, 2006.

——. *Putin's Russia: Past Imperfect, Future Uncertain.* Lanham, MD: Rowman & Littlefield, 2003.

Hill, Fiona, and Clifford G. Gaddy. *Mr. Putin: Operative in the Kremlin.* Washington, DC: Brookings Institution Press, 2013. Updated and expanded in paperback in 2015.

Hoffman, David E. *The Oligarchs: Wealth and Power in the New Russia.* New York: PublicAffairs, 2002.

Hughes, Karen. *Ten Minutes from Normal.* New York: Viking, 2004.

Hutchins, Chris, with Alexander Korobko. *Putin.* Leicester, UK: Matador, 2012.

Jack, Andrew. *Inside Putin's Russia: Can There Be Reform Without Democracy?* Oxford: Oxford University Press, 2004.

Jones, Michael. *Leningrad: State of Siege.* New York: Basic Books, 2008.

Judah, Ben. *Fragile Empire: How Russia Fell In and Out of Love with*

Vladimir Putin. New Haven, CT: Yale University Press, 2013.

Kalugin, Oleg. *Spymaster: My Thirty-Two Years in Intelligence and Espionage Against the West.* New York: Basic Books, 2009.

Kasyanov, Mikhail, with Yevgeny Kiselyov. *Bez Putina.* Moscow: Novaya Gazeta, 2009.

Katz, David M., and Fred Weir. *Russia's Path from Gorbachev to Putin: The Demise of the Soviet System and the New Russia.* New York: Routledge, 2007.

Khodorkovsky, Mikhail, and Nataliya Gevorkyan. *Turma i Volya* [Prison and Will]. Moscow: Howard Roark, 2012.

King, Charles. *The Ghost of Freedom: A History of the Caucasus.* Oxford: Oxford University Press, 2008.

King, William R., and David I. Cleland. *Strategic Planning and Policy.* New York: Van Nostrand Reinhold, 1978.

Kirschenbaum, Lisa A. *The Legacy of the Siege of Leningrad, 1941–1995: Myth, Memories, and Monuments.* New York: Cambridge University Press, 2006.

Klebnikov, Paul. *Godfather of the Kremlin: The Decline of Russia in the Age of Gangster Capitalism.* Orlando, FL: Harcourt, 2000.

Knight, Amy. *Spies Without Cloaks: The KGB's Successors.* Princeton, NJ: Princeton University Press, 1996.

Koehler, John O. *Stasi: The Untold Story of the East German Secret Police.* Boulder, CO: Westview Press, 1999.

Koenker, Diane P., and Ronald D. Bachman, eds. *Revelations from the Russian Archives: Documents in En glish Translation.* Washington, DC: Library of Congress, 1997.

Konitzer, Andrew. *Voting for Russia's Governors: Regional Elections and Accountability Under Yeltsin and Putin.* Washington, DC: Woodrow Wilson Center Press, 2005.

Koplanov, Andrei, and Andrei Yudin. *Tainy Bolshovo Doma* [Secrets of the Big House]. Moscow: Astrel- SPB, 2007.

Koshiw, J. V. *Abuse of Power: Corruption in the Office of the President.* n.p.: Artemia Press, 2013.

Kotkin, Stephen. *Armageddon Averted: The Soviet Collapse, 1970–2000.* Oxford: Oxford University Press, 2001.

Kozhevnikov, Vadim. *Shield and Sword.* London: MacGibbon & Kee, 1970.

Lebed, Alexander. *My Life and My Country.* Washington, DC: Regnery Publishing, 1997.

Ledeneva, Alena V. *Can Russia Modernise? Sistema, Power Networks and Informal Governance.* Cambridge: Cambridge University Press, 2013.

LeVine, Steve. *Putin's Labyrinth: Spies, Murder, and the Dark Heart of the New Russia.* New York: Random House, 2008.

Litvinenko, Alexander, and Yuri Felshtinsky. *Blowing Up Russia: The Secret Plot to Bring Back KGB Terror.* New York: Encounter Books, 2007.

Lucas, Edward. *Deception: The Untold Story of East- West Espionage Today.* New York: Walker, 2012.

——. *The New Cold War: Putin's Russia and the Threat to the West*. New York: Palgrave Macmillan, 2008. Updated 2009.

Lynch, Allen C. *Vladimir Putin and Russian Statecraft*. Washington, DC: Potomac Books, 2011.

MacKinnon, Mark. *The New Cold War: Revolutions, Rigged Elections and Pipeline Politics in the Former Soviet Union*. New York: Carroll & Graf, 2007.

Macrakis, Kristie. *Seduced by Secrets: Inside the Stasi's Spy- Tech World*. New York: Cambridge University Press, 2008.

McDaniel, Tim. *The Agony of the Russian Idea*. Princeton, NJ: Princeton University Press, 1996.

McFaul, Michael. *Russia's Unfinished Revolution: Political Change from Gorbachev to Putin*. Ithaca, NY: Cornell University Press, 2001.

Medvedev, Roy. *Post- Soviet Russia: A Journey Through the Yeltsin Era*. Translated and edited by George Shriver. New York: Columbia University Press, 2000.

——. *Vladimir Putin: Chetyre Goda v Kremle* [Vladimir Putin: Four Years in the Kremlin]. Moscow: Vremya, 2004.

Mendras, Marie. *Russian Politics: The Paradox of a Weak State*. New York: Columbia University Press, 2012.

Merridale, Catherine. *Night of Stone: Death and Memory in Twentieth- Century Russia*. New York: Penguin, 2000.

Moore, Robert. *A Time to Die: The Untold Story of the Kursk Tragedy*. New York: Three Rivers Press, 2002.

Mukhin, A. A. *Kto Ect' Mister Putin i Kto c Nim Prishol* [Who Is Mister Putin and Who Came with Him]. Moscow: Gnom i D, 2002.

Murphy, Paul J. *Allah's Angels: Chechen Women in War.* Annapolis, MD: Naval Institute Press, 2010.

O'Cleary, Conor. *Moscow, December 25, 1991: The Last Day of the Soviet Union.* New York: PublicAffairs, 2011.

Orttung, Robert W. *From Leningrad to St. Petersburg.* New York: St. Martin's Press, 1995.

Orttung, Robert W., ed., with Danielle N. Lussier and Anna Paretskaya. *The Republics and Regions of the Russian Federation: A Guide to Politics, Policies, and Leaders.* Armonk, NY: M. E. Sharpe, 2000.

Pepper, John. *Russian Tide: Building a Leadership Business in the Midst of Unprecedented Change.* Cincinnati: John Pepper, 2012.

Piontkovsky, Andrei. *Treti Put k Rabstvu* [The Third Road Is to Serfdom]. Boston: M- Graphics, 2010.

Politkovskaya, Anna. *Is Journalism Worth Dying For?* New York: Melville House, 2011. First published as *Za Chto*, Moscow: Novaya Gazeta, 2007.

———. *Putin's Russia.* London: Harvill Press, 2004.

———. *A Russian Diary: A Journalist's Final Account of Life, Corruption and Death in Putin's Russia.* New York: Random House, 2007.

———. *A Small Corner of Hell: Dispatches from Chechnya.* Chicago: University of Chicago Press, 2003.

Pomerantsev, Peter. *Nothing Is True and Everything Is Possible: The Surreal*

Heart of the New Russia. New York: PublicAffairs, 2014.

Primakov, Yevgeny. *Vocem Mesyatsev Plus . . .* [Eight Months Plus . . .]. Moscow: Mysl, 2001.

Pussy Riot. *Pussy Riot: A Punk Prayer for Freedom.* New York: Feminist Press, 2013.

Reddaway, Peter, and Dmitri Glinski. *The Tragedy of Russia's Reforms: Market Bolshevism Against Democracy.* Washington, DC: United States Institute of Peace, 2001.

Reed, Joyce Lasky, Blair A. Ruble, and William Craft Brumfield, eds. *St. Petersburg, 1993–2003: The Dynamic Decade.* Washington, DC: St. Petersburg Conservancy, 2010.

Reid, Anna. *Leningrad: The Epic Siege of World War II, 1941–1944.* New York: Walker, New York, 2011.

Remnick, David, *Lenin's Tomb: The Last Days of the Soviet Empire,* Random House, New York, 1993.

——. *Resurrection: The Struggle for a New Russia.* New York: Random House, 1997.

Rice, Condoleezza. *No Higher Honor: A Memoir of My Years in Washington.* New York: Crown, 2011.

Rose, Richard, William Mishler, and Neil Munro. *Popular Support for an Undemocratic Regime: The Changing Views of Russians.* Cambridge: Cambridge University Press, 2011.

Roxburgh, Angus. *The Strongman: Vladimir Putin and the Struggle for*

Russia. London: I. B. Tauris, 2012.

Sakwa, Richard. *The Crisis of Russian Democracy: The Dual State, Factionalism and the Medvedev Succession.* New York: Cambridge University Press, 2011.

——. *Putin and the Oligarch: The Khodorkovsky- Yukos Affair.* London: I. B. Tauris, 2014.

——. *Putin: Russia's Choice.* London: Routledge, 2004.

——. *The Quality of Freedom: Khodorkovsky, Putin and the Yukos Affair.* Oxford: Oxford University Press, 2009.

Salisbury, Harrison E. *The 900 Days: The Siege of Leningrad.* New York: Harper & Row, 1969.

Satter, David. *Darkness at Dawn: The Rise of the Russian Criminal State.* New Haven, CT: Yale University Press, 2003.

——. *It Was a Long Time Ago, and It Never Happened Anyway: Russia and the Communist Past.* New Haven, CT: Yale University Press, 2012.

Schrad, Mark Lawrence. *Vodka Politics: Alcohol, Autocracy and the Secret History of the Russian State.* Oxford: Oxford University Press, 2014.

Semyonov, Yulian. *Seventeen Moments of Spring.* Amsterdam: Fredonia Books, 2001.

Service, Robert. *A History of Modern Russia: From Tsarism to the Twenty-First Century.* 3rd ed. Cambridge, MA: Harvard University Press, 2009.

Shevtsova, Lilia. *Putin's Russia.* Washington, DC: Carnegie Endowment for International Peace, 2005.

———. *Russia—Lost in Transition: The Yeltsin and Putin Legacies.* Washington, DC: Carnegie Endowment for International Peace, 2007.

Shlapentokh, Vladimir, and Anna Arutunyan. *Freedom, Repression, and Private Property in Russia.* New York: Cambridge University Press, 2013.

Shvets, Yuri B. *Washington Station: My Life as a KGB Spy in America.* New York: Simon & Schuster, 1994.

Sixsmith, Martin. *The Litvinenko File: The Life and Death of a Russian Spy.* New York: St. Martin's Press, 2007.

Skuratov, Yuri. *Variant Drakona* [The Dragon Variation]. Moscow: Detectiv Press, 2000. Republished in modified form as part of the series *Proekt Putin, Putin—Ispolnitel Zloi Voli* [Putin—Executor of Evil Will]. Moscow: Algorithm, 2012.

Sobchak, Anatoly. Duzhina Nozhei v Spinu [A Dozen Knives in the Back]. Moscow: Vagrius, 1999.

———. For a New Russia: The Mayor of St. Petersburg's Own Story of the Struggle for Justice and Democracy. New York: Free Press, 1992.

Soldatov, Andrei, and Irina Borogan. *The New Nobility: The Restoration of Russia's Security State and the Enduring Legacy of the KGB.* New York: PublicAffairs, 2010.

Solovyov, Vladimir, and Elena Klepikova. *Behind the High Kremlin Walls.* New York: Dodd, Mead, 1986.

Stent, Angela E. *The Limits of Partnership: U.S.- Russian Relations in the Twenty-First Century.* Princeton, NJ: Princeton University Press, 2014.

Stuermer, Michael. *Putin and the Rise of Russia*. New York: Pegasus Books, 2009.

Svanidze, Nikolai and Marina. *Medvedev*. St. Petersburg: Amfora, 2008.

Talbott, Strobe. *The Russia Hand: A Memoir of Presidential Diplomacy*. New York: Random House, 2002.

Tregubova, Yelena. *Baiki Kremlyovskaya Diggera* [Tales of a Kremlin Digger]. Moscow: Ad Marginem, 2003.

——. *Proshchaniye Kremlyovskaya Diggera* [Farewell of the Kremlin Digger]. Moscow: Ad Marginem, 2004.

Treisman, Daniel. *The Return: Russia's Journey from Gorbachev to Medvedev*. New York: Free Press, 2011.

Trenin, Dmitri. *Post- Imperium: A Eurasian Story*. Washington, DC: Carnegie Endowment for International Peace, 2011.

Trenin, Dmitri V., and Aleksei V. Malashenko, with Anatol Lieven. *Russia's Restless Frontier: The Chechnya Factor in Post- Soviet Russia*. Washington, DC: Carnegie Endowment for International Peace, 2004.

Truscott, Peter. *Kursk: The Gripping True Story of Russia's Worst Submarine Disaster*. London: Simon & Schuster, 2004.

——. *Putin's Progress: A Biography of Russia's Enigmatic President, Vladimir Putin*. London: Simon & Schuster, 2004.

Usoltsev, Vladimir. *Sosluzhivets: Neizvestniye Stranitsi Zhizni Prezidenta* [Comrade: Unknown Pages in the President's Life]. Moscow: Eksmo, 2004.

Van Herpen, Marcel H. *Putin's Wars: The Rise of Russia's New Imperialism*.

Lanham, MD: Rowman & Littlefield, 2014.

Volkov, Vadim. *Violent Entrepreneurs: The Use of Force in the Making of Russian Capitalism.* Ithaca and London: Cornell University Press, 2002.

Volodarsky, Boris. *The KGB's Poison Factory: From Lenin to Litvinenko.* Minneapolis: Zenith Press, 2009.

Waller, J. Michael. *Secret Empire: The KGB in Russia Today.* Boulder, CO: Westview Press, 1994.

Werth, Alexander. *Russia at War, 1941–1945.* New York: E. P. Dutton, 1964.

White, Stephen, ed. *Politics and the Ruling Group in Putin's Russia.* New York: Palgrave Macmillan, 2008.

Wolf, Markus, with Anne McElvoy. *The Man Without a Face: The Autobiography of Communism's Greatest Spymaster.* New York: Times Books, 1997.

Woodward, Bob. *Plan of Attack.* New York: Simon & Schuster, 2004.

Yeltsin, Boris. *Midnight Diaries.* New York: PublicAffairs, 2000.

——. *The Struggle for Russia.* New York: Times Books, 1994.

Zenkovich, Nikolai. *Putinskaya Entsiklopediya* [Putin Encyclopedia]. Moscow: Olma- Press, 2006.

찾아보기

Index

ㅎ
_____

옮긴이 **이기동**은 서울신문에서 초대 모스크바특파원과 국제부차장, 정책뉴스부차장, 국제부장, 논설위원을 지냈다. 베를린장벽 붕괴와 소련연방 해체를 비롯한 동유럽 변혁의 과정을 현장에서 취재했다. 경북 성주에서 태어나 경북고등과 경북대 철학과, 서울대대학원을 졸업하고, 관훈클럽 신영연구기금 지원으로 미국 미시간대에서 저널리즘을 공부했다. 《미국의 세기는 끝났는가》《인터뷰의 여왕 바버라 월터스 회고록—내 인생의 오디션》 《마지막 여행》《루머》《미하일 고르바초프 최후의 자서전—선택》을 우리말로 옮겼으며 저서로 《기본을 지키는 미디어 글쓰기》가 있다.

블라디미르 푸틴 평전

초판 1쇄 발행 | 2016년 8월 27일
초판 2쇄 발행 | 2016년 9월 3일

지은이 | 스티븐 리 마이어스
옮긴이 | 이기동
펴낸이 | 이기동
편집주간 | 권기숙
마케팅 | 유민호 이동호
주소 | 서울특별시 성동구 아차산로 7길 15-1 효정빌딩 4층
이메일 | previewbooks@naver.com
블로그 | http://blog.naver.com/previewbooks

전화 | 02)3409-4210
팩스 | 02)3409-4201
등록번호 | 제206-93-29887호

교열 | 이민정
디자인 | Kewpiedoll Design
인쇄 | 상지사 P&B

ISBN 978-89-97201-26-6 03300